༄༅། །ཆེན་པོ་ཐང་གུར་དུས་ཀྱི་རྒྱ་གར་ཞིང་གི་བགོད་པའི་དཀར་ཆག་བཞུགས་སོ། །

ཐང་ཟན་ཙང་དང་པེན་ཅིས་བརྩམས།
གུང་མགོན་པོ་སྐྱབས་ཀྱིས་བསྒྱུར།
སྐལ་བཟང་དགེ་ལེགས་རྒྱལ་མཚན་གྱིས་འགྱུར་བཅོས་མཛད།

ཀྲུང་གོའི་བོད་རིག་པ་དཔེ་སྐྲུན་ཁང་།

དཔེ་སྐྲུན་གསལ་བཤད།

《ཆེན་པོ་ཐང་གུར་དུས་ཀྱི་རྒྱ་གར་ཞིང་གི་བཀོད་པའི་དཀར་ཆག》(《大唐西域记》)ཅེས་བྱ་བ་འདི་ནི་མི་བཟང་གུང་ལོ་ཆེན་མགོན་པོ་སྐྱབས་ཀྱིས་རྒྱ་ནག་གི་སྐད་ལས་བོད་སྐད་དུ་བསྒྱུར་བ་ཞིག་ཡིན་ལ། ཁོང་གིས་བོད་སྐད་དུ་བརྩམས་པའི་《རྒྱ་ནག་ཆོས་འབྱུང་》ངམ་མཚན་རྒྱས་པར་《རྒྱ་ནག་གི་ཡུལ་དུ་ཆོས་པའི་ཆོས་དར་ཚུལ་གཙོ་བོར་བཤད་པ་བློ་གསལ་ཀུན་ཏུ་དགའ་བའི་རྣ་རྒྱན》ཞེས་བྱ་བ་དེའང་ངེད་དཔེ་སྐྲུན་ཁང་གིས་2005ལོར་པར་དུ་བཏབ་ཡོད།

གུང་མགོན་པོ་སྐྱབས་ནི་གོང་མ་ཡུང་ཀྲེང་དང་ཆན་ལུང་གི་དུས་སྐབས་ཀྱི་མི་ཞིག་ཡིན་པ་དང་། ཁོང་ནི་སོག་ཡུལ་ཨུ་ཀྲུ་མུ་ཆིན(乌珠穆沁)བྱ་བའི་སར་ཇིང་གིར་རིགས་ཀྱི་ཁྲིམ་རྒྱུད་ཆེ་བ་ཞིག་ཏུ་འཁྲུངས། ཕྱིས་དགེ་བསྙེན་གྱི་སྡོམ་པ་བཞེས། མཉྫུའི་ཡི་གེ་དང་སོག་ཡིག བོད་ཡིག རྒྱ་ཡིག་བཅས་སྐད་རིགས་བཞི་ལ་མཁྱེན་རྒྱ་ཡངས་པས་ཆིང་རྒྱལ་རབས་སྐབས་ཀྱི"བོད་ཀྱི་ཤེས་རིག་ལས་ཁུངས་ཀྱི་དབུ་འཛིན"(西番学总管)ཞེས་པའི་འགན་བཞེས་སྐྱོང་བ་དང་། སོག་པོའི་པཎྜི་ཏ་ཞི་རེ་ཐུ་ཀྣ་ཤེའུ་ཆོས་རྗེར་གྲགས་པའི་དངོས་སློབ་ཡིན་པ་སོགས་ཁོང་གི་ལོ་རྒྱུས་ཐོར་བུ་ཞིག《རྒྱ་ནག་ཆོས་འབྱུང》གི་ཡིག་ཆུང་སོགས་སུ་གསལ་བ་ཙམ་ལས་ལོ་རྒྱུས་ཞིབ་པར་མ་རྙེད། ཁོང་གིས་མཛད་པའི་བརྩམས་ཆོས་སྐོར་ལ། 《རྒྱ་ནག་ཆོས་འབྱུང》དང་དེབ་འདི་གཉིས་ལས་གཞན་ད་དུང་སོག་བོད་སྐད་ཡིག་ཤན་སྦྱར་གྱི་དག་ཡིག་ཆེན་མོ་དང་། རྒྱལ་བའི་སྐུ་གཟུགས་ཀྱི་ཆ་ཚད། གཟུངས་རྗེ་རྗེའི་ཚོ་དང་། དེའི་སྒྲུབ་ཐབས་དང་། གསང་བ་རིང་བསྲེལ་གྱི་གཟུངས་དང་། གཉིས་མེད་རྣམ་རྒྱལ

གྱི་དབུ་ནས་ལྷེབ་གཅིག་མ་ཚང་བ་གསར་བསྒྱུར་དང་། ལས་རྩིས་དུས་རྩིས་བཅས་ཀྱི་སྐོར་སོགས་བཞུགས་སོ། །

དེ་ཡང་《ཆེན་པོ་ཐང་གུར་དུས་ཀྱི་རྒྱ་གར་ཞིང་གི་བཀོད་པའི་དཀར་ཆག》ཅེས་པ་འདིར་གཙོ་བོ་རྒྱ་གར་འཕགས་པའི་ཡུལ་དངོས་དང་དེའི་ཆར་གཏོགས་པ་རྣམས་སུ་ཐང་ཟན་ཙང་ངམ་ཐང་ཟན་བླ་མ་དངོས་ཀྱིས་སླེབས་པ་དང་། ལམ་གྱི་ཉེ་འཁོར་དུ་གནས་པའི་ཡུལ་གྲུ་ཆེ་ཆུང་བརྒྱ་དང་ལྔ་བཅུ་ཙམ་ཡོད་པ་རྣམས་ཡུལ་ལམ་རྒྱལ་ཁབ་བརྒྱ་དང་སུམ་ཅུ་སོ་བརྒྱད་དུ་བསྡུས་ནས་དེ་དག་གི་མཁར་རམ་གྲོང་ཁྱེར་གྱི་བཀོད་པ་དང་། རྒྱལ་པོའི་རྒྱལ་རྒྱུད། ཁོར་ཡུག་དང་མཐའ་གྲུའི་རྒྱ་ཁྱོན། དགོན་སྡེ་དང་གཙུག་ལག་ཁང་། ལྷ་ཁང་མཆོད་རྟེན། རྗེས་ཤུལ་སོགས་དང་དེར་བཞུགས་པའི་དགེ་འདུན་གྱི་གྲངས། དེ་དག་གིས་འཛིན་པའི་ཆོས་ལུགས་གྲུབ་མཐའ། དེ་མིན་ཡུལ་ལུགས་ས་ཚོགས་གྲུབ་ཚུལ། ཁྲིམས་ཀྱི་སོ་ཚིས་སྒྲུབ་ཚུལ། མིའི་རང་བཞིན། སྐད་རིགས། ནམ་ཟླ་སོགས་གསལ་པོར་བཀོད་ཡོད།

དེ་བཞིན་དེབ་འདི་བོད་སྐད་དུ་བསྒྱུར་སྐབས་རྒྱ་ཡིག་གི་མ་ཕྱིར་ཇི་ལྟར་བྱུང་བ་བཞིན་ཡུལ་བརྒྱ་དང་སུམ་ཅུ་སོ་བརྒྱད་ཡོད་པ་ས་བཅད་བཅུ་གཉིས་སུ་ཕྱེ་ནས་དོན་སྒྱུར་གཙོ་ཆེར་བྱས་ཏེ་བོད་སྐད་ཀྱི་ལུགས་དང་མཐུན་པར་བསྒྱུར་ཡོད་པས། ཚིག་གི་འབྲུ་ཉུང་ཞིང་སྡེབ་ལེགས་པ། གོ་སླ་བའི་ཁྱད་ཆོས་མངོན་གསལ་འདུག ཡིན་ནའང་རྒྱ་ཡིག་གི་མ་ཕྱིའི་ཚིག་འབྲུ་རེ་རེ་བཞིན་བསྒྱུར་བ་ཞིག་མ་ཡིན་པར་མ་ཡིག་གི་དོན་གོ་སླ་བར་སྟོན་པ་དང་བསྡུ་བ་གཙོ་བོར་བྱས་ནས་བརྗོད་བྱའི་ཚིག་སྣ་ཉུང་དུར་བསྡུས་ཤིང་སྐབས་སྐབས་སུ་ས་མིང་དང་རི་ཆུའི་མིང་སོགས་ལ་འགྲེལ་བཤད་ཀྱང་བརྒྱབ་ཡོད། དཔེར་ན་ཧྲུ་ཧྭ་ར་བྱ་བའི་ཡུལ་གྱི་ཡི་གེ་ནི་པཎྜུ་དང་བོད་ཡིག་ལྟར་འཕྲེད་དུ་ཀློག་པར་བྱེད་ཅེས་པའི་ཚིག་དེ་རྒྱ་ཡིག་གི་མ་ཡིག་ཏུ་ཡི་གེ་དེ་འཕྲེད་དུ་ཀློག་དགོས་པར་བསྟན་པ་ཙམ་ལས་པཎྜུ་དང་བོད་ཡིག་ཅེས་པའི་ཐ་སྙད་ནི་ཐང་ཟན་གྱི་གསུང་

སྒྲོས་དངོས་སུ་མི་སྣང་། བར་སྐབས་ཀྱི་ལྷ་སྒྲུང་དང་གཏམ་རྒྱུད་ཁ་ཤས་ཀྱང་བསྡུས་ནས་བསྒྱུར་མེད་པར་སྣང་། འདིར་གསལ་བཤད་ཞུ་རྒྱུ་ནི། དེབ་འདིའི་མ་དཔེ་དབུ་ཅན་ལག་བྲིས་ལྡེབ་བརྒྱ་དང་ང་གཉིས་ཅན་ཉི་ཧོང་ཨོ་ཐ་ནི་སློབ་གྲྭ་ཆེན་མོའི་དཔེ་མཛོད་ཁང་དུ་བཞུགས་པའི་དཔེ་ལ་ཁུངས་བཙལ་ཏེ་ཞུས་ཤིང་དེར་བྱུང་བའི་ཡིག་སྐྱོན(དཔེར་ན་ཡོན་ཏན་ལ་སྟོན་དང་རིང་ལ་རིགས་ཞེས་ཐེངས་མང་འཁྲུལ་བ་ལྟ་བུ)ལ་གཞིགས་ན་དཔེ་འདི་ཡང་དབུ་མེད་ནས་དབུ་ཅན་དུ་བཤུས་པར་སྣང་། དེབ་འདིའི་ནང་ཐོག་དང་པོར་འཕྲད་པའི་ཡིག་ནོར་གྱི་རིགས་རྟགས()ནང་བཙུག་སྟེ་བཅོས་ཤིང་། ཁ་སྐོང་གི་རིགས་རྟགས[ ]ནང་བཙུག་ཡོད། དེ་མིན་སྔ་ཕྱིར་འབྱུང་བའི་ཐ་སྙད་ཁག་ཅིག(ཧོར་སོགས་དང་ཧོར་སོག སྟག་གཟིགས་དང་སྟག་གཟིག་ལྟ་བུ)དང་ཕྲད་ཀྱི་སྦྱོར་ཚུལ་ཁག་ཅིག(བྱེད་འབྲེལ་ལྷག་བཅས་ཀྱི་ཕྲད་དང་དང་ཚིག་ཕྲད་ཞེང་སོགས་ལྟ་བུ)ངེས་ལུགས་མེད་པར་འབྱུང་བ་རྣམས་དེབ་རང་དུ་གང་དག་པ་དེ་གཞིར་བཟུང་ནས་གཅིག་གྱུར་བཟོས་པ་ལས་གཞན་བློ་བཟོ་སྤྱངས་ཏེ་མ་དཔེ་ཇི་བཞིན་འཕྲོན་ཐབས་བྱས་ཡོད་པ་དང་། པར་གཞི་དང་པོའི་ནང་ནོར་འཁྲུལ་མང་དག་ཅིག་ཤོར་ཡོད་པ་རྣམས་ཀྱང་ཐེངས་འདིར་གང་ནུས་ཅི་ཐུབ་ཀྱིས་ལེགས་པར་བཅོས་ནས་པར་གཞི་གཉིས་པ་འདི་ཀློག་པ་པོ་ཀུན་གྱི་སྤྱན་ལམ་དུ་བསྟར་བ་ལགས་ཤིང་། འདི་ནི་བོད་ཀྱི་ཡིག་སྒྱུར་དང་། ཆོས་ལུགས་ཞིབ་འཇུག ད་དུང་ཨེ་ཤ་ཡ་དབུས་མ་དང་ཨེ་ཤ་ཡ་ལྷོ་མའི་གནའ་རབས་ཀྱི་ལོ་རྒྱུས་དང་ཆོས་ལུགས་ལོ་རྒྱུས་བཅས་ལ་ཞིབ་འཇུག་བྱེད་པའི་ཡིག་ཆ་གལ་ཆེན་ཞིག་ཏུ་མཐོང་བས་སྐད་ཆར་ཀྱང་ཀློག་མཁན་རྣམས་ཀྱིས་སྐྱོན་སེལ་དག་ཐེར་གནང་བར་ཐུགས་རྗེ་ཆེ་ཞུ།

ཀྲུང་གོའི་བོད་རིག་པ་དཔེ་སྐྲུན་ཁང་ནས།

༢༠༡༧ལོའི་ཟླ༨པར།

དཀར་ཆག

ས་བཅད་བཅུ་པ། ཡུལ་བཅུ་བདུན། ……… 238

གླེང་གཞི།

༄༅། །ན་མོ་གུ་རུ་མཉྫུ་ཤྲཱི་ཡེ། རྒྱ་ནག་སྐད་དུ། ཏཱ་ཐང་སིའི་ཡུས་ཀྱིས། བོད་སྐད་དུ། ཆེན་པོ་ཐང་གུར་དུས་ཀྱིས་རྒྱ་གར་ཞིང་གི་བཀོད་པའི་ཀར(དཀར)ཆག སྟོན་པ་བླ་ན་མེད་པ་བཅོམ་ལྡན་འདས་ཤཱཀྱ་ཐུབ་པ་ལ་ཕྱག་འཚལ་ལོ། །

སྡོམ་ནི། སངས་རྒྱས་སྟོང་གི་ཞབས་ཀྱིས་བཅགས་པ་ཡི། །རྒྱ་གར་འཕགས་པའི་ཡུལ་ལ་ཆེན་པོ་ལགས། །དེ་དག་སོ་སོའི་ཆར་གཏོགས་མི་གཏོགས་དང་། །ལམ་གྱི་ཡུལ་དང་ཉེ་བར་མཐོང་བའི་ཡུལ། །ལ་སོགས་ཡུལ་གྲུ་ཆེ་ཆུང་བརྒྱ་ལྔ་བཅུའི། །ཡུལ་ལུགས་ས་ཚིགས་གྲུབ་ཚུལ་ལ་སོགས་པའི། །བཀོད་པ་ཐང་དུས་ཡིག་ཚང་རྙིང་པ་དག །བསྡུས་ཏེ་ལོ་ཆེན་སྡེ་སྣོད་གསུམ་འཛིན་པ། །ཐེག་ཆེན་ལྷ་ཡིས་རྒྱ་ནག་སྐད་དུ་བརྩམས། །དོན་རྣམས་བསྡུས་ནས་ཇི་ལྟར་ནུས་བཞིན་དུ། །བོད་ཀྱི་ཡི་གེར་བྲི་བ་འདི་བཞིན་ནོ། །

དེ་ཡང་སྤྱིར་མི་འཛིད(མཛེད)འཇིག་རྟེན་གྱི་ཁམས་དང་། བྱེ་བྲག་ཏུ་གླིང་བཞི་པའི་འཇིག་རྟེན། ཡང་སྒོས་ཛམ(འཛམ)བུ་གླིང་གི་བཀོད་པ་རགས་རིམ་དང་། གསེར་དངུལ་ཟངས་ལྕགས་ཀྱི་འཁོར་ལོས་བསྒྱུར་བ་རྣམ་པ་བཞི་བྱུང་བ་དང་འབྱུང་འགྱུར་སོགས་བསྟན་པ་རྣམས་ནི་ཡོངས་སུ་གྲགས་པའི་ཆོས་མངོན་པ་ལྟར་ལ། འདིར་ནི་འཕགས་པའི་ཡུལ་དངོས་དང་དེའི་ཆར་གཏོགས་པ་རྣམས་སུ་ཐང་ཟེགས(ཟན)བླ་མ་དངོས་ཀྱིས་སླེབས་པ་དང་། ལམ་གྱི་ཉེ་འཁོར་དུ་གནས་པའི་ཡུལ་གྲུ་ཆེ་ལོངས་དག་བཤད་པ་ལ། འཇིག་རྟེན་འདིར་འཁོར་ལོས་བསྒྱུར་རྒྱལ་མི་འབྱུང་བ་ན། འཛམ་བུ་གླིང་འདིར་མི་བདག་ཆེན་པོ་བཞི་བྱོན་པར་གྲགས་ཏེ། གླིང་གི་ལྷོའི་ཆར་རླན་གཤེར་

ཆེ་བའི་གནས་སུ་གླང་པོ་ཆེའི་ཁྱུ་མང་ཞིང་དེ་ལ་ལོངས་སྤྱོད་པས་གླང་པོ་ཆེའི་བདག་པོ་ཞེས་བྱ་བ་དང་གཅིག ནུབ་ཀྱི་ཆར་རྒྱ་མཚོ་དང་ཉེ་ཞིང་རིན་པོ་ཆེའི་རིགས་མང་པོ་འབྱུང་བས་རིན་པོ་ཆེའི་བདག་པོ་ཞེས་བྱ་བ་དང་གཉིས། བྱང་གི་ཆར་གྲང་ལྷགས་ཆེ་བའི་ཡུལ་དུ་རྟ་མང་ཞིང་གཙོ་བོར་རྟ་ལ་ལོངས་སྤྱོད་པས་རྟའི་བདག་པོ་ཞེས་བྱ་བ་དང་གསུམ། ཤར་ཕྱོགས་སུ་མི་ཆོས་དར་སོ་ཆེ་ཞིང་ཞིབ་ལ་མི་མང་པོ་འདུས་པས་མིའི་བདག་པོ་ཞེས་གྲགས་པ་བཞིའོ། །དེ་དག་རིམ་པ་ལྟར་རྒྱ་གར་ཆོས་ཀྱི་རྒྱལ་པོ། རིགས་ལྡན་ནོར་གྱི་རྒྱལ་པོ། སྟག་ཟིག་ཧོར་གྱི་རྒྱལ་པོ། རྒྱ་ནག་ཁྲིམས་ཀྱི་རྒྱལ་པོ་ཡང་ཟེར་ཏེ། ཇི་སྐད་དུ་ཐང་ཡིག་ལས། འཇིག་རྟེན་ཆོས་ལུགས་རྣམ་གཉིས་སྟེ༔ འཇིག་རྟེན་ཐེག་དང་མུ་སྟེགས་ཐེག༔ འཇིག་རྟེན་ལྷ་མིའི་ཐེག་པ་དང་༔ མུ་སྟེགས་ཕྱི་པ་ནང་པའོ༔ ཞེས་གསུངས་པས། ཆོས་ལུགས་རགས་རིམ་སྨོས་ན། དགྲ་འདུལ་གཉེན་སྐྱོང་སོགས་འཇིག་རྟེན་ཆོས་བརྒྱད་དང་འབྲེལ་ཞིང་། སྲིད་སྲུང་གཙོ་ཆེ་ལ་ཐར་པ་ལ་བློ་ཁ་མ་ཕྱོགས་པའི་སྤྱོད་པ་ལ་འཇིག་རྟེན་ཆོས་ལུགས་ཟེར་བ་དང་ཅིག་ཤོས་ཡིད་བརྟན་མི་ཏུང་བ་དང་ཏུང་བ་ཇི་སྙེད་ཀྱང་གཙོ་ཆེར་ཐར་པ་དོན་དུ་གཉེར་ཞིང་། དེའི་དབང་དུ་བྱས་པའི་སྤྱོད་པ་ལ་ལྷ་ཆོས་སུ་གྲགས་སོ། །

དེ་ཡང་རྒྱ་གར་བའི་རང་བཞིན་ནམ་ངང་རྒྱུད་ནི་ཕལ་ཆེར་དཔའ་རྩལ་རྟུལ་ཕོད་ཆེ་བས་སློབ་གཉེར་ལ་སྤྱུག་སྲན་ཐུབ་པ། ལྷ་ཆོས་ལ་དགའ་བ། ཆ་ལུགས་སྐྲ་རགས་ཞིང་ཆེན་བཅིངས་ཤིང་དཔུང་བ་གཡས་པ་གཅེར་བུར་ཕུད་པ། སྐྲ་སྤྱི་བོར་བཅིངས་ཤིང་ལྷག་མ་ལན་འཕྱུང་བ། ཁ་སྤུ་འཕྲུག་པ། མི་རང་རང་གི་རིགས་ཀྱིས་བསྡུས་ནས་གྲོང་དང་གྲོང་ཁྱེར་དུ་བོང་པའི་ཁང་པ་ཁང་བརྩིགས་རྣམས་སུ་སྡོད་པའོ། །རིགས་ལྡན་གྱི་མི་རྣམས་ནི། ཚུལ་ལུགས་ལ་ཇི་མི་སྙམ་པ་མཛེས་ཆོས་ཆུང་བ། ངང་ཚུལ་ཏ་ལམ་ཀྱོང་པོ་ནོར་ལ་གཅིགས་སུ་ཆེ་བ་སྐྲ་བྲེག་ཅིང་སྨ་ར་རིང་བ། གོས་འབྲུན་ཐུང་ལ་ཐུ་བ་སྟེང་མ་གཡོན་དུ་བསྒོལ་བ། མཁར་རྫོང་རྣམས་སུ་བརྩིགས་

པའི་ཁང་པར་སྡོད་པའོ། །སྨག་ཐིབ་པ་ནི་ཤ་ཁྲག་ལ་ལོངས་སྤྱོད་པ་གསོད་གཅོད་ལ་མི་འཛེམ་པ། ཕྱིང་བའི་གུར་ལ་གནས་ཤིང་རྟ་ལུགས་ཀྱི་ཆེད་དུ་རྫ་ཆུ་བཟང་སར་སྤོ་ཞིང་སྡོད་པ་གནས་གཅིག་གི་ངེས་པ་མེད་པའོ། །རྒྱ་ནག་པ་རྣམས་ནི། མིའི་བྱད་བཞིན་ལ་ངེས་པ་མེད་ཀྱང་ཕལ་ཆེར་གཟུགས་བཟང་བ་རྒྱུད་ཐུང་ཟད་འཇམ་ཞིང་བློ་རྣོ་བ། འཇིག་རྟེན་པའི་ལུགས་ལ་གཙིགས་ཆེ་ཞིང་ཞིབ་པ། ཚུལ་ལུགས་གཙོ་བོར་འཛིན་པ་ཞྭ་གོས་རྒྱན་སོགས་རྒྱལ་བློན་ལས་བྱེད་དམངས་ཀྱི་མཆོག་དམན་གྱི་དབྱེ་བས་དབྱིབས་དང་ཁ་དོག་མི་འདྲ་བ་མང་པོ་ཡོད་ཀྱང་ཐུན་མོང་དུ་གོས་ཀྱི་གོང་བ་སྙིང་མ་གཡས་སུ་བསྒོལ་བ། འབྲུ་སྣ་ཚོགས་ཀྱི་ཞིང་འདེབས་ཅིང(ཤིང)མཁར་རྫོང་རྣམས་སུ་བོང་བའི་ཁང་པ་དང་ཁང་བརྩིགས་རྣམས་སུ་སྡོད་པའོ། །དེ་ལྟར་བདག་པོ་ཆེན་པོ་བཞི་ལས། འཇིག་རྟེན་པའི་ཆོས་ལ་མཆོག་ཏུ་བརྩི་ཞིང་བློ་ཞིབ་ལ་ཀུན་སྤྱོད་གཙང་བ་དང་། བཟོ་བའི་གནས་གང་ལ་ཡང་ཕལ་ཆེར་མཁས་པས་མིའི་བདག་པོའི་ཡུལ་ཁ་ན་མཆོག་གོ་ཞེས་འགའ་ཞིག་ཟེར་རོ། །འགའ་ཞིག་ནི་ཐར་པ་དོན་དུ་གཉེར་བའི་སྒོ་ནས་གླང་པོ་ཆེའི་བདག་པོ་མཆོག་ཡིན་ཟེར་རོ། །དེ་དག་ལས་རྒྱ་གར་མ་གཏོགས་གཞན་གསུམ་གྱི་ཡུལ་གྱི་བཀོད་པ་དང་ཚུལ་ལུགས་ཁྲིམས་ཀྱི་སོ་ཚོས་སྤྱུབ་ཚུལ་སོགས་ནི་སོ་སོའི་ཡིག་ཚང་དུ་གསལ་ཞིང་འདིར་སྐབས་སུ་མ་བབས་སོ། །རྒྱ་གར་འཕགས་པའི་ཡུལ་ནི། བདག་ཅག་གི་སྟོན་པའི་དམ་པའི་ཆོས་ཀྱི་འབྱུང་ཁུངས་ཡིན་པས་ཅི་ནུས་སུ་བསྒྱུར་དགོས་ཤིང་། རྗེ་བཙུན་བདག་ཉིད་ཆེན་པོའི་བཀའ་ནན་གྱི་ངོར་བབས་པས་རྒྱ་ནག་གི་ཡིག་ཚང་རྣམས་ལ་ལེགས་པར་བརྟགས་ཏེ་བརྗོད་པར་བྱའོ། །

ས་བཅད་དང་པོ། ཡུལ་སྲུམ་ཅུ་སོ་བཞི།

ཨུ་ཤི་རིའི་ཡུལ།

དེ་ཡང་ཅི་ནའི་ཡུལ་འདི་ནས་ལྷོ་ནུབ་ཀྱི་མཚམས་རྒྱ་གར་གྱི་སའི་ཆ་ལ་བགྲོད་པའི་ཚུལ་གྱིས་རིམ་པ་ལྟར་བརྗོད་ན། ཝུ་ཅག་གི་ཡུལ་དབུས་ནས་ནུབ་བྱང་མཚམས་ཀྱི་ལྷུགས་རིའི་སྣོའི་ཕྱིར་ཐོན་ནས་ཡུས་གུར་གྱི་ཡུལ་བརྒྱུད་དེ་ཀཝུ་ཐང་གི་ཡུལ་གྱི་མཐའ་ལ་ཐུག་སྟེ། སླར་ལྷོ་ཕྱོགས་སུ་འཁྱོག་ཅིང་བརྒྱུད་དེ་ཕྱིན་པ་ན། ཨུ་ཤི་རིའི་ཡུལ་ཟེར་བ་ཡོད་དོ། །

ཨུ་ཤི་རིའི་ཡུལ་དེ་ཤར་ནུབ་ཏུ་ལི་བར་དྲུག་བརྒྱ་ལྷག་དང་ལྷོ་བྱང་དུ་ལི་བར་བཞི་བརྒྱ་ལྷག་ཙམ་ཡོད་དོ། །དེའི་དབུས་ཀྱི་མཁར་ཁོར་ཡུག་ཏུ་ལི་བར་དྲུག་བདུན་ཙམ་ཡོད། ཕྱོགས་བཞིར་རི་བྲག་ཤིན་ཏུ་ཆེན་པོ་བགྲོད་དཀའ་བ་ཞིག་ལ་བརྟེན་པས་ཡུལ་དེ་བསྲུང་སླ་བར་སྣང་ངོ་། །རི་ལས་འབྱུང་བའི་ཆུ་མིག་མང་པོའི་ཆུ་འདྲེས་ཏེ་ཆུ་ཀླུང་དུ་གྱུར་པ་ཡུལ་མི་རྣམས་ཀྱིས་ཡུར་བ་བྱས་ཏེ་ཞིང་མང་པོར་འདྲེན་པར་བྱེད་དོ། །འབྲུའི་རིགས་ཡུང་དཀར་པོ་ནག་པོ་འདིའི་མ་ཡིག་ན་ཡུ་ར་ཟེར་བ་འདྲ་ཞིག་ཐིས་འདུག་གོ། །ནས་གྲོ་རྒྱ་ཤུག་དྲི་ཞིམ་རྒུན་འབྲུམ་ཅུ་ལི་འབྲ་གོ་རྣམས་འབྱུང་ངོ་། །གྲང་དྲོ་སྙོམས་པ་མི་རྒྱུད་དྲང་པོ། ཡི་གེ་སོགས་རིག་བྱེད་རྣམས་རྒྱ་གར་ནས་དྲངས་ཏེ་སློབ་པར་བྱེད་ཅིང་། ཡི་གེ་ལ་བསྒྱུར་བྲི་ཅུང་ཟད་ཡོད་དོ། །གོས་སུ་ཕྱིང་པ་དང་ཐེར་མ་གྱོན་ཞིང་སྐྲ་བྲེག་པ་ཞྭ་མོ་མི་གྱོན་ནོ། །ནོར་རྫས་ནི་གསེར་

དངུལ་ར་གན་གྱི་དོང་ཙེ་རིགས་གསུམ་ལ་གཙོ་བོར་བྱེད། བདག་པོ་ནི་རང་ཡུལ་གྱི་གཙོ་བོ་དག་དཔོན་དུ་བསྐོ་ཞིང་། དགོན་སྡེ་བཅུ་ཕྲག་གཅིག་ལྷག་ཙམ་ལ་ཁྲིན་སྡོམ་པར་དགེ་འདུན་ཉིས་སྟོང་ལྷག་ཙམ་ཐེག་དམན་པ་ཤ་སྟག་ཐམས་ཅད་ཡོད་སྐྱེས་སྡེ་པ་ཁོ་ནའོ། །སྡོམ་པ་བསྲུང་ལུགས་སྤྱིར་རྒྱ་གར་དང་འདྲ་བ་ལ་ཁྱད་པར་རྣམ་གསུམ་མ་དག་པའི་ཤ་ལྷག་པར་འཛོམ་པའོ། །ཡུལ་དེ་ནས་ལྷོ་ནུབ་ཕྱོགས་སུ་ལི་བར་གཉིས་ལྷག་བགྲོད་དེ་རི་ཆུང་ཞིག་དང་ཆུ་ཀླུང་ཆེན་པོ་གཉིས་དང་། ལི་བར་བདུན་བརྒྱ་ཙམ་གྱི་མྱ་ངམ་ཐང་ཞིག་བརྒལ་བ་ན་ཀུ་ཆེའི་ཡུལ་ཡོད།

ཀུ་ཆེའི་ཡུལ།

ཀུ་ཆེ་ཞེས་བྱ་བའི་ཡུལ་དེའི་ཤར་ནུབ་ཏུ་ལི་བར་སྟོང་ལྷག་ལྷོ་བྱང་དུ་ལི་བར་དྲུག་བརྒྱ་ལྷག་ཙམ། དབུས་ཀྱི་མཁར་ཁོར་ཡུག་ཏུ་ལི་བར་བཅུ་ཕྲག་གཅིག་དང་བདུན་བརྒྱད་ལྷག་ཙམ་ཡོད་པ། འབྲུ་དང་བཟའ་ཤིང་གི་རིགས་ནི། འབྲས་དང་སེའུ་འབྲུ་དང་ཁམ་བུ་དང་ཕྱེད་ཚོག་མ་བྱུང་བ་མ་གཏོགས་གོང་གི་ཨུ་ཤི་རིའི་ཡུལ་དང་འདྲ་ཞིང་། རྫས་གསེར་དངུལ་ར་གན་གྱི་དོང་ཙེ་ཞ་ཉེ་དཀར་ནག་རྣམས་སོ། །གྲང་དྲོ་སྙོམས་པ་འབུད་བརྡུང་སིལ་འཁྲོལ་གྱི་རིགས་ལ་རྩིས་ཆེ་ཞིང་དེ་དག་ལ་ཡང་མཆོག་ཏུ་མཁས་སོ། །རིག་བྱེད་རྒྱ་གར་ནས་ལེན། དགོན་སྡེ་བརྒྱ་ལྷག་ཙམ་ལ་དགེ་འདུན་ལྔ་སྟོང་ལྷག་མཆིས་སྡེ་པ་གོང་མཚུངས། སློབ་གཉེར་རིམ་གྱིས་པ་གཙོ་ཆེའོ། །སྐྱེ་བོ་ཕལ་ཆེར་དགའ་འདུན་ལ་འཆགས་ཤིང་ལེ་ལོ་ཆེའོ། །

༡ ཀླུ་གནས་པའི་མཚོ་དང་རྒྱལ་པོ་གསེར་གྱི་མེ་ཏོག

མཁར་དེའི་བྱང་ཤར་མཚམས་ན་ཕྱི་རོལ་པའི་དགོན་སྡེ་ཆེན་པོའི་མདུན་ན་ཀླུ་གནས་པའི་མཚོ་ཆེན་པོ་ཞིག་ཡོད་དོ། །དེར་ཀླུ་མ་རུང(རུངས)པ་མང་པས་ཀླུ་པོ་འགའ་ཞིག་ནི་སྐྲིས་པར་སྤྲུལ། འགའ་ཞིག་ནི་རྟ་གསེབ་ཏུ་སྤྲུལ། བུད་མེད་རྣམས་ཀྱི་ཁྲོ་རུ་སླུ་བ་དང་རྟ་གསེབ་ཏུ་བསླུས་ནས་རྒོད་མ་དང་ཕྲད་པས་མི་དང་རྟ་ལ་ཀླུ་ཕྲུག་སྐྲེས་བ་མང་སྟེ། ལན་ཅིག་ཡུལ་དེའི་རྒྱལ་པོ་གསེར་གྱི་མེ་ཏོག་གི་རྟ་རྒོད་མ་ཞིག་ལ་ཀླུ་ཕྲུག་རྟེའུ་ལ་རྟའི་ཡོན་ཏན་ཚང་བ་ཞིག་བྱུང་བ་གཅེས་སྤྲས་ཀྱིས་བརྒྱངས(བསྐྱངས)ཏེ་རྒྱུན་དུ་རང་གི་བཞོན་རྟར་བྱས་ཤིང་ལྟུགས་ཀྱིས་གཏན་ནས་མི་གཞུ། སྐབས་ཤིག་བརྗེད་ནས་ལྟུགས་ཀྱིས་རྣ་བར་རེག་ཙམ་བྱས་པས་ལུས་མི་མངོན་པར་གྱུར་ཏོ། །རྐྱེན་དེས་མི་རིང་བར་རྒྱལ་པོ་ཡང་འདས་སྐད་དོ། །ཡང་དེའི་སྔ་རོལ་ཏུ་ཀླུའི་རིགས་ཀྱི་གཞོན་ནུ་ཐམས་ཅད་དཔའ་ཞིང་རྩལ་ཕོད་པ་ཤིན་ཏུ་མི་བསྲུན་པ་གཏུམ་པ་པོ་ནར་གྱུར་པས། རྒྱལ་པོ་དཔོན་དུ་མི་བཀུར་ཞིང་བཀའ་ཡང་མ་ཉན་པས་རྒྱལ་པོ་ཁྲོས་འཁྲུགས་ཏེ། ཏུ་རུ་སྐ་སྡེ་སྟག་ཟིག་མང་པོ་བོས་ནས་བརྫན་པ་བྱིན་ཏེ་མ་རུངས་པ་དེ་དག་མ་ལུས་པར་བསད་དོ། །དེ་ནས་རྒྱལ་པོ་ཡང་མ་རིང་བར་གཤེགས་སོ། །གྲོང་ཁྱེར་དེ་ཀའི་ནང་གི་ཁྲིན་པ་ཐམས་ཅད་སྐམས་སོ། །

༢ ཏཱ་ཀུ་རི་ཤར་ནུབ་ཟེར་པའི་དགོན་པ་གཉིས།

གྲོང་ཁྱེར་དེའི་བྱང་ཕྱོགས་ན་ལེ་བར་བཞི་བཅུ་ལྷག་ཙམ་ན་ཆུ་ཀླུང་ཞིག་གིས་ཆོད་པ་ན། ཏཱ་ཀུ་རི་ཤར་ནུབ་ཟེར་བའི་དགོན་པ་གཉིས་ཡོད་ཅིང་། དགོན་གཉིས་

ཀར་བཞུགས་པའི་རྟེན་རྣམས་བཀྲ་ཁྲིད་དུ་འཕགས་ཤིང་། རྒྱན་བཀོད་སོགས་ཀྱང་ཕུན་སུམ་ཚོགས་པ། དགེ་འདུན་རྣམས་སྡོམ་ཁྲིམས་ལྡན་པ་དང་ལྷ་སྤྱོད་གཙང་ཞིང་། དེའི་དགོན་སྡེ་གཡོན་མར་ཁྲུ་དོ་ལྷག་ཙམ་གྱི་རྡོ་ཡང་ཏེ་དབྱིབས་དུང་ལྷ་བུའི་ངོས་སུ་སངས་རྒྱས་ཀྱི་ཞབས་རྗེས་སྲིད་དུ་ཁྲུ་གང་ཚོན་བརྒྱད་ཞེང་དུ་ཚོན་བརྒྱད་ཡོད་པ་གསོ་སྦྱོང་གི་ཉི་མར་འོད་འཕྲོ་བ་ཞིག་ཡོད་དོ། །

༣ ཚོགས་ཆེན་ཆེན་མོ།

གྲོང་ཁྱེར་དེའི་ནུབ་སློའི་གཡས་གཡོན་དུ་རྡོའི་སྐུ་འདྲ་གཉིས་བཞེངས་སྟབས་ཅན་སྲིད་དུ་ཁྲུ་དགུ་བཅུ་ལྷག་ཡོད་པ་འདུག་གོ། །དེའི་དྲུང་དུ་ལྔ་སྟོན་གྱི་དུས་སོ་ཚོག་ལ་སྟོན་ཟླ་འབྲིང་པོའི་སྐབས་ཞག་པོ་བཅུ་སྐོར་གྱི་རིང་ཡུལ་གྱི་དགེ་འདུན་ཐམས་ཅད་ལྷག་རྒྱལ་པོ་ནས་འབབས་ཕལ་བའི་བར་ཡར་ཚང་མ་འདུས་ཏེ་གསོ་སྦྱོང་ལ་གནས་ཤིང་ཆོས་འཁོར་བྱེད་ཤིང་རྟ་ལ་རྟེན་དྲངས་ཏེ། མཆོད་རྫས་མང་པོ་བསྒྲིངས་ཤིང་མཆོད་པ་སྣ་ཚོགས་བྱེད་དོ། །ཡར་ངོ་མར་ངོ་གཉིས་ཀྱི་ཉི་མར་རྒྱལ་བློན་ཁག་རྣམས་ཆོས་དང་འཇིག་རྟེན་གཉིས་ཀྱི་བགྲོ་གླེང་འབེལ་གཏམ་བྱེད་དེ། གནས་སྐབས་མཐར་ཐུག་གི་ཕན་བདེར་གང་འོས་ཅི་འཚམས་སོགས་ཐོག་མར་བླ་ཆེན་རྣམས་ལ་འདྲི། དེ་ནས་རྒྱུས་ཅན་དག་ལ་བགྲོས་བསྡུན་ནས་དྲིལ་སྒྲིག་གོ། །ཕྱིར་དཀོན་མཆོག་ལ་དད་པ་ཆེ་ཞིང་རྟེན་ལ་བཀུར་སྟི་ཆེ་བའོ། །

༤ རྒྱལ་པོ་གསེར་གྱི་མེ་ཏོག་དང་ནུ་བོའི་ལོ་རྒྱུས།

གཏམ་རྙིང་ཞིག་ན་སྔོན་ཡུལ་འདིའི་རྒྱལ་པོ་གསེར་གྱི་མེ་ཏོག་ཅེས་བྱ་བ་དང་

བརྩོན་ཆེ་བས་ཕྱོགས་གཞན་གྱི་གནས་ཆེན་མང་པོ་མཇལ་བར་བཞེད་ནས་ཆས་པར་བརྩམས་པ་ན། ཨ་མ་གཅིག་པའི་ནུ་བོ་ཡུལ་བསྲུང་བར་བཅོལ་བའི་ཚེ། ནུ་བོ་དེས་སྒམ་ཆུང་གསེར་ལྕགས་མ་ཞིག་རྒྱལ་པོ་ལ་ཕུལ་ནས་ལྡེ་མིག་རང་གིས་བཟུང་། ཇི་སྲིད་རྒྱལ་པོ་ཉིད་འཁོར་ནས་མ་སླེབས་ཀྱི་བར་འབྱེད་མི་རུང་ཞེས་ཞུས་སོ། །རྒྱལ་པོས་རྒྱ་མཚན་དྲིས་པས། ཕྲ་མ་རྩུབ་ཅིང་ཕྲ་མ་རྙོ། ཕྲ་མ་སྟོབས་ཆེན་ཕྲ་མ་འཇིགས། ཟེར་རྒྱལ་པོ་ལོ་ཤས་རིང་གནས་སྐོར་མཛད་ནས་འཁོར་ཙ་ན། ཕྲ་མ་མཁན་དག་གིས་ནུ་བོ་དང་བཙུན་མོ་མཛའ་གཅུགས་ཀྱི་ཚུལ་རྒྱལ་པོའི་སྙན་དུ་གསོལ་བས་རྒྱལ་པོ་ཐུགས་ཁྲོས་ཏེ་ནུ་བོ་ལ་དྲིས་པས་སྒམ་ཆུང་ཕྱེས་ཏེ་གཟིགས་དང་ཟེར་ནས་ལྡེ་མིག་ཕུལ་ལོ། །ཕྱེས་ཏེ་བལྟས་ཙ་ན་ནུ་བོའི་ཕོ་མཚན་འདུག་པ་རྒྱལ་པོས་མཐོང་ནས་ངོ་མཚར་ཏེ་སྨྲ་བ་མེད་པར་གྱུར་ཞིང་། ལྷག་པར་མཆེད་གཉིས་མཛའ་བར་གྱུར་ནས་གཟིམ་ཁང་དུ་ནང་ནུབ་མེད་པར་འགྲོ་རུང་བའི་གནང་བ་བྱིན་ནོ། །ལན་ཅིག་ཤན་པ་ཞིག་བ་ལང་མང་པོ་བསྐུས་ནས་གྲི་བདར་གྱིན་འདུག་པ་རྒྱལ་པོའི་ནུ་བོ་དེས་མཐོང་ནས་དྲིས་པས་ཤན་པས་སྨྲས་པ་གསོད་པར་བྱའོ། །བསད་ནས་ཅི་བྱེད་དྲུམ་བུར་གཏུབ་སྟེ་གཡོས་སུ་སྦྱོར་རོ། །དེར་རྒྱལ་པོའི་ནུ་བོས་རང་ལ་དཔགས་ཏེ་སྙིང་རྗེ་ནས་བ་ལང་དེ་དག་རིན་གྱིས་ཉོས་ཏེ་མི་འཇིགས་པའི་སྦྱིན་པ་བྱས་སོ། །དགེ་བའི་རྩ་བ་དེས་མཐོང་ཆོས་ལ་ཕོ་མཚན་ཉིན་སྐྱེ་མཚན་སྐྱེས་ཀྱིས་སོས་ཏེ་སྔ་མ་ཕོ་བཞིན་དུ་གྱུར་ཏོ། །དེ་ནས་གཟིམས་ཁང་ལ་འཇུག་འཕྲོ་བཤོལ་རབ་ཏུ་འབྱུང་བར་གསོལ་ལོ། །རྒྱལ་པོས་རྒྱ་མཚན་དྲིས་པས་ཕོ་མཚན་སླར་སྐྱེས་བྱུང་བའི་ཚུལ་རྣམས་ཇི་ལྟ་བ་བཞིན་སྨྲས་པས། རྒྱལ་པོ་ལྷག་པར་དད་དེ་གཙུག་ལག་ཁང་བརྩིགས་ནས་ཕུལ་ཏེ་དགེ་འདུན་གྱི་སྡེ་ཡང་བཙུགས་སོ། །ཡུལ་དེ་ནས་ནུབ་ཕྱོགས་སུ་ལི་བར་དྲུག་བརྒྱ་ལྷག་བགྲོད་དེ་བྱེ་ཐང་ཆུང་ངུ་ཞིག་འདས་པ་ན་ཛྷ་རེ་ཀའི་ཡུལ་ལོ། །

ཟླ་རོ་ཀའི་ཡུལ།

ཟླ་རོ་ཀའི་ཡུལ་དེ་ནི་ཤར་ནུབ་ཏུ་ལེ་བར་དྲུག་བཅུ་དང་ལྷོ་བྱང་དུ་སུམ་བཅུ་ལྷག དབུས་ཀྱི་མཁར་ཁོར་ཡུག་ཏུ་ལེ་བར་ལྔ་དྲུག་ཙམ། མིའི་རང་བཞིན་ཡུལ་ལུགས་སོགས་དང་རིག་པ་རྒྱ་གར་ནས་ལེན་ཚུལ་རྣམས་ནི་གོང་གི་གུ་ཆེའི་ཡུལ་དང་འདྲའོ། །ཡུལ་སྐད་ཅུང་མི་འདྲ། དེར་འབྱུང་བའི་ཕྱིང་པ་དང་ཐེར་མ་གཉིས་སྲབ་ལ་ཡང་བས་ཡུལ་གཞན་དུ་བྲིན་ནོ། །དགོན་སྡེ་བཅུ་ཕྲག་དུ་མར་དགེ་འདུན་སྟོང་ལྷག་ཙམ་གནས་ཤིང་ཉན་ཐོས་སྡེ་པ་སྡོམ་རྒྱུན་ཡོད་སྨྲ་བའི་སྡེ་པ་ཁོ་ནའོ། །

༧ རི་བོ་གངས་ཅན་དང་མཚོ་དྭངས་མོ་ཆེ།

དེ་ནས་ནུབ་བྱང་མཚམས་སུ་ལེ་བར་སུམ་བཅུ་ལྷག་བགྲོད་དེ་བྱེ་མའི་ཐང་ཆེན་པོ་བརྒལ་བ་ན་རི་བོ་གངས་ཅན་ཟེར་བ་ཡོད་དོ། །འདི་ནི་བཙོང་ལའི་རྒྱབ་ལོགས་ཡིན་ལ་དེར་ཆུ་ཀླུང་ཕལ་ཆེར་གྱི་རྒྱུན་ཤར་ཕྱོགས་སུ་འབབས(འབབ)པ། རི་སུལ་ཐམས་ཅད་ཁ་བ་འཁྱགས་པས་གང་ཞིང་དབྱར་ཚ་བའི་དུས་ཅུང་ཟད་འཇུ་ཡང་མོད་ལ་འཁྱགས་པར་སྣང་ངོ་། །ས་གྲང་ཞིང་ལམ་ཀྱུ་ཀྱུ་ཅན་ཤིན་ཏུ་བགྲོད་དཀའ་བ། ཀླུ་མ་རུངས་པ་གདུག་རྩུབ་ཆེ་བ་དག་གནས་པས་ལམ་འདི་བརྒྱུད་དེ་འགྲོ་བ་དག་གོས་དམར་སྒྲིག་མི་གྱོན། ཀ་བེད་མི་འཆང་སྐད་ཆེན་མི་འདོན། གཞན་དུ་ན་ཕྲལ་དུ་རླུང་དྲག་པོ་ལྡང་ཞིང་གསེག་མ་འཐོར་བ་དང་ཁ་ཆར་འབབ་པས་སྐྱེ་བོ་མང་པོ་འཆི་ཞིང་ཉེ་ཚེ་མེད་པར་ཐར་པ་ཤིན་ཏུ་དཀོན་པར་སྣང་ངོ་། །དེ་ལྟར་ལེ་བར་བཞི་བཅུ་ལྷག

བསྐྱོད་པ་ན་མཚོ་དྭངས་མོ་ཆེའམ་འགའ་ཞིག་གིས་མཚོ་ཚན་ཟེར། ལ་ལས་བ་ཚྭའི་མཚོ་ཟེར་བ་ཁོར་ཡུག་ཏུ་ལི་བར་སྟོང་ལྷག་པ། ཤར་ནུབ་ཀྱི་དངོས་རིང་ཞིང་ལྷོ་བྱང་གི་མཐའ་ཙམ་ཉེ་བ་ཕྱོགས་ཕྱོགས་ནས་ཆུ་ཀླུང་མང་པོ་འབབ་པ། ཀླུ་དང་ཉ་བོ་ཆེ་འཁྲིས་མར་གནས་པ་ཆུའི་མདོག་སྔོ་ནག་རེ་ཙམ་ཟད་ལན་ཚྭ་བ། ཕན་ཚུན་དུ་རྒྱ་འགྲུལ་བྱེད་པ་དག་གིས་མཆོད་པ་བྱེད་དོ། །ཉ་མང་པོ་འདུག་ཀྱང་དུས་ཚོག(ཚོགས) གཟའ་སྐར་མ་བརྟགས་པར་གྱ་ཚོམ་དུ་འཇུག་པར་མི་བྱེད་དོ། །

༢ ཆུ་ཀླུང་འདབ་དཀར་ཅན་གྱི་གྲོང་ཁྱེར།

མཚོ་དེ་ནས་ནུབ་བྱང་མཚམས་སུ་ལི་བར་ལྔ་བརྒྱ་ལྷག་བསྐྱོད་པ་ན་ཆུ་ཀླུང་འདབ་དཀར་ཅན་ཞེས་བྱ་བའི་གྲོང་ཁྱེར་ཡོད་དོ། །དེའི་ཁོར་ཡུག་ཏུ་ལི་བར་དྲུག་བདུན་ཙམ་དང་དེར་ཚོང་པ་སྣ་ཚོགས་དང་ཧོར་སོག་འཁྲིས་མར་གནས་ཤིང་། ཡུང་དཀར་ནག་ནས་གྲོ་སོ་བ་རྒྱུན་འབྲུམ་རྣམས་མོད་ཅིང་ནགས་ཚལ་ཉུང་ངོ་། །སྤྱིར་གྲང་ལྷག(ལྷགས)ཆེ་ཞིང་ཁྱིམ་པ་དང་ཐེར་མའི་གོས་གྱོན་ནོ། །དེ་ནས་ནུབ་ཏུ་གྲོང་མང་པོ་ཡོད་པར་སོ་སོར་སྡེ་དཔོན་སིལ་མ་ཡོད། ཐུན་མོང་ལ་དབང་བའི་དཔོན་ཆེན་ནི་སྟག་ཟིག་རིགས་ཀྱིས་བྱེད་དོ། །

༣ འདོད་པ་ཅན་གྱི་ཡུལ།

འདབ་དཀར་ནས་ཀྱང་ཤར་ནའི་ཡུལ་གྱི་བར་ཐུན་མོང་དུ་འདོད་པ་ཅན་གྱི་ཡུལ་ཞེས་ཟེར་རོ། །རྒྱུ་མཚན་ནི་ཕལ་ཆེར་བསྐམ་ཆགས་ཆེ་བ་གཡོ་སྒྱུ་འཕྲམ(ཁྲམ) སོགས་ལ་གོམས་པ་དག་ལ་མཁས་པར་བརྩིའོ། །ཡི་གེ་ཀྲ་ལི་སུམ་ཅུ་ལྷག་ཙམ་ལ་

གྲི་བསྒྱུར་གྱིས་སྤྲེལ་མ་ཅན་ཕན་ཚུན་གང་བྱུང་སློབ་ཅིང་དཔོན་སློབ་ཀྱི་ཐ་སྙད་ཆུང་ངོ་། །གོས་སུ་ཕྱིང་པ་དང་ཐེར་མ་གྱོན་ཞིང་ཤིང་བལ་གྱི་རས་ལ་སོགས་པ་གྱོན་ནོ། །ཡང་ཀོ་ལྤགས་ཀྱི་སྟོད་གཡོག་དང་བན་གྱི་རས་ཤམ་ཐབས་སུ་གྱོན་ཞིང་། སྤྱིར་གོས་འཐུག་ལ་དོགས(དོག)པ་སྐྲ་ཕྱིད་བྲིག་ཅིང་སྤྱི་གཙུག་གཅེར་བུར་འཛོག་པ། ཡང་འགའ་ཞིག་ནི་སྐྲ་ཚང་མ་བྲིག(བྲེགས)ནས་གོས་དར་གྱིས་མགོ་བོ་དཀྲིས་པ། ལུས་རྩལ་ཆེ་ཞིང་རང་བཞིན་སྲར་མ། ནོར་ལ་བརྩོད(རྩོད)པ་ན་ཕ་བུ་ཡང་ངོ་མི་ཤེས་པ། ནོར་ཡོད་བཀུར་ཞིང་ནོར་གྱིས་དབུལ་བ་མ་རབས་སུ་བརྩིའོ། །འོན་ཀྱང་ལྟོ་གོས་ལ་གཙིགས་སུ་ཆེས་པས་ཆེས་ཕྱུག་པ་དག་ཀྱང་ངན་ངོན་ལ་སྤྱོད་ཅིང་སླ་ཟན་གྱིས་འཚོ་བའོ། །ཤིང་འཐུ་བ་དང་ཞིང་རྫོད་པ་མང་ངོ་། །

༄ ཆུ་མིག་སྟོང་།

འདབ་དཀར་ནས་ནུབ་ཕྱོགས་སུ་ལི་བར་བཞི་བརྒྱ་ཙམ་བགྲོད་པ་ན། ཆུ་མིག་སྟོང་ཞེས་བྱ་བའི་གནས་ཡོད་དོ། །གནས་དེའི་ཁོར་ཡུག་ཏུ་ལི་བར་ཉིས་བརྒྱ་ལྷག་མདུན་ངོས་སུ་རི་བོ་གངས་ཅན་ཡོད་པས་གྲང་ངར་ཆེ། ཧོར་སོག་གི་རྒྱལ་པོ་ལོ་རེ་བཞིན་དབྱར་ཡུལ་དེར་སྤྲོས་ཏེ་སྦྲ་གུར་གྱིས་གནས་པར་གྲགས། ཆུ་མིག་དང་མཚོ་དང་མཚོའུ་དང་ནེའུ་གསེང་དང་ལུ་མ་སོགས་ཤིན་ཏུ་མང་བས་མིང་དུ་དེ་ལྟར་གྲགས་སོ། །སོང(སོས)ཀའི་དུས་མེ་ཏོག་སྣ་ཚོགས་སྐྱེས་ཤིང་གོས་ཆེན་ཁ་ཐེ་བཀྲམས་པ་དང་འདྲ་བས་མཛེས་པར་སྣང་ངོ་། །དེར་གནས་པའི་རི་དགས(དྭགས)ཤ(ཤྭ)བའི་ཕྲུ་ཤིན་ཏུ་བསྲུན་པ་མིས་བཀོལ་དུ་རུང་བ་ཕལ་ཆེར་ཧོར་སོག་རྒྱལ་པོས་གཡེར་ཁ་དང་རྒྱན་སྤྲད་དེ་གཞན་གྱིས་མི་འཚེ་བའི་ཁྲིམས་ཀྱིས་བསྲུང་བར་བྱེད་དོ། །

༥ གྲོང་ཁྱེར་ཏ་ར་སི།

ཆུ་མིག་སྟོང་ཞེས་བྱ་བ་དེ་ནས་ནུབ་ཕྱོགས་སུ་ལི་བར་བརྒྱ་དང་བཅུ་གྲག་བཞི་ལྷ་ཙམ་བགྲོད་པ་ན། གྲོང་ཁྱེར་ཏ་ར་སི་ཞེས་བྱ་བ་ཡོད་ཁོར་ཡུག་ཏུ་ལི་བར་བརྒྱད་དགུ་ཙམ་ཡོངས་པའི་ནང་དུ་ཧོར་སོག་གི་ཚོང་པ་རིགས་མང་པོ་གནས་ཤིང་། དུས་ཚིགས་དང་ཡུལ་ཆོས་སོགས་ཡུལ་འདབ་དཀར་དང་མཐུན་ནོ། །

༦ གྲོང་ཁྱེར་མཁར་ཆུང་དང་གྲོང་ཁྱེར་ཆུ་དཀར། གྲོང་ཁྱེར་གུས་ལྡན།

དེ་ནས་ལྷོ་ངོས་སུ་ལི་བར་བཅུ་ཙམ་བགྲོད་པ་ན། མི་ཁྱིམ་སུམ་བརྒྱ་ཡོངས་པའི་མཁར་ཆུང་ཅིག་ལ་རྒྱ་མི་ཤ་སྟག་གནས་པ་དེ་སྔོན་དུ་ཙ་རྐའི་དམག་གིས་ཁྱེར་བར་གྲགས་སོ། །ཟས་གོས་ཆ་ལུགས་སྐད་ནི་སྟག་ཟིག་གི་ཚུལ་ལྟ་བུར་འདུག་ཀྱང་ཚུལ་ལུགས་སོགས་ཕལ་ཆེར་རྒྱ་ནག་པ་ལྟར་འདུག་གོ། །

དེ་ནས་ལྷོ་ནུབ་ཕྱོགས་སུ་ལི་བར་ཉིས་བརྒྱ་ལྷག་བགྲོད་པ་ན་གྲོང་ཁྱེར་ཆུ་དཀར་ཞེས་བྱ་བ་ཁོར་ཡུག་ཏུ་རྒྱང་གྲགས་བདུན་ཙམ་ཡོངས་པ། ཡུལ་ཆོས་དང་ལོ་ཏོག་སོགས་ནི་ཏ་ར་ཝི་དང་ཕལ་ཆེར་མཚུངས་ཀྱང་ཅུང་ཟད་བཟང་ངོ་། །

དེ་ནས་ཡང་ལྷོ་ནུབ་མཚམས་སུ་ལི་བར་ཉིས་བརྒྱ་ལྷག་བགྲོད་པར་གྲོང་ཁྱེར་གུས་ལྡན་ཞེས་བྱ་བ་ཁོར་ཡུག་ཏུ་ལི་བར་དྲུག་བདུན་ཙམ་ རྣན་གཉེར་ཆེ་བས་ནགས་ཚལ་སྟུག་པོ་ཡོད་དོ། །

ནུབྲི་ཀུན་གྱི་ཡུལ།

དེ་ནས་ལྷོ་ཕྱོགས་སུ་རྒྱང་གྲགས་ལྔ་བཅུ་ཙམ་བགྲོད་པའི་སར་གྲོང་ཁྱེར་ནུབྲི་ཀུན་ཞེས་བྱ་བ་ཁོར་ཡུག་ཏུ་ལེ་བར་སྟོང་ལྷག་པ། ཞིང་བཟང་པོ་དང་བཟའ་ཤིང་དང་མེ་ཏོག་གི་རིགས་ཀྱང་ཤིན་ཏུ་མང་ངོ་། །གྲོང་དང་གྲོང་བརྡལ་དང་ལྗོངས་ཆེ་ཆུང་བརྒྱ་ལྷག་ཡོད་ཀྱང་ཐུན་མོང་དུ་ནུབྲི་ཀུན་གྱི་ཡུལ་ཞེས་ཟེར་རོ། །

ཏྲེ་སྡིའི་ཡུལ།

དེ་ནས་ནུབ་བྱང་ཕྱོགས་སུ་རྒྱང་གྲགས་ཉིས་བརྒྱ་ལྷག་ཙམ་ན་ཡུལ་ཏྲེ་སྡི་སྦེ་རྗེ་བ་ཞེས་བྱ་བ་དེའི་ཁོར་ཡུག་ཏུ་ལེ་བར་སྟོང་ལྷག་ལྔ་བྱང་ཡངས་ཤིང་ཤར་ནུབ་ཀྱི་ངོས་ངོག་པ། ནུབ་ཏུ་ཆུ་ཀླུང་འདབ་མ་ཅན་དང་ཉེ་བ་ཡུལ་ཆོས་སོ་ཚོས་སྐྱུབ་ཚུལ་སོགས་ནུབྲི་ཀུན་དང་མཐུན་ནོ། །ཚང་མ་སྐྱག་ཟིག་གི་མདངའ་འོག་ཏུ་གཏོགས་སོ། །

ཐྲུ་ཧྃ་གྱི་ཡུལ།

ཡུལ་དེ་ནས་ལྷོ་ནུབ་མཚམས་སུ་རྒྱང་གྲགས་སྟོང་ལྷག་བགྲོད་པ་ན་ཐྲུ་ཧྃ་ཞེས་བྱ་བ་དེའི་ཁོར་ཡུག་ཏུ་ལེ་བར་བཞི་སྟོང་ལྷག་པ། ཕྱོགས་བཞི་ན་རི་བོ་བཞི་ཡོད་ཅིང་ས་ཤིན་ཏུ་གཤིན་པས་འབྲུ་སྣ་ཚོགས་དང་མེ་ཏོག་སྣ་ཚོགས་འབྱུང་ཞིང་། རྩ(རྩྭ)

ཆུ་ཡང་བཟང་པས་ཕྱུགས་གསོ་སླ། བསེར་བུ་བསིལ་ཞིང་། མིའི་རང་བཞིན་དཔའ་ཞིང་རྩུབ་ལ་སྙིང་ཁམས་ཆེ་བ་གཟུགས་མི་སྡུག་པ་འཐབ་རྩོད་ལ་དགའ་བ། ཕན་ཚུན་མི་འཁྲུམ(འཆམ)ཞིང་སྤྱི་དཔོན་མེད་པ་ཞིག་གོ། །

ཙུ་ཏྲ་རིཥྚའི་ཡུལ།

དེ་ནས་ནུབ་ཕྱོགས་སུ་རྒྱང་གྲགས་ཅིག(ཆིག)སྟོང་ལྷག་བགྲོད་པ་ན་ཙུ་ཏྲ་རིཥྚ་ཞེས་བྱ་བ། ཁོར་ཡུག་ཏུ་རྒྱང་གྲགས་སྟོང་དང་ལྔ་བརྒྱ་དྲུག་བརྒྱ་ཙམ། ཤར་ཆུ་ཀླུང་འདབ་མ་ཅན་ཉེ་བ། ཆུ་བོ་དེ་ནི་བཙོང་ལའི་རྒྱབ་ལོགས་ནས་ནུབ་བྱང་གི་ཕྱོགས་སུ་འབབ་པ་རྙོག་མ་མྱུར་བ་ཞུར་སྒྲ་ཆེ་ལ་དྲག་པ། ཡུལ་ལུགས་སོགས་ཏི་ཀྵི་སོགས་དང་འདྲ། རྒྱལ་པོ་ཞིག་ཡོད་ཀྱང་སྟག་ཟིག་གི་མངའ་འོག་ཏུ་འདུག་གོ། །

དགའ་བའམ་སྐྱིད་པའི་ཡུལ།

དེ་ནས་ནུབ་བྱང་ཕྱོགས་སུ་བྱེ་མ་དང་གསེག་མའི་ཐང་ཆེན་པོ་ཆུ་གཏན་ནས་མེད་ཅིང་རྒྱང་རིང་པོ་རི་ལ་བལྟས་ནས་ལམ་དཔོག་དགོས་ཤིང་། སྔར་བགྲོད་པའི་མིས་བོར་བའི་རུས་པ་སོགས་ལ་མཚན་མ་བྱས་ཏེ་དཀའ་ཚེགས་ཀྱིས་རྒྱང་གྲགས་ལྔ་བརྒྱ་ལྷག་ཙམ་བགྲོད་པ་ན་དགའ་བའམ་སྐྱིད་པ་ཞེས་བྱ་བའི་ཡུལ་དེའི་ཁོར་ཡུག་ཏུ་རྒྱང་གྲགས་ཆིག་སྟོང་བདུན་བརྒྱ་ཡོད་དོ། །དེའི་ཤར་ནུབ་ཏུ་ཡངས་ཤིང་ལྷོ་བྱང་དུ་དོག་པ་དབུས་ཀྱི་མཁར་གྱི་རྒྱ་ཁྱོན་ལ་ལེ་བར་ཉེ་ཤུ་ལྷག་རེ་ཐག་ཤིན་ཏུ་བཙན་པ་ཞིག་ལ་བརྟེན་པ། རིགས་མི་མཐུན་པའི་ཚོང་པ་མང་པོ་འདུས་ཏེ་རིན་

པོ་ཆེ་སྣ་ཚོགས་དང་། ཡུལ་གཞན་གྱི་ཡོ་བྱད་ཀྱི་རིགས་ཀྱང་ཤིན་ཏུ་མང་ངོ་། །ས་གཤིན་པས་འབྲུ་སྣ་ཚོགས་སྐྱེ་ཞིང་མེ་ཏོག་དང་ཤིང་ཏོག་གི་ཚལ་གྱི་རིགས་ཀྱང་མང་ངོ་། །ཡུལ་དེར་རྟ་བཟང་པོ་འབྱུང་ངོ་། །མིའི་རང་བཞིན་ཡང་གཟོ(བཟོ)རིགས་མང་པོ་ལ་མཁས་ཤིང་དཔའ་མཛངས་རྩལ་ཕོད་པ། ཡུལ་འདི་ཡུལ་འཁོར་གཞན་དག་གིས་གཙོ་བོར་བྱེད། ཚུལ་ལུགས་ཀྱང་མཛེས་ཚོས་ཆེ། དེའི་རྒྱལ་པོ་སྲིད་སྐྱོང་ལ་མཁས་ཤིང་། སྤྱོད་པ་གཟང(བཟང)བས་ཡུལ་གཞན་ཕལ་ཆེར་དེའི་བཀའ་ལས་མི་འདའ་འོ། །དེར་ཏེ་ཧེ་ཞེས་བྱ་བའི་སྡེ་ཅིག་ཡོད་པ་དེའི་མི་རྣམས་རང་བཞིན་གྱིས་དཔའ་རྩལ་ཆེ་ཞིང་གཡུལ་དུ་སྡོག་ལ་ཕངས་པ་མེད་པས་དགྲ་ཟླ་མེད་པ་ཞིག་གོ། །

མི་མ་ཧའི་ཡུལ།

ཡུལ་དེ་ནས་ཤར་ལྷོའི་མཚམས་སུ་མི་མ་ཧ་སྟེ་འབྲུའི་ཡུལ་ཟེར་བའི་ཡུལ་མཐའ་སྐོར་དུ་ལེ་བར་བཞི་བརྒྱ་ལྔ་བརྒྱ་ཡོད་པའི་ཐང་ཆེན་པོར་ཆགས་ཤིང་ཕྱོགས་ཤར་ནུབ་དོག་ཅིང་ལྷོ་བྱང་ཡངས་པ། ཡུལ་ཚོས་དུས་ཚོགས་ས་ཞིང་སོགས་དགའ་བའི་ཡུལ་དང་མཚུན་ནོ། །

ཀ་བུ་ཏ་ནའི་ཡུལ།

དེའི་བྱང་ཕྱོགས་སུ་མི་རིང་བར་ཀ་བུ་ཏ་ནའི་ཡུལ་མཐའ་འཁོར་ལེ་བར་སྟོང་ཕྲག་གཅིག་དང་བརྒྱ་ཕྲག་བཞི་ལྔ་ཙམ་ཤར་ནུབ་ཡངས་ལ་ལྷོ་ནུབ་དོག་ལ། ཡུལ་ཚོས་དགའ་བའི་ཡུལ་དང་ཕལ་ཆེར་མཐུན་ནོ། །

གུ་ཤམ་མི་ཀའི་ཡུལ།

དེ་ནས་ནུབ་ཕྱོགས་སུ་རྒྱང་གྲགས་སུམ་བརྒྱ་ལྷག་ཕྱིན་པ་ན་གུ་ཤམ་མི་ཀ་ཞེས་བྱ་བའི་ཡུལ་ཁོར་ཡུག་ཏུ་ལི་བར་སྟོང་དང་ལྔ་བརྒྱ་ཤར་ནུབ་དོག་པ་ལྷོ་བྱང་ཡངས་པའོ། །

ཏེ་ཏན་གྱི་ཡུལ།

དེ་ནས་ནུབ་ཕྱོགས་སུ་རྒྱང་གྲགས་ཉིས་བརྒྱ་ལྷག་ཙམ་ན་ཏེ་ཏན་ཏི་ཤར་སྐྱིད་ཅེས་བྱ་བའི་ཡུལ་ཡོད་དོ། །དེའི་མཐའ་སྐོར་དུ་ལི་བར་ཆིག་སྟོང་ལྷག་ཡོད་དོ། །

ཧྲུ་ཏེའི་ཡུལ།

དེ་ནས་ཡང་ནུབ་ཏུ་རྒྱང་གྲགས་བཞི་བརྒྱ་ཕྱིན་པ་ན་ཧྲུ་ཏེ་སྟེ་དབུས་སྐྱིད་ཅེས་བྱ་བའི་ཡུལ་ལོ། །དེའི་མཐའ་སྐོར་ལི་བར་ཆིག་སྟོང་བདུན་བརྒྱ་ཙམ་ཤར་ནུབ་ཡངས་ལ་ལྷོ་བྱང་དོག་གོ། །

ཛྷུ་ཏིའི་ཡུལ།

དེ་ནས་ནུབ་ཏུ་རྒྱང་གྲགས་བཞི་བརྒྱ་ལྷག་བགྲོད་པ་ན་ཡུལ་ཛྷུ་ཏི་སྟེ་ནུབ་སྐྱིད་ཅེས་བྱ་བའི་ཡུལ་ལོ། །དེའི་ཁོར་ཡུག་ཏུ་ལེ་བར་བཞི་བརྒྱ་ལྷག་ཡོད་དོ། །

ཏ་རི་ཀྵི་ཀའི་ཡུལ།

དེ་ནས་ཡང་ལྷོ་ནུབ་ཏུ་རྒྱང་གྲགས་ལྔ་བརྒྱ་ལྷག་ཕྱིན་པ་ན་ཏ་རི་ཀྵི་ཀའི་ཡུལ་ཤར་ནུབ་པསླུའི་ཀླུང་འགྲམ་དུ་ཆགས་ཤིང་ཤར་ནུབ་ཏུ་རྒྱང་གྲགས་སུམ་ཅུ་ཙམ་དང་། ལྷོ་བྱང་དུ་རྒྱང་གྲགས་ལྔ་བརྒྱ་ཡོངས་པ་སྟེ་རྒྱ་ཁྱོན་དེ་ཙམ་མོ། །ཡུལ་སྐད་ཀྱི་ཁྱད་པར་མ་གཏོགས་གཞན་ནུབ་སྐྱིད་ཇི་ལྟ་བ་བཞིན་ནོ། །

ཧྲེ་ཤྣཾ་ནའི་ཡུལ།

དེ་ནས་ལྷོ་ནུབ་མཚམས་སུ་རྒྱང་གྲགས་སུམ་བརྒྱ་བགྲོད་པ་ན། ཧྲེ་ཤྣཾ་ན་ཟེར་བའི་ཡུལ་དེའི་མཐའ་སྐོར་ལེ་བར་སྟོང་དང་བཞི་བརྒྱ་ལྔ་བརྒྱ་ཙམ་ཀ་སུ་ཏ་ནའི་ཡུལ་ནས་འདིའི་བར་གྱི་ཡུལ་ཐམས་ཅད་ཀྱང་སྤྱོད་ཚུལ་དང་ཡོ་བྱད་སོགས་དཀའ་བའི་ཡུལ་དང་འདྲའོ། །

ལྷུགས་ཀྱི་སྒོ།

དེ་ནས་ལྷོ་ནུབ་ཕྱོགས་སུ་རྒྱང་གྲགས་ཉིས་བརྒྱ་ལྷག་ཙམ་བགྲོད་པ་ན་བྲག་རི་འཇིགས་སུ་རུང་བ་ལམ་འཕྲང་དོག་ལ་གྱ་གྱུ་ཅན་ཞིག་ཏུ་བགྲོད་དཀའ་བ་ཡོད་དོ། །ལྷུགས་ཀྱི་སྒོ་ཞེས་ཟེར་བའི་རྒྱུ་མཚན་ནི། གཡས་གཡོན་གྱི་བྲག་གྱང་ལོགས་དང་འདྲ་ཞིང་ཁ་དོག་ལྷུགས་ཀྱི་མདོག་དང་མཚུངས་པ་ལ་ལྷུགས་ཀྱིས་གཡོགས་པའི་སྒོ་གླེགས་ལ་དྲིལ་བུ་གཡེར་ཁ་མང་པོ་བཏགས་པ་ཡོད་དོ། །

ཧྲུ་ཏྭ་རའི་ཡུལ།

དེ་ནས་རྫ་ཆུ་མེད་པའི་འབྲོག་དགོན་པ་ཉམ་ང་བ་བརྒྱུད་དེ་ཤར་ལྷོའི་ཕྱོགས་སུ་རྒྱང་གྲགས་སུམ་བརྒྱ་བགྲོད་པ་ན། རྒྱ་ནག་གི་སྐད་ཐེ་མིན་ཏེ་ལྷུགས་ཀྱི་སྒོ་གླེགས་སུ་གྲགས་པའི་ལམ་འཕྲང་དོག་གོ། །དེ་ཐོན་པ་ན་ཧྲུ་ཏྭ་ར་སྐེ་ཐོད[ཧྲ་ལག]དཀར་གྱི་ཡུལ་དེ་ནི་ལྷོ་བྱང་ངོས་སུ་ལེ་བར་ཆིག་སྟོང་ལྷག ཤར་ནུབ་ངོས་སུ་རྒྱང་གྲགས་སུམ་སྟོང་ལྷག་པ་ཤར་དུ་བཙོང་ལ་ལ་བརྟེན་པ། ནུབ་ཏུ་ཧྲ་ར་སི་ལ་རེག་པ་ལྷོ་རུ་གངས་རི་ཆེན་པོ་དང་ཉེ་བ། བྱང་དུ་ཐེ་མིན་ལ་ཐུག་པ། དབུས་ནས་པཀྵུའི་ཀླུང་ཆེན་ནུབ་ཕྱོགས་སུ་འབབ་བོ། །སྔོན་ཡུལ་དེའི་རྒྱལ་པོའི་རབས་ཆད་ནས་ལོ་བརྒྱ་ཙམ་སོང་བའི་རྗེས་ལ་སྟོབས་གདངས(གང)ཆེ་དག་གིས་སིལ་བུར་བགོས་པས་ཡུལ་ཉི་ཤུ་རྩ་བདུན་དུ་གྱུར་པ་ཐམས་ཅད་ཀྱིས་སྟག་ཟིག་གི་ལུང་ལེན་ནོ། །དགུན་ཟླ་ཐ་ཆུང་གི་མཇུག་ཙམ་ན་གཟོད་ཁ་ཆར་འདྲེས་མ་འབབ་བོ། །འདི་ནས་བཟུང་རིམ་པའི་ཡུལ་གྱི་བར་

ཡམ(ཡམས)ནད་དང་རིམ(རིམས)ཀྱི་རིགས་ཆེས་མང་ངོ་། །དགེ་འདུན་རྣམས་ཏོར་ཟླ་བཅུ་གཉིས་པའི་ཚེས་བཅུ་དྲུག་ལ་དབྱར་ཁས་བླངས་ནས། གསུམ་པའི་ཉ་ལ་དགག་དབྱེ་མཛད་སྲོལ་འདུག་གོ། །ས་དྲོ་ཞིང་རླན་ཆེ་ལ་ཆར་བ་ཡང་མང་བས་མི་རྣམས་བྱད་དབྱིབས་མི་མཛེས་ཤིང་གཡོ་སྒྱུ་དང་སྙིང་ཁམས་ཆུང་། ཡི་གེ་ནི་ཀཱ་ལི་ཉི་ཤུ་རྩ་ལྔ་ཙམ་དུ་འདུ་ཞིང་པཎྜ་དང་བོད་ཡིག་ལྟར་འཕྲེད་དུ་གློག་པར་བྱེད་དོ། །ཡོངས་སྤྱོད་ནི་གསེར་དངུལ་གྱི་ཏཾ་ཀ་དབྱིབས་གཞན་མི་འདྲ་བོ། །རས་དང་རྣམ་ཕྲུག་ཐེར་མ་རྣམས་ཀྱིན་ནོ། །

ཏ་མིའི་ཡུལ།

དེ་ནས་ཆུ་སླུང་པཉྩ་བརྒྱུད་དེ་བྱང་ཕྱོགས་སུ་སོན་པ་ན་ཏ་མི་ཞེས་བྱ་བའི་ཡུལ་ཤར་ནུབ་ཏུ་རྒྱང་གྲགས་སུམ་བརྒྱ་ལྷག་ལྷོ་བྱང་དུ་རྒྱང་གྲགས་བཞི་བརྒྱ་ལྷག དབུས་ཀྱི་མཁར་ཁོར་ཡུག་ཏུ་ལེ་བར་ཉི་ཤུ་ཙམ་ཤར་ནུབ་ཏུ་རིགས(རིང)པའི་ནར་སྣབས་ཅན་ལྷོ་བྱང་དུ་དོག་པ། དགོན་སྡེ་བཅུ་ལྷག་ཙམ་ལ་དགེ་འདུན་ཆིག་སྟོང་ལྷག མཆོད་རྟེན་དང་ལྷ་རྟེན་ངོ་མཚར་བ་བྱིན་ཅན་དག་ཀྱང་བཞུགས་སོ། །

ཤྭ་པཀྵའི་ཡུལ།

དེའི་ཤར་གྱི་ཉེ་འདབས་སུ་ཤྭ་པཀྵ་ཞེས་བྱ་བའི་ཡུལ་དེའི་ཤར་ནུབ་ཏུ་རྒྱང་གྲགས་བཞི་བརྒྱ་ལྷག ལྷོ་བྱང་དུ་རྒྱང་གྲགས་ལྔ་བརྒྱ་ལྷག དབུས་ཀྱི་མཁར་ཁོར་ཡུག་ཏུ་ལེ་བར་བཅུ་ལྷག་པ་ལ་དགོན་སྡེ་ལྔ་ཙམ་ལ་དགེ་འདུན་ཏ་ཙང་མི་མང་བ

གནས་སོ། །

ཏུ་ལུ་མའི་ཡུལ།

དེའི་ཤར་གྱི་ཉེ་འདབས་སུ་ཡུལ་ཏུ་ལུ་མ་ཞེས་བྱ་བ་དེའི་ཤར་ནུབ་ཏུ་རྒྱང་གྲགས་བརྒྱ་ལྷག་ལྷོ་བྱང་དུ་སུམ་བརྒྱ་ལྷག་ཙམ་མཁར་ཆེན་ལེ་བར་བརྒྱ་ལྷག་ཡོད་པ་དེའི་རྒྱལ་པོ་སྟག་ཟིག་གི་རིགས་རྒྱུད་དོ། །གཙུག་ལག་ཁང་གཉིས་ཙམ་དགེ་འདུན་བརྒྱ་ལྷག་གནས་སོ། །

ཡུ་མན་གྱི་ཡུལ།

དེའི་ཡང་ཤར་གྱི་ཉེ་འདབས་སུ་ཡུ་མན་ཞེས་བྱ་བའི་ཡུལ་དེའི་ཤར་ནུབ་ཏུ་རྒྱང་གྲགས་བཞི་བརྒྱ་ལྷག ལྷོ་བྱང་དུ་རྒྱང་གྲགས་བརྒྱ་ལྷག་ཙམ། ལྟེ་བའི་མཁར་མཐའ་སྐོར་དུ་ལེ་བར་བཅུ་དང་དྲུག་བདུན་ཙམ། །རྒྱལ་པོ་ཡང་སྟག་ཟིག་གི་རིགས་རྒྱུད་དོ། །དགོན་སྡེ་གཉིས་ཙམ་ལ་དགེ་འདུན་ཤིན་ཏུ་ཉུང་ངོ་། །

ཀོ་ཏུ་ཡ་ནའི་ཡུལ།

དེ་ནས་ལྷོ་ནུབ་ཀྱི་མཚམས་པཀྵུའི་འགྲམ་དུ་ཀོ་ཏུ་ཡ་ན་ཞེས་བྱ་བའི་ཡུལ་དེའི་ཤར་ནུབ་ཏུ་རྒྱང་གྲགས་ཉིས་བརྒྱ་ལྷག་དང་། ལྷོ་བྱང་དུ་རྒྱང་གྲགས་སུམ་བརྒྱ་ལྷག

ལྟེ་བའི་མཁར་ཁོར་ཡུག་ཏུ་ལེ་བར་བཅུ་ལྷག དགོན་སྡེ་གསུམ་ལ་དགེ་འདུན་བརྒྱ་ལྷག་ཙམ་མཆིས་སོ། །

ཧེ་ཤའི་ཡུལ།

དེའི་ཤར་འདབས་སུ་ཡུལ་ཧེ་ཤ་ཞེས་བྱ་བའི་ཡུལ་དེའི་ཤར་ནུབ་ཏུ་རྒྱང་གྲགས་སུམ་བརྒྱ་ལྷག་ལྷོ་བྱང་དུ་ལྔ་བརྒྱ་ལྷག དབུས་ཀྱི་མཁར་ཁོར་ཡུག་ཏུ་རྒྱང་གྲགས་བཅུ་བདུན་ཙམ་ཡོད་དོ། །

ཁོ་ཏུ་རའི་ཡུལ།

དེའི་ཤར་ཕྱོགས་སུ་ཁོ་ཏུ་ར་ཞེས་བྱ་བའི་ཡུལ་དེའི་ཤར་ནུབ་ཏུ་རྒྱང་གྲགས་སྟོང་ལྷག་ལྷོ་བྱང་དུ་ཡང་དེ་ཙམ་པ། ལྟེ་བའི་མཁར་མཐའ་སྐོར་དུ་ལེ་བར་ཉི་ཤུ་ལྷག་གཡོན་བཙོང་ལ་དང་ཐག་ཉེའོ། །

ཀུ་མི་ཏའི་ཡུལ།

དེ་དང་མི་རིང་བར་ཀུ་མི་ཏའི་ཡུལ་དེའི་ཤར་ནུབ་ཏུ་རྒྱང་གྲགས་ཉིས་སྟོང་ལྷག ལྷོ་བྱང་དུ་རྒྱང་གྲགས་ཉིས་བརྒྱ་ལྷག་པ་བཙོང་ལ་མ་བརྟེན་པ་གཞུང་མཁར་ཁོར་ཡུག་ཏུ་ཉེ་བར་ཉི་ཤུ་ལྷག་གོ། །ལྷོ་ནུབ་མཚམས་སུ་གཞོལ་བ་ན་ཆུ་ཀླུང་པཀྵུ་འབབ་

བོ། །གླིང་གི་ཕ་རོལ་ན་ཡུལ་ཤེ་ཧི་ནི་ཞེས་བྱ་བའི་ཡུལ་ཡོད་དོ། །དེ་ནས་ལྷོ་ཕྱོགས་སུ་ཚུ་གླིང་པགླུ་བརྒལ་བ་ན་ཧྣམ་སི་ཧྲི་ཏི་ཞེས་བྱ་བ་དང་། ཧྣ་ཊ་ཧྱཾ་ན་དང་། ཏི་ཧྲུཾ་ག་དང་། ཀུ་རཾ་ཊ་དང་། ཀ་ཧྣ་ར་དང་། ཁྲི་ཏ་དང་། ཧི་སྨི་ཧྲཾ་དང་། ཏེ་ར་ཏུ་དང་། ཨ་ཏྲེ་དང་། བ་ཀན་རྣམས་ཡོད་དོ། །ཏོ་ཞེས་བྱ་བའི་ཡུལ་ནས་བརྩམས་ཏེ་ལྷོ་ནུབ་ཏུ་ཁོ་སྦའི་ཡུལ་ཨཱཧྲ་ཤ་ལ་སོགས་པ་ཐང་སེང(ཟན)བགྲོད་པའི་ལམ་ཡིག་གནས་སོ། །

ཧྲུ་ཀ་རཾའི་ཡུལ།

ཏོ་ཞེས་བྱ་བའི་ཡུལ་ནས་ལྷོ་ནུབ་ཕྱོགས་སུ་ཧྲུ་ཀ་རཾ་ཞེས་བྱ་བའི་ཡུལ་དེའི་ཤར་ནུབ་ཏུ་ལེ་བར་ལྔ་བཅུ་ལྷག་དང་ལྷོ་བྱང་དུ་ལེ་བར་ཉིས་བརྒྱ་ལྷག་ཙམ། ལྟེ་བའི་མཁར་ཁོར་ཡུག་ཏུ་ལེ་བར་བཅུ་ལྷག་གོ། །

ཧི་སྨི་ཧྲཾའི་ཡུལ།

དེའི་ལྷོ་ངོས་སུ་ཧི་སྨི་ཧྲཾ་ཞེས་བྱ་བའི་ཡུལ་དེའི་མཐའ་སྐོར་དུ་ལེ་བར་སྟོང་ལྷག དབུས་མཁར་ཆེན་པོ་ཁོར་ཡུག་ཏུ་རྒྱང་གྲགས་བཅུ་ཕྲག་བཞི་ལྔ་ལྷག་ཙམ་སོ། །

ཏུ་རིན་གྱི་ཡུལ།

དེའི་ནུབ་བྱང་ཕྱོགས་སུ་ཏུ་རིན་ཟེར་བའི་ཡུལ་དེའི་ཁོར་ཡུག་ལེ་བར་བརྒྱད་

བརྒྱ་ལྷག དཔུས་མཁར་མཐའ་སྐོར་དུ་རྒྱང་གྲགས་ལྔ་དྲུག་ཙམ་མོ། །དགོན་སྡེ་བཅུ་ལྷག་པར་དགེ་འདུན་ལྔ་བརྒྱ་ལྷག་གནས་སོ། །

ཧྲུ་ཏའི་ཡུལ།

དེའི་ནུབ་ཏུ་ཧྲུ་ཏ་ཞེས་བྱ་བའི་ཡུལ་དེའི་ཤར་ནུབ་ངོས་སུ་རྒྱང་གྲགས་བརྒྱད་བརྒྱ་ལྷག ལྷོ་བྱང་ངོས་སུ་རྒྱང་གྲགས་བཞི་བརྒྱ་ལྷག་ཙམ་བྱང་པཀྵུའི་རྒྱུན་དང་ཉེ་བ་དཔུས་མཁར་མཐའ་སྐོར་དུ་ལེ་བར་ཉི་ཤུའི་སྐོར། ཕལ་ཆེར་གྱིས་རྒྱལ་ཁབ་ཚུང་ངུར་འབོད་དོ། །མཁར་དེ་ཤིན་ཏུ་བཙན་པ། མི་ཁྱིམ་མི་མང་བ་ས་གཤིན་པ། ཆུ་དང་ཐང་ལས་སྐྱེས་པའི་མེ་ཏོག་དང་འབྲུ་དང་རྩི་རིགས་ཤིན་ཏུ་མང་པོ་གྲངས་ཀྱིས་མི་ལངས་སོ། །གཙུག་ལག་ཁང་བརྒྱ་ཕྲག་གཅིག་ལྷག་ལ་དགེ་འདུན་སྟོང་ཕྲག་གསུམ་བཞི་གནས་པ་ཉན་ཐོས་སྡེ་པ་ཤ་སྟག་གོ། །

༡ ནཱ་ཧྲུའི་གཙུག་ལག་ཁང་།

མཁར་གྱི་ཕྱི་ལོགས་ལྷོ་ནུབ་མཚམས་སུ་ནཱ་ཧྲུ་ཞེས་བྱ་བའི་གཙུག་ལག་ཁང་ནི། རྒྱལ་པོ་སྔ་མ་དག་གིས་བཞེངས་པ། གངས་ཅན་གྱི་བྱང་ཕྱོགས་སུ་གཏོགས་པའི་མ་མོ་ལ་མཁས་པ་སྔ་རབས་པ་རྣམས་ཀྱིས་གཙུག་ལག་ཁང་འདི་པོ་ན་ལ་བསྟགས་པ་མཛད་པར་གྲགས་སོ། །དེར་བཞུགས་པའི་རྟེན་གྱི་རིགས་དང་མཆོད་རྫས་དང་རིན་པོ་ཆེའི་ཕྲ་བཀོད་སོགས་བརྗོད་ཀྱིས་མི་ལངས་ཤིང་ཡུལ་གཞན་དག་གིས་འགྲན་མི་བཟོད་དོ། །རྒྱལ་པོ་ཆེན་པོ་རྣམ་སྲས་ཀྱི་སྐུ་བརྙན་བྱིན་རླབས་ཤིན་ཏུ་ཆེ་བར་གྲགས་

པ་ཞིག་ཡོད་དོ། །ལན་གཅིག་ཡུལ་ཕྲན་གྱི་དཔོན་ཁག་མང་པོ་ཞིག་གིས་གཙུག་ལག་ཁང་གི་རྫས་འཕྲོག་པར་བགྲོས་ཤོམ་པར། ལྷ་དེས་ལྟས་མི་ཤེས(ཤིས)པ་བསྟན་པས་ཇག་པ་ཐམས་ཅད་སྤངས་ནས་རང་ཞེར་སོང་བ་དང་། ཡང་ད་ལྟ་སྟག་ཟིག་ཡེ་ཧུ་ཁོ་ཧན་ཏེ་ཧོར་སོག་གི་རྒྱལ་པོ་ཆེན་པོའི་བུ་ཅིག་གིས་ཕ་ལས་གསང་སྟེ་དམག་མང་པོ་དྲངས་ནས་གཙུག་ལག་ཁང་འཇོམ(འཇོམས)པར་ཆས་ཏེ་ཐང་ཞིག་ཏུ་སྒར་བཏན(བཏབ)པ་ན། དེ་ནུབ་རྨི་ལམ་དུ་ལྷ་དེ་ཁྲོས་པའི་རྣམ་འགྱུར་གྱིས་སྙིང་ཁམས་ཆེ་བ་ཁྲོད་མི་སྐྲགས(སྐྲག)སམ་གསུངས་ནས། ཕྱག་མདུང་འཕངས་པ་སྙིང་གར་ཟུག་པ་རྨིས་ཤིང་། སད་ཕྲལ་སྙིང་ན་ནས་ཆེར་སྐྲག་སྟེ་ཚུལ་དེ་གཞན་ལ་སྨྲས་པ་ཡབ་ཀྱིས་གསན་ཏེ་བུ་ལ་དྲག་ཏུ་སྤྱོས་སོ། །དགེ་འདུན་རྣམས་ལ་ནོངས་པ་མཐོལ་བཤགས་བྱས་ཀྱང་། སླར་ཡུལ་དུ་འཁོར་ཕྲལ་ཤི་བར་གྱུར་ཏོ། །

གཙུག་ལག་ཁང་དེའི་ནང་གི་མདུན་ངོས་ཀྱི་ལྷ་ཁང་དུ་སྟོན་པའི་ཁྲུས་བུམ་གྱི་ལྟོ་བའི་ཚད་ནི་འབྲས་བྲེ་བོ་ཆེ་གང་ཙམ་ཤོང་བ་ལ་ཁ་དོག་སྣ་ཚོགས་པ་རྒྱུ་རིན་པོ་ཆེ་གང་ཡིན་ངོས་འཛིན་དཀའ་བ་འོད་འཚེར་བ་ཞིག་ཡོད་དོ། །ཡང་སྟོན་པའི་ཆོམས་ཁ་དོག་སེར་ལ་འཚེར་བ་སྲིད་དུ་ཚོན་གང་ལྷག་པ་ཅིག་དང་། བཅོམ་ལྡན་འདས་ཀྱི་ཕྱག་ཏུ་བཞེས་པའི་རྩ་ཀུ་ཤའི་ཕྱག་མ་སྲིད་དུ་ཁྲུ་དོ་ལྷག་སྤོམས(སྦོམ)སུ་ཚོན་བདུན་ཡུ་བ་གོས་བཟང་གིས་དཀྲིས་ཤིང་རིན་པོ་ཆེ་སྣ་ཚོགས་ཀྱི་སྤྲས་བརྒྱན་པ་བཅས་བྱིན་རྟེན་སུམ་ཀ་གསོ་སྦྱོང་ལ་བབས་པའི་ཉིན་ཞལ་ཕྱེ་སྟེ་ཁྲུས་དང་མཆོད་པ་འབུལ་བ་ན། ལས་ཅན་འགའ་ཞིག་གིས་འོད་འཕྲོ་བ་མཐོང་ངོ་། །དགོན་སྡེ་དེའི་བྱང་ངོས་སུ་མཆོད་རྟེན་འདོམས(འདོམ)ཉིས་བརྒྱ་ལྷག་ཙམ་རྡོ་རྗེ་རིན་པོ་ཆེའི་ཕྱེ་མས་ཞལ་ཞལ་བྱས་པ་ལ་རིན་པོ་ཆེ་སྣ་ཚོགས་ཀྱི་ཕྲ་བཀོད་པ། རྟེན་དེ་ལ་རིང་བསྲེལ་བཞུགས་པས་དུས་བཟང་ལ་འོད་འབར་བར་སྣང་ངོ་། །དེའི་ལྷོ་ནུབ་ངོས་སུ་སྤོང་བ་པའི་ཁང་པ་ཅིག་ཡོད་པར་སྟོན་རྣལ་འབྱོར་ལ་བརྩོན་པ་དག་གིས་བསྒོམ་པས་འབྲས་བུ་

བཞི་མངོན་དུ་བྱས་ཤིང་ཆོ་འཕྲུལ་བསྟན་ཏེ་མུ་སྟེགས་ཅན་ལས་འདས་པའི་སྟོན་བྱུང་ལ་རྟེན(བརྟེན)ནས་ད་ལྟ་ཐག་རིང་པོ་ནས་སྐྱེ་བོ་ཤིན་ཏུ་མང་པོ་འདུ་ཞིང་། སྟོན་བཞེངས་པའི་མཆོད་རྟེན་རྣིགས་པའི་ཤུལ་དང་། ཕྱིས་བཞེངས་པ་དང་བརྒྱ་ཕྲག་ཏུ་མ་མཆིས་སོ། །མཆོད་རྟེན་དང་ལྷོན་ཤིང་གི་ཤུལ་མི་གསལ་བ་ཡང་ཆེས་མང་ངོ་། །དེར་དགེ་འདུན་བརྒྱ་ལྷག་ཙིག་གནས་པ་ལས་བསམ་གཏན་ལ་བརྩོན་པ་ཡང་མང་པོ་སྣང་ཞིང་རྟོགས་པའི་ཚད་བཟུང་དཀའོ། །

༢ ཐི་ལེའི་གྲོང་ཁྱེར་དང་ཟྷ་རིའི་གྲོང་ཁྱེར།

གྲོང་ཁྱེར་དེའི་ནུབ་བྱང་མཚམས་སུ་རྒྱང་གྲགས་ལྔ་བཅུ་ཙམ་ཕྱིན་པ་ན། ཐི་ལེ་ཞེས་བྱ་བའི་གྲོང་ཁྱེར་དང་། དེ་ནས་བྱང་དུ་རྒྱང་གྲགས་བཞི་བཅུ་ཙམ་གྱི་སར་ཟྷ་རི་ཞེས་བྱ་བའི་གྲོང་ཁྱེར་ཡོད་དོ། །དེ་གཉིས་ཀའི་ནང་དུ་མཆོད་རྟེན་སྲིད་དུ་འདོམ་དྲུག་ལྷག་པ་རེ་རེ་ཡོད་དོ། །དེ་ནི་བཅོམ་ལྡན་འདས་ཀྱིས་བྱང་ཆུབ་བརྙེས་ནས་རིང་པོ་མ་ལོན་པ་ན་ཚོང་དཔོན་ག་གོན་དང་བཟང་པོ་གཉིས་ཀྱིས་རྒྱང་རིང་པོ་ནས་བཅོམ་ལྡན་འདས་མཐོང་བས་དད་དེ་ཕྱག་འཚལ་ཞིང་ལམ་གྱི་གསོལ་ཆས་ཆ་ཤས་ཕུལ། བཅོམ་ལྡན་འདས་ཀྱིས་ཀྱང་སྐྱབས་གསུམ་དང་བསླབ་པའི་གཞི་ལྔ་དང་། དགེ་བ་བཅུ་བའི་ལམ་བསྟན་ཞིང་། ཉིད་ཀྱི་སྐྲ་སེན་ཀྱང་བཙལ(བསྩལ)བ་མཆོད་རྟེན་དེར་བཞུགས་སུ་བཅུག་པ་ཡིན་ནོ། །

དེའི་ནུབ་རོལ་ཏུ་རྒྱང་གྲགས་བདུན་ཅུ་ལྷག་ཕྱིན་པའི་སར་སངས་རྒྱས་འོད་སྲུང་གི་དུས་སུ་བཞེངས་པའི་མཆོད་རྟེན་འདོམ་བཞི་ལྷག་ཡོད་པ་གཅིག་བཞུགས་སོ། །

ཛཱི་མ་ཏའི་ཡུལ།

གྲོང་ཁྱེར་ཆེན་པོ་དེའི་ལྷོ་ནུབ་མཚམས་ནས་གང(གངས)རིའི་སྲུལ་དུ་ཞུགས་ཏེ་ཕྱིན་པ་ན་ཛཱི་མ་ཏ་ཞེས་བྱ་བའི་ཡུལ་ཡོད་དོ། །དེའི་ཤར་ནུབ་ཏུ་རྒྱང་གྲགས་བཅུ་ཕྲག་ལྔ་དྲུག་ལྷོ་བྱང་དུ་རྒྱང་གྲགས་བརྒྱ་ལྷག་པ། དབུས་ཀྱི་མཁར་ཁོར་ཡུག་ཏུ་ལེ་བར་བཅུ་ལྷག་ཡོད་དོ། །

རྟུ་ཤི་ཀ་ནའི་ཡུལ།

དེ་ནས་ལྷོ་ནུབ་མཚམས་སུ་རྟུ་ཤི་ཀ་ན་ཞེས་བྱ་བའི་ཡུལ་ཡོད་དོ། །དེའི་ཤར་ནུབ་ཏུ་རྒྱང་གྲགས་ལྔ་བརྒྱ་ལྷོ་བྱང་དུ་རྒྱང་གྲགས་སྟོང་ཕྲག་ལྷག་ཙམ། ལྟེ་བའི་མཁར་ཆེན་གྱི་ཁོར་ཡུག་ཏུ་རྒྱང་གྲགས་ཉི་ཤུ་ལྷག་ཙམ་གྱི་ནང་ན་རི་མང་པོ་སྣང་ངོ་། །ཡུལ་དེར་རྟ་བཟང་པོའི་རིགས་འབྱུང་ཟེར་རོ། །

ཏ་ར་ཀ་ནའི་ཡུལ།

དེ་ནས་ནུབ་བྱང་མཚམས་སུ་ཏ་ར་ཀ་ན་ཟེར་བའི་ཡུལ་དེའི་ཤར་ནུབ་ཏུ་རྒྱང་གྲགས་ལྔ་བརྒྱ་ལྷག་དང་ལྷོ་བྱང་དུ་རྒྱང་གྲགས་བཅུ་ཕྲག་ལྔ་དྲུག་ལྷག གྲོང་ཁྱེར་གྱི་ཁོར་ཡུག་ཏུ་རྒྱང་གྲགས་བཅུ་ལྷག་ཙམ། ནུབ་ཕྱོགས་ཧྲ་ར་སིའི་ཡུལ་ལ་ཐུག་གོ། །

ཏེ་ཐིའི་ཡུལ།

དེ་ནས་ཡང་ཟླ་ཏའི་ཡུལ་ནས་ལྷོ་ཕྱོགས་སུ་རྒྱང་གྲགས་བརྒྱ་ཙམ་ཕྱིན་པ་ན་ཏེ་ཐིའི་ཡུལ་དེའི་ཤར་ནུབ་ཏུ་རྒྱང་གྲགས་ལྔ་བརྒྱ་ལྷག་ལྷོ་བྱང་དུ་རྒྱང་གྲགས་སུམ་བརྒྱ་ལྷག གཞུང་མཁར་ཁོར་ཡུག་ཏུ་རྒྱང་གྲགས་བཞི་ལྔ་ཙམ་གྱི་ནང་ཕྱེ་མ་བརྡལ་ཞིང་སྐྱང་གཤོང་མང་བ་ཤིང་ཏོག་དང་མེ་ཏོག་གི་རིགས་དཀོན་ཞིང་ནས་དང་གྲོ་སྙན་འཕེལ་བ་བསིལ་ཆེ། མིའི་རང་བཞིན་རྩུབ་ཅིང་རྩལ་ཆེ། གཙུག་ལག་ཁང་བཅུ་ཕྲག་ལྷག་པར་དགེ་འདུན་སུམ་བརྒྱ་ཙམ། གནས་པ་དག་ཡོད་སླ་བའི་སྡེ་པ་ཁོ་ནའོ། །

ཟླ་ཡན་ནའི་ཡུལ།

ཤར་ལྷོའི་མཚམས་སུ་གངས་རི་ཆེན་པོའི་སུལ་ནས་ཕྱིན་པ་ན་བྲག་གཡང་ཤིན་ཏུ་བགྲོད་དཀའ་བ་རྟག་ཏུ་ཁ་བ་བུ་ཡུག་འཚུབས་པ། དབྱར་ཡང་འཁྱགས་པ་མི་འཇུ་བ། ལམ་འཕྲང་དོག་ལ་མི་མིན་གདུག་པ་དག་གནས་ཤིང་། ཚོམ(ཚོམ)ཀུན་མང་པོས་གང་བའི་ལམ་འཛིགས་སུ་རུང་བ་རྒྱང་གྲགས་དྲུག་བརྒྱ་ལྷག་ཕྱིན་པ་ན་ཐོ་ཧ་ཏའི་ཡུལ་མཐའ་ཟླ་ཡན་ནའི་ཡུལ་དེའི་ཤར་ནུབ་རྒྱང་གྲགས་ཉིས་སྟོང་ལྷག ལྷོ་བྱང་སུམ་བརྒྱ་ལྷག་པ་གངས་རིའི་ནང་གནས་སོ། །གཞུང་མཁར་རི་དང་བསྟུན་ནས་བཙིགས(བརྩིགས)པ། ལྷོ་བྱང་རིགས(རིང)པའི་ངོས་ལ་ལེ་བར་དྲུག་བདུན་ཙམ་བྱང་ངོས་མཐོ་ཞིང་། ལོ་ཏོག་གི་གྲོ་ཙམ་དང་མེ་ཏོག་གི་རིགས་ཆེས་དཀོན་ཞིང་། ཕྱུགས་ཀྱི་རིགས་མང་། བྱད་གཟུགས་མི་སྡུག་པ་ཤས་ཆེ་ཕལ་ཆེར་གདུག

རྒྱུབ་ཆེ་ཞིང་སེམས་དྲངས(དྲང)བས་འབྲིད་སླ། དད་པ་བརྟན་པ་གོས་སུ་གོ་ལྷགས་དང་ཐེར་མ་གྱོན་པ། ཡི་གེ་དང་རྩལ་ལུགས་ལོངས་སྤྱོད་ནོར་རྫས་སོགས་ནི་ཕལ་ཆེར་ཐོད་དཀར་དང་མཐུན་ལ་སྐད་ཅུང་ཟད་མི་འདྲའོ། །རང་བཞིན་གྱིས་དད་མོས་ཆེ་བ་ཡུལ་གཞན་དག་ལས་ཁྱད་དུ་འཕགས་ཏེ། དཀོན་མཆོག་གསུམ་ནས་འདི་སྲིན་ཡན་ཆད་ལ་བཞད་གད་ཀྱི་ཕྱིར་དུ་ཡང་མི་སྨོད་པ། སྤྱོད་ལམ་ཐམས་ཅད་ལ་གསོལ་བ་འདེབས་པ་སྔོན་དུ་གཏོང་ཞིང་། རྟེན་འབྲེལ་གྱིས་ལེགས་ཉེས་མཐོང་ཆོས་ལ་མངོན་དུ་འགྱུར་བའོ། །དགོན་སྡེ་མང་ཞིང་དགེ་འདུན་ཡང་སྟོང་ཕྲག་དུ་མ་བཞུགས་ཏེ། ཐམས་ཅད་འཛིག་རྟེན་ལས་འདས་པར་སྨྲ་བའོ། །

༡ རྡོའི་སྐུ་འདྲ་དང་སྟོན་པའི་སྐུ་བརྙན་གཟིམ་སྤྱན་ཅན།

ཡུལ་དེའི་རྒྱལ་པོའི་གྲོང་ཁྱེར་གྱི་བྱང་ཤར་མཚམས་སུ་རི་བོ་གཅིག་དང་ཆུ་ཀླུང་ཆེན་པོ་གཅིག་གི་འགྲམ་དུ་རྡོའི་སྐུ་འདྲ་སྲིད་དུ་འདོམ་སུམ་ཅུ་ཙམ་གསེར་གྱི་མདངས་ཅན་ཞིག་ཡོད་པར། ཉི་འོད་ཕོག་པས་འོད་གསལ་ཞིང་འཚེར་བའོ། །དེའི་ཤར་ལོགས་སུ་དགོན་སྡེ་ཞིག་ཡོད་པ་རྒྱལ་པོ་དེའི་ཡབ་ཀྱིས་བཞེངས་པ་དང་། དེའི་ཤར་དུ་ར་གན་ལས་སྒྲུབ་པའི་སྟོན་པའི་སྐུ་བརྙན་བཞེངས་སྤྱན་ཅན་མཆུར་འདོམ་ཉི་ཤུ་ལྷག་པ། ཐོག་མར་ལྷུར་བགོས་ནས་བླུགས་པ་ཕྱིས་རིལ་བུ་གཅིག་ཏུ་སྦྱར་བ་ཞིག་བཞུགས་སོ། །

གྲོང་ཁྱེར་དེའི་ཤར་ལོགས་སུ་རྒྱང་གྲགས་བཅུ་ཕྲག་གཉིས་གསུམ་ལྷག་ཙམ་ན་གཙུག་ལག་ཁང་དུ་སྟོན་པའི་སྐུ་བརྙན་གཟིམས་སྤྱན་ཅན་སྲིད་དུ་ཁྲུ་སྟོང་ལྷག་ཡོད་དོ། །དེར་ལོ་རེ་བཞིན་དུ་ཡུལ་དེའི་རྒྱལ་པོ་དང་བཙུན་མོ་སྲས་འཁོར་དང་བཅས་པ་ཚོགས་ནས་བསྙེན་བཀུར་བྱེད་ཅིང་མཆོད་པ་དེའི་མིང་ལ་ཐོགས་པ་མེད་པའི་ཚོགས་

མཆོད་ཆེན་མོ་ཞེས་བྱེར་རོ། །སྐབས་འགར་རྒྱལ་པོ་རང་ཉིད་ཀྱི་ལུས་ཀྱང་སྦྱིན་པར་གཏོང་བ་ལ་སློབ་དཔོན་རྣམས་ཀྱིས་རྒྱལ་པོའི་བང་མཛོད་ནས་ནོར་རྫས་ཕྱུགས(ཕྱུངས)ཏེ་སླར་བླུ་བར་བྱེད་དོ། །

༢ གཙུག་ལག་ཁང་ཞིག

དེའི་ཤར་ལྷོར་རྒྱང་གྲགས་ཉིས་བརྒྱ་ལྷག་ཕྱིན་པས་གངས་རི་ཆེན་པོ་དང་། དེའི་ཤར་འདབས་སུ་ཆུ་མིག་རྫིང་བུར་འཁྱིལ་བ་མེ་ལོང་ལྟར་དྭངས་པ་ཅིག་དང་དེར་ནགས་ཚལ་དང་སྤང་ལྗོངས་ཕུན་སུམ་ཚོགས་པའི་གནས་སུ་གཙུག་ལག་ཁང་ཞིག་འདུག་པའི་ནང་ན་སངས་རྒྱས་ཀྱི་ཚེམས་དང་། བསྐལ་པ་དང་པོའི་དུས་ཀྱི་རང་སངས་རྒྱས་ཤིག་གི་ཚེམས་སྲིད་དུ་ཚོན་ལྔ་ལྷག་ཞེང་དུ་ཚོན་བཞི་ལྷག་ཡོད་དོ། །གསེར་གྱི་འཁོར་བསྒྱུར་གྱི་སོ་སྲིད་དུ་ཚོན་གསུམ་ཞེང་དུ་ཚོན་གཉིས་ཡོད་པ་དང་། དགྲ་བཅོམ་པ་ཤ་ནའི་གོས་ཅན་གྱི་ལྷུང་བཟེད་ལྕགས་ལས་བྱས་པ། འབྲས་ཕོར་བ་ཆེན་པོ་བརྒྱད་དགུ་ཙམ་ཤོང་བ་དག་བཞུགས་ཤིང་། གཙུག་ལག་ཁང་དེའི་སོ་གསེར་གྱི་སོ་ལྕགས་ཀྱིས་བསྟམས་པ། ཡང་དགྲ་བཅོམ་པ་དེ་ཉིད་ཀྱི་རྣམ་སྦྱར་རྣམ་ཐན་དགུ་པ་ཤ་ནའི་རས་ལས་རང་བྱུང་དུ་གྲུབ་པ་ཙུང་ཟད་རུལ་བ་དག་ཡོད་དོ། །

ཀ་པི་ཤིའི་ཡུལ།

དེའི་ཤར་འདབས་སུ་གངས་རི་ལ་ཞུགས་ཏེ་ལ་ན་ག་བརྒལ་བ་ན་ཀ་པི་ཤི་ཞེས་བྱ་བའི་ཡུལ་དེའི་མཐའ་གྲུར་ལེ་བར་བཞི་སྟོང་ལྷག་པ། རྒྱབ་གངས་རི་ལ་བརྟེན་པ།

དེ་ཡང་གངས་རིའི་རྒྱུད་ཀྱི་རི་གསུམ་ལས་རི་ནག་པོ་ལ་བརྟེན་པའི་གྲོང་ཁྱེར་ཁོར་ཡུག་ཏུ་རྒྱང་གྲགས་བཅུ་ལྷག་ཡོད་པས། ས་བསིལ་ཆེ་བ་ལོ་ཏོག་གྲོ་དང་བཟའ་ཤིང་མོད་པ། རྟ་བཟང་པོ་མང་བ་གུར་གུམ་སོགས་ཡུལ་གཞན་གྱི་རྫས་དཀོན་པོ་ཡང་འདུ་བ། མིའི་ངང་རྒྱུད་སྒྲོ་ཐུང་ལ་ངག་རྩིང་ཞིང་ངོ་ཚ་ཁྲེལ་ཡོད་ཆུང་བ། ཡི་གེ་ཐོད་དཀར་དང་ཕལ་ཆེར་འདྲ་བ་ལ་ཡུལ་གཞན་དག་དང་མི་འདྲ། གོས་སུ་རས་ཞིབ་དང་ཐེར་མ་ཀོ་ལྤགས་རྣམས་དང་། ལོངས་སྤྱོད་ནི་གསེར་དངུལ་ར་གན་གྱི་དོང་ཙེ་རྣམས་ཡིན་ལ་ཡུལ་གཞན་དག་གི་དོང་ཙེའི་དབྱིབས་དང་མི་འདྲའོ། །རྒྱལ་པོ་རྒྱལ་རིགས་ཏེ་ད་ལྟར་ཞལ་བཞུགས་པ་ནི་དཔའ་མཛངས་རྟུལ་ཕོད་ཆེ་བ་སྲིད་བསྐྱང་ལ་མཁས་པ་དཀོན་མཆོག་ལ་ལྷག་པར་དད་ཅིང་བཀུར་སྟི་ཆེ་བ། ཉེ་སྐོར་གྱི་ཡུལ་བཅུ་ཕྲག་གཅིག་ལྷག་པ་དག་ལ་དབང་བསྒྱུར་བ། འབངས་ལ་སྙིང་བརྩེ་བ། ལོ་རེ་ཞིང་དུས་མཆོད་ཆེན་པོའི་སྐབས་སུ་དགེ་བའི་རྩ་བར་དམིགས་ནས་དངུལ་གྱི་སྟོན་པའི་སྐུ་བརྙན་དཔངས་སུ་འདོམ་དོ་དང་ཁྲུ་བརྒྱད་པ་རེ་བཞེངས་པར་བྱེད་ཅིང་ངན་སྐྱོང་ལ་སྦྱིན་པ་ཡང་གཏོང་ལ། གཙུག་ལག་ཁང་བརྒྱ་ཕྲག་གཅིག་ལྷག་པར་དགེ་འདུན་དྲུག་སྟོང་ལྷག་ཙམ་འདུས་པ་ལ་བསྙེན་བཀུར་སྟོབས་ཤིང་། མཆོད་རྟེན་གྱི་དཀར་རྩེ་དང་གཙུག་ལག་ཁང་གི་ཤིག(ཞིག)གསོས་དང་། རྟེན་རྣམས་ཀྱི་རྒྱན་རྙིང་པ་གསོ་བ་དང་། ལྷག་པར་དགེ་འདུན་ལ་ཐེག་ཆེན་གྱི་ཆོས་སྤྱོད་ལ་བསྐུལ་མ་འདེབས་བཞིན་པའོ། །ཕྱི་རོལ་པའི་ལྷག་ཁ(ལྷ་ཁང)ཡང་བཅུ་ཕྲག་དུ་མ་ཡོད་པར་གཅེར་བུར་སྤྱོད་པ་དང་ལུས་ལ་ཐལ་བའི(བས)བྱུག(བྱུགས)པ་དང་ཐོད་སྐམ་གྱིས་ཐོད་དང་མི་རུས་ཀྱི་ཚངས་སྐུད་ཐོགས་པ་དག་ཀྱང་སྟོང་ལྷག་ཙམ་གནས་སོ། །

༧ རྒྱལ་བུ་སྟོད་སའི་གཙུག་ལག་ཁང་།

གྲོང་ཁྱེར་གྱི་ཤར་འདབས་སུ་རྒྱང་གྲགས་གསུམ་བཞི་ཙམ་ན་གཙུག་ལག་ཁང་ཆེན་པོ་ཞིག་ཡོད། དེར་དགེ་འདུན་སུམ་བརྒྱ་ལྷག་ཙམ་ཚོགས་པ་དག་ཉན་ཐོས་པ་ཤ་སྟག་གོ། །འདི་ནི་ཡིག་ཚང་ལས་སྔོན་ཧྣན་ཧྲ་རའི་ཡུལ་གྱི་རྒྱལ་པོ་ཀ་ནི་ཥྐ་སྟོབས་རྒྱས་པར་གྱུར་བའི་དུས་ཡུལ་གཞན་དག་ལ་དབང་བསྒྱུར་བའི་ཕྱིར་དུ་ཡན་ལག་བཞི་པའི་དཔུང་ཚོགས་བཤམས་ཏེ། ཕྱོགས་རྣམས་སུ་རྒྱུ་བ་ན་བཙོང་ལའི་ཤར་གྱི་ཆུ་ཀླུང་གི་འགྲམ་དུ་འཁྱོར་བའི་ཚེ། ཡུལ་དེ་ཉིད་ཀྱི་རྒྱལ་པོ་སྐྲག་ནས་རང་གི་བུ་གཏའ་མར་ཕུལ། ཀ་ནི་ཥྐས་རྒྱལ་བུ་དེ་ལ་ཤིན་ཏུ་བྱམས་པས་གཏའ་མར་བཟུང་ཡང་། དགུན་རྒྱ་གར་གྱི་ཡུལ་གང་འདོད་དང་། དབྱར་ག་པི་ཤའི་ཡུལ་དུ་དང་། སྟོན་དཔྱིད་གཉིས་སུ་ཧྣན་ཧྲ་རའི་ཡུལ་དུ་སྡོད་དུ་བཅུག་པས། རྒྱལ་བུ་དེས་སྡོད་ས་གསུམ་དུ་གཙུག་ལག་ཁང་རེ་རེ་བཞེངས་པའི་གཙུག་ལག་ཁང་དེ་གསུམ་གྱི་མ(ཡ)གྱུལ་དབྱར་དུས་ཀྱི་གནས་དེ་ཡིན་པར་གྲགས་སོ། །དེའི་རྒྱུ་མཚན་གྱིས་གཙུག་ལག་ཁང་དེའི་རྩིགས་ངོས་སུ་རྒྱལ་བུ་དེའི་འདྲ་རིས་གོས་རྒྱན་དང་བཅས་པ་བྲིས་པ་ཡོད་དོ། །ཕྱིས་སུ་རྒྱལ་བུ་རང་ཡུལ་དུ་བཏང་བས་རྒྱལ་བ་ཐོབ་ཀྱང་དམ་བཅའ་ལྟར་ལོ་རེ་བཞིན་དགེ་བའི་བྱ་བ་རྣམས་མ་ཆག་པར་བསྒྲུབས་སོ། །གཙུག་ལག་ཁང་དེའི་ར་བའི་ལྷོ་སྒོར་ལྷའི་སྐུ་བརྙན་ཆེན་པོ་ཞབས་གཡས་ཙུང་ཟད་བཏགས(བཏེགས)པའི་འོག་ཏུ་གཏེར་ཆེན་པོ་སྦས་ཏེ། ཕྱི་ངོས་སུ་གཏེར་འདི་གཙུག་ལག་ཁང་གི་དོན་དུ་སྦས་པ་ཡིན་པས། གང་གི་ཚེ་གཙུག་ལག་ཁང་འདི་གསོ་བའི་དུས་སུ་བབས་པ་ན་གཏེར་འདི་ཕྱུང་ལ་ཞིག་གསོས་གྱིས་ཤིག་ཅེས་ཡི་གེར་བྲིས་ཡོད་པ། །ལན་ཅིག་ཡུལ་མཐའ་འཁོབ་ཀྱི་རྒྱལ་པོ་ཞིག་གིས་ཚུལ་དེ་ཐོས་ནས་དགེ་འདུན་གཉུག་མར་གནས་པ་དག་བསྐྲད་དེ་

གཏེར་ལེན་ནོ་སྙམ་དུ་བསམ་སྟེ་སྦྱོར་བ་ངན་པ་རྩོན(རྩོམ)པ་ན། གཙུག་ལག་ཁང་གི་སྲུང་མའི་དབུ་རྒྱན་ལས་ནེ་ཙོ་ཞིག་ཐོན་ཏེ་གཤོག་པ་བརྡབ་ཅིང་སྐད་བརྟོན་པ་དང་ས་འགུལ་དམག་མི་རྣམས་ཀྱང་ཕན་ཚུན་དུ་འཁྲིལ་བས། རྒྱལ་པོ་དཔུང་བཅས་སྐྲག་ནས་བཤགས་པ་ཕུལ་ཏེ་རང་གནས་སུ་བྲོས་སོ། །

གཙུག་ལག་ཁང་དེའི་རྒྱབ་ཕྱོགས་སུ་བྲག་ལ་བརྐོས་པའི་ཕུག་པ་དུ་མ་དག་ནི་རྒྱལ་བུ་དེའི་བསམ་གཏན་གྱི་ཁང་བུ་ཡིན་པར་གྲགས་སོ། །དེར་ཡང་གཏེར་མང་པོ་ཡོད་ཀྱང་དེ་དག་ཏུ་གནོད་སྦྱིན་གྱི་གཟུགས་བརྙན་རེ་ཡོད་པ་དག་གི་མཐུས། གནས་དེར་ཆོམ་རྐུན་བྱུང་བ་དག་ལ་གཟུགས་དངོས་སུ་སྟོན་པའམ། གཅན་ཟན(གཟན)དང་སྦྲུལ་གདུག་པ་སོགས་འཇིགས་སུ་རུང་བའི་གཟུགས་ཀྱིས་བསྐྲོད་པར་བྱེད་དོ། །

བྲག་ཕུག་དེ་དག་ལས་ནུབ་ཕྱོགས་སུ་རྒྱང་གྲགས་གསུམ་བཞི་ཙམ་ན་རི་བོ་ཆེ་བ་ཞིག་ཡོད་པའི་རྩེར་སྤྱན་རས་གཟིགས་སེམས་ཉིད་ངལ་གསོའི་སྐུ་བརྙན་བཞུགས། སྐལ་བ་དང་ལྡན་པ་དག་གིས་གསོལ་བ་བཏབ་ན་སྐུ་བརྙན་དེ་ལས་རང་ཉིད་དངོས་སུ་བྱོན་ནས་བྱིན་རླབས་མཛད་པ་ཡོད་ཟེར་རོ། །

༢ ཧ་ར་ཀུ་ཏུའི་གཙུག་ལག་ཁང་།

གྲོང་ཁྱེར་ཆེན་པོའི་ཤར་ལྷོར་རྒྱང་གྲགས་སུམ་ཅུ་ཙམ་ཕྱིན་པར་ཧ་ར་ཀུ་ཏུའི་གཙུག་ལག་ཁང་ཟེར་བ་ཡོད་དོ། །དེ་ནི་སློབ་དཔོན་ཆེན་པོ་ཧ་ར་ཀུ་ཏུས་བཞེངས་པས་མིང་དེ་ལྟར་དུ་གྲགས་སོ། །ལོགས་ཤིག་ན་འདོམ་ཉི་ཤུ་ལྷག་ཙམ་མཐོ་བའི་མཆོད་རྟེན་གསོ་སྦྱོང་གི་ཉིན་འོད་འཕྲོ་བ་དང་མར་མེ་སྣང་བར་བྱེད་དོ། །མཆོད་རྟེན་དེའི་བུམ་པ་ལྷུང་གཟེད་ཁ་བུབས་པ་ལྟ་བུའི་བུ་ག་ཞིག་ལས་ཏིལ་མར་འབབ་པ་དང་སིལ་སྙན་གྱི་སྒྲ་ཡིད་དུ་འོང་བ་དག་ཀྱང་འབྱིན་ནོ། །གཏམ་རྒྱུད་སྙིང(རྙིང)པར་

ཏ་ར་ཀུ་ཧྲུས་གཙུག་ལག་ཁང་དང་མཆོད་རྟེན་བཞེངས་ཟིན་པའི་ནུབ་མོ་རྨི་ལམ་ན་མི་ཞིག་གིས། འདི་སྐད་དུ་མཆོད་རྟེན་ལེགས་ཀྱང་ནང་དུ་རིང་བསྲེལ་མེད་པས་མ་ལེགས་ཟེར། རིང་བསྲེལ་རྙེད་ཐབས་དྲིས་པས་ཁྱོད་ཀྱིས་རྒྱལ་པོར་ཞུས་ན་རྙེད་པར་འགྱུར་རོ་ཞེས་རྨིས་སོ། །སང་ཉིན་རྨི་ལམ་ལྟར་རྒྱལ་པོར་ཞུས་པས་ང་ལ་དེ་འདྲ་མེད་ཟེར་རོ། །སྔོ་ནས་ཐོན་ཅ་ན་མི་ཞིག་གིས་རྒྱལ་པོ་ལ་རིང་བསྲེལ་འབུལ་བར་བྱུང་བ་སྔོན་པོས་རྒྱལ་པོར་ཞུས་ན་འགྲོད་པར་དོགས་ཀྱང་ཅི་དགར་བཞེས་ཏེ་མཆོད་རྟེན་གྱི་དྲུང་དུ་སོང་ནས་བུམ་པའི་ནང་དུ་བཞུགས་སུ་གསོལ་ལོ། །ཕྱིས་རྨི་ལམ་གྱི་གནས་ཚུལ་རྒྱལ་པོས་གསན་པ་དང་དེར་ཕྱིན་ནས་གཟིགས་པས་རིང་བསྲེལ་བཅུག་པའི་ཤུལ་དེ་རང་འཕྱོར་དུ་སོང་། ཏིལ་མར་གྱི་ཁྲུང་བུ་འདི་ཆུང་དུ་སོང་བ་ལས་དུས་བཟང་ལ་སྟར་ལྟར་ཏིལ་མར་དྲི་ཞིམ་པ་འབབ་བོ། །

༣ སིཏ་པླ་ལའི་གྲོང་ཁྱེར་དང་ཨ་ར་ནཽའི་རི།

གྲོང་ཁྱེར་དེའི་ལྷོ་ཕྱོགས་སུ་རྒྱང་གྲགས་བཞི་བཅུ་ན་སིཏ་པླ་ལ་སྟེ་དཀར་པོ་སྐྱོང་བ་ཞེས་པའི་ལྷ་ཁང་ཉེ་འཁོར་གྲོང་དང་བཅས་པ་ཞིག་ཡོད་དོ། །ས་གཡོ་བ་སོགས་ཡུལ་འཛིག་པའི་རྒྱུ་མང་དུ་བྱུང་ཡང་ཕྱོགས་དེར་གཏོགས་སོ་ཅོག་འགུལ་བ་ཙམ་ཡང་མ་བྱུང་བར་གྲགས་སོ། །སིཏ་པླ་ལའི་གྲོང་ཁྱེར་དེ་ནས་ལྷོ་ཕྱོགས་སུ་ལེ་བར་སུམ་ཅུ་ལྷག་ཙམ་གྱི་སར་ཨ་ར་ནོ་ཟེར་བའི་བྲག་ཤིན་ཏུ་མཐོ་ཞིང་རྩུབ་པ་ཡོད་དོ། །དེ་ལོ་རེ་བཞིན་འདོམ་ཉི་ཤུ་ཙམ་ཟེ་མཐོར་གྱུར་ཏེ་སྣར་ཉིལ་འགྲོ་བ་ཞིག་ཡོད་དོ། །དེ་ནི་ཙོ་ཀུ་ཏའི་ཡུལ་གྱི་ན་ཏེ་ར་ཞེས་བྱ་བའི་རི་དང་རྣམ་པ་མཐུན་ནོ། །གཏམ་རྒྱུད་ལས་སྔོན་རི་དེའི་ལྷ་ནི་ཡུལ་ཐག་རིང་པོ་ནས་རིམ་གྱིས་འོང་སྟེ་ས་དེར་སླེབས་པ་དང་། ཨ་ར་ནཽའི་རིའི་ལྷས་མ་བཟོད་དེ་བྲོས་པར་བརྩམ་པ་ན་ཙོ་

ཀུ་ཏེའི་ལྟས་བཀག་སྐེ་སྐྲས་པ། བདག་ཙོ་ཀུ་ཏའི་ཡུལ་གྱི་རི་ན་ཧེ་ཏར་གནས་པ་སྐེ་ཁྲོད་དང་ངེད་གཉིས་མཛའ་བོར་བྱས་ཏེ། ཡུལ་མི་རྣམས་ཀྱིས་དུས་ཀྱི་མཆོད་སྤྲིན་བྱེད་པའི་སྐབས་སུ་མཆོད་པ་ཐུན་མོང་དུ་བླང་བར་བྱའོ་ཟེར་བས། རིའི་ལྷ་དེས་ཀྱང་ཁས་བླངས་པས་མཆོད་སྤྲིན་གྱི་སྐབས་རེ་གཉིས་མཉམ་དུ་འཕེལ་ཞིང་མཉམ་དུ་ཉེལ་བར་འགྱུར་བར་གྲགས་སོ། །

༤ གངས་རིའི་སྤྱི་ཡི་མཚོ།

རྒྱལ་པོའི་གྲོང་ཁྱེར་གྱི་ནུབ་བྱང་དུ་རྒྱང་གྲགས་ཉིས་བརྒྱ་ལྷག་ཙམ་འདས་པ་ན་གངས་རིའི་སྤྱི་ལ་མཚོ་ཅིག་ཡོད་པར་ཆར་འབེབ་གཙོད་ཀྱི་སྐབས་མཆོད་ཅིང་བསྐུལ་ན་རེ་བ་བསྐོང་བྱེད་དོ། །གཏམ་རྒྱུད་རྙིང་པ་ལས་ཤྣན་ཧྣ་རའི་ཡུལ་འདི་ན་དགྲ་བཅོམ་པའི་འབྲས་བུ་སྟོན(མངོན)དུ་བྱས་པ་ཞིག་ཡོད་པ་ལ། མཚོ་འདིར་གནས་པའི་ཀླུས་བཀུར་སྟི་བྱེད་པ་ཞིག་ཡོད། ཉིན་བཞིན་གདུགས་ཚོད་ལ་བབས་དུས་དགྲ་བཅོམ་པས་རྫུ་དུར་བའི་ཁྲི་སྟན་ལ་འདུག་ནས་ནམ་མཁར་ལྡིང་ཞིང་འགྲོ་འོང་བྱས་པ་ལ། ལན་ཅིག་ཉེ་གནས་དགེ་ཚུལ་ཞིག་གིས་ཁྲི་སྟན་གྱི་འོག་ཏུ་ཡིབ་ཅིང་། དུས་ལ་བབས་པ་ན་ཁྲི་སྟན་ལ་འཇུས་ཏེ་འོང་བས། ཀླུའི་རྒྱལ་པོས་དཔོན་སློབ་གཉིས་ཀ་ལས་དགྲ་བཅོམ་པ་ལ་ལྷའི་ཞལ་ཟས་དང་། དགེ་ཚུལ་ལ་མིའི་ཟས་ཀྱིས་ཆོས་སྟོན་དྲངས་ཟིན་པ་དང་། དགྲ་བཅོམ་པས་ཀླུ་རྒྱལ་ལ་དམ་པའི་ཆོས་ཅི་རིགས་པར་བསྟན། དེ་ནས་དགེ་ཚུལ་གྱིས་ལྷུང་བཟེད་བཀྲུ་བཤལ་བྱེད་པ་ན་ལྷུང་བཟེད་ལ་འབྱར་བའི་འབྲུ་མཐོང་ཏེ་དྲི་བསྣམ་པས་བསོད་སྙོམས་ལ་ཁྱད་པར་ཡོད་པར་རིག་ནས་ཁོང་ཁྲོ་སྐྱེས་ཏེ་ཕྱིར་ལོག་པ་དང་སྨོན་ལམ་འདི་ལྟར་བཏབ་བོ། །བདག་གིས་དུས་གསུམ་དུ་བསགས་པའི་དགེ་རྩ་རྣམས་ཕྱོགས་གཅིག་ཏུ་བསྡོམ་པའི་མཐུ་རྣམས་ཆབ་གཅིག

ཏུ་སྨིན་ཏེ། དོ་ནུབ་བདག་ཀླུ་ཆེན་པོར་སྐྱེས་ནས་ཀླུ་རྒྱལ་ཆེ་གེ་མོ་བསད་ལ་ཚབ་ཏུ་གྱུར་ཏེ་དེའི་སྲིད་ལ་དབང་བར་ཤོག་ཅིག་ཅེས་སྨོན་ལམ་བཏབ་བོ། །བདེན་སྟོབས་བཙན་པས་དགེ་ཚུལ་དེ་ནུབ་མོ་དེར་ཚེ་འཕོས་ཏེ་ཀླུ་མ་ཏུངས་པ་མཐུ་ཆེན་ཞིག་ཏུ་སྐྱེས་བས། འཚོ་བ་སྦྱོར་མཁན་གྱི་ཀླུ་དེ་ཡང་ནད་ཀྱིས་ཉམས་དམས་པར་གྱུར་བས། ཀླུ་རྒྱལ་མ་ཏུངས་པ་དེས་དེ་བསད་དེ་དེའི་ཡུལ་ལ་དབང་བསྒྱུར་ཏེ། ཆར་བ་དང་སེར་བ་དང་རླུང་དམར་བཏང་ནས་རྩྭ་དང་ཤིང་དང་མེ་ཏོག་ཐམས་ཅད་འཇོམས་པར་བྱེད། གཙུག་ལག་ཁང་མང་པོ་ལ་གནོད་པར་བྱེད། གཙུག་ལག་ཁང་ཞིག་རལ་ཏུ་གྱུར་པ་དག་གསོས་ཡང་ཞིག་རལ་དུ་བཏང་བ་ལན་དྲུག་བདུན་བྱུང་བར། རྒྱལ་པོ་ཀ་ནི་ཥྐ་དོགས་པ་སྐྱེས་ཏེ་དགྲ་བཅོམ་པ་ལ་དྲིས་པས་དགྲ་བཅོམ་པས་དེ་ལྟར་བྱུང་བའི་རྒྱུ་མཚན་བཤད་པས། རྒྱལ་པོ་ཁྲོས་ཏེ་དམག་དཔུང་བཏེགས་ཏེ་མཚོ་དེ་སྐེམ་པར་ཆས་སོ། །དེ་ནས་ཀླུ་རྒྱལ་མ་ཏུངས་པ་དེ་ཤིན་ཏུ་སྐྲག་ནས་བྲམ་ཟེ་རྒན་པོ་ཞིག་ཏུ་བརྫུས་ཏེ་རྒྱལ་པོའི་ཞབས་ལམ་དུ་བསུས་ནས་ཞུས་པ། རྒྱལ་པོ་ཆེན་པོ་གསན་དུ་གསོལ། རྒྱལ་པོ་ཆེན་པོ་ཉིད་སྔོན་སྐྱེ་བ་དུ་མར་བསོད་ནམས་བསགས་པའི་མཐུས་མིའི་རྒྱལ་པོར་སྐྱེས་ཤིང་གང་བསམས་ཕལ་ཆེར་མི་འགྲུབ་པ་མེད་ན། ཅིའི་ཕྱིར་ངན་པ་ཀླུ་དང་དགྲ་ཟླ་བྱེད། ཀླུ་ནི་དུད་འགྲོའི་རིགས་སུ་གཏོགས་ཀྱང་གཟི་བརྗིད་དང་སྟོབས་ཆེ་བ་འཇིག་རྟེན་མིའི་དོ་ཟླ་མིན་ནོ། །རྒྱལ་པོ་ཆེན་པོ་དགོངས་ཤིག[ཀླུ]དང་བསྡད་ནས་རྒྱལ་ན་རིགས་དམན་དང་འགྲན་ཟླ་བྱས་པ་ལ་མཚར་མི་ཆེ། གལ་ཏེ་ཕམ་ན་རྒྱལ་པོ་ཆེན་པོའི་མཚན་སྙན་ལ་མི་གནོད་དམ་ཞེས་ཞུས་ཀྱང་མ་གསན་པས། བྲམ་ཟེའི་ལུས་མི་སྣང་བར་གྱུར་མ་ཐག་རླུང་དམར་དང་ཁ་ཆར་དུ་ཡུག་དུས་གཅིག་ཏུ་བྱུང་ཞིང་། ཐོག་སེར་དྲག་པོ་བབས་པས་དམག་མི་ཐམས་ཅད་ཅི་བྱ་གཏོལ་མེད་དུ་གྱུར་བ་ན། རྒྱལ་པོས་དཀོན་མཆོག་སྐྱབས་སུ་སྤྲན་ནས་སྨོན་ལམ་བཏབ་པ་བདག་སྐྱེ་བ་མང་པོར་དགེ་བའི་རྩ་བ་བསགས་ཤིང་མིའི་རྒྱལ་པོར་

འགྱུར་ཞིང་། སྐྱེ་བ་འདི་ལ་ཡང་སྒོ་གསུམ་གྱི་དགེ་བ་ཅི་ནུས་སུ་བསགས་པ་བདེན་ན་བདེན་པ་དེའི་མཐུས་གླུ་མ་ཧུངས་པ་འདི་ཅི་བདེ་བར་ཚར་ཆོད་པར་གྱུར་ཅིག་ཅེས་སྨོན་ལམ་བཏབ་མ་ཐག་གླུ་མ་ཧུངས་པའི་མཐོང་སྣང་ལ་རྒྱལ་པོའི་ལག་པ་གཉིས་གཤོག་པ་གཉིས་སུ་གྱུར་ལུས་ཀྱང་འཇིགས་སུ་རུང་བའི་བྱ་ཁྱུང་མཆུ་སྟེར་ཡོངས་སུ་རྫོགས་པ་མེའི་རལ་པ་དང་གཤོག་པ་དང་མཇུག་མ་ཅན་དུ་གྱུར་ནས་གླུ་རྣམས་རྨེག་མེད་དུ་བཅོམ། དེ་ནས་རྒྱལ་པོས་དམག་མི་རྣམས་བསྡུན་ཏེ་མི་རེས་རྗེ་རེ་ཁྱུར་དུ་བཅུག་ནས། མཚོ་དེ་བསྲུབ་པར་གཟས་པ་ན་གླུ་མ་ཧུངས་པ་དེས་ལུས་དངོས་སུ་བསྟན་ནས། གླུ་དེས་རྒྱལ་པོ་ལ་མགོ་བཏུད་དེ་ནོངས་པ་བཟོད་པར་གསོལ་ཞིང་ཞུ་བ། རྒྱལ་པོ་ཆེན་པོ་དགོངས་ཤིག་རྒྱལ་པོ་ཆེན་པོ་ངན་བུ་དང་འདི་ལྷ་བུའི་ཤ་འཕོན་བྱས་ན། ཕྱིས་བསྐལ་པ་ཕྱེད་དམ་བསྐལ་པ་གཅིག་གམ་གཉིས་སམ་གསུམ་མམ་བཞིའམ་ལྔའམ་དྲུག་བདུན་སོགས་སུ་ལན་ཆགས་སྤྲེལ་ན། ལས་དཀར་ནག་གི་རྣམ་སྨིན་མི་སླུ་བ་ལགས་པས་ཕུ་ཕུ(བུ)ཅག་ཐར་པ་ཐོབ་པའི་དུས་ཏ་ཅང་རིང་བར་འགྱུར་རམ། རྒྱལ་པོ་ཆེན་པོ་དེའི་ཕྱིར་བདག་འཕོར་བཅས་མ་གསོད་གནས་མ་བཤིག་པར་བཟོད་པ་བཞེས་ཤིག ཅི་དགར་དགོན་པ་དང་མཆོད་རྟེན་བཞེངས་ཤིག་བདག་གིས་གནོད་པ་མི་བྱེད་དོ། །འོན་ཀྱང་དེ་གླུ་རྣམས་དེ་གཉིད་སྨུག(རྨུགས)བརྗེད་ངས་ཆེ་བས། རི་བོའི་སྤོ་ལ་སྤྲིན་ནག་ཙུང་ཟད་ཙམ་བྱུང་མ་ཐག་གཎྜི་བརྡུངས་སུ་ཆུག་ཅིག་དང་དེས་དྲན་པ་གསོ་བར་འགྱུར་ཏོ། །ཞེས་ཞུས་པས་རྒྱལ་པོ་ཀ་ཊི་ཕྐས་བཟོད་པ་བཞེས་ཏེ་གཙུག་ལག་ཁང་དང་མཆོད་རྟེན་བཅས་བརྩིགས་ཤིང་། གཎྜི་བརྡུང་བ་གླུས་ཇི་སྐད་ཞེར་པ་ལྟར་བྱེད་པའི་སྲོལ་ད་ལྟ་ཡང་འདུག་གོ། །མཆོད་རྟེན་ཕྱི་ནང་དུ་སྟོན་པའི་སྐུ་གདུང་ཤཱ་རི་རམ་བྲི་གང་ལྷག་བཞུགས་པར་བྱའོ། །

༥ རྒྱལ་པོ་དང་རྒྱལ་པོའི་བཙུན་མོ་ཀན་པས་བཞེངས་པའི་གཙུག་ལག་ཁང་།

རྒྱལ་པོའི་ཕོ་བྲང་གི་ནུབ་བྱང་མཚམས་སུ་ཆུ་སླུང་ཆེན་པོ་ཞིག་ཡོད་པའི་ལྷོ་འགྲམ་དུ་རྒྱལ་པོ་སྤྲ་མས་བཞེངས་པའི་གཙུག་ལག་ཁང་དུ་སྟོན་པའི་སྐུ་ན་ཕྲ་དུས་ཀྱི་ཚེམས་སྲིད་དུ་ཚོན་གང་ལྷག་ཡོད་པ་དང་། ཤར་ལྷོའི་མཚམས་སུ་གཙུག་ལག་ཁང་ཞིག་ཡོད་པར་སྟོན་པའི་དབུ་ཐོད་ཀྱི་ཚལ་བུ་སྲིད་དུ་ཚོན་གང་ལྷག་པ་ཁ་དོག་དཀར་སེར་འཚེར་བ་གཅིག་དང་དབུ་སྐྲ་མཐིང་ཁ་གཡས་སུ་འཁྱིལ་དུང་གཡས་འཁྱིལ་གྱི་རྣམ་པ་ཅན་བརྒྱུད་ན་ཁྲུ་གང་ལྷག་ཙམ་བསྐུམ་ན་ཚོན་ཕྱེད་ལས་མེད་པ་ཞིག་འདུག་གོ། །རྟེན་འདི་དག་ལ་ཟླ་རེ་བཞིན་གྱི་གསོ་སྦྱོང་གི་ཉིན་རྒྱལ་པོ་ནས་དམངས་ཀྱི་བར་ཚོགས་ནས་ཁྲུས་གསོལ་དང་མཆོད་པ་ཆག་མེད་འབུལ་གྱིན་ཡོད་སྐད་དོ། །ཡང་དེར་རྒྱལ་པོ་འདིའི་བཙུན་མོ་ཀན་པས་བཞེངས་པའི་གཙུག་ལག་ཁང་ཞིག་ཡོད་པར་གསེར་ཟངས་ལས་སྒྲུབ་པའི་མཆོད་རྟེན་དཔངས་སུ་འདོམ་ཉི་ཤུ་ལྷག་ཙམ་ཡོད་དོ། །དཀར་ཆག་ཏུ་དེའི་ནང་དུ་སྟོན་པའི་རིང་བསྲེལ་བྲེ་གང་ལྷག་ཡོད་ཅེས་བཀོད་འདུག ཟླ་བ་འབྲུང་ངོ་ཙོག་གི་ཉའི་ནུབ་མོ་སྒྲོན་མེ་དང་འོད་སྣ་ཚོགས་འཕྲོ་ཞིང་སྣང་ཐིམ་པ་ཞིག་འདུག་གོ། །

༦ མེ་ཏུ་ཀུཊྚར་རི་དང་གླུ་མཚོ་ཞིག

གྲོང་ཁྱེར་གྱི་ལྷོ་ནུབ་མཚམས་ན་མེ་ཏུ་ཀུཊྚར་སྟེ། སྣང་པོ་རབ་བརྟན་ཟེར་བའི་རི་བོའི་ལྷ་དེ་སྣང་པོ་ཆེ་ཏུ་སྤྲུལ་ཏེ་སྟོན་པ་འཁོར་བཅས་གདན་དྲངས། རྡོ་ལེབ་ཆེན་པོ་

ཞིག་ཡོད་པ་དེའི་སྟེང་དུ་བཅོམ་ལྡན་འདས་འཁོར་བཅས་བཞུགས་པ་ལ་གདུགས་ཚོད་ཕུལ་ལོ། །རྗོ་ལེབ་དེར་ཕྱིས་སུ་རྒྱལ་པོ་ཨ་ཤོ་ཀས་མཆོད་རྟེན་བཞེངས་པ་དཔངས་སུ་འདོམ་ཉི་ཤུ་ལྷག་ལོངས་པ་ཞིག་ཡོད་དོ། །དེང་སང་མཆོད་རྟེན་སྨྲང་བརྟན་དུ་གྲགས་སོ། །ནང་དུ་རིང་བསྲེལ་བྲི་ཚུང་གང་ཡོད་ཟེར་རོ། །རི་བོ་དེའི་ཤོད་ན་མཚོ་ཞིག་ཡོད་དོ། །མཚོ་དེའི་ཀླུ་རྒྱལ་གྱིས་སྟོན་པ་འཁོར་བཅས་ལ་གདུགས་ཚོད་ཕུལ་ཆོས་མཉན་ནོ། །དགེ་འདུན་རྣམས་ཀྱིས་སོ་ཤིང་འཚོས་ཏེ་བོར་བའི་དུམ་ཕྲན་དག་ལས་ལྗང་མ་ཆེན་པོ་རེ་རེ་སྐྱེས་པ་ཡིན་ཟེར་རོ། །མཚོ་དེའི་མཐའ་སྐོར་ན་ཡོད་པའི་ཚལ་དེ་ལ་སོ་ཤིང་གི་ཚལ་ཞེས་གྲགས་སོ། །ཕྱིས་སུ་མགྲོན་པོ་ཞིག་གིས་དེར་གཙུག་ལག་ཁང་ཞིག་བཞེངས་པའི་མིང་ལ་སོ་ཤིང་ཚལ་གྱི་དགོན་པ་ཞེས་ཟེར་རོ། །

ས་བཅད་གཉིས་པ། ཡུལ་གསུམ།

རམ་པའི་ཡུལ།

དེ་ནས་ཤར་ཕྱོགས་སུ་ལུང་བ་ཆེན་པོའི་རྒྱུད་དེ་རྒྱང་གྲགས་དྲུག་བརྒྱ་ལྷག་ཙམ་ཕྱིན་པ་ན་རྒྱ་གར་བྱང་ཕྱོགས་རམ་པའི་ཡུལ་ལོ། །དེའི་ཁོར་ཡུག་ཏུ་རྒྱང་གྲགས་སྟོང་ལྷག་རྒྱབ་གངས་རི་ལ་བརྟེན་པ། ལོགས་གཞན་གསུམ་ན་རི་ནག་པོ་རམ་འདག་གི་ཚུལ་དུ་གནས་སོ། །ལྡེ་བའི་མཁར་གྱི་མཐའ་སྐོར་རྒྱང་གྲགས་བཅུ་ལྷག་ཙམ་མོ། །ལོ་བརྒྱ་ཙམ་རྒྱལ་པོའི་རབས་ཆད་དེ་མཐུ་རྩལ་སུ་ཆེས་ཀྱིས་དབང་ཐོབ་ཀྱིས་སིལ་བུར་སོང་སྟེ་ཐུན་མོང་ལ་དབང་བའི་རྒྱལ་པོ་ནི་མེད་དོ། །གལ་ཆེ་རིགས་རྒྱལ་པོ་ཀ་པི་ཤི་ལ་ཞུ་བར་བྱེད་དོ། །ས་ཆ་གྲང་དྲོ་སྙོམས་པ་འབྲས་སེར་པོ་དང་དཀར་པོ་དང་བུར་ཤིང་མོད། ནགས་ཚལ་མང་ཡང་བཟའ་ཤིང་དཀོན་ནོ། །གྲང་སིལ་དང་སད་བཙའ་ལས་ཁ་བ་མི་འབབ། མིའི་རང་བཞིན་གླུ་གར་ལ་དགའ་ཞིང་གཡོ་སྒྱུ་དང་ཁྲམ་ཆེ། སྟོང་ཅུར་ཆེ་ཞིང་ཕལ་ཆེར་བློ་མི་བརྟན། སྔ་རབས་པ་དག་གི་ལུགས་སྲོལ་བཟང་པོ་ཡལ་ནས་གང་བྱུང་བྱུང་དུ་འགྲོ། གོས་སུ་ཐེར་མ་རས་དཀར་གྱོན་ནོ། །གཙུག་ལག་ཁང་བཅུ་ལྷག་ལ་དགེ་འདུན་ཅུང་ཟད་ཐེག་པ་ཆེ་ལ་སྤྱོད་པ་ཤ་སྟག་གོ། །ཕྱི་རོལ་པའི་ལྷ་ཁང་ཡང་བཅུ་ཕྲག་དུ་མ་ཡོད་པར་ཕྱི་རོལ་པ་ཤིན་ཏུ་མང་ངོ། །

ནཱ་ག་རའི་ཡུལ།

དེ་ནས་ཤར་ལྷོའི་མཚམས་སུ་རྒྱང་གྲགས་བརྒྱ་ཙམ་ཕྱིན་པ་ན་ཆུ་ཀླུང་ཆེན་པོ་ཅིག་དང་ལ་གཡང་ཆེན་པོ་ཅིག་འདས་པ་ན་ནཱ་ག་རའི་ཡུལ་ལོ། །དེའི་ཤར་ནུབ་ཏུ་རྒྱང་གྲགས་དྲུག་བརྒྱ་ལྷག་ལྷོ་བྱང་དུ་རྒྱང་གྲགས་ཉིས་བརྒྱ་དང་བཅུ་ཕྲག་ལྔ་དྲུག་ཙམ་བགྲོད་དཀའ་བ་གཞུང་མཁར་ཐ་གྲུར་རྒྱང་གྲགས་ཉི་ཤུ་ལྷག་སྟེ་དཔོན་ཆེན་པོ་མེད་ལ་ཀ་པི་ཤིའི་འོག་ཏུ་གཏོགས་སོ། །ས་གྲང་དྲོ་སྙོམས་ཤིང་གཤིན་པ་མིའི་རང་བཞིན་ནི་ལྷོད་ལ་གྲུང་པ་བརྟུལ་ཕོད་ཆེ་བ་སློབ་གཉེར་ལ་ཤུགས་དྲག་ཆེ་ཞིང་ནང་པའི་བསྟན་པ་ལ་དགའ་ཕྱི་རོལ་པ་ལ་ཕལ་གྱིས་ཚད་མར་མི་འཛིན་ནོ། །གཙུག་ལག་ཁང་ཤིན་ཏུ་མང་ཡང་དགེ་འདུན་དེ་ཙམ་མི་མང་ངོ་། །ཕྱི་རོལ་པའི་ལྷ་ཁང་གོམ་པོ་(པ)ལྔ་ཙམ་ལ་ཁོ་རང་གི་གྲུབ་མཐའ་འཛིན་པ་བརྒྱ་ལྷག་ཙམ་གནས་སོ། །

༡ གྲོང་ཁྱེར་ཉེ་འདབས་ཀྱི་རྗེས་ཤུལ།

གྲོང་ཁྱེར་གྱི་ཤར་དུ་རྒྱང་གྲགས་གསུམ་ཙམ་ན་ཆོས་རྒྱལ་མྱ་ངན་མེད་ཀྱིས་བཞེངས་པའི་མཆོད་རྟེན་དཔངས་སུ་འདོམ་དྲུག་ཅུ་ལྷག་ཡོད་དོ། །དེར་རྗེ་ལ་སྟོན་བྱང་ཆུབ་སེམས་དཔའི་སྤྱོད་པ་སྤྱོད་པའི་དུས་བཅོམ་ལྡན་འདས་མར་མེ་མཛད་ཀྱི་དྲུང་དུ་ལུང་བསྟན་ཐོབ་པའི་རྣམ་འགྱུར་རལ་པ་སྤྲུང་པ་ཤ་བའི་པགས་པའི་གོས་སུ་གྱོན་པ་བྲིས་འདུག་དེའི་གནས་ཀྱང་ཡུལ་འདི་ཉིད་ཡིན་སྐད་དོ། ། བསྐལ་པ་འཇིག་ཀྱང་རི་མོ་འདི་དག་མི་འཇིག་ཟེར་ཞིང་། གསོ་སྦྱོང་གི་དུས་རྣམས་སུ་མེ་ཏོག་གི་ཆར་

འབབ་པ་སོགས་སྣང་བས་སྐྱི་བོ་ཕྱུག་མཆོད་ཧབ་ཐོབ་ཀྱིས་བྱེད་པའི་སྲོལ་མཆིས།

དེའི་ནུབ་ཕྱོགས་སུ་དགེ་འདུན་འུང་ཤས་བཞུགས་པའི་དགོན་པ་ཅིག་དང་། དེའི་ལྷོ་ངོས་སུ་ཡང་ཨ་ཤོ་ཀས་བཞེངས་པའི་མཆོད་རྟེན་ཆུང་བ་ཞིག་འདུག་གོ། །གྲོང་ཁྱེར་གྱི་ནང་དུ་མཆོད་རྟེན་ཆེན་པོ་ཞིག་ཡོད་པ་དེའི་བུམ་ནང་དུ་སྟོན་པའི་ཚེམས་བཞུགས་ཟེར་ཡང་ད་ལྟ་མི་འདུག་གོ། །དེ་དང་མི་རིང་བར་མཆོད་རྟེན་སྲིད་དུ་ཁྲུ་སུམ་ཅུ་ལྷག་ཙམ་འདུག་པ་དེའི་ལོ་རྒྱུས་ཤེས་མཁན་མི་འདུག་བཟོ་ཁྱད་དུ་འཕགས་པ་མིའི་བཟོ་བོས་བསྐྲུན་པར་མི་ནུས་པ་ཕལ་མོ་ཆེས་ངོ་མཚར་དུ་འཛིན་པ་ཞིག་སྣང་ངོ་། །

ཕོ་བྲང་གི་ལྷོ་ནུབ་མཚམས་སུ་རྒྱང་གྲགས་བཅུ་ཙམ་སོང་བ་ན་མཆོད་རྟེན་ཞིག་ཡོད་པ་དེ། སྟོན་སྟོན་པ་ཞལ་བཞུགས་དུས་གྲོང་ཁྱེར་རྒྱ་ཞིང་གཤེགས་པའི་ཚེ་འདིར་ཕྱིན་ཏེ་གདན་བཤམས་པ་ལ་དར་ཅིག་བཞུགས་པའི་ཤུལ་དུ་ཡུལ་མི་ཐུན་མོང་ནས་མོས་གུས་ཀྱིས་བཞེངས་པ་ཡིན་སྐད་དོ། །དེའི་ཤར་ལོགས་སུ་མི་རིང་བར་མཆོད་རྟེན་ཞིག་ཡོད་པ་དེ། སྟོན་སངས་རྒྱས་མར་མེ་མཛད་ཀྱི་དུས་སུ་བདག་ཅག་གི་སྟོན་པས་སྟོན་སྨྲད་པ་སྤྱོད་པའི་ཚེ་གནས་འདིར་མེ་ཏོག་འཚོར་སྐད་དོ། །

༢ ཕ་བོང་ཞིག་གི་སྟེང་གི་གཙུག་ལག་ཁང་།

གྲོང་ཁྱེར་གྱི་ལྷོ་ནུབ་ཕྱོགས་སུ་རྒྱང་གྲགས་ཉི་ཤུ་ཙམ་གྱི་སར་ཕ་བོང་ཞིག་གི་སྟེང་དུ་གཙུག་ལག་ཁང་རྗེ་འབའ་ཞིག་ལས་བཞེངས་པ་ཁང་བརྩེགས་དུ་མ་དང་ལྡན་པར། དགེ་འདུན་ལྔ་ཅོག་ཕྱུག་བདར་མཁན་ཙམ་ཡང་མི་སྣང་ངོ་ཁྲུ་ཉི་ཤུ་ལྷག་པའི་མཆོད་རྟེན་ཨ་ཤོ་ཀས་བཞེངས་པ་ཞིག་ཡོད་དོ། །གཙུག་ལག་ཁང་དེའི་ལྷོ་ནུབ་མཚམས་སུ་འོབས་ཤིན་ཏུ་ཟབ་པ་ལོགས་གཉིས་ཀྱི་བྲག་ཀུང་མཐོ་བ་གཡས་མའི་སྟེང་

ནས་ཚུ་བྲག་གི་སྟེང་ནས་ཕྱུར་ཏེ་འབབ་པ། གཡོན་མར་བྲག་ལག་མཐིལ་ལྟར་མཉམ་པའི་དབུས་ན་བྲག་ཁུང་ཀླུའི་རྒྱལ་པོ་ཀུ་ས་ར་གནས་སོ། །སྔོ་ཤིན་ཏུ་དོག་པ་ནང་མུན་ནག་འཐིབས་པ་ཆུ་རྒྱུན་དུ་ཐིགས་པ་དེ་བཞིན་གཤེགས་པའི་སྐུའི་གྲིབ་མ་བཞག་པ་ཡིན་ཞེས་པ་བྲིས་སྐུ་དང་འདྲ་བ་མཚན་དཔེའི་དོད་གསལ་པོ་འཆར་བ་སྣང་ཟེར་ཡང་ད་ལྟ་གསལ་པོ་མེད་ཀྱང་། སྐལ་བ་དང་ལྡན་པ་འགས་གསོལ་བ་ཐེ་གཅིག་ཏུ་བཏབ་ན་རིམ་གྱིས་གསལ་པོ་འཆར་ཡང་ཡུན་རིང་མི་གནས་ཟེར་རོ། །ཐུན་མོང་གི་སྣང་ངོར་དཔྱིབས་རགས་པ་ཙམ་ལས་མི་མཐོང་ངོ་། །ལོ་རྒྱུས་ནི་སྔོན་བཅོམ་ལྡན་འདས་ཞལ་བཞུགས་པའི་དུས་ན་ཀླུ་རྒྱལ་འདི་བ་སླང་རྫི་ཞིག་ཏུ་གྱུར་པ་རྒྱལ་པོ་ལ་ཞོ་དང་འོ་མ་འབུལ་བའི་དུས་ཚོགས་ནོར་བའི་རྐྱེན་གྱིས། རྒྱལ་པོ་དྲག་ཏུ་ཁྲོས་ཤིང་སྨྱུས་པས་སེམས་བསུན་ཏེ་གསེར་གྱི་དོང་ཚེས་མེ་ཏོག་ཉོས་ཏེ་རིང་བསྲེལ་ཅན་གྱི་མཆོད་རྟེན་ལ་མཆོད་པར་ཕུལ་ཏེ་སྨོན་ལམ་ལོག་པ་བཏབ་ནས་བྲག་འདི་ལ་མགོ་ཤུགས་ཀྱི་བཏབ(བརྡབ)པས་ཀླད་པ་རེ་བཀུམ་པས། བྲག་ཕུག་དེའི་ནང་དུ་ཀླུའི་རྒྱལ་པོ་གདུག་པ་ཅན་དུ་སྐྱེས་པ་ལ། བཅོམ་ལྡན་འདས་ཀྱིས་མཁྱེན་ནས་ཡུལ་དེའི་མི་རྣམས་སྐྱོབ་པའི་ཕྱིར་ཡུལ་དབུས་ནས་རྫུ་འཕྲུལ་གྱིས་འདིར་གཤེགས་ཀླུ་རྒྱལ་ལ་ཞལ་བསྟན་ཞིང་། ཀླུའི་སེམས་རྒྱུད་བྱིན་གྱིས་བརླབས་ཏེ་གདུག་སེམས་ཞི་བར་མཛད་དེ་སྲོག་གཅོད་སྤོང་བའི་སྡ་གཅིག་བསྲུང་བའི་དགེ་བསྙེན་གྱི་སྡོམ་པ་གནང་། ཀླུ་རྒྱལ་གྱིས་དམ་པའི་ཆོས་སྐྱོང་བར་ཁས་བླངས་སོ། །སྟོན་པ་འཁོར་བཅས་ལ་བཀུར་སྟི་བྱེད་པར་དམ་བཅས་སོ། །བཅོམ་ལྡན་འདས་མྱ་ངན་ལས་འདའ་ཁར་ཀླུ་དེ་ལ་བཀའ་ཆེམས་སུ་ཁྱོད་ཀྱི་སེམས་འཁྲུག་ཅིང་ཞེ་སྡང་འབར་བའི་ཚེ་ངའི་གྲིབ་མ་འདི་ལ་ལྟོས་ཤིག་དང་གདུག་སེམས་ཞི་བར་འགྱུར་ཏོ། །བསྐལ་པ་བཟང་པོ་འདིའི་མ་འོངས་པའི་སངས་རྒྱས་ཐམས་ཅད་ཀྱང་ཁྱོད་ལ་བརྩེ་བས་གཟིགས་པར་འགྱུར་ཞིང་སོ་སོ་ནས་ཀྱང་རིམ་པ་ལྟར་སྐུའི་གྲིབ་མ་འཇོག་པར་འགྱུར་ཞེས་དབུགས་དབྱུང་

མཛད་དོ། །ཁྱུང་བྱའི་ཕྱི་ལོགས་ཀྱི་ཕྱོགས་གཉིས་སུ་རྫ་ལེབ་གྲུ་བཞི་པ་རེ་རེ་ཡོད་པར་གཅིག་ལ་ནི་སངས་རྒྱས་ཀྱི་སྐུའི་གྲིབ་མ་དང་ཅིག་ཤོས་ལ་བཅོམ་ལྡན་འདས་ཀྱི་ཞབས་རྗེས་འཁོར་ལོའི་རྩིབས་གསལ་མི་གསལ་ཙམ་སྣང་བ་དང་ཉེ་སྐོར་དུ་བཅོམ་ལྡན་འདས་འཁོར་དང་བཅས་པའི་བསམ་གཏན་གྱི་ཁང་བུ་ཡིན་ཟེར་བའི་བྲག་ཕུག་དུ་མ་མཆིས་སོ། །བྲག་ཕུག་དེའི་ནུབ་བྱང་མཚམས་སུ་བཅོམ་ལྡན་འདས་ཀྱིས་[ཞབས] བཅགས་སར་མཆོད་རྟེན་ཞིག་དང་སྟོན་པའི་དབུ་སྐྲ་དང་ཕྱག་སེན་བཞུགས་པའི་མཆོད་རྟེན་ཞིག་ཡོད། །དེ་དང་མི་རིང་བར་སྟོན་པས་ཕུང་པོ་དང་ཁམས་དང་སྐྱེ་མཆེད་གསུངས་པའི་གནས་སུ་བཞེངས་པའི་མཆོད་རྟེན་ཞིག་ཡོད་དོ། །གྲིབ་མ་ཡོད་པའི་རྫའི་གཡས་སུ་ཕ་བོང་ལེབ་མོ་ཞིག་གི་སྟེང་དུ་བཅོམ་ལྡན་འདས་ཀྱིས་ཆོས་གོས་རྣམས་བཀྲུས་ཏེ་ཉི་མར་བསྐྱོས་པའི་རི་མོ་ལམ་ཙམ་མཐོང་བ་ཡོད། །

༣ གྲོང་ཁྱེར་ཧེ་རོ།

གྲོང་ཁྱེར་དེའི་ཤར་ཕྱོགས་སུ་རྒྱང་གྲགས་སུམ་ཅུ་ལྷག་པའི་སར་གྲོང་ཁྱེར་ཧེ་རོ་ཞེས་པ་ཁོར་ཡུག་རྒྱང་གྲགས་བཞི་ལྔ་ཙམ་ཤིན་ཏུ་བརྟན་པ། མེ་ཏོག་དང་བཟའ་ཤིང་གི་ར་བས་གཏམས་པ། མཚོ་དང་རྫིང་བུ་མང་པོས་བརྒྱན་པ་ཡོད་དོ། །གྲོང་ཁྱེར་གྱི་མི་ཕལ་ཆེར་མཛངས་ལ་གྲུང་པ་ཡང་དག་པའི་དད་པ་ཅན། ཁང་བ་ཉིས་བརྩིགས་དང་ཡང་བརྩིགས་ཀྱི་ནང་རིན་ཆེན་སྣ་བདུན་ལས་གྲུབ་པའི་མཆོད་རྟེན་ཆུང་བ་ཞིག་གི་ནང་ན་བཅོམ་ལྡན་འདས་ཀྱི་དབུ་ཚལ་མཐའ་སྐོར་དུ་ཁྲུ་གང་དང་ཚོན་དོ་དབུ་སྐྲའི་བུ་ག་རྣམས་ཤིན་ཏུ་གསལ་བ་ཁ་དོག་དཀར་སེར་འཚེར་བ། རིན་པོ་ཆེའི་ཀམ(སྒམ)ཆུང་དུ་བཙུག་པ་མཆོད་རྟེན་གྱི་ནང་དུ་བཞུགས་སོ། །ཡུལ་གྱི་མི་རྣམས་པྲ་རྟགས་བྱེད་ཚེ་དྲི་བཟང་བསྲེས་པའི་རྣག(སྣག)ཚ་བྱུག་པའི་བཏབ་ན་

ལེགས་ཉེས་ཀྱི་རི་མོ་གསལ་བར་འཆར་རོ། །ཡང་རིན་པོ་ཆེ་སྣ་བདུན་གྱི་མཆོད་
རྟེན་གཉིས་ཡོད་པའི་གཅིག་གི་ནང་དུ་སྟོན་པའི་དབུ་རིལ་པོར་དབྱིབས་པདྨའི་
ལོ་མ་དང་འདྲ་བ་ཁ་དོག་དབུ་ཚལ་གྱི་མདོག་དང་འདྲའོ། །ཅིག་ཤོས་ཀྱི་ནང་དུ་
སྟོན་པའི་སྤྱན་འབྲས་ཤིང་ཏོག་ཨ་མྲ་ཙམ་གསལ་ཞིང་འཚེར་བ། ཡང་རིན་ཆེན་སྣ་
བདུན་གྱི་སྒྲོམ་ནང་དུ་སྟོན་པའི་སྐུ་ཆོས་རྒྱུ་ཤིན་ཏུ་སྲབ་པ་ཁ་དོག་དམར་སེར་ལོ་
ཏ་ཙང་མང་པོ་འདུས་པས་ཙུང་ཟད་ཚུད་ཐོས་པ། སྟོན་པའི་མཁར(འཁར)སིལ་འ(ཨ)
ལོང་བཅས་ལྕགས་དཀར་ལས་གྲུབ་པ་ཙན་དན་གྱི་འཆར་བྱུང་ཙན། རིན་པོ་ཆེའི་
ཕྲ་ཚོམ་གྱིས་བརྒྱན་པའི་སྒྲོམ་གྱི་ནང་དུ་བཅུག་སྟེ་བཞག་པ། བྱིན་རྟེན་ལྷ་པོ་ཤིན་
ཏུ་བྱིན་རླབས་དང་ངོ་མཚར་ཆེ་བ་ཞིག་སྟེ། ལན་ཅིག་རྒྱལ་པོ་དབང་དང་སྟོབས་
ཆེ་བ་ཞིག་གིས་ཕྲོགས་ནས་རང་གི་གནས་སུ་ཁྱེར་ཏེ་ཕོ་བྲང་ནང་དུ་མཆོད་པའི་
གྲབས་བྱས་པར་འཕྲལ་དུ་མི་སྣང་བར་གྱུར་ཏེ་དར་ཅིག་ལ་རང་གནས་སུ་བཞུགས་
འདུག་སྐད་དོ། །ཀ་ནི་ཤི་རྒྱལ་པོས་ཡུལ་གྱི་མི་རྣམས་ཀྱི་སེམས་ཀྱི་ཚོད་བགམ་པའི་
ཕྱིར་དགེ་བསྙེན་ལྷ་ལ་གཏད་ནས་སྣ་དྲངས་ཏེ། སྐྱེ་བོ་མང་པོས་མཆོད་རྫས་འཛིན་
བཅུག་ནས་རྟེན་རྣམས་སྤྱན་དྲངས། རྟེན་མཇལ་འདོད་པ་རྣམས་ལས་རྟེན་རེ་ལ་
གསེར་ཏམ་རེ་འབུལ་བ་དང་། ཕྲ་རྟགས་ཞུ་བ་རྣམས་ལས་གསེར་ཏམ་ལྔ་རེ་འབུལ་
དགོས་ཞེས་ཁྲིལ་བསྒྲགས་ནས་ཚོང་འདུས་སུ་འགྲིམས་པས་འབུལ་མཁན་མང་དུ་བྱུང་
ཞིང་། རིམ་པས་གྲངས་བསྣན་ཏེ་བླངས་བས་བསྒྲི་བ་ལན་བཅུ་ཕྲག་དུ་མའི་བར་བྱས་
ཀྱང་མཇལ་མཁན་བྲི་བ་ཙམ་ཡང་མ་བྱུང་སྐད་དོ། །ཁང་བརྩིགས་དེའི་ནུབ་བྱང་
མཚམས་སུ་མཆོད་རྟེན་ཞིག་དེ་ཙམ་མི་མཐོ་ཡང་ཡ་མཚན་ཤིན་ཏུ་ཆེ་སྟེ་སྐྱེ་བོ་དག་
གིས་མཛུབ་མོ་བཙུགས་པའམ་ལུས་ཀྱིས་རེག་ན་ས་གཡོ་ཞིང་དྲིལ་བུ་ཐམས་ཅད་ཀྱིས་
སྒྲ་གྲགས་པར་འགྱུར་བ་ཡོད་དོ། །

ཀླན་ཀ་རའི་ཡུལ།

དེ་ནས་ཤར་ལྷོའི་མཚམས་སུ་རི་སུལ་བརྒྱུད་དེ་རྒྱང་གྲགས་ལྔ་བརྒྱ་ཙམ་བགྲོད་པ་ན་ཀླན་ཀ་རའི་ཡུལ་ལོ། །དེའི་ཤར་ནུབ་ཏུ་རྒྱང་གྲགས་སྟོང་ལྷག་ལྷོ་བྱང་དུ་རྒྱང་གྲགས་བརྒྱད་བརྒྱ་ལྷག ཤར་དུ་སིཏྟའི་གླིང་ལ་ཀྱོག་པ་དབུས་ཀྱི་མཁར་ལ་སྤྱུ་ཤ་པུར་ཟེར་རོ། །མཐའ་སྐོར་དུ་རྒྱང་གྲགས་བཞི་བཅུ་ལྷག་ཙམ། བདག་པོ་ནི་རྒྱལ་རིགས་ཡིན་ཀྱང་ད་ལྟ་རབས་ཆད་ནས་ཀ་པི་ཤའི་མངའ་འོག་ཏུ་གཏོགས་སོ། །ཕོ་བྲང་ནང་ཞིག་རལ་གྱིས་སྟོངས་ལ་ཁད་དུ་འདུག་གོ། །གྲུ་གཅིག་ན་མི་ཁྱིམ་སྟོང་ལྷག་ཙམ་ལས་མེད་དོ། །ས་ཆ་གྲང་དྲོ་སྙོམས་པ་དབྱར་ཙུང་ཟད་དྲོད་ཆེ། བྲུས་མ་དང་ཡུ་ར་འདེབས་སོ། །བཟའ་ཤིང་ཤིན་ཏུ་ལྷག་པར་མང་ཞིང་ཁྱད་པར་བུར་ཤིང་མང་། སད་དང་གངས་མི་འབབ་བོ། །མིའི་རང་བཞིན་སྙིང་ཁམས་སྐྱར་ཤས་ཆེ་ཞིང་སློབ་གཉེར་ལ་འགྲུས་པ། དད་པ་ཆུང་ཞིང་ཕལ་ཆེར་མུ་སྟེགས་ལ་མོས་པ། ཡུལ་འདི་ཁྱབ་འཇུག་ལྷ། འཕགས་པ་ཐོགས་མེད་སྐུ་མཆེད། དགྲ་བཅོམ་ཆོས་སྐྱོབ། འཕགས་པ་ཡིད་བཞིན། དགེ་སློང་རྩིབ་ལོགས་སོགས་ཀྱི་འབྲུངས་ཡུལ་ཡིན་ནོ། །གཙུག་ལག་ཁང་སྟོང་ལྷག་ཡོད་ཀྱང་ཞིག་རལ་ཆེ། མཆོད་རྟེན་ཀྱང་རབ་ཏུ་མང་ཞིང་། ཕྱི་རོལ་པའི་ལྷ་ཁང་ཡང་བརྒྱ་ཕྲག་དུ་མ་དང་། ཕྱི་རོལ་པའི་གྲུབ་མཐའ་སྨྲ་བ་དག་ཀྱང་མང་ལ་འདྲེས་མར་གནས་སོ། །རྒྱལ་པོའི་ཕོ་བྲང་ནང་བྱང་ཤར་མཚམས་སུ་སྟེགས་བུ་རྙིང་བ་ཅིག་སྣང་བ་སྟོན་པའི་གསོལ་ལྗུང་གི་ཁྲི་ཡིན་ཟེར་བ་ཡོད་དོ། །སངས་རྒྱས་མྱ་ངན་ལས་འདས་ནས་ལྕུང་བཟེད་རིམ་གྱིས་ཕེབས་པ་ཡུལ་འདིའི་སྐྱེ་བོའི་ཕྱག་མཆོད་སོགས་བསོད་ནམས་ཀྱི་ཞིང་དུ་གྱུར་ཏེ། ལོ་བརྒྱ་ཕྲག་དུ་མ་འདས་ནས་རིམ་པས་པ་ར་སའི་གྲོང་ཁྱེར་དུ་ཁྱེར་རོ། །

༧ བི་ས་རའི་ཤིང་དང་རྒྱལ་པོ་ཀ་ནི་ཥྐ།

དེའི་ཕྱི་རོལ་གྱི་ཤར་ལྷོའི་མཚམས་སུ་རྒྱང་གྲགས་བརྒྱད་དགུ་ཙམ་ཕྱིན་པ་ན་བི་ས་རའི་ཤིང་སྲིད་དུ་ཁྲུ་བརྒྱ་ལྷག་པ་ཡལ་ག་དང་ལོ་མ་རབ་ཏུ་རྒྱས་པ་བསྐལ་པ་བཟང་པོའི་སངས་རྒྱས་སྟོང་གི་འདས་པ་རྣམ་བཞི་བཞུགས་ཤིང་སྟན་ཁྲི་དང་སྐུ་བརྙན་ཀྱང་ཡོད། མ་བྱོན་པ་དགུ་བརྒྱ་དགུ་བཅུ་རྩ་དྲུག་པོ་རྣམས་བཞུགས་པར་འགྱུར། སྟོན་པས་ཀྱང་དེར་ལྷོ་ཕྱོགས་སུ་ཞལ་ཕྱོགས་ནས་བཞུགས་ཏེ། ཀུན་དགའ་བོ་ལ་བཀའ་བསྩལ་བ། ང་མྱ་ངན་ལས་འདས་ནས་ལོ་བཞི་བརྒྱ་འདས་པ་ན་རྒྱལ་པོ་ཀ་ནི་ཥྐ་ཞེས་བྱ་བ་འབྱུང་བར་འགྱུར་ཏེ། གནས་དེ་ནས་ལྷོ་ཕྱོགས་སུ་མི་རིང་བའི་སར་ངའི་ཤ་དང་རུས་པའི་རིང་བསྲེལ་མང་པོ་བཞུགས་པའི་མཆོད་རྟེན་བརྩིགས་པར་འགྱུར་རོ་ཞེས་ལུང་བསྟན་ནོ། །ལུང་བསྟན་པ་ལྟར་སངས་རྒྱས་མྱ་ངན་ལས་འདས་ནས་ལོ་བཞི་བརྒྱ་ལོན་པ་ན་རྒྱལ་པོ་ཀ་ནི་ཥྐ་ཞེས་བྱ་བ་བྱུང་སྟེ་འཛམ་གླིང་ན་དབང་ཆེ་བར་གྱུར་ཏེ། ལས་རྒྱུ་འབྲས་ལ་ཡིད་མི་ཆེས་ཤིང་དཀོན་མཆོག་ལ་སྐུར་བ་འདེབས་སོ། །ལན་ཅིག་རི་དྭགས་བཤོར་ཞིང་སོང་བ་ན་རི་བོང་དཀར་པོ་ཞིག་བྱུང་བར་རྒྱལ་པོ་རྟ་རྒྱུགས་ཀྱིས་རི་བོང་དེའི་རྗེས་སུ་བསྙེགས་པ་སྐད་ཅུང་ཞིག་བརྒལ་བ་དང་རི་བོང་དེ་མི་མཐོང་བར་གྱུར་ཏེ། བུ་ཆུང་བ་ལང་འཚོ་བ་ཞིག་ཏུ་གྱུར་ཏེ་མཆོད་རྟེན་ཁྲུ་གསུམ་ཡོད་པ་ཅིག་བརྩིགས་འདུག དེར་རྒྱལ་པོས་རྒྱུ་མཚན་དྲིས་པས་དེས་སྔོན་སྟོན་པས་འདི་ལྟར་ལུང་བསྟན་ཡོད་པས་སྤྲ་སྐལ་ཐོབ་པར་རིང་བར་ཡིན་ཞུས་པས། རྒྱལ་པོ་ཡ་མཚན་དང་དད་པ་ཚད་མེད་པ་སྐྱེས་སོ། །ས་དེའི་ལོགས་ཅིག་ཏུ་མཆོད་རྟེན་ཁྲུ་བཞི་བརྒྱ་ལོངས་པ་ཅིག་བྱས་བཅུག་ཀྱང་མཆོད་རྟེན་ཆུང་བ་དེ་མཐོ་བར་གྱུར་བས་རྒྱལ་པོ་འཁྲུགས་ཏེ་རང་གིས་བརྩིགས་པ་བཤིག་ནས་

གཏོར། ཡང་བརྩིགས་པ་སྔ་མ་བཞིན་དུ་གྱུར་བས་རྒྱལ་པོ་སེམས་ཁོང་དུ་ཆུད་ཅིང་སྤྲས་པ། འཇིག་རྟེན་མིའི་བྱ་བ་ནི་ཚོད་གཟུང་བ་སླ་ཡི། སངས་རྒྱས་ཀྱི་སྤྱོད་ཡུལ་ནི་དཔག་པར་མི་ནུས་སོ་ཞེས་གསུངས་ནས་འགྱོད་འཚངས་ཤིན་ཏུ་དྲག་པོ་བྱས་ནས་ལོག་གོ། །རྒྱལ་པོ་བཞེངས་པའི་མཆོད་རྟེན་གྱི་ནང་དུ་རིང་བསྲེལ་བྲེ་ལྔ་བཞུགས་སོ། །གསེར་ཟངས་ཀྱི་གདུགས་འཕོར་གྱིས་བརྒྱན་པར་བྱས་སོ། །སྤྲུལ་པའི་བུ་ཆུང་གི་མཆོད་རྟེན་གཉིས་ད་ལྟ་ཡོད། བྱིས་པ་སྦྲོ་ནད་ཀྱིས་ཟིན་པ་དག་སེམས་རྩེ་གཅིག་གིས་སྨོན་དང་མེ་ཏོག་གིས་མཆོད་ཅིང་དྲི་ཞིམ་ཕུལ་ཏེ་གསོལ་བ་བཏབ་ན་ཕལ་ཆེར་ཕྲལ་དུ་ནད་ལས་གྲོལ་བར་འགྱུར་ཏོ། །

༢ མཆོད་རྟེན་ཆེན་པོའི་ཉེ་འཁོར་གྱི་སྐུ་འདྲ།

མཆོད་རྟེན་དེའི་ཤར་ཕྱོགས་སུ་རྡོའི་སྐེགས་བུའི་སྟེང་དུ་རྡོ་ལ་བརྐོས་པའི་མཆོད་རྟེན་གཉིས་ཡོད་པ། གཅིག་ནི་ཁྲུ་གསུམ་ཅིག་ཤོས་ཁྲུ་ལྔ་དབྱིབས་དང་རྒྱབ་སོགས་གོང་གི་མཆོད་རྟེན་དང་འདྲ་བ་ཡོད་དོ། །ཡང་རྡོ་ལ་བརྐོས་པའི་སྐུ་བརྙན་གཉིས་གཅིག་ནི་ཁྲུ་དྲུག་པ་བྱང་ཆུབ་ལྗོན་ཤིང་གི་དྲུང་དུ་སྐྱིལ་ཀྲུང་མཛད་དེ་བཞུགས་པའི་རྣམ་པ་ཅན། ཉི་འོད་ཀྱིས་རེག་ན་གསེར་མདངས་འཕྲོ་བ་རི་མོ་རྣམས་མཐིང་མདོག་ཏུ་སྣང་བ་ཡོད་དོ། །གཏམ་རྒྱུད་རྙིང་བ་ན་ལོ་བརྒྱ་ཕྲག་དུ་མའི་སྔ་རོལ་ན་རྡོ་བསེབ(གསེབ)ནས་གྲོགས(གྲོག)མ་ཆེ་བ་གསེར་མདོག་ཅན་སོར་ཚད་ཙམ་དང་ཆུང་བ་གྲོའམ་ནས་ཙམ་མང་པོ་བྱུང་ནས་རྡོ་ལ་ཟོས་ཏེ་རི་མོར་བྱུང་བ་ཡིན་ཟེར་རོ། །མཆོད་རྟེན་ཆེན་པོའི་ལྷོ་ངོས་སུ་ཐུབ་པའི་བྲིས་སྐུ་སྲིད་དུ་འདོམ་གསུམ་ཁྲུ་གང་བ་སྟོད་ཆ་སྐུ་གཉིས་ཡིན་པ་ལ་སྨད་ཆ་གཅིག་ཏུ་སྣང་བ་ཞིག་ཡོད་དེ་གཏམ་རྒྱུད་རྙིང་བ་ན། སྟོན་ཕྲང་པོ་ཞིག་སློང་མོ་བྱས་པ་ལས་གསེར་ཏམ་གཅིག་རྙེད་དེ་

སྔོན་པའི་འདྲ་སྐུ་ཞིག་བྲིས་པར་འདོད་ནས་ལྷ་བྲིས་བ་ལ་གསེར་ཏམ་དེ་ཕུལ་ཏེ་ཞུས་པས་བཟོ་བས་ཁས་བླངས་སོ། །གཞན་ཞིག་གིས་ཀྱང་དེ་ལྟར་བྱས་པས་ཡང་ཁས་བླངས་སོ། །དེ་ནས་ལྷ་བཟོས་བྲིས་པས་གཟུགས་གཅིག་བཞེངས་ཟིན་པ་ན་འཕོར་གཉིས་ལྷན་དུ་ཡོང་ནས་སོ་སོ་ནས་སྐུ་འདྲ་དྲིས་པར། བཟོ་པོས་བཞེངས་ཟིན་པའི་སྐུ་འདྲ་གཅིག་པོ་དེ་ལ་མཇུབ་མོས་རིམ་པར་བསྟན་པས་ཁོང་གཉིས་ཐེ་ཚོམ་པ་ན་བཟོ་པོས་ཁྱོད་གཉིས་ཀྱི་གསེར་ཏམ་ཚུད་ཟོས་པ་མ་ཡིན། ལྟས་ཟླ་འཕྲུལ་བསྟན་པ་ཡིན་ལས་ཆེ་ཟེར་བའི་མོད་ལ་དེ་ལྟར་དུ་གྱུར་པས་ཁོང་གཉིས་དགའ་མགུས་ཕྱག་བཙལ་ནས་སོང་སྐད་དོ། །མཆོད་རྟེན་ཆེན་པོའི་ལྷོ་ནུབ་ཕྱོགས་སུ་གོམ་པ་བརྒྱ་ཙམ་གྱི་སར་ཇོ་སྐུ་བཞེངས་སྐབས་མ་སྲིད་དུ་འདོམ་གསུམ་དང་ཁྲུ་གསུམ་ཡོངས་པ་ཞལ་བྱང་དུ་གཟིགས་པ་ཞིག་ཡོད། ནུབ་ལ་ལར་ཇོ་སྐུ་དེས་མཆོད་རྟེན་ལ་སྐོར་བ་མཛད་དོ། །ཡང་ལན་ཅིག་ཇག་རྐུན་མང་པོ་ཞིག་ཇོ་སྐུ་དེ་རྐུ་བར་ཕྱིན་པ་ན་ཇོ་སྐུ་དེས་བསུ་བ་མཛད་པས་ཇག་རྐུན་རྣམས་སྐྲག་ནས་ཕྱིར་ལོག་པ་དང་ཇོ་སྐུ་དེ་རང་གནས་སུ་གཤེགས། ཇག་རྐུན་རྣམས་དེ་ཕྱིན་ཆད་སྤྱོད་ངན་དོར་ཟེར་རོ། །ཡང་མཚན་མོ་ལ་ལར་ཐག་ཉེ་བའི་ལྗོངས་རྣམས་རྒྱུ་ཞིང་གཤེགས་བཞུད་མཛད་པ་ཡང་མཐོང་ཟེར་རོ། །

༣ དགེ་སློང་རྩིབ་ལོགས་དང་སློབ་དཔོན་དབྱིག་གཉེན་བཅས་ཀྱི་རྗེས་ཤུལ་སྐོར།

དགེ་སློང་རྩིབ་ལོགས་ནི་སྔོན་བྲམ་ཟེའི་རིག་བྱེད་པ་ཞིག་སྐྱེ་ལོ་བརྒྱད་ཅུ་ལོན་ནས་རབ་ཏུ་བྱུང་བ་གསར་བུ་དག་གིས་འཕྱས་པ། རབ་ཏུ་བྱུང་བ་ནི་དགོས་པ་གཉིས་ཏེ། གཅིག་ནི་སེམས་ནང་དུ་འཛོག་ཅིང་མཉམ་པར་བཞག་ནས་བསམ་གཏན

ཁོ་ནར་གཞོལ་བ་དང་། གཅིག་ནི་གསུང་རབ་ཡན་ལག་བཅུ་གཉིས་ཁ་ཏོན་དུ་བྱེད་པ་ལ་ཕྱེད་རྒས་ཤིང་ཁོག་པས་དེ་གཉིས་གང་ཡང་མི་ནུས་པས་ཅིའི་ཕྱིར་དུ་རབ་ཏུ་བྱུང་ཞེས་སྨྲས་པས། རྫིབ་ལོགས་ན་རེ་བརྩོན་འགྲུས་བསྐྱེད་ན་མི་ནུས་བྱ་བ་མེད་དོ་ཟེར་ནས། བདག་གིས་སྡེ་སྣོད་གསུམ་ལ་མ་སྦྱངས་ན་ཁམས་གསུམ་གྱི་རྩ་བ་མི་ཆོད། མངོན་ཤེས་དྲུག་མི་འཐོབ་པས་རྣམ་པར་ཐར་པ་བརྒྱད་མངོན་དུ་མ་བྱས་ཀྱི་བར་ཉལ་ཏེ་ངལ་མི་གསོའོ་ཞེས་དམ་བཅས་ཤིང་། ལོ་གསུམ་གྱི་རིང་རྫིབ་ལོགས་སྣན་ལ་མ་རེག་པས་མཚན་ལ་དགེ་སློང་རྫིབ་ལོགས་སུ་གྲགས་སོ། །དགེ་སློང་རྫིབ་ལོགས་སྡེ་སྣོད་གསུམ་ལ་སྦྱངས་པ་མཐར་ཕྱིན། ཁམས་གསུམ་གྱི་རྩ་བ་བཅད་མངོན་ཤེས་དྲུག་དང་རྣམ་ཐར་བརྒྱད་ཐོབ་པས། ཐམས་ཅད་ངོ་མཚར་དུ་གྱུར་ཏོ། །ཁོང་གི་བཞུགས་ཁང་ལ་དགེ་སློང་རྫིབ་ལོགས་ཀྱི་བཞུགས་གནས་ཞེས་ཡི་གེར་བྲིས་ནས་དྲན་གསོས་སུ་བྱའོ། །དེའི་ཤར་ལོགས་སུ་དབྱིག་གཉེན་གྱིས་ཆོས་མངོན་པ་མཛོད་བརྩམས་པའི་གནས་ཁང་ཡོད་དོ། །དེའི་ལྷོ་ངོས་སུ་སློབ་དཔོན་ཨ་ནུ་ཧྲི་ད་སྐྱེ་ཡིད་བཞིན་ཞེས་བྱ་བས་ལྷག་མཐོང་ཆེན་མོ་མཛད་པའི་གནས་ཡིན་པ་འདུག་གོ། །སློབ་དཔོན་དེ་ནི་མྱུ་ངན་ལས་འདས་ནས་ལོ་སྟོང་ཙམ་ལོན་པའི་དུས་སུ་བྱུང་སྟེ། གཞོན་ནུའི་དུས་ནས་སྦྱོབས་པ་ཆེ་ཞིང་ཡོན་ཏན་སློབ་པ་ལ་འདུན་པ་ཆེ་ཞིང་ཡུལ་ཐག་ཉེ་རིང་གི་མི་རྣམས་ཀྱི་ཡིད་འཕྲོག་པ་ཞིག་སྟེ། ལན་གཅིག་མཉན་ཡོད་དུ་རྒྱལ་པོ་ཨིད་མ་ཨ་ཏི་ཙ་སྟེ་ཞུལ་བྱུང་ཉེ་མ་ཞེས་བྱ་བ་མངའ་ཐང་ཤིན་ཏུ་ཆེ་བ་བྱུང་ཞིང་། གཏོང་ཕོད་ཆེ་བས་ངན་སྐྱོང་ལ་ཉིན་བཞིན་གསེར་ཏམ་ས་ཡ་ལྔའི་སྦྱིན་པ་གཏོང་བ་ལ། སློབ་དཔོན་བང་མཛོད་གཉེར་མཁན་གྱིས་བང་མཛོད་སྟོངས་སུ་དོགས་ནས་ཐབས་ཀྱིས་ལྷ་དགོངས་སུ་གསོལ། སྦྱིན་པ་ཏ་ཙང་ཚད་ལས་ཐལ་བས་འབངས་རྣམས་ཀྱི་ཁྲལ་ཏ་ཙང་ལྡི་བར་འགྱུར་བས་མི་ཐམས་ཅད་ཀྱིས་སྨྲར་བ་འདེབས་ཀྱིན་འདུག་ཅེས་ཞུས་པས། རྒྱལ་པོས་སྨྲས་པ་བང་མཛོད་གང་ལས་ནོར་ལྷག་བྱུང་བ་ལས་སྦྱིན་པ་གཏོང་

སྟེ། འཁྲུགས་ཤིང་ལྟོགས་པ་ཕན་བཏགས་བྱས་ཀྱི་རང་ཉིད་ཀྱི་གྲགས་པ་འདོད་ནས་བང་མཛོད་སྟོངས་སུ་བཅུག་ནས་ཁྲལ་བསྡུན་པ་མིན་ཟེར་ནས་མ་གསན་ཡང་རི་དྭགས་བཀོར་བར་སོང་ཙ་ན་ཕག་རྒོད་ཅིག་བྱུང་བ་བདས་པས་མ་ཟིན། མི་ཅིག་རྗེས་ཚོལ་དུ་བཏང་བས་རྙེད་ནས་གསེར་ཏམ་ཁྲི་ཕྲག་གཅིག་བྱ་དགར་བསྩལ་ལོ། །སློབ་དཔོན་ཡིད་བཞིན་གྱིས་སྐྲ་ཐེངས་རེ་བསིལ་བ་ལ་གསེར་ཏམ་ཁྲི་ཕྲག་རེ་སྟེར་བའི་ཡུལ་མི་རྣམས་ལ་གྲགས་ཆེ་བས། རྒྱལ་པོས་སློབ་དཔོན་ལ་འགྲན་སེམས་སྐྱེས་ཏེ་དམའ་དབབ་པའི་ཕྱིར་ཕྱི་རོལ་པའི་མཁས་པར་གྲགས་པ་བརྒྱ་ཙམ་བསྡུས་ཏེ། བགྲོ་གླེང་བྱེད་དུ་བཅུག་པའི་སྐབས་སུ་ཕྱི་རོལ་པ་དགུ་བཅུ་ཛ་དགུའི་སྤོབས་པ་ཆད་པར་གྱུར་ཏེ་འཕྲོས་སྟབས་ཀྱིས་ལོག་པ་ལས་ཕྱི་པའི་མི་གཅིག་ལུས་པ་ལས། དར་ཅིག་ལ་མེ་དང་དུ་བ་ཞེས་འཆར་པ་ལ་ཕྱི་རོལ་བ་གཅིག་བུ་དེས་དུ་བ་སྔོན་དུ་འབྱུང་བས་དུ་བ་དང་མེ་ཟེར་ན་འཐད་དེ། གོ་རིམ་འཁྲུགས་ཞེས་རྩོད་པས་རྒྱལ་པོ་ཡང་ཕྱོགས་རིས་ཀྱིས་ཕྱི་རོལ་པའི་ཆ་བཟུང་བས། སློབ་དཔོན་གྱིས་དོགས་པ་བསལ་ན་ནུས་མོད་ཀྱི་རྒྱལ་པོ་ལ་བཀུར་བའི་བསམ་པས་ཅང་མི་ཟེར་བར་དབྱིག་གཉེན་ལ་བཀའ་ཆེམས་ཤིག་བསྐུར་ནས་དེ་ཉིད་དུ་མྱ་ངན་ལས་འདས་སོ། །དེ་ནས་མ་འགྱངས་པར་རྒྱལ་པོའི་རྒྱལ་ས་ཤོར། རྒྱལ་པོ་ཕྱི་མའི་དུས་སུ་དབྱིག་གཉེན་གྱིས་སློབ་དཔོན་ཡིད་བཞིན་གྱི་བཀའ་ཆེམས་ཡོད་ཚུལ་ཞུས་པས། རྒྱལ་པོ་ཕྱི་རོལ་སྔ་མ་དེ་དག་དང་གསར་བ་འགའ་བཅས་བསྡུས་ནས་རྩོད་དུ་བཅུག་པས་དབྱིག་གཉེན་གྱིས་ཕྱི་རོལ་པ་ཐམས་ཅད་རྫིག་མེད་དུ་ཕམ་མོ། །

༩ སུ་བྷར་ཎྭ་ཏིའི་ཡུལ་དང་དེའི་རྒྱུད་ཀྱི་རྗེས་ཤུལ་སྐོར།

རྒྱལ་པོ་ཀ་ནི་ཥྐའི་གཙུག་ལག་ཁང་གི་བྱང་ཤར་མཚམས་ན་རྒྱང་གྲགས་ལྔ་བཅུ

ལྷག་ཙམ་ན་ཆུ་སྐྱུང་ཆེན་པོ་གཅིག་བརྒལ་བ་ན་པུཎྜ་ར་ཛྷ་ཧྲིའི་ཡུལ་ལོ། །དེའི་ལྟེ་
བའི་མཁར་ཁོར་ཡུག་ཏུ་རྒྱང་གྲགས་བཅུ་བཞི་ལྷག་ཙམ་གྲོང་ཁྱེར་མི་ཁྱིམ་གྱིས་གང་
བ་ཁང་བརྩིགས་དང་ཡང་བརྩིགས་མང་བ། ནུབ་སྒོའི་ཕྱི་ལོགས་ན་ལྷ་ཁང་ཞིག་
ཡོད་པར་ལྷའི་གཟུགས་བརྙན་བཟོ་ཁྱད་དུ་འཕགས་ཤིང་བྱིན་རླབས་ཤིན་ཏུ་ཆེ་
བར་གྲགས་པ་དང་། ཤར་སྒོའི་ཕྱི་རོལ་ན་རྒྱལ་པོ་ཨ་ཤོ་ཀས་བཞེངས་པའི་མཆོད་
རྟེན་ཞིག་ཡོད་པའི་ཐང་གཞི་ནི་འདས་པའི་སངས་རྒྱས་རྣམ་བཞིས་ཆོས་བསྟན་
པའི་གནས་ཡིན་ཟེར་རོ། །རྒྱ་གར་ཡུལ་དབུས་ཀྱི་མཁས་པ་ཕལ་ཆེར་གནས་འདིར་
བསྟན་བཅོས་མཛད་པ་མང་ངོ་། །སློབ་དཔོན་བ་སུ་མི་ཏྲ་སྟེ་དབྱིག་བཤེས་དགྲ་
བཅོམ་ཆོས་སྐྱོབ་ལ་སོགས་པ་མང་ངོ་། །ཕོ་བྲང་གི་བྱང་ཕྱོགས་ན་རྒྱང་གྲགས་བཞི་
ལྔ་ཙམ་གྱི་སར་གཙུག་ལག་ཁང་རྙིང་པ་ཞིག་རལ་ཆེ་བ་ཞིག་ཡོད། །དགེ་འདུན་
ཆེས་ཉུང་བ་ལ་ཐེག་དམན་པ་ཤྲ་སྟག་གོ། །དེའི་ལོགས་ཤིག་ན་ཨ་ཤོ་ཀས་བཞེངས་
པའི་མཆོད་རྟེན་དཔངས་སུ་ཁྲུ་བརྒྱ་ལྷག་ཡོད་པ་དང་སྐུ་འདྲ་བཟོ་ཤིན་ཏུ་བཟང་
བ་དང་། བདག་ཅག་གི་སྟོན་པ་རྟོན་བྱང་ཆུབ་སྤྱོད་པ་ན་གནས་འདི་ཉིད་དུ་སྐྱེ་བ་
ལན་སྟོང་དུ་རྒྱལ་པོར་གྱུར་པ་ན་མིག་ལན་དུ་མར་སྦྱིན་པར་བཏང་ཟེར་བ་དེར་རྫོའི་
མཆོད་རྟེན་རིན་པོ་ཆེའི་ཕྲ་ཚོམ་གྱིས་མཛེས་པ་གཉིས་ཚངས་པ་དང་དབང་པོས་རེ་
རེ་བཞེངས་ཟེར་བ་ཡོད་དོ། །དེ་ནས་ནུབ་བྱང་མཚམས་སུ་རྒྱང་གྲགས་ལྔ་བཅུ་ཙམ་
གྱི་སར་སྟོན་པས་གནོད་སྦྱིན་མོ་ཕྲོག་མ་འདུལ་པའི་གནས་ཡིན་ཞེས་པར་མཆོད་རྟེན་
ཞིག་ཡོད། ཡུལ་མི་རྣམས་སྲིའུ་འདོད་པས་ཕྲོག་མ་མཆོད་སྲོལ་འདུག་གོ། །དེ་ནས་
བྱང་ཕྱོགས་སུ་རྒྱང་གྲགས་ལྔ་བཅུ་ཙམ་ཕྱིན་པ་ན་རྟོན་བྱང་ཆུབ་སེམས་པ་ཤཱཎ་ཀས་
གནས་འདིར་ཕ་མ་དབུལ་ཞིང་མིག་ལོང་བ་ཤིང་ཏོག་གིས་སྲི་ཞུ་བྱེད་པ་ལ། རྒྱལ་
པོས་རི་དྭགས་བཤོར་བ་དང་ཕྲད་པས་མི་ཞིག་གིས་རི་དྭགས་ལ་མདའ་འཕངས་པ་
ཤཱཎ་ཀར་ཕོག་ས་ཏེ་བརྒྱལ་བ་ཕ་མའི་རིམ་གྲོ་བྱེད་པའི་སེམས་རྩེ་གཅིག་པའི་མཐུས་

བརྒྱ་བྱིན་གྱིས་སྨན་སྣུད་ནས་གསོས་པའི་གཏམ་རྒྱུད་འདུག་གོ། །

༥ གྲོང་ཁྱེར་ཛྷ་ཏུ་ཤ

དེའི་ཤར་ལྷོར་རྒྱང་གྲགས་ཉིས་བརྒྱ་ལྷག་ཙམ་ཕྱིན་པར་རྒྱལ་བུ་ནོར་བཟང་གིས་ཡབ་རྒྱལ་པོའི་ཆིབས་པ་སྣང་པོ་ཆེ་བྲམ་ཟེ་སྦྱིན་པར་གནང་བས་ཡབ་ཀྱིས་བཀའ་བཀྲོན་གྱིས་བསྙད་པ་ཡུལ་མི་རྣམས་ཀྱིས་བསྐྱེལ་ཐུང་བྱས་པའི་ས་ཡོད་དོ། །དེར་གྲོང་ཁྱེར་ཛྷ་ཏུ་ཤ་ཞེས་པ་དེར་མཆོད་རྟེན་ཞིག་དང་གཙུག་ལག་ཁང་ལྔ་བཅུ་ལྷག་ལ་དགེ་འདུན་ཐེག་ཆུང་བ་ཁོ་ན་བཞུགས་སོ། །དེར་སྟོན་སློབ་དཔོན་དབང་ཕྱུག་སྡེས་ཆོས་མངོན་པའི་གཏན་ཚིགས་ཞེས་བྱ་བའི་བསྟན་བཅོས་མཛད་པའི་གནས་ཡོད་དོ། །

༦ རི་བོ་ཏ་རྣ་ཀ་ར་དང་གཞན་གྱི་རྗེས་ཤུལ།

གྲོང་ཁྱེར་ཛྷ་ཏུ་ཤའི་ཤར་སྒོའི་ཕྱི་ཕྱོགས་སུ་གཙུག་ལག་ཁང་ཆེན་པོ་ཞིག་ཡོད་པར་དགེ་འདུན་ལྔ་བཅུ་ལྷག་ཙམ་གནས་པ་རྣམས་ཐེག་ཆེན་གྱི་གྲུབ་མཐའ་འཛིན་ནོ། །ཡང་ཨ་ཤོ་ཀས་བཞེངས་པའི་མཆོད་རྟེན་ཞིག་དང་། རྒྱལ་བུ་ནོར་བཟང་ལ་བུ་དང་བུ་མོ་གཉིས་ཡོད་པ་བྲམ་ཟེ་སློང་མོ་པ་ལ་སྦྱིན་པ་བཏང་བའི་གནས་དང་གྲོང་ཁྱེར་གྱི་བྱང་དུ་རྒྱང་གྲགས་ཉི་ཤུ་ལྷག་པར་རི་བོ་ཏ་རྣ་ཀ་ར་ཞེས་བྱ་བ་རྒྱལ་བུ་ནོར་བཟང་ཡབ་ཡུམ་དཀའ་སྤྱད་མཛད་པའི་བྲག་ཕུག་གཉིས་ཡོད་དོ། །བྲམ་ཟེས་རྒྱལ་བུའི་བུ་བུ་མོ་གཉིས་འཁར་བས་བརྡུངས་ཏེ་ཁྲག་ཟག་པ་ལས་བྱུང་བ་ཡིན་ཟེར་བའི་རྩྭ་དང་ཤིང་གེལ་བ་ཐམས་ཅད་ཀྱི་མདོག་དམར་སྨུག་ཏུ་འདུག་གོ། །དེའི་ཕྱོགས་

ཤིག་ན་སྔོན་གྱི་དྲང་སྲོང་ཞིག་གི་སྤྱིལ་བུ་ཡིན་ཟེར་འཛག་མའི་སྤྱིལ་བུ་རྙིང་བ་ཅིག་འདུག་གོ། །དེའི་ནུབ་ཕྱོགས་སུ་རྒྱང་གྲགས་བརྒྱ་ལྷག་ཙམ་ན་རི་ཆུང་ཞིག་བརྒལ་ནས་རི་ཆེན་པོ་ཡོད་པའི་སྒོ་ན་གཙུག་ལག་ཁང་འབྲིང་ཙམ་ལ་དགེ་འདུན་ཏ་ཙང་མི་མང་བ་གནས་ཏེ་ཐེག་ཆེན་གྱི་གྲུབ་མཐའ་སློབ་བ་དག་གོ། །དེའི་ཕྱོགས་ཤིག་ན་ཨ་ཤོ་ཀས་བཞེངས་པའི་མཆོད་རྟེན་ཡོད། དེར་སྔོན་དྲང་སྲོང་རྣ་གཅིག་པ་ཞེས་བྱ་བ་གནས་པ་ལ་སྨད་ཚོང་མས་བསླུས་ནས་རྫུ་འཕྲུལ་ཉམས་པའི་མཐར་སྨད་ཚོང་མས་ཕྲག་པར་ཁུར་ནས་གྲོང་ཁྱེར་དུ་ལོག་གོ་ཟེར་རོ། །གྲོང་ཁྱེར་ཐྲ་ཏུ་ཤའི་བྱང་ཤར་མཚམས་ན་རི་མཐོ་བ་ཞིག་ཡོད་པ་དེར་རྗེ་སྔོན་པོ་ལས་རང་བྱོན་དུ་གྲུབ་པའི་དབང་ཕྱུག་ཆེན་པོའི་སྐུ་བརྙན་ཡོད། དེ་བྱིན་རླབས་ངོ་མཚར་ཆེ་བས་ཡུལ་ཐག་ཉེ་རིང་མེད་པ་ནས་གསོལ་འདེབས་ཕྱག་མཆོད་དུ་ཚོགས་པ་ཤིན་ཏུ་མང་ཞིང་མི་ཕྱེད་པའི་དད་པ་ཅན་ཕྱིན་པ་ཙམ་གྱིས་མཐོང་བ་དང་། དད་པ་ཅུང་ཞན་པས་ཞག་བདུན་དུ་སྨྱུང་བ་བྱས་པས་མཐོང་བ་སོགས་ཅི་རིགས་པ་དག་འདུག་གོ། །རིའི་ཞོལ་ན་དབང་ཕྱུག་ཆེན་པོའི་ལྷ་ཁང་ན་ཕྱི་རོལ་པ་ལུས་ལ་ཐལ་བ་བྱུགས་པ་འབའ་ཞིག་གནས་སོ། །དབང་ཕྱུག་གི་སྨྱུག་པོ་ལྷ་བི་མ་ལའི་མཆོད་གནས་ཀྱི་ལྷ་ཁང་ཡང་འདུག་གོ། །

༧ ཨུ་ད་ག་ཏན་ཐའི་གྲོང་ཁྱེར།

དེའི་ཤར་ལྷོའི་མཚམས་སུ་རྒྱང་གྲགས་བརྒྱ་དང་ལྔ་བཅུ་ཙམ་གྱི་སར་ཨུ་ད་ག་ཏན་ཐའི་གྲོང་ཁྱེར། དེའི་མཐའ་སྐོར་དུ་རྒྱང་གྲགས་ཉི་ཤུ་ལྷག་པ་ལྷོ་ངོས་སུ་ཆུ་ཀླུང་སིན་དྷུ་འབབ་པ། ནང་མི་ཁྲིམས་ཀྱིས་གཏམས་པ་ཕྱུག་ལ་བདེ་བ། ཕྱོགས་ཀུན་ནས་རིན་པོ་ཆེའི་རིགས་འདུས་པས་ཚོང་པའི་ཚོགས་མང་ངོ་། །

༨ བ་ར་ཏུ་རའི་ལྗོངས་དང་བྲམ་ཟེ་པ་ཊི།

གྲོང་ཁྱེར་དེའི་ནུབ་བྱང་མཚམས་སུ་རྒྱང་གྲགས་ཉི་ཤུའི་སྐོར་ན་བ་ར་ཏུ་རའི་ལྗོངས་ཏེ། འདི་ནི་བྲམ་ཟེ་པ་ཊིའི་འབྱུངས་ཡུལ་སྟེ། བྲམ་ཟེ་པ་ཊི་ཞེས་བྱ་བ་བསྐལ་པ་དང་པོའི་དུས་ལྷ་ཚངས་པ་དེར་བྱོན་ཏེ་སྔོན་གྱི་དྲང་སྲོང་རྣམས་ལ་སྒྲ་བའི་བསྟན་བཅོས་བཤད་པས་དེར་གནས་པའི་སྐྱེ་བོ་ཕལ་ཆེར་སྒྲ་རིག་ལ་དགའ་བ་དང་སྦྱངས་པ་མང་ངོ་། །རེ་ཞིག་ན་སྒྲ་ནུབ་ནས་ཧོར་ཁོངས་སུ་ལུས་པ་ལ་ལོ་བརྒྱ་བའི་དུས་སུ་བྲམ་ཟེ་པ་ཊི་སྐྱེས་ནས་དབང་ཕྱུག་ཆེན་པོ་བསྒྲུབས་པས་འགྲུབ་སྟེ་ཞལ་མངོན་སུམ་དུ་མཐོང་། དབང་ཕྱུག་གིས་སྒྲ་བའི་བསྟན་བཅོས་ཀྱི་ས་བོན་བསྩལ། ཏེཀྐ་རྩོམ་ཞིག་ཅེས་ལུང་བསྟན་ལྟར་བརྩམས་པས་ཚིག་རྐང་བཞི་རེར་ཡི་གེ་སུམ་ཅུ་རྩ་གཉིས་རེ་ཡོད་པའི་ཤློ་ཀ་སྟོང་ཚང་བ་ཞིག་མཛད་དོ། །དེའི་གདུང་འཛིན་བྲམ་ཟེ་སྒྲ་ལ་མཁས་པ་མང་པོ་བྱུང་ཞིང་འབྱུང་བར་འགྱུར་བཞིན་པ་དང་ད་དུང་ཡང་འབྱུང་བར་འགྱུར་བར་སྣང་ངོ་། །སྔོན་པ་མྱ་ངན་ལས་འདས་ནས་ལོ་ལྔ་བརྒྱ་ན་ཁ་ཆེའི་ཡུལ་ནས་དགྲ་བཅོམ་པ་ཞིག་འདིར་བྱོན་ཏེ། ལྗོངས་རྒྱུ་པ་ན་བྲམ་ཟེ་ཞིག་གིས་ཁྱེའུ་ཅིག་ལ་སྒྲ་སློབ་པའི་ཕྱིར་སྤྱོས་ཤིང་བརྡུངས་པ་མཐོང་ནས་རྒྱུ་མཚན་དྲིས་པར་སྒྲ་རིག་པ་སློབ་པར་བརྩོན་འགྲུས་མི་བསྐྱེད་པ་ཟེར་རོ། །དེར་དགྲ་བཅོམ་པ་བཞད་མོ་ཞིག་ཤོར། དེ་ལ་བྲམ་ཟེ་དེས་དྲིས་པ། དགེ་སྦྱོང་གི་ཆོས་ལུགས་ནི་བྱམས་པ་དང་སྙིང་རྗེའི་བདག་ཉིད་ཅན་ཡིན་པས་བདག་ལ་འཕྱ་བ་མི་འོས་ཟེར། དགྲ་བཅོམ་པ་ན་རེ་འཕྱ་བ་མིན་ལོ་རྒྱུས་ཤིག་དྲན་བྱུང་གསུངས། བྲམ་ཟེ་དེས་ཉན་པར་འདོད་བྱས་པས། དགྲ་བཅོམ་པས་དེ་བཤད་ན་ཁྱོད་ཡིད་ཆེས་སམ་དྲིས་པས་སྐྱོན་མེད་ཤོད་ཟེར་རོ། །དགྲ་བཅོམ་པ་སྔོན་གྱི་དུས་སྒྲ་རིག་ལ་ཤིན་ཏུ་མཁས་པ་བྲམ་ཟེ་པ་ཊི་ཞེས་བྱ་བ

ཁྱོད་ཀྱིས་ཐོས་སམ་ཞེས་དྲིས་སོ། །བྲམ་ཟེ་ན་རེ་ཤིན་ཏུ་ཡང་ཤེས་ཏེ་ལྗོངས་འདི་ནི་སློབ་དཔོན་དེའི་འབྲུངས་ཡུལ་ཡིན་པས་མི་ཐམས་ཅད་ཀྱིས་སྒྲ་ལ་སློབ་གཉེར་བྱེད་པའི་རྒྱུ་མཚན་དེ་ཡིན་ཟེར་རོ། །དགྲ་བཅོམ་པས་སྨྲས་པ་ཁྱེའུ་འདི་ནི་པ་ཎིའི་སྐྱེ་བ་ཡིན་པ་ཁྱེད་ཀྱིས་མི་ཤེས་ཤིང་སློབ་དཔོན་ཡང་ད་དུང་ཐར་པ་མ་ཐོབ་འདུག་སྙིང་རེ་རྗེ་ལོ་རྒྱུས་ནི་ལྷོའི་རྒྱ་མཚོའི་འགྲམ་ན་ལོ་མང་ལོན་པའི་ཤིང་སྡོང་ཞིག་ཡོད་པའི་ནང་ན་ཕ་ཝང་ལྔ་བརྒྱས་ཚང་བྱས་སོ། །ལན་ཅིག་ཚོང་པ་མང་པོ་དེར་སླེབས་ཏེ་གྲང་ལྷགས་ཆེ་བས་ཤིང་སྡོང་དེའི་དྲུང་ནས་མེ་སྤར་ཞིང་མེར་བསྲོ་ཞིང་འདུག་པ་ན། ཚོང་པ་དེ་དག་གི་ནང་ན་ཚོང་པ་གཅིག་གིས་ཆོས་མངོན་པ་འདོན་གྱིན་ཡོད་པ་ལ་ཕ་ཝང་དེ་དག་གིས་མེ་ལ་ཇི་ཙམ་གདུང་ཡང་། ཆོས་ཀྱི་སྒྲ་ལ་ཆགས་པས་གཞན་དུ་མ་བྲོས་པར་དེ་ཉིད་དུ་ཤིའོ། །དེ་ནས་ཕ་ཝང་དེ་དག་ཁ་ཆེའི་ཡུལ་དུ་ཐམས་ཅད་མིར་སྐྱེས་ནས། ཐམས་ཅད་ཀྱང་བློ་བརྟན་ལ་རིག་པ་རྣོ་བ་དང་ཐམས་ཅད་རབ་ཏུ་བྱུང་ནས་སྡེ་སྣོད་གསུམ་ཀར་སྦྱང་བ་ཆེ་བར་གྱུར་ལ་དགྲ་བཅོམ་པའི་གོ་འཕང་ཐོབ་པོ། །རྒྱལ་པོ་ཀ་ནིཥྐ་དང་། འཕགས་པ་རྩིབ་ལོགས་གཉིས་ཀྱིས་ཁ་ཆེ་ནས་མཁས་པ་བསྡུས་ནས་ལྷག་མཐོང་གི་བསྟན་བཅོས་མཛད་པ་པོ་ནི་ཁ་ཆེ་ནས་བྱོན་པའི་མཁས་པ་ལྔ་བརྒྱ་པོ་དེ་དག་ཡིན་འདུག་ཁོ་བོ་ཡང་དེའི་གྲངས་སུ་གཏོགས་སོ། །དེ་ལྟ་ན་ཐ་སྙད་རིག་པས་ཐར་པ་འཐོབ་མི་ནུས་པར་ངེས་པས་བུ་ལ་བྱམས་ན་རབ་ཏུ་བྱུང་བར་གནང་སྟེ། སངས་རྒྱས་ཀྱི་ཆོས་ལ་བརྩོན་པར་བྱས་ན་ལེགས་ཞེས་ཟེར་རོ། །བྲམ་ཟེས་ཐ་སྙད་རིག་པ་སྙིང་པོ་མེད་པར་ཡིད་ཆེས། དགྲ་བཅོམ་དེར་རྫུ་འཕྲུལ་བསྟན་ཏེ་མི་སྣང་བར་གྱུར་པ་དང་བྲམ་ཟེ་ལྷག་པར་ངོ་མཚར་ཏེ་ཉེ་སྐོར་བ་རྣམས་ལ་རྩལ་དེ་བསྒྲགས་ཏེ་བྲམ་ཟེས་བུ་རབ་ཏུ་བྱུང་ངོ་། །

ས་བཅད་གསུམ་པ། ཡུལ་བརྒྱད།

ཨུཛྫ་ནའི་ཡུལ།

ཤུད་ད་ཀ་ཧན་ཐའི་གྲོང་ཁྱེར་ནས་བྱང་ཕྱོགས་སུ་རི་དྭ་མ་དང་ཀླུང་དུ་མ་བརྒལ་ཞིང་རྒྱང་གྲགས་དྲུག་བརྒྱ་ཕྱིན་པ་ན་ཨུཛྫ་ནའི་ཡུལ་ལོ། །དེའི་མཐའ་སྐོར་དུ་ལེ་བར་ལྷ་སྟོང་ལྷག་ཙམ། རི་ཀླུང་འབབ་ཆུ་ཐང་སློམ་འདྲེས་མར་གནས་པ་འབྲུ་མང་ཡང་འདེབས་ཙུང་ཡང་། ཞིང་ས་གཤིན་པོ་མེད་དོ། །དགུན(རྒུན)འབྲུམ་མོད་བྱུར་ཤིང་ཙུང་ལྕུགས་དང་གསེར་འབྱུང་ངོ་། །གུར་གུམ་འདེབས་ཙུང་དང་ལྗོན་ཤིང་ནགས་ཚལ་ཤིང་ཏོག་དང་མེ་ཏོག་གི་རིགས་མང་། གྲང་དྲོ་སྙོམས་པ་དྲོད་ཤས་ཙུང་ཟད་ཆེ་བ། མིའི་རང་བཞིན་ཕལ་ཆེར་སེམས་ཕྲ་མ། གཡོ་སྒྱུ་ཁྲམ་གསུམ་ལ་གོམས་པ་སློབ་གཉེར་ལ་དགའ་བ་ཙམ་ཡིན་ཀྱང་རྩལ་སྦྱོང་ཆུང་བས་མཐར་ཕྱིན་པ་དཀོན་ཞིང་། རིག་སྔགས་དང་ཐབས་ཕྲན་ཚོགས་ལ་སློབ་པར་བྱེད། རས་རྐྱང་དཀར་པོ་གྱོན་ཞིང་གོས་གཞན་མི་གྱོན། སྐད་རིགས་ཅུང་ཟད་ཟུར་ཆག་པས་མི་འདྲ་བ་ཙམ་མ་གཏོགས་རྒྱ་གར་དང་འདྲ། ཡིག་རིགས་དང་སྤྱོད་ལམ་ཕལ་ཆེར་རྒྱ་གར་དང་མཐུན་ནོ། །དཀོན་མཆོག་བླ་མར་བཀུར་བ་ཐེག་ཆེན་ལ་སྤྱོད་པ། སྭ་བྷ་ཕ་ཙ་ཏའི་ཀླུང་ཚུན་ཆད་གཙུག་ལག་ཁང་སྟོང་དང་བཞི་བརྒྱ་ཡོད་པ་ཕལ་ཆེར་ཞིག་རལ་དུ་སོང་བ་མང་ལ། དེ་དག་ལ་གནས་པའི་དགེ་འདུན་སྡོམ་པར་དགེ་འདུན་ཁྲི་བརྒྱད་སྟོང་བཞུགས་ཀྱང་ཕལ་ཆེར་འགྲིབ་པས་ཐེག་པ་ཆེ་ཆུང་གི་གྲུབ་མཐའ་ལ་ཞུགས་པ

འདྲེས་མར་གནས་ཤིང་། བསམ་གཏན་ལ་དགའ་ཞིང་གསང་སྔགས་ལ་དགག་བྱ་ཆེ་བ་འདུལ་བའི་སྐྱོད་པ་གཙང་། ཆོས་སྲུང་། ས་སྲུང་། ཉེ་སྲུང་། ཐམས་ཅད་ཡོད་སྒྲུ། ཕལ་ཆེར་སྔེ་པ་སྡེ་སྡེ་ལྷའི་ཉན་ཐོས་པ་དག་གནས་སོ། །དེའི་རྒྱལ་པོའི་ཚུལ་དང་ལྡན་པ་ཞིག་སྡེ་གྲོང་ཁྱེར་ཨཾ་དྷ་ལར་གནས་སོ། །གྲོང་ཁྱེར་དེའི་མཐའ་སྐོར་དུ་ལེ་བར་བཅུ་ཕྲག་གཅིག་དང་དྲུག་བདུན་ཙམ་མི་ཁྱིམ་མང་པོས་གང་བའོ། །

༡ དྲང་སྲོང་བཟོད་པའི་རྗེས་ཤུལ།

དེའི་ཤར་ཕྱོགས་སུ་རྒྱང་གྲགས་བཞི་ལྔ་ཙམ་ན་མཆོད་རྟེན་ཡིན་རླབས་ཆེ་བ་ཞིག་ཡོད་པ་སྔོན་སྔོན་པ་དྲང་སྲོང་བཟོད་པར་སྨྲ་བ་ཞེས་བྱ་བར་གྱུར་བའི་ཚེ་ཡན་ལག་དང་ཉིང་ལག་ག་ལིང་ཀའི་རྒྱལ་པོས་བཅད་པའི་གནས་སོ། །

༢ ཀླུ་རྒྱལ་སོག་མ་མེད་གནས་པའི་ཆུ་མིག་དང་སྟོན་པའི་རྗེས་ཤུལ།

དེ་ནས་བྱང་ཤར་མཚམས་སུ་རྒྱང་གྲགས་ཉིས་བརྒྱ་ལྔ་བཅུ་ཙམ་ན་རི་ཆེན་པོ་ཞིག་ཡོད་པའི་ལམ་དུ་ཞུགས་ཏེ་ཕྱིན་པ་ན། ཀླུ་རྒྱལ་སོག་མ་མེད་གནས་པའི་ཆུ་མིག་སྭ་སྟ་བཙུགས་པའི་ཀླུང་གི་ཆུ་རྒྱུན་ལྷོ་ནུབ་མཚམས་སུ་འབབ་ཅིང་། དཔྱིད་དབྱར་གཉིས་ཀྱི་དུས་སུ་འཁྱག་དུམ་དང་འདྲེས་ནས་འབབ་ལ། ཁ་བ་ཆུང་གི་བབས་ཚེ་ཕྱི་མ་ཁ་དོག་ལྔ་པ་གཡེངས་པར་སྣང་ངོ་། །ཀླུ་སོག་མ་མེད་ཀྱི་ལོ་རྒྱུས་ནི་སངས་རྒྱས་འོད་སྲུང་གི་དུས་སུ་ག་གི་ཞེས་བྱ་བ་རིག་སྔགས་འཆང་མཐུ་ཅན་ཞིག་ཏུ་གྱུར་ཏེ་རྟག་ཏུ་ཞིང་ལ་སེར་བ་བསྲུང་བར་བྱས་ཤིང་། ཡུལ་མི་རྣམས་ཀྱིས་རེ་ལྟོས་འཆའ་ཡུལ་དུ་

གྱུར་ཏོ། །ཡུལ་མི་ཚང་མས་ཞིང་ལས་སྟོན་ཐོག་བསྡུས་པ་དང་འབྲུའི་ཕུད་བྲེ་ཆེན་རེ་འབུལ་བར་ཆད་བྱས་ཡོད་པ་ལ། ལན་ཅིག་ཡུལ་མི་རྣམས་ཀྱིས་ཁས་བླངས་པའི་འབྲུ་ཕུད་མི་འབུལ་བ་དག་བྱུང་བས། སྔགས་འཆང་ག་གི་ཁྲོས་ནས་འཆི་བར་སྨོན་ལམ་བཏབ་སྟེ་ཤི་ནས་གླུ་གདུག་པ་ཅན་ཞིག་ཏུ་གྱུར་ནས། ཞིང་ལ་སེར་བ་འབེབ་རེ་ལ་སོག་མ་ཙམ་ཡང་ལུས་པ་མེད་པར་བྱེད་པས་མིང་ལ་སོག་མེད་ཅེས་གྲགས་སོ། །བདག་ཅག་གི་སྟོན་པའི་དུས་སུ་ཡུལ་དེའི་སྐྱེ་བོ་མང་པོ་ལ་ཐུགས་བརྩེ་བས་ཕྱག་ན་རྡོ་རྗེར་སྤྲུལ་ནས། གནས་དེའི་རི་བྲག་རྣམས་ལ་རྡོ་རྗེ་འཕངས་པས་གླུ་རྒྱལ་འཁོར་བཅས་སྐྲངས་ཏེ་སྐྱབས་སུ་གསོལ་བས། བཅོམ་ལྡན་འདས་ཀྱིས་ཆོས་གསུངས་པས་བདེན་པ་མཐོང་ཡང་། ཡུལ་མི་རྣམས་ཀྱི་དམ་བཅའ་དང་བསོད་ནམས་ཞན་པའི་སྐབས་དང་མཐུན་པའི་ཕྱིར་གྱི་སྨོན་ལམ་ལོག་པའི་མཐུ་དྲག་པས། ལོ་བཅུ་གཉིས་སྐོར་རེ་ལ་ཆུ་བོ་ལུད་དེ་གནོད་པ་གཏོང་བར་ཞུས་པས། སྟོན་པས་ཀྱང་གནང་ངོ་། །ད་ལྟ་ཡང་ལོ་བཅུ་གཉིས་སྐོར་རེ་ལ་ཆུ་བོ་ལུད་པའི་གནོད་པ་རེ་འོང་བར་སྣང་ངོ་། །སོག་མ་མེད་ཀྱི་ཆུ་མིག་གི་ལྟོ་ནུབ་མཚམས་སུ་རྒྱང་གྲགས་སུམ་ཅུ་ལྷག་པའི་སར་ཕ་བོང་ཆེན་པོ་ཅིག་གི་སྟེང་དུ་དེ་བཞིན་གཤེགས་པའི་ཞབས་རྗེས་ཆེ་ཆུང་བལྟ་མཁན་གྱི་བསོད་ནམས་ལ་རག་ལས་པ་ཅིག་ཡོད། དེ་ནི་གླུ་སོག་མ་མེད་བཏུལ་པའི་རྟགས་སུ་བཞག་པ་ཡིན་སྐད། ཕྱིས་སུ་ཡུལ་མི་རྣམས་ཀྱིས་དེའི་སྟེང་དུ་ར་བས་བསྐོར་ཞིང་མཆོད་པ་བྱེད་ཀྱིན་འདུག་གོ། །དེ་ནས་འབབ་ཆུའི་འགྲམ་བརྒྱུད་དེ་རྒྱང་གྲགས་སུམ་ཅུ་ལྷག་ཕྱིན་པ་ན། སྟོན་པས་ཆོས་གོས་བཀྲུས་ཏེ་སྐམ་པའི་རྡོ་ལེབ་ཞིག་ལ་ཆོས་གོས་ཀྱི་སྐུད་རིས་གསལ་བར་སྣང་ངོ་། །

༣ རི་བོ་ཏེ་ཏ།

གྲོང་ཁྱེར་མདྷ་ལའི་ལྷོ་ངོས་སུ་རྒྱང་གྲགས་བཞི་བརྒྱ་ཙམ་ན་རི་བོ་ཏེ་ཏ་ཟེར་བ་ཡོད། དེའི་ཆུ་བོ་ཐམས་ཅད་ནུབ་ཀྱི་ཕྱོགས་སུ་འབབ་ཅིང་སྟེང་དུ་མེ་ཏོག་སྣ་ཚོགས་པ་དང་མཚན་པའི་ཤིང་ཏོག་དང་། ཇོའི་མཆི་ཁྲུ་གང་བ་ཞིག་འདུག་གོ། །སྐབས་སྐབས་སུ་ཆ་མེད་པར་གཏམ་སླིང་བ་དང་རོལ་མོའི་སྒྲ་ཐོས་པ་ཡོད་པ་སྔོན་སྔོན་པས་བྱང་ཆུབ་སེམས་དཔའི་སྤྱོད་པ་སྤྱད་པའི་ཚེ་ཆོས་ཚིག་བཅད་ཕྱེད་ཀྱི་ཕྱིར་དུ་ལུས་མཆོད་སྦྱིན་དུ་བཏང་བའི་ས་ཡིན་སྐད་དོ། །

༤ མ་ཧྣ་བ་ནའི་གཙུག་ལག་ཁང་།

གྲོང་ཁྱེར་མདྷ་ལ་ནས་ལྷོར་རྒྱང་གྲགས་ཉིས་བརྒྱ་ཙམ་སོང་བ་ན། རི་ཆེན་པོ་ཅིག་ཡོད་པའི་ལོགས་སུ་མ་ཧྣ་བ་ན་སྟེ་ནགས་ཆེན་པོ་ཞིག་བྱ་བའི་གཙུག་ལག་ཁང་ཡོད་པ། སྔོན་བདག་ཅག་གི་སྟོན་པས་བྱང་ཆུབ་སེམས་དཔའི་སྤྱོད་པ་སྤྱད་དུས་སརྦ་ད་ད་སྟེ་ཐམས་ཅད་གཏོང་བ་ཞེས་པའི་རྒྱལ་པོར་གྱུར་སྐབས་ཕས་རྒོལ་གྱིས་ཕམ་སྟེ་རྒྱལ་སྲིད་སྟོར་བས་གསང་སྟབས་ཀྱིས་ཡུལ་འདིར་བྱོན་པ་དང་། བྲམ་ཟེ་དབུལ་པོ་ཞིག་དང་ཕྲད་དེ་སློང་མོ་པ་ལ་སྟེར་རྒྱུ་མེད་ཅིང་ཕྱིར་ལྡོག་མི་ནུས་པར་གྱུར་བར་གཞན་གྱིས་བཟུང་བ་དང་། ཕ་རོལ་པོས་སླར་ལ་བྱམས་པར་གྱུར་ཏེ་ནོར་མང་པོ་བྱིན་པས་སླར་ཡང་སྦྱིན་པ་པོར་གྱུར་ཏོ། །

༥ མ་ཤའི་གཙུག་ལག་ཁང་།

མ་ཏ་པ་ནའི་ནུབ་བྱང་དུ་རྒྱང་གྲགས་སུམ་ཅུ་བཞི་བཅུ་ལྷག་ཙམ་གྱི་སར་མ་ཤ་སྟེ་སྲིན་མ་ཞེས་བྱ་བའི་གཙུག་ལག་ཁང་ལ་མཆོད་རྟེན་དཔངས་སུ་ཁྲུ་བརྒྱ་ཙམ་གྱི་ལོགས་ལ་སྟོན་པའི་ཞབས་རྗེས་ཡོད་པའི་རྡོ་ལེབ་ཞིག་ཡོད་པ་དེ། སྔོན་སྟོན་པས་རྡོ་འདི་ལ་ཞབས་རྗེས་བཀོད་པ་ལས་འོད་ཟེར་བཀྱེས་ཏེ་མ་ཏྲ་པ་ན་ལ་ཕོག་པར་མཛད་པས། དེར་ལྷ་མི་མང་པོ་འདུས་པ་ལ་བཅོམ་ལྡན་འདས་ཀྱིས་ཚེ་འདི་ཕྱིའི་རྒྱུ་འབྲས་ཀྱི་མདོ་གསུངས་སྐད་དོ། །མཆོད་རྟེན་གྱི་རྩང་གཞིའི་རྡོ་ཐམས་ཅད་མདོག་དཀར་སེར་འདྲེས་མ་སྐྱུམ་པ། སྔོན་དུས་སྟོན་པ་བྱང་ཆུབ་ཀྱི་སྤྱོད་པ་སྤྱོད་པའི་ཚེ་གནས་འདིར་ཆོས་ཡང་དག་པ་དྲིས་ཏེ་ཉུས་པས་སྐྱུ་གུ་བྱས་ཏེ་གསུང་རབ་བྲིས་པའི་རྒྱུ་མཚན་གྱིས་དེ་ལྟར་གྱུར་སྐད་དོ། །

༦ ཤི་བི་ཀའི་རྒྱལ་པོའི་ལོ་རྒྱུས།

མ་ཤི་དགོན་པའི་ནུབ་རོལ་དུ་རྒྱང་གྲགས་བདུན་ཅུ་ཙམ་གྱི་སར་རྒྱལ་པོ་མྱ་ངན་མེད་ཀྱིས་བཞེངས་པའི་མཆོད་རྟེན་ཡོད་པ། སྔ་དུས་བདག་ཅག་གི་སྟོན་པ་བྱང་ཆུབ་སེམས་དཔའ་རྒྱལ་པོ་ཤི་བི་ཀར་གྱུར་ཏེ་ཕུག་རོན་གྱི་སྲོག་བསླུ་བའི་ཕྱིར་དུ་ཁྲ་ལ་སྐྱུ་ཤ་བཏང་བའི་གནས་སོ། །

༧ ས་ཛ་ཁའི་གཙུག་ལག་ཁང་།

དེ་ནས་ནུབ་ཕྱོགས་སུ་རྒྱང་གྲགས་ཉིས་བརྒྱ་ལྷག་པའི་སར་ཤ་ནི་ནྲ་ཙ་ཞེས་པའི་སྐྱུ་ངམ་གྱི་ཐང་ཆེན་པོར་ས་ཛ་ཁ་སྟེ་སྤྲུལ་སྣང་གི་གཙུག་ལག་ཁང་ཡོད་པ། དེ་ནི་སྔོན་པས་བྱང་ཆུབ་སེམས་དཔའ་བརྒྱ་བྱིན་དུ་གྱུར་པ་ན་གནས་འདིར་ཡུལ་མི་ཐམས་ཅད་དབུལ་ཞིང་རིམས་ནད་མཆེད་པས་སྐྱེ་བོ་མང་པོ་འཆི་བ་ལ། སྙིང་རྗེ་ཆེན་པོས་མ་བཟོད་པར་སྤྲུལ་ཆེན་པོ་ཞིག་ཏུ་སྤྲུལ་ཏེ་འཁྱིལ་བ་ཡུལ་གྱི་མི་རྣམས་ཀྱིས་ཅི་དགར་བཅད་དེ་ཟོས་པས། དབུལ་བ་བསལ་ཞིང་རིམས་ནད་ལས་ཐར་བར་མཛད་པས་མིང་དེ་ལྟར་དུ་གྲགས་སོ། །དེར་མཆོད་རྟེན་དཔངས་སུ་ཁྲུ་བརྒྱད་ཙམ་ལྷག་ཅིག་ཡོད། དེར་བྲག་བཙན་པ་ཅིག་གི་བུ་ག་ནས་ཆུ་གཙང་འབབ་པ་ཅིག་འདུག་པ། དེ་ནི་སྔོན་བདག་ཅག་གི་སྟོན་པ་རྨ་བྱའི་རྒྱལ་པོར་གྱུར་པའི་ཚེ་ས་འདིར་ཕྱོགས་གཞན་ནས་འོངས་པ་ལ་སྐྱུ་ངམ་ཐང་ལ་ཆུ་མེད་པས་འཁོར་བཅས་སྐོམ་གྱིས་གདུངས་བ་ལ། རྨ་བྱའི་རྒྱལ་པོའི་མཆུས་བྲག་རྡོལ་ཏེ་ཆུ་བྱུང་བ་ད་ལྟའི་བར་དུ་སྐོམ་གྱི་གདུང་བ་སེལ་ཞིང་ཚིམ་པར་འགྱུར་ཏེ། བྲག་གི་ཐོག་ཏུ་རྨ་བྱའི་ཁྲུ་བབས་པའི་སྐྱེར་རྗེས་ཡོད་པར་སྣང་ངོ། །

༨. རྒྱལ་པོ་སྐྱེ་མཆོག་གིས་བཞེངས་པའི་མཆོད་རྟེན།

གྲོང་ཁྱེར་མཐྲ་ལའི་ལྷོ་ནུབ་མཚམས་སུ་རྒྱང་གྲགས་དྲུག་ཅུ་ཙམ་ན་ཆུ་ཀླུང་ཆེན་པོ་ཞིག་ཡོད་པའི་ཤར་ལོགས་སུ་ཁྲུ་དྲུག་ཅུ་ལྷག་གི་མཆོད་རྟེན་རྒྱལ་པོ་སྐྱེ་མཆོག་གིས་བཞེངས་པ། དེ་སྔོན་སྟོན་པ་མྱ་ངན་ལས་འདས་ཁར་འཁོར་རྣམས་ལ་བཀའ་བསྩལ་

པ། ང་སྒྲ་ངན་ལས་འདས་པའི་འོག་ཏུ་ཨུརྒྱ་ནའི་རྒྱལ་པོ་སྔེ་མཆོག་ལ་གདུང་སྐལ་སྤྱིན་དགོས་པར་གསུངས་སོ། །དེར་རྒྱལ་པོ་སྔེ་མཆོག་འོང་བ་འཕྱིས་པས་རྒྱལ་པོ་གཞན་རྣམས་ཀྱིས་མི་སྟེར་བར་བཙམས་པ་ན། རྒྱལ་པོ་སྔེ་མཆོག་མ་དགའ་བས་སྦྲི་ངག་བརྟོན་པས་འཁོར་རྣམས་ཀྱིས་སྟོན་པའི་བཀའ་ཆེམས་བསྒྲགས་པས་གདུང་སྐལ་ཐོབ་སྟེ་རང་གི་གནས་སུ་གདན་དྲངས་ནས་མཆོད་རྟེན་བཞེངས་སོ། །དེའི་ཡོགས་ཤིག་ན་ཆུ་ཀླུང་ཞིག་རྒྱུ་བའི་འགྲམ་དུ་གླང་པོ་ཆེ་འདྲ་བའི་ཕ་བོང་ཆེན་པོ་ཞིག་ཡོད་པ་དེ། རྒྱལ་པོ་སྔེ་མཆོག་གིས་སྟོན་པའི་རིང་བསྲེལ་གླང་པོ་ཆེའི་རྒྱབ་ཏུ་བཀལ་ནས་འོངས་པ་ས་འདིར་སླེབས་མ་ཐག་གླང་ཆེན་གློ(ཀློ)བུར་ས་ལ་འགྱེལ་ཏེ་ཤི་བ་རྡོའི་ཕ་བོང་དུ་གྱུར་ཞེས་ཟེར་རོ། །གདུང་རྟེན་ཡང་དེ་དང་མི་རིང་བར་གནས་སོ། །

༩ ཡོ་ཏ་ར་ཀ་ཙཻར་གྱི་མཆོད་རྟེན་དང་འཕགས་པ་སྤྱན་རས་གཟིགས་དབང་ཕྱུག་གི་སྐུ་བརྙན།

གྲོང་ཁྱེར་མཐྲ་ལའི་ནུབ་ཏུ་རྒྱང་གྲགས་ལྔ་བཅུ་ལྷག་ཙམ་སོང་བ་ནས་ཆུ་ཀླུང་བརྒྱལ་བ་ན། ཡོ་ཧི་ར་ཀ་ཙཻར་ཏེ་མཆོད་རྟེན་དམར་པོ་དཔངས་སུ་ཁྲུ་ལྔ་བཅུ་ལྷག་ཡོད་པ་རྒྱལ་པོ་ཨ་ཤོ་ཀས་བཞེངས་པ་ཡོད་པ་དེ། སྔོན་བདག་ཅག་གི་སྟོན་པ་བྱང་ཆུབ་སེམས་དཔའི་སྤྱོད་པ་སྤྱོད་པའི་སྐབས་བྱམས་པའི་སྟོབས་ཞེས་བྱ་བའི་རྒྱལ་པོར་གྱུར་བའི་ཚེ་སྐུ་ལས་ཤ་བཅད་ཅིང་ཁྲག་གིས་གནོད་སྦྱིན་ལྔ་གསོས་པའི་གནས་ཡིན་སྐད་དོ། །གྲོང་ཁྱེར་མཐྲ་ལ་བྱང་ཤར་མཚམས་སུ་རྒྱང་གྲགས་སུམ་ཅུ་ལྷག་ཙམ་གྱི་སར་ཨ་ཧྲུ་ཏ་སྟེ་ངོ་མཚར་ཞེས་བྱ་བའི་མཆོད་རྟེན་དཔངས་སུ་ཁྲུ་བཞི་བཅུ་ལྷག་ཡོད་པ། དེ་སྔོན་སྟོན་པ་ཞལ་བཞུགས་པའི་སྐབས་གནས་འདིར་ལྷ་དང་མི་ལ་ཆོས་བསྟན་པའི་གནས་ཏེ། སྟོན་པ་འདས་པའི་རྗེས་སུ་ས་འོག་ནས་བརྡོལ་ཏེ་བྱུང་བ་ཡིན་

པས་ཇོ་མཚར་དུ་གྲགས་སོ། །དམངས་མ་རྣམས་ཀྱིས་རྒྱུན་དུ་མེ་ཏོག་དང་སྤོས་ཀྱིས་མཆོད་པ་ཕུན་སུམ་ཚོགས་པ་འབུལ་བཞིན་པའོ། །དེ་ནས་ནུབ་བྱང་ཕྱོགས་སུ་རྒྱང་གྲགས་བཞི་བཅུ་ཙམ་གྱི་སར་ཀུན་དགའ་ར་བ་ཞིག་ན་འཕགས་པ་སྤྱན་རས་གཟིགས་དབང་ཕྱུག་གི་སྐུ་བརྙན་ཞིག་བཞུགས་པ་དེ་བྱིན་རླབས་ཤིན་ཏུ་ཆེ་བས་ཡུལ་ཉེ་རིང་གི་མི་དག་ཕྱུག་དང་མཆོད་པ་བྱེད་པར་གྲོགས་མེད་གཅིག་བུ་དང་། གྲོགས་དང་སྡོངས་པ་བགྲངས་ཡས་པ་རྒྱུན་མི་འཆད་དུ་འདུས་པ་ཡོད་དོ། །

༡༠ རཾ་ཧྣ་ཡོའི་རི་བོའི་སྦྲ་ཡི་ཀླུ་ཆེན་དང་ རྒྱལ་པོ་འཕགས་སྐྱེས་པའི་ལོ་རྒྱུས།

སྤྱན་རས་གཟིགས་ཀྱི་ཀུན་དགའ་ར་བ་ནས་ནུབ་བྱང་དུ་རྒྱང་གྲགས་ཆིག་བརྒྱ་དང་ལྔ་བཅུ་ལྷག་ཙམ་ན་རཾ་ཧྣ་ལོ་ཟེར་བའི་རི་བོ་ཡོད་པའི་སྦྲ་ལ་ཀླུ་ཆེན་པོ་ཞིག་གནས་པའི་མཚོ་ཡོད་པའི་མཐའ་སྐོར་དུ་ལེ་བར་སུམ་ཅུ་ལྷག་ཙམ་མཚོ་དེ་དྭངས་པ་བསིལ་བ་རྙོག་པ་མེད་པ་སྐབས་སུ་ཐ་རླབས་གཡོ་བ་དཀར་ལ་མེ་ལོང་ཆེན་པོ་འདྲ་བ་ཅིག་ཡོད་པ་དེ། སྔོན་རྒྱལ་པོ་འཕགས་སྐྱེས་པོས་ཤཱཀྱའི་རྣམས་ཉེས་མེད་དུ་བཅོམ་པའི་སྐབས། ཤཱཀྱའི་དཔའ་བོ་མི་བཞིས་ཕྱི་བསྲུང་བྱེད་ཅིང་ཡོད་པ་སོ་སོ་ཐར་ནས་སོང་ངོ་། །ཤཱཀྱའི་རིགས་ཀྱི་མི་གཅིག་གིས་ལམ་སྐོར་ནས་ཐབས་ཟད་པ་ན་ཁྲུང་ཁྲུང་ཞིག་དེའི་དྲུང་དུ་བབས་ཤིང་བསྡུན་པ་ཞིག་འདུག་པས་དེ་ལ་ཞོན་ཏེ་རང་གར་བཏང་བ་མཆོད་རྟེན་དེའི་འགྲམ་དུ་བབས་ཤཱཀྱའི་རིགས་ཀྱི་མི་དེ་ལྷོན་པའི་གྲིབ་བསིལ་དུ་ཉལ་བར་ཀླུའི་བུ་མོ་ཞིག་ཆགས་ཏེ་མི་མོར་སྤྲུལ་པ་ཆགས་པ་སྤྱོད། དེ་ནས་ཀླུ་མོ་སྨྲ་བ་རེ་ཞིག་འུ་ཅག་གི་འདོད་པ་འགྲུབ་ཀྱང་། ཕ་མས་མ་གནང་བས་ཤིན་ཏུ་གསང་བ་གྱིས་ཤིག ཤཱཀྱའི་རིགས་ཀྱིས་རྒྱ་མཚན་དྲིས་པས་ཀླུ་མོ་ཡིན་པར་ཤེས་ཏེ་

ཤཱཀྱའི་རིགས་ཀྱིས་གཏན་འགྲོགས་བྱེད་པར་འདོད་ནས། སྨོན་ལམ་བཏབ་དཀོན་མཆོག་གསུམ་གྱི་བདེན་པ་དང་། བདག་གི་དུས་གསུམ་དུ་བསགས་པའི་དགེ་བའི་རྩ་བ་རྣམས་གཅིག་ཏུ་བསྡོམ་པའི་མཐུ་ལ་བརྟེན་ནས། ཀླུ་མོ་འདི་སྔར་སྤྲུལ་པ་ཇི་ལྟ་བ་བཞིན་གྱི་མི་མོར་སྤྲུལ་པར་གྱུར་ཅིག་ཅེས་སྨོན་ལམ་བཏབ་མ་ཐག དཀོན་མཆོག་དང་བསོད་ནམས་ཀྱི་མཐུ་དང་སྨོན་ལམ་གྱི་སྟོབས་ཀྱིས་ཀླུ་མོ་དེ་རིམ་གྱིས་མི་མོར་སྤྲུལ་ལོ། །དེར་ཀླུ་མོ་རབ་ཏུ་དགའ་ཞིང་མགུ་སྟེ། ཕ་མའི་དྲིན་བསབས་ཕྱིར་རེ་ཞིག་རང་གནས་སུ་ལོག་སྟེ་རང་གི་ཕ་མ་ལ་གནས་ཚུལ་སྨྲས་པས། མ་གཉིས་ཀྱང་དགའ་བ་སྐྱེས་ཏེ། ཤཱཀྱའི་རིགས་དེ་ཀླུའི་ཕོ་བྲང་དུ་དྲངས་ཏེ་ལོངས་སྤྱོད་སྣ་དགུས་ཚིམ་པར་བྱས་སོ། །ཉིན་བཞིན་དགའ་སྟོན་བྱས་པས་ལོངས་སྤྱོད་ཀྱི་ཉམས་པར་གྱུར་ཀྱང་། ཀླུའི་ལུས་ངན་ནས་ཤཱཀྱའི་རིགས་བསུན་ནས་རང་རང་གནས་སུ་ལྡོག་པར་ཞུས་པས་ཀླུའི་རྒྱལ་པོས་གནང་སྟེ་ཐག་རིང་དུ་མ་སོང་བར་ཨཛྫཱ་ནའི་ཡུལ་གྱི་རྒྱལ་ས་ཐོབ་ན་འུ་ཅག་ལྷན་དུ་སྡོད་ཆོག་པ་ཡོང་ཟེར་བས། རྒྱལ་ས་ཐོབ་པའི་ཐབས་ཚུལ་དྲིས་ཙ་ན། རལ་གྲི་ཅིག་དང་རས་མཆོག་ཅིག་བྱིན་ཏེ་འདི་སྐད་བསླབ་བོ། །རས་འདི་ཨུཛྫཱ་ནའི་རྒྱལ་པོར་ཕུལ་ཅིག་དང་ཁོ་དགའ་ནས་ཞབ་ཏུ་བལྟ་བར་འགྱུར་བས་གླགས་རྙེད་པར་འགྱུར་བས་རལ་གྲི་འདིས་བསྣུན་ཞིག དེས་སྤྱ་ཀོང་པར་བྱས་པས་འཁོར་ཐམས་ཅད་དབང་དུ་འགྱུར་རོ་ཞེས་བསླབས་པ་ལྟར། རས་ཡུག་རྒྱལ་པོ་ལ་འབུལ་བའི་ཟོལ་གྱིས་ཨུཛྫཱ་ནའི་རྒྱལ་པོ་བཀུམས་ཏེ་ཡུལ་ཐོབ་པར་གྱུར་ཏོ། །དེ་ནས་ཤཱཀྱའི་རིགས་དེས་རྒྱལ་སྲིད་ཆོས་བཞིན་བསྐྱངས་པས་སྙན་གྲགས་རྒྱས་པར་གྱུར་ཏེ། དཔུང་ཆེན་རྣམས་བཞི་རྫོགས་པར་བྱས་ནས་ཀླུ་རྒྱལ་ཡབ་ཡུམ་གཉིས་ལ་དྲིན་གཟོ་བ་དང་། མནའ་མ་བསུ་བར་ཕྱིན་ཏེ་ཀླུའི་བུ་མོ་ཨུཛྫཱ་ནའི་ཡུལ་དུ་གྲགས་སོ། །འོན་ཀྱང་ཀླུའི་བུ་མོ་དེ་ངན་སོང་གི་བག་ཆགས་དང་ལྡན་པས་གཉིད་དུ་ནམ་ལོག་པ་ན་མགོ་བོའི་སྟེང་དུ་སྦྲུལ་གྱི་གདེངས་ཀ་དགུ་རྒྱུངས་ཏེ་བྱུང་བར། ཤཱཀྱའི་རིགས་སྐྲག་

ཅིང་བསྲུན་པས་ལན་ཅིག་གཉིད་ལོག་དུས་སྦྲུགས་ཧྲེད་དེ་རལ་གྲིས་བཅད་དེ། དེར་ཀླུ་མོ་སྡངས་ཏེ་ཁྱེད་ཀྱི་ལས་འདི་རིགས་རྒྱུད་ལ་གནོད་དོ་ཟེར་རོ། །དེ་ལས་སྐྱེས་པ་ནི་རྒྱལ་པོ་སྦེ་མཆོག་གོ། །ཕྱིས་སུ་ཤཱཀྱའི་རིགས་འདས་པ་ན་སྦེ་མཆོག་གིས་རྒྱལ་སྲིད་བསྐྱངས་སོ། །དེ་ཕྱིན་ཆད་ཀྱི་རིགས་རྒྱུད་ན་རིམ་ལ་སྐབས་སྐབས་སུ་མགོ་བོ་ན་བའི་ནད་ཀྱི་གདུངས་པར་གྱུར་ཏོ། །དེ་ནས་བཅོམ་ལྡན་འདས་ཀུ་ཤའི་གྲོང་ཁྱེར་ནས་ནམ་མཁར་འཕགས་ཏེ་ཨུཛྫ་ནའི་ཡུལ་དུ་ཕེབས་ཀླུ་ཚེ་རིང་བས་ཀླུ་མོ་དེ་དུས་སུ་ཡང་འཚོ་ཞིང་། རྒྱལ་པོ་སྦེ་མཆོག་རི་དྭགས་བཤོར་བར་སོང་བ་ལས་རང་ཡུལ་དུ་འོད་ཕུང་འབར་བ་རྒྱང་མ་ནས་མཐོང་ངོ་། །མཐོང་ནས་ཡུལ་དུ་མེ་མཆེད་པ་མིན་ནམ་བསམ་ནས་མྱུར་བར་རང་ཡུལ་དུ་ལོག་གོ། །དེར་བཅོམ་ལྡན་འདས་ཀྱིས་ཀླུ་མོ་ལ་ཁྱོད་ཀྱི་བུ་དེ་ངའི་ཉེ་དུ་ཡིན་ནོ་ཞེས་བརྒྱུད་དེ་ཆོས་བསྟན་པས་གྲོལ་བ་ཐོབ་པོ་གསུངས་ཤིང་ཀླུ་མོ་ལ་ཅི་རིགས་པའི་ཆོས་བཤད་ཅིང་རྒྱལ་པོ་མ་བསྒུག་པར་ཤིང་ས་ལའི་དྲུང་དུ་གཤེགས་སོ། །རྒྱལ་པོ་སྦེ་མཆོག་འཁོར་བ་དང་ཡུམ་གྱིས་གནས་ཚུལ་སྨྲས་ཏེ་ཁྱོད་མགྱོགས་པར་སོང་ལ། བཅོམ་ལྡན་འདས་ཀྱིས་གདུང་སྐལ་ཞུས་ཤིག་ཟེར་བ་ལྟར་འོངས་སོ། །རྒྱལ་པོ་སྦེ་མཆོག་འོངས་འཕྱིས་པས་གདུང་སྐལ་ཀྱང་ཕྱིས་ཐོབ་པའི་རྒྱུ་མཚན་དེ་ལྟར་རོ་ཞེས་ཟེར་རོ། །རྒྱལ་པོའི་མིང་ལ་ཨུཏྟ་སེ་ན་ཟེར། སེ་ན་ཞེས་པ་སྡེར་བསྒྱུར་ན་ལེགས་སམ་སྙམས་སོ། །

༢༢ ཐ་རི་རའི་ཐང་།

གྲོང་ཁྱེར་མནྡལ་ནས་བྱང་ཤར་མཚམས་སུ་རི་ཀླུང་འགའ་བརྒལ་བ་ན་སིནྡྷུའི་ཀླུང་འགྲམ་བརྒྱུད་དེ་འགྲོ་བའི་ལམ་འཕྲང་ཤིན་ཏུ་བགྲོད་དཀའ་ཞིང་། སྐབས་འགའ་ཞིག་ན་ལྕགས་ཐག་ལ་ཤིང་ལེབ་བཏགས་པ་དང་། སྐབས་འགའ་ན་ཤིང་

སྐམ་པོའི་ཡལ་ག་ལ་ཤིང་ལེབ་ཀྱི་ཐེམ་སྐས་བཏགས་པ། སྐབས་འགའ་ཞིག་ཏུ་ཤིང་རིང་པོའི་སྟེ་གཉིས་ལ་བཙུགས་ཏེ་བར་སྟོང་བཞག་པའི་བར་དུ་ས་རྫ་ཤིང་སོགས་ཅི་རིགས་པ་བཏགས་པ་ལམ་ཤིན་ཏུ་བགྲོད་དཀའ་བ་རྒྱང་གྲགས་སྟོང་ཕྲག་གཅིག་ཕྱིན་པ་ན་ཐ་རི་ར་ཞེས་བྱ་བའི་ཐང་དུ་སླེབས་སོ། །དེ་ནི་ཨུརྒྱ་ནའི་ཡུལ་སྙིང་ཡིན་ཟེར་རོ། །དེར་གསེར་དང་གུར་གུམ་མོད་དོ། །དེའི་དབུས་སུ་གཙུག་ལག་ཁང་ཞིག་ཡོད་པའི་ཡོགས་སུ་ཤིང་ལས་བཞེངས་ཏེ་གསེར་བྱུག་པའི་བྱམས་པའི་སྐུ་བརྟན་གསེར་མདངས་འོད་དུ་འབར་བ་དཔངས་སུ་ཁྲུ་བརྒྱ་ལྷག་ཙམ་ཡོད་པ་དགྲ་བཅོམ་པ་ཉི་མ་གུང་པས་བཞེངས་པ་སྟེ། དེ་ཡང་དགྲ་བཅོམ་པས་བཟོ་བོ་ཁྲིད་དེ་དགའ་ལྡན་དུ་លན་གསུམ་ཕྱིན་ཏེ་མཐར་ངེས་པ་སྙེད་ནས་བཞེངས་པ་ཡིན་ཟེར་རོ། །སྐུ་གཟུགས་འདི་ཉིད་ལ་དཔེ་སླངས(བླངས)ཏེ་བྱམས་མགོན་གྱི་སྐུ་གཟུགས་ཆེ་བ་རྒྱ་ནག་དང་། བོ་ཊ་མ་ལ་སོགས་པའི་གནས་རྣམས་སུ་མང་དུ་ཡོད་དོ། །

བ་ཏུ་རའི་ཡུལ།

ཐང་པོ་ཆེ་དེ་ལས་ཤར་དུ་ཐར་སློས་པ་བཞིན་གྱི་བགྲོད་དཀའ་བའི་ལམ་རྒྱང་གྲགས་ལྔ་བརྒྱ་ལྷག་ཕྱིན་པ་ན་བ་ཏུ་རའི་ཡུལ་དུ་སླེབས་སོ། །བ་ཏུ་རའི་ཡུལ་དེའི་མཐའ་སྐོར་དུ་ལེ་བར་བཞི་སྟོང་ལྷག་ཙམ་ཡོད་པ་གངས་རི་ཆེན་པོ་གཉིས་ཀྱི་བར་ན་ཡོད་ལ། རི་རྒྱུད་ཀྱི་ཤར་ནུབ་གཉིས་རིང་སྟེ་ལྟོ་བྱང་དོག་པ། གྲོ་དང་སྲན་མ་འདེབས་པ་གསེར་དངུལ་གཉིས་ཀ་མོད་ཅིང་། གསེར་ཏམ་ལ་ལོངས་སྤྱོད་སྐྱེས་བུ་རྣམས་ཕྱུག་ལ་ལོངས་སྤྱོད་ཆེ་བ་རྟུབ་པ་མི་ཆོས་སྲབ་པ། དད་གུས་ཆུང་བ་སྐད་དང་ཡི་གེ་ཕལ་ཆེར་རྒྱ་གར་དང་མཚུངས་ལ་ཡུལ་གཞན་རྣམས་དང་ཆེས་མི་མཐུན་ནོ། །

རཏྣ་ཤི་ནའི་ཡུལ།

ཡུལ་རཏྣ་ཤི་ན་ནི་ཁོར་ཡུག་ཏུ་ལི་བར་ཉིས་སྟོང་དང་། དབུས་ཀྱི་གྲོང་ཁྱེར་ཆེན་པོའི་མཐའ་སྐོར་དུ་ལི་བར་བཅུ་ལྷག་ཡོད་དོ། །ནུབ་བྱང་མཚམས་སུ་རྒྱང་གྲགས་བདུན་ཙུ་ལྷག་པ་ན་ཨེ་ལ་པ་སྟོ་སྟེ། ཀླུའི་ཨེ་ལེ་འདབ་ཀྱི་མཚོའི་མཐའ་སྐོར་དུ་གོམ་པ་བརྒྱ་ལྷག་པ་ལ་ནང་དུ་ཆུ་ཤིན་ཏུ་དྭངས་སར་མེ་ཏོག་པདྨའི་དབྱིབས་འདྲ་བ་ལ་ཁ་དོག་སྣ་ཚོགས་པ་ཡོད་དོ། །ཀླུ་འདི་ནི་སངས་རྒྱས་འོད་སྲུང་གི་དུས་སུ་དགེ་སློང་ཨེ་ལེ་འདབ་ཞེས་བྱ་བ་སྟེ། ཐན་པ་བྱུང་ཚེ་ངེས་པར་དགེ་སློང་ཞིག་མཚོ་འགྲམ་དུ་ཕྱིན་ཏེ་སེ་གོལ་གཏོགས་ཏེ་གོ་བར་བྱས་ནས་གསོལ་བ་བཏབ་ན་གདོན་མི་ཟ་བར་དོན་འགྲུབ་བོ། །

༡ གཏེར་ཆེན་བཞི་འབྱུང་ས།

དེ་ནས་ཤར་ལྷོའི་མཚམས་སུ་རྒྱང་གྲགས་གསུམ་ཙུ་ལྷག་པ་རི་གཉིས་ཀྱི་བར་དུ་ཞུགས་པ་ན། རྒྱལ་པོ་ཨ་ཤོ་ཀས་བཞེངས་པའི་མཆོད་རྟེན་དཔངས་སུ་ཁྲུ་བརྒྱ་ལྷག་ལོངས་བ་ཡོད་དོ། །འདི་ནི་སྟོན་སྟོན་པའི་བཀའ་ལས་མ་འོངས་པའི་དུས་ན་རྗེ་བཙུན་བྱམས་པ་མགོན་པོ་འཛིག་རྟེན་དུ་འབྱོན་པའི་དུས་སུ་གཏེར་ཆེན་པོ་བཞི་འབྱུང་བར་ལུང་བསྟན་པའི་ནང་གི་གཅིག་ཡིན་ནོ། །དུས་ཀྱི་ས་གཡོ་བ་ཇི་ཙམ་ཆེ་བ་བྱུང་ཡང་ས་འདིར་ཁོར་ཡུག་ཏུ་གོམ་པ་བརྒྱ་ཙམ་གྱི་ཚད་དུ་གནོད་པ་མི་འབྱུང་ཞེས་གསུངས་སོ། །མི་བླུན་པོ་འགའ་ཞིག་གིས་གཏེར་ཆེན་པོ་ཡོད་པར་གྲགས་པ་

ཐོས་པས། གཏེར་དེ་འདོན་འདོད་ཀྱིས་ས་སྲོ་བ་དང་བརྐོ་བ་བྱེད་པ་ན། འགྲོ་ས་དང་འདུག་པ་མི་ཚུགས་ཤིང་ས་ལ་འགྲེ་པ་དང་འགྱེལ་པ་འབྱུང་སྐད་དོ། །དེའི་ཡོགས་སུ་གཙུག་ལག་ཁང་ཞིག་ཡོད་པ་ད་ཅང་ཞིག་རལ་ཆེ་བས་དགེ་འདུན་མི་ཆགས་སོ། །

༢ རྒྱལ་པོ་ཨ་ཤོ་ཀས་བཞེངས་པའི་མཆོད་རྟེན།

གྲོང་ཁྱེར་དེའི་རྒྱབ་ཏུ་རྒྱང་གྲགས་བཅུ་ཕྲག་གཉིས་གསུམ་ན། རྒྱལ་པོ་ཨ་ཤོ་ཀས་བཞེངས་པའི་མཆོད་རྟེན་ཡོད་པ། སྐབས་སྐབས་སུ་གསོ་སྦྱོང་གི་ཉིན་པར་འོད་ཕུང་འགྱེད་པ་དང་། མེ་ཏོག་གི་ཆར་འབབ་པ་དང་། ལྷའི་རོལ་མོའི་སྒྲ་དང་འབྱིན་པ་སོགས་ཐོས་པ་ཡོད་དོ། །གཏམ་རྒྱུད་ལ་ཉེ་ལམ་བུད་མེད་ལུས་སྤྲུལ་པོ་བལྟར་མི་བཟོད་པ་ཞིག་སྣས་པའི་ཚུལ་གྱིས་མཆོད་རྟེན་གྱི་རྩར་ཕྱིན་ཏེ་ཕྱག་སྐོར་ཞོན་དུ་འགྲོ་བས་ཉོངས་བཤགས་བྱས་པས། ལུས་སྤྲུལ་པོ་དེ་ཉིད་དུ་དོར་ནས་གཟུགས་བཟང་བ་དང་དྲི་ཞིམ་པར་གྱུར་ཞིང་། ས་ཕྱོགས་དེར་མེ་ཏོག་སྣ་ཚོགས་འགྲེམས་པ་དང་ལྷག་པར་དྲི་ཞིམ་འཕྲུལ་པའི་ཨུཏྤ་ལས་ས་ཕྱོགས་དེ་ཀ་གཡོག་པར་གྱུར་རོ་ཟེར་རོ། །གནས་འདི་སྟོན་བདག་ཅག་གི་སྟོན་པ་བྱང་ཆུབ་སེམས་དཔར་གྱུར་བའི་ཚེ་རྒྱལ་པོ་ཙནྡྲ་པྲ་བྷ་སྟེ་ཟླ་བའི་འོད་ཅེས་བྱ་བར་གྱུར་པ་ན། བྱང་ཆུབ་དམ་པ་འཚོལ་བའི་ཕྱིར་མགོ་བོ་སྦྱིན་པར་བཏང་བའི་གནས་ཡིན་ནོ། །དེའི་ཡོགས་ན་གཙུག་ལག་ཁང་རྙིང་པ་ཅིག་ཡོད་པར་དགེ་འདུན་ཞིན་ཏུ་ཉུང་ངོ་། །སྟོན་མདོ་སྡེ་པའི་སློན་པོ་ཀུ་མ་ར་ད་ད་སྟེ་གཞོན་ནུ་སྦྱིན་གྱིས་མངོན་པའི་རྒྱ་ཆེར་འགྲེལ་ཞིག་མཛད་པའི་གནས་སོ། །

༣ ཤར་ལྷོའི་མཚམས་ཀྱི་མཆོད་རྟེན་ཞིག་དང་རྒྱལ་པོ་མྱ་ངན་མེད་ཀྱི་བུ་ཀུ་ན་ལའི་ལོ་རྒྱུས།

གྲོང་ཁྱེར་གྱི་ཕྱི་རོལ་ཤར་ལྷོའི་མཚམས་སུ་རི་ཆེན་པོ་ཞིག་ཡོད་པ་དེའི་རྒྱབ་ལོགས་སུ་ཁྲི་བརྒྱ་ལྷག་ཡོད་པའི་མཆོད་རྟེན་ཞིག་ཡོད་པ། དེ་ནི་རྒྱལ་པོ་མྱ་ངན་མེད་ཀྱི་བུ་ཐུ་བོ་རྒྱལ་ཚབ་ཀུ་ན་ལ་ཞེས་བྱ་བའི་མིག་མ་ཡར་གྱིས་ཕྱུང་བའི་ས་ཡིན། དེར་རྒྱལ་པོ་མྱ་ངན་མེད་ཀྱིས་མཆོད་རྟེན་དེ་བཞེངས་སོ། །མིག་ལོང་བའི་སྐྱེ་བོ་ཕལ་ཆེར་གྱིས་ཕྱག་མཆོད་བསྐོར་བ་བྱས་ན་སླར་ཡང་མིག་ཐོབ་པར་འགྱུར་པ་ཡོད་དོ། །དེའི་གཏམ་རྒྱུད་ནི་མྱ་ངན་མེད་ཀྱི་བཙུན་མོ་དམ་པ་ལས་སྲས་ཀུ་ན་ལ་འཁྲུངས་ཤིང་། སྲས་དེ་གཟུགས་མཛེས་ཤིང་གཙང་ལ་སྙིང་རྗེའི་སེམས་དང་ལྡན་ཞིང་སྲས་ཀྱི་བསྐྱེད་ཡུམ་འདས་ཏེ། མྱ་ངན་མེད་ཀྱིས་བཙུན་མོ་ཞིག་ཁབ་ཏུ་བཞེས་སོ། །བཙུན་མོ་དེ་རྒྱགས་ཤིང་འདོད་ཆགས་ཆེ་བ་ཞིག་སྟེ། ལན་ཅིག་འདོད་པས་མྱོས་ནས་རྒྱལ་ཚབ་ཀུ་ན་ལ་དང་སྤྲོད་པར་འདོད་པ་ན་ཀུ་ན་ལས་གཏན་ནས་མི་འོས་པའི་ལས་འདི་འདྲ་མི་རུང་ཞེས་མ་ཉན་པས། མ་ཡར་གྱིས་འཕོན་དུ་བཟུང་སྟེ་སྐབས་ཤིག་སླགས་རྙེད་དེ་རྒྱལ་པོ་ལ་གསོལ་བ་བདག་ཅག་གི་ཡུལ་རཀྵ་ཤི་ར་འདིར་གལ་ཆེ་བ་ནི་ཕྱིའི་ལྟུགས་རི་སྟེ། དེའི་སྒོ་བསྲུང་རྒྱལ་པོ་མཉེས་ཤིང་ཀུན་གྱིས་བཀུར་བ་ཞིག་མ་གཏོགས་གཞན་ལ་ཡིད་བརྟན་དཀའ་བས། དེར་རྒྱལ་ཚབ་འདི་ཉིད་སེམས་དཔའ་ཞིང་སྟོན(ཡོན་ཏན)དང་ལྡན་པའི་གྲགས་པས་སྐྱེ་བོ་ཉེ་རིང་མེད་པར་མཐའ་དག་མགུ་བ་དང་དགའ་བར་སྣང་བས། ལྟུགས་རིའི་སྒོ་དེ་བསྲུང་བར་བཏང་ན་ཨ་བུ་ཅག་ཡུན་རིང་དུ་བདེ་བར་འཚོ་བར་མི་འགྱུར་རམ་ཞེས་ཞུས་པས། རྒྱལ་པོས་མ་བསྒྲུག(བརྟག)པར་བཙུན་མོས་ཞུས་པ་ལྟར། སྲས་ལ་ཁྱོད་ལྟུགས་རིའི་སྒོ་བསྲུང་

ལ་བསྒོ་ཡིས་ངེད་ཀྱི་བཀའ་ཤོག་གང་བསྒྱུར་བ་མ་ངེས་ཀྱི་སོའི་རྟགས་འདེབས་པ་རྟགས་པ་རྟོགས་ཤིག སོ་ནི་ངའི་ཁའི་ནང་དུ་ཡོད་པས་བསླུ་བར་མི་འགྱུར་རོ་ཞེས་གསུངས་སོ། །རྒྱལ་བུ་ཀུ་ན་ལ་བཀའ་མཆོས་ནས་སོང་ངོ་། །ལན་ཅིག་བཙུན་མོ་དེས་ཡི་གེ་རྫུས་མ་བྲིས་པར་ཡབ་ཀྱིས་བཀའ་བསྐྱོན་ཕབ་སྟེ། ཀུ་ན་ལའི་མིག་གཉིས་ཕྱུང་ལ་ས་ཆ་རྒྱུས་མེད་དུ་སྐྱུག་ཅིག་ཅེས་པའི་ཡི་གེ་བྲིས་ནས་རྒྱལ་པོ་ཉིན་མོ་གཉིད་ལོག་པ་ནས་སོ་རྟགས་བསྐུས་ཏེ་བྲ་མ་རྟར་གཏད་དེ་བསྒྱུར་རོ། །དེར་ནང་བློན་རྣམས་ཀྱིས་མ་དགའ་སྟེ་རྒྱལ་པོ་ལ་སྣར་ཞུ་བར་བགྲོས་པ་ལ། རྒྱལ་བུ་ཀུ་ན་ལས་ཡབ་ཀྱིས་བཀའ་བསྐྱོན་ལན་ཅིག་བབས་ཕྱིན་སྣར་ཞུས་ན་ཡབ་མི་མཉེས་པར་གྱུར་ན་ཡབ་ཀྱི་སྲི་ཞུ་ལ་གནོད་པར་འགྱུར་རོ་སྙམ་ནས་མ་ཉན་པར་བཤན་པ་བགུག་སྟེ་མིག་གཉིས་ཕྱུང་སྟེ་ཁྱོ་ཤུག་གཉིས་སློང་མོ་བ་བྱས་ཤིང་ཕྱོགས་ཆ་མེད་པར་འཁྱམས་སོ། །དེ་ནས་ལན་ཅིག་ཡབ་ཀྱི་ཕོ་བྲང་དུ་སློང་མོར་ཕྱིན་ཏེ་པི་ཝང་བརྡུང་ཞིང་སྐྱོ་གླུ་ལེན་ཞིང་སློང་མོ་བྱས་པས། རྒྱལ་པོས་ཁང་པའི་ཡང་ཐོག་ནས་ཐོས་ཏེ། སློང་མོ་བྱེད་པ་འདི་ནི་པི་ཝང་དང་གླུ་ལ་མཁས་པ་བདག་གི་བུ་དང་འདྲ་བ་འདི་སུ་ཞིག ཅེས་དྲིས་པས། ནང་མི་རྣམས་ཀྱིས་མིག་ལོང་བའི་སློང་མོ་པ་ཞིག་ལགས་ཟེར་བས། ཐོས་ཤིག་གསུངས་པ་ལྟར་རྒྱལ་པོའི་དྲུང་དུ་ཁྲིད་ཡོང་བ་དང་། རྒྱལ་པོས་ངོ་ཤེས་ནས་དྲུས་ཏེ་བུ་ཁྱོད་ལ་སུ་ཞིག་གིས་གནོད་པ་འདི་ལྟ་བུ་བྱས་ཞེས་དྲིས་པར། རྒྱལ་བུས་ཡབ་ཀྱི་བཀའ་མ་བཟློག་པས་ཡིན་ནོ། །བཀའ་ཤོག་ལ་རྟགས་ཅི་འདྲ་འདུག་དྲིས་པར་ཚེམས་རྟགས་འཁྲུལ་མེད་འདུག་ཅེས་ཞུས་པས། རྒྱལ་པོས་བཙུན་མོ་ངན་པ་དེས་བསླུས་པར་རྟོགས་ཏེ་བཙུན་མོ་དེ་དེ་ཉིད་དུ་བསད་དོ། །དེ་ནས་བྱང་ཆུབ་ལྗོན་ཤིང་གི་དགོན་པར་དགྲ་བཅོམ་པ་ཀུ་ཤ་ཞེས་བྱ་བ་རྫུ་འཕྲུལ་དང་མངོན་ཤེས་ཐོགས་པ་མེད་པ་ཞིག་བཞུགས་པ་དེ་སྤྱན་དྲངས་ཏེ་གནས་ཚུལ་རྣམས་གསོལ་བས། དགྲ་བཅོམ་པས་ཆོས་ཟབ་མོ་ཞིག་འཆད་ཀྱིས་འབངས་མི་རྣམས་ཀྱིས་རིན་པོ་ཆེའི་

སྟོད་རི་ཐོགས་ཏེ་མཉན་དུ་ཕོག་ཅིག་ཅེས་དྲིལ་བསྒྲགས་པ་ལྟར་མི་ཐམས་ཅད་ཀྱིས་རིན་པོ་ཆེའི་སྟོད་རི་ཐོགས་ཏེ་ཞག་མ་གསུམ་དུ་འདུས་པ་ན་དགྲ་བཅོམ་པས་རྟེན་འབྲེལ་བཅུ་གཉིས་ལས་བརྩམས་ཏེ་ཆོས་བཤད་པས་སྐྱེ་བོ་ཐམས་ཅད་ཆོས་ཀྱི་ཤུགས་ཀྱིས་མིག་ནས་མཆི་མ་ཟག་པ་བསྡུས་ནས་གསེར་གཞོང་གཅིག་ཏུ་བླུགས་ཏེ། རྒྱལ་བུས་གཙོས་ལོང་བ་ཐམས་ཅད་ཀྱིས་མིག་བཀྲུ་རུ་བཅུག་ཅིང་བདེན་སྟོབས་བརྗོད་པས་ལོང་བ་ཐམས་ཅད་ཀྱི་མིག་གསལ་བ་དང་ལྡན་པར་གྱུར་ཏེ། དེ་ནས་རྒྱལ་པོས་སྔར་བཀའ་ཕོག་ཇུས་མ་མ་ཞུས་ཤེས་ཁྲིས་པས། བློན་པོ་འགའ་ཞིག་བསྐྲད། འགའ་ཞིག་བཀུམས། འགའ་ཞིག་དམའ་ཕབ་ཁྲིམས་ཀྱིས་ཆར་བཅད་དོ། །

སིཏྟ་ག་ལྡུ་རའི་ཡུལ།

གྲོང་ཁྱེར་དེ་ནས་ཤར་ལྷོར་རི་སུ་ལ་བརྒྱུད་དེ་རྒྱང་གྲགས་བདུན་བརྒྱ་ལྷག་ཙམ་ཕྱིན་པ་ན། སིཏྟ་ག་ལྡུ་རའི་ཡུལ་ཁོར་ཡུག་ཏུ་ལི་བར་སུམ་སྟོང་ལྔ་བརྒྱ་དྲུག་བརྒྱ་ལྷག་ཡོངས་བ། དབུས་ཀྱི་མཁར་ཆེན་ཁོར་ཡུག་ཏུ་ལི་བར་བཅོ་ལྔ་ལྷག་ཙམ་རི་ལ་བརྟེན་པ་བྲག་རྫོ་དང་གྲུ་གྲུ་མང་ཞིང་ཤིན་ཏུ་བགྲོད་དཀའ་བ་བཙན་པ་འཕྲང་བགྲོད་དཀའ་བ། མིའི་རང་བཞིན་དཔའ་བ་གདུག་པ་བསླུ་བྲིད་ཆེ་བ་ཆེད་གཉེར་གྱི་དཔོན་མེད་ཅིང་གསྒྲི་ར་སྐྱེ་ཁ་ཆེའི་འབབས་སུ་གཏོགས་སོ། །

༧ གྲོང་ཁྱེར་ཉེ་འདབས་མཆོད་རྟེན་དང་དྲང་སྲོང་གོས་དཀར་ཅན་གྲོལ་བ་ཐོབ་པའི་ལོ་རྒྱུས་སྐོར།

གྲོང་ཁྱེར་གྱི་ལྷོ་ངོས་མི་རིང་བར་ཨ་ཤོ་ཀས་བཞེངས་པའི་མཆོད་རྟེན་བཟོ་ངོ་མཚར་ཁྱད་དུ་འཕགས་པ་དེར་སྔོན་དུས་གཙུག་ལག་ཁང་ཞིག་ཡོད་པ་བཤིགས་ཏེ་ད་ལྟ་དགེ་འདུན་བཞུགས་པ་ནི་མེད་དོ། །གྲོང་ཁྱེར་གྱི་ཤར་ལྷོའི་མཚམས་སུ་རྒྱང་གྲགས་ལྔ་བཅུ་ཙམ་ན་ཨ་ཤོ་ཀས་བཞེངས་པའི་རྫོའི་མཆོད་རྟེན་དཔངས་སུ་ཉིས་བརྒྱ་ལྷག་ཡོད་པའི་ཁོར་ཡུག་ཏུ་མཚོ་རྫིང་མང་པོ་ཡོད་པ་ཐམས་ཅད་དྭངས་ཤིང་རྫོའི་ཁ་ཁྱེར་ཅན་ཉ་སྦལ་སོགས་ཀླུའི་རིགས་ཀྱི་སེམས་ཅན་མང་པོས་གང་བ་ནང་མེ་ཏོག་པདྨ་སྣ་བཞིས་ཚལ་གྱིས་ཁེབས་པ། ཕྱི་རོལ་ཏུ་ཤིང་ཏོག་སྣ་ཚོགས་ཀྱི་ལྗོན་པས་གཏམས་པ་དགའ་འདུན་མང་པོ་འདུ་བར་གྱུར་པའི་གནས་ཏེ། དེར་གཙུག་ལག་ཁང་རྙིང་པ་དག་ཡོད་ཀྱང་གནའ་དུས་ནས་དགེ་འདུན་གྱི་སྡེ་མ་ཆགས་ཤིང་། དེའི་ཉེ་སྐོར་དུ་སྔོན་དྲང་སྲོང་གོས་དཀར་ཅན་ཞེས་བྱ་བ་ཞིག་གི་གྲོལ་བ་ཐོབ་ཟེར་བའི་སློབ་རྒྱུད་དཀའ་ཐུབ་སྤྱོད་པའི་རང་བཞིན་ད་དུང་ཡོད་ཅིང་། དྲང་སྲོང་དེའི་གཟུགས་བརྙན་གྱི་མཆོད་ཁང་ཡང་སྣང་ཕལ་ཆེར་ནང་བའི་ཆོས་ལྟར་བཅོས་པ་སྟེ། རྒན་པ་དགེ་སློང་དང་གཞོན་པ་དགེ་ཚུལ་དུ་འདོད་པ། སྐྲ་བྲེག་ཀྱང་ཐོར་ཅོག་ཙམ་བཞག་པ་ལུས་གཅེར་བ་དང་གོས་དཀར་གྱོན་པ་དེ་དག་གི་སྟོན་པ་དྲང་སྲོང་གི་གཟུགས་བརྙན་ཀྱང་མཚན་དཔེས་བརྒྱན་ཞིང་ན་བཟའ་སོགས་བདག་ཅག་གི་སྟོན་པའི་སྐུ་བརྙན་ལ་དཔེ་བྱས་པར་སྣང་ངོ། །

༢ རྗེ་སྒོམ་ཆེན་པོ་དང་རྒྱལ་བུ་མ་ཧཱ་པདྨར་ལུས་སྟག་མོར་སྦྱིན་པར་བཏང་བའི་ལོ་རྒྱུས་སྐོར།

དེ་ནས་ཚུ་སྒྲུང་སིན་ཧྲུ་བརྒལ་ནས་ཤར་ལྷོའི་མཚམས་སུ་རྒྱང་གྲགས་ཉིས་བརྒྱ་ཙམ་བརྒལ་བ་ན། རྗེ་སྒོམ་ཆེན་པོ་ཞེས་བྱ་བར་སླེབས་ཏེ། དེ་ནི་སྟོན་བདག་ཅག་གི་སྔོན་པ་རྒྱལ་བུ་མ་ཧཱ་པདྨར་གྱུར་པ་ན་ལུས་སྟག་མོ་ལ་སྦྱིན་པར་བཏང་བའི་གནས་ཏེ། དེའི་རྩ་གེལ་བ་ཐམས་ཅད་ཚོས་ཀྱིས་ཁ་བསྒྱུར་བ་འདྲ་བ་ཁྲག་གི་མདོག་ཏུ་སྣང་ངོ་། །འདིར་རྒྱལ་པོ་ཨ་ཤོ་ཀས་བཞེངས་པའི་མཆོད་རྟེན་དཔངས་སུ་ཁྲུ་ཉིས་བརྒྱ་ལྷག་ཙམ་ཡོངས་པ་ཡོད་དོ། །གཞན་ཡང་རྗེའི་ཁང་ཆུང་མང་པོ་ཡོད་པའི་མཐར་དུར་ཁྲོད་ཀྱི་གནས་དང་། རིམས་ནད་ཀྱིས་ཐེབས་པ་དག་གིས་བསྐོར་བ་བྱས་ན་ཕལ་ཆེར་ནད་ལས་གྲོལ་བར་གྱུར་པ་མང་དག་བྱུང་ངོ་། །མཆོད་རྟེན་གྱི་ཤར་ལོགས་སུ་གཙུག་ལག་ཁང་ཡོད་པར་དགེ་འདུན་བརྒྱ་ལྷག་གནས་པ་རྣམས་ཐེག་ཆེན་ཁས་ལེན་པའོ། །

༣ རི་ཆིག་སྐྱུ་ཅིག་ནང་གི་གཙུག་ལག་ཁང་ཞིག

དེ་ནས་ཤར་ཕྱོགས་སུ་རྒྱང་གྲགས་ལྔ་བཅུ་ལྷག་ཕྱིན་པ་ན། རི་ཆིག་སྐྱུ་ཅིག་ནང་གི་གསེབ་ན་གཙུག་ལག་ཁང་ཞིག་ན་དགེ་འདུན་ཉིས་བརྒྱ་ལྷག་བཞུགས་པ་ཐམས་ཅད་ཀྱང་ཐེག་ཆེན་སློབ་པ་པོ་ནའོ། །བཟའ་ཤིང་གི་རྣ་བ་དང་ཚུ་མིག་དང་མཚོ་དང་ཐིང་བུ་ཚུ་དྭངས་མོས་གང་བ་དོན་མཐུན་པ་རོལ་པའི་གནས་ཏེ། དེར་མཆོད་རྟེན་དཔངས་སུ་ཁྲུ་སུམ་བརྒྱ་ལྷག་པ་ཞིག་ཡོད་དོ། །དེ་སྟོན་སྔོན་པ་གནོད་སྦྱིན་མ་

ཏུངས་པ་ཞིག་བཏུལ་ནས་ཤ་མི་ཟ་བར་དམ་བཅའ་ཕུལ་བའི་གནས་ཡིན་ཟེར་རོ། །

ཨུ་ར་ཏིའི་ཡུལ།

དེ་ནས་ཤར་ལྷོའི་མཚམས་སུ་རི་བོ་ཞིག་འདས་ནས་རྒྱང་གྲགས་ལྔ་བརྒྱ་ཙམ་སོང་བ་ན་ཨུ་ར་ཏིའི་ཡུལ་དེའི་ཁོར་ཡུག་ཏུ་ལི་བར་ཉིས་སྟོང་ལྷག་པར་རི་བྲག་དང་སྣང(སྔང)དག་གིས་གཏམས་པ། ལམ་འཕྲང་དང་པོ་ལ་ཞིང་ས་བཟང་བ། རང་མགོ་ཐོན་པའི་དཔོན་ཞིག་མེད་པས་ཁ་ཆེའི་མངའ་འོག་ཏུ་གཏོགས་སོ། །འབྲུ་ཞིང་འདེབས་པ་ཤིང་ཏོག་དང་མེ་ཏོག་ཆེས་དཀོན་པ། ཡུལ་གྲང་ཚ་སྨོམ་པ་ཅུང་ཟད་བསིལ་བ་མི་རྣམས་སྒྲོ་ཐུང་བ་མི་ཆོས་མི་ཤེས་ཤིང་། དཔའ་རྩལ་ཆེ་བ་རྟུལ་ཕོད་པ་བསླུ་བྲིད་འདྲིས་མར་ཡོད་པ། དཀོན་མཆོག་ལ་མི་དད་དོ། །དབུས་ཀྱི་མཁར་གྱི་ལྷོ་ནུབ་ཀྱི་མཚམས་སུ་རྒྱང་གྲགས་བཞི་ལྔ་ཙམ་ན་ཨ་ཤོ་ཀས་བཞེངས་པའི་མཆོད་རྟེན་ཁྲུ་ཉིས་བརྒྱ་ལྷག་ཡོད་པའི་འོགས་ན་དགོན་སྡེ་ཞིག་ཡོད་པར་དགེ་འདུན་ཉུང་ཤས་བཞུགས་པ་ཐེག་ཆེན་སླ་བའོ། །

གསྨི་ར་བའི་ཡུལ།

དེ་ནས་ཤར་ལྷོའི་མཚམས་སུ་རི་བོ་བརྒལ་ཏེ་ལྕུང་ཞུར(ཤུར)ཞིག་ལ་ལྕགས་ཐག་ལ་འཇུས་པ་སོགས་ཀྱིས་རྒྱང་གྲགས་སྟོང་ལྷག་ཕྱིན་པ་ན་གསྨི་ར་སྟེ་སྦྲ་ཐང་བསྐྱུར་བྱས་ན་རིག་ངན་ཏེ་ཁ་ཆེའི་ཡུལ་དེའི་མཐའ་སྐོར་དུ་ལི་བར་བདུན་སྟོང་ལྷག་གོ། །ཕྱོགས་བཞིར་འབར་འབུར་ཤང་ཤོང་ཁོ་ནས་བསྐོར་བ་འཇུག་སྒོའི་ལམ་ཡོད་

ཀྱང་འཕྲང་ཧ་ཅང་དོག་པས་བགྲོད་དཀའ་བ་སྟོན་ནས་ད་བར་ཕ་རོལ་གྱི་དགྲ་འཇུག་མ་སྲིད་ཟེར་རོ། །དཀྱིལ་མཁར་གྱི་ནུབ་ཕྱོགས་སུ་ཆུ་ཀླུང་ཆེན་པོར་གཞོལ་བ། ལྷོ་བྱང་རྒྱང་གྲགས་སུམ་ཅུ་ལྷག་ཤར་ནུབ་རྒྱང་གྲགས་བཞི་ལྔ་ཙམ་པ། ས་ཤིན་ཏུ་གཤིན་པ་མེ་ཏོག་དང་ཤིང་ཏོག་གི་རིགས་ཤིན་ཏུ་མང་། ཀླུའི་རིགས་ལས་བྱུང་བའི་རྟ་ཁྲུ་ཡོད་དོ། །གུར་གུམ་དང་རང་བྱུང་མེ་ཤེལ་དང་སྨན་གྱི་རིགས་སྣ་ཚོགས་སྐྱེ་ཡང་གྲང་དྲོད་ཅུང་ཟད་ཆེ་བ། ཁ་བ་ཆེ་ཞིང་རླུང་ཆུང་བ། གོས་སུ་རས་དང་ཐེར་མ་གྱོན་པ། མིའི་རང་བཞིན་བློ་སྟར་མ་གཡོ་སྒྱུ་ཅན་མང་བ་བྱད་གཟུགས་བཟང་བ་ནི་འབངས་དང་རྒྱལ་ཁབ་ཀྱི་སྲུང་མ་ཀླུས་བྱས་པས་སོ་ཟེར་རོ། །སློབ་གཉེར་ལ་དགའ་ཡང་ཕྱི་པ་ནང་པ་གཉིས་མཉམ་པར་སྤྱོད་པ། གཙུག་ལག་ཁང་བརྒྱ་ལྷག་ཡོད་པར་དགེ་འདུན་སྟོང་ཕྲག་ལྷག་གནས་པ། དེར་མཆོད་རྟེན་ཆེན་པོ་བཞི་ཡོད་པ་ཐམས་ཅད་རྒྱལ་པོ་ཨ་ཤོ་ཀས་བཞེངས་པའོ། །

༧ ཡུལ་འཇུགས་ཚུལ་སྐོར།

མཆོད་རྟེན་སོ་སོར་དེ་བཞིན་གཤེགས་པའི་རིང་བསྲེལ་བྲེ་ལྷག་སྙིང་པོར་བཞུགས་སོ། །གཏམ་རྒྱུད་རྙིང་པ་ན་ཡུལ་འདི་སྔར་ཀླུ་ཆེན་པོ་གནས་པའི་མཚོ་ཆེན་པོ་ཞིག་སྟེ། སྔོན་སྟོན་པས་ཡུལ་ཨུརྒྱན་ནར་གནོད་སྦྱིན་ངན་པ་བཏུལ་ནས་ཕྱིར་གཤེགས་སྐབས་ནམ་མཁའ་ལས་རྫུ་འཕྲུལ་གྱིས་འདིར་སླེབས་ཏེ་ཀུན་དགའ་བོ་ལ་བཀའ་སྩལ་བ། ང་མྱ་ངན་ལས་འདས་པའི་འོག་ཏུ་ཉི་མ་གུང་བ་ཞེས་པའི་དགྲ་བཅོམ་པས་འདིར་སངས་རྒྱས་ཀྱི་བསྟན་པ་རྒྱ་ཆེར་སྤེལ་བར་འགྱུར་ཏོ། །དེ་ནི་ཁྱོད་ཀྱི་སློབ་མ་ཡིན་ནོ་ཞེས་ལུང་བསྟན་ཏོ། །དེ་བཞིན་གཤེགས་པ་མྱ་ངན་ལས་འདས་ནས་ལུང་བསྟན་པ་ལྟར་ལོ་ལྔ་བཅུའི་ཐོག ཀུན་དགའ་བོའི་སློབ་མ་དགྲ་བཅོམ་པ

ཉི་མ་གུང་པ་ཤེས་པ་མངོན་ཤེས་དྲུག་དང་རྣམ་ཐར་བརྒྱད་ཐོབ་པ་དེ་ཡུལ་འདིར་འོངས་ཏེ། རི་བོ་ཆེན་པོའི་སྨྱོ་ལ་མཉམ་པར་བཞག་སྟེ་བཞུགས་པར་ཀླུ་ཆེན་པོས་མཐོང་དེ་དད་ཅིང་། དགྲ་བཅོམ་པ་ལ་ཅི་འདོད་དྲིས་པས་མཚོ་འདི་ནི་མཐིལ་གནང་བར་ཞུ་ཞེས་པས་ཀླུས་མཚོ་སྐེམ་པར་བྱས་ནས་མཚོའི་མཐིལ་ཕུལ། མཚོའི་ཆུ་ཐམས་ཅད་ནུབ་བྱང་མཚམས་སུ་ལུད་པར་བྱས་སོ། །མཚོ་དེའི་རྒྱ་ཁྱོན་ལེ་བར་བརྒྱ་དང་མཚོ་ཕྲན་ཀྱང་མང་པོ་ཡོད་དོ། །ཉི་མ་གུང་པ་ཀླུའི་འདོད་པ་དྲིས་པས། འཕགས་པ་ཁྱོད་མཆོད་གནས་སུ་ཞུ་བྱས་པར། ང་ཡུན་རིང་མི་གནས་པར་མྱ་ངན་ལས་འདས་པས་གནང་མི་ཐུབ་ཟེར། ཀླུས་ཀྱང་གསོལ་བ་འཕགས་པའི་སློབ་མ་ལྔ་བརྒྱ་པོ་ཐམས་ཅད་དགྲ་བཅོམ་ཐོབ་པ་ཤཱ་སྟག་ལགས་པས་རིམ་པར་མཆོད་ཅིང་བསྙལ་བའི་མཐར་ཡུལ་འདི་སྔར་ཡང་མཚོ་རུ་གྱུར་ཏེ་ངེད་ཀླུ་རྣམས་གནས་པའི་ཡུལ་བྱེད་པར་གསོལ་ཞེས་ཞུས་པ་བཞིན་གནང་ངོ་། །དེ་ནས་དགྲ་བཅོམ་པ་ཉི་མ་གུང་པས་རྫུ་འཕྲུལ་གྱི་མཐུས་གཙུག་ལག་ཁང་ལྔ་བཞེངས་ཡུལ་གཞན་ནས་འབྲུའི་ཕྱེ་ཀྱིས་ཉོས་པའི་རིགས་དམན་མང་པོ་གནས་པ་མང་པོ་ལ་སྦྱིན་པ་བཏང་པས་གནས་འདིར་འདུས་པ་ལས་མིའི་ཡུལ་ཆགས་པའི་འབབས་ལ་ཀྲིཏྟ་ཞེས་འབོད་བོད་སྐད་དུ་ཉོས་ཐོབ་ཟེར་ཕྱིས་སུ་མི་མང་པོ་འཕེལ་ནས་རྒྱལ་པོ་ཡང་བྱུང་མོད་ཀྱིས། རྒྱ་གར་དང་ཡུལ་གཞན་དག་གིས་རིགས་དམའ་བར་འཛིན་པས་ཉེ་འབྲེལ་མི་བྱེད་ཟེར་རོ། །

༢ དགེ་སློང་ལྔ་སྟོང་པའི་ལོ་རྒྱུས།

ཡུལ་མ་ག་དྷར་སྟོན་པ་མྱ་ངན་ལས་འདས་ནས་ལོ་བརྒྱ་སོང་ན་མྱ་ངན་མེད་ཀྱིས་དབང་བསྒྱུར་བའི་སྐབས། སོ་སྐྱེའི་དགེ་སློང་ལྷ་ཆེན་པོ་ཞེས་པས་བསྟན་པ་དང་འགལ་བའི་བསྟན་བཅོས་བྱས་པས་ཕལ་ཆེར་དེའི་རྗེས་སུ་འབྲངས་པས་རྒྱལ་པོས་ཡང་དག་

ལྷར་སྣང་དབྱེ་དཀའ་བ་བྱུང་བས། དགེ་འདུན་རྣམས་ཆུ་བོ་གཙྭའི་འགྲམ་དུ་བསྡུས་ཏེ་རྐང་ཐང་གིས་བརྐལ་དུ་བཙུག་པས་འགའ་ཞིག་ཆུར་ནུབ་ནས་འཚུབ་སྟེ་ཤི། དགྲ་བཅོམ་ཐོབ་པ་གང་དག་བར་སྣང་ལ་འཕགས་ཏེ་ཡུལ་དེར་འོངས་སོ། །ཕྱིས་རྒྱལ་པོ་ཨ་ཤོ་ཀ་འཁྲོད་པ་སྐྱེ་སྟེ་བཤགས་བསྣམ་ཕུལ་ཏེ་སྤྱན་དྲངས་ཀྱང་མ་གནང་བས། ཡུལ་དེ་ཉིད་དུ་གཙུག་ལག་ཁང་ལྔ་བརྒྱ་བཞེངས་ནས་རིམ་གྲོ་བྱས་སོ། །

༣ རྒྱལ་པོ་ཀ་ནིཥྐ།

ཡུལ་ཛླ་ནྡྷ་ར་ན་རྒྱལ་པོ་ཀ་ནིཥྐས། སྟོན་པ་མྱ་ངན་ལས་འདས་ནས་ལོ་བཞི་བརྒྱའི་སྔོར་ན་ཡུལ་ཐམས་ཅད་ལ་དབང་ཞིང་སྐྱོང་བར་ཉིན་རེ་བཞིན་ཆོས་སྨྲ་བ་པོ་རེ་རེ་རྒྱལ་པོའི་ཕོ་བྲང་ནང་དུ་བཀུར་སྟི་བྱ་ཞིང་ཆོས་འཆད་དུ་བཙུག་པས། དེ་དག་གིས་བཤད་པ་མཐུན་པར་མ་གྱུར་པས་རྒྱལ་པོ་ཐེ་ཚོམ་ཟོས་ཏེ། དགེ་སློང་ཇིབ་ལོགས་ལ་དྲིས་པས། དགེ་སློང་ཇིབ་ལོགས་ཀྱིས་ཇོ་བོ་ནི་སྟོན་པའི་བསྟན་པ་གཅིག་བུ་ཡིན་ཞིང་སློན་པོ་སོ་སོའི་བློ་ལ་རྟོགས་པ་མཐོ་དམན་ཡོད་པས་སློབ་མ་རྣམས་ལའང་གོ་ཚུལ་རྣམ་པ་མང་བས་ལན་གསུངས་སོ། །དེ་ནས་རྒྱལ་པོས་དགེ་སློང་ཇིབ་ལོགས་ལ་བཀའ་བསྡུ་བར་གསོལ་བས། དགེ་སློང་གིས་ཞལ་གྱིས་བཞེས་ཏེ་བཀའ་བསྡུ་བར་བརྩམས་པ་ན། རྒྱལ་པོས་དྲིལ་བསྒྲགས་ཏེ་ཕྱོགས་བཞི་ནས་དགེ་འདུན་རིས་སུ་མ་ཆད་པ། ནང་སྡེ་སྣོད་གསུམ་དང་ཕྱི་རིགས(རིག)པའི་གནས་ལྔ་ལ་མཁས་པ་བསྡུས་པས། དགེ་འདུན་ལྔ་བརྒྱ་ལ་གཅིག་གི་མ་ཚོག་པ་བཞི་བརྒྱ་དགུ་བཅུ་རྩ་དགུ་བྱུང་ངོ་། །རྒྱལ་པོས་ཡུལ་བརྟན་གཞིར་ཆེ་བས་གནོད་པ་བྱུང་དོགས་ཀྱིས་རྒྱལ་པོའི་ཁབ་ཀྱི་འོད་སྲུང་ཆེན་པོས་བཀའ་བསྡུ་མཛད་པའི་བྲག་ཕུག་ལ་བསྡུ་བ་བྱེད་པར་འདོད་ཀྱང་། ཇིབ་ལོགས་སོགས་ལ་བགྲོས་བསྡུན་གྱིས་རྒྱལ་པོའི་ཁབ་ཏུ་ལྷ་བ་

ཐ་དད་པ་མང་བས་ཆོས་ཀྱི་བར་ཆད་དུ་གྱུར་དོགས་ནས། ཡུལ་འདི་ཕྱོགས་བཞི་ནས་གང་བྱུང་འཇུག་དཀའ་བས། གནོད་སྦྱིན་སྟོབས་ཆེན་གྱིས་དངོས་སུ་བསྲུང་བས་བར་ཆད་མེད་ཅིང་ལོངས་སྤྱོད་ཀྱང་འདངས་ངེས་སྙམ་སྟེ། དགྲ་བཅོམ་ལྔ་བརྒྱ་ལ་གཅིག་གིས་མ་ལོགས(ལོངས)པའི་ཚབས(ཚབ)སུ་སློབ་དཔོན་དབྱིག་བཤེས་ཉུང་ངམ་མི་ཉུང་ཞེས་ཐམས་ཅད་ཐེ་ཚོམ་ཟོས་ཏེ། ཟན་རིལ་གྱི་བརྟགས་སྒྲིལ་བྱས་པས་ཟན་རིལ་ས་ལ་མ་ལྷུང་བར་བར་སྣང་ན་ལྷ་རྣམས་ཀྱིས་བཟུང་འདུག་པས་ཐམས་ཅད་ངོ་མཚར་དུ་གྱུར་ནས་བློ་ཐག་ཆོད་དེ་གྲངས་ཚང་བར་བྱས་ཏེ། དགྲ་བཅོམ་པ་ལྔ་བརྒྱས་བཀའ་བསྡུ་བ་གསུམ་པ་མཛད། སྡེ་སྣོད་གསུམ་ཀ་ཤློ་ཀ་འབུམ་རེ་འབྱུང་ངོ་། །རྒྱལ་པོ་ཀ་ཎིཥྐས་སྡེ་སྣོད་གསུམ་ཀ་ཤློ་ཀ་གསུམ་འབུམ་མ་ལུས་པ་ཟངས་གླེགས་ལ་བརྐོས་ཏེ་ཟ་མ་ཏོག་ཏུ་བཅུག་སྟེ་མཆོད་རྟེན་གྱི་ནང་དུ་རྒྱས་བཏབ་བོ། །དེ་ཡང་གནོད་སྦྱིན་དཀར་ཕྱོགས་པ་རྣམས་ལ་གཉེར་གཏད་བྱས་ཤིང་། སློར་འཛིན་འདོད་དང་གླེགས་བམ་ཞུ་འདོད་པ་བྱུང་བ་ལ་རེ་ཞིག་གཡར་པོ་བྱེད་ཅིང་། རིང་པོར་མི་ཐོགས་པར་ཚུར་ལེན་ཞིང་མཆོད་རྟེན་གྱི་ནང་དུ་འཇུག་པར་བྱེད་དོ། །

༄ ཧུ་ཏ་རའི་རྒྱལ་པོས་རྒྱལ་ངན་ཚར་བཅད་པའི་ལོ་རྒྱུས།

རྒྱལ་པོ་ཀ་ཎིཥྐ་འདས་པ་ན་སྟོན་པ་འདས་ནས་ལོ་དྲུག་བརྒྱའི་སྐབས་སུ་ཧྲི་དའི་རིགས་ལས་རྒྱལ་པོར་གྱུར་པ་གཅིག་གིས་དགེ་འདུན་རྣམས་ལ་འཚེ་ཞིང་འདུ་བའི་སྒོ་འཕྲོག་པར་བྱེད་པ་ལ། ཧུ་ཏ་རའི་རྒྱལ་པོ་ཧེ་མ་ཧྲ་ར་ཞེས་བྱ་བ་ཐོག་མར་ཤཱཀྱའི་རིགས་ལས་རབ་ཏུ་བྱུང་བ་གཅིག་གིས་ཚོང་བར་བརྫུས་ནས་ཡུལ་འདིར་ཡོང་བར་ཧྲི་དའི་རིགས་ཀྱི་རྒྱལ་ངན་ཚར་བཅད་ནས་བསྟན་པ་གསོས་སོ། །ཡུལ་འདིར་ད་ལྟའི་བར་དུ་ཕྱི་རོལ་པའི་ལྷ་ཁང་དང་བསྟི་གནས་མེད་དོ། །

༥ སྟོན་པའི་ཚེམས་ཡོད་པའི་མཆོད་རྟེན།

གྲོང་ཁྱེར་གྱི་ཤར་ལྷོའི་མཚམས་སུ་ལེ་བར་བཅུ་ལྷག་ཙམ་ན་རི་བོ་ཆེན་པོ་ཞིག་གི་ངོས་སུ་གཙུག་ལག་ཁང་ཞིག་ཡོད་པར་དགེ་འདུན་སུམ་བརྒྱ་གནས་སོ། །འདིར་མཆོད་རྟེན་གཅིག་ཡོད་པར་སྟོན་པའི་ཚེམས་ཤིག་བཞུགས་པའི་ཚད་ནི་ཚོན་གང་ཕྱེད་བཅས་ཙམ་མདོག་ཙུང་ཟད་སེར་ལ་དཀར་བ་གདའོ། །དེ་ཡང་སྔོན་ཧི་དའི་རིགས་ཀྱི་སྡིག་རྒྱལ་ངེས་བསྟན་པ་བཤིག་པའི་སྐབས་སུ། བཙུན་པ་ཅིག་ཡུལ་དབུས་སུ་འབྲོས་ཐབས་ཀྱིས་གནས་བསྐོར་ལ་ཕྱིན་པ་ཕྱིས་རང་ཡུལ་བདེ་འཛགས་སུ་ཕྱུར་པ་ཐོས་ཏེ་ལོག་པ་ན། ལམ་དུ་གླང་པོ་ཆེའི་ཁྱུ་ཞིག་ཕྱོགས་ངེས་མེད་དུ་རྒྱུག་ཅིང་ང་རོ་དྲག་པོ་འདོན་ཞིང་བྱུང་བར་བཙུན་པ་ཤིང་ལ་འཛེགས་ཏེ་བལྟས་པས་གླང་པོའི་ཁྱུ་དེར་སྨྱུག་དུམ་གྱིས་རྨས་པའི་གླང་པོ་ཆེ་ཞིག་ཡོད་པ། བཙུན་པས་སྙིང་བརྩེ་པས་སྨྱུག་དུམ་བཏོན་ཏེ་སྨན་བྱུགས་གོས་ཀྱིས་དཀྲིས་པས། གླང་པོ་ཆེ་གཞན་ཞིག་སྣས་གསེར་གྱི་སྒམ་ཆུང་ཞིག་བཟུང་སྟེ་གླང་ཆེན་རྨས་པ་ལ་བྱིན་རེས་བཙུན་པ་ལ་བྱིན། བཙུན་པས་ཕྱེ་སྟེ་བལྟས་ཙ་ན་སྟོན་པའི་ཚེམས་ཅིག་བཞུགས་འདུག དེའི་སང་ཉིན་གླང་ཁྱུས་ཤིང་ཏོག་མི་འདྲ་བ་སྣ་ཚོགས་ཀྱིས་ཚེམས་ལ་མཆོད་པ་བྱས་སོ། །སླར་བཙུན་པ་རྒྱབ་ལ་བཏེགས་ཏེ་ནགས་ཚལ་འཁྲིམ་སྟེ་ལེ་བར་བརྒྱ་ཕྲག་དུ་མ་འདས་པའི་སར་བཙུན་པ་བཞག་སྟེ་བསྐོར་ནས་འདུད་ཚུལ་དང་ཕྱག་བྱའི་ཚུལ་བྱས་ནས་སོང་ངོ་། །བཙུན་པས་རང་ཡུལ་དུ་ཕྱིན་ཏེ་ས་མཚམས་ཀྱི་ཆུ་སྲུང་སྒྲོལ་བར་གྲུ་ལ་ཞུགས་པ་ན། རླུང་གི་བར་དུ་གྲུ་བྱིངས་པར་བརྩམས་པ་ན་གྲུ་ལ་གནས་པའི་མི་རྣམས་ཀྱིས་ངེས་པར་བཙུན་པ་འདིས་ལན་ཏེ་འདི་ལ་སྟོན་པའི་རིང་བསྲེལ་ཅིག་ཡོད་པ་འདྲ། ཀླུས་དེ་ཐོབ་པར་འདོད་པས་སོ་ཞེས་ཟེར་བར་ཀླུ་རྣམས་དང་གྲུ་མཁན་གྱིས་

བལྟས་ཅ་ན་སྟོན་པའི་ཆོམས་ཡོད་པ་མཐོང་ངོ་། །དེར་བཙུན་པས་ཆོམས་དེ་ཀླུ་རྣམས་ལ་རེ་ཞིག་བཅོལ་སྐར་ལེན་དུ་འོང་བར་ཁས་བླངས་སོ། །ཀླུང་མ་བསྐྲག(བསྐྲལ) པར་ཕྱིར་ལོག དེ་ནས་ལོ་གསུམ་གྱི་རིང་ལ་ཀླུ་འདུལ་པའི་ཐབས་བསླབ་ནས། སླར་ཀླུང་དེ་ཉིད་ཀྱི་འགྲམ་དུ་དཀྱིལ་འཁོར་བཤམས་ཏེ་ཀླུ་རྣམས་གཟིར་བས། ཞར་གྱི་ཀླུ་བྱུང་ནས་ཟ་མ་ཏོག་ཆོམས་ཡོད་པ་དེ་ཕུལ། དེ་ནས་བཙུན་པ་དེ་རང་ཡུལ་དུ་ལོག་ནས་མཆོད་རྟེན་བཞེངས་ལ་ཆོམས་དེ་བཞུགས་སུ་གསོལ་ཏོ། །

༨ གཙུག་ལག་ཆུང་བ་དང་སློབ་དཔོན་དགེ་འདུན་བཟང་པོའི་རྗེས་ཤུལ།

གཙུག་ལག་ཁང་དེའི་ལྷོ་ཕྱོགས་སུ་རྒྱང་གྲགས་བཅུ་ཕྲག་བཞི་ལྷ་ཙམ་ན། རྗེ་བཙུན་སྤྱན་རས་གཟིགས་ཀྱི་སྐུ་བརྙན་བཞེངས་སྟབས་ཅན་ངོ་མཚར་བ་ཞིག་བཞུགས་སོ། །དེ་ནི་རྟུལ་ཞུགས་པ་ཞིག་གིས་བཟའ་བཏུང་བཅད་ནས་ཞལ་མ་མཐོང་བར་དུ་འཆི་བའི་དུས་བྱས་ཀྱང་སྨྱུང་གནས་མི་གཏོང་པར་དམ་བཅས་པས་སྤྱན་རས་གཟིགས་ཀྱི་སྐུ་བརྙན་དེས་ཞལ་དངོས་སུ་བསྟན་པའི་ལོ་རྒྱུས་ཅན་ཞིག་བཞུགས་སོ། །གཙུག་ལག་ཆུང་བ་དེའི་ཤར་ལྷོའི་ཕྱོགས་སུ་རྒྱང་གྲགས་སུམ་ཅུ་ཙམ་ན་རི་བོ་ཆེན་པོ་ངོས་ལ་ཁང་བརྩིགས་ཅིག་ཁང་ཆུང་དུ་མ་དང་བཅས་པར་དགེ་འདུན་སུམ་ཅུ་ལྷག་ཙམ་ཐེག་ཆེན་ཁོ་ན་སློབ་པ་ཡོད་པ་དེ་ནི། སྟོན་སློབ་དཔོན་དགེ་འདུན་བཟང་པོས་ཚད་མའི་བསྟན་བཅོས་ཆེན་པོ་མཛད་པའི་གནས་ཡིན་ཟེར་རོ། །དེའི་གཡས་གཡོན་ཕྱོགས་མཚམས་རྣམས་སུ་དགྲ་བཅོམ་པ་གང་དག་གི་གདུང་བཞུགས་པའི་མཆོད་རྟེན་མང་པོ་དེ་དག་ལ་སྤྲེའུ་དང་རི་དྭགས་རྣམས་ཤིང་ཏོག་དང་མེ་ཏོག་གི་རིགས་བཏུས་ནས་མཆོད་པ་ཡོད་དོ། །རི་དེའི་རྗེ་དང་བྲག་རྣམས་སུ་ངོ་མཚར་བའི་རི་མོའི་བཀོད་པ་

སྣ་ཚོགས་པ་དང་། དགྲ་བཅོམ་པ་རྣམས་དང་བཙུན་པ་དེ་ཀས་རྩེད་མོའི་ཚུལ་གྱིས་བྲིས་པ་ཡིན་ཟེར་བ་བརྗོད་ཀྱིས་མི་ལང་བ་ཞིག་ཡོད་དོ། །

༧ སློབ་དཔོན་ཆེན་པོ་སུ་གཙྷ་ར་དང་དགྲ་བཅོམ་པ་ཞིག་གི་ལོ་རྒྱུས།

སྟོན་པའི་ཚེམས་བཞུགས་པའི་གཙུག་ལག་ཁང་ནས་ཤར་འདབས་སུ་རྒྱང་གྲགས་བཅུ་ལྷག་ཙམ་གྱི་སར་གཙུག་ལག་ཁང་ཆུང་བ་ཞིག་ཡོད། དེར་སློབ་དཔོན་ཆེན་པོ་སུ་གཙྷ་ར་ཞེས་བྱ་བས་ཆོས་ཐམས་ཅད་ཀྱི་རྣམ་པར་དབྱེ་བ་ཞེས་བྱ་བའི་བསྟན་བཅོས་མཛད་པའི་གནས་སོ། །དེའི་ནང་དུ་རྡོའི་མཆོད་རྟེན་དཔངས་སུ་འདོམ་ལྔ་བཅུ་ཙམ་ཡོད་པར། དགྲ་བཅོམ་པ་ཞིག་གི་གདུང་བཞུགས་སོ། །དེའི་ལོ་རྒྱུས་ནི། དགྲ་བཅོམ་པ་ཞིག་ཟ་འཕྲུང་གླང་པོ་ཆེ་དང་འདྲ་བ་ལས་གཞན་པའི་སྟོན(ཡོན་ཏན)ཕལ་ཆེ་བས་མ་མཐོང་བས། ཟ་བ་དང་ཉལ་བ་ཁོ་ནས་དུས་འདའ་བའི་དགེ་བཤེས་ཟེར་ཞིང་འཕྱོ་བར་དགྲ་བཅོམ་པ་འདའ་ཁར། ང་ནི་མི་རིང་བར་འདའ་བས་ཐམས་ཅད་འདུས་ཏེ་ངའི་ཡོན་ཏན་ལ་ལྟོས་ཤིག་ཅེས་པས་ཐམས་ཅད་ཀྱིས་ལྷག་པར་ཡ་ག་སྒྲོག་ཅིང་འདུས་པ་ན། དགྲ་བཅོམ་པ་ཀུན་ལ་སྨྲས་པས་ང་སྐྱེ་བ་སྔ་མར་རྒྱ་གར་ཤར་ཕྱོགས་སུ་གླང་པོ་ཆེ་ཞིག་ཏུ་གྱུར་ཏེ། ཡུལ་འདིའི་བཙུན་པ་ཞིག་རྒྱ་གར་ཤར་ཕྱོགས་ཀྱི་མཐའི་བར་དུ་གནས་སྐོར་དང་ཆོས་ཚོལ་དུ་ཕྱིན་ཏེ་རྒྱ་གར་ཤར་ཕྱོགས་ཀྱི་རྒྱལ་པོའི་བཀས། ཇི་སྙེད་པའི་ཆོས་གླེགས་བམ་དུ་ཆུད་པ་མཐའ་དག་ངའི་རྒྱབ་ལ་བཀལ་ཏེ་ཕྱིན་པས། རྒྱུ་མཚན་གྱིས་མིའི་ལུས་ཐོབ་ཅིང་རབ་ཏུ་བྱུང་ནས་ངུར་སྨྲིག་གྱོན་པ་དང་མངོན་པར་ཤེས་པ་དྲུག་ཐོབ་ཅིང་ཁམས་གསུམ་ལས་རྣམ་པར་འདས་མོད་ཀྱི། འོན་ཀྱང་སྐྱེ་བ་སྔོན་མའི་ལུས་ཀྱི་གནས་ངན་ལེན་གྱིས་ཟ་འཕྲུང་ཉལ་གསུམ་

ནི་སླང་པོ་ཆེ་དང་འདྲ་བར་གྱུར་ཏོ་ཞེས་གསུངས་ཀྱང་ཕལ་ཆེར་ད་དུང་ཡིད་མ་ཆེས་པར་དེ་ཉིད་དུ་ནམ་མཁར་འཕགས་ཏེ་མེའི་ཁམས་ལ་སྙོམས་པར་ཞུགས་ཏེ་མྱ་ངན་ལས་འདས་ཤིང་བསམ་གཏན་གྱི་མེས་བཞུས་སོ། །

༢ གང་པོ་དང་སངས་རྒྱས་འགྲེལ་པ་མཁས་ཙན་གཉིས་ཀྱི་རྗེས་ཤུལ།

ཡུལ་དེ་ཀའི་རྒྱལ་པོའི་ཕོ་བྲང་གི་ལྷོ་ནུབ་མཚམས་སུ་རྒྱང་གྲགས་ཉིས་བརྒྱ་ལྷག་ཙམ་ན་ཤང་ལིདྷའི་ནགས་ཚལ་ཞེས་བྱ་བར་གཙུག་ལག་ཁང་ཞིག་ན་སྟོན་དགྲ་བཅོམ་པ་པུརྞ་སྟེ་གང་པོ་ཞེས་པས་བྱ་བའི་ལྷག་མཐོང་གི་རང་འགྲེལ་མཛད་ཟེར་རོ། །གྲོང་ཁྱེར་དེའི་ནུབ་ཕྱོགས་སུ་རྒྱང་གྲགས་བརྒྱ་ཕྲག་བཞི་ལྔ་ཙམ་ན་ཚུ་ཀླུང་ཆེན་པོ་ཞིག་བྱང་རི་ནས་ལྷོ་རིའི་བར་མཐར་གྱིས་བརྒྱུད་དེ་ཕྱིན་པ་ན་དགེ་འདུན་ཕལ་ཆེར་སྡེ་བའི་བཙུན་པ་བརྒྱ་ལྷག་གནས་པའི་གཙུག་ལག་ཁང་ཞིག་ཡོད་པར། སྔ་དུས་སློབ་དཔོན་བུདྡྷ་ར་སྟེ་སངས་རྒྱས་ཞེས་པས་དགེ་འདུན་ཕལ་ཆེན་སྡེ་བའི་བཀའ་བསྡུས་པའི་ཡང་དག་འགྲེལ་ཆེན་མཛད་དོ། །

ཛྷ་ནུསྟའི་ཡུལ།

དེ་ནས་ལྷོ་ནུབ་ཀྱི་མཚམས་སུ་ལམ་འབར་འབྱུར་དང་ཤང་ཤོང་མི་སྙོམས་པ་འགྲོ་དཀའ་བ་རྒྱང་གྲགས་བདུན་བརྒྱ་ལྷག་ཙམ་བགྲོད་པ་ན། ཛྷ་ནུསྟའི་ཡུལ་ཡོ། །དེའི་ཁོར་ཡུག་ཏུ་ལེ་བར་ཉིས་སྟོང་ཙམ། རི་ཐང་འདྲེས་མར་ཡོད་ཅིང་ས་

སྙོམས་ཤིང་གཤིན་པ་ནགས་ཚལ་རྒྱུན་འཁྲུམ་མ་གཏོགས་ཤིང་ཏོག་མེ་ཏོག་གི་རིགས་མང་བ་བྱུར་ཤིང་དང་ཨ་སྨྲ་ལྷག་པར་མང་ཞིང་། ཧ་དང་དྲེའུ་ཤིན་ཏུ་དཀོན་ནོ། །ནམ་དུས་བསིལ་དྲོད་སྙོམས་ཤིང་མི་རྣམས་དཔའ་རྩལ་ཆེ་ལ་དྲང་ཞིང་དཀོན་མཆོག་ལ་དད་འདུན་ཅན། གྲོན་པ་རས་དང་ཐེར་མ་སོགས་སོ། །གཙུག་ལག་ཁང་ཞིག་རལ་ཆེས་པས་གོག་རྙིང་ལྔ་ཡོད་པར་དགེ་འདུན་ཡང་ཤིན་ཏུ་དཀོན་ནོ། །སྡེ་དཔོན་སིལ་བུ་ཆུང་ངུ་ལས་རང་ཚུགས་ཐུབ་པའི་རྒྱལ་པོ་མེད་དོ། །བྱ་བ་ཐམས་ཅད་ཀསྨི་རར་ཞུས་ནས་དབྱེ་འབྱེད་ཐག་གཅོད་བྱེད་འཇུག་པ་ཞིག་གོ། །ཇོའི་མཆོད་རྟེན་བྱིན་རླབས་ཆེ་བས་ངོ་མཚར་བའི་རྟགས་མཚན་འཕྲུལ་མེད་དུ་དངོས་སུ་སྟོན་པ་ཞིག་ཡོད་དོ། །

ཀ་ཏུ་ཤྭ་ཧྲུ་རའི་ཡུལ།

དེ་ནས་ཤར་ལྷོའི་མཚམས་སུ་རྒྱང་གྲགས་བཞི་བརྒྱ་ཙམ་ན་ཀ་ཏུ་ཤྭ་ཧྲུ་ར་ཞེས་བྱ་བ་ཁོར་ཡུག་ཏུ་ལི་བར་བཞི་སྟོང་ལྷག་ཡོད་པ་ལ། ལྟེ་བའི་མཁར་གྱི་མཐའ་སྐོར་དུ་ལི་བར་བཅུ་ཙམ། རི་སུལ་གྱི་རྒྱུད་རིང་བ་འདྲིས་ཤིང་གོམ་པ་མ་གཏོགས་པས་བགྲོད་དཀའ་བ། ས་ཁད་མི་སྙོམས་ཤིང་རྩུབ་པ། མི་རྣམས་ཀྱི་རང་བཞིན་དང་ནམ་དུས་བསིལ་དྲོད་སོགས་ཏ་ལམ་ཛྷ་ཏུ་སྐའི་ཡུལ་དང་ཆ་མཚུངས་སོ། །

མི་རྣམས་ཀྱི་དཔའ་རྩལ་ཆེ་ཞིང་རྟུལ་ཕོད་པ་ལ་བརྟེ་བ། སྐྱེར་དཔོན་ཆེན་པོ་མེད་པས་ཁ་ཆེའི་འོག་ཏུ་གཏོགས་སོ། །གཙུག་ལག་ཁང་བཅུ་ཡོད་པར་དགེ་འདུན་ཉུང་ཤས་ལས་མེད་དོ། །ཕྱི་རོལ་པའི་ལྷ་ཁང་ཆེན་པོ་ཅིག་ཡོད་པར་ཕྱི་བ་ཤིན་ཏུ་མང་པོ་གནས་སོ། །ཡུལ་རམ་པ་ནས་བཟུང་ཡུལ་འདི་ཀའི་བར་གྱི་མིའི་བྱད་

དབྱིབས་བྱ་སྤྱོད་རྒྱབ་ཅིང་འཇིག་རྟེན་གྱི་ཆོས་ལུགས་ཐམས་ཅད་འཚོལ་བ་གང་ཡང་ཡུལ་དབུས་དང་མི་འདྲའོ། །

ས་བཅད་བཞི་པ། ཡུལ་བཅོ་ལྔ།

ཀྱེ་ཀའི་ཡུལ།

དེ་ནས་ཤར་ལྷོའི་མཚམས་སུ་རི་དང་ཆུ་བོ་བརྒལ་ནས་རྒྱང་གྲགས་བདུན་བརྒྱ་ལྷག་ཕྱིན་པར་ཀྱེ་ཀའི་ཡུལ་ལོ། །དེའི་མཐའ་སྐོར་དུ་ལི་བར་ཁྲི་ཚོ་གཅིག་ལྷག་ཡོད་དོ། །ཤར་པི་ཧྨཧཱའི་ཆུ་ཀླུང་ལ་ཐུག་ཅིང་ནུབ་ཆུ་ཀླུང་སིནྡྷུ་ལ་རེག་པ། ལྟེ་བའི་མཁར་ཁོར་ཡུག་ཏུ་ལི་བར་ཉི་ཤུ་ལྷག ས་ཆ་ཞིང་ཏྲོད་ཤས་ཆེ་བས་འབྲས་སོགས་ཆུ་ཞིང་སྣ་ཚོགས་དང་། ནས་གྲོ་སོགས་འདེབས་སོ། །གསེར་དངུལ་ཟངས་ལྕགས་འབྱུང་ངོ་། །མིའི་རང་བཞིན་སྒྲོ་ཐུང་ལ་རྟབ་རྩོབ་ཆེ། སྲིན་བལ་གྱི་གོས་ཕྲུག་པོའི་རིགས་ཀྱིས་ལོངས་སྤྱོད་ཅིང་། རས་དང་ཐེར་མ་རྣམས་དམངས་དང་ཐུན་མོང་གིས་སྤྱོད་དོ། །ནང་པ་ཆེས་དཀོན་ཞིང་ཕྱི་རོལ་པ་ཆེས་མང་ངོ་། །ནང་བའི་གཙུག་ལག་ཁང་བཅུ་ཙམ་དང་ཕྱི་བའི་ལྷ་ཁང་བརྒྱ་ཕྲག་ཏུ་མ་སྣང་ངོ་། །འབྱོར་ལྡན་རྣམས་ཀྱིས་མགོན་མེད་པ་དག་ལ་ཟས་དང་གོས་དང་སྨན་གྱི་སྦྱིན་པ་གཏོང་བའི་ཁང་པ་སོ་སོར་བཙུགས་མང་ཞིང་ཚད་མེད་དུ་སྦྱིན་པའི་སྲོལ་ཚུགས་སྣང་ངོ་། །

༡ ཙ་ཀ་རའི་གྲོང་ཁྱེར་རྙིང་པ་ཞིག་དང་རིགས་ཆེན་རྒྱལ་པོ།

གྲོང་ཁྱེར་ཆེན་པོའི་ལྷོ་ནུབ་ཏུ་རྒྱང་གྲགས་བཅུ་དང་བཞི་ལྔ་ཙམ་གྱི་སར་ཙ་

ཀ་རའི་གྲོང་ཁྱེར་རྙིང་པའི་རྨང་གཞི་ཁོར་ཡུག་ཏུ་ལེ་བར་ཉེ་ཤུ་ལྷག་པ་ལ་གྲོང་ཁྱེར་གསར་པ་ཁོར་ཡུག་ལེ་བར་དྲུག་བདུན་ཙམ། མི་ཁྲིམ་མང་ལ་འབྱོར་བ། ལོ་བརྒྱ་ཕྲག་མང་པོའི་སྔ་རོལ་རྒྱལ་པོ་མ་ཧེ་ཀུ་ལ་གྲོང་ཁྱེར་དེར་གནས་ཤིང་རྒྱ་གར་གྱི་ཡུལ་ཐམས་ཅད་དང་དབང་བསྒྱུར་བ་ཅིག་བྱུང་ཟེར་རོ། །རྒྱལ་པོ་དེས་རང་ཉིད་ཆོས་དང་འཇིག་རྟེན་གཉིས་ཀར་མཁས་སྙམ་ནས། ལན་གཅིག་ཕྱོགས་ཐམས་ཅད་ལ་དྲིལ་བསྒྲགས་ནས་བཙུན་པ་མཁས་པའི་ཡུལ་དུ་ཕྱིན་པ་ཞིག་རྒྱལ་པོའི་བླ་མཆོད་བྱའོ། །ཞེས་བསྒྲགས་སོ། །དེ་ལྟར་ཐོས་ཀྱང་སྐོན(ཡོན་ཏན)ཡོད་པ་དག་རང་ཚོད་རང་ལ་ལྐོག་ཏུ་མ་གྱུར་བས་ཁས་ལེན་པ་མ་བྱུང་ངོ། །རྒྱལ་པོའི་གཡོག་རྙིང་པ་རབ་ཏུ་བྱུང་བ་ཞིག་ཡོད་པ་དེས་རྙེད་བཀུར་འདོད་པས་བདག་རྒྱུག་གམ་ཞེས་སྨྲས་པ་རྒྱལ་པོས་ཐོས་ནས་རྒྱལ་པོས་རྒྱ་གར་གྱི་ཡུལ་ཐམས་ཅད་ཀྱི་བཙུན་པ་ཟད་དམ་ཅི། གཡོག་ངན་འདི་དང་སུ་ཞིག་མོལ་མཆིད་བགྱིད། མགོ་རེག་འདི་ཆོས་ཅི་བྱེད་ཟེར་ཞིང་བཙུན་པ་ཡིན་ཚད་ལུས་པ་མེད་པར་བསད། དཀོན་མཆོག་གི་རྟེན་རྣམས་ཀྱང་བཤིག་ནས་བསྟན་པ་ལན་ཅིག་ནུབ་པར་བྱས་སོ། །དུས་དེར་ཨཾ་ག་ཛྙའི་རྒྱལ་པོ་སྨྱུ་མའི་ཉེ་མ་ཞེས་བྱ་བས་རང་ཚུགས་ཐུབ་པ་བྱས་ནས་མ་བཏུད་པས། མ་ཧེ་ཀུ་ལ་སྐྱེ་རིགས་ཆེན་པོ་ཞེས་བྱ་བས་རྒྱལ་པོས་འཐབ་པར་བརྩམས་པས། སྨྱུ་མའི་ཉེ་མས་བསམ་པ་བདག་གཅིག་བུའི་ཕྱིར་དུ་སྐྱེ་བོ་མང་པོ་སྡུག་བསྔལ་བར་གྱུར་ན་ཇི་ལྟར་བཟོད་དོ། །དེ་བས་བདག་གཅིག་བུ་སྦྱང་ཞིང་འཁྲམས་པ་དགའ་སྙམ་སྟེ་གཅིག་བུར་ཕོ་བྲང་ནས་ཐོན་ཏེ། ཡུལ་རྒྱུས་མེད་དུ་འཁྲམས་པར་བརྩམས་པས་ཡུལ་མི་རྣམས་ཀྱིས་རྒྱལ་པོ་ངོས་མ་ཐོང་པས་ཡུལ་མི་མ་ལུས་པ་རྒྱལ་པོའི་རྗེས་སུ་འབྲངས་སོ། །དེ་ནས་རྒྱལ་པོ་རིགས་ཆེས་དམག་རྒྱབ་ཀྱང་ཡུལ་མི་ཀུན་རིགས་ཆེ་ལ་མི་དགའ་བས་རིགས་ཆེ་ཕམ་པས་བཟུང་སྟེ། རྒྱལ་པོ་སྨྱུ་མའི་དྲུང་དུ་བློན་པོ་རྣམས་ཀྱིས་རིགས་ཆེ་མདུན་དུ་ཁྲིད་བྱུང་བར། རིགས་ཆེན་གྱིས་གདོང་གོས་ཀྱི་ཐུ་བས་བཀབ་ནས་མི་བལྟ་བས། སྨྱུ་མའི་ཉེ་མས་གདོང་བ་

མ་འགེབས་ཞེས་སླས་ཀྱང་མི་ཉན་པས་ཁྲིམས་ལ་སྦྱོར་བར་བརྩམས་པ་ན། རིགས་ཆེན་གྱིས་རེ་ཞིག་ཕྱིར་འཐེན་དང་ལན་ཅིག་མཇལ་པར་འདོད་ཞེར་བ་སྐྱ་མའི་ཉེ་མའི་ཡུམ་གྱིས་ཐོས་སོ། །རྒྱལ་པོ་སྐྱ་མའི་ཉེ་མས་རིགས་ཆེན་ཡུམ་གྱིས་ཕོ་བྲང་དུ་ཁྲིད་དེ་མཇལ་བཅུག་ཀྱང་། གནམ་ས་བལྟ་བ་ལ་ངོ་གནོང་ཞེར་ནས་གདོང་གཡོགས་བསལ་མ་འདོད་པས། ཡུམ་གྱིས་སླས་པ། འཇིག་རྟེན་པ་མཐོ་དམན་དུ་གྱུར་པ་ངེས་པ་མེད། གནོངས་འགྱོད་བསྒྲིབས་པས་མི་ཉན་པའི་ཉེས་པ་མེད་དེ། འགྱོད་བཤགས་ཀྱིས་མི་འདགས་པའི་ལྟུང་བ་མེད་དོ། །ཁྱོད་བདག་གི་བུ་དང་འདྲ་བདག་ཁྱོད་ཀྱི་མ་དང་འདྲ་བས། ཁྱོད་ཀྱིས་ནོངས་པ་ཐམས་ཅད་བདག་ལ་མཐོལ་བཤགས་ཕྱོས་ཤིག་གདོང་གཡོགས་སོལ་ཅིག་ཅེས་གསུངས་པས། རིགས་ཆེན་གདོང་གཡོགས་བསལ་ཏེ་བཏུད་ཅིང་ཕྱག་བཙལ་བ་ན། ཡུམ་གྱིས་དེའི་སེམས་གསོ་བའི་གཏམ་སྙན་པོས་དབུགས་ཕྱུང་ངོ་། །དེ་ནས་བུ་རྒྱལ་པོ་སྐྱ་མའི་ཉེ་མ་ལ་སླས་པ། རིགས་ཆེན་གྱི་སྟོབས་འགྲིབ་ཀྱང་ད་དུང་བསོད་ནམས་ཀྱི་འཕྲོ་ལོ་བཅུ་གསུམ་གྱི་བར་སྤྱོད་པའི་སྐལ་བ་ཡོད་པས། གནས་ཡུལ་ཕྲན་ཞིག་ཏུ་བཙེ་བས་བསྐྱངས་ཤོག་གསུངས་པ་ལྟར། འབངས་སྡེ་ཆུང་ངུ་ཞིག་གི་སྡེ་དཔོན་གྱི་བཀུར་སྟི་སྟབས་ཏེ་ཡུམ་རང་གི་བུ་མོ་གཞོན་ནུ་མ་བག་མར་བྱིན་ཏེ་ཕོ་རང་གི་མངའ་འོག་གི་མི་ལྟག་ལུས་རྣམས་དང་ལྷན་དུ་རྒྱ་མཚོའི་ནང་གི་གླིང་ལག་ཞིག་ཏུ་དབང་བར་བྱས་ཏེ་དྲིན་གྱིས་བསྐྱངས་སོ། །རིགས་ཆེན་གྱི་ནུ་བོས་ཕུ་བོ་དང་བྲལ་བ་ན་དམག་ཉུང་ཤས་ཤིག་ཁྲིད་དེ་ཇག་དཔོན་བྱེད་ཅིང་ཁ་ཆེར་ཐོས་པས། ཁ་ཆེའི་རྒྱལ་པོས་ས་གཞི་དང་ཁང་པ་སོགས་གནང་སྟེ་བདག་རྐྱེན་དགའ་མོ་སྐྱིད་ཀྱང་། ཕོ་རེའི་གཡོག་པོ་མཐུ་རྩལ་ཆེ་བ་ཞིག་ངོ་ལོག་སྟེ་ཁ་ཆེའི་རྒྱལ་པོ་བཀུམས་ཏེ་རང་ཉིད་རྒྱལ་པོར་གྱུར་ཏོ། །རིམ་གྱིས་ནུབ་ཕྱོགས་སུ་གཡུལ་བཤམས་ཏེ་ཡུལ་ཕྲ་ཕྲཱ་ར་བཙོམ་ཡུལ་དེའི་རྒྱལ་རིགས་དང་མི་ཆེན་ཞེར་ཚད་བསད། མཆོད་རྟེན་དང་གཙུག་ལག་ཁང་བཅས་སྟོང་ཕྲུག་བརྒྱ་བཤིག མི་གྲངས་ས་ཡ་དགུ་ཙམ་ལུས་པ་དག་

གསོད་པར་བརྩམས་པ་ན། ཁོ་རེའི་སློབ་དཔོན་ཆེན་པོར་གྱུར་པ་རྣམས་ཀྱིས་བཀག་ཀྱང་མ་ཉན་པར་བསད་པ་དང་རང་ལྷེབས་ཀྱི་རོས་སིཧླ་གླིང་དུ་མི་ཤོང་བར་བྱས་ཤིང་མི་ཟད་ལ་ཁད་དུ་བཏང་ངོ་། །མི་རིང་བར་སྡིག་རྒྱལ་དེ་ཤིའོ། །ཤི་བའི་ཉི་མར་གཉམ་ཐིབས་པ་དང་གཡོ་བ་དང་ཀླུང་དྲག་ལྡང་ཞིང་དྲག་ཆར་བབས་པ་སོགས་ལྟས་ངན་སྣ་ཚོགས་བྱུང་ཞིང་། སྐྱེས་བུ་དམ་པ་རྣམས་ཀྱང་ལས་ཀྱི་རྣམ་སྨིན་དྲན་ཞིང་ཤུགས་རིང་ཁོ་ན་འདོན་པ་བྱུང་ཟེར་རོ། །ཙ་ཀ་རའི་གྲོང་རྡིང་ནང་དུ་གཙུག་ལག་ཁང་གཅིག་ལ་དགེ་འདུན་བརྒྱ་ལྷག་ཙམ་ཉན་ཐོས་སྡེ་པ་ཁོ་ནས་གནས་སོ། །

༢ སློབ་དཔོན་དབྱིག་གཉེན་དང་དེ་མིན་གྱི་རྗེས་ཤུལ།

སྔོན་སློབ་དཔོན་དབྱིག་གཉེན་གྱིས་རྒྱལ་པས་དོན་དམ་བདེན་པ་བསྟན་པའི་མདོ་འགྲེལ་མཛད་པའི་གནས་ཡིན་ཟེར་བ་སྣང་ངོ་། །དེའི་ཡོགས་སུ་མཆོད་རྟེན་དཔངས་སུ་ཁྲུ་ཉིས་བརྒྱ་ལྷག་ཡོད་པ་འདས་པའི་སངས་རྒྱས་རྣམ་བཞིས་བཞུགས་པ་དང་འཆག་པའི་སྤྱོད་ལམ་མཛད་པའི་གནས་ཡིན་ཟེར་རོ། །དེའི་ནུབ་བྱང་མཚམས་སུ་རྒྱང་གྲགས་ལྔ་དྲུག་ཙམ་ན་མཆོད་རྟེན་སྲིད་ཚད་གོང་ཙམ་པ་རྒྱལ་པོ་མྱ་ངན་མེད་ཀྱིས་བཞེངས་པ་འདས་པའི་སངས་རྒྱས་རྣམ་བཞིས་ཆོས་གསུངས་པའི་གནས་སོ། །ཙ་ར་ཀ་རའི་གྲོང་ཁྱེར་གསར་པའི་བྱང་ཤར་ཕྱོགས་སུ་རྒྱང་གྲགས་བཅུ་ཙམ་ན་སྔོན་བདག་ཅག་གི་སྟོན་པས་གྲོང་རྒྱུ་བར་མཛད་དེ་བྱང་ཕྱོགས་སུ་ཕེབས་པའི་ས་མཚམས་ཏེ་དེར་མཆོད་རྟེན་གྱི་དཔངས་ཚད་གོང་དང་མཚུངས་པ་དཀར་ཆ་ནི་རིང་བསྲིལ་མང་པོ་བཞུགས་ཟེར་བ་རྒྱལ་པོ་མྱ་ངན་མེད་ཀྱིས་བཞེངས་པ་གསོ་སྦྱོང་གི་ཉིན་སོགས་དུས་བཟང་ལ་འོད་འཕྲོ་བ་ཡོད་དོ། །

ཅི་ན་བྷུ་ཏའི་ཡུལ།

དེ་ནས་ཤར་ཕྱོགས་སུ་རྒྱང་གྲགས་ལྔ་བརྒྱ་ལྷག་ཕྱིན་པ་ན་ཙི་ན་བྷུ་ཏ་སྟེ་རྒྱ་ནག་གི་བུའི་ཡུལ་དེའི་མཐའ་སྐོར་ལ་བར་ཉིས་སྟོང་ལྷག་པའི་གཞུང་མཁར་ཁོར་ཡུག་ཏུ་ལེ་བར་བཅུ་རྩ་བཞི་ལྔ་ཡོངས་པ་ས་གཞི་གཤིན་པ་འབྲུ་དང་ཤིང་ཏོག་གི་རིགས་ཆེས་མང་པ་ནམ་དུས་བསིལ་དྲོད་སྙོམས་པ། མིའི་རང་བཞིན་འཇམ་ལ་སྣར་མ་ཕྱི་ནང་གི་ཆོས་འདྲེས་མར་གནས་པ། གཙུག་ལག་ཁང་བཅུ་དང་ཕྱི་རོལ་པའི་ལྷ་ཁང་བརྒྱད་ཡོད་པ།

༡ ཙི་ན་བྷུ་ཏའི་ཡུལ་མིང་ཡོང་ཚུལ་སྐོར།

དེ་སྔོན་རྒྱལ་པོ་ཀ་ནིཥྐ་ཡུལ་ཕལ་ཆེར་ལ་དབང་པའི་དུས་རྒྱ་ནག་རྒྱལ་པོ་གཅིག་གི་བུ་གཏའ་མར་བཟུང་བ་ཀ་ནིཥྐ་བདག་རྐྱེན་ཚད་མེད་པ་བྱས་ཤིང་། དུས་བཞི་དང་བསྟུན་པའི་གནས་གཞི་སོ་སོར་སྡོད་དུ་འཇུག་པའི་ནང་གི་དགུན་གྱི་སྡོད་གནས་ཡིན་ནོ། །རྒྱ་གར་དུ་ལོ་གསུམ་ཁམ་བུ་དང་ཙུ་ལི་མེད་པས་དེ་གཉིས་ཀྱི་འབྲུ་བུ་རྒྱ་ནག་ནས་ཁྱེར་ཏེ་བཏབ་པས་འབྲས་བུ་རིམ་པར་འཕེལ་བ་ལས། ལོ་གསུམ་ཁམ་བུའི་མིང་ལ་ཙི་ན་ནི་སྟེ་རྒྱ་ནག་ནས་བྱུང་བ་ཟེར། ཙུ་ལི་ལ་ཙི་ན་རཱ་ཛྙ་བྷུ་ཏ་སྟེ་རྒྱ་ནག་རྒྱལ་པོའི་བུ་ཞེས་འབོད་པའོ། །རྒྱུ་མཚན་དེས་ཡུལ་དེའི་མི་རྣམས་ཀྱི་རྒྱ་ནག་གི་མི་ལ་ཤིན་ཏུ་མཛའ་ཞིང་སྔད་ཆེ་ཕན་ཚུན་ལག་པ་ནས་འཛིན་པ་ངེད་ཚོའི་ཡུལ་སྐྱིད་གི་མི་ཞེས་ཟེར་རོ། །

༢ མི་བཏང་བའི་ནགས་ཞེས་བྱ་བའི་གཙུག་ལག་ཁང་དང་ སློབ་དཔོན་ཀ་ཏྱའི་བུའི་རྗེས་ཤུལ།

གྲོང་ཁྱེར་དེའི་ཤར་ལྷོའི་མཚམས་ན་རྒྱང་གྲགས་ལྔ་བརྒྱ་ཙམ་གྱི་སར་ཀྲ་སྣ་ སུ་བ་ན་སྟེ་མི་བཏང་བའི་ནགས་ཞེས་བྱ་བའི་གཙུག་ལག་ཁང་ན་ཐམས་ཅད་ཡོད་ སྨྲ་བའི་སྡེ་པའི་དགེ་འདུན་སུམ་བརྒྱ་ལྷག་གནས་པ་སྤྱོད་ལམ་ཤིན་ཏུ་གཙང་བ་ཁོ་ ན་གནས་སོ། །བསྐལ་པ་བཟང་པོའི་སངས་རྒྱས་ཀུན་གྱིས་གནས་འདིར་ཟབ་མོའི་ ཚུལ་གྱིས་ཆོས་རྣམས་གསུངས་སོ། །གསུང་ངོ་། །གསུངས་བར་གྱུར་རོ་ཟེར་ལ། བདག་ཅག་གི་སྟོན་པ་མྱ་ངན་ལས་འདས་པའི་འོག་ཏུ་ལོ་སུམ་བརྒྱ་ཙམ་ན། འདིར་ སློབ་དཔོན་ཀ་ཏྱའི་བུ་ཞེས་བྱ་བས་གནས་འདིར་བསྟན་བཅོས་ཤེས་རབ་བསྐྱེད་པ་ ཞེས་བྱ་བ་མཛད་ཟེར་རོ། །དགོན་པའི་ཡོགས་སུ་ཨ་ཤོ་ཀས་བཞེངས་པའི་མཆོད་ རྟེན་དཔངས་སུ་ཁྲུ་ཉིས་བརྒྱ་ལྷག་པ། དེའི་ཡོགས་ན་འདས་པའི་སངས་རྒྱས་བཞིའི་ བཞུགས་ཁྲི་དང་ཞབས་ཀྱིས་བཅགས་པའི་སར་མཆོད་རྟེན་ཆུང་ངུ་དང་རྡོ་ཁང་ ཆུང་ངུ་བགྲངས་པས་མི་ལོངས་པ་ཡོད་པ་ནི། བསྐལ་པ་དང་པོ་ནས་རིམ་པར་ གཤེགས་བཞུགས་མཛད་པའི་སངས་རྒྱས་དང་རང་རྒྱལ་འཕགས་པ་རྣམས་ཀྱིས་ བཅགས་ཤུལ་ཏེ། ད་དུང་ཡང་ཚེམས་དང་སྐྲ་གདུང་གི་ཚལ་བུ་འགའ་ཞིག་ཏུ་སྣང་ ངོ་། །དེའི་རི་བོའི་ཁོར་ཡུག་ཏུ་རྒྱང་གྲགས་ཉི་ཤུ་ལྷག་ཙམ་གྱི་ཁོངས་སུ་གཙུག་ལག་ ཁང་དང་མཆོད་རྟེན་ཆུང་ཆུང་མང་པོ་གཅིག་གི་གྲིབ་མས་གཅིག་ནོན་པས་ཕན་ ཚུན་དུ་འབྲེལ་བ།

ཛ་ལནྡྷ་རའི་ཡུལ།

དེ་ནས་བྱང་ཤར་མཚམས་སུ་རྒྱང་གྲགས་བཞི་བཅུ་ལྔ་བཅུ་ཙམ་ཕྱིན་པ་ན་ཛ་ལནྡྷ་རའི་ཡུལ་དེ་ཤར་ནུབ་ལེ་བར་སྟོང་ལྷག ལྷོ་བྱང་རྒྱང་གྲགས་བརྒྱད་བརྒྱ་ཡོད་དོ། །གཞུང་མཁར་ཆེན་པོ་ནི་ཁོར་ཡུག་ཏུ་ལེ་བར་བཅུ་དང་གཉིས་གསུམ་ཡོད་དོ། །ནམ་དུས་བསིལ་དྲོད་སྙོམས་ཤིང་ཙང་དྲུ་ཤས་ཆེ་བས། བཟའ་ཤིང་གི་ར་བ་དང་ནགས་ཚལ་གྱིས་གཏམས་པ། འབྲས་དཀར་སེར་དམར་གསུམ་དང་། གྲོ་ནས་འདེབས་ཤིང་མེ་ཏོག་གི་རིགས་ཀྱང་མང་པོ་སྣང་ངོ་། ། མིའི་བྱད་གཟུགས་མི་སྡུག་པ་དཔའ་རྩལ་དང་ལྡན་པ། སྤྱོད་པ་རྩིངས་ཤིང་ཁྱིམ་པ་ཕལ་ཆེར་ཕྱུག་པ། གཙུག་ལག་ཁང་ལྔ་བཅུ་ལྷག་ལ་དགེ་འདུན་ཉིས་སྟོང་ལྷག་ཙམ་གྱིས་ཐེག་པ་ཆེ་ཆུང་གཉིས་ཀ་ལ་སློབ་བཞིན་པ། ཕྱི་རོལ་པའི་ལྷ་ཁང་གསུམ་ལ་མུ་སྟེགས་པ་ལྔ་བརྒྱ་ཙམ་གནས་པ་ཐམས་ཅད་དབང་ཕྱུག་པ་ཐལ་བ་ཕྱུགས་པ་ཁོ་ནའོ། །ཡུལ་འདིའི་བདག་པོ་རྣམས་ནི་ཕྱི་རོལ་པ་ལ་མོས་པ་ལ་ཕྱིས་དགྲ་བཅོམ་པ་ཞིག་དང་མཇལ་ནས་བདེན་པ་མཐོང་ངོ་དེ་ནས་བཟུང་ནང་པའི་ཆོས་ལ་མཆོག་ཏུ་བཀུར་ཞིང་། ཡུལ་གཞན་དག་ཀྱང་དེ་ལ་རྗེས་སུ་ཡི་རང་བ་དང་ལད་ཟློས་བྱེད་དོ། །དེར་གནས་ཀྱི་བཙུན་པ་རྣམས་ཁྲིམས་ལུགས་དམ་མོ། །

ཀུ་ལུ་ཏའི་ཡུལ།

དེ་ནས་བྱང་ཤར་མཚམས་སུ་ལམ་ཤིན་ཏུ་བགྲོད་དཀའ་བ་སྣང(སྣང)གཤོང་དང

གྲུ་གྲྭ་མང་བ་རྒྱང་གྲགས་བདུན་བརྒྱ་ཙམ་ཕྱིན་པ་ན། ཀུ་ལུ་ཏའི་ཡུལ་དེའི་མཐའ་སྐོར་དུ་ལེ་བར་སུམ་སྟོང་ཙམ་མོ། །ལྗེ་བའི་མཁར་ཆེན་པོ་ནི་ཁོར་ཡུག་ཏུ་རྒྱང་གྲགས་བཅུ་དང་བཞི་ལྔ་ཙམ། ས་གཤིན་པ་འབྲས་སྣ་གསུམ་སོགས་ཀྱི་ཞིང་འདེབས་ཤིང་། དུས་བཞི་སོ་སོའི་མེ་ཏོག་དང་ཤིང་འབྲས་མི་དགོན་པ། སྨན་གྱི་རིགས་རྣམ་པ་སྣ་ཚོགས་འབྱུང་བ། གསེར་དངུལ་ཟངས་མུ་ཏིག་དམར་པོ་སོགས་འབྱུང་ངོ་། །མིའི་རང་བཞིན་མི་བསྲུན་པ་གྱོང་བ་དཔའ་རྩལ་ཆེ་བ་ནུས་སྟོབས་ཅན་དག་ལ་རབ་ཏུ་གཙུག་ལག་ཁང་ཉི་ཤུ་ལྷག་ཙམ་ལ་བསྡོམས་པའི་དགེ་འདུན་སྟོང་ལྷག་ཙམ་གནས་པ་གཙོ་བོར་ཐེག་ཆེན་དང་ཞར་ལ་ཐེག་དམན་སློབ་པར་བྱེད་དོ། །ཕྱི་རོལ་པའི་ལྷ་ཁང་བཅོ་ལྔ་ལ་ཕྱི་རོལ་པ་སྣ་ཚོགས་པ་གནས་སོ། །ཤིན་ཏུ་བགྲོད་དཀའ་བའི་གནས་ལ་རྟེན་ཏེ་འདུག་གནས་རྫོ་ཁང་ཡང་མང་པོ་ཡོད་དོ། །ཡུལ་གྱི་ནང་ནས་རྒྱལ་པོ་ཨ་ཤོ་ཀས་བཞེངས་པའི་མཆོད་རྟེན་རྣམས་ཀྱང་སྣང་ངོ་། །སྟོན་པ་འཚོ་ཞིང་གཞེས་པའི་དུས་འདིར་ཐོན་ཟེར་རོ། །དེ་ནས་བྱང་ཕྱོགས་སུ་དེ་ལས་ཀྱང་ཤིན་ཏུ་བགྲོད་དཀའ་བ་རྒྱང་གྲགས་སྟོང་དང་བརྒྱ་ཕྲག་བརྒྱད་དགུ་ཙམ་སོང་བ་ན་ལྷ་ཧུ་ལའི་ཡུལ་ལོ། འདིའི་སྒང(སྒང)གཞོང་མཐོ་དམའི་ས་དག་གཉིས་ལོག་སུམ་ལོག་ཏུ་ཡོད་པས་ཡུལ་སྡེ་མ་དག་ལས་ཀྱང་ཆེ་བསྒྲོད་དཀའ་བའོ། །

ཤ་ཏ་དྲུའི་ཡུལ།

དེ་ནས་བྱང་ཕྱོགས་སུ་རྒྱང་གྲགས་ཉིས་སྟོང་ཙམ་ཕྱིན་པ་ན་མོ་ར་སའི་ཡུལ་དང་། སམ་ལྷ་ཏའི་ཡུལ་ཀྱང་ཟེར་རོ། །ཀུ་ལུ་ཏའི་ཡུལ་ནས་ལྷོ་ཕྱོགས་སུ་རྒྱང་གྲགས་བདུན་བརྒྱ་ཙམ་ཕྱིན་པ་ན་རི་ཆེན་པོ་འཛེགས། ཆུ་ཀླུང་ཆེན་པོ་བརྒལ་ཏེ་ཤ་ཏ་དྲུའི་

ཡུལ་དུ་སླེབས་སོ། །ཡུལ་ཤ་ཏ་ཧུའི་མཐའ་སྐོར་དུ་ལི་བར་ཉིས་སྟོང་ལྷག གཞུང་མཁར་ཆེ་བ་ནི་ཁོར་ཡུག་ཏུ་བཅུ་ཕྲག་གཅིག་དང་བདུན་བརྒྱད་ཙམ་བྲུས་མ་སླེ་མ་ཆེ་ཆུང་སོགས་ཞིང་སྟ་མང་པོ་འདེབས་པ། ཤིང་ཏོག་མེ་ཏོག་གི་རིགས་ཀྱང་མང་བ་གསེར་དངུལ་མུ་ཏིག་འབྱུང་ངོ་། །ནམ་དུས་དྲོད་དང་གཤེར་ཆེས་ཆེ་བ། མིའི་རང་བཞིན་འཇམ་ལ་སྐྱེ་མཐུན་ཆེ་བ་དཀོན་མཆོག་ལ་དད་པ་རྒྱལ་པོའི་གྲོང་ཁྱེར་གྱི་ནང་ན་གཙུག་ལག་ཁང་བཅུ་ཕྲག་ཡོད་ཀྱང་ཕལ་ཆེར་རྙིང་ཞིང་གོག་པ་དགེ་འདུན་ཤིན་ཏུ་ཉུང་ངོ་། །གྲོང་ཁྱེར་གྱི་ཤར་ལྷོའི་མཚམས་སུ་རྒྱང་གྲགས་སུམ་བཞི་ཙམ་ན་རྒྱལ་པོ་ཨ་ཤོ་ཀས་བཞེངས་པའི་མཆོད་རྟེན་མཐོ་ཚད་ཁྲུ་ཉིས་བརྒྱ་ལྷག་པ་ཡོགས་སུ་འདས་སངས་བཞིའི་བཞུགས་ཁྲིའི་ཤུལ་གདན་རྣམས་ཡོད་དོ། །

ས་རི་ཡ་ཧུའི་ཡུལ།

དེ་ནས་ལྷོ་ནུབ་མཚམས་སུ་རྒྱང་གྲགས་བརྒྱད་བརྒྱ་ལྷག་ཕྱིན་པ་ན་ས་རི་ཡ་ཧུའི་ཡུལ་དེའི་མཐའ་གྲུ་ལི་བར་སུམ་སྟོང་ལྷག་ཙམ། དབུས་ཀྱི་མཁར་ཆེན་པོ་ནི་ཁོར་ཡུག་ཏུ་ལི་བར་བཅུ་དང་བཞི་ལྷ་ཡོད་པ་ནམ་དུས་དྲོད་ལ་གཤེར་ཆེ་བ། བྲུས་མ་བཏབ་ནས་ཟླ་བ་གཉིས་ཙམ་ན་སྨིན་པ་ཡོད་དོ། །འབྲས་དང་གྲོ་ཡང་དེ་དང་མཚུངས་པ་ཡོད། ནོར་ལུག་སོགས་ཕྱུགས་རིགས་མེད་པ། བཟའ་ཤིང་དང་མེ་ཏོག་སྣ་ཚོགས་པ་འབྲུངས་པ་ས་གཞི་རླན་གཤེར་ཆེ་བ། མིའི་རང་བཞིན་ནི་དཔའ་བ་དང་རྩལ་པོ་ཆེ་ལ་ཕོ་རབ་ཏུ་བརྩི་བ། རྒྱལ་པོ་ནི་ཀྵ་ཙའི་རིགས་དཔའ་ཞིང་རྩལ་ཕོད་པ་ཁོ་ན་མཆོག་ཏུ་འཛིན་ཞིང་། རིག་གནས་གཞན་ལ་རྩིས་ཆུང་བ། ཕྱི་རོལ་བ་བླ་མར་འཛིན་པ། གཙུག་ལག་ཁང་བརྒྱད་ཚང་མ་ཞིག་རལ་དུ་སོང་བ་དགེ་འདུན་གྱི་སྡེ་

ཤིན་ཏུ་ཞུང་བ་ཐེག་ཆུང་ཁོ་ན་སྤྱོད་དོ། །ཕྱི་རོལ་པའི་དགོན་སྡེ་བཅུ་ལྷག་ཡོད་པར་ཕྱི་རོལ་པ་ཆིག་སྟོང་ལྷག་གནས་སོ། །

མ་ཐུ་རའི་ཡུལ།

དེ་ནས་ཤར་ཕྱོགས་སུ་རྒྱང་གྲགས་ལྔ་བརྒྱ་ཕྱིན་པ་ན་མ་ཐུ་རའི་ཡུལ་བཅོམ་བརླག་གི་ཡུལ་ཐ་གྲུ་ལེ་བར་ལྔ་སྟོང་ཙམ། མཐིལ་མཁར་ནི་ཁོར་ཡུག་ཏུ་རྒྱང་གྲགས་ཉི་ཤུ་ལྷག ས་གཤིན་ལ་ཞིང་སྣ་ཚོགས་འདེབས་སོ། །ལྷག་པར་ཨ་མྲའི་ཤིང་སྡིན་པས་ར་བ་ཕལ་ཆེར་ཤིང་དེའི་ནགས་ཚལ་གྱིས་གཏམས་པ། ཨ་མྲ་ཞེས་པ་འབྲ་གོ་ཏེ་རིགས་གཉིས་ཡོད་པ་ཆེ་ཆུང་གཉིས་ལས་ཆུང་བ་ནི་སྐྱེ་བ་ན་ཁ་དོག་སྔོན་པོ་སྨིན་པ་ན་སེར་པོ་འགྱུར་ཏོ། །ཆེ་བ་ནི་སྨིན་པ་ན་ཡང་སྔོན་པར་གནས་པ་སྟེ་རིགས་གཉིས་སོ། །ནམ་དུས་དྲོད་ཤས་ཆེ་བ། མིའི་རང་བཞིན་འཇམ་ལ་བསྙུན་པ་རྣམ་དཀར་ལ་དགའ་བ་ལས་འབྲས་ལ་རྩིགས(གཙིགས)སུ་ཆེ་ཞིང་སྟོན(ཡོན་ཏན)ཅན་ལ་བཀུར་བ། གཙུག་ལག་ཁང་ཉི་ཤུའི་སྐོར་ལ་དགེ་འདུན་གྲྭ་སྟོམ་ཉིས་སྟོང་ཙམ་གནས་ཏེ། ཐེག་པ་ཆེ་ཆུང་སྤེལ་མར་སྤྱོད་པ་ཕྱི་རོལ་པའི་ལྷ་ཁང་ལྔ་ལ་ཕྱི་རོལ་པ་སྣ་ཚོགས་འདྲེས་པར་གནས་པའོ། །

༡ སྟོན་པ་འཁོར་བཅས་ཀྱི་རྗེས་ཤུལ།

ཡུལ་དེར་མཆོད་རྟེན་ཆེན་པོ་གསུམ་ཡོད་པ་ཐམས་ཅད་རྒྱལ་པོ་མྱ་ངན་མེད་ཀྱིས་བཞེངས་པ་ཡོགས་ན་འདས་སངས་བཞིའི་ཞབས་ཀྱིས་བཅགས་ཤུལ་དང་། ལྷག་

པར་བདག་ཅག་གི་སྟོན་པ་འཁོར་བཅས་ཀྱི་ཤུལ་འཇགས་ཤིན་ཏུ་མང་བ། ཤཱ་རིའི་བུ་དང་མོའུ་འགལ་གྱི་བུ་དང་། བྱམས་མའི་བུ་དང་། འཕགས་པ་ཉེ་བར་འཁོར་དང་། སྒྲ་གཅན་འཛིན་དང་། ཛེ་བཙུན་འཇམ་པའི་དབྱངས་ལ་སོགས་པའི་འཁོར་ཅི་རིགས་པའི་གདུང་བཞུགས་པའི་མཆོད་རྟེན་ཤིན་ཏུ་མང་ངོ་། །ལོ་སྐྱར་གྱི་ཟླ་བ་མཆོག་གསུམ་གྱི་གསོ་སྦྱོང་གི་ཉེ་མ་དྲུག་ལ་འཕགས་ཡུལ་གྱི་དགེ་འདུན་རྣམས་ཏུར་སྐྱིད་ཀྱིས་མཆོད་རྫས་སྣ་ཚོགས་པ་ཁྱེར་ཏེ། ཆོས་མངོན་པ་རྣམས་མཆོད་རྟེན་དང་སྐུ་བརྙན་ལ། བསམ་གཏན་རྣམས་མོའུ་འགལ་གྱི་བུའི་མཆོད་རྟེན་དང་སྐུ་བརྙན་ལ། མདོ་སྡེ་འདོན་པ་རྣམས་ཀྱིས་བྱམས་མའི་བུ་གང་པོའི་མཆོད་བརྟེན་དང་། འདུལ་བ་འཛིན་པ་རྣམས་ཉེ་བར་འཁོར་གྱི་མཆོད་རྟེན་དང་སྐུ་བརྙན་ལ། དགེ་སློང་མའི་སྡེ་རྣམས་ཀྱིས་ཀུན་དགའ་བོའི་མཆོད་རྟེན་དང་སྐུ་བརྙན་ལ། བསྙེན་པར་མ་རྫོགས་པ་རྣམས་ཀྱིས་སྲས་སྒྲ་གཅན་འཛིན་གྱི་མཆོད་རྟེན་དང་སྐུ་བརྙན་ལ། ཐེག་ཆེན་སློབ་པ་རྣམས་ཀྱིས་འཇམ་དཔལ་ལ་སོགས་པ་བྱང་ཆུབ་སེམས་དཔའ་རྣམས་ཀྱི་མཆོད་རྟེན་གཟུགས་བརྙན་རྣམས་ལ་སྟེ། གནས་རྣམས་སོ་སོར་རྒྱལ་མཚན་དང་བ་དན་དང་བླ་བྲེ་རྣམས་ནམ་མཁར་བཀྲམ་པ། སྤོས་ཕོར་དང་བུམ་པ་སོགས་པ་རྣམས་ཁྲི་སྟན་ལ་བཤམས། ཚར་དུ་དངར་བའི་མཆོད་རྫས་སོ་སོ་ནས་འབུལ་ཞིང་། བདུག་སྤོས་ཀྱི་དུད་པ་སྤྲིན་དུ་འཁྲིགས། མེ་ཏོག་སྣ་ཚོགས་པ་དབྱིངས་སུ་འཐོར་བས་མཚོན་བྱང་རྒྱལ་དུ་བྱས་པ་དག་དཔག་གིས་མི་ལང་ངོ་། །དེ་ཚེ་ཉེ་ཟླ་འཁྱིལ་པ་སོགས་ལྷས་བྱང་ན། ཡུལ་གྱི་རྒྱལ་པོ་དང་བློན་པོ་རྣམས་ཀྱི་རིམ་གྲོར་མཆོད་པ་འབུལ་བ་ཡང་སྔ་མ་བཞིན་ནོ། །

༢ དགྲ་བཅོམ་པ་ཉེར་སྦས་ཀྱི་རྗེས་ཤུལ།

གྲོང་ཁྱེར་ཆེན་པོའི་ཤར་ཕྱོགས་སུ་རྒྱང་གྲགས་ལྔ་དྲུག་ཙམ་གྱི་སར་གཙུག་ལག་ཆེན་པོ་ཞིག་བྲག་རིའི་བྱ་སྐྱིབས་བརྐོས་ནས་བྲག་ཕུག་ལ་སྒོ་དང་། རི་སུལ་དུ་འགྲོ་བའི་ལམ་བཟོས་པ། དགྲ་བཅོམ་པ་ཉེར་སྦས་ཀྱིས་བཞེངས་སོ། །དེ་ནས་བཅོམ་ལྡན་འདས་ཀྱི་ཕྱག་སེན་བཞུགས་པའི་མཆོད་རྟེན་ཞིག་སྣང་ངོ་། །གཙུག་ལག་ཁང་དེ་ན་ལྷ་ཁང་དཔངས་སུ་ཁྲུ་ཉི་ཤུ་ལྷག་དང་རྒྱར་ཁྲུ་སུམ་ཅུ་རྩ་བཞི་ཤིན་ཏུ་ངོ་མཚར་ཞིང་ལེགས་པ་ཤིན་ཏུ་དྲང་བའི་ཚུལ་ཤིང་གི(གིས)གང་བ། དེ་ནི་དགྲ་བཅོམ་པ་ཉེས་སྦུང་གིས་ཆོས་བསྟན་ཏེ་སྦྱིན་བདག་དང་ཙན་བཟའ་ཚོ་ཟུང་ཅིག་ཙར་དགྲ་བཅོམ་ཐོབ་པའི་གནས་ཡིན་སྐད་དོ། །དེའི་མཐའ་འཁོར་དུ་དེ་ལས་དམའ་བའི་རྗོ་ཁང་མང་པོ་རིགས་གཞན་དག་གྲོལ་བ་ཐོབ་ཟེར་བ་མང་ངོ་། །

༣ སྤྲེའུ་ཞིག་གིས་སྟོན་པ་ལ་སྦྲང་རྩི་ཕུལ་བའི་ལོ་རྒྱུས་དང་ སྟོན་པའི་རྗེས་ཤུལ།

དེ་ནས་ཤར་ལྷོའི་མཚམས་སུ་རྒྱང་གྲགས་བཅུ་ཕྲག་གཉིས་དང་བཞི་ལྔ་ཙམ་གྱི་སར། ཛིང་སྐམ་ཅིག་གི་ཕྱོགས་སུ་མཆོད་རྟེན་ཞིག་ཡོད་པ། སྔོན་སྟོན་པ་ཞལ་བཞུགས་པའི་དུས་གནས་འདིར་འཆག་པ་དང་བཞུགས་པ་མཛད་པའི་སྐབས་སྤྲེའུ་ཞིག་གིས་སྟོན་པ་ལ་སྦྲང་རྩི་ཕུལ་བར། སྟོན་པས་ཆུ་དང་སྦྱར་ཏེ་བཞེས་ཤིང་ལྷག་མ་དགེ་འདུན་རྣམས་ལ་བྲིམས་པར་མཛད་པས། སྤྲེའུ་དེ་དགའ་བཞིན་འོབས་སུ་ལྷུང་ནས་ཤི་ནས་མིར་སྐྱེས་པའི་ལོ་རྒྱུས་སྣང་ངོ་། །སྐམ་ཛིང་དེའི་བྱང་ཕྱོགས་སུ་མི་

རིང་བར་ནགས་ཚལ་ཆེན་པོའི་ནང་དང་ཕྱི་རོལ་གཉིས་སུ་འདས་སངས་རྣམ་བཞིའི་ཞབས་ཀྱིས་བཅགས་པའི་ཤུལ་རྗེས་དང༌། ཤཱ་རིའི་བུ་དང་མོའུ་འགལ་གྱི་བུ་སོགས་ཞབས་འབྲིང་པ་ཆིག་སྟོང་ཉིས་བརྒྱ་ལྔ་བཅུས་མཉམ་བཞག་མཛད་པའི་གནས་སོ་སོར་མཆོད་རྟེན་རྣམས་ཡོད་དོ། །དེ་ཡང་བཅོམ་ལྡན་འདས་ཞལ་བཞུགས་པའི་དུས་སུ་ཡུལ་འདིར་ཡང་ཡང་གྲོང་རྒྱུ་ཞིང་གཤེགས་བཞུགས་མཛད་པའི་ཚུལ་དཀར་ཆག་དག་དང་གསུང་རབ་རྣམས་སུའང་གསལ་བར་སྣང་ངོ༌། །

ས་ཧྣ་ཉེ་ཁ་ཧྣ་རའི་ཡུལ།

དེ་ནས་བྱང་ཤར་མཚམས་སུ་རྒྱང་གྲགས་ལྔ་བརྒྱ་ཙམ་སོང་བ་ན་ས་ཧྣ་ཉེ་ཁཱ་ཧྣ་རའི་ཡུལ་མཐའ་སྐོར་ལེ་བར་བདུན་སྟོང་ཙམ་ལ། དབུས་ཀྱི་མཁར་ཁོར་ཡུག་ཏུ་ལེ་བར་ཉི་ཤུ་ལྷག་པར་ས་གཤིན་ཞིང་ནམ་དུས་དྲོ་ཤས་ཆེ་བ། ཕྱུག་པོ་མང་ཞིང་མིའི་རང་བཞིན་ཡང་ལ་དྲིགས་འགྲན་ཆེ་བ། སྒྱུ་མ་མཁན་སོགས་ཡ་མཚན་པའི་རིགས་ལ་མཆོག་ཏུ་བརྩི། གཙུག་ལག་ཁང་གསུམ་ལ་དགེ་འདུན་བདུན་བརྒྱ་ལྷག་ཐེག་ཆུང་ཁོ་ན་ལ་སྦྱོང་བ་ཕྱི་རོལ་པའི་ལྷ་ཁང་བརྒྱ་ལྷག་པར་མུ་སྟེགས་པ་ཤིན་ཏུ་མང་པོ་གནས་སོ། །ཕྱོགས་སྣ་ཚོགས་ནས་ཡོང་བའི་ཀ་ཙ་འཚར་བར་འཚོང་བའི་ཕྱིར་འདུའོ། །

༡ བསོད་ནམས་ཀྱི་ཞིང་ས།

གཏམ་རྒྱུད་རྙིང་པར་སྔོན་རྒྱ་གར་རྒྱལ་པོ་གཉིས་ཙམ་ལས་མེད་ཅིང་བྲམ་ཟེ་ངན་པས་བསླུས་ཏེ་ཕན་ཚུན་འཐབ་ཅིང་བརྩད་པས་གཡུལ་དུ་བསད་ན་ཐར་པ་

འཕྲོབ་པ་དང་། ཉེས་མེད་མང་པོ་བསད་པ་ལ་རྣམ་སྨིན་ལྷའི་བདེ་བ་འཕྲོབ་པར་འདོད་དེ། འཐབ་མོས་ཤི་བ་མང་པོའི་མི་རུས་སྤུངས་པ་ལ་བསོད་ནམས་ཀྱི་ཞིང་དུ་འཛིན་པའི་རྒྱུན་ད་ལྟའི་བར་དུ་སྣང་ངོ་། །

༢ སྟོན་པའི་རིང་བསྲེལ་ཡོད་པའི་མཆོད་རྟེན་ཞིག་དང་གོ་མིནྟའི་གཙུག་ལག་ཁང་།

གྲོང་ཁྱེར་གྱི་ནུབ་བྱང་ཕྱོགས་ན་རྒྱང་གྲགས་བཞི་ལྔ་ཙམ་ན་མཆོད་རྟེན་དཔངས་སུ་ཁྲུ་ཉིས་བརྒྱ་ལྷག་པ། རྒྱལ་པོ་ཨ་ཤོ་ཀས་བཞེངས་པ་མཆོད་རྟེན་གྱི་བུམ་ནང་དུ་བུམ་པ་དམར་སེར་གྱི་ནང་དུ་སྟོན་པའི་རིང་བསྲེལ་བྲེ་ཆུང་གང་བཞུགས་པ་སྐབས་སུ་འོད་འཕྲོ་བ་ཞིག་འདུག་གོ། །སྔོན་བྱོན་གྱི་ཕྱག་རྗེས་མང་པོ་ཡང་ཡོད་དོ། །གྲོང་ཁྱེར་དེའི་ལྷོ་ཕྱོགས་སུ་རྒྱང་གྲགས་བརྒྱ་ལྷག་ཙམ་ན། གོ་མིནྟའི་གཙུག་ལག་ཁང་ཞེས་པ་ཁང་བརྩིགས་དང་། མགོ་རྒྱན་སྤྲེལ་བས་བརྒྱན་པ་དེར་བཞུགས་ཀྱི་དགེ་འདུན་རྣམས་ཚུལ་ཁྲིམས་འདུལ་སྤྱོད་ཤིན་ཏུ་གཙང་བའོ། །

ཙུ་ཏ་ལི་ནའི་ཡུལ།

དེ་ནས་བྱང་ཤར་མཚམས་ན་རྒྱང་གྲགས་བཞི་བརྒྱ་ལྷག་ཙམ་གྱིས་ཕྱིན་པ་ན་ཙུ་ཏ་ལི་ནའི་ཡུལ། དེའི་མཐའ་སྐོར་དུ་རྒྱང་གྲགས་དྲུག་སྟོང་ལྷག་ཤར་དུ་ཆུ་བོ་གངྒཱ་ལ་ཐུག་པ། རྒྱབ་རི་རྒྱུད་ཆེན་པོ་ལ་བརྟེན་པ། ཆུ་བོ་ཡ་མུ་ན་ཡུལ་གྱི་གཞུང་གཤགས་ཏེ་འབབ་པ། ལྟེ་བའི་མཁར་ཆེན་ཁོར་ཡུག་ཏུ་ལེ་བར་ཉི་ཤུ་ལྷག ཆུ་བོ་ཡ་མུ་ན་ལ་

ཉེ་ཡང་རྨང་ཤིན་ཏུ་བརྟན་པ་ཆུའི་འཛིགས་པ་མེད་དོ། །ནམ་དུས་སའི་བསིལ་དྲོད་སོགས་ནི་ས་ཏ་ནི་ཕྲ་རའི་ཡུལ་དང་འདྲ་ཤས་ཆེ་བ། མིའི་རང་བཞིན་དྲང་ཞིང་ལེང(བརླིང)པ་ཡོན་ཏན་སློབ་པ་ལ་མོས་པ་ཡིན་ཀྱང་ཕྱི་རོལ་པ་ལ་ཞེན་ཆེ་བ། བསོད་ནམས་དང་རིག་པ་ཟུང་འབྲེལ་མཆོག་ཏུ་འཛིན་པའོ། །གཙུག་ལག་ཁང་ལྔ་ཙམ་ཡོད་པར་དགེ་འདུན་ཆིག་སྟོང་ལྷག་ཐེག་དམན་ལ་སློབ་གཉེར་བྱེད་དོ། །ཕྱི་རོལ་བའི་ལྷ་ཁང་བརྒྱ་ཕྲག་གཅིག་ཡོད་པར་གསང་ཚིག་སྨྲ་བ་མང་དག་གནས་སོ། །

༧ སྟོན་པ་དང་དགྲ་བཅོམ་པ་ཆེན་པོའི་མཆོད་རྟེན།

གྲོང་ཁྱེར་དེའི་ཤར་ལྷོའི་མཚམས་ཡ་མུ་ནའི་ནུབ་ལོགས་སུ་གཙུག་ལག་ཁང་ཆེན་པོ་ཞིག་ཡོད་པའི་ཤར་སྒོའི་ཕྱིར། ཆོས་རྒྱལ་མྱ་ངན་མེད་ཀྱིས་བཞེངས་པའི་མཆོད་རྟེན་ཞིག་ཡོད་པ། སྔོན་སྟོན་པ་གཤེགས་བཞུད་མཛད་པའི་ཕྱག་རྗེས་རྣམས་དང་། སྟོན་པའི་དབུ་ལོ་དང་ཕྱག་སེན་བཞུགས་པའི་མཆོད་རྟེན། མཆོག་ཟུང་སོགས་དགྲ་བཅོམ་པ་ཆེན་པོ་དག་གི་དབུ་སྐྲ་ཕྱག་སེན་བཞུགས་པའི་མཆོད་རྟེན་བཅུ་ཕྲག་དུ་མ། ལོགས་གཡས་གཡོན་གཉིས་སུ་བསྒྲིགས་པ། སྟོན་པ་མྱ་ངན་ལས་འདས་རྗེས་ཕྱི་རོལ་པ་རྣམས་ཀྱིས་བསླུས་ནས་ཕྱི་རོལ་པར་བསྒྱུར་རོ་ཞེས་ཟེར་ཏེ། ད་ལྟ་གཙུག་ལག་ཁང་ལྔ་ཡོད་ཀྱང་ཚང་མ་བྲམ་ཟེ་ཕྱི་པ་གསང་ཚིག་སྨྲ་བ་དག་གིས་གང་སྟེ་གནས་སོ། །

༢ ཆུ་སླུང་གནྡའི་སྐོར།

ཆུ་བོ་ཡ་མུ་ན་ལས་ཤར་དུ་རྒྱང་གྲགས་བརྒྱད་བརྒྱ་ཙམ་སོང་བ་ན། ཆུ་སླུང་

གངྒཱ་སྡེ་ཞིང་དུ་ལི་བར་བཞི་ལྔ་ཙམ། མཐར་རྒྱ་མཚོར་འབབ་པ་དང་ཉེ་བ་ན་ཞིང་དུ་རྒྱང་གྲགས་བཅུ་ལྷག་པ་མདོག་སྔོ་ཞིང་ནག་པ་ཐ་སྐྱོང་དང་ཀླུ་རིགས་ཀྱི་ཚོ་འཕྲུལ་ཆེ་ཡང་གནོད་པ་མེད་པ། རོ་མངར་ལ་བསིལ་བ་རྟུལ་དང་འདྲེས་མར་རྒྱུ་བས་ཙུང་ཟད་སྐྱོག་པ། གཏམ་རྒྱུད་རྙིང་པ་ན་ཆུ་བོ་འདིར་ལུས་དང་ཡན་ལག་བཀྲུས་པས་སྡིག་སྒྲིབ་འདག་པ་དང་། ལྡིབས་ཏེ་མཆོང་ན་ལྷའི་བདེ་བ་སྤྱོད་པར་འགྱུར་བའི་སྐྱེ་བ་ཡིན་པར་གྲགས་པས་སྐྱེ་བོ་ཧླུན་རྫོངས་འགའ་གངྒཱར་མཆོང་ལྡིབས་མང་པོ་བྱུང་ངོ་། །ཕྱོན་སློབ་དཔོན་ཨཏྲ་དེ་བས་རྫོངས་པ་དག་འདུལ་བའི་ཕྱིར་དུ་ས་ཕྱོགས་དེར་ཕེབས་ཏེ། སྟུག་མ་རིང་པོ་ཞིག་གཤགས་ཏེ་ཕ་བྱས་ནས་ཆུ་འགྲོ་བར་མཛད་པས། མུ་སྟེགས་པ་འགས་ཅི་བྱེད་ཟེར། འཕགས་པ་ལྷས་བདག་གི་ཕ་མ་དང་སློབ་དཔོན་སིངྒ་གླིང་ན་ཡོད་པས། གངྒཱའི་ཆུ་མི་རྙེད་པས་ཁོ་བོས་རྒྱང་རིང་པོ་འདི་ནས་ཆུ་བླངས་ཏེ་རྫོངས་པ་ཡིན་ཞེས་པས། ཕྱི་རོལ་པས་སྨྲས་པ། བཞིན་བཟང་ཁྱོད་ཆེར་འཁྲུལ་ལམ། སིངྒ་ལ་འདི་ནས་དཔག་ཚད་མང་པོ་རི་ཀླུང་ཐང་གྲོང་ཇི་སྙེད་ཀྱི་བར་ཆོད་པ་ལགས་ན་ཆུ་དེར་སླེབས་པར་མི་ནུས་པས་ཕན་ཐོགས་པར་མི་འགྱུར་རོ་ཟེར་བས། སློབ་དཔོན་གྱི་འོ་ན་ཤེ་གསོན་གཉིས་འཇིག་རྟེན་ཐ་དད་པ་ལགས་པ་དགེ་སྡིག་གི་རྣམ་སྨིན་ཀྱང་དངོས་པོ་རགས་པ་མིན་པས། འདིར་ལྡིབས་ནས་ཤི་བ་འཇིག་རྟེན་ཕ་རོལ་ན་ལྷའི་བདེ་བ་ཇི་ལྟར་འཐོབ་ཅེས་གསུངས་པས། ཕྱི་རོལ་པ་ལན་གྱི་སྤོབས་པ་མེད་པར་གྱུར་ཏེ་རང་གི་གྲུབ་མཐའ་བཏང་སྟེ་ནང་བའི་གྲུབ་མཐའ་ལ་ཞུགས་སོ། །

མ་ཏྲི་ཧྲུ་རའི་ཡུལ།

དེ་ནས་ཤར་ཕྱོགས་སུ་གཙྪ་བཀྲལ་བ་ན་མ་ཏྲི་ཧྲུ་རའི་ཡུལ་ལོ། །དེའི་ཐ་གྲུར་རྒྱང་གྲགས་དྲུག་སྟོང་དང་། གཞུང་མཁར་མཐའ་སྐོར་དུ་རྒྱང་གྲགས་ཉི་ཤུ་ལྷག ནམ་དབྱུགས་ཏྲོ་བ་ནས་གྲོ་བྲུས་མ་འདེབས་ཤིང་མེ་ཏོག་གི་རིགས་མང་ངོ་། །མིའི་ངང་རྒྱུད་འཇམ་ཞིང་བསྲུན་པ། རིག་པ་བགྲོ་བ་ཐབས་དང་མཁྱུད་དཔྱད་སོགས་ལ་དགའ་བ། གཙུག་ལག་ཁང་བཅུ་ལྷག་ལ་ཕྱི་ནང་འདྲེས་མར་གནས་སོ། །རྒྱལ་པོ་ཤུ་དྲ་རའི་རིགས་ཡིན་ཟེར་བ་ཕྱི་རོལ་པ་ལ་མོས་པ། གཙུག་ལག་ཁང་བཅུ་ལྷག་པར་དགེ་འདུན་བརྒྱད་བརྒྱ་ལྷག་ཙམ་མ་ཡོད་སྨྲ་བའི་སྡེ་པ་དང་། ཕྱི་རོལ་པའི་ལྷ་ཁང་ལྔ་བཅུ་ལྷག་པ་ཕྱི་པ་ལུགས་སྣ་ཚོགས་པ་འདྲེས་ཏེ་གནས་སོ། །

༡ ཡོན་ཏན་འོད་ཀྱི་གཙུག་ལག་ཁང་དང་དེའི་ལོ་རྒྱུས།

གྲོང་ཁྱེར་དེའི་ལྷོ་ཕྱོགས་སུ་རྒྱང་གྲགས་བཞི་ལྔ་ཙམ་གྱི་སར་གཙུག་ལག་ཁང་ཆུང་ངུ་ཞིག་ཡོད་པར་དགེ་འདུན་ལྔ་བཅུ་ལྷག་ཙམ་གནས་སོ། །འདི་ནི་སློན་སློབ་དཔོན་གུ་ཎ་པྲ་བྷ་སྟེ་ཡོན་ཏན་འོད་ཅེས་བྱ་བས་ཡང་དག་པའི་རྣམ་དབྱེ་ཟེར་བའི་བསྟན་བཅོས་པོ་ཏི་བརྒྱ་ལྷག་མཛད་པའི་གནས་སོ། །སློབ་དཔོན་དེ་ནི་ཆུང་ངུ་ནས་རིག་པ་གསལ་ཞིང་དབང་པོ་རྣོ་བ་ཞིག་སྟེ། སྐུ་ན་སྨིན་པ་དང་བསླབ་སྦྱང་ལ་རྩལ་ཐོན་པ་ཡིན་ཀྱང་། རྣམ་དཔྱོད་ཚད་དུ་མ་འཁྱོལ་བས་ལྷག་མཐོང་གི་སྐོར་ལ་ཐེ་ཚོམ་ཟ་སྟེ་སྐར་ཐེག་དམན་དུ་ལོག་པ། དེས་ཐེག་ཆེན་སུན་འབྱིན་པའི་བསྟན་བཅོས

གླིགས་བམ་བཅུ་ཕྲག་དུ་མ་དང་། འཇིག་རྟེན་པའི་ལུགས་ཀྱི་བསྟན་བཅོས་ཀྱང་བཅུ་ཕྲག་དུ་མ་མཛད་ཀྱང་མ་ཚིམས་པར་ཐེ་ཚོམ་ཟློས་པས། དེ་དུས་དེ་བ་སེ་ན་སྡེ་ལྷའི་སེ་ཞེས་བྱ་བའི་སློབ་དཔོན་གྱིས་རྗེ་བཙུན་བྱམས་པ་བསྒྲུབས་པས་འགྲུབ་སྟེ། དགའ་ལྡན་དུ་འགྲོ་འོང་བྱེད་པ། དགོས་པ་ཞིག་ལ་ཡོན་ཏན་འོད་གྲོགས་སུ་སྦྲན་ཏེ་ལྷན་དུ་དགའ་ལྡན་དུ་ཕྱིན་ཏེ་ཡོན་ཏན་འོད་བྱམས་མགོན་ལ་ཕྱག་མ་བཙལ་བར་འདུད་ཙམ་བྱས་པས། ལྷ་སྡེས་སྨྲས་པ། མ་ཕམ་པ་འདི་ནི་སྟོན་པའི་རྗེས་སུ་རྒྱལ་ཚབ་མཛད་པས་ཕྱག་འཚལ་བར་འོས་ཤིང་འདུད་ཙམ་མི་འོས་ཞེས་སྨྲས་པ་ལ། ཚུར་ལན་དུ་སྨྲས་པ།བཞིན་བཟང་འཁྲུལ་ལམ། ཁོ་བོ་རབ་ཏུ་བྱུང་བ་ཆོས་གོས་གསུམ་ལྡན་ལགས་ཏེ། མ་ཕམ་པ་འདོད་ལྷའི་ཆ་ལུགས་ཅན་ལ་ཕྱག་ཇི་ལྟར་འཚལ་ཟེར་བས། ལྷ་སྡེས་དེའི་ང་རྒྱལ་ཞེ་ལོག་དེ་ལྟར་ལན་གསུམ་བསྐྱར་ཏེ་དགའ་ལྡན་དུ་འགྲོ་འོང་བྱས་ཀྱང་ཐེ་ཚོམ་སེལ་མ་ནུས་པས་ཚེ་དེ་ལ་གྲོལ་བ་མ་ཐོབ་ཟེར་རོ། །

༢ སློབ་དཔོན་འདུན་བཟང་དང་དབྱིག་གཉེན་གཉིས་ཀྱི་ལོ་རྒྱུས།

ཡོན་ཏན་འོད་ཀྱི་གཙུག་ལག་ཁང་དེའི་བྱང་ཕྱོགས་སུ་རྒྱང་གྲགས་གསུམ་བཞི་ཙམ་གྱི་སར་གཙུག་ལག་ཁང་ཞིག་ལ་དགེ་འདུན་ཉིས་བརྒྱ་ལྷག་པ་ཐེག་དམན་པ་ཁོ་ནའོ། །སློབ་དཔོན་དགེ་འདུན་བཟང་པོ་མྱ་ངན་ལས་འདས་པའི་གནས་སོ། །འདི་ཁ་ཆེ་འདུན་བཟང་ཡིན་ནམ་བརྟགས། སློབ་དཔོན་ནི་ཀཤྨི་ར་སྟེ་ཁ་ཆེའི་མི་རིགས་ཡོད་སྨྲ་བའི་སྡེ་པ་ལྟག་མཐོང་ཊཱིཀ་ཆེན་མཛད་པ་པོ་སྟེ། སློབ་དཔོན་དགེ་འདུན་བཟང་པོ་འདི་ཉིད་གཞོན་ནུའི་དུས་ནས་བློ་རྩེ་བར་གྲགས་ཤིང་ཕྱིས་མཁས་པ་ཆེན་པོར་གྱུར་ནས་ཡོད་སྨྲ་བའི་སྡེའི་ལྟག་མཐོང་ཊཱིཀ་ཆེན་མཛད་

པས། སྐབས་དེར་སློབ་དཔོན་དབྱིག་གཉེན་གྱིས་གཟུང་འཛིན་སུན་འབྱིན་པའི་ཕྱིར་དུ་ཆོས་མངོན་པ་མཛོད་མཛད་པ་བརྗོད་བྱ་ཕུན་སུམ་ཚོགས་ཤིང་རྗོད་བྱེད་ཟབ་ཅིང་བསྙིང་བས་འདུན་བཟང་གིས་མཐོང་ནས་དོགས་པ་སྐྱེས་ཏེ། ལོ་བཅུ་གཉིས་ཀྱི་རིང་མཛོད་ཀྱི་སེར་བ་ཞེས་བྱ་བའི་བསྟན་བཅོས་ཤློ་ཀ་ཉིས་ཁྲི་ལྔ་སྟོང་པ་ཚིག་བརྒྱད་ཁྲིར་ལོངས་བ་ཞིག་མཛད་ནས་སློབ་མ་རྣམས་ལ་སྨྲས་པ། བདག་གི་བསྟན་བཅོས་རྣམ་དཔྱོད་ཕུལ་དུ་ཕྱིན་པས་ཤིན་ཏུ་བརྟགས་པར་བྱས་པས། དབྱིག་གཉེན་རིག་བྱེད་རྒན་པོའི་ང་རྒྱལ་བསྙིལ་དུ་ཉེ་ཡིན། རིག་བྱེད་རྒན་པོ་མི་གཅིག་གི་སྙན་གྲགས་ཀྱི་སྐལ་བའི་བདག་པོར་དབང་ཐོབ་ཏུ་སྟེར་མི་རུང་། ཁྱེད་ཚོས་ཁོང་ལ་བལྟ་རུ་ཚུག་ཅེས་གསུངས་པས། སློབ་མ་རྣམས་ཀྱིས་དབྱིག་གཉེན་བཙལ་བ་དང་། དེ་དུས་དབྱིག་གཉེན་ཀྱི་ཀ་ན་ཙ་ཀྱི་རའི་གྲོང་ཁྱེར་ན་བཞུགས་པ་གཏམ་དེ་ཐོས་ནས་ཡུལ་གཞན་དུ་ཐེབས་པའི་གྲབས་མཛད་པར། སློབ་མ་རྣམས་ཐེ་ཚོམ་དུ་གྱུར་པ་ན། དབྱིག་གཉེན་གྱིས་སྨྲས་པ་བདག་རྒས་འཕོག་ཅིང་། ཁོང་གཞོན་པ་དར་དྲག་ང་རྒྱལ་ཆེ་བས་བཀའ་གློ་མི་བདེ་བ་མི་འབྱུང་བའི་ངེས་པ་མེད་ཅིང་། ཡུལ་འདིར་ཚད་ཐུབ་ཀྱི་མཁས་པ་དཔང་པོར་འོས་པ་མེད་པས། ཡུལ་དབུས་སུ་ཕྱིན་ཏེ། སྐུ་ན་བགྲེས་པའི་མཁས་པ་དག་ལ་གཏུག་སྟེ་བསྟན་བཅོས་ཀྱི་དཔང་པོ་བཙོལ་འདོད་པ་ཡིན་གསུངས་ནས་རྒྱ་གར་གྱི་ཡུལ་དབུས་སུ་ཆས་སོ། །དབྱིག་གཉེན་ཕྱོན་པའི་ཕྱི་ཉིན་འདུན་བཟང་དེ་ཀར་ཕྱིན་པ་དང་གློ་བུར་སེམས་འགྱུར་ང་རྒྱལ་ཆག་སྟེ་འགྱོད་པ་སྐྱེས་ཏེ། སློབ་མ་རྣམས་ལ་སྤྲིངས་ཡིག་གཏད་ནས་དབྱིག་གཉེན་ལ་འབུལ་དུ་བཏང་བར། འདི་སྐད་ཅེས་སྣང་སྟེ། ཀྱེ་མ་སློབ་དཔོན་ཆེན་པོ་ལགས། དེ་བཞིན་གཤེགས་པ་མྱ་ངན་ལས་འདས་ཏེ་ཚད་མའི་སྐྱེས་བུ་ནུབ་པ་དང་། རྗེས་འཇུག་རྣམས་སོ་སོ་ནས་གསུང་རབ་ལ་གོ་ཡུལ་མི་འདྲ་བར་གྱུར་པ་ན་གྲུབ་པའི་མཐའ་ཡང་མང་པོར་གྱེས་ནས། སོ་སོའི་སློབ་མས་རང་རང་གི་སྡེ་བའི་ཁ་འཛིན་བྱས་པ་ལ་བརྟེན་ནས་མི་མཐུན་ཏེ་རྩོད་པ་བྱེད་

སོད་ཀྱང་། རྩ་བ་བྲུས་ན་ཐར་པ་དང་ཐམས་ཅད་མཁྱེན་པའི་རྒྱུན་མི་འགག་པས་ན། བདག་ཚུར་མཐོང་གི་བློ་གྲོས་ཆུང་ངུས་བརྟགས་ཚེ་མདོན་པའི་བསྟན་བཅོས་མཛོད་ནི་ཐམས་ཅད་ཡོད་སྨྲ་བའི་ལྟག་མཐོང་གི་བརྗོད་བྱ་ཆེད་དུ་དམིགས་པས་དགག་པར་སྣང་བས་རང་སྟོབས་ཀྱིས་མ་དཔོག་པར་ཧ་ཀ་ཆེན་འདི་བྱས་ཀྱང་། ད་དུང་ཐེ་ཚོམ་མ་ཆོད་ཅིང་བྱང་ཆུབ་སེམས་དཔའི་དགོངས་པ་ཡང་མ་ལོན་པར་སྣང་བས། ནོངས་ཀྱང་འགྲོད་ཐལ་ཆེ་བས་བྱང་ཆུབ་སེམས་དཔའ་ཆེན་པོའི་སྤྱན་སྔར། མཐོལ་ཞིང་བཤགས་སོ་ཉེས་པར་མི་འགྱུར་བར་མཛད་དུ་གསོལ་ལོ། །བསྟན་བཅོས་འདི་ལ་ཉེ་བར་གཟིགས་ནས་མ་ཁྱེན་པ་དང་མ་ལོངས་པ་རྣམས་ལ་ཇི་ལྟར་དགྱེས་དགྱེས་སུ་བཟོད་དུ་གསོལ་ཞེས་པ་སྣང་ངོ་། །འདུན་བཟང་དེ་ཉིད་དུ་འདས་སོ། །དཔྱིག་གཉེན་གྱིས་ཡི་གེ་དང་བསྟན་བཅོས་རྣམས་ཞིབ་ཏུ་གཟིགས་ནས། ཤུགས་རིང་བཏོན་ཏེ་བསྟན་བཅོས་ཀྱི་ནང་གི་ཚིག་འགའ་ཞིག་དང་ལྷག་ཏུ་བསྟན་བཅོས་ཀྱི་མིང་ལ་ཡང་དག་པའི་དོན་རྣམ་པར་འབྱེད་པ་ཞེས་པ་འཚོས་པར་བརྩམས་པ་ན། འདུན་བཟང་གི་སློབ་མ་འགས་སྨྲས་པ། འདུན་བཟང་འཚོ་བའི་དུས་སུ་ཁྱོད་དང་མཇལ་མ་ནུས་པར་ཡུལ་གཞན་དུ་བྲོས་ཤིང་། ཁྱོད་འདས་པ་དང་ཁྱོད་ཀྱི་བསྟན་བཅོས་ལ་བསྣུགས་པ་མི་མཛད་ཅིང་མིང་བཟང་པོ་བརྗེ་བར་མཛད་ན་ངོ་ཚ་ཟེར་བས། དཔྱིག་གཉེན་གྱིས་བདག་ཁྱོད་ལས་འཇིགས་ཏེ་བྲོལ་བ་མིན་པ་སྐྱེ་བོ་ཀུན་གྱིས་ཤེས། ཁྱོད་ཀྱིས་བྱས་པའི་བསྟན་བཅོས་ལུན་འཕྱིན་བྱེད་ཚེ་ཤིན་ཏུ་སླ་མོད། འོན་ཀྱང་ཁྱོད་ཀྱི་བསྟན་བཅོས་ཀྱི་དོན་མཐར་མ་ཕྱིན་ཀྱང་། ཚིག་སྦྱོར་ཕུན་སུམ་ཚོགས་པར་འདུག་ཅིང་རང་རེའི་གྲུབ་མཐའ་དང་རྗེས་འབྲུག་ལ་ཡང་ཕན་ཆེར་ཐོགས་པ་འབྱུང་། དེར་མ་ཟད་འདའ་ཁར་ཡང་ཉེས་པ་འཆགས་ཤིང་སྟོན་གྱི་བབ་བཅོལ་གྱི་སྤྱོད་པར་ནོངས་འགྲོད་སྐྱེས་པ་སྙིང་རེ་རྗེ། ཞེས་ཐུགས་བྱམས་དཔག་མེད་མཛད་ཟེར་རོ། །འདུན་བཟང་འདས་ཏེ་སྔར་སྦྱངས་ནས་གཙུག་ལག་ཁང་དེའི་ནུབ་བྱང་མཚམས་སུ་གོམ་པ་ཉིས་བརྒྱ་ཙམ་ན་ཨ

མྲའི་ནགས་ཚལ་ཞིག་ཡོད་པའི་ནང་དུ་མཆོད་རྟེན་བརྩིགས་ཏེ་སྲས་པའི་མཆོད་རྟེན་ད་དུང་ཡང་སྣང་ངོ་། །

༣ སློབ་དཔོན་དྲི་མེད་བཤེས་གཉེན་གྱི་ལོ་རྒྱུས།

དེའི་མཐའ་ལོགས་ཤིག་ན་སློབ་དཔོན་བི་མ་ལ་མི་ཏྲ་སྟེ་དྲི་མེད་བཤེས་གཉེན་གྱི་སྐུ་གདུང་བཞུགས་པའི་མཆོད་རྟེན་ཡོད་དོ། །སློབ་དཔོན་དེ་ནི་ཡུལ་ཁ་ཆེ་བ་ཐམས་ཅད་ཡོད་སྨྲ་བའི་སྡེ་ལས་རབ་ཏུ་བྱུང་བ། མདོ་དང་བསྟན་བཅོས་ཐམས་ཅད་ལ་མི་སློབ་ཟེར་བ་མེད་དེ་རྒྱ་གར་ཕྱོགས་ལྔ་ལ་མཁས་པར་གྲགས་ཏེ། ལན་ཅིག་ཁ་ཆེ་འདུན་བཟང་གི་བསྟན་བཅོས་མཐོང་ནས་དད་དེ་ཡང་ཡང་བསྟེགས་པ་མཛད་ཅིང་། མཁས་པ་དབྱིག་གཉེན་ལ་ཡང་དགག་པ་མཛད་ཅིང་གྲགས་ཆེ། ཐེག་ཆེན་ལ་ཡང་སུན་འབྱིན་པ་ངོ་མཚར། མཁས་པ་ཆེན་པོ་མ་ཐོང་ཟེར་བས་གནས་དེ་ཉིད་དུ་སྨྱོ་འཐོགས་ཀྱིས་བཏབ་སྟེ་ཁ་ནས་ཁྲག་ཟག་པ་མ་ཆད་པས། མི་འཚོ་བར་ཤེས་ནས་བཤགས་བསྡམ་གྱི་ཡི་གེ་མཛད་ཀྱང་། ན་ཚབས་ཆེ་དྲག་པས་འདས་ཤིང་དེ་དུས་ས་གཡོས་ཏེ་གས་ཤོར་བྱུང་ངོ་། །དེར་དགྲ་བཅོམ་པ་ཞིག་གིས་སྙིང་རྗེས་ཏེ་ཨུ་ཏུ་རིག་པ་རྗེ་དྲག་པ་གདེངས་བཟུང་སྟེ་ལས་འབྲས་ཁྱད་དུ་བསད་དེ་གང་དྲན་ལག་ཏུ་བླངས་ཤིང་། ཐེག་པ་ཆེ་ལ་སྐུར་བ་བཏབ་པས་མནར་མེད་དུ་ལྟུང་བར་གྱུར་ཏེ་ཟེར་རོ། །

༤ མ་ཡུ་རའི་གྲོང་ཁྱེར།

གྲོང་ཁྱེར་གྱི་ནུབ་བྱང་མཚམས་ཆུ་བོ་གངྒཱའི་གཡོན་ལོགས་སུ་མ་ཡུ་རའི་ཡུལ་

དེའི་ཁོར་ཡུག་ཏུ་རྒྱང་གྲགས་ཉི་ཤུ་མི་ཁྲིམ་གྱིས་ཡོངས་སུ་གཏམས་པ་མཐའ་ཆུ་རགས་ཀྱིས་བསྐོར་བ། ར་གན་དང་ཆུ་ཤེལ་ཡོད། གྲོང་ཁྲེར་ནས་མི་རིང་བར་གཙྭའི་འགྲམ་དུ་ཕྱི་རོལ་པའི་ལྷ་ཁང་ཆེན་པོ་ཞིག་ན་ངོ་མཚར་བའི་རྟགས་སྣ་ཚོགས་པའི་མཚོ་ཞིག་ཡོད་པའི་དབུས་ན་རྗེ་ལེབ་ཆེན་པོ་ཞིག་གི་སྟེང་དུ་གཙྭའི་ཆུ་རྒྱུན་དྲངས་ཏེ་མཚོ་དེར་འབབ་པར་བྱས་པ་ལ། རྒྱ་གར་པ་ཕལ་གྱིས་གཙྭའི་སྐོར་འཕོད་ཅིང་། དེར་ཁྲུས་བྱས་ན་སྡིག་པ་ཟད་ཅིང་དགེ་རྩ་འཕེལ་བའི་གཏམ་གྲགས་ཀྱིས་ས་ཐག་རིང་བ་དག་ནས་ཀྱང་མི་རྣམས་འདུས་ནས་ལུས་དང་ཡན་ལག་བཀྲུ་བ། ཕྱོགས་ལྷའི་རྒྱལ་པོ་རྣམས་ཀྱིས་བཟའ་བཏུང་དང་སྨན་སོགས་སྦྱིན་པར་གཏོང་བའི་གནས་སོ་སོ་དང་། ཕོ་ཡན་མོ་ཡན་དང་ཡུགས་ས་དང་དྭ་ཕྲུག་རྣམས་སྦྱིན་པས་ཚིམ་པར་བྱེད་པའི་ཁང་ཁྱིམ་ར་བ་སོགས་ཡོད་དོ། །

བྲ་ཧི་མ་པུ་རའི་ཡུལ།

དེ་ནས་བྱང་དུ་རྒྱང་གྲགས་སུམ་བརྒྱ་ཙམ་ཕྱིན་པ་ན་བྲ་ཧི་མ་པུ་རའི་ཡུལ། དེའི་ཐ་གྲུ་ལེ་བར་བཞི་སྟོང་། གཞུང་མཁར་གྱི་ཁོར་ཡུག་ཏུ་རྒྱང་གྲགས་ཉི་ཤུ་ལྷག་ལ་མི་ཁྲིམ་ཕྱུག་པོ་རབ་ཏུ་མང་པོས་གང་བ། མིའི་རང་བཞིན་དཔའ་རྩལ་ཆེ་བ་ནམ་དབུགས་བསིལ་ཏྲོད་སྙོམས་ལ་བསིལ་ཤས་ཅུང་ཟད་ཡོད། གསེར་ཟངས་མ་དང་ཆུ་ཤེལ་འབྱུང་། སློབ་གཉེར་དང་རིག་བྱེད་སྨྲ་བ་ཤིན་ཏུ་ཉུང་། ནང་པ་དང་ཕྱི་རོལ་པ་ལ་མོས་པའི་སྡེ་རིས་གཉིས་མཉམ་པ། ནང་བའི་གཙུག་ལག་ཁང་ལྔ་ཙམ་ལ་དགེ་འདུན་ཆེས་ཉུང་ངོ་། །ཕྱི་པའི་ལྷ་ཁང་བཅུ་ཕྲག་གཅིག་ལ་ཕྱི་པ་ལུགས་མི་འདྲ་བ་འདྲེས་མར་གནས་སོ། །དེ་ནས་བྱང་ཕྱོགས་གངས་རི་ཆེན་པོའི་ཡུལ་ན་ཕཏྲ་

ཀུ་མ་ཧྣ་ར་སྟེ་གསེར་གྱི་རིགས་ཀྱི་ཡུལ་དེར་གསེར་སེར་པོ་འབྱུང་བས་མིང་དེ་ལྟར་གྲགས་སོ། །ཡུལ་དེའི་ཤར་ནུབ་ཏུ་རིང་ཞིང་བྱང་ངོས་དོག བུད་མེད་ཀྱིས་རྒྱལ་པོ་བྱེད། དེའི་སྐྱེས་པ་ལ་ཡང་རྒྱལ་པོར་འབོད་ཀྱང་། རྒྱལ་པའི་བྱ་བ་ཐམས་ཅད་མོ་རྒྱལ་གྱིས་བྱེད་པས་རྒྱལ་པོར་འབོད་ཅིང་། སྐྱེས་པ་འཐབ་རྩོད་དང་གཡུལ་སྦྲོད་པ་དང་ཞིང་རྨོ་བ་སོགས་ཕྱིའི་ལས་ཁོ་ན་ལ་དབང་བ་མ་གཏོགས་གཞན་ལ་མི་དབང་ངོ་། །གྲོ་ནས་འདེབས་ཤིང་རྟ་ཕྱུགས་མང་ངོ་། །མིའི་རང་བཞིན་ཏབ་ཏོབ་ཆེ་དཔའ་རྩལ་ཆེ། ཤར་ཕྱོགས་བོད་ཀྱི་ཡུལ་ལ་ཐུག་པ། བྱང་ཕྱོགས་ཨོ་རྒྱན་གྱི་ཡུལ་ལ་རེག་པ། ནུབ་ཕྱོགས་སཾ་ཧྣ་ཏའི་ཡུལ་ན་བསྐྱེགས་པའི་རྒྱལ་ཁམས་ཆེན་པོ་ཞིག་ཡོད་དོ། །

ཀོཾ་བསྒྲིའི་ཡུལ།

མ་ལྦ་རའི་ཡུལ་ནས་ཤར་ལྷོའི་མཚམས་སུ་ལེ་བར་བཞི་བརྒྱ་ལྷག་སོང་བ་ན་ཀོཾ་བསྒྲིའི[ཀོ་བི་ཤན]ཡུལ། དེའི་མཐའ་འཁོར་རྒྱང་གྲགས་ཉིས་སྟོང་ལྷག་དང་། དབུས་མཁར་ཁོར་ཡུག་རྒྱང་གྲགས་བཅུ་ཕྲག་གཅིག་དང་བཞི་ལྔ་ཙམ་ཤང་ཤོང་ཆེ་ཞིང་འགྲོ་མི་བདེ་བ། མི་ཁྱིམ་མང་ལ་བཟའ་ཤིང་གི་ར་བར་ཤིང་ཏོག་དང་མེ་ཏོག་གི་རིགས་ལྷག་པར་མང་། ནམ་དུས་དང་ས་ཞིང་ཡུལ་མ་རི་ལྦ་ར་དང་ཕལ་ཆེར་མཐུན་པ། མིའི་རང་བཞིན་འཇམ་ཞིང་བསོད་ནམས་ལ་མོས་པ། ཕྱི་པ་ལ་དད་ཅིང་གཙུག་ལག་ཁང་གཉིས་ཙམ་ན་དགེ་འདུན་བརྒྱ་ལྷག་ཙམ་གནས་ཏེ་ཐམས་ཅད་ཀྱིས་ཐེག་ཆུང་ཁོ་ན་སློབ་པ། ཕྱིའི་ལྷ་ཁང་སུམ་ཅུ་ལྷག་ལ་ཕྱི་པའི་ལུགས་མི་འདྲ་བ་སྣ་ཚོགས་པ་འདྲེས་ཏེ་གནས་སོ། །གྲོང་ཁྱེར་ཆེན་པོའི་ཕྱི་རོལ་དུ་གཙུག་ལག་ཁང་གོས་སོ(གོག

ཕོ)ཞིག་ན་རྒྱལ་པོ་མྱ་ངན་མེད་ཀྱིས་བཞེངས་པའི་མཆོད་རྟེན་དཔངས་སུ་ཁྲུ་ཉིས་བརྒྱ་ལྷག་པ། སྔོན་སྟོན་པ་ཞལ་བཞུགས་སྐབས་ཡུལ་འདིར་ཟླ་བ་གཅིག་བཞུགས་ཏེ་ཆོས་བསྟན་ནོ། །འདས་སངས་རྣམ་བཞིའི་བཞུགས་ཁྲི་སོགས་ཀྱི་རྗེས་ཤུལ་དང་སྟོན་པའི་དབུ་སྐྲ་དང་སེན་མོ་བཞུགས་པའི་མཆོད་རྟེན་དཔངས་སུ་འདོམ་དོ་བ་གཉིས་སྣང་ངོ། །

ཨ་ཧི་ཚེ་ཏྲའི་ཡུལ།

དེ་ནས་ཤར་ལྷོ་མཚམས་རྒྱང་གྲགས་བཞི་བརྒྱ་ཕྱིན་པ་ན། ཨ་ཧི་ཚེ་ཏྲའི་ཡུལ་དེའི་ཐ་གྲུར་ལེ་བར་སུམ་སྟོང་ལྷག་གཞུང་མཁར་ཁོར་ཡུག་ཏུ་རྒྱང་གྲགས་བཅུ་དང་བདུན་བརྒྱད་ཡོད་པ། སྐང་འབར་འབྱུར་མ་བརྟེན་ཞིང་། ནམ་དབྱུགས་ཚ་གྲང་སྙོམ་པ། ནས་གྲོ་སྦྲུས་མ་འདེབས་པ་ནགས་ཚལ་དང་ཆུ་མི་མང་བ། མིའི་རང་བཞིན་ཞི་ཞིང་གྲོང་ལ་དྲང་བ། སྟོན(ཡོན་ཏན)སློབ་པ་ལ་དགའ་བ། གཙུག་ལག་ཁང་བཅུ་ལྷག་པ་དགེ་འདུན་སྟོང་ལྷག་གནས་ཤིང་གནས་བརྟན་སྡེ་པ་ཤ་སྟག་དང་། ཕྱི་པའི་ལྷ་ཁང་དགུ་ཙམ་ལ་ཕྱི་པ་སུམ་བརྒྱ་ལྷག་ལུགས་མི་གཅིག་པ་གནས་ཀྱང་གཙོ་ཆེར་དབྱུག་པ[ཕྱི་རོལ་བ་ཐལ་བ་བྱུགས་པ]མང་ཙམ་མོ། །གྲོང་ཁྱེར་གྱི་ཕྱི་རོལ་ཏུ་ཀླུ་གནས་པའི་མཚོ་ཡོད་པར་སྟོན་བཅོམ་ལྡན་འདས་ཞལ་བཞུགས་དུས་འདིར་ཀླུ་རྣམས་ལ་ཞག་བདུན་ཆོས་གསུངས་པའི་གནས་ཡིན་ཟེར་ཞིང་། འདས་སངས་བཞིའི་ཤུལ་རྗེས་འགའ་ཞིག་ཀྱང་ཡོད་དོ། །

སྲི་ཤཀྵའི་ཡུལ།

དེ་ནས་ལྷོ་ཕྱོགས་སུ་རྒྱང་གྲགས་ཉིས་བརྒྱ་དང་དྲུག་ཅུ་བདུན་ཅུའི་སར་གཏྲ་བཀྲལ་ནས་ལྷོ་ནུབ་མཚམས་སུ་སྲི་ཤཀྵའི་ཡུལ་ལོ། །དེའི་ཐ་གྲུར་རྒྱང་གྲགས་ཉིས་སྟོང་ཙམ་ལྟེ་བའི་མཁར་མཐའ་སྐོར་རྒྱང་གྲགས་བཅུ་ལྷག ནམ་དུས་ས་གཞི་སོགས་ཕལ་ཆེར་ཨོ་ཌི་ཝི་ཧྲ་དང་ཆ་མཚུངས་སོ། །མིའི་རང་བཞིན་ཅུང་རྒོད་ཅིང་གཏུམ་པ་སློབ་པ་ལ་དགའ་ཕྱི་རོལ་པ་ལ་མོས་སོ། །ནང་པ་ལ་དད་པ་ཆུང་ངོ་། །གཙུག་ལག་ཁང་གཉིས་སུ་དགེ་འདུན་ཉིས་སྟོང་ཙམ་ཐེག་ཆེན་པའོ། །ཕྱི་པའི་ལྷ་ཁང་ལྔ་ལ་ཕྱི་པ་སྣ་ཚོགས་པ་གནས་སོ། །གྲོང་ཁྱེར་སྙིང་པའི་ནང་དུ་གཙུག་ལག་སྙིང་པའི་ནང་དུ་མཆོད་རྟེན་ཀྱི་རྒྱང་ཙམ་ཡོད་པ་ཁྲུ་བརྒྱ་ལྷག་ཡོད་པར་སྟོན་པས་ཆོས་གསུངས་པའི་གནས་སོ། །

ཀ་ཉྫི་ཏའི་ཡུལ།

དེ་ནས་ཤར་ལྷོར་རྒྱང་གྲགས་ཉིས་བརྒྱ་ཙམ་སོང་བ་ན་ཀ་ཉྫི་ཏའི་སཏྲཤའི་ཡུལ་ལོ། །དེའི་མཐའ་གྲུར་རྒྱང་གྲགས་ཉིས་སྟོང་ཙམ། ལྟེ་བའི་མཁར་རྒྱ་ཁྱོན་རྒྱང་གྲགས་ཉི་ཤུ་ཙམ། སྐྱེས་བྱུང་དང་མིའི་རང་བཞིན་སྲི་ཤཀྵའི་ཡུལ་དང་མཚུངས་སོ། །གཙུག་ལག་ཁང་བཞི་ལ་དགེ་འདུན་ཆིག་སྟོང་ལྷག་གནས་པ་ཀུན་གནས་བརྟན་སྡེ་པའོ། །ཕྱི་པའི་ལྷ་ཁང་བཅུ་ལ་ཕྱི་རོལ་བ་སྣ་ཚོགས་འདྲེས་ཏེ་གནས་པ་སོགས་སྔ་མ་བཞིན་ནོ། །

༧ གཙུག་ལག་ཁང་ཆེན་པོ་དེའི་ནང་དུ་རིན་པོ་ཆེའི་ ཐེམ་སྐས་གསུམ་དང་དེའི་ལོ་རྒྱུས།

གྲོང་ཁྱེར་གྱི་ཕྱིར་ལེ་བར་ཉེ་ཤུ་ཙམ་ན་གཙུག་ལག་ཁང་ཆེན་པོ་ཅིག་ན་སངས་རྒྱས་བྱང་སེམས་ཉན་ཐོས་རྣམས་ཀྱི་གཟུགས་བརྙན་བཟོ་ཁྱད་དུ་འཕགས་པ་དུ་མ་སྣང་ངོ་། །དེར་དགེ་འདུན་གནས་བརྟན་སྡེ་པ་བརྒྱ་ཕྲག་དུ་མ་གནས་ཤིང་། ཁྲིམས་པ་ཚངས་པར་སྤྱོད་པ་ཁྲི་ཕྲག་ལྷག་པའི་གྲོང་རྡལ་ཞིག་ཀྱང་དེའི་མཐའ་ཡོགས་ཤིག་ན་གནས་སོ། །གཙུག་ལག་ཁང་ཆེན་པོ་དེའི་ར་བའི་ནང་དུ་རིན་པོ་ཆེའི་ཐེམ་སྐས་གསུམ་དབུས་མ་གསེར་གཡས་མ་ཆུ་ཤེལ་གཡོན་མ་དངུལ་ལས་གྲུབ་པ། མདུན་ནས་རྒྱབ་ཏུ་བསྒྲིགས་པ་གཡོན་ངོས་འབབ་སྟེང་ཅན་སྟོན་བཅོམ་ལྡན་འདས་ཀྱིས་རྒྱལ་བྱེད་ཚལ་ནས་ཡུམ་ལ་ཆོས་སྟོན་པའི་ཕྱིར་སུམ་རྩེན་ལྷ་གནས་སུ་གཤེགས་ཏེ་མིའི་ཟླ་བ་གསུམ་བཞུགས་ཏེ་ཕྱིར་གཤེགས་པ་ན་བརྒྱ་བྱིན་གྱིས་རིན་པོ་ཆེའི་ཐེམ་སྐས་གསུམ་སྤྲུལ་ཏེ་དབུས་མ་ནས་སྟོན་པ་བརྒྱ་བྱིན་གྱིས་གདུགས་དཀར་པོ་ཐོགས་ཏེ། གཡས་མ་ནས་ཚངས་ཆེན་རྔ་ཡབ་དཀར་པོ་ཐོགས་ནས། གཡོན་མ་ནས་ལྷའི་བུ་མང་པོས་མེ་ཏོག་གི་ཆར་འབེབས་བཞིན་སྟོན་པའི་ཞབས་རིང་བྱེད་པས་གནས་འདི་ཉིད་དུ་བབས་སོ། །གཏམ་རྒྱུད་ཀྱི་རྒྱུ་མཚན་ལ་བསམ་སྟེ་ཐེམ་སྐས་བཞེངས་པ་སྔར་ཁྲུ་བདུན་བཅུ་ལྷག་ཡོད་ཟེར། ད་ལྟར་རྗེས་ཙམ་ལས་མི་སྣང་ངོ་། །དེར་ལྷ་ཁང་ཆེན་པོ་ཞིག་ན་ཐུབ་པ་གྲོང་ཁྱེར་མའི་རྡོ་སྐུ་དང་གཡས་གཡོན་དུ་ཚངས་པ་བརྒྱ་བྱིན་གཉིས་ཀྱི་སྣང་བརྙན། ཟུར་བཞི་ན་རྡོའི་ཀ་བ་དཔངས་སུ་ཁྲུ་བདུན་ཅུ་ལྷག་རྩེ་མོ་ན་སེང་གེ་ཅོག་བུར་འདུག་པའི་གཟུགས་རྡོ་ལས་བརྐོས་པ་བཟོ་ཁྱད་དུ་འཕགས་པ་ཀ་བ་གྲུ་བཞིར་ཡོད་པའི་ཡོགས་བཞི་ནས་བལྟས་ཚེ་དགེ་སྡིག་གི་རི་མོ་བཀྲ་བར་སྣང་བ་རྒྱལ་པོ་མྱ་ངན་མེད་

ཀྱིས་བྱས་པ། །དེའི་ཡོགས་སུ་མི་རིང་བར་འདས་པའི་སངས་རྒྱས་རྣམ་བཞིའི་ཤུལ་རྗེས་འགའ་ཞིག་དང་། སྟོན་པས་ཁྲུས་བཞེས་པ་དང་ཏིང་ངེ་འཛིན་གྱི་ཁང་ཤུལ་དུ་བཞེངས་པའི་མཆོད་རྟེན་དང་། དེའི་ཡོགས་ན་ཕ་བོང་ཆེན་པོ་ངོས་ཡངས་པ་གོམ་པ་ལྔ་བཅུ་ཙམ་ཡོད་པར་སྟོན་པའི་ཞབས་རྗེས་པར་རིས་ཅན་དང་། གཡས་གཡོན་གཉིས་ན་རྡོའི་མཆོད་རྟེན་ཡོད་པ་ཚངས་པ་དང་བརྒྱ་བྱིན་གྱིས་བཞེངས་སོ། །

༢ དགེ་སློང་མ་ཨུཏྤ་ལའི་མདོག་གིས་སྟོན་པ་མཇལ་བའི་གནས།

སྔོན་དགེ་སློང་མ་ཨུཏྤ་ལའི་མདོག་གིས་རྒྱལ་པོ་འཁོར་བསྒྱུར་དུ་སྤྲུལ་ནས་སྟོན་པ་མཇལ་བའི་གནས་སོ། །དེ་དུས་འཕགས་པ་རབ་འབྱོར་རྗོ་ཁང་ན་བཞུགས་ཤིང་། འདི་སྙམ་དུ་ད་ལྟ་བཅོམ་ལྡན་འདས་ལྷ་ལས་མི་ཡུལ་དུ་བབས། ལྷ་རྣམས་ཀྱང་སྟོན་པ་བོར་ནས་ལྷ་གནས་སུ་ཡོག སྟོན་པ་ཡང་མི་རིང་བར་མྱ་ངན་ལས་འདའ་བར་འདུག བདག་གིས་བརྟེན་ས་དང་ཐེ་ཚོམ་འདྲི་ས་མེད་པར་འགྱུར། བདག་ནི་བཅོམ་ལྡན་འདས་ཀྱི་གསུང་རབ་ཁོ་ན་ལ་བརྟེན་པ་ལས་འོས་མ་མཆིས་པས། བཅོམ་ལྡན་འདས་ཀྱིས་རྣམ་པ་ཐམས་ཅད་དུ་ཆོས་ཐམས་ཅད་གཟུགས་བརྙན་གྱི་ལམ་ལྟ་བུར་གསུངས་སོ་ཞེས་བརྟག་ཅིང་། བཅོམ་ལྡན་འདས་ཀྱིས་འཁོར་རྣམས་ལ་བཀའ་སྩལ་བ། རབ་འབྱོར་ནི་ཕྱོག་མར་བདེན་པ་མཐོང་སྟེ་ཆོས་ཐམས་ཅད་སྟོང་པ་ཉིད་དུ་མཐོང་སྟེ་ཆོས་ཉིད་དུ་རྣམ་པར་བལྟའོ་གསུངས་སོ། །ཞེས་རྟོག་པའི་གནས་སོ། །དེར་མཆོད་རྟེན་ཆེན་པོ་ཞིག་ཡོད་པའི་ཤར་ལྷོར་མཚོ་ཞིག་ཡོད་པར་ཀླུ་དཀར་ཕྱོགས་པ་ཞིག་གནས་ཏེ། སྟོན་པའི་ཞབས་རྗེས་རྣམས་མངོན་མཚན་མེད་པའི་སྒོ་ནས་བསྲུང་བར་བྱེད་དོ། །

ས་བཅད་ལྔ་པ། ཡུལ་དྲུག

ཀཱཤྨཱ་ཀཱུཛྫའི་ཡུལ།

དེ་ནས་ནུབ་བྱང་མཚམས་སུ་ལི་བར་ཉིས་བརྒྱ་ལྷག་ཙམ་ན་ཀཱཤྨཱ་ཀཱུཛྫའི་ཡུལ་ལོ། །དེའི་ཐ་གྲུ་ལི་བར་བཞི་སྟོང་། དབུས་མཁར་གཡས་འགྲམ་གངྒཱ་དང་ཉེ་ཞིང་དཀྱུས་སུ་རྒྱང་གྲགས་ཉི་ཤུ་ལྷག་གོ། །རྒྱང་གྲགས་བཞི་ལྔ་ཙམ་དབྱིབས་ནར་མོ་ཀཱཤྨཱ་ཀཱུཛྫ་ཡིན། མཁར་རག་སོགས་བརྟན་ཞིང་སྲ་བ། ཁང་བརྩིགས་དང་ཡང་བརྩིགས་མང་བ། བཟའ་ཤིང་དང་མེ་ཏོག་གི་རིགས་དང་མཚོ་དང་རྫིང་བུ་སོགས་ཤིན་ཏུ་མང་ངོ་། །ཡུལ་གཞན་ནས་སྲུད་པ་ཡ་མཚན་པ་རྣམས་འདུ་ཡོང་ཆེ་བ། མི་ཁྱིམ་ཕྱུག་པོ་མང་པོས་གཏམས་པ། ནམ་དབུགས་དང་ས་གཞི་ཚ་གྲང་སྙོམ་པ། སྐྱེ་བོའི་རང་བཞིན་དུལ་ཞིང་འཛམ་པ་གཟུགས་བཟང་བ་ཤས་ཆེ། སྨྲ་བརྗོད་ལ་མཁས་སྐམ་ཆེ་ཞིང་སློབ་གཉེར་ལ་དགའ། ཕྱི་པ་ནང་པ་གཉིས་ལ་དད་པ་མཉམ་པ། གཙུག་ལག་ཁང་བརྒྱ་ལྷག་ཡོད་པར་དགེ་འདུན་ཁྲི་ཕྲག་གཅིག་ལྷག་ཡོད་ཅིང་ཐེག་པ་ཆེ་ཆུང་གཉིས་ཀར་སློབ་བོ། །ཕྱི་པའི་ལྷ་ཁང་ཉིས་བརྒྱ་ལྷག་པར་མུ་སྟེགས་པ་སྟོང་ཕྲག་མང་པོ་གནས་སོ། །

༡ ཡུལ་མིང་ཡོང་ཚུལ།

སྔོན་ཡུལ་འདིའི་མི་རྣམས་ཚེ་རིང་བ། དེའི་རྒྱལ་པོའི་མཁར་རྙིང་གི་མིང་ལ་

ཀུ་སུ་མ་པུ་ར་སྟེ་མེ་ཏོག་གི་གྲོང་ཁྱེར་ཟེར་རོ། །རྒྱལ་པོའི་མིང་ལ་ཚངས་སྦྱིན་ཟེར།
རིག་བྱེད་དང་ཕོ་རྩལ་མཐའ་དག་ལ་མཁས་སོ། །བུ་སྟོང་དང་བུ་མོ་ཆིག་བརྒྱ་ཡོད།
བུ་སྟོང་པོ་ཐམས་ཅད་ཤེས་པ་གསལ་ཞིང་མཁས་པའི་གྲགས་པས་འཛམ་གླིང་ཁྱབ་
པའི་དུས་སུ། གངྒཱའི་འགྲམ་ན་དྲང་སྲོང་ཞིག་ཤིང་ལ་ཚང་བཅས་ཏེ་ལོ་ཁྲི་ཕྲག་དུ་
མར་མཉམ་པར་བཞག་པ། ཤ་ལྤགས་སྐེམ་སྟེ་སྡོང་ཀན་ལྟར་གྱུར་པ་ཞིག ལན་ཅིག་
ཏིང་ངེ་འཛིན་ལས་ལངས་ཏེ་གངྒཱའི་འགྲམ་ན་འཆག་པ་དང་འདུག་པ་ན། རྒྱལ་པོའི་
བུ་མོ་རྣམས་མེ་ཏོག་འཐུ་བ་མཐོང་ནས་ཆགས་པ་སྐྱེས་ཏེ་རྒྱལ་པོའི་ཕོ་བྲང་དུ་འོངས་
སོ། །རྒྱལ་པོ་ལ་ཞུས་པས་རྒྱལ་པོ་དགའ་སྟེ་བསུ་བ་དང་འདུད་པ་སྔོན་དུ་འགྲོ་བས་
དྲང་སྲོང་ཆེན་པོ་ཅི་འདོད་དེ་ཕེབས་པ་ཡིན་ཞེས་དྲིས་པར། དྲང་སྲོང་གིས་རྒྱལ་
པོའི་བུ་མོ་འདོད་དོ་ཞེས་སྨྲས་སོ། །རྒྱལ་པོ་མ་དགའ་ཡང་དྲང་སྲོང་གིས་དམོད་པ་
བྱེད་པར་དོགས་ནས་ཁས་བླངས་ཤིང་། འཕྲོད་སྦྱོར་བརྟགས་ཏེ་འབུལ་བར་ཁས་
བླངས་སོ། །དྲང་སྲོང་ཕྱིར་ལོག་པ་དང་རྒྱལ་པོས་བུ་མོ་རྣམས་ལ་རིམ་པ་ལྟར་དྲིས་
པས་སུ་ཡང་འགྲོ་མི་འདོད་པས་རྒྱལ་པོ་མི་དགའ་བར་གྱུར་པ་དང་། བུ་མོ་ཐ་ཆུང་
གིས་རྒྱུ་མཚན་དྲིས་པས་བུ་མོ་རྣམས་ཀྱིས་མི་འདོད་པས་དྲང་སྲོང་གི་འདོད་པ་མི་
རྫོགས་པ་དང་བཀག་ན་དྲང་སྲོང་གི་དམོད་པ་ལ་འཇིགས་ཚུལ་སྨྲས་པས་བུ་མོ་ཐ་
ཆུང་གིས་སྨྲས་པ་འོ་ན་བདག་ཕྱིན་མི་རུང་ངམ་ཟེར་པས། རྒྱལ་པོས་དྲང་སྲོང་ལ་
ཞུའོ་ཟེར་ནས་ཚུལ་དེ་དྲང་སྲོང་ལ་བཤད་པས། དེ་ཁྲོས་པས་དམོད་པ་བོར་ཞིང་
སྡིགས་བསྒྲགས་པས་བུ་མོ་དགུ་བཅུ་རྩ་དགུ་པོ་དུས་གཅིག་ལ་སྒུར་པོར་བྱས་སོ། །དེ་
ནས་བཟུང་བུ་མོ་སྒུར་པོའི་གྲོང་ཁྱེར་ཞེས་གྲགས་སོ། །

༢ ཚུལ་ཁྲིམས་ཉི་མ་དང་རྒྱལ་སྲིད་སྐྱོང་བའི་སྐོར།

ད་ལྟའི་རྒྱལ་པོའི་མིང་ལ་ཏཀྵ་ཤྲ་ར་ན་ཟེར། དེའི་ཕའི་མིང་ས་ར་ཀུ་ར་ཤྲ་ར་ན་ཟེར་རོ། །བུ་བོའི་མིང་ཧི་ཙ་ཤྲ་ཏ་ན་ཟེར། རྒྱལ་པོ་འདིའི་བཙའ་ཁྲིམས་ལེགས་པས་རྒྱ་གར་ཤར་ཕྱོགས་ཀྱི་རྒྱལ་པོ་ཀྲི་ཞུ་ཕ་ཀྵ་སྟེ་གསེར་སྣན་ཅན་ཞེས་པ་ཕྲག་དོག་སྐྱེས་ཏེ་རང་ལས་ལྷག་པས་རྒྱལ་སྲིད་ལ་གནོད་ཀྱི་དོགས་ནས་བསླུ་ཐབས་ཀྱིས་མཛའ་བོ་བྱས་ནས་དགའ་སྟོན་གྱི་ཚུལ་གྱིས་མགྲོན་དུ་བོས་ཏེ་དུག་གིས་བཀུམས་སོ། །དེར་འབངས་རྣམས་ལ་བདག་པོ་མེད་པས་འཁྲུགས་པ་ལངས་ཤིང་བློན་པོ་ཆེན་པོ་པྣ་ཙི་ཞེས་བྱ་བས་གྲོས་བཏོན་ཏེ། ཏཀྵ་ཤྲ་ར་ན་རྒྱལ་པོར་དབང་བསྐུར་བར། དེས་སྨྲས་པ་ཁོ་བོ་བསོད་ནམས་དམན་པས་ཡབ་ཀྱིས་དྭ་ཕྲུག་ཏུ་བོར། བུ་བོ་དགྲ་ལག་ཏུ་ཤོར་རྒྱལ་སྲིད་ཀྱི་བྱ་བ་དཀའ་ཚོགས་ཆེ་བས་ནུས་སམ་མི་ནུས་གྱི་ཐོམ་དུ་མི་བྱེད་པར། གཙྭའི་འཁྲམ་ན་སྤྱན་རས་གཟིགས་ཀྱི་ལྷ་ཁང་ན་འཇིག་རྟེན་དབང་ཕྱུག་དངོས་དང་འདྲ་བའི་སྐུ་བརྙན་བརྟགས་པ་སྟོན་པ་ཤིན་ཏུ་ཇོ་བ་ཞིག་ཡོད་པར་ཕྱིན་ཏེ་བརྟགས་པ་བྱའོ་སྙམ་སྟེ། དེར་ཕྱིན་ཏེ་དམོད་བོར་བས་ཞལ་དངོས་སུ་བསྟན་ནས་ཅི་འདྲི་ཟེར། དེར་རྒྱུ་མཚན་རྣམས་ཞིབ་པར་གསོལ་བ་དང་། བཀའ་སྩལ་བ། རིགས་ཀྱི་བུ་ཁྱོད་སྐྱེ་བ་སྔ་མར་རི་ནགས་འདིར་དཀའ་ཐུབ་སྤྱོད་པའི་དགེ་སློང་ཞིག་ཏུ་སྐྱེས་ཤིང་རྟུལ་ཞུགས་མ་ཞིག་མ་རལ་པས་དགེ་བའི་རྩ་བ་དེའི་མཐུ་ལས་རྒྱལ་པོར་འགྱུར་བའི་སྐྱེ་བ་བླངས་པ་ཡིན་གྱིས། རྒྱལ་པོ་གསེར་སྣན་ཅན་གྱིས་བུ་བོ་བཀྲོངས་པར་མ་ཟད་སངས་རྒྱས་ཀྱི་བསྟན་པ་བསྣུབ་པར་བྱེད་པས། ཁྱོད་མྱུར་བར་ཕ་ཤུལ་བཟུང་སྟེ་བསྟན་པ་དང་སེམས་ཅན་ལ་ཕན་པ་ཅི་ནུས་གྱིས། རྒྱལ་པོ་བྱེད་ཀྱང་གསེར་ཁྲི་ལ་མ་འདུག་རྒྱལ་པོ་ཆེན་པོའི་མིང་མ་འཛིན། ཁོ་བོས་མི་མངོན་པས་གྲོགས་བགྱིད་དོ་

གསུངས་པའི་ལུང་ཐོབ་སྟེ། རྒྱལ་སར་བསྐོད་པའི་མཚན་ཤྲི་ལྷ་ཏི་ཏྲ་སྟེ་ཚུལ་ཁྲིམས་ཉི་མའོ། །ལན་ཅིག་རྒྱལ་པོ་ཚུལ་ཁྲིམས་ཉི་མས་ཕུ་བོའི་ཤ་འཕོན་ལེན་པར་བསམ་སྟེ་གླང་པོ་ཆེ་ལྷ་སྐོང་རྟ་ཁྲི་ཕྲག་གཉིས། དཔུང་བུ་ཆུང་ཁྲི་ཚོ་གཉིས་བཏེགས་ཏེ་རྒྱ་གར་པ་ནས་བཟུང་མ་ཏུང་མ་དད་པའི་ལོག་སྲིད་ཅན་རིས་མེད་པར་དམག་རྒྱབ་ཆིབས་ཀྱི་སྣ་མི་བསལ་དམག་མིའི་གོ་ཆ་མི་བགྲོལ་བར་ལོ་དྲུག་གི་རིང་བཏུལ་བར་མཛད་པས། རྒྱ་གར་གྱི་ཕྱོགས་ལྷ་ཀ་དབང་དུ་བསྡུས་མངའ་འོག་ཏུ་བཙུག་སྟེ། གླང་པོ་ཆེའི་དཔུང་རྟ་པ་ཁྲི་ཕྲག་འབུམ་འཕེལ་བར་གྱུར་ཏོ། །དེ་ནས་བཟུང་ལོ་སུམ་ཅུའི་རིང་ལ་གོ་མཚོན་མི་བསྐྱལ་རྒྱལ་ཁྲིམས་ཞི་དུལ་བདེ་འཇགས་ཀྱིས་གནས་སོ། །ཤ་ཟ་བ་ནི་སྲིན་པོའི་ཚུལ་ལོ་ཞེས་གསུངས་ཏེ། རྒྱ་གར་གྱི་ཕྱོགས་ལྷ་ཀར་ཤ་མི་ཟ་བའི་ཁྲིམས་དང་། སེམས་ཅན་གྱི་སྲོག་བཅད་ན་རང་སྲོག་དེའི་ལན་དུ་འཇལ་བའི་ཁྲིམས་དམ་པོ་བཅས་པས། ཤ་ཟ་བ་དང་སྲོག་གཅོད་ཀྱི་རྒྱུན་ཆད་དོ། །གཙྭའི་འགྲམ་ན་མཆོད་རྟེན་སྐོང་ཕྲག་དུ་མ་རེ་རེའི་དཔངས་སུ་ཁྲུ་བརྒྱ་རེ་ལྷག་པ་བཞེངས་སོ། །རྒྱ་གར་ཕྱོགས་ལྷའི་གཙུག་ལག་ཁང་ཡོད་དོ་ཅོག་ལ་ཞིག་གསོས་མཛད་ལམ་འཕྲང་སྲང་ལམ་ཐམས་ཅད་ཀྱི་འགགས་བསལ་ཡོན་པོ་བསྲང་རྫིབ་རལ་གསོས། ལམ་ཐག་རིང་ཐུང་ཀུན་གྱི་མི་རྣམས་ངལ་གསོས་བའི་གནས་རྣམས་སུ་ལྡིང་ཁང་ར་བ་དང་བཅས་པ་ལ་བཟའ་བ་དང་བཏུང་བ་དང་། མལ་ཆ་དང་གསོས་སྨན་གྱི་ལས་བྱེད་བཅས་ལོ་ལྟ་རེ་ནས་གསར་རྙིང་བརྗེ་བ། མཚོན་ཆའི་རིགས་མ་གཏོགས་མི་སྦྱིན་པ་མེད་དོ། །ལོ་བཞིན་ཚོགས་ཆེན་རེ་ཚོགས་ནས་དེའི་སྐབས་སུ་བཤགས་བསྡམས་སྟོན་དུ་འགྲོ་བའི་གསོ་སྦྱོང་དང་།ཆོས་འདོན་དང་བགྲོ་གླེང་དང་ཆོས་སྦྱོད་བཙུ་ལ་གང་ལ་གང་ཤུས་རྣམས་སོ་སོར་བྱེད་དུ་འཇུག་པ་དང་། འཆད་ཉན་གྱི་མཁན་པོ་ཆེས་མཁས་པ་དང་དཀའ་ཐུབ་ཆེས་བཟོད་པ་རྣམས་གསེར་ཁྲི་ལ་བཞུགས་སུ་བཙུག་སྟེ་ཞལ་ཟས་དང་ཡོ་བྱད་རྣམས་རྒྱལ་པོ་རང་ཉིད་ཀྱིས་ཕྱག་གིས་འབུལ་བ་སོགས་བཀུར་གཟོས་

ཆེན་པོ་བྱེད་པ་དང་། གཞན་ཡང་རྒྱལ་ཕྲན་དང་བློན་ཆེན་རྣམས་ཀྱང་བློ་དང་སྙིང་པ་རྣམས་རྒྱལ་པོ་དང་མཚུངས་སོ། །ལག་པ་སྦྲེལ་ཞིང་མལ་གཅིག་པ་མཛད་ཅིང་དགེ་བའི་གྲོགས་སུ་འཁོད་ཅིང་བཞུགས་ཁྲི་ཡང་ཐུན་མོང་དུ་མཛད་དོ། །དེ་དག་ལས་གཞན་པ་མཛལ་བ་དང་གཏམ་འདྲི་བ་སོགས་གཏན་ནས་མི་མཛད་ཅིང་།འཕྲད་དགོས་པ་བྱུང་ཚེ་ལོ་ཟླ་བཅུ་གནས་ཏེ་གཏམ་འདྲི་བར་མཛད་དོ། །དབྱར་ཟླ་གསུམ་ཆར་བའི་དུས་མ་གཏོགས། ཟླ་བ་གཞན་རྣམས་ལ་འདྲའོ། །དེ་ལྟར་མཐར་ཆགས་སུ་འཛག་སྐྱིལ་ལ་གནས་པ་མང་ཞིང་། ཞལ་ཟས་ཕུལ་དུ་བྱུང་བ་བཤམས་ཏེ་ཐེག་པ་ཆེ་ཆུང་སྟོམ་པའི་དགེ་འདུན་ཆིག་ཁྲི་དང་བྲམ་ཟེ་རིག་བྱེད་པ་ལྔ་བརྒྱ་དང་ཐུན་མོང་དུ་སྤྱོད་དོ། །ཉིན་བཞིན་དུས་གསུམ་དུ་དགོས་པའི་ཐུན་གཉིས་སུ་ཆོས་སྤྱོད་ཁོ་ནས་འདའ་ཞིང་། ཐུན་གཅིག་ལ་རྒྱལ་སྲིད་ཀྱི་བྱ་བ་མཛད་པའོ། །

༣ རྒྱལ་པོ་ཚུལ་ཁྲིམས་ཉི་མས་ཐང་ཟན་བླ་མ་མཛལ་བ།

བདག་ཐང་ཟན་སྐད་གཉིས་པའི་ཐ་ཤལ་དེ་ཀར་ཡོད་པའི་སྐབས་ཤིག་ཆོས་འཁོར་ཆེན་པོ་ཞིག་དང་ཐུག་པས། ཀ་མ་རུ་བའི་རྒྱལ་པོ་ལ་ཞུས་ཏེ། ན་ལནྡྲའི་དགོན་པར་རྒྱང་པེན(འཕེན)གྱི་སློབ་དཔོན་འགའ་འབྱོར་བྱུང་བ་བལྟར་ཕྱིན་པས། རྒྱལ་པོ་ཚུལ་ཁྲིམས་ཉི་མ་དང་མཛལ་བསྟུན་དྲི་སོགས་མཛད་ཅིང་བག་ཕེབས་པར་མཛད། རིམ་གྱིས་མ་ཧཱ་ཙི་ན་ཞེས་པའི་ཡུལ་ཕྱོགས་གང་དུ་ཡོད་ཟེར་བས་མགོ་བཙམས་ཏེ་དྲི་བ་ཞིབ་ཏུ་མཛད་པས་དགྱེས་པ་ཆེན་པོ་མཛད་དོ། །ཨ་ལ་ལ་ཧོཿ ཡུལ་དེའི་སྐྱེ་བོ་དག་བསོད་ནམས་ཤིན་ཏུ་ཆེའོ་ཞེས་གསུངས་སོ། །དེ་ལྟ་བུའི་རྒྱལ་པོ་ཚུལ་ཉི་ལྟ་བུའི་ཆོས་ལྡན་གྱིས་རྒྱལ་པོ་དང་འཕྲད། ཆོས་སྲིད་གཉིས་ཀྱི་དཔལ་ཕུན་སུམ་ཚོགས་པ་ལ་རོལ་ཞིང་མི་ཚེ་ཆོས་དང་འཇིག་རྟེན་གྱི་སྐྱིད་པ་མཐོང་། འཇིག་རྟེན་འདིར་ཤིན་ཏུ་

འཕྲད་དགའ་བ་དང་ཕྲད་པ་ཤིན་ཏུ་ཡང་ངོ་མཚར་རྨད་དུ་བྱུང་བའོ། །

༄ གཙྷ་ཀུཛྫ་ཀྱི་ཆོས་སྤྱོད་ཀྱི་ཚོགས་ཆེན།

ལན་ཅིག་རྒྱལ་པོ་རྩལ་ཉིས་པོ་བྲང་གཡོན་གྱི་གནས་སུ་ཕྱིར་ལྡོག་པ་བཙམས་པ་ན། གཙྷའི་འགྲམ་དུ་ཆོས་སྤྱོད་ཀྱི་ཚོགས་ཆེན་ཞིག་སྔ་མ་ལྟར་མཛད། ཡུལ་སོ་སོ་ནས་འདུས་པའི་རྒྱལ་ཕྲན་ཉི་ཤུ་ལྷག་འདུས། གཙྷའི་གཡས་ཕྱོགས་ཀྱི་སྐྱིད་ཚལ་ནས་བཟུང་གྲོང་ཁྱེར་སྐྱིད་གཡོན་ལ་ཐུག་པའི་བར་རྩལ་ཉི་དང་ཀུ་མ་ར་གཉིས་ཀྱིས་དཔུང་ཚོགས་ཡན་ལག་བཞིའི་མི་མཆོག་དམན་འབྲིང་གསུམ་སྐྱེས་པ་བུད་མེད་རྒན་གཞོན་དར་མ་འབུམ་ཕྲག་དུ་མས་རོལ་མོ་ཤེས་མཁན་གྱིས་འབུད་བརྡུང་བསྒྲེང་བ་དང་དཀྲོལ་བ་དང་། རོལ་མོ་སིལ་སྙན་གྱི་རིགས་སྣ་ཚོགས་པ་དཀྲོལ་ཞིང་། འགའ་ཞིག་གཙྷའི་ཆུ་ལ་གྲུར་ཞུགས་ནས། རྒྱལ་མཚན་དང་བ་དན་དང་གདུགས་དང་ཛ་ཡབ་དང་དར་དཔྱངས་དང་བཀྲ་ཤིས་ཁྲ་རིང་དང་། དོ་ཤལ་དང་དོ་ཤལ་ཕྱེད་པ་དང་སྣ་ཚོགས་པའི་འཕྱང་འཕྲུལ་ཟ་ར་ཚགས་ཐོགས་པ་དང་། འགའ་ཞིག་གིས་ཆུ་སྐྱེས་ཐང་སྐྱེས་གང་ཡང་རུང་བ་དང་། དར་ཟབ་ལས་བཙོས་པ་བསྒྲེང་། དེ་བཞིན་བདུག་སྤོས་དང་། ཕྱེ་ཕུར་དང་བརྣའ་བ་རེངས་བུར་བྱས་པ་སོགས་སྤོས་ཀྱི་རིགས་དང་། འབྲུ་མར་དང་རྩི་མར་གྱི་སྒྲོན་མེ་ཤུབས་ཅན་དང་རྫེན་པ་དང་། དྲི་བཟང་གི་སྨན་སྣའི་འདམ་རིན་པོ་ཆེའི་སྣོད་དུ་བླུགས་པ་དང་། འཕྲས་ཚན་དང་ཐུག་པ་དང་འཁུར་བ་སོགས་དང་གཡོས་སུ་སྦྱར་བ་དང་། དཀར་གསུམ་མངར་གསུམ་དང་ཤིང་ཏོག་གི་རིགས་སོགས་ལ་སྦྱར་བའི་ཞལ་ཟས་སྣ་ཚོགས་པ་མཆོད་པའི་རྒྱུན་བྱེད་བཞིན་པའོ། །ཡུལ་འདིའི་བསོད་ནམས་ཀྱི་ཞིང་གི་གཙོ་བོར་གྱུར་པ་ནི། སྟོན་པའི་གསེར་སྐུ་བོངས་ཚད་རྒྱལ་པོའི་སྐུ་ཚད་དང་མཉམ་པ་དོ་ལེ་ལ་སྤྱན་དྲངས་ཏེ།

གཡས་ཡོགས་སུ་རྒྱལ་པོ་ཚུལ་ཉིས་ལྷ་དབང་བརྒྱ་བྱིན་གྱི་ཆ་ལུགས་ཀྱིས་གདུགས་དཀར་པོ་ཐོགས། གཡོན་རོལ་ན་རྒྱལ་པོ་ཀུ་མ་ར་མེས་པོ་ཚངས་པའི་ཆ་ལུགས་ཀྱི་ཛ་ཡབ་དཀར་པོ་ཐོགས། གཞན་གཞོན་ནུ་དང་གཞོན་ནུ་མ་བཞིན་སྡུག་པ་མང་པོས་ལྷའི་བུ་བུ་མོའི་ཆ་ལུགས་བཟུང་བ་མང་པོས་མདུན་དུ་བདར། དེ་སྐབས་ཟླ་བ་གཉིས་པའི་དཀར་པོ་ཆོས་གཅིག་ནས་བཟུང་། ལོ་རྒས་པ་དང་དགེ་སློང་དང་བྲམ་ཟེ་རྣམས་དང་ངན་སློང་གི་རིགས་ལ་ཡར་མཆོད་མར་སྦྱིན་གང་ལ་གང་འོས་ཀྱིས་ཚིམས་པར་བྱ་བ་སོགས་སྔར་བཤད་པ་ལྟར་རོ། །ལམ་བར་ལ་ཡང་རྒྱང་གྲགས་ལྔ་བརྒྱ་ཙམ་ལ། ངལ་གསོ་བའི་གནས་འཇག་མ་ལ་བྱས་པའི་གུར་ཁང་ར་བ་རྒྱན་བཀོད་ཕུན་སུམ་ཚོགས་པས་སྤྲས་པ་རེ་དང་། འགྲོ་ཚུལ་ཀྱང་ཉིན་སྔར་སྔ་མ་དང་འདྲ་ལ། དེ་ཚེ་རྒྱལ་པོའི་ཉེ་འཁོར་དུ་དགེ་སློང་གཙང་མ་ཤ་སྟག་ཞམ་རིང་བྱེད་ཅིང་། ཆོས་ཀྱི་གཏམ་མཛད་བཞིན་ལ། ནུབ་ཅིག་འཇག་སྤྱིལ་ལ་མེ་ཤོར་བ་ཚབས་ཆེ་བས་རྒྱལ་པོ་ཚུལ་ཉིས་མཆོག་གསུམ་ལ་གསོལ་བ་བཏབ་ཅིང་བདེན་སྟོབས་བརྗོད་པས་མེ་རང་ཞིར་སོང་ཞིང་། མཆོད་རྫས་འགའ་ཞིག་སོགས་ཀ་ཙའི་རིགས་མ་གཏོགས་མི་ལ་གནོད་པ་ཅི་ཡང་མ་བྱུང་ངོ་། །དེ་སྐབས་གློ་བུར་དུ་མི་རྒོད་ཅིག་རལ་གྲི་བཟུང་ནས་བྱུང་སྟེ་ཚུལ་ཉེ་ལ་གཟས་པར་བརྩམས་པ་ན། རྒྱལ་པོའི་བཞིན་ཡང་མི་འགྱུར་ཞིང་གསུང་ཡང་སྟབ་སྟོབ་མེད་པར་ཞབས་འབྲང་གི་ཀྱད་ཀྱིས་མི་རྒོད་དེ་བཅིངས་ནས་རྒྱལ་པོའི་དྲུང་དུ་ཁྲིད་པར། རྒྱལ་ཕྲན་རྣམས་དང་བློན་པོ་མཐའ་དག་གིས་མི་རྒོད་འདི་མ་བསད་ན་རྒྱལ་ཁྲིམས་རལ་པར་འགྱུར་རོ་ཞེས་ཞུས་ཀྱང་། རྒྱལ་པོ་ཚུལ་ཉིས་དེ་ལ་རྒྱུ་མཚན་འདྲི་དགོས་གསུངས་ཏེ་དྲིས་ཙ་ན། རྒྱལ་པོའི་ཐུགས་བསམ་རྣམ་པར་དག་པ་དང་མཛད་འཕྲིན་ཕུལ་བྱུང་བ་འདི་ལྟ་བུ་ལ་མུ་སྟེགས་པ་རྣམས་ཀྱིས་མ་བཟོད་ནས་བདག་ལྟ་བུའི་གླེན་པ་ལ་ཀ་ཙ་མང་པོའི་བརྔན་བྱིན་པས་ཁས་བླངས་ཏེ། ཐོག་མར་འཇག་སྤྱིལ་ལ་མེ་རྒྱབ་སྟེ་སྦར་པས་མི་མང་པོ་སྟབ་སྟོབ་བྱེད་པས་སྐབས་རྙེད་

པས་རྒྱལ་པོ་བཀྲོང་ཤིག་ཅེས་བཏང་བ་ལྟར་དོན་འགྲུབ་ངེས་སྙམ་པ་ཕྱི་པའི་བྲམ་ཟེ་རྣམས་ཀྱིས་བསླུས་པས་ནོངས་ཟེར་རོ། །རྒྱལ་པོས་མི་གཞན་གྱིས་བསླུས་པས་ཁོ་རང་གིས་ཉེས་པ་མིན་གསུངས། དེའི་བསྒྲོས་ཀྱི་གཏེ་བོ་ཞིག་དང་བྲམ་ཟེ་ལྔ་བརྒྱ་རྒྱ་གར་གྱི་ཁོངས་སུ་མི་གཏོགས་པའི་མཐའ་འཁོར་དུ་སྤྱུགས་སོ། །དེ་ནས་རྒྱལ་པོ་རང་གནས་སུ་ལོག་གོ། །

༥ གྲོང་ཁྱེར་གཞླ་གུཛྲཱ་ཉེ་འདབས་ཀྱི་སྟོན་པའི་རྗེས་ཤུལ།

གྲོང་ཁྱེར་དེའི་ནུབ་བྱང་གི་མཚམས་སུ་རྒྱལ་པོ་ཨ་ཤོ་ཀས་བཞེངས་པའི་མཆོད་རྟེན་ཡོད་པ། དེ་ནི་སྔོན་སྟོན་པ་ཞག་བདུན་ལ་ཞབས་འཆགས་མཛད་དེ་ཆོས་གསུངས་པའི་གནས་ཡིན་ནོ། །དེའི་ལོགས་ན་འདས་སངས་བཞི་འདས་པའི་རྗེས་སྣང་། སྟོན་པའི་ཕྱག་སེན་དབུ་སྐྲ་བཞུགས་པའི་མཆོད་རྟེན་ཀྱང་ཡོད་དོ། །དེའི་ལྷོ་ངོས་སུ་གཙུག་ལག་ཁང་ར་བ་གཅིག་པ་འཇིག་སྒོ་སོ་སོ་བ་ཞིག་ཡོད་པར་སྐུ་འདྲ་བཟོ་ཁྲོད་དུ་འཕགས་ཤིང་། དགེ་འདུན་རྣམ་པར་དག་པ་དང་། མངག་གཞུག་པ་དགེ་བསྙེན་གྱི་ཚོགས་བཅས་སྟོང་ཕྲག་དུ་མ་ཡོད། སྟོན་པའི་ཚེམས་སྲིད་དུ་ཚོན་གང་དང་ཕྱེད་དུ་རིང་བ། དུས་དུས་སུ་མདོག་འགྱུར་བ་རིན་པོ་ཆེའི་སྒྲོམ་དུ་བཞུགས་སོ། །ཐག་ཉེ་རིང་གི་ཡུལ་ནས་སྐྱེ་བོ་མཆོག་དམན་རིས་སུ་མ་ཆད་པར་བལྟ་བའི་ཕྱིར་རྒྱུན་དུ་འདུས་པ། དུས་བཟང་ལ་སྐྱེ་བོ་མང་པོ་ཚོགས་པ་ན་སྒྲོམ་ཕྱེ་སྟེ་ཁྲི་མཐོན་པོའི་སྟེང་དུ་བཞག་ནས་སྟོན་པ་ན་བལྟ་བ་སོ་སོའི་མཐོང་སྣང་མི་འདྲ་བ་སྣ་ཚོགས་སྟོན་པ། དེ་བལྟ་བ་ལ་གསེར་ཏམ་རེ་བླངས་ཀྱང་མི་སུན་པར་འདུག་གོ། །དེ་ནས་ཤར་ལྷོར་མི་རིང་བར་གཙུག་ལག་ཁང་ཞིག་ན་སྟོན་པའི་སྐུ་བརྙན་བཞེངས་སྟབས་མ་དཔངས་སུ་ཁྲུ་སུམ་ཅུ་ལྷག་པ། དེའི་ཡང་ལྷོ་ངོས་སུ་ཕྱི་པའི་ལྷ་ཁང་ཞིག་ན་དབང་

ཕྱུག་ཆེན་པོའི་སྣང་བརྙན་ཨིནྡྲ་ནཱི་ལ་ལས་གྲུབ་པ། དེའི་ལྷ་ཁང་དང་སྟོན་པའི་སྐུ་བརྙན་བཞུགས་པའི་གཙུག་ལག་ཁང་གཉིས་ཚད་དང་མཉམ་པ། ཕྱུག་དར་མཁན་དང་རྒྱུན་མཆོད་མཁན་རེ་ལྷ་འབངས་མི་ཁྱིམ་ཆིག་སྟོང་ཡོད་དོ། །

༨ གྲོང་ཁྱེར་ན་ཛྷ་ཏི་ཀུ་ཏེ།

གཙང་འི་ཤར་གྱི་འགྲམ་ན་སྐྱིད་མོས་ཚལ་ཁོར་ཡུག་ཏུ་རྒྱང་གྲགས་ཉི་ཤུ་ཙམ་ཡོད་པར་མེ་ཏོག་དང་ཤིང་ཏོག་གི་ནགས་ཚལ། ཆུ་མིག་འབབ་ཆུ་དང་མཚོ་དང་རྫིང་བུ་སོགས་ཀྱིས་གང་བ། མཚོ་དེའི་ནང་དུ་དེའི་ཉེ་འཁོར་དུ་ཡོད་པའི་གྲོང་ཁྱེར་ན་ཛྷ་ཏི་ཀུ་ཏེའི་གཟུགས་བརྙན་གསལ་པོར་འཆར་བ། གཙང་འི་ཤར་ལོགས་ན་ཕྱི་པའི་ལྷ་ཁང་ཞིག་ཁང་བརྩིགས་དང་སྐེགས་བུ་མཐོ་བ་རྣམས་ཀྱིས་བསྐོར་བ་ངོ་མཚར་ཁྱད་འཕགས་ཤིག་སྣང་ངོ་། །ཡང་གཙུག་ལག་ཁང་གསུམ་ར་བ་གཅིག་ལ་སྒོ་ཐ་དད་པ་གསུམ་ཡོད་པ་ཞིག་ལ་དགེ་འདུན་ལྔ་བརྒྱ་ཙམ་ཐེག་དམན་པ་ཐམས་ཅད་ཡོད་སྨྲ་བ་ཁོ་ན་གནས་སོ། །དེར་མཆོད་རྟེན་ཞིག་དཔངས་སུ་ཁྲུ་བརྒྱ་ཕྲག་གཅིག་ལས་ལྷག་པ། རྨང་གཞི་ཞིག་པ་གཅིག་མཆིས་པ་རྒྱལ་པོ་ཨ་ཤོ་ཀས་བཞེངས་པའོ། །ནང་དུ་སྟོན་པའི་རིང་བསྲེལ་བཞུགས་སོ། །རྗོན་བཅོམ་ལྡན་འདས་ཀྱིས་གནས་འདིར་ཉིན་ཞག་བདུན་བཞུགས་ཏེ་ཆོས་གསུངས། འདས་སངས་རྣམ་བཞིའི་རྗེས་བཀོད་ཀྱང་སྣང་ངོ་། ། གཙུག་ལག་ཁང་དེ་ནས་བྱང་དུ་ལེ་བར་གཉིས་གསུམ་འདས་པའི་ས་གཙང་འི་འགྲམ་དང་ཉེ་བར་མཆོད་རྟེན་དཔངས་སུ་ཁྲུ་ཉིས་བརྒྱ་ལྷག སྟོན་བདག་ཅག་གི་སྟོན་པ་ཉིན་ཞག་བདུན་དུ་ཆོས་གསུངས་པ་ན་འདྲེ་ལྔ་བརྒྱ་ལྷགས་ཏེ་ཆོས་ཐོས་པས་འདྲེ་ལུས་སྤངས་ཏེ་ལྷར་སྐྱེས་པའི་ལོ་རྒྱུས་ཅན་རྒྱལ་པོ་ཨ་ཤོ་ཀས་བཞེངས་པ་ཞིག་དང་། དེའི་ལོགས་ན་འདས་སངས་རྣམ་བཞིའི་བཞུགས་ཁྲི་དང་རྗེས་བཀོད་

ཅེ་རིགས་པ་དང་བཅས་པ་སྣང་ངོ་། །ཡང་དེའི་ཡོགས་ན་སྟོན་པའི་སྐྲ་སེན་བཞུགས་པའི་མཆོད་རྟེན་ཡོད་དོ། །

ཨ་ཪོ་ཀའི་ཡུལ།

དེ་ནས་བྱང་ཤར་མཚམས་སུ་རྒྱང་གྲགས་དྲུག་བརྒྱ་ཙམ་ཕྱིན་པ་ན་གཏྲཱའི་འགྲམ་དང་ཉེ་བ་ན་ཨ་ཪོ་ཀའི་ཡུལ་ལོ། །དེའི་ཐ་གྲུར་རྒྱང་གྲགས་ལྔ་སྟོང་ལྷག་དང་། གཞུང་མཁར་ཆེན་པོ་ཁོར་ཡུག་ཏུ་རྒྱང་གྲགས་ཉི་ཤུ་ལྷག་ཡོད་དོ། །ས་གཞི་གཤིན་ལ་ནམ་དབུགས་དྲོ་བ། འབྲུ་མར་ཡུངས་དཀར་ནག་ནས་གྲོ་འབྲས་ཤིང་ཏོག་མེ་ཏོག་ཕུན་སུམ་ཚོགས་པ་མིའི་རང་བཞིན་དྲུལ་བ་བསྲུན་པ། དགེ་བའི་རྩ་བ་ལ་འདུན་ཞིང་འབད་པ་སློབ་གཉེར་ལ་དགའ་བ། གཙུག་ལག་ཁང་བརྒྱ་ལྷག་ཡོད་པར་དགེ་འདུན་སུམ་སྟོང་ལྷག་གནས་པ། ཐེག་པ་ཆེ་ཆུང་གཉིས་ལ་འདྲེས་མར་སློབ་པ། ཕྱི་པའི་ལྷ་ཁང་བཅུ་ཕྲག་གཅིག་འདུག་ཀྱང་ཧིནྡི་ཀ་ཉུང་ཙམ་གནས་སོ། །

༧ སློབ་དཔོན་དབྱིག་གཉེན་དང་དཔལ་སྦྱིན།

གྲོང་ཁྱེར་ཆེན་པོའི་ནང་ན་གཙུག་ལག་ཁང་རྙིང་པ་ཞིག་ཡོད་པ་ནི་བྱང་ཆུབ་སེམས་དཔའ་བ་སུ་བནྡྷུ་སྟེ་དབྱིག་གཉེན་གྱིས་ཐོག་མར་འདིར་གནས་ནས་ཐེག་པ་ཆེ་ཆུང་གི་བསྟན་བཅོས་ཤིག་མཛད་དེ་བྲམ་ཟེ་མང་པོ་དང་བགྲོ་གླེང་གི་སྒོ་ནས་ཕན་པར་མཛད་པའི་གནས་ཡིན་སྐད་དོ། །གྲོང་ཁྱེར་དེའི་བྱང་ཕྱོགས་སུ་གཏྲཱའི་འགྲམ་ན་གཙུག་ལག་ཁང་ཆེན་པོ་ཞིག་ན་མཆོད་རྟེན་དཔངས་སུ་ཁྲུ་ཉིས་བརྒྱ་ལྷག་པ་རྒྱལ་

པོ་ཨ་ཤྲཱི་གས་བཞེངས་པ། སྟོན་སྟོན་པ་ཞལ་བཞུགས་དུས་སུ་འདིར་ཟླ་བ་གསུམ་བཞུགས་ཏེ་ཆོས་གསུངས་ཟེར་རོ། །འདས་སངས་རྣམ་བཞིའི་བཞུགས་ཁྲི་རྗེ་ལས་གྲུབ་པ་རྫེས་བཞག་བཀོད་པ་ཡོད་དོ། །དེ་ནས་ནུབ་ཏུ་རྒྱང་གྲགས་བཞི་ལྔ་ཙམ་གྱི་སར་སྟོན་པའི་དགུ་ལོ་དང་ཕྱུག་སེན་གྱི་མཆོད་རྟེན་ཀྱང་ཡོད་དོ། །དེར་གཙུག་ལག་ཁང་ཞིག་ཡོད་པའི་རྙང་གཞི་སྟོན་མདོ་སྡེ་པའི་སློབ་དཔོན་ཤྲཱི་ཏ་སྟེ་དཔལ་སྦྱིན་གྱིས་མདོ་སྡེ་པའི་ལུགས་ཀྱི་ལྟག་མཐོང་མཛད་པའི་གནས་རྙིང་ཡིན་ཟེར་རོ། །

༢ སློབ་དཔོན་ཐོགས་མེད་དང་སློབ་དཔོན་དབྱིག་གཉེན་གྱི་ལོ་རྒྱུས་སྐོར།

གྲོང་ཁྱེར་དེའི་ལྷོ་ནུབ་ཏུ་རྒྱང་གྲགས་ལྔ་དྲུག་ཙམ་ན་ཤིང་ཏོག་ཨ་མྲའི་ནགས་ཚལ་ཆེན་པོའི་ནང་གཙུག་ལག་ཁང་རྙིང་པ་ཞིག་ཡོད་པ་ནི། བྱང་ཆུབ་སེམས་དཔའ་འཕགས་པ་ཐོགས་མེད་ཀྱིས་སྔེང་དགའ་ལྡན་དུ་ཕེབས་ཏེ་རྒྱལ་བ་མ་ཕམ་པར་བྱམས་པའི་ཆོས་སྡེ་ལྔ་མནོས་ནས་ཕྱིར་ལོག་སྟེ། རྣལ་འབྱོར་སྤྱོད་པའི་ས་སྡེའི་རྩ་འགྲེལ་དང་། དབུས་མཐའ་རྣམ་འབྱེད། ཐེག་པ་ཆེན་པོའི་རྒྱན་རྩ་འགྲེལ་མཛད་པའི་གནས་ཡིན་ནོ། །ཨ་མྲའི་ནགས་ཀྱི་ནུབ་བྱང་མཚམས་གོམ་པ་བརྒྱ་ཙམ་ན་སྟོན་པའི་དབུ་སྐྲ་དང་སེན་མོའི་མཆོད་རྟེན་གཅིག་ཡོད། ཐོགས་མེད་ཀྱིས་ཆོས་བཤད་པའི་ལྡིང་ཁང་གི་ཤུལ་རྙིང་ནས་ནུབ་བྱང་མཚམས་སུ་ལེ་བར་བཞི་བཅུ་ལྷག་ཙམ་ན། གཙྪའི་འགྲམ་དུ་སོ་ཕག་གི་གཙུག་ལག་ཁང་ཞིག་ཡོད་པ་ནི་སློབ་དཔོན་དབྱིག་གཉེན་གྱིས་ཐོག་མར་ཐེག་པ་ཆེན་པོའི་སེམས་བསྐྱེད་པའི་གནས་སོ། །དེ་ཡང་ཐོགས་མེད་དང་དབྱིག་གཉེན་གཉིས་སྐུ་མཆེད་ཡིན་ཀྱང་། རབ་ཏུ་བྱུང་བའི་སྡེ་ཐ་དད་པས་མོས་པ་མི་མཐུན་ནོ། །གཙུག་ལག་ཁང་གིས་ཐེག་ཆེན་ལ་གཏན་ནས་མ་རངས་པ་ལ། ལན་

ཅིག་ཐོགས་མེད་དེར་ཕེབས་ཏེ་སློབ་མ་ཞིག་ལ་གསུངས་པ། ངའི་ནུ་བོ་འཁྱོར་གྱིས་སློབས་པ་དང་ཁྱོད་ཀྱིས་མདོ་སྡེ་ས་བཅུ་པ་ཐོན་གསུངས་པ་ལྟར་མ་འགྲུངས་པར་དབྱིག་གཉེན་ཡུལ་དབུས་ནས་འབྱོན་པའི་ལམ་དུ་ཡང་ཐེག་ཆེན་ལ་ཐེ་ཚོམ་ཟ་བཞིན་པར་སློབས་སོ། །ཐོགས་མེད་ཀྱི་སློབ་མ་བཙུན་པ་ཞིག་གིས་མདོ་སྡེ་ས་བཅུ་པ་འདོན་པ་གསན་ཏེ་བསམ་པ་གཏད་པས་ཐེ་ཚོམ་གྱི་དྲ་བ་བཅད་དེ་ཐེག་ཆེན་ལ་མ་རངས་པ་སྨྲར་བྱས་པ་ལ་འགྱོད་པ་སྐྱེས་ནས། སྨྲར་མ་རྟོགས་པའི་དུས་སུ་ཐེག་ཆེན་ལ་མ་རངས་པས་སྐུར་འདེབས་མང་པོ་བྱས་པ་ལྕེས་ཉེས་སོ་ཞེས་ལྕེ་གཅོད་པར་བརྩམས་པ་ན། ཐོགས་མེད་ཕེབས་ཏེ་གཟིགས་པས་དེ་ཅི་ཕན་ཐོན་ལྕེ་ལ་བརྟེན་ནས་བྱས་པའི་སྡིག་པ། ད་ལྟ་ལྕེ་ལ་བརྟེན་ནས་སྦྱོང་དགོས་གསུངས་པས། ཐེག་པ་ཆེན་པོའི་འགྲེལ་བའི་རིགས་དང་བསྟོད་པའི་བསྟན་བཅོས་ཀྱི་གླེགས་བམ་བརྒྱ་ལྷག་མཛད་པར་ད་ལྟར་དར་སོ་ཆེ་བར་སྣང་ངོ། །

ཨ་ཡ་མུ་ཁའི་ཡུལ།

དེ་ནས་ཤར་ཕྱོགས་སུ་རྒྱང་གྲགས་སུམ་བརྒྱ་ཙམ་སོང་སྟེ་གངྒཱ་བརྒལ་བ་ན། ཨ་ཡ་མུ་ཁའི་ཡུལ་ལོ། །དེའི་ཁོར་ཡུག་ཏུ་རྒྱང་གྲགས་སྟོང་ཕྲག་གཉིས་དང་བཞི་བརྒྱ་ལྔ་བརྒྱ་ཙམ། ལྟེ་བའི་མཁར་ཆེན་པོ་ལེ་བར་ཉི་ཤུ་ལྷག་ཙམ་གངྒཱ་ལ་ཐུག་པ། ནམ་དུས་དང་ས་གཞི་མིའི་རང་བཞིན་སོགས་ཡུལ་ཨ་ཡོ་ཀའི་ཡུལ་དང་མཚུངས་སོ། །གཙུག་ལག་ཁང་ལྔ་ལ་དགེ་འདུན་སྟོང་ལྷག་གནས་ཤིང་ཐམས་ཅད་གནས་བརྟན་སྡེ་པ་པའོ། །ཕྱི་པའི་ལྷ་ཁང་བཅུ་ལ་ཕྱི་པའི་ལུགས་སྣ་ཚོགས་འདྲེས་མར་གནས་སོ། །གྲོང་ཁྱེར་གྱི་ཤར་ལྷོའི་མཚམས་སུ་མི་རིང་བར་གངྒཱའི་འགྲམ་དང་ཉེ་བར་རྒྱལ་པོ་མྱ་

ངན་མེད་ཀྱིས་བཞེངས་པའི་མཆོད་རྟེན་སྲིད་དུ་ཁྲུ་ཉིས་བརྒྱ་ལྷག་ཡོད་པ་ཞིག་དང་། སྔོན་སྟོན་པ་ཟླ་བ་གསུམ་བཞུགས་ཏེ་ཆོས་བསྟན་པའི་ཤུལ་རྟགས་དང་འདས་སངས་བཞིའི་རྗེས་བཀོད་ཀྱང་ཡོད་དོ། །སྟོན་པའི་སྐྲ་སེན་བཞུགས་པའི་མཆོད་རྟེན་རྫོ་སྔོན་པོ་ལས་གྲུབ་པ་དང་། གཙུག་ལག་ཁང་ལ་དགེ་འདུན་ཉིས་བརྒྱ་ལྷག་གནས་པ་དང་། སྔོན་ཐམས་ཅད་ཡོད་སྨྲས་སྡེ་བའི་ལྷག་མཐོང་མཛད་པ་པོ་བུདྡྷ་བ་ལ་སྡེ་སངས་རྒྱས་འབངས་ཟེར་བ་བཞུགས་པའི་གནས་ཡོད་དོ། །དེར་བཞུགས་པའི་སྐུ་རྟེན་རྣམས་ཀྱི་བཀོད་པ་རྒྱན་བཟོ་ཁྱད་དུ་འཕགས་པ་ཞིག་གོ། །

ཧྲ་ར་ན་གའི་ཡུལ།

དེ་ནས་ཤར་ལྷོའི་མཚམས་སུ་རྒྱང་གྲགས་བདུན་བརྒྱ་ཙམ་གྱི་སར་གནྜ་བརྒལ་ནས་ཆུ་བོ་ཡ་མུ་ནའི་ཚུ་རོལ་ན་ཧྲ་ར་ན་ག་ཟེར་བའི་ཡུལ་ལོ། །དེའི་ཐ་གྲུར་རྒྱང་གྲགས་ལྔ་སྟོང་ལྷག་དབུས་མཁར་ཆེན་པོའི་ཁོར་ཡུག་ཏུ་ལེ་བར་ཉི་ཤུ་སྐྲ་ག(ལྷག)གནྜ་དང་ཡ་མུ་ན་སྟེ་ཆུ་ཀླུང་ཆེན་པོ་གཉིས་ལ་མཐའ་གཉིས་བརྟེན་པ། ནམ་དུས་དང་ས་གཞི་མི་སོགས་ཡུལ་སྔ་མ་གཉིས་དང་འདྲའོ་ཁྱད་པར་མི་འདྲ་བ་ནི་ཕྱི་པ་ལ་དད་དོ། །གཙུག་ལག་ཁང་གཉིས་དང་དགེ་འདུན་ཉུང་ཞིང་ཐེག་དམན་པ་ཁོ་ནའོ། །ཕྱི་པའི་ལྷ་ཁང་བརྒྱ་ཕྲག་དུ་མ་ལ་ཧེ་བྲི་ཀ་ལུགས་སྣ་ཚོགས་པ་མང་པོ་མཆིས་སོ། །

༡ སྟོན་པའི་རྗེས་ཤུལ་དང་སློབ་དཔོན་ཨཏྱ་དེ་བའི་ལོ་རྒྱུས།

གྲོང་ཁྱེར་གྱི་ལྷོ་ནུབ་མཚམས་སུ་ཙམ་པ་ཀའི་ཚལ་ཆེན་པོ་དེར་སྔོན་སྟོན་པས་

མུ་སྟེགས་པའི་སྟོན་པ་དྲུག་བཏུལ་བའི་གནས་ཏེ། རྒྱལ་པོ་ཨ་ཤོ་ཀས་བཞེངས་པའི་མཆོད་རྟེན་ནང་དུ་སྟོན་པའི་དབུ་སྐྲ་དང་ཕྱག་སེན་བཞུགས་སོ། །གཙུག་ལག་ཁང་རྙིང་པ་ཞིག་ཡོད་པ་སྟོན་ཨནྡ་དེ་བས་ཡི་གེ་བརྒྱ་པ་ཞེས་བྱ་བའི་བསྟན་བཅོས་མཛད་དེ་ཐེག་དམན་སུན་ཕྱུང་སྟེ་མུ་སྟེགས་ཚར་བཅད་པའི་གནས་སོ། །དེའི་ལོ་རྒྱུས་ནི་སྟོན་སློབ་དཔོན་ཨནྡ་དེ་བ་ཐོག་མར་ཡུལ་སིངྒ་ལ་ནས་འདིར་ཕེབས་སོ། །དེ་དུས་ཕྱི་རོལ་པ་རིག་གནས་ཆེན་པོ་ལ་མཁས་པ་ཞིག་གིས་དགེ་འདུན་གྱི་འདུ་སྒོ་འཕྲོག་པོ་བྲང་གཎྜི་མི་བརྡུང་བའི་བཅས་པ་བྱས་ཏེ། དགེ་འདུན་ལ་དབང་མེད་པས་གཎྜི་མ་བརྡུང་བར་ཆོས་སྟོན་གསོལ་བ་གཟིགས་ནས་རྒྱ་མཚན་དྲིས་པར་ཚུལ་དེ་བཤད་པས། ཨནྡ་དེ་བས་ཁང་བརྩིགས་ཀྱི་སྟེང་དུ་ཕྱིན་ཏེ་གཎྜི་བརྡུང་བར་མུ་སྟེགས་པས་ཁྱོད་སུ་ཡིན། ལན་ལ་ལྷའོ། །ལྷ་ཟེར་སུ་ཡིན། ལན་ལ་ངའོ། །ང་སུ་ཡིན། ལན་ལ་ཁྱིའོ། །ཁྱི་སུ་ཡིན། ལན་ལ་ཁྱོད་དོ། །ཁྱོད་སུ་ཡིན། ལན་ལ་ལྷའོ། །ལྷ་སུ་ཡིན། ལན་ལ་ངའོ། །ང་སུ་ཡིན་ཁྱིའོ། །དེ་བཞིན་དུ་ཁྱི་སུ་ཡིན། ཁྱོད་དོ། །ཁྱོད་སུ་ཡིན། ལྷའོ། །ལྷ་སུ་ཡིན། དེ་ལྟར་རྒྱུད་མར་དྲི་བ་དྲིས་ལན་བྱས་པས་ཕྱི་བ་སྤོབས་པ་མེད་པར་གྱུར་ནས་ཕམ་པ་ཁས་བླངས་ཏེ་རྗོགས་པ་སྐྱེས་སོ། །

༢ ཕྱི་པའི་ལྷ་ཁང་དང་དེའི་ལོ་རྒྱུས་སྐོར།

གྲོང་ཁྱེར་གྱི་ནང་དུ་ཕྱི་པའི་ལྷ་ཁང་ཞིག་ཡོད་དོ། །དེར་ཏམ་ཀ་བྱིན་ན་ཏམ་ཀ་སྟོང་དུ་འགྱུར་བའི་གྲགས་པ་ཅན་རྒྱན་བཀོད་ཀྱང་ཕུན་སུམ་ཚོགས་པ་ཞིག་སྣང་ངོ་། །ལྷ་ཁང་གི་མདུན་ན་ཤིང་སྡོང་ཆེན་པོ་ཞིག་འདུག་པར་བདུད་རིགས་ཀྱི་ལྷ་ཞིག་གནས་ཏེ། བླུན་དད་ཅན་འགའ་ཞིག་བསླུས་ནས་སྲོག་འདོར་བསད་མང་པོ་ཞིག་སྣང་བ་ཕྱིས་སུ་རིག་པ་རྣོ་བ་ཞིག་གིས་རྟོགས་ནས་རྫུན་བརྗོལ་ཏེ་ཀུན་ལ་བཤད་

པས་བསྒྲུ་བའི་རྒྱུན་ཡོངས་སུ་ཆད་པར་གྱུར་ཏོ། །

༣ སྦྱིན་པའི་གླིང་ཆེན།

གྲོང་ཁྱེར་ཆེན་པོའི་ཤར་མཚམས་སུ་ཆུ་ཀླུང་གཉིས་བསྐོལ་བའི་ས་རྒྱར་རྒྱང་གྲགས་བཅུ་ལྷག་ཙམ་ཡོད་པར་ས་གཞི་ཤིན་ཏུ་འཇམ་ལ་ཕྱེ་མས་གཏམས་པ། དེ་ནི་གནའ་དུས་མི་རྣམས་ཀྱིས་སྦྱིན་པའི་གླིང་ཆེན་པོར་འབོད་པ་ཕྱོགས་ཕྱོགས་ནས་རྒྱལ་པོ་རྒྱལ་ཕྲན་ཐམས་ཅད་འདིར་ཕྱོན་ཚད་ཀྱིས་སྦྱིན་པ་མི་སྦྱིན་པ་མེད་ལ་སྔ་སྡེགས་པས་བསྒྲུས་ནས་ལུས་སྦྱིན་པར་བཏང་བ་དང་། དེར་ཆུ་ཀླུང་ལ་ཁྲུས་བྱས་ནས་ན་སྡིག་པ་འདག་པའི་གྲགས་པས་གལ་ཏེ་བྱིང་བའམ་འཚུབ་སྟེ་ཤི་ན་ལྷ་གནས་སུ་སྐྱེ་བའི་གྲགས་པས་བསྒྲུས་པས་དག་ཀྱང་སྣང་ངོ་། །རྒྱལ་པོ་ཚུལ་ཁྲིམས་ཉི་མས་ཀྱང་དེར་ཕེབས་ཏེ་ཐོག་མར་སྟོན་པའི་སྐུ་ཆེ་བ་ཞིག་གིས་སྣ་དྲངས། དེ་ནས་ནང་བའི་དགེ་འདུན་དེ་ནས་བྲམ་ཟེ་རིག་བྱེད་པ་འདུས་པ། དེ་ནས་མགོན་མེད་བཞི་ནི། ཆུང་ངུ་ནས་ཕ་མ་མེད་པའི་དྭ་ཕྲུག རྒས་ནས་བུ་ཤི་བ། རྒས་ཁར་ཕྱོ་ཤི་བའམ་ཤུག་ཤི་བ་བཞི་ལ་མགོན་མེད་བཞི་ཟེར་རྒྱ་ནག་གི་ཐ་སྙད་དོ། །དེ་ནས་ངན་སློང་གི་ཚོགས་རིམ་གྱིས་འཁྱེར་བའི་སྐྱེ་བོ་སྟོང་ཕྲག་དུ་མ་ལ་སོ་སོར་རེ་རེ་ནས་སྦྱིན་པ་རྣམ་བཞིས་ཡོངས་སུ་བསྐང་བར་མཛད། བཟའ་བཏུང་། གོས། མལ་ཆ། གསོས་སྨན་ཏེ་བཞི་ལ་ཟང་ཟིང་གི་སྦྱིན་པ་རྣམ་བཞི་ཟེར་རོ། །དེ་དག་རྫོགས་པ་དང་རྒྱལ་པོ་རང་ཉིད་ཕེབས་ཏེ་ལུས་ཀྱི་ལོངས་སྤྱོད་ཐམས་ཅད་དང་གཙུག་གི་ནོར་བུ་དང་། སྐུའི་དོ་ཤལ་གྱི་བར་ཆོམ་མེད་པར་བཏང་ནས། ཨ་ལ་ལ་ཧོཿ བདག་གི་ལོངས་སྤྱོད་ཡོ་བྱད་ཐམས་ཅད་མི་ཤིག་པའི་རྡོ་རྗེའི་གནས་མཛོད་གང་བར་བྱས་སོ་ཞེས་གསུངས་ཤིང་དགྱེས་པ་མཛད་དོ། །གཅིག་ཏུ་རྒྱལ་པོ་ཆོས་ལ་ཤིན་ཏུ་དགར་

པ་དང་གཉིས་སུ་ན་ཡུལ་ཆོས་གཏན་ཆགས་སུ་བརྟན་པས། རྒྱལ་པོ་ཚུལ་ཉིས་ཀྱང་དེ་ལྟར་མཛད་པའི་མུར་ཕྱོགས་གཞན་གྱི་རྒྱལ་ཕྲན་མང་པོས་ཀྱང་དེ་དང་མཐུན་པར་བྱེད་ཅིང་། འགའ་ཞིག་ལུས་ཀྱི་སྦྱིན་པ་བྱེད་ཟེར་ཞིང་ཆུར་ལྡེབས་པ་དང་ཟས་བཅད་ནས་འཆི་བ་ཡང་ཡོད་དོ། །མི་ལྟ་ཞོག་དུད་འགྲོའི་རིགས་སུ་གཏོགས་པའང་ལད་མོ་བྱེད་པ་མཆིས་ཏེ། རྒྱལ་པོ་ཚུལ་ཉིས་སྦྱིན་པ་བཏང་བའི་རྗེས་སུ་སྤྲེའུ་ཞིག་ཤིང་སྡུང་དུ་བསྐྱད་དེ་ཞག་དུ་མ་འདས་པ་ན་ལྟོགས་ཏེ་ཤི་བ་མཐོང་ངོ་། །ཆུ་ཀླུང་གི་ནང་ན་རྡོའི་ག་བ་རིང་པོ་ཞིག་ཡོད་པར་འགའ་ཞིག་གིས་རྟུལ་ཞུགས་སྤྱོད་ཟེར་ནས་ལུས་གཅེར་བུར་ཕྱུང་། རྐང་པ་གཅིག་ག་བའི་རྩ་བ་ལ་བརྟེན། ལག་པ་གཅིག་གི་ག་བ་ནས་བཟུང་། རྐང་པ་གཅིག་ཤོས་བསྐུམ་སྟེ་བར་སྣང་ལ་ཕྱར་ཏེ་མགུལ་བ་བརྐྱང་ནས་གཡས་སྐོར་གྱིས་ཉི་མས་དཀྱིལ་འཁོར་ལ་མིག་མི་འཛུམ་པར་སྣང་མིག་ཏུ་བལྟ་བའི་དཀའ་ཐུབ་ཀྱིས་གྲོལ་བ་ཐོབ་པར་འདོད་པ་སོགས་མཐའ་ཡས་བྱུང་ངོ་། །

ཀཽ་ཤམྦཱིའི་ཡུལ།

དེ་ནས་ལྷོ་ནུབ་ཀྱི་མཚམས་སུ་ནགས་ཚལ་ཆེན་པོའི་ནང་གླང་ཆེན་དང་སྟག་གཟིག་དོམ་དྲེད་སོགས་སེམས་ཅན་མ་རུངས་པས་གང་བ་མི་ཁུང་དུས་རྒྱུ་འགྲུལ་འགྲོ་འདུག་བྱེད་མི་རུང་བའི་གནས་ཤིག་འདུག་པ། དེ་ནས་ཡང་ནུབ་བྱང་ཕྱོགས་སུ་རྒྱང་གྲགས་ལྔ་བརྒྱ་ལྷག་ཕྱིན་པ་ན་ཀཽ་ཤམྦཱིའི་ཡུལ་ལོ། །དེའི་ཁོར་ཡུག་ལེ་བར་དྲུག་སྟོང་ལྷག གཞུང་མཁར་ཆེན་པོ་ཁོར་ཡུག་རྒྱང་གྲགས་སུམ་ཅུ་ལྷག་པ། ས་གཞི་ཤིན་ཏུ་གཤིན་པ་ནམ་དབུགས་རྫི་བ་འབྲས་རིགས་གསུམ་དང་བུར་ཤིང་མོད་པ། མིའི་རང་བཞིན་རྒོད་ཅིང་གཏུམ་པ་རྟུལ་ཕོད་ཆེ་བ་སློབ་གཉེར་ལ་དགའ་བ་ཆོས་ལ་ཆེས་

དགའ་བ། གཙུག་ལག་ཁང་བཅུ་ཕྲག་གཅིག་ལྷག་ཙམ་ལ་དགེ་འདུན་སུམ་བརྒྱ་ལྷག་ཐེག་དམན་སྐྱོད་པ་ཤ་སྟག་གནས་སོ། །ཕྱི་པའི་ལྷ་ཁང་ལྔ་བཅུ་ཙམ་ན་ཧི་ནྡི་ཀ་ཤིན་ཏུ་མང་བ་འདུག་གོ། །

༧ ཙན་དན་ལས་གྲུབ་པའི་སྟོན་པའི་སྐུ་བརྙན།

གྲོང་ཁྱེར་གྱི་ནང་ན་ལྕིང་ཁང་ཤིན་ཏུ་ཆེ་བ་དཔངས་སུ་ཁྲུ་དྲུག་ཅུ་ལྷག་ཙམ་གྱི་ནང་ན་བདག་ཅག་གི་སྟོན་པའི་སྐུ་བརྙན་ཙན་དན་ལས་གྲུབ་པ་དབུའི་ཐོག་ན་རྡོའི་གདུགས་བར་སྣང་ན་ཡོད་པའི་ཙན་དན་ཇོ་བོའི་སྐུ་ཚབ་ཡིན་ཟེར་བ་ཕྱོགས་ཕྱོགས་ནས་རྒྱལ་པོ་མང་པོས་སྤྱན་འདྲེན་པར་འདོད་པས་མི་མང་པོས་བཏེགས་ཀྱང་འདེགས་མ་ནུས་སོ། །དེ་ཡང་སྟོན་པ་སྐུ་བལྟམས་ནས་ཞག་བདུན་གྱི་ཐོག ཡུམ་སྒྱུ་མ་ལྷ་མཛེས་ཆེ་འཕོས་ནས་ལྷ་གནས་སུམ་ཅུ་རྩ་གསུམ་དུ་སྐྱེས་པ་དེ་ཉིད་ལ་ཆོས་སྟོན་པའི་ཕྱིར་གཤེགས་ནས། དེར་མིའི་ཟླ་བ་གསུམ་བཞུགས་པར། རྒྱལ་པོ་ཨུ་དྲ་ཡ་ནས་སྟོན་པ་དྲན་པས་མ་བཟོད་ནས་ཙན་དན་གཽ་ཤིརྵ་ལས་བཞེངས་པའི་སྐུ་བརྙན་ང་མ་ནི་ཙན་དན་ཇོ་བོའི་ལོ་རྒྱུས་སུ་གསལ་བ་ལྟར་དང་། སྐུ་བརྙན་འདི་ནི་དེའི་ཚབ་མ་ཡིན་ནོ། །བཞེངས་མཁན་ནི་ལོ་རྒྱུས་སུ་མ་མཐོང་ངོ་། །གྲོང་ཁྱེར་ནང་ཤར་ལྷོའི་མཚམས་སུ་ཁྱིམ་བདག་ཀོ་ཤ་ལའི་ཁྱིམ་ཤུལ་དེར་སྟོན་པའི་དབུ་སྐྲ་དང་ཕྱག་སེན་བཞུགས་པའི་མཆོད་རྟེན་ཡོད་དོ། །

༢ གོ་ས་ལའི་དང་དབྱིག་གཉེན། ཐོགས་མེད་བཅས་ཀྱི་རྗེས་ཤུལ།

གྲོང་ཁྱེར་གྱི་ཕྱི་རོལ་ཏུ་ཤར་ལྷོའི་མཚམས་སུ་མི་རིང་བར་ཁྱིམ་བདག་གོ་ས་ལའི་སྐྱིད་མོས་ཚལ་གྱི་ཤུལ་ཡིན་ཟེར་བའི་ས་ན་གཙུག་ལག་ཁང་ཞིག་དང་། དེར་རྒྱལ་པོ་མྱ་ངན་མེད་ཀྱིས་བཞེངས་པའི་མཆོད་རྟེན་དཔངས་སུ་ཁྲུ་ཉིས་བརྒྱ་ལྷག་དང་། འདས་པའི་སངས་རྒྱས་བཞིའི་བཞུགས་ཁྲི་རྡོ་ལས་གྲུབ་པ་དང་། རྗེས་བཀོད་དུ་མ་ཡང་སྣང་ངོ་། །གཙུག་ལག་ཁང་དེའི་ཤར་ལྷོའི་མཚམས་སུ་སོ་ཕག་གི་ཁང་པ་ཤིན་ཏུ་ཆེ་བ་ཞིག་ཡོད་པ་ནི། སློབ་དཔོན་ཆུབ་སེམས་དཔའ་དབྱིག་གཉེན་བཞུགས་ཏེ། སེམས་ཙམ་གྱི་བསྟན་བཅོས་མཛད་དེ་ཐེག་ཆུང་སུན་ཕྱུང་ལྷ་སྟེགས་ཚར་བཅད་པར་མཛད་དོ། །དེའི་ཤར་ཡོགས་སུ་ཨ་མྲའི་ནགས་ཚལ་ཆེན་པོ་ན། སློབ་དཔོན་ཆུབ་སེམས་དཔའ་ཐོགས་མེད་བཞུགས་ཤིང་བྱམས་ཆོས་སྡེ་ལྔ་ཡི་གེར་བཀོད་པའི་གནས་སོ། །གྲོང་ཁྱེར་གྱི་ལྷོ་ནུབ་མཚམས་སུ་ལི་བར་བརྒྱད་དགུ་ཙམ་ན་གདུག་པ་ཅན་གྱི་ཀླུའི་རྡོ་ཁྲུང་གི་ཀླུ་སློབ་སྟོན་པས་བཏུལ་ཟེར་རོ། །དེའི་ཡོགས་སུ་ཨ་ཤོ་ཀས་བཞེངས་པའི་མཆོད་རྟེན་སྲིད་དུ་ཁྲུ་ཉིས་བརྒྱ་ལྷག་པ་དང་། གཞན་ཡང་སྟོན་པའི་རྗེས་བཀོད་འགའ་ཞིག་སྐྱེ་བོས་མཐོང་ན་རང་དབང་མེད་པར་དད་པ་དང་བྱམས་པ་སྐྱེས་ཏེ་མིག་ནས་མཆི་མ་འཚོར་བ་དང་། ནད་པས་བྱིན་རླབས་ཞུས་པས་བདེ་བར་འགྱུར་བའི་ངོ་མཚར་ཅན་དུ་མ་བཞུགས་སོ། །

༣ ཀ་ཙ་པུ་རའི་གྲོང་ཁྱེར་དང་དཔལ་ལྡན་ཆོས་སྐྱོང་གིས་མུ་སྟེགས་པ་བཏུལ་བའི་སྐོར།

ཀླུ་ཁུང་གི་བྱང་ཤར་མཚམས་རྒྱང་གྲགས་བདུན་བརྒྱ་ཕྱིན་ཏེ་ཆུ་བོ་གངྒཱ་བརྒལ་བ་ནི་ཀ་ཙ་པུ་རའི་གྲོང་ཁྱེར། དེའི་མཐའ་སྐོར་རྒྱང་གྲགས་བཅུ་ཕྲག་གཅིག་ལྷག་པ་ལ་མི་ཁྱིམ་གྱིས་གཏམས་པ། ཐམས་ཅད་ཕྱུག་པ་ནོར་གྱི་ནོམ་ཆེ་བ། ལོགས་ཤིག་ན་གཙུག་ལག་ཁང་རྙིང་པའི་ཤུལ་དུ་ཁང་པ་ཞིག་ཡོད་པ་དགྲ་བཅོམ་པ་དཔལ་ལྡན་ཆོས་སྐྱོང་གིས་མུ་སྟེགས་པ་བཏུལ་བའི་གནས་ཡིན་ཟེར་རོ། །དེའི་ལོ་རྒྱུས་ནི། ལན་ཅིག་ཀོཾ་ཤམྦྷིའི་རྒྱལ་པོ་ཕྱི་རོལ་བར་ཤིན་ཏུ་མགུ་བར་གྱུར་བའི་སྐབས་ཤིག་རིག་པ་རྡོ་བའི་མུ་སྟེགས་པ་མང་དུ་ཐོས་པ་སྤོབས་པ་ཆེ་བ་ཞིག་རྒྱལ་པོ་གྲོགས་སུ་སྦྲན་ནས་ནང་པའི་བསྟན་པ་བསྣུབ་པར་ཁས་བླངས། ལོག་པའི་བསྟན་བཅོས་སློ་ཀ་སྟོང་ལོངས་པ་ཚིགས་སུམ་ཁྲི་ཉིས་སྟོང་ཡོད་པ་ཞིག་བྱས་ནས། རྒྱལ་པོ་དབང་དུ་བཞག་ནས་ནང་པ་དང་རྩོད་ཟེར་བ་ན། ནང་པའི་པཎྜི་ཏ་རྣམས་ཞུམ་པར་གྱུར་པ་ན་དཔལ་ལྡན་ཆོས་སྐྱོང་དེ་དུས་དགུང་ལོ་བཅུ་གཉིས་བཞེས་པ་བྱུང་སྟེ་རྩོད་པར་འདོད་གསུངས་པས་ཐམས་ཅད་ཚོགས་ཏེ། ཁ་འཆམ་པར་ནང་པ་རྒྱལ་ན་ཕྱི་རོལ་པས་ཚུར་བཏུད་ཅིང་གྲུབ་མཐའ་ལ་འཇུག ཕྱི་རོལ་པ་རྒྱལ་ན་པཎྜི་ཏའི་ལྟེ་གཅོད་པར་བཅས་ནས་རྒྱལ་པོ་དབུས་དང་གཡས་གཡོན་གཉིས་སུ་ཕྱི་པ་ནང་པ་གཉིས་བསྡད་ནས། མུ་སྟེགས་པས་ཐོག་མར་རྩོད་པ་རང་གིས་བརྩམས་པའི་ཆོས་གཞུང་སྐད་གསེང་མཐོན་པོས་བརྗོད་དེ། དེ་ནས་དེའི་འགྲེལ་བ་ཁོ་རང་གི་ལུགས་ལྟར་བཀྲལ་ལོ། །དེ་རྗེས་ནང་པས་བཀོལ་བའི་རེས་ལ་བབས་པ་ན་པཎྜི་ཏས་ཁོས་བྱས་པའི་རྩ་བ་དེ་ཁོ་ན་ལྟར་བརྗོད་ནས། འགྲེལ་བའི་སྐབས་ནང་པའི་གྲུབ་མཐའ་ཁོ་ན་ལྟར་མཛད་ཅིང་སྒྲ་སྦྱོར་

ཀྱང་གཞུང་དང་མཐུན་ཞིང་སྣ་ཡང་མ་ལོག་པས་ཨུ་རྒྱན་པ་རྨེག་མེད་དུ་ཕམ་སྟེ་ཁོ་རང་ངོ་མཚར་སྐྱེས་ཤིང་། རང་གི་ལྟེ་གཅོད་པར་བརྩམས་པ་ན་སློབ་དཔོན་གྱིས་བཀག་སྟེ་ནང་པའི་བསྟན་ལ་བཙུད་དོ། །དེའི་ཕོགས་ན་སྟོན་པའི་དབུ་སྐྲ་དང་ཕྱག་སེན་བཞུགས་པའི་མཆོད་རྟེན་རྒྱལ་པོ་ཨ་ཤོ་ཀས་བཞེངས་པ་རྨང་གཞི་ཙུང་ཞིག་ཀྱང་མཆོད་རྟེན་གྱི་ཕུང་པོ་ཁྲུ་ཉིས་བརྒྱ་ལྷག་པ། དེ་སྟོན་པ་ཞལ་བཞུགས་དུས་ཟླ་བ་དྲུག་གི་རིང་ཆོས་གསུངས་པའི་གནས་ཡིན་ཟེར་རོ། །

བི་སུ་ཀཱ་པའི་ཡུལ།

དེའི་བྱང་ཕྱོགས་སུ་རྒྱང་གྲགས་བརྒྱ་ཕྲག་གཅིག་དང་བཅུ་ཕྲག་བདུན་བརྒྱད་ཙམ་ཕྱིན་པ་ན་བི་སུ་ཀཱ་པའི་ཡུལ་ལོ། །དེའི་ཐ་གྲུར་རྒྱང་གྲགས་བཞི་སྟོང་ལྷག་ཡོད་དོ། །དབུས་ཀྱི་མཁར་ཆེན་ཁོར་ཡུག་ཏུ་ལི་བར་བཅུ་དྲུག་ཡོད། ནམ་དབྱུགས་དྲོ་ཞིང་ས་གཤིན་པ་གྲུས་མ་སོགས་འབྲུ་སྣ་ཚོགས་འདེབས་སོ། །ཤིང་ཏོག་དང་མེ་ཏོག་སྣ་ཚོགས་འཁྲུངས་པ་མིའི་རང་བཞིན་དྲང་ལ་གསུང(གཡུང)བ། སྟོན(ཡོན་ཏན)སློབ་པ་ལ་དགའ་ཞིང་བརྩོན་འགྲུས་ཆེ་བ། གཙུག་ལག་ཁང་ཉི་ཤུ་ལྷག་པར་དགེ་འདུན་སུམ་སྟོང་ལྷག་ཚོ་པ་ཐམས་ཅད་གནས་བརྟན་སྡེ་པ་པའོ། །ཕྱི་པའི་ལྷ་ཁང་ལྔ་བཅུ་ལྷག་ལ་ཨུ་རྒྱིགས་པ་ཤིན་ཏུ་མང་བ་གནས་སོ། །

གྲོང་ཁྱེར་ཉེ་འདབས་ཀྱི་རྗེས་ཤུལ།

གྲོང་ཁྱེར་གྱི་ལྷོ་ངོས་སུ་ལམ་གྱི་གཡོན་རོལ་ན་གཙུག་ལག་ཁང་ཆེན་པོ་ཞིག་ཡོད་པ། སྔོན་དགྲ་བཅོམ་པ་དེ་བ་ས་ན་སྐྱེ་ལྷ་སྐྱེ་ཞེས་པས་རྣམ་ཤེས་ཀྱི་ཕུང་པོ་ཟེར་བའི་བསྟན་བཅོས་མཛད་དེ་བདག་དང་གཞན་མེད་པར་བསྟན་ནོ། །དགྲ་བཅོམ་པ་གོ་བ་ཞེས་བྱ་བས་བསྟན་པའི་སྟོམ་ཚིག་ཡང་དག་པ་ཞེས་པའི་བསྟན་བཅོས་མཛད་དེ་བདག་དང་གཞན་ཡོད་པར་བསྟན་ཏེ་དེ་གཉིས་ཀྱི་རྗེས་འབྲང་ཕན་ཚུན་རྩོད་པར་གྱུར་ཏོ། །ཡང་དགྲ་བཅོམ་པ་ཆོས་སྐྱོབ་ཀྱིས་འདིར་ཞག་བདུན་བཞུགས་ཏེ་ཐེག་དམན་སུན་དབྱུང་བར་མཛད་དོ། །དེར་རྒྱལ་པོ་ཨ་ཤོ་ཀས་བཞེངས་པའི་མཆོད་རྟེན་ཁྲུ་ཉིས་བརྒྱ་ཡོངས་པ། སྔོན་སྟོན་པ་ཞལ་འཚོ་སྐབས་གནས་འདིར་ལོ་དྲུག་གི་རིང་བཞུགས་ནས་ཆོས་བསྟན་ཟེར་བ་དང་། ཡང་བཅོམ་ལྡན་འདས་ཀྱི་ཚེམས་ཤིང་བཙུགས་པ་ལས་སྐྱེས་པའི་ལྗོན་པ་སྲིད་དུ་ཁྲུ་བདུན་བརྒྱད་ཡོད་པ་ལོ་འདབ་སྔོན་མི་བྲུལ་འཕེལ་འགྲིབ་མི་མངའ་བས་ངོ་མཚར་ཆེ་བ། མུ་སྟེགས་པ་འགའ་ཞིག་གིས་སྤ་རེས་བཅད་ཀྱང་མི་འགྱངས་བར་འཚོབ་པར་གྱུར་བ་ཡོད་དོ། །དེ་དང་མི་རིང་བར་འདས་སངས་བཞིའི་བཞུགས་ཁྲི་སོགས་དང་། བདག་ཅག་གི་སྟོན་པའི་དབུ་སྐྲ་ཕྱག་སེན་བཞུགས་པའི་མཆོད་རྟེན་རྣམས་ཡོད་དོ། །

ས་བཅད་དྲུག་པ། ཡུལ་བཞི།

ཤ་ར་ཝ་སྟིའི་ཡུལ།

དེ་ནས་བྱང་ཤར་མཚམས་རྒྱང་གྲགས་ལྔ་བརྒྱ་ལྷག་ཕྱིན་པ་ན་ཤ་ར་ཝ་སྟིའི་ཡུལ། ཤ་ར་ཝ་ས་སྟི་མཉན་དུ་ཡོད་པ་ཞེས་པ་ཁོར་ཡུག་ཏུ་རྒྱང་གྲགས་དྲུག་སྟོང་ལྔི་བའི་མཁར་ཆེན་པོའི་ཁོར་ཡུག་ཏུ་རྒྱང་གྲགས་ཉི་ཤུ་ཡོད་པ་ཞིག་རལ་ཆེ། ནང་གི་རྒྱལ་ཁབ་ཤིག(ཞིག)ནས་མེད། འོན་ཀྱང་མི་ཁྱིམ་ཐོར་བུ་ཡོད་པས་གཞི་ནི་གཤེར་ཆེ་བ་འབྲུ་སོགས་འབྲུ་རིགས་འདེབས་པ། མིའི་རང་བཞིན་དུལ་བ་དབང་པོ་རྣོ་བ་སློབ་གཉེར་ལ་དགའ་བ། གཙུག་ལག་ཁང་གོག་པོ་བརྒྱ་ཕྲག་དུ་མ་ཡོད་ཀྱང་ཉན་ཐོས་གནས་བརྟན་སྡེ་པའི་དགེ་འདུན་ཤིན་ཏུ་ཉུང་དུ་བཞུགས་སོ། །ཕྱི་རོལ་པའི་ལྷ་ཁང་བརྒྱ་ཕྲག་གཅིག་ལ་མུ་སྟེགས་པ་མང་པོ་གནས་སོ། །

༡ མགོན་མེད་ཟས་སྦྱིན་གྱི་བཞུགས་ཁང་གི་ཤུལ།

དེ་ནི་སྟོན་སྟོན་པ་ཞལ་བཞུགས་པའི་དུས་ཀྱི་རྒྱལ་པོ་གསལ་རྒྱལ་གྱི་གྲོང་ཁྱེར་རོ། །ཕོ་བྲང་ནང་ན་རྒྱལ་པོ་གསལ་རྒྱལ་གྱི་ཁང་ཤུལ་དང་། དེའི་གཡོན་རོལ་ན་སྟོན་པའི་ཆོས་ཁྲིའི་ཤུལ་ན་མཆོད་རྟེན་ཞིག་ཕྱིས་སུ་བཞེངས་པ་དང་། དེའི་ཡོགས་ཤིག་ན་གཙུག་ལག་ཁང་རྙིང་པ་ཅིག་གི་ཤུལ་ནི་སྐུ་སྐྱེ་དགུའི་བདག་མོའི་བཞུགས་

གནས་ཡིན་ཟེར་བ་དང་། ཡང་ཤར་ཕྱོགས་སུ་ཁྲིམ་བདག་མགོན་མེད་ཟས་སྦྱིན་གྱི་བཞུགས་ཁང་གི་ཤུལ་དང་། དེར་མཆོད་ཆེ་བ་ཞིག་དང་། སོར་འཕྲེང་ཅན་གྱི་ཁང་རྙིང་གི་ཤུལ་དང་། དེའི་ལོ་རྒྱུས་ནི་སོར་མོའི་འཕྲེང་བ་ལ་ཕན་པའི་མདོར་གསལ་བ་ལྟར་རོ། །

༢ རྒྱལ་བྱེད་ཚལ་གྱི་ཤུལ།

གྲོང་ཁྱེར་གྱི་ལྷོ་ངོས་ལ་རྒྱང་གྲགས་བཞི་ལྷ་ཙམ་གྱི་སར་རྒྱལ་བྱེད་ཚལ་གྱི་ཤུལ་དུ་རྫོན་གཙུག་ལག་ཁང་ཆེན་པོ་ཞིག་ཡོད་པ་ད་ལྟ་ཞིག་རལ་གྱིས་ཤུལ་ཙམ་ལས་མེད་དོ། །གྲོང་ཁྱེར་གྱི་ཤར་སྒོའི་གཡས་གཡོན་གྱི་ཕྱོགས་གཉིས་སུ་རྡོའི་ཀ་བ་རེ་རེ་སྲིད་དུ་ཁྲུ་བདུན་ཅུ་ལྷག་ཙམ་ཡོད་པའི་དངོས་བཀྲ་ཤིས་པའི་རི་མོ་བཀོས་ཤིང་། གཡས་མའི་སྟེང་ན་བ་གླང་ཞིག་བཀོས་པ་སྣང་ངོ་། །གྲོང་ཁྱེར་གྱི་ཕྱི་རོལ་ནས་སོ་ཕག་གི་ཁང་པ་ཤིན་ཏུ་ཆེ་བ་གཅིག་གི་ནང་ན་སྐུ་བརྙན་ཆེན་པོ་ཞིག་ཡོད་པ་ནི། སྔོན་སྟོན་པ་ལྷ་ལས་བབས་གྲུབ་པ་ན་རྒྱལ་པོ་གསལ་རྒྱལ་གྱིས་རྒྱལ་པོ་ཨུ་དྲ་ཡ་ནས་ཙནྡ་ནའི་སྐུ་བཞེངས་པ་ཐོས་ཏེ་གསེར་ཟངས་ལས་སྐུ་བརྙན་འདི་བཞེངས་པར་གྲགས་སོ། །རྒྱལ་བུ་རྒྱལ་བྱེད་ཀྱི་ཚལ་མགོན་མེད་ཟས་སྦྱིན་གྱི་ཀུན་དགའ་ར་བ་ཟེར་བའི་ལོ་རྒྱུས་ནི་མདོ་སྡེ་མཛངས་བླུན་ན་གསལ་ལོ། །

༣ སྟོན་པས་དགེ་སློང་ནད་པ་ལ་ཁྲུས་གནང་བའི་ལོ་རྒྱུས།

དེའི་ཤར་ཕྱོགས་ན་སྟོན་པས་དགེ་སློང་ནད་པ་ལ་ཁྲུས་གནང་བའི་གནས་སུ་བཞེངས་པའི་མཆོད་རྟེན་ཞིག་ཡོད་པ། དེའི་ལོ་རྒྱུས་ནི་དགེ་སློང་ཞིག་ནད་ཀྱིས་

བཏབ་པས་འགྲུལ་བསྐྱོད་མི་ནུས་པ། བཅོམ་ལྡན་འདས་དེའི་དྲུང་དུ་གཤེགས་ནས་ཅི་ཉེས་དྲིས་པས། གསོལ་བ་བདག་བྱིས་པའི་དུས་ནད་ཀྱིས་ཐེབས་པས་གཙོང་ཅན་ཞིག་སྨེ་ལེ་ལོ་ཆེ་བ་ཟུག་རྔུ་མི་བཟོད་པ་ལགས་ཏེ་ནད་རོ་འཕར་བས་མི་བཟོད་ཅིང་ནད་གཡོག་མེད་པས་སྡུག་བསྔལ་པར་གྱུར་ཏོ། །ཞེས་གསོལ་བ་དང་། བཅོམ་ལྡན་འདས་ཀྱིས་ན་སར་ཕྱག་གིས་མཉེལ་ཞིང་བྱིན་གྱིས་བརླབས་པས་ཞི་བདེ་ཐོབ་པོ། །བཅོམ་ལྡན་འདས་ཀྱིས་ནད་པའི་མཆན་འོག་ནས་བསྐྱུར་ནས་ཁང་པའི་ཕྱིར་བཏོན་ཏེ་བཤང་གཅི་བྱེད་དུ་བཅུག་ནས་ཡན་ལག་ལྷུ་བཀྲུས་ཏེ་གོས་གསར་བ་བརྗེས་ཏེ། བཀའ་བསྩལ་བ། ཚེ་དང་ལྡན་པ་བརྩོན་འགྲུས་རྩོམས་ཤིག་གི་བསྐུལ་ཚིག་གནང་བས། དགེ་སློང་དེས་སྟོན་པའི་བཀའ་དྲིན་བསམ་ཞིང་བཀའ་ནོད་པས་སེམས་དགའ་ཞིང་གཟུགས་ཕུང་བ་བདེ་བ་ཐོབ་པོ། །

༨ ཤཱ་རིའི་བུ་དང་མོའུ་འགལ་གྱི་བུས་རྫུ་འཕྲུལ་གནང་ས་དང་སྟོན་པའི་རྗེས་ཤུལ།

རྒྱལ་བྱེད་ཚལ་གྱི་ནུབ་བྱང་མཚམས་ན། མོའུ་འགལ་གྱི་བུའི་རྫུ་འཕྲུལ་གྱི་ཐུགས་རྒྱལ་ཆག་པའི་གནས་ཡོད་དོ། །དེར་མཆོད་རྟེན་ཆུང་བ་ཞིག་ཡོད་པ་དེའི་ལོ་རྒྱུས་ནི། སྟོན་བཅོམ་ལྡན་འདས་མཚོ་མ་དྲོས་པར་གཤེགས་པ་ན་འཁོར་རྣམས་ཀྱང་ཕྱི་བཞིན་འབྲངས་ཏེ་དེར་སླེབས་པ་ན། ཤཱ་རིའི་བུ་མ་གཏོགས་མ་སླེབས་པས། སྟོན་པས་ཤཱ་རིའི་བུ་བོས་ཤིག་ཅེས་མོའུ་འགལ་གྱི་བུ་ལ་བཀའ་བསྩལ་བ་ལྟར་ཕྱིན་ཏེ་བོས་པ་ན། ཤཱ་རིའི་བུ་གོས་ལ་ལྷན་པ་རྒྱབ་ཀྱིན་འདུག་པས་རེ་ཞིག་སྒུག་ཞིག་ལྷག་མ་རྫོགས་པ་དང་འགྲོའོ་ཟེར་བས། མོའུ་འགལ་གྱི་བུས་ཁྱོད་རིངས་པར་མི་འབྱོན་ན། བདག་གི་རྫུ་འཕྲུལ་གྱིས་རྗེ་ཁང་བཅས་བཏེགས་ནས་ཁྱེར་རོ་ཟེར། དེར་ཤཱ་རིའི་བུས་

མདུན་དུ་སྐེ་རགས་བཞག་ཡོད་པ་དེ་བཏེགས་ནས་སྟོན་ལ་སོང་ཞིག་ཟེར་བ་ལྟར་སྐེ་རགས་བཏེགས་པས་བསྐྱུལ་པར་མ་ནུས་སོ། །དེ་དུས་ས་རྣམ་པ་དྲུག་ཏུ་གཡོས་སོ། །དེ་ནས་མོའུ་འགལ་གྱི་བུའི་རྫུ་འཕྲུལ་གྱི་རྩལ་ནི་ཤེས་རབ་ཀྱི་རྩལ་གྱི་ཆར་ཡང་མི་ཕོད་དོ་ཟེར་ཞིང་སྟོན་པའི་གམ་དུ་ཕྱིན་པ་ན། ཤཱ་རིའི་བུ་སྔར་འོངས་ཏེ་སྟོན་པའི་དྲུང་ན་འདུག་སྐད་དོ། །དེའི་ལོགས་ཤིག་ན་སྟོན་པ་ཞལ་འཚོ་དུས་སྐྱེམས་བཞེས་པ་དང་ཞལ་ཕྱག་འཁྲུ་བ་རྒྱུན་པར་མཛད་པའི་ཁྲོན་པ་ཞིག་ཡོད་པར་རྒྱལ་པོ་མྱ་ངན་མེད་ཀྱིས་བཞེངས་པའི་མཆོད་རྟེན་རིང་བསྲེལ་གྱི་སྙིང་པོ་ཅན་ཞིག་འདུག་གོ། །དེ་བྱིན་རླབས་ངོ་མཚར་ཅན་ཏེ། སྐབས་སྐབས་སུ་ལྷའི་ཟ་དང་རོལ་མོའི་སྒྲ་སྒྲོགས་པ་དང་། ལྷའི་དྲི་ངད་བྲོ་བ་ཡོད་དོ། །

༥ གཙུག་ལག་ཁང་ཉེ་འཁོར་དུ་ས་གཞོང་ཆེན་པོ་གསུམ་གྱི་ལོ་རྒྱུས།

གཙུག་ལག་ཁང་དེའི་རྒྱབ་ལོགས་སུ་མི་རིང་བར་ཕྱི་རོལ་པ་ཞིག་གིས་སྨད་འཚོང་མ་བསད་ནས་བཅོམ་ལྡན་འདས་ལ་སྐུར་འདེབས་གསོལ་བའི་གནས་ཤིག་ཡོད་དོ། །དེའི་ལོ་རྒྱུས་ནི། སྟོན་བཅོམ་ལྡན་འདས་ལ་ལྷ་དང་མི་རྣམས་ཀྱིས་རེ་ལྟོས་ཆེ་ཞིང་བླ་ན་མ་མཆིས་པར་གྱུར་པ་ན། མུ་སྟེགས་པ་ལོག་སྲིད་ཅན་གྱིས་ཕྲག་དོག་གིས་མ་བཟོད་པར་སྨད་འཚོང་མ་ཞིག་ཆོས་མཉན་དུ་འཇུག་པའི་བསླད་ཀྱིས་བསླུས་ཏེ་ཚོགས་ཀྱི་ནང་དུ་གསང་ནས་བསད་དོ། །རྒྱལ་པོ་གསལ་རྒྱལ་བློན་འབངས་ཀུན་ལ་གཏམ་ངན་བསྒྲགས་པ་ན། བར་སྣང་ནས་ལྷ་རྣམས་ཀྱིས་མུ་སྟེགས་ངན་པས་བཅོམ་ལྡན་འདས་ལ་ཚིག་ངན་གྱི་སྐུར་བ་འདེབས་སུ་མ་འཇུག་ཅིག་ཅེས་པའི་སྒྲ་བྱུང་ངོ་། །གཙུག་ལག་ཁང་དེའི་ཤར་དུ་གོམ་པ་བརྒྱ་ལྷག་ཙམ་གྱི་སར་ས་གཞོང་ཆེན་པོ་

ཡོད་པ་ནི་ལྷས་བྱིན་གསོན་པོར་མནར་མེད་དུ་ལྷུང་བའི་གནས་ཡོད་དོ། །ལོ་རྒྱུས་ནི། ལྷས་བྱིན་ནི། རྒྱལ་པོ་བྲེའོ་ཟས་ཀྱི་བུ་སྟེ་དེ་བརྩོན་འགྲུས་ཀྱིས་ལོ་བཅུ་གཉིས་རིང་མདོ་སྡེ་བརྒྱད་ཁྲི་བློར་བཟུང་ཞིང་ཁ་ཏོན་དུ་བྱེད་ལ། ཕྱིས་རྙེད་བཀུར་གྱི་ཕྱིར་དུ་བཅོམ་ལྡན་འདས་ལ་གདམས་ངག་ཞུས་ནས་སློབ་པས་རྫུ་འཕྲུལ་ཐོབ་སྟེ་ཁོ་རང་ལ་མཚན་བཟང་སུམ་ཅུ་ཡོད་པས་སྟོན་པ་ལ་འགྲན་སེམས་སྐྱེས་ཤིང་། དགེ་འདུན་དབྱེན་བྱས་པས་མོའུ་འགལ་གྱི་བུས་བཅོམ་ལྡན་འདས་ཀྱི་བཀའ་མནོས་ཏེ་ཁོ་བའི་རྫུ་འཕྲུལ་ཉམས་པར་མཛད་དེ། དགེ་འདུན་དབྱེ་བ་བསྡུམ་པར་མཛད་དོ། །ཡང་མི་དགེ་བའི་བཤེས་ཀྱི་གྲོགས་བྱས་ཏེ་རིག་དུག་མི་བཟད་པ་སེན་མོའི་སྦུབ་ཏུ་བཅུག་སྟེ་བྱ་བའི་སྐད་ཀྱིས་བཅོམ་ལྡན་འདས་ཀྱི་སྐུ་ལ་བསྐུས་པའི་རྣམ་པར་སྨིན་པས་ས་གས་ཏེ་གསོན་པོར་དམྱལ་བར་ལྷུང་བར་གྱུར་ཏོ། །དེའི་ལྷོ་ངོས་སུ་ཡང་ས་གཤོང་ཆེན་པོ་ཞིག་སྣང་སྟེ་དགེ་སློང་ཀོ་ཀ་ལི་ཀས་སྟོན་པ་ལ་གཏན་ནས་མ་རངས་པས་ན་རག་ཏུ་གསོན་པོར་ལྷུང་བའི་གཤོང་བུ་ཡིན་ནོ། །དེའི་ལྷོ་ཕྱོགས་སུ་གོམ་པ་བརྒྱད་བརྒྱ་ན་མུ་སྟེགས་མོ་དམྱལ་བར་ལྷུང་བའི་གཤོང་བུ་ཡོད་དོ། །དེའི་ལོ་རྒྱུས་ནི་ནང་པར་མི་དད་པའི་ཕྱི་རོལ་པ་བྲམ་ཟེ་མོ་ཞིག་གིས་ཤིང་གི་གཞོང་པ་ཞིག་པང་དུ་བཅངས་ནས་རྒྱལ་བྱེད་ཚལ་དུ་ཕྱིན་ཏེ་ཚོགས་པའི་ནང་དུ་སྐད་ཆེན་པོས། དགེ་སློང་གཽ་ཏ་མ་དགེ་སློང་གི་ཚུལ་ལས་ཡོངས་སུ་ཉམས་པ་ལགས་པ་ངོ་མི་ཚ་བར་ཚོགས་པའི་མགོ་བོ་བསྐོར་རམ། འདི་ནི་ཁྱོད་ཀྱི་བུ་མིན་ནམ་ཞེས་བསྒྲགས་པ་ན། བརྒྱ་བྱིན་གྱིས་བྱི་བ་ཞིག་ཏུ་སྤྲུལ་ནས་སྐད་གཡོག་གི་བཅིངས་ཐག་མུར་ནས་བཅད་པས་གཞོང་པ་ས་ལ་ལྷུང་སྟེ་ས་ཆེན་པོ་གཡོས་སོ། །དེ་ནས་མི་ཞིག་གིས་གཞོང་པ་དེ་བླངས་ཏེ་ཁྱོད་ཀྱི་བུ་འདི་ཡིན་ནམ། ཞེས་དྲིས་ཤིང་ཁྲེར་ཞིག་ཅེས་གཏད་པས། བྲམ་ཟེ་མོ་ཤིན་ཏུ་ངོ་ཚ་བའི་ངང་ལ་ས་གས་ཏེ་ན་རག་ཏུ་གསོན་པོར་ལྷུང་བར་གྱུར་ཏོ། །ས་གཤོང་འདི་གསུམ་ལ་དབྱར་གྱི་དུས་སུ་ཆར་ཆུ་ཅི་ཙམ་ཆེ་ཡང་ཆུས་མི་ཁེངས་སོ། །

༨ དྲི་གཙང་ཁང་གི་གྲིབ་མས་ཕྱི་པའི་ལྷ་ཁང་སྒྲིབ་པའི་སྐོར།

གཙུག་ལག་ཁང་དེའི་ཤར་ངོས་སུ་དྲི་གཙང་ཁང་མཐོན་པོ་ཁྲུ་དྲུག་ཙུ་ལྷག་ཡོད་པའི་ནང་དུ་ཐུབ་པའི་སྐུ་བརྙན་ཞལ་ཤར་ཕྱོགས་སུ་གཟིགས་པ་ཞིག་ཡོད། སྔོན་སྟོན་པ་ཞལ་འཚོ་བའི་དུས་ཕྱི་རོལ་པ་རྣམས་དང་བགྲོ་གླེང་གནང་བའི་གནས་ཡིན་ཟེར་རོ། །དེའི་ཡང་ཤར་ངོས་སུ་ཕྱི་པའི་ལྷ་ཁང་གཅིག་ཆེ་ཆུང་མཐོ་དམའ་དྲི་གཙང་ཁང་དང་ཚད་མཉམ་པ་ཡོད་ཀྱང་ཉི་མ་ཤར་དུས་གྲིབ་མ་དྲི་གཙང་ཁང་ལ་མི་ཕོག་ཅིང་། ནུབ་དུས་དྲི་གཙང་ཁང་གི་གྲིབ་མས་ཕྱི་པའི་ལྷ་ཁང་སྒྲིབ་སྟེ་འདུག་པ་ངོ་མཚར་བ་ཞིག་སྣང་ངོ་། །

༩ རྒྱལ་པོ་འཕགས་སྐྱེས་ཀྱི་ལོ་རྒྱུས་སྐོར།

དེའི་ཤར་ཕྱོགས་སུ་རྒྱང་གྲགས་གསུམ་བཞི་ཙམ་གྱི་སར་འཕགས་པ་ཤཱ་རིའི་བུས་མུ་སྟེགས་ཕམ་པར་མཛད་པའི་གནས་སུ་བཞེངས་པའི་མཆོད་རྟེན་དང་། རྒྱལ་པོ་འཕགས་སྐྱེས་པོས་ཤཱཀྱ་རྣམས་ལ་དམག་དྲངས་ཏེ་ལམ་བར་དུ་སྟོན་པ་མཐོང་ནས་ཕྱིར་ལོག་པའི་སར་བཞེངས་པའི་མཆོད་རྟེན་དང་མཐའ་ལོགས་སུ་ཤཱཀྱ་རྣམས་སྡུག་བསྔལ་བར་གྱུར་བའི་གནས་སུ་བཞེངས་པའི་མཆོད་རྟེན་ཡོད་དོ། །དེ་ནས་འཕགས་སྐྱེས་པོས་ཤཱཀྱ་རྣམས་བསད་པ་ན་ཤཱཀྱ་མོ་རྣམས་ཕྱོགས་གཅིག་ཏུ་དྲིལ་ཏེ་འཕགས་སྐྱེས་པོ་དྲག་རིགས་དམན་པ་ཞེས་གཤེགས་པ་འཕགས་སྐྱེས་པོས་ཐོས་ནས་ཁྲོས་ཤིང་འཁྲུགས་ཏེ་བཤན་པ་སྒོ་བས་ཤཱཀྱ་མོ་རྣམས་ཀྱི་ཡན་ལག་བཅད་པ་ན། ཤཱཀྱ་མོ་རྣམས་ཀྱིས་བཅོམ་ལྡན་འདས་ཀྱི་མཚན་ནས་བརྗོད་ཅིང་སྙི་སྡུགས་བཏོན་

པས། སྟོན་པས་དགེ་སློང་གཅིག་བཏང་ནས་ཆོས་བཤད་པས་ཤཱཀྱ་མོ་རྣམས་ཀྱི་སྒྲིབ་པ་དག་སྟེ་དུས་གཅིག་ལ་ཚེ་འདས་ནས་ལྷ་གནས་སུ་སྐྱེས་སོ། །དེར་བརྒྱ་བྱིན་གྱིས་བྲམ་ཟེ་ཞིག་ཏུ་སྤྲུལ་ནས་ཤཱཀྱ་མོ་རྣམས་ཀྱི་རུས་པ་ཕྱོགས་གཅིག་ཏུ་བསྡུས་ནས་མེས་སྦྱངས་ཏེ། ཐལ་བ་སྦྱངས་པའི་སྟེང་དུ་ཕྱི་རབས་པ་རྣམས་ཀྱིས་ཐོ་བྱང་བཏབ་པ་ཞིག་སྣང་ངོ་། །ཤཱཀྱ་རྣམས་བསད་སར་བཞེངས་པའི་མཆོད་རྟེན་གྱི་མཐའ་ཡོགས་སུ་མི་རིང་བར་རྫིང་སྐམ་ཞིག་སྣང་སྟེ་དེ་ནི་འཕགས་སྐྱེས་པོ་ཚ་བའི་དམྱལ་བར་ལྷུང་བའི་གནས་སོ། །དེའི་ལོ་རྒྱུས་ནི་རྒྱལ་པོ་འཕགས་སྐྱེས་པོས་ཤཱཀྱ་རྣམས་བསད་པས་རིགས་བཅད་པར་གྱུར་པ་ན། བཅོམ་ལྡན་འདས་ཀྱིས་དགེ་སློང་རྣམས་ལ་བཀའ་བསྩལ་བ། སྡིག་ཅན་འདི་ད་ལྟ་ཞག་བདུན་ན་མེས་བསྲེག་སྟེ་ཤི་ནས་ཚ་དམྱལ་དུ་ལྷུང་བར་ལུང་བསྟན་པས། འཕགས་སྐྱེས་པོས་ཐོས་ནས་ཤིན་ཏུ་སྡུག་བསྔལ་བར་གྱུར་བ་དང་། ཉིན་ཞག་བགྲངས་ནས་ཉིན་ཞག་བདུན་ཐལ་ཏེ་ཅི་ཡང་མ་བྱུང་བར་གནས་པས་ཡིད་མི་ཆེས་པར་གྱུར་ཏེ་བུད་མེད་ཀྱི་ཚོགས་ཀྱིས་སྐོར་ཞིང་རྫིང་འགྲམ་དུ་ཕྱིན་ཏེ་དགའ་བས་རོལ་པའི་སྐབས་སྒྲོ་བུར་དུ་རྫིང་བུ་དེ་ཁོལ་ཞིང་མེ་ལྕེ་བ་ནི་ཆེད(མཆེད)དེ་རིམ་པ་ལྟར་མར་ནག་བསྐོལ་བ་ལྟར་གྱུར་ཞིང་མེ་ལྕེ་རབ་ཏུ་འབར་བའི་མེ་དཔུང་གིས་རྒྱལ་པོ་བསྲེག་པར་གྱུར་ཏེ་ཚ་དམྱལ་དུ་ལྷུང་ཞིང་སྡུག་བསྔལ་སྣ་ཚོགས་པ་མྱོང་བར་གྱུར་ཏོ། །

༢ མིག་ཐོབ་པའི་ནགས་ཚལ།

གཙུག་ལག་ཁང་དེའི་ནུབ་བྱང་གི་ཕྱོགས་སུ་རྒྱང་གྲགས་གསུམ་བཞི་ཙམ་ཕྱིན་པ་ན་མིག་ཐོབ་པའི་ནགས་ཞེས་བྱ་བའི་ནགས་ཡོད་ལ་དེར་སྟོན་སྟོན་པའི་རྗེས་བཀོད་དང་། འཕགས་པ་རྣམས་ཀྱིས་བསམ་གཏན་ལ་སྙོམས་པར་བཞུགས་པའི་

གནས་དུ་མར་ཐོ་བྱང་མཆོད་རྟེན་ལ་སོགས་པའང་ཡོད་དོ། །དེའི་ལོ་རྒྱུས་ནི་སྟོན་
སྟོན་པ་ཞལ་བཞུགས་པའི་དུས་ཐག་པ་ལྔ་བརྒྱ་གྲོང་དང་ལྗོངས་དང་གྲོང་རྡལ་མང་
པོ་བཅོམ་ཞིང་འཇིག་རྟེན་མི་བདེ་བར་བྱེད་པས། རྒྱལ་པོ་གསལ་རྒྱལ་གྱིས་དཔུང་
བཏེགས་ཏེ་ཐམས་ཅད་བཟུང་སྟེ་ཚང་མའི་མིག་ཕྱུང་སྟེ། ནགས་ཚལ་དེའི་ནང་དུ་
འཁྲམས་སུ་བཅུག་པས་ཐག་པ་དེ་དག་འཁྲུག་ལྡོག་གི་སྡུག་བསྔལ་གྱིས་ཉེན་ཏེ་སྨྲེ་
སྔགས་བཏོན་པས། བཅོམ་ལྡན་འདས་ཀྱིས་རྒྱལ་བྱེད་ཚལ་ནས་དུ་སྐད་གསན་པས་
གངས་རི་ལས་སྨན་བླངས་ཏེ་ཐམས་ཅད་ཀྱི་མིག་ལ་བྱུག་པས་སླར་སོས་ནས་མིག་
ཐོབ་སྟེ་བལྟས་ཙ་ན། སྟོན་པ་མདུན་དུ་བཞུགས་པ་མཐོང་ནས་དགའ་སྟེ་ཉེས་པ་
བཤགས་ཤིང་། བྱང་ཆུབ་ཏུ་སེམས་བསྐྱེད་པས་ནགས་ཀྱི་མིང་དེ་ལྟར་ཐོགས་སོ། །

༩ སངས་རྒྱས་འོད་སྲུང་སྐུ་འབྲུངས་སའི་གྲོང་ཁྱེར།

གྲོང་ཁྱེར་ཆེན་པོའི་ཤར་ལྷོའི་མཚམས་སུ་རྒྱང་གྲགས་ལྔ་བརྒྱ་སོང་བ་ན་ཕོ་བྲང་
རྙིང་པ་ཞིག་ཡོད་པ་ནི་མི་རྣམས་ཚེ་ལོ་ཉིས་ཁྲིའི་དུས་སུ་བྱུང་བའི་སངས་རྒྱས་འོད་
སྲུང་གི་སྐུ་འབྲུངས་སའི་གྲོང་ཁྱེར་རོ། །དེའི་ལྷོ་ཕྱོགས་སུ་སྟོན་པ་སངས་རྒྱས་ནས་
ཐོག་མར་ཡབ་དང་མཇལ་བའི་སར་རྒྱལ་པོ་མྱ་ངན་མེད་ཀྱིས་བཞེངས་པའི་མཆོད་
རྟེན་ཡོད་དོ། །གྲོང་ཁྱེར་དེའི་རྒྱབ་རོལ་ན་སངས་རྒྱས་འོད་སྲུང་གི་སྐུ་གདུང་རིལ་
པོར་བཞུགས་པའི་མཆོད་རྟེན་ཨ་ཤོ་ཀས་བཞེངས་པ་འདུག་གོ། །

ཀ་ཕྱིལ་ལྷའི་ཡུལ།

དེ་ནས་ཤར་ལྷོའི་མཚམས་སུ་རྒྱང་གྲགས་ལྔ་བརྒྱ་ཕྱིན་པ་ན་ཀ་པིལ་ཤའི་ཡུལ་ལོ། །དེའི་ཐ་གྲུར་ལེ་བར་བཞི་སྟོང་ལྷག་པའི་ནང་ན་གྲོང་ཁྱེར་སྟོང་པ་བཅུ་ཕྲག་དུ་མ་ཡོད། རྒྱལ་པོ་ཕོ་བྲང་ཡང་ཏ་ཅང་རྙིང་ཆེ་པས་མི་ཁྱིམ་ཀྱང་མེད་ལ་གང་དང་གང་གི་གནས་ཚུལ་གྱི་རྟགས་ཙམ་ཡང་མི་གནས་སོ། །ཐུན་མོང་ལ་དབང་བའི་རྒྱལ་པོ་མེད་ཅིང་གྲོང་ཁྱེར་སིལ་བུ་རྣམས་ལ་བདག་པོ་སིལ་བུ་རྣམས་འདུག་གོ། །ས་གཞི་ཤིན་ཏུ་གཤིན་པ་འབྲུ་ཕལ་ཆེར་འདེབས་པ། ཚ་གྲང་སྙོམས་པ་ལྷ་ཁང་དང་གྲོང་ཁྱེར་གོག་པོ་སྟོང་ཙམ་ལྷག་པ་དཀྱིལ་མཁར་གྱི་མཐའ་ཡོགས་སུ་གཙུག་ལག་ཁང་གཅིག་ལ་དགེ་འདུན་སུམ་སྟོང་ལྷག་ཐེག་དམན་གནས་བརྟན་སྡེ་པའོ། །ཕྱི་རོལ་པའི་ལྷ་ཁང་གཉིས་སུ་ཁོ་རང་གི་ལུགས་སྣ་ཚོགས་པ་འདྲེས་མར་གནས་སོ། །

༡ སྟོན་པ་རྒྱལ་བུའི་དུས་ཀྱི་ལོ་རྒྱུས།

དབུས་སུ་རྒྱལ་པོ་ཟས་གཙང་གི་ཕོ་བྲང་གི་ཤུལ་དུ་གཙུག་ལག་ཁང་བརྩིགས་པའི་འཕྲུལ་ནང་དུ་རྒྱལ་པོའི་གཟུགས་བརྙན་དང་། དེ་དང་མི་རིང་བར་བཙུན་མོ་སྒྱུ་མ་ཆེན་མོའི་འདྲ་སྐུ་དང་བཅས་པ། དེ་དང་ཐག་ཉེ་བར་སྟོན་པ་ལྷུམས་ཞུགས་ཀྱི་གནས་ཏེ། དེར་སྟོན་པ་ལྷུམས་སུ་ཞུགས་པའི་གཟུགས་བརྙན་སྣང་ངོ་། །དེའི་བྱང་ཤར་མཚམས་ན་མཆོད་རྟེན་ཞིག་ཡོད་པ་དྲང་སྲོང་ཨ་སྟཱས་རྒྱལ་བུའི་མཚན་བཟང་བལྟས་པའི་གནས་སོ། །དེའི་ལོ་རྒྱུས་ནི། རྒྱལ་པོ་ཟས་གཙང་གིས་སྟོན་པ་བལྟམས་

མ་ཐག་མཚན་མཁན་མང་པོ་བསྡུས་ནས་བལྟ་རུ་བཅུག་པས། མཚན་དཔེ་ལྟ་ན་མ་མཆིས་པ་ལགས་ཏེ་ཁྱིམ་ན་གནས་ཚེ་འཁོར་ལོས་བསྒྱུར་བའི་རྒྱལ་པོར་འགྱུར་ལ། རབ་ཏུ་བྱུང་ན་ལྟ་ན་མེད་པ་ཡང་དག་པར་རྫོགས་པའི་སངས་རྒྱས་སུ་འགྱུར་རོ་ཞེས་ལུང་བསྟན་ཏེ་མཚན་མཁན་ཏུས་པས། རྒྱལ་པོས་ཅི་ནོངས་ཅེས་དྲིས་པས་དྲང་སྲོང་ཨ་ཥྚས་སྨྲས་པ། བདག་ལྷའི་གནས་སུ་ཏིང་ངེ་འཛིན་ལ་མཉམ་པར་བཞག་ཙ་ན། དེ་རིང་ལྷ་རྣམས་དགའ་བས་བྲེལ་ལག་པས་གར་དང་རྐང་པས་བྲོ་བརྡུང་བཞིན་ས་ལ་བབས་པ་མཐོང་སྟེ་དྲིས་པས། འཛམ་བུ་གླིང་དུ་ཡུལ་དབུས་ཀྱི་རྒྱལ་པོ་ཟས་གཙང་གི་བུར་བདེ་བར་གཤེགས་པ་ཤཱཀྱ་སེང་གེའི་སྐུ་འཁྲུངས་པས་བསུ་རུ་འགྲོའོ་ཞེས་ཟེར་བ་ཐོས་པས་ངེས་པ་རྙེད་པ་ཡིན་ནོ། །འོན་ཀྱང་བདག་ལོ་རྒས་པས་དམ་པའི་ཆོས་ཉན་པ་མི་ཟིན་པས་སྐལ་པ་མི་འདུག་སྙམ་ནས་ཏུས་པ་ལགས་སོ་ཟེར་རོ། །གྲོང་ཁྱེར་གྱི་ལྷོ་སྒོའི་ཕྱི་རོལ་ན་སྟོན་པ་སྐུ་ན་གཞོན་དུས་སྤུན་ཟླ་ཤཱཀྱ་རྣམས་དང་སྟོབས་བཀྱེ་བའི་གནས་སུ་བཞེངས་པའི་མཆོད་རྟེན་ཡོད་དོ། །དེའི་ལོ་རྒྱུས་ནི་རྒྱལ་པོ་ཟས་གཙང་གིས་རྒྱལ་བུ་ཁམས་སེངས་སུ་ཕེབས་བཞེད་པས་གླང་པོའི་རྫི་བོ་མ་གླང་པོ་ཆེ་ཁྲིད་ཤོག་གསུངས་པ་ལྟར་གླང་ཆེན་ཁྲིད་ནས་ཡོང་བ་ན། ལམ་དུ་ལྷས་བྱིན་དང་འཕྲད་དེ་ལྷས་བྱིན་གྱིས་དྲིས་པས་གླང་རྫིས་རྒྱུ་མཚན་བཤད་དོ། །ལྷས་བྱིན་རྩལ་སྟོབས་ཀྱིས་སྙེམས་པས་གླང་ཆེན་ལ་ཐལ་ལྕག་བརྒྱབ་པས་གླང་ཆེན་ཤིའོ། །གླང་རོ་ལམ་ཁར་འཁྱིལ་ཏེ་གནས་པ། གཅུང་དགའ་བོ་བྱོན་ནས་དྲིས་པས་གླང་རྫིས་རྒྱུ་མཚན་ཞུས་པས། གཅུང་གིས་གླང་པོའི་མཇུག་མ་ནས་བཟུང་སྟེ་ལམ་གྱི་ཡོགས་སུ་བོར་ཞིང་ལམ་བཀག་པ་བསལ་ལོ། །གཞོན་ནུ་དོན་གྲུབ་ཕེབས་ཏེ་དྲིས་པས་རྒྱུ་མཚན་རྣམས་ཞུས་པས་རྒྱལ་བུས་གླང་པོའི་སྣ་ནས་བཟུང་སྟེ་གྲོང་ཁྱེར་གྱི་ཕྱིར་བོར་བར་ས་ལ་གཤོང་བྱུང་ལ་བ་གླང་པོའི་གཤོང་ཞེས་གྲགས་སོ། །དེའི་ཡོགས་སུ་གཙུག་ལག་ཁང་ཞིག་ན་རྒྱལ་བུའི་སྐུ་བརྙན་དང་དེ་དང་ཉེ་བར་གྲགས་འཛིན་མའི་གཟིམ་

ཁང་གི་ཤུལ་དུ་ལྷ་ཁང་ཆེན་པོ་ཞིག་ན་གྲགས་འཛིན་མ་དང་། སྲས་སྒྲ་གཅན་འཛིན་དང་བཅས་པའི་སྐུ་བརྙན་བཞུགས་པ་དང་། གཙང་ཁང་ཞིག་ཀྱང་འདུག་པ་ནི་སྟོན་པས་བཟོ་བའི་གནས་ལ་སློབ་པའི་གནས་སོ། །དེར་ལོ་རྒྱུས་དེ་དང་མཐུན་པའི་སྟོན་པའི་སྐུ་བརྙན་ཀྱང་བཞུགས་སོ། །

༢ རྒྱལ་བུ་ཧ་དཀར་ལ་བཅིབས་པ།

གྲོང་ཁྱེར་དེའི་ཤར་ལྷོའི་མཚམས་སུ་གཙང་ཁང་ཞིག་གི་ནང་ན་སྟོན་པའི་སྐུ་བརྙན་དབུ་རལ་ཅན་ཧ་དཀར་ལ་བཅིབས་པ་སྣང་ངོ་། །དེ་ནི་ཁྱིམ་ནས་ཁྱིམ་མེད་པར་རབ་ཏུ་འབྱུང་བར་གཤེགས་པའི་ཚུལ་ལོ། །གྲོང་ཁྱེར་གྱི་སྒོ་བཞི་ཀར་གཙང་ཁང་ཆེ་བ་རེ་རེ་ཡོད་པར་གཞོན་ནུའི་སྐུ་བརྙན་རེ་དང་། སྐྱེ་ཀ་ན་འཆིའི་སྡུག་བསྔལ་གྱིས་ཉེན་པའི་རྣམ་པ་རེ་དང་། དགེ་སློང་གི་སྣང་བརྙན་དང་བཅས་པ་ཡོད་དོ། །

༣ འཛམ་བུ་གླིང་གི་མི་ལོ་ཁྲི་པའི་དུས་ཀྱི་སངས་རྒྱས་གཉིས་ཀྱི་འཁྲུངས་ཡུལ།

གྲོང་ཁྱེར་གྱི་ལྷོ་ཕྱོགས་ན་རྒྱང་གྲགས་ལྔ་བཅུ་ཙམ་གྱི་སར་མཆོད་རྟེན་ཞིག་ཡོད་པ་ནི། འཛམ་བུ་གླིང་གི་མི་ལོ་དྲུག་ཁྲི་པའི་དུས་སངས་རྒྱས་འཁོར་བ་འཇིག་སྐུ་འཁྲུངས་པའི་གནས་སོ། །གྲོང་ཁྱེར་དེའི་ལྷོའི་ཕྱོགས་སུ་མི་རིང་བར་མཆོད་རྟེན་ཞིག་ཡོད་པ་དེའི་ནང་དུ་རིང་བསྲེལ་ཡོད་དོ། །དེའི་ལོགས་སུ་སྲིད་དུ་ཁྲུ་སུམ་ཅུ་ལྷག་ཡོད་པའི་རྡོའི་ཀ་བ་སེང་གེའི་ཏོག་ཅན་སྟོན་པ་མྱ་ངན་ལས་འདས་རྗེས་མྱ་ངན་མེད་ཀྱིས་བཞེངས་པ་ཡོད་དོ། །དེ་སངས་རྒྱས་འཁོར་བ་འཇིག་གི་ཕོ་བྲང་གི་ཤུལ་གྱི་

བྱང་ཤར་མཚམས་སུ་རྒྱང་གྲགས་སུམ་ཅུ་ཙམ་གྱི་སར་གྲོང་ཁྱེར་ཆེན་པོ་ཞིག་གི་ནང་དུ་བསྐལ་བཟང་གི་དུས་སྟོང་གི་སངས་རྒྱས་ཀ་ནི་ཀ་མུ་ནི་སྐུ་གསེར་ཐུབ་སྐུ་འཁྲུངས་པའི་གནས་སུ་བཞེངས་པའི་མཆོད་རྟེན་ཡོད་དོ། །དེའི་ཤར་དུ་མི་རིང་བར་མཆོད་རྟེན་ཞིག་ཡོད་པ་ནི་སྟོན་པས་ཡབ་བཏུལ་བའི་གནས་སོ། །དེ་ནས་བྱང་ཕྱོགས་སུ་མཆོད་རྟེན་ཞིག་གི་ནང་དུ་རིང་བསྲེལ་དང་། དེའི་ཡོགས་སུ་རྡོའི་ཀ་བ་སེང་གེའི་ཏོག་ཅན་ཟུར་བཞི་པ་ཁྲུ་ཉི་ཤུ་ཡོད་པའི་ངོས་ན་སྟོན་པ་མྱ་ངན་ལས་འདས་པའི་རྣམ་ཐར་བརྗོས་པ་རྒྱལ་པོ་མྱ་ངན་མེད་ཀྱི་བཞེངས་པ་ཡོད་དོ། །

༤ སྟོན་པ་གྲིབ་བསིལ་ལ་བཞུགས།

གྲོང་ཁྱེར་གྱི་ཤར་ཕྱོགས་རྒྱང་གྲགས་བཞི་བཅུ་ཙམ་གྱི་སར་མཆོད་རྟེན་ཡོད་པ་ནི་སྟོན་པ་གཞོན་ནུའི་དུས་སུ་ཤིང་གི་གྲིབ་བསིལ་ལ་བཞུགས་ཏེ་ཞིང་རྨོ་བ་གཟིགས་པ་ན། ཡབ་རྒྱལ་པོས་གདན་དྲངས་པའི་ཚེ་གཞོན་ནུ་གཤེགས་ཀྱང་ཤིང་གྲིབ་མ་ཉམས་པར་གཞོན་ནུའི་རྗེས་སུ་འབྲངས་བ་མཐོང་ནས་ཡབ་དད་པ་སྐྱེས་པའི་གནས་སོ། །

༥ རྒྱལ་པོ་འཕགས་སྐྱེས་པོས་ཤཱཀྱ་བསྣུབས་པའི་གནས།

གྲོང་ཁྱེར་གྱི་ནུབ་བྱང་མཚམས་ན་མཆོད་རྟེན་བརྒྱ་སྟོང་མང་པོ་ཡོད་པ་ནི། རྒྱལ་པོ་འཕགས་སྐྱེས་པོས་ཤཱཀྱ་བསྣུབས་པའི་གནས་སོ། །དེ་ནི་འཕགས་སྐྱེས་པོས་ཤཱཀྱའི་མི་དགུ་སྟོང་དགུ་བརྒྱ་དགུ་ཁྲི་བསད་པ་ན་ལྷ་དང་མི་རྣམས་ཀྱིས་སྙིང་རྗེ་སྐྱེས་ཏེ། རུས་པ་རྣམས་ཕྱོགས་གཅིག་ཏུ་བསྡུས་ནས་མཆོད་རྟེན་དེ་དག་བརྩིགས་པ་ཡིན་

ཟེར་རོ། །དེ་ནས་རྒྱལ་པོ་གསལ་རྒྱལ་གྱིས་ཤཱཀྱ་རྣམས་དང་མཛའ་བར་གྱུར་ནས་བུ་མོ་སློང་བ་ན། ཤཱཀྱ་རྣམས་ཀྱིས་རིགས་ངན་ཟེར་ནས་མ་བྱིན་པར་བྲན་མོ་ཞིག་བུ་མོར་བརྫུས་ནས་བཏང་ངོ་། །གསལ་རྒྱལ་གྱིས་ཁབ་ཏུ་བླངས་པ་ལས་སྐྱེས་པའི་བུ་བི་རུ་ཏ་ཀ་དེ་ཕྱིས་རྒྱལ་པོར་གྱུར་པ་ནི་ཞང་པོ་རྣམས་ལས་ས་ལེན་པར་ཕྱིན་ཏེ། འདུག་ཁང་གཙང་བ་ཞིག་མཐོང་། དེར་ངལ་བསོ་བ་ན་ཤཱཀྱ་རྣམས་ཀྱིས་ཐོས་ནས་བྲན་མོའི་བུ་ངན་པ་སོང་ཞིག ཁང་པ་འདི་བཅོམ་ལྡན་འདས་ཀྱི་ཆེད་དུ་ངེད་ཤཱཀྱ་རྣམས་ཀྱིས་བཞེངས་པ་ཡིན། ཁྱོད་ལྷ་བུས་ཅི་བྱར་ཡོད་ཅེས་བསྐྲད་པས་བི་རུ་ཏ་ཀས་ཁོན་དུ་བཟུང་ནས་ཤཱཀྱ་རྣམས་ལ་དམག་དྲངས་པས་ཤཱཀྱའི་མི་བཞིས་ཞིང་རྫོད་ཅིང་གནས་པས་གཡུལ་བཟློག་པར་བྱས་ཤིང་། བི་རུ་ཏ་ཀ་དེ་ཙམ་གྱིས་མ་ཚོམས་པར་རབ་ཏུ་རྒྱལ་པར་འདོད་ནས་བསད་བཏུང་ཆེ་བ་ན། གྲོང་གི་མི་རྣམས་ཕལ་ཆེས་པས། ཤཱཀྱ་དག་འཕོར་བསྒྱུར་གྱི་རིགས་ཡིན་པ་དང་། བཅོམ་ལྡན་འདས་ཀྱི་ཉེ་དུ་ཡིན་པས་གནོད་འཚེ་འདི་འདྲ་མི་འོས་ཅེས་སྨྲས་སོ། །ཤཱཀྱའི་མི་བཞི་པོ་གངས་རིའི་སྲུལ་དུ་ཞུགས་ཏེ་སོ་སོར་རྒྱལ་པོ་བྱས་པ་ནི་གཅིག་ནི་ཨུརྫནའི་རྒྱལ་པོ་བྱས་སོ། །གཞན་གསུམ་རིམ་པ་བཞིན་ཧྥ་ཡ་ནའི་རྒྱལ་པོ། ཧེ་མ་ཏྲ་རའི་རྒྱལ་པོ། ཤང་མི་ཡུལ་གྱི་རྒྱལ་པོ་རྣམས་སོ། །དེ་དག་ནི་ཤཱཀྱའི་རིགས་ལས་མཆེད་པས་རྒྱལ་རབས་མ་ཆད་དོ། །

༤ ཡབ་སྲས་མཇལ་ཏེ་ཟས་གཙང་ཆོས་ཉན་པའི་གནས།

གྲོང་ཁྱེར་གྱི་ལྷོ་ཕྱོགས་ངོས་སུ་རྒྱང་གྲགས་གསུམ་བཞི་ཙམ་ན་ཤིང་ཉ་གྲོ་དྷའི་ནང་ན་མཆོད་རྟེན་ཞིག་ཡོད་པ་ནི་ཡབ་སྲས་མཇལ་ཏེ་ཟས་གཙང་ཆོས་ཉན་པའི་གནས་སོ། །དེའི་ལོ་རྒྱུས་ནི་སྟོན་པས་བདུད་བཏུལ་ཏེ་མངོན་པར་རྫོགས་པར་སངས་རྒྱས་ནས་གྲོང་ཁྱེར་རྒྱུ་བ་ཐོས་ནས་བང་ཆེན་པ་བཏང་སྟེ་སྟོན་པ་ལ་གསོལ་

བ། བཅོམ་ལྡན་འདས་ཉིད་སྟོན་དུས་བདག་ལམ་མཆོག་ཐོབ་ན་མི་རིང་བར་ཁབ་ཏུ་འབྱོན་པར་ཞལ་གྱིས་བཞེས་པ་ལགས་ལ། ད་ལྟ་དུས་ལ་མ་བབས་སམ་ཞེས་གསོལ་བས་ཞག་བདུན་ན་འབྱོན་པར་གནང་ངོ་། །དེ་ནས་རྒྱལ་པོས་བཀའ་བསྒྲགས་ཏེ་གྲོང་ཁྱེར་གྱི་ཕྱི་རོལ་ས་ལེ་བར་བཞི་བཅུ་རྩུན་ཚད་ཀྱི་ལམ་སྲང་ཐམས་ཅད་ལ་སྤོས་ཆུས་ཆག་ཆག་བཏབ་ཅི་ངོར་གཙང་མར་བྱས་ནས་བསུ་བའི་སྟ་གོན་བྱས་སོ། །དེ་ནས་ཆད་དུ་བབས་པའི་ཉིན་ནམ་མཁའི་དབྱིངས་ནས་སྟོན་པ་འཁོར་དང་བཅས་པ་ལག་ན་རྡོ་རྗེ་བརྒྱད་ཀྱིས་ཕྱོགས་མཚམས་བརྒྱད་བསྲུངས། །རྒྱལ་པོ་ཆེན་པོ་བཞི་མདུན་དུ་བཏང་། བརྒྱ་བྱིན་འདོད་ཁམས་ལྷའི་སྣ་དྲངས་གཡོན་ཕྱོགས་ནས་བསྐྱངས། གཡས་རོལ་ན་ཚངས་པས་སྣ་དྲངས་ཏེ་གཟུགས་ཁམས་ཀྱི་ལྷ་ཚོགས་ཀྱིས་བསྐྱངས། དགེ་སློང་གི་དགེ་འདུན་རྣམས་རྒྱབ་ནས་འབྲངས་བཞིན་པར་གཤེགས་པ་ན། རྒྱལ་པོ་ཟས་གཙང་འཁོར་བཅས་ཕྱུས་མོ་བཙུགས་ཐལ་མོ་སྦྱར་སྤོས་སྣ་ཚོགས་ཀྱི་དུད་པ་བཏང་། རོལ་མོ་སྣ་ཚོགས་དུས་གཅིག་ཏུ་དཀྲོལ་ཞིང་བསུས་སོ། །ཉུ་གྲོ་དྷའི་ཚལ་གྱི་གཙུག་ལག་ཁང་གི་ཡོགས་སུ་མི་རིང་བར་མཆོད་རྟེན་ཞིག་ཡོད་པ་ནི། ཤུ་རྐྱི་རྒྱུའི་བདག་མོས་ཕུལ་པའི་གསེར་སྐུད་ཀྱིས་བཏགས་པའི་ཆོས་གོས་བཞེས་པའི་གནས་སོ། །འདིར་བཅོམ་ལྡན་འདས་ཀྱིས་རྒྱལ་བུ་བརྒྱད་དང་ཤཱཀྱ་ལྔ་བརྒྱ་བཏུལ་ལོ། །

༄ ཚངས་པའི་ལྷ་ཁང་ཞིག་དང་མདའི་ཆུ་མིག་གི་སྐོར།

གྲོང་ཁྱེར་གྱི་ཤར་ལྷོའི་ནང་རོལ་ན་མཆོད་རྟེན་ཞིག་ཡོད་པ་ནི། སྟོན་པ་བཟོ་ཡི་གནས་ལ་མཁས་པར་བསླབ་པའི་གནས་སོ། །སྒོའི་ཕྱི་རོལ་ལྷ་ཁང་ཞིག་ན་རྡོ་ལས་གྲུབ་པའི་ལྷ་ཆེན་པོའི་སྐུ་བརྙན་དེ་བསྟད་པ་ལས་ཅུང་ཟད་ལངས་པའི་སྟབས་ཅན་ནོ། །དེའི་ལོ་རྒྱུས་ནི་སྟོན་ཤཱཀྱའི་རིགས་ཚང་མས་བུ་བཙས་ནས་རིང་པོ་མ་ལོན་པར་

ལྷ་ཁང་དེར་ཞུགས་ནས་ལྷ་དེའི་སྐྱབས་འོག་ཏུ་འཛུག་པའི་སྲོལ་ཡོད་པས། སྟོན་པ་འཁྲུངས་ནས་རིང་པོ་མ་ལོན་པར་སྲོལ་རྙིང་བཞིན་མ་མས་པང་དུ་བླངས་ནས་ཁྱེར་ཏེ་ལྷ་ཁང་གི་ནང་དུ་ཞུགས་པ་ན། རྡོ་སྐུ་དེ་བསུ་བའི་ཚུལ་དུ་གོར་གྱིས་ལངས་སོ་ཟེར། ལྷ་སྟོའི་ཕྱི་རོལ་ལམ་གྱི་གཡོན་རོལ་ན་མཆོད་རྟེན་ཞིག་ཡོད་པ་ནི། གཞོན་ནུ་དོན་གྲུབ་ཤཱཀྱ་རྣམས་དང་འཕོངས་བསྒྲེ་བའི་དུས་སུ་ལྕགས་ཀྱི་ཟ་བརྟོལ་བར་མཛད་པའི་གནས་སོ། །དེ་ནས་ཤར་ལྷོའི་མཚམས་སུ་རྒྱང་གྲགས་སུམ་ཅུ་ན་མཆོད་རྟེན་ཆུང་དུ་ཞིག་གི་ཉེ་པར་ཆུ་མིག་ཅིག་ཡོད་པ་དེ་ནི། གཞོན་ནུའི་མདས་ལྕགས་ཟ་བརྟོལ་ནས་ས་ལ་ནུབ་པའི་ཤུལ་ནས་ཆུ་བྱུང་བ་སྟེ་མིང་ལ་མདའ་བའི་ཆུ་མིག་ཟེར། སྤྲོ་འཚལ་བ་ཕལ་ཆེ་བས་བཀྲུ་བའམ་འཐུང་བས་གྲོལ་བ་ཡོད་དོ། །ཐག་རིང་གི་འགྲོན་པོ་དག་དེའི་འདམ་ཁྱེར་ནས་ཡུལ་དུ་ཕྱིན་ཏེ་ལུས་ལ་བྱུགས་ན་ལུས་མི་བདེ་བ་སེལ་དཔྲལ་བའམ་སྤྱི་བོར་བྱུགས་ཀྱང་བདེ་བར་འགྱུར་ཏོ། །

༢ ལུམ་བི་ནིའི་ཚལ་དང་སྟོན་པ་སྐུ་འཁྲུངས་པའི་གནས།

ཆུ་མིག་དེ་ནས་བྱང་ཤར་མཚམས་སུ་རྒྱང་གྲགས་བཅུ་ཕྲག་བརྒྱད་དགུ་ཙམ་སོང་བ་ན་ལུམ་བི་ནིའི་ཚལ་དེར་ཤཱཀྱ་རྣམས་ཀྱི་ཁྲུས་རྫིང་ཡོད་པར་ཆུ་བསིལ་བ་དཀར་ཞིང་དྭངས་པ། མཐའ་སྐོར་འབྲས་བུ་ཅན་གྱི་ཤིང་དང་མེ་ཏོག་སྣ་ཚོགས་ཀྱིས་གང་བའོ། །དེ་ནས་བྱང་ཕྱོགས་སུ་གོམ་པ་སུམ་ཅུ་མ་ལོན་ཙམ་གྱི་སར་ཤིང་ཨ་ཤོ་ཀ་ཡོད་པ་ནི་ད་ལྟ་སྐམ་འདུག འདི་སྟོན་པ་སྐུ་འཁྲུངས་པའི་གནས་སོ། །འཁྲུངས་པའི་དུས་ནི་རྒྱལ་ཟླ་བའི་དམར་ཕྱོགས་ཀྱི་བཅོ་ལྔ་སྟེ་རྒྱ་ནག་གི་ཟླ་བ་གསུམ་པའི་ཡར་ངོའི་ཚེས་བརྒྱད་ཡིན། འཕགས་པ་གནས་བརྟན་པས་ཟླ་བ་མར་ངོའི་ཉ་ནི་རྒྱ་ནག་གི་ཟླ་བ་གསུམ་པའི་བཅོ་ལྔར་ངེས་འཛིན་ནོ། །སྟོན་པ་སྐུ་འཁྲུངས་པའི་གནས་ཀྱི་ཤར་

ངོས་སུ་ཙུང་ཐ་བཟད་གཞོལ་པར་མཆོད་རྟེན་ཞིག་ཡོད་པ་ཨ་ཤོ་ཀས་བཞེངས་པ་ཡོད་དོ། །དེ་ཝ་རྒྱལ་དགའ་བོ་ཉེ་དགའ་གཉིས་ཀྱིས་ཁྲུས་གསོལ་བའི་གནས་སོ། །དེའི་སྐབས་སུ་ཡུམ་སྒྱུ་མ་ལྷ་མཛེས་ཀྱི་མདུན་དུ་ཆུ་མིག་གཉིས་རྫོལ་བ་གཅིག་ནི་བསིལ་བ་ཅིག་ཤོས་དྲོན་མོ་གཉིས་ཀྱི་ཆུ་འདྲེས་བ་ལ་ཁྲུས་བྱས་སོ། །དེའི་མདུན་ངོས་སུ་མཆོད་རྟེན་ཡོད་པ་ནི། བརྒྱ་བྱིན་གྱིས་སྟོན་པ་འཁྲུངས་ཕྲལ་ཀ་ཤིའི་རས་ལ་བཞེད་དེ་འཛིན་པའི་གནས་སོ། །དེ་དང་མི་རིང་བར་མཆོད་རྟེན་བཞི་ཡོད་པ་ནི་རྒྱལ་ཆེན་རིགས་བཞིས་སྲས་པང་དུ་བླངས་པའི་གནས་སོ། །སྟོན་པ་ཡུམ་གྱི་མཚན་ནས་འཁྲུངས་པ་ན་ལྷ་རྣམས་ཀྱིས་ཤིས་པ་བརྗོད་ཅིང་མེ་ཏོག་གི་ཆར་བབས་སོ། །ལྷ་རྣམས་ཀྱིས་ཡུམ་ལ་གསོལ་བ། ཨེ་མ་ཧོཿ ངེད་ལྷ་རྣམས་དགའ་བས་ཆོམ་ན་མི་རྣམས་སྨོས་ཅི་དགོས་ཟེར་ཏོ། །རྒྱལ་ཆེན་བཞིས་བཞེངས་པའི་མཆོད་རྟེན་གྱི་འོགས་སུ་མི་རིང་བར་རྡོའི་ཀ་བ་ཆེན་པོའི་སྟེང་ན་རྟའི་གཟུགས་བཀོད་ཡོད་པ་ནི་ཨ་ཤོ་ཀས་བཞེངས་པ་འདུག་ཀྱང་། ཕྱིས་ནག་པོའི་ཕྱོགས་ཀྱི་ཀླུ་ཞིག་གིས་ལྟེ་བྲེགས་ཏེ་ས་ལ་འགྲེལ་བ་དེའི་ཤར་ལྟོའི་དངོས་སུ་ཆུ་མིག་ཞིག་ཡོད་པ་མར་གྱི་ཆུ་མིག་ཏུ་གྲགས་པ་ནི། སྟོན་པ་འཁྲུངས་པའི་སྐབས་ལྷ་རྣམས་ཀྱིས་སྟོན་ལ་ཆུས་ཁྲུས་གསོལ་རྗེས་སུ་ཀླུང་བསྲུང་བའི་ཕྱིར་སྣུམ་གྱིས་ཁྲུས་གསོལ་བར་བྱས་པ་ཡིན་ཀྱང་ཕྱིས་ཆུར་གྱུར་པ་སྟེ་དེང་སང་ཡང་སྣུམ་གྱི་མདངས་ཡོད་པར་སྣང་ངོ་། །

རམ་པའི་ཡུལ།

དེ་ནས་ཤར་ཕྱོགས་སུ་འབྲོག་དགོན་རྒྱང་གྲགས་ཉིས་བརྒྱ་ལྔག་བགྲལ་ཏེ་ཕྱིན་པ་ན་རམ་པའི་ཡུལ། མི་ཁྱིམ་ཤིན་ཏུ་ཉུང་བ་གྲོང་སྟོང་གོག་པོ་རྒྱང་།

༡ མཆོད་རྟེན་འོད་འཕྲོ་ཞིང་སྒྲོན་མེ་འབྱིན་པ་ཞིག

དེའི་ཤར་ལྷོའི་མཚམས་ནས་སོ་ཕག་གི་མཆོད་རྟེན་དཔངས་སུ་ཁྲུ་བརྒྱ་ལྷག་ཡོད་པ་དེ། སྔོན་པ་མྱ་ངན་ལས་འདས་རྗེས་ཡུལ་འདིའི་རྒྱལ་པོས་གདུང་སྐལ་ཐོབ་ནས་རང་ཡུལ་དུ་འཁྱེར་ནས། མཆོད་རྟེན་བཞེངས་པ་སྟེ་སྐབས་སྐབས་སུ་འོད་འཕྲོ་ཞིང་སྒྲོན་མེ་འབྱིན་པ་ཞིག་གོ། །དེའི་ལོགས་ན་མཚོ་ཞིག་ཡོད་པར་ཀླུ་དཀར་ཕྱོགས་པ་ཞིག་གནས་སོ། །སྐབས་སྐབས་སུ་སྤྲུལ་དུ་སྤྲུལ་ནས་མཚོ་ལས་ཐོན་ཏེ། མཆོད་རྟེན་ལ་བསྐོར་བ་གཡས་སུ་བསྐོར་བར་བྱེད་པ་ཞིག་དང་། ཡང་གླང་ཆེན་མང་པོས་མེ་ཏོག་སྣ་ཚོགས་པ་སྣས་བཟུང་སྟེ་འཚོགས་ནས་མཆོད་རྟེན་གྱི་ཕྱོགས་མཚམས་རྣམས་སུ་བཀྲམ་སྟེ་མཆོད་པ་བྱེད་དོ། །

༢ གཙུག་ལག་ཁང་ཞིག

མཆོད་རྟེན་དེའི་ལོགས་སུ་མི་རིང་བར་གཙུག་ལག་ཁང་ཞིག་ཡོད་པར་དགེ་འདུན་ཉུང་ངུ་ལས་མེད་ཀྱང་། སྤྱོད་ལམ་ཤིན་ཏུ་གཙང་ཞིང་ཁྲིམས་དམ་པ་ཡུལ་གཞན་གྱི་དགེ་འདུན་ལས་ཁྱད་དུ་འཕགས་པ་ཆེ་བ་ཞིག་གོ། །ཡུལ་རིང་པོའི་གནས་སྐོར་བ་ཕྱིན་པ་ན་ངེས་པར་ཞག་གསུམ་ངལ་གསོ་དང་རིམ་གྲོ་རྣམ་བཞིའི་བཀུར་སྟི་ཞུ་བཞིན་པའོ། །

༣ སྔོན་པ་དང་པོར་ཁྲིམ་ནས་ཁྲིམ་མེད་པར་འབྱུང་པའི་ས་གནས།

དེའི་ཤར་ཕྱོགས་སུ་ནགས་འཐུག་པོ་ཞིག་བརྒྱུད་དེ་རྒྱང་གྲགས་བརྒྱ་ཙམ་སོང་བ་ན་མཆོད་རྟེན་ཆེན་པོ་ཞིག་ཡོད་པ་ནི་རྒྱལ་པོ་ཨ་ཤོ་ཀས་བཞེངས་པ་སྟེ། སྔོན་པས་དང་པོར་ཁྲིམ་ནས་ཁྲིམ་མེད་པར་འབྱུང་བ་ན་མཚན་ཕྱེད་ན་ཧ་དད་ལྡན་བཅིབས་ནས་གྲོང་ཁྱེར་ལས་ཐལ་ཏེ་ཆིབས་ལས་ཕབ་པའི་གནས་སོ། །དེར་རྒྱལ་བུས་དབུ་རྒྱན་བསལ་གཙུག་གི་ནོར་བུ་བླངས་ནས་འདུན་པ་ལ་གཏད་དེ་གསུངས་པ། ཁྱོད་ལོག་པ་ཡབ་རྒྱལ་པོར་ཞུས་ཤིག་བདག་ནི་ཁྲིམ་ནས་ཁྲིམ་མེད་པར་ཕྱུང་ངོ་། །སྐྱེ་བའི་མཐའ་ཟད་འཁོར་བའི་བཙོན་ར་ནས་ཐོན་ནོ་ཞེས་གསོལ་ཅིག་པར་བསྒོས་ཏེ་འདུན་པ་སླར་བཏང་ངོ་། །དེའི་ཤར་དུ་འཛམ་བུའི་ཤིང་ལོ་འདབ་བྲུལ་ཞིང་སྐམ་པའི་ཤིང་རྩེ་ད་དུང་ཡོད་དོ། །དེའི་ལོགས་ཤིག་ན་མཆོད་རྟེན་ཆུང་ངུ་ཞིག་ཡོད་པ་ནི། གཞོན་ནུས་རིན་པོ་ཆེའི་རྒྱན་ལྷག་མ་རྣམས་ཀྱིས་རྫོན་པའི་ལག་ནས་ཤ་བའི་པགས་པའི་གོས་དང་བརྗེས་པའི་གནས་སོ། །དེའི་ལོ་རྒྱུས་ནི་གཞོན་ནུའི་གཙུག་གི་ནོར་བུ་ཡབ་ལ་སྤྲིངས་ཀྱང་། ད་དུང་གོས་རྒྱན་ལྷག་མ་རྣམས་ཏ་ཙང་འཚོར་པོར་འདུག་པས་རབ་ཏུ་བྱུང་བ་མི་འོས་སྙམ་དུ་དགོངས་ཙ་ན། གནས་གཙང་མའི་རིས་ཀྱི་ལྷས་རྫོན་པ་ཞིག་ཏུ་སྤྲུལ་ནས་སྐུའི་དྲུང་དུ་ཕྱིན་པ་ན། གཞོན་ནུས་རྒྱན་རྣམས་ཕྱག་ཏུ་ཐོགས་ནས་འུ་ཅག་གཉིས་བརྗེ་བར་འདོད་དམ་ཞེས་པས། རྫོན་པས་དགའ་བའི་མདངས་ཕྱུང་སྟེ་འདོད་ཅེས་ཞུས་པས། གཞོན་ནུས་གནང་སྟེ་བརྗེས་པས་ལྷས་བླངས་ནས་ལྷ་གནས་སུ་སོང་ངོ་། །དེ་དང་མི་རིང་བར་ཨ་ཤོ་ཀས་བཞེངས་པའི་མཆོད་རྟེན་ཡོད་པ་ནི། སྔོན་པས་དབུ་སྐྲ་བསིལ་བའི་གནས་ཏེ་མཆོད་རྟེན་བཞེངས་

སོ། །མཆོད་རྟེན་རྣམ་དག་གི་ཤུལ་རྙིང་ཡིན་མིན་བརྟག་གོ། །སྟོན་པ་རབ་ཏུ་བྱུང་བའི་དུས་ནི་མདོ་སྡེ་འགའ་ཞིག་ཏུ་དགུང་ལོ་བཅུ་དགུའི་ཐོག་ཡིན་ཟེར་ལ་ལས་ཉེར་དགུའི་ཐོག་ཡིན་ཟེར་རོ། །བཅུ་དགུར་བཞེད་པ་དག་གིས་རྒྱལ་ཟླ་བའི་ཡར་ངོའི་ཉ་ལ་ངོས་འཛིན་པ་ལྟར་ན། རྒྱ་ནག་གི་ཟླ་བ་གསུམ་པའི་ཡར་ངོའི་ཚེས་བརྒྱད་ཡིན་པ་འཐད། ཉེར་དགུར་བཞེད་པ་དག་རྒྱལ་ཟླ་བའི་ཡར་ངོའི་བཅོ་ལྔ་ལ་ངོས་འཛིན་ཏེ་རྒྱ་ནག་གི་ཟླ་བ་གསུམ་པའི་ཉའོ། །

༄ ཕྱུར་སྦྲུངས་ཐལ་བརྩིགས་པའི་མཆོད་རྟེན་ཞིག

དེ་ནས་ཤར་ལྷོའི་མཚམས་སུ་འབྲོག་དགོན་ལེ་བར་བཅུ་ཕྲག་བརྒྱད་དགུའི་སར་ཉ་གྲོ་དྷའི་ནགས་ན་མཆོད་རྟེན་སྲིད་དུ་ཁྲུ་སུམ་ཅུ་ལྷག་ཡོད་དོ། །སྟོན་པ་མྱ་ངན་ལས་འདས་ནས་ཕྱུར་སྦྲུངས་བའི་ཐལ་བ་བྲམ་ཟེ་ཞིག་གིས་བསྡུས་ནས་མཆོད་རྟེན་བརྩིགས་པ་ཡིན་ནོ། །དེ་ལ་སེམས་རྩེ་གཅིག་གིས་གསོལ་བ་བཏབ་པ་དང་མཆོད་པ་ཕུལ་ན་བྲོ་འཚལ་བ་སོགས་འཇིགས་པས་ཉེན་པ་མཐའ་དག་མཐོང་ཆོས་སྨྱོང་འགྱུར་གྱིས་ཕན་ཐོགས་པ་སྣང་ངོ་། །དེ་དང་མི་རིང་བར་གཙུག་ལག་ཁང་ཞིག་ཡོད་པའི་ནང་དུ་འདས་སངས་བཞི་གའི་མཛད་ཤུལ་ཡོད་དོ། །གཙུག་ལག་ཁང་དེ་དང་ཉེ་བར་མཆོད་རྟེན་ཆེ་ཆུང་བརྒྱ་ཕྲག་དུ་མ་ཡོད་པའི་དཀྱིལ་ན་མཆོད་རྟེན་ཆེན་པོ་ཞིག་ཡོད་པ་ནི་རྒྱལ་པོ་ཨ་ཤོ་ཀས་བཞེངས་པའོ། །

ཀུ་ཤའི་ཡུལ།

དེའི་བྱང་ཤར་མཚམས་ན་ནགས་ཚལ་ཆེན་པོ་ཤིན་ཏུ་སྟུག་པར་ལམ་བགྲོད་དཀའ་བ་སླང་རྒོད་འབྲོང་སྟག་གཟིག་གིས་མཚོན་གཅན་གཟན་དང་ཇག་རྐུན་སོགས་མིའི་གནོད་པ་ཆེ་བས་རྒྱ་འགྲུལ་ཆད་ལ་ཁད་པའི་ནགས་འདས་པ་ན་ཀུ་ཤའི་ཡུལ་རྩ་མཆོག་གྲོང་ཡིན་ནོ། །

༡ དགྲ་བཅོམ་པ་ཙུནྡའི་ཁང་རྙིང་གི་ཤུལ།

འདི་ནི་གྲོང་ཁྱེར་རྙིང་པ་གོག་པོ་ཞིག་སྟེ་མཐའ་སྐོར་དུ་རྒྱང་གྲགས་བཅུ་ཙམ་གྱི་ནང་བྱང་ཤར་མཚམས་ན་རྒྱལ་པོ་ཨ་ཤོ་ཀས་བཞེངས་པའི་མཆོད་རྟེན་ཞིག་དང་། དགྲ་བཅོམ་པ་ཙུནྡའི་ཁང་རྙིང་གི་ཤུལ་ཡོད་དོ། །དེར་ཁྲོན་པ་ཞིག་ཡོད་པ་སྟོན་པ་ལ་ཞལ་ཟས་གསོལ་ཟིན་ནས་བྲུས་པ་ལ་བྱུང་ཟེར་ཏེ་ལོ་གྲངས་མང་པོ་ཐལ་ཡང་ཆུ་ནི་དྭངས་ཤིང་བསིལ་ལ་མངར་རོ། །

༢ ས་ལའི་ཚལ།

གྲོང་ཁྱེར་གྱི་ནུབ་བྱང་ན་ལེ་བར་བཞི་གསུམ་ཙམ་ན་ཆུ་ཀླུང་གསེར་ལྡན་བརྒལ་བ་ན་ཤིང་ས་ལའི་ཚལ་ནི་སྟོན་པ་མྱ་ངན་ལས་འདས་པའི་གནས་སོ། །ཤིང་བཞི་པོ་ལྷག་པར་མཐོ་ལ་ཡལ་ག་ཟེད་ཅིང་དུད་པའི་རྣམ་པ་ཅན་ཤུན་པ་ཁ་དོག་སྔོ་སྐྱ་ལོ་མ་

ལ་རྨུམ་ཚགས་པ་ལྷ་བྱ། དེར་གཙུག་ལག་ཁང་ཡོད་པའི་ལྡིང་ཁང་ཆེན་པོ་ཞིག་ཡོད་པར་སྟོན་པ་སྨྲ་ངན་ལས་འདས་པའི་སྐུ་བརྙན་གཟིམས་སྟབས་མ་དབུ་བྱང་ཕྱོགས་སུ་སྙེས་གཏད་དེ་གློ་གཡས་མལ་ཁྲི་ལ་ཕབ་པ། དེའི་ཡོགས་ཤིག་ན་རྒྱལ་པོ་ཨ་ཤོ་ཀས་བཞེངས་པའི་མཆོད་རྟེན་ཞིག་ཡོད་རྒྱངས་སྟེང(རྒྱང་རྟེང)རྙིང་ཞིང་རལ་བ། ཁྲི་ཉིས་བརྒྱ་ལྷག་ཡོད་པར་རྫོའི་ག་བར་སྟོན་པ་སྨྲ་ངན་ལས་འདས་པའི་ལོ་ཟླ་ཞག་གསུམ་བཀོས་འདུག་ཀྱང་རྙིང་པས་ཞིག་རལ་གྱིས་མི་གསལ་བར་གྱུར་ཏོ། །ཞིབ་པར་གཞིགས་པས་སྟོན་པས་མི་ཡུལ་དུ་ལོ་གྲངས་བརྒྱད་ཅུ་འཚོ་ཞིང་གཞེས་ནས་སྨྲ་ངན་ལས་འདས་པའི་ཉིན། རྒྱལ་ཟླ་བའི་མར་ངོའི་ཉ་ལ་སྨྲ་ངན་ལས་འདས་ཟེར་བ་ལྟར་ན། རྒྱ་ནག་གི་ཟླ་བ་གསུམ་པའི་ཉ་ལ་ངོས་འཛིན་དགོས་སོ། །ཐམས་ཅད་ཡོད་སྨྲ་བའི་ལུགས་ལྟར་ན་སྨིན་དྲུག་ཟླ་བའི་མར་ངོའི་ཉ་ལ་སྟོན་པ་སྨྲ་ངན་ལས་འདས་པའི་ཚུལ་བསྟན་ཟེར་རོ། །དེ་ལྟར་ན་རྒྱ་ནག་ཏུ་ཟླ་བ་དགུ་པའི་ཡར་ངོའི་ཚེས་བརྒྱད་ལ་བྱེད་དགོས་པ་སྣང་ངོ་། །སྟོན་པ་སྨྲ་ངན་ལས་འདས་པ་ནས་བཟུང་ད་ལྟའི་བར་ལོ་ཟླ་བའི་གྲངས་ཀྱང་སྡེ་པ་ཐམས་ཅད་ཀྱི་ལུགས་མི་མཐུན་ཏེ། འགའ་ཞིག་གིས་ལོ་སྟོང་དང་ཉིས་བརྒྱ་ལྷག་ཟེར། ལ་ལས་སྟོང་སུམ་བརྒྱ་ལྷག་ཟེར་བ་དང་། ལ་ལས་དགུ་བརྒྱ་མ་ལོངས་ཟེར་ལ་ལུགས་སོ་སོས་རང་གི་ལུགས་ལ་ཚད་མར་བཟུང་ངོ་། །གཙུག་ལག་ཁང་དང་ཉེ་བར་མཆོད་རྟེན་ཞིག་ཡོད་པ་ནི་སྟོན་པ་བྱང་ཆུབ་ཀྱི་སྤྱོད་པ་སྤྱོད་པའི་ན། བྱ་གོང་མ་སྲེག་གི་ཕྲུ་གཅིག་མེའི་འཇིགས་པ་ལས་བསྐྱབས་པའི་གནས་སོ། །དེ་དང་མི་རིང་བར་མཆོད་རྟེན་ཞིག་ཡོད་པ་ནི། སྟོན་པས་བྱང་ཆུབ་ཀྱི་སྤྱོད་པ་སྤྱོད་པའི་ཚེ་སུ་རྨ་ར་གྱུར་པ་ན། ཤ་བའི་ཕྲུ་མིའི་འཇིགས་པ་ལས་སྐྱོབ་ཕྱིར་སྲོག་དོར་བའི་གནས་སོ། །

༣ བཅོམ་ལྡན་འདས་སྨྱུ་ངན་ལས་འདས་རྗེས་ཀྱི་ལོ་རྒྱུས།

མཆོད་རྟེན་དེའི་ནུབ་རོལ་མི་རིང་བར་མཆོད་རྟེན་ཞིག་ཡོད་པ་ནི། ཀུན་ཏུ་རྒྱུ་རབ་བཟང་བཏུལ་ཏེ་དགྲ་བཅོམ་ཐོབ་ནས་སྟོན་པ་མྱ་ངན་ལས་འདས་པ་མཐོང་མི་ཐོད་ཟེར་ནས་མྱ་ངན་ལས་འདས་པའི་གནས་སོ། །དེ་དང་མི་རིང་བར་མཆོད་རྟེན་ཞིག་ཡོད་པ་ནི། སྟོན་པ་མྱ་ངན་ལས་འདས་པ་ན་གནོད་སྦྱིན་ལག་ན་རྡོ་རྗེས་སྐྲི་རྟགས་འདོན་བཞིན་ལུས་ས་ལ་བསྒྲི་ལྡོག་མཛད་པའི་གནས་སོ། །དེའི་ཕོགས་ཤིག་ན་མཆོད་རྟེན་ཞིག་ཡོད་པ་ནི། བཅོམ་ལྡན་འདས་ཀྱི་སྐུར་ཞག་བདུན་དུ་མཆོད་པ་བྱེད་བཞིན་པར་རེ་ཞིག་ཞུགས་མ་གསོལ་བའི་གནས་སོ། །དེ་དང་མི་རིང་བར་ཡུམ་སྒྱུ་མ་ལྷ་མཛེས་ལྷ་ལས་བབས་ཏེ། བཅོམ་ལྡན་འདས་བོས་ཤིང་སྨྲེ་སྔགས་གསོལ་བའི་གནས་སོ། །

༤ སྟོན་པའི་སྐུར་ལ་ཞུགས་ཕུལ་བའི་གནས།

གྲོང་ཁྱེར་གྱི་བྱང་ངོས་སུ་ཀླུང་བརྒལ་ནས་གོམ་པ་སུམ་བརྒྱ་ལྷག་ཕྱིན་པ་ན་མཆོད་རྟེན་ཞིག་ཡོད་པ་ནི། སྟོན་པའི་སྐུར་ལ་ཞུགས་ཕུལ་བའི་གནས་སོ། །དེར་ཡོད་པའི་ས་གཞི་ཐམས་ཅད་རྟུལ་ནག་སེར་འདྲེས་མར་འདུག་པས། གང་ཟག་དད་པ་ཅན་གྱིས་བཙལ་ན་རིང་བསྲེལ་ཡུངས་འབྲུ་འདྲ་བ་ཡང་རྙེད་པ་འདུག་གོ། །ཞུགས་ཕུལ་བའི་རྗེས་སུ་དབུ་ལོ་དང་ཚེམས་དང་སེན་མོ་རྣམས་མེས་མ་ཞུས་པར་མ་ཟད་སྣར་གྱི་ཕོ་ན་ལྷར་བཞུགས་པ་སྒྲོམ་དུ་བཅུག་སྟེ་མཆོད་ཡུལ་བྱས་ཤིང་། སྐུར་སྦྱངས་པའི་མཆོད་རྟེན་གྱི་ཕོགས་ཤིག་ན་མི་རིང་བར་མཆོད་རྟེན་ཞིག

ཡོད་པ་ནི། སྔོན་པས་སྐུ་གདུང་གི་ཟ་མ་ཏོག་ནས་ཞབས་གཉིས་བཏོན་ནས་འོད་སྲུང་ལ་བསྟན་པའི་གནས་སོ། །

༥ རྒྱལ་པོ་བརྒྱད་ཀྱིས་རིང་བསྲེལ་བགོས་པའི་སྐོར།

དེ་དང་མི་རིང་བར་རྒྱལ་པོ་ཨ་ཤོ་ཀས་བཞེངས་པའི་མཆོད་རྟེན་ཞིག་ཡོད་པ་ནི། རྒྱལ་པོ་བརྒྱད་ཀྱིས་རིང་བསྲེལ་བགོ་བཤའ་བྱས་པའི་གནས་སོ། །དེ་ཡང་ཆ་གསུམ་དུ་བགོས་ཏེ་ཆ་གཅིག་ལྷ། ཆ་གཅིག་ཀླུ། ཆ་གཅིག་མི་རྣམས་ཀྱིས་ཐོབ་བོ། །མི་ཡིས་ཐོབ་པའི་ཆ་གཅིག་པོ་ཡང་ཆ་བརྒྱད་དུ་བགོས་པ་རྒྱལ་པོ་བརྒྱད་ཀྱིས་ཆ་རེ་རེ་གདན་དྲངས་སོ། །

༦ གྲོང་བརྡལ་ཆེན་པོ་ཞིག

རིང་བསྲེལ་བགོས་པའི་མཆོད་རྟེན་ནས་ལྷོ་ནུབ་མཚམས་སུ་རྒྱང་གྲགས་ཉིས་བརྒྱ་ལྷག་ཙམ་ཕྱིན་པ་ན་གྲོང་བརྡལ་ཆེན་པོ་ཞིག་ཡོད་པར། བྲམ་ཟེའི་རིགས་ཤིང་ས་ལ་ཆེན་པོ་ལྟ་བུ་ལོངས་སྤྱོད་ཆེ་བ། རིག་པའི་གནས་ལྔ་ལ་མཁས་པ། ལྟ་བ་རྣམ་པར་དག་པ་དང་ལྡན་པ། དཀོན་མཆོག་གསུམ་ལ་དད་པ་ཐོབ་པ་ཞིག་ཡོད་པ་དེས་རང་གི་ཁང་པ་དང་ཐག་མི་རིང་བའི་སར་གཙུག་ལག་ཁང་ཆེན་པོ་རྒྱན་བཀོད་ཕུན་སུམ་ཚོགས་པས་མཛེས་པ་ཞིག་བཞེངས་ཏེ་བཙུན་པ་གནས་སྐོར་པ་དག་དེར་ཕྱིན་པ་ན་གནས་བཏབ་ནས་ཉིན་ཞག་གཅིག་ནས་བདུན་གྱི་བར་ཅི་རིགས་པར་སྤྱོད་ལམ་བཞིས་མཆོད་པ་བྱེད་དོ། །ཕྱིས་རྒྱལ་པོ་ཤཏྦས་བསྟན་པ་སྣུབ་པ་འཁྲོ་བཤོལ་བའི་སྐབས་ཤིག་དགེ་སློང་ཞིག་གྲོང་རྒྱུ་ཞིང་བྱོན་པ་ན། བྲམ་ཟེས་མཐོང་ནས་དགའ་སྤྲོ

མྱུར་བ་མྱུར་བར་བསུས་ནས་གདན་དྲངས་སྔ་མ་བཞིན་མཆོད་དེ་འོ་ཐུག་གི་བཤོས་དྲངས་པས། དགེ་སློང་གིས་ཁམ་གཅིག་གསོལ་ནས་ཤུགས་རིང་བཏོན་པས་བྲམ་ཟེས་ཞལ་ཟས་ངན་ངོན་དུ་གྱུར་གྲགས། སྐུ་ལ་མི་བདེ་བ་བྱུང་ངམ་རྒྱུ་མཚན་ཅིས་ཐུགས་མ་བདེ་ཞེས་ཞུས་པས། དགེ་སློང་གིས་ཟས་མཐོང་ནས་སྟོན་པ་དྲན་ནོ་ཞེས་ཟེར་རོ། །བྲམ་ཟེས་འོ་ན་ཚེ་དང་ལྡན་པས་སྟོན་པ་མཇལ་ལགས་སམ་ཞེས་དྲིས་པས། དགེ་སློང་གིས་ཁྱོད་ཀྱིས་མ་ཐོས་སམ། སྲས་སྐྲ་གཅན་འཛིན་ཟེར་བ་དེ་བདག་ཡིན་ནོ་གསུངས་ནས་མི་སྣང་བར་གྱུར་ཏོ། །དུས་དེ་ནས་བཟུང་བྲམ་ཟེ་དེས་དགེ་འདུན་དཀོན་མཆོག་མཆོད་པའི་རྒྱུན་སྔར་བཞིན་ཚུགས་པར་བྱས་སོ། །

ས་བཅད་བདུན་པ། ཡུལ་ལྷོ།

ཝཱ་ར་ཎ་སིའི་ཡུལ།

གནས་དེ་ནས་ནགས་སྟུ་མ་བརྒྱུད་དེ་རྒྱང་གྲགས་ལྔ་བརྒྱ་ཕྱིན་པ་ན་ཝཱ་ར་ཎ་སིའི་ཡུལ་ལོ། །དེའི་མཐའ་སྐོར་ལེ་བར་བཞི་སྟོང་ལྷག ལྡེ་བའི་མཁར་ཆེན་ནི་ནུབ་ཏུ་ཆུ་བོ་གངྒཱ་ལ་གཞོལ་བ། དཀྱུས་སུ་རྒྱང་གྲགས་བཅུ་དང་བརྒྱད་དགུ་ཙམ། ཞེང་དུ་རྒྱང་གྲགས་ལྔ་དྲུག་ཡོད། མི་ཁྱིམ་ཕལ་ཆེར་ཕྱུག་འབྱོར་ལོངས་སྤྱོད་ཆེ་བ། རང་བཞིན་དང་རྒྱུད་འཇམ་ལ་སྙིང་སྟོབས་ཆེ་ཞིང་། སློབ་གཉེར་ལ་དགའ་བ་ཕལ་ཆེ་བས་ཕྱི་པ་ལ་མོས། བཟའ་ཤིང་མོད་པ། གཙུག་ལག་ཁང་སུམ་ཅུ་ལྷག་པར་དགེ་འདུན་སུམ་སྟོང་ལྷག་པ་ཚང་མ་སྡེ་པ་གནས་བརྟན་པའོ། །ཕྱི་བའི་ལྷ་ཁང་ལ་ཕྱི་པའི་མི་ཁྲི་ལྷག་པ་ཐམས་ཅད་དབང་ཕྱུག་པའོ། །སྐྲ་འབལ་བ་དང་གཅེར་བུར་རྒྱུ་བ་དང་། ལུས་ལ་ཐལ་བས་བྱུགས་པ་ཐར་བ་འཚོལ་བ་དག་གོ། །གྲོང་ཁྱེར་གྱི་ནང་ན་ཕྱི་རོལ་པའི་ལྷ་ཁང་ཉི་ཤུ་ཙམ་ཡོད་པ་ནི། ཤིང་ལོ་འདབ་ཤིན་ཏུ་སྟུག་པའི་ནགས་ཀྱི་ནང་དུ་སྲིད་དུ་ཁྲུ་བརྒྱར་ཉེ་བའི་ལྷ་ཆེན་གྱི་གཟུགས་བརྙན་རྗེ་ཡང་ཏེ་ཀ་ཧཱ་ད་ནཱ་ཐ་ལས་གྲུབ་པ་ཞིག་ཡོད་དོ། །

༧ ཞར་ནའི་ཆུ་སླུང་མཐའ་འཁོར་གྱི་རྗེས་ཤུལ་སྐོར།

གྲོང་ཁྱེར་གྱི་བྱང་ཤར་མཚམས་སུ་ཞར་ནའི་ཆུ་སླུང་སྟེ། དེའི་གཡས་རོལ་དུ་རྒྱལ་པོ་ཨ་ཤོ་ཀས་བཞེངས་པའི་མཆོད་རྟེན་ཁྲི་བརྒྱ་ལྷག་ཡོད་པར། རྡོའི་ཀ་བ་ཟུར་བཞི་པ་ངོས་བཞི་ཤིན་ཏུ་དྭངས་ལ་མེ་ལོང་འདྲ་བ་ཞིག་ཡོད་པའི་ངོས་སུ་དུས་བཟང་ལ་སྟོན་པའི་སྐུ་བརྙན་འཆར་བ་ཡོད་དོ། །ཞར་ནའི་ཆུ་སླུང་གི་བྱང་ཤར་མཚམས་སུ་རྒྱང་གྲགས་བཅུ་ལྷག་སོང་བ་ན། དྲང་སྲོང་ལྷུང་བ་རི་དྭགས་ཀྱི་ནགས་ཀྱི་གཙུག་ལག་ཁང་ར་བ་པདྨ་འདབ་བརྒྱད་ཀྱི་དབྱིབས་ཅན་མཐའ་འཁོར་དུ་ལྡིང་ཁང་བྱ་འདབ་ཅན་གྱིས་བསྐོར་བ། ཁང་བརྩེགས་ཀྱིས་བརྒྱན་པ་ལ་དགེ་འདུན་ཆིག་སྟོང་ལྔ་བརྒྱ་ལྷག་ཚང་མ་སྡེ་པ་གནས་བརྟན་པའོ། །ར་བའི་ནང་དུ་དྲི་གཙང་ཁང་ཆེན་པོ་ཁྲི་ཉིས་བརྒྱ་ལྷག་པ། ཕྱོགས་བཞིར་བང་རིམ་བཞི་པ་བརྒྱ་ཕྲག་ཡོངས་པ། དེའི་ཐོག་ན་གསེར་ལས་བྱས་པའི་ཧོག་ཤིང་ཧོག་ཨ་མྲའི་གཟུགས་དང་། རི་མོ་གསལ་མི་གསལ་གྱི་བར་དུ་སྟོན་པའི་གཟུགས་བརྙན་ཐུབ་པ་ཆོས་འཁོར་མར་གྲགས་པ། གཙང་ཁང་གི་ནང་དུ་ར་གན་ལས་གྲུབ་པའི་སྟོན་པའི་སྐུ་བརྙན་བོངས་ཚད་བཅོམ་ལྡན་འདས་ཀྱི་སྐུ་ཚ་དང་མཉམ་པ་ཆོས་འཁོར་གྱི་ཕྱག་རྒྱ་ཅན་ཡོད་དོ། །དེའི་ལྷོ་ནུབ་མཚམས་ན་ཨ་ཤོ་ཀས་བཞེངས་པའི་མཆོད་རྟེན་རྨང་ཞིག་རལ་བྱུང་ཡང་ད་ལྟ་ཁྲི་བརྒྱ་ལྷག་ཙམ་སྣང་ངོ་། །དེའི་ཀ་བ་རྡོ་ལས་གྲུབ་པའི་ངོས་སུ་བལྟས་ཏེ་བདེན་བརྫར་གྱིས་དམོད་གསོལ་བྱས་ཚེ་འབྱུང་འགྱུར་གྱི་ལེགས་ཉེས་མེ་ལོང་ལ་གཟུགས་བརྙན་མཐོང་བ་བཞིན་གསལ་བར་འཆར་བ་ཞིག་གོ། །འདི་ནི་སྟོན་པ་ཚོགས་ཡོངས་སུ་རྫོགས་ཏེ་མཆོག་ཐོབ་སྟེ་ཐོག་མར་བདེན་བཞིའི་ཆོས་འཁོར་བསྐོར་བའི་གནས་སོ། །ཕྱོགས་ཤིག་ན་མི་རིང་བར་མཆོད་རྟེན་ཞིག་ཡོད་པ་ནི། ཀུན་ཤེས་ཀཽཎྜིནྱས་ཐོག་མར་སྟོན་

པ་དང་མཇལ་བའི་གནས་སོ། །དེ་དང་ལྟེ་བར་མཆོད་རྟེན་ཞིག་ཡོད་པ་ནི་རང་རྒྱལ་ལྔ་བརྒྱ་དུས་གཅིག་ལ་མྱ་ངན་ལས་འདས་པའི་གནས་སོ། །

༢ སངས་རྒྱས་ཀྱིས་ལུང་བསྟན་པའི་གནས།

ཡང་མཆོད་རྟེན་སུམ་གཤིབས་སུ་ཡོད་པ་ནི་འདས་པའི་སངས་རྒྱས་རྣམ་གསུམ་གྱི་བཞུགས་ཁྲི་དང་མཛད་པའི་ཤུལ་འགའ་ཞིག་བཅས་ཡོད་པ་རྒྱལ་བ་མ་ཕམ་པ་ལུང་བསྟན་ཐོབ་པའི་གནས་སོ། །དེའི་ལོ་རྒྱུས་ནི་བཅོམ་ལྡན་འདས་རྒྱལ་པོའི་ཁབ་བྱ་རྒོད་ཕུང་པོ་རི་ལ་བཞུགས་པའི་སྐབས་ཤིག་ན། དགེ་འདུན་རྣམས་ལ་བཀའ་བསྩལ་བ། མ་འོངས་པའི་དུས་མི་རྣམས་ཚེ་ལོ་བརྒྱད་ཁྲིག་གཅིག་འདས་ནས་ཚེ་ལོ་བརྒྱངས་ཏེ་མི་ལོ་བརྒྱད་ཁྲི་བའི་དུས་ན་བྲམ་ཟེའི་རིགས་ལས་བྱམས་པ་ཞེས་བྱ་བ་ལུས་གསེར་བཙོ་མ་ལྟ་བུ་ལ་མཚན་བཟང་དང་དཔེ་བྱད་ཀྱིས་བརྒྱན་པ་ཅིག་བྱང་ཆུབ་ཏུ་མངོན་པར་རྫོགས་པར་སངས་རྒྱས་ནས་ཤིང་ན་ག་གེ་སར་གྱི་དྲུང་དུ་ལན་གསུམ་ཆོས་ཀྱི་འཁོར་ལོ་བསྐོར་བ་མཛད་པར་འགྱུར་རོ་ཞེས་ལུང་བསྟན་ཏོ། །བྱམས་པའི་མཆོད་རྟེན་གྱི་ནུབ་རོལ་དུ་ཡང་མཆོད་རྟེན་ཞིག་ཡོད་པ་ནི། ཚེ་ལོ་ཉི་ཁྲི་པའི་དུས་སངས་རྒྱས་འོད་སྲུང་གིས་བདག་ཅག་གི་སྟོན་པ་ལ་ལུང་བསྟན་ཏེ། མ་འོངས་པའི་ཚེ་ལོ་བརྒྱ་བའི་དུས་དེ་བཞིན་གཤེགས་པ་ཤཱཀྱ་ཐུབ་པ་ཞེས་བྱ་བར་མངོན་པར་རྫོགས་པར་འཚང་རྒྱ་བར་འགྱུར་རོ་ཞེས་ལུང་བསྟན་པའི་གནས་སོ། །དེའི་ལྷོ་ངོས་སུ་མི་རིང་བར་འདས་པའི་སངས་རྒྱས་བཞིའི་མཛད་ཤུལ་རྗེ་རྟོན་ལས་བརྩིགས་པ་དཀྱུས་སུ་གོམ་པ་ལྔ་བཅུ་ཙམ་སྲིད་དུ་ཁྲུ་བདུན་ཡོད་པའི་སྟེང་དུ། དེ་པ་སོ་སོའི་སྐུ་བརྙན་ཤིན་ཏུ་དོད་པ་གསལ་བར་བཞུགས་སོ། །ལྷས་བཞེངས་པ་ཞེས་ཟེར་རི་མོའི་བཟོ་བོས་བསྐྲུན་པར་དགའ་བ་ཞིག་སྣང་ངོ། །

༣ སངས་རྒྱས་ཀྱི་རྗེས་ཤུལ་དང་གླུ་གསུམ་གྱི་ལོ་རྒྱུས།

གཙུག་ལག་ཁང་དེའི་ནུབ་ཏུ་མཚོ་ཤིན་ཏུ་དྭངས་མོ་མཐའ་འཁོར་གོམ་པ་ཉིས་བརྒྱ་ཡོད་པ་ནི་སྟོན་པས་ཞལ་བཀྲུ་བར་མཛད་ཟེར་རོ། །དེའི་ཡང་ནུབ་ཏུ་སྟོན་པས་ལྕུང་བཟེད་བཀྲུ་བའི་མཚོ་མཐའ་སྐོར་གོམ་པ་བརྒྱ་དང་བརྒྱད་ཅུ་ཡོད་པ་དང་། རྒྱབ་ལོགས་སུ་ཡང་སྟོན་པས་གོས་བཀྲུ་བའི་རྡིང་བུ་ཡོད་པ་དེར་མི་འགའ་ཞིག་གིས་མ་གུས་པས་རྐང་ལག་དང་ཕོར་བ་བཀྲུ་བ་སོགས་ཀྱིས་རྙོགས་པར་བྱས་ན་ངེས་པར་ཆུ་སྲིན་ཀུམ་བི་རས་གནོད་བྱེད་ཟེར་རོ། །ལོགས་ན་རྡོ་ལེབ་གྲུ་བཞི་ཆེན་པོ་ཅིག་ཡོད་པའི་སྟེང་དུ་སྟོན་པའི་ན་བཟའ་ཀཱ་ཥ་བཀྲུས་ཏེ་བསྐམས་པས་སྐྲུད་པའི་རི་མོ་གསལ་ཙམ་ད་དུང་ཡོད་དོ། །རྡོ་དེ་དང་ཉེ་བར་ཡོད་པའི་རྫིང་བུའི་ནང་གི་གླུ་ནི་དཀར་སྐྱོགས་པ་ཞིག་སྐྱེ་ཆར་འབེབས་ལ་ཤིན་ཏུ་རྣོ་ཞིང་། ཕྱི་རོལ་པའམ་དད་པ་མེད་པ་ཞིག་དེ་དང་ཉེ་བར་སླེབས་ཙམ་ན་ རླུང་ནག་དང་ཁ་ཆར་དྲག་པོ་འབེབས་པར་བྱེད་དོ། །

༤ གླང་དང་བྱ་ཤྭ་བ་བཅས་ཀྱི་ལོ་རྒྱུས།

དེ་དང་ཉེ་བའི་ས་ན་གླང་པོའི་མཆོད་རྟེན་ཞེས་བྱ་བ་ཞིག་ཡོད་པ་ནི། སྔོན་སྟོན་པས་བྱང་ཆུབ་ཀྱི་སྤྱད་པ་སྤྱོད་པ་ན་གླང་ཆེན་མཆེ་བ་དྲུག་ལྡན་དུ་སྐྱེ་བ་བཞེས་པའི་ཚེ་རྔོན་པ་ཞིག་མཆེ་བ་འདོད་ནས་དགེ་སློང་ཞིག་ཏུ་བརྫུས་ཏེ་གླགས་བལྟས་ཏེ་གླང་ཆེན་གྱི་ཉེ་བར་སླེབས་པ་རྔོན་པས་ཆོས་གོས་ཕུད་དེ་གླང་པོ་ཆེའི་སྟེང་དུ་འོར་ནས་མདའ་གཞུ་ཕྱུང་བས། གླང་པོ་ཆེས་གུས་པ་བསྐྱེད་དེ་རང་ཉིད་ཀྱིས་མཆེ་

བ་རྫོན་པ་ལ་གནང་སོ་མཆེ་བ་བླངས་པའི་མཆོད་རྟེན་དང་མི་རིང་བར་བྱའི་མཆོད་རྟེན་བཞེངས་པ་ཞིག་ཡོད་དོ། །དེ་ནི་སྔོན་སྟོན་པ་སྔོན་སློབ་པ་ལམ་གྱི་སྐབས་སུ་བྱའི་སྐྱེ་བ་བཞེས་པ་ན་སྤྲེའུ་ཞིག་དང་གླང་པོ་ཆེ་ཞིག་དང་གསུམ་འགྲོགས་ཤིང་མཛའ་བར་གྱུར་པ་ན། སུས་ནྱ་གྲོ་དྷའི་ཤིང་སྔོན་ལ་མཐོང་བ་དེ་ལ་ཆེ་ཤོས་སུ་བྱེད་ཅིང་ཕུ་བོ་བཙོལ་ལོ་ཟེར་ནས་ཕན་ཚུན་མཐའ་བོར་བའི་གནས་ཡོད་དོ། །

དེ་དང་མི་རིང་བར་ནགས་ཚལ་ཞིག་གི་ནང་དུ་ཤ་བའི་མཆོད་རྟེན་ཟེར་བ་ཞིག་ཡོད་དོ། །དེ་སྔོན་འདས་པའི་དུས་སུ་སྟོན་པ་དང་ལྷས་བྱིན་གཉིས་དུས་མཉམ་དུ་ཤ་བའི་ལུས་བླངས་ཤིང་སོ་སོར་ཤ་བའི་བདག་པོར་གྱུར་ཏོ། །དེའི་ཚེ་ཡུལ་འདིའི་རྒྱལ་པོ་དམག་གི་དཔུང་ཚོགས་བཅས་རི་དྭགས་བཤོར་བ་ན་བྱང་ཆུབ་སེམས་དཔའ་ཤྭ་བས་རྒྱལ་པོ་ལ་གསོལ་བ། ངེད་ཤ་བ་རྣམས་དུས་གཅིག་ལ་བསད་ན་ལྷག་ལུས་རྣམས་རུལ་ནས་གསོལ་མི་རུང་བར་འགྱུར་བས་རེས་མོས་སུ་རིམ་གྱིས་བསད་ན་རེ་ཞིག་གི་བར་དུ་ཤ་བ་རྣམས་མི་འཆི་ཞིང་རྒྱལ་པོའི་གསོལ་ཤ་ཡང་ཉི་མ་རེ་རེ་བཞིན་ཤ་གསར་བ་གསོལ་བར་འགྱུར་བས་ཞལ་ཟས་མ་རུང་བར་མི་འགྱུར་རོ་ཞེས་ཞུས་པ་བཞིན་རྒྱལ་པོས་ཀྱང་གནང་ངོ་། །ཕྱིས་ཉིན་གཅིག་ཤ་བ་ཡུ་མོ་སྦྲུམ་མ་ཞིག་ལ་གསོད་པའི་རེས་བབས་པ་ན། ཡུ་མོ་དེས་རང་གི་བདག་པོ་ལྷས་བྱིན་གྱི་སྐྱེ་བ་ཤ་བ་ལ་ཞུས་པ། རེས་མོ་བདག་ལ་བབས་པས་བསད་ཀྱང་ནོངས་པ་མེད་མོད། འོན་ཀྱང་ཁོང་ནང་ཡོད་པའི་ཕྲུ་གུ་ཉེས་མེད་དུ་འཆི་བ་སྙིང་རེ་རྗེ་ཞུས་པས་ལྷས་བྱིན་གྱི་སྐྱེས་པའི་ཤ་བ་ན་རེ། ཁྲིས་ནས་སྲོག་ལ་མི་གཅེས་པ་སུ་ཡོད་ཁྱོད་ཀྱི་ཚབ་ཏུ་སུ་ལ་བསྒོ་ཟེར་ཞིང་སྤྱོས་སོ། །དེ་ནས་ཤ་བ་ཡུ་མོ་དེར་བྱང་ཆུབ་སེམས་དཔའ་སྙིང་རྗེ་ཆེན་པོ་སྐྱེས་ནས་སྨྲས་པ། མ་འཇིགས་ཤིག་མ་འཇིགས་ཤིག ཁྱོད་ཀྱི་ཚབ་ཏུ་བདག་འགྲོའོ་ཞེས་འཆི་བའི་རེས་མོ་དང་དུ་བླངས་སོ། །དེ་ནས་བྱང་ཆུབ་སེམས་དཔའ་ཤ་བ་རྒྱལ་པོའི་རྩ་བར་ཕྱིན་ནས་བདག་གི་རེས་མོ་བབས་ཟེར་བས་རྒྱལ་པོས་ངོ་ཤེས་

ནས་ཤ་བའི་རྒྱལ་པོ་ཅི་ལ་འོང་དྲིས་པས། ཡུ་མོས་ཕྱུ་གུ་ལ་ཕངས་ཆེས་པས་ཡུ་མོའི་ཚབ་ཏུ་བདག་འོངས་པ་ཡིན་ནོ་གསུངས་པས། རྒྱལ་པོ་ཤུགས་རིང་བཏོན་ཏེ་སྨྲས་པ་ཁྱེད་ནི་ཤ་བའི་ལུས་ཅན་གྱི་མི་རུ་འདུག བདག་སོགས་ནི་མིའི་ཤ་ཚུགས་ཀྱི་ཕྱུགས་ཡིན་པར་འདུག་ཟེར་ནས། ཤ་བ་ལྷག་མ་མ་ལུས་པ་མ་བསད་པར་མི་འཇིགས་པའི་སྦྱིན་པ་བསྐྱལ་བས། ནགས་ཚལ་དེ་ལ་མི་འཇིགས་པའི་ཚལ་དུ་མིང་ཆགས་སོ། །རྒྱུ་མཚན་དེ་ལ་བརྟེན་ནས་རི་དྭགས་ཀྱི་ནགས་ཟེར་ཕྱིས་གནས་དེར་མཆོད་རྟེན་ཞིག་བཞེངས་སོ། །

༥ ཀུན་ཤེས་ཀོཎྜི་ནྱ་སོགས་ལྔ་སྡེ་བཟང་པོ་བཏུལ་བའི་གནས།

གཙུག་ལག་ཁང་དེའི་ལྷོ་ནུབ་མཚམས་ན་མཆོད་རྟེན་དཔངས་སུ་ཁྲུ་སུམ་བརྒྱ་ལྷག་ཅིག་ཡོད་པ་རྨང་གཞི་ཤིན་ཏུ་ཡངས་པ་རིན་པོ་ཆེ་སྣ་ཚོགས་ཀྱི་བརྒྱན་པ། བུམ་པ་ལྷུང་བཟེད་ཁ་བུབས་པ་ལྟ་བུ་ལ་གདུགས་དང་ཆར་ཁེབས་དང་དྲིལ་བུ་ཡེར་ཁ་སོགས་མེད་དོ། །དེའི་ཡོགས་ཤིག་ན་མཆོད་རྟེན་ཆུང་བ་ཞིག་ཡོད་པ་ནི། ཀུན་ཤེས་ཀོཎྜི་ནྱ་སོགས་ལྔ་སྡེ་བཟང་པོ་བཏུལ་བའི་གནས་སོ། །

༦ རྩལ་ལྡན་ཟེར་བའི་ལོ་རྒྱུས་སྐོར།

མི་འཇིགས་སྦྱིན་པའི་ཚལ་གྱི་ཤར་ཕྱོགས་སུ་རྒྱང་གྲགས་གསུམ་བཞི་ཙམ་ཕྱིན་པ་ན། མཆོད་རྟེན་དང་མཚོ་ཆེན་རྙམས་པའི་ཤུལ་མཐའ་འཁོར་དུ་གོམ་པ་བརྒྱད་ཅུ་ལྷག་ཙམ་ཡོད་པའི་མིང་ལ་གཅིག་ཏུ་སྲོག་སྐྱོབས་དང་། ཡང་མིང་ལ་གཅིག་ཏུ་རྩལ་ལྡན་ཟེར་བ་ཡོད་པ་ནི། ལོ་བརྒྱ་ཕྲག་དུ་མའི་སྔ་རོལ་སྦས་པའི་རྣལ་འབྱོར་པ་ཞིག་

འདིར་བཞུགས་ནས་རྫུ་འཕྲུལ་སྣ་ཚོགས་དང་། འཆི་མེད་ཚེའི་རིག་འཛིན་ཐོབ་ཟེར་རོ། །དེའི་ལོ་རྒྱུས་ནི། མཚོ་སྐམ་དེ་གནས་དུས་མཚོ་རྒྱ་ཆེ་ལ་གཏིང་ཟབ་པ་ཞིག་སྟེ་རྣལ་འབྱོར་པ་དེ་དེའི་འགྲམ་དུ་འཇག་མའི་སྤྱིལ་བུ་གཅིག་བཅོས་ནས། རིག་པ་སྒྲུབ་པ་དང་སྔིག་པ་སྣ་ཚོགས་སྤྲུངས་ནས། མངོན་ཤེས་དང་རྫུ་འཕྲུལ་དཔག་ཏུ་མེད་པ་ཐོབ་ཀྱང་། ད་དུང་ཚེའི་རིག་འཛིན་མ་གྲུབ་པས་རང་གི་ལྷ་ལ་གསོལ་བ་བཏབ་པ་ན། ལྷས་དཀྱིལ་འཁོར་འདོམ་གང་གྲུ་བཞི་པ་ཞིག་བསྟན་ནས། དེར་སྡོད་ལ་རིག་པ་འདི་རྒྱུན་མ་ཆད་པར་སྒྲོགས་ཤིག སྐྱེས་བུ་མཚན་ལྡན་དཔའ་རྩལ་ཡོད་པ་ཅིག་བཙལ་ཏེ་གྲོགས་བྱེད་དུ་བཅུག་དེའི་ལག་པར་སྦྲུ་གྱི་ཞིག་གཏོད་ལ། གཉིས་ཀས་སྨྲ་བ་བཅད་ནས་བསྒྲུབས་པས་ནམ་ཞིག་ན་རྟགས་སུ་སྦྲུ་གྱི་དེ་རིན་པོ་ཆེའི་རལ་གྲིར་གྱུར་པ་ན། དེར་རལ་གྲི་དེ་ལག་པར་ཐོགས་ན་གར་འདོད་པ་ཕྱིན་ཆོག་པ་དང་གང་བསམ་ཚད་ཆོགས་མེད་པར་འགྲུབ་པར་འགྱུར་རོ་ཞེས་ལུང་བསྟན་ནོ། །རྣལ་འབྱོར་པས་གཞན་རྣམས་བསྒྲུབས་སླ་ཡང་སྒྲུབ་གྲོགས་དེ་འདྲ་ཤིན་ཏུ་རྙེད་དཀའ་བས་ཡི་མུག་ནས་བསྡད་པར་མི་ཞིག་རྒྱང་རིང་པོ་ནས་སྨྲེ་སྔགས་འདོན་བཞིན་འོངས་བ་མཐོང་ངོ་། །མཐོང་ནས་མཚན་བརྟགས་པས་ལྷས་བསྟན་པ་དང་མཐུན་པས་དགའ་སྟེ་དུ་བའི་རྒྱུ་མཚན་དྲིས་པ་ན། སྨྲས་པ་བདག་ནི་དབུལ་ཞིང་ཕོངས་པས་ཐབས་ཟད་དེ་རྩལ་མཐུས་འཚོ་བ་འཚོལ་བ་ན། མི་ཕྱུག་པོ་ཞིག་གིས་ཕོ་བོ་མཚན་ལྡན་དུ་བཟུང་ནས་ལོ་གསུམ་བཞི་ཙམ་གཡོག་བགྱིས་ཤིང་བྱ་དགའ་ཆེན་པོ་ཚེ་མ་ཟད་པར་དུ་ལོངས་སྤྱོད་དུ་འདངས་བ་སྟེར་རོ་ཞེས་ཟེར་ལྟར་ཕོ་བོས་དགའ་བ་ཆེན་པོ་བསྟེན་ཏེ་གཡོག་བྱས་ནས་ལོ་ལྔ་ཙམ་སོང་བར་ཉིན་ཞིག་ཁས་བླངས་པ་བཅག་ནས་ཅི་ཡང་མི་སྟེར་བར་མ་ཟད་གཞུ་བཙོག་སོགས་ཀྱིས་ངོ་ཚ་སྦྱོང་དུ་བཅུག་པས་མ་བཟོད་པར་བྲོས་པ་ཡིན་ཟེར་བས། རྣལ་འབྱོར་པས་སྙིང་རེ་རྗེ་སྙམས་སོ། །རྩལ་ལྡན་དེ་ཕོ་བོ་འཁྲོའོ་ཞེས་པས་རྣལ་འབྱོར་བས་བཀག་ནས་དེ་ལ་སྒྲུབ་གྲོགས་བཙལ་ཏེ་དྲིན་གྱིས་

བསྐྱངས་སོ། །ཉིན་སྔ་མ་ལས་ཉིན་རྗེས་མར་ལྷག་པར་དྲིན་གྱིས་བསྐྱངས་པས་རྒྱལ་ལྷན་ཤིན་ཏུ་དགའ་བ་ཐོབ་བོ། །ད་དེའི་དུས་ལ་བབས་ཙ་ན་རྒྱལ་ལྷན་གྱིས་རྣལ་འབྱོར་བ་ལ། ཉིད་བདག་ལ་དྲིན་འདི་ལྟ་སྔོད་ཐུབ་པ་ཅི་འདོད་ཅེས་པ་ལ། རྒྱལ་ལྷན་གྱི་ཇོ་བོས་དྲིན་དེ་ཙམ་ཆེས་བ་ལགས་པས་སྲོག་འདོར་དགོས་ཀྱང་དགའ་བས་དང་དུ་ལེན་དགོས་ན་མི་སྨྲ་བའི་རྟུལ་ཞུགས་ཙམ་ལྟ་ཅི་སྨོས་ཞེས་ཟེར་བས། རྣལ་འབྱོར་པ་དགའ་ནས་ཚོ་ག་བཞིན་གྱི་དཀྱིལ་འཁོར་བཤམས་པའི་དབུས་སུ་རལ་གྲི་བཟུང་ནས་བསྡད། རྒྱལ་ལྷན་ལ་ཤངས་ལང་ཞིག་ལག་ཏུ་གཏད་ནས་འཛིན་དུ་བཅུག་ནས་སྲུང་མར་བསྒོས་གཉིས་ཀས་སྨྲ་བ་བཅད་དེ། རྣལ་འབྱོར་པས་རིག་སྔགས་བགྲང་བཞིན་འདུག་པ་ན་བདུད་ཀྱི་བར་ཆད་བྱུང་སྟེ། བར་སྣང་ལས་མི་ལྟེ་ལྷུང་སྟེ་འབར་བ་མཐོང་བས་རྒྱལ་ལྷན་གྱིས་སྐད་ཤོར། རྣལ་འབྱོར་པས་རྒྱལ་ལྷན་རྫིང་བུར་འཇུག་ཏུ་བཅུག་ནས་མེའི་འཇིགས་པ་ལས་བསྐྱབས་ནས་སྐད་བཏོན་པའི་རྒྱུ་མཚན་དྲིས་ཙ་ན། སྨྲས་པ་ངལ་བས་དུབ་སྟེ་གཉིད་དུ་སོང་བས་རྨི་ལམ་ན་རྗེ་བོ་རྙིང་པ་འོངས་ནས་བདག་ལ་དྲིན་བསབ་ཏུ་འོངས་ཟེར་བ་ལ་བདག་གིས་མི་སྨྲ་བའི་ཡི་དམ་བརྟན་པོས་ལན་མ་ལོག་པས་ཁོ་ཁྲོས་ནས་བདག་བསད་པ་རྣམ་ཤེས་རྒྱ་གར་ལྷོ་ཕྱོགས་སུ་བྲམ་ཟེའི་རིགས་སུ་སྐྱེས་ཏེ། སྔར་གྱི་ཡི་དམ་བཅའ་བརྟན་པའི་བག་ཆགས་ཀྱིས་ཚེ་ལོ་དྲུག་ཅུའི་བར་ཅང་མི་ཟེར་ཞིང་ཁྱིམ་ཐབས་ཀྱང་བླངས་བུ་ཡང་སྐྱེས་པའི་བར་འདས་ཀྱང་ཡི་དམ་མ་བཏང་བས། ལན་གཅིག་ཆུང་མས་བུ་ཆུང་བཟུང་ནས་ཁྱོད་ཤིང་ས་ལ་ལྟ་བུའི་བྲམ་ཟེའི་བུར་སྐྱེས། ཡོངས་སྤྱོད་ཀྱང་ཆེ་བུ་དང་ཆུང་མ་ཡང་ཚང་ལོ་རྒས་ཤིང་འཆི་ལ་ཐུག་ཀྱང་ད་དུང་སྐད་མི་འབྱིན་པའི་རྒྱུ་མཚན་ཅི་ཡིན། ཁྱོད་ད་ལྟ་གཏམ་མི་སྨྲ་ན་བདག་ལས་སྐྱེས་པའི་བུ་འདི་གསོད་དོ་ཞེས་བུའི་མགུལ་བ་བསྣག་པས། བདག་བུ་སྡུག་ལ་གཅེས་ཆེས་པས་ཐོང་ཞེས་སྐད་ཤོར་བ་ལགས། ཡི་དམ་ཤོར་ཐལ་བ་བཟོད་པར་གསོལ་ཟེར་བས། རྣལ་འབྱོར་པ་ན་

རེ་ངས་ཉེས་བདུད་ཀྱི་བར་ཆད་བྱུང་མོ་ཟེར་རོ། །དེ་ལྟར་རྩལ་ལྡན་མེའི་འཇིགས་པ་ལས་བསྐྱབས་པས་མཚོ་སྨན་དེའི་མིང་གཅིག་ལ་སྒྲོག་སྒྲིབ་དང་མིང་གཅིག་ལ་རྩལ་ལྡན་འབོད་པ་ཡོད་ཀྱང་། རྩལ་ལྡན་སྒྲོག་སྒྲིབས་ཞེས་ཕྱོགས་གཅིག་ཏུ་བསྡོམ་ནས་འབོད་པ་འཐད་དོ། །

༄ རི་དྭགས་གསུམ་གྱི་མཆོད་རྟེན།

མཆོད་རྟེན་དེའི་གཡས་རོལ་ན་རི་དྭགས་གསུམ་གྱི་མཆོད་རྟེན་ཞེས་བྱ་བ་ཡོད་དོ། །དེའི་ལོ་རྒྱུས་ནི། སྔོན་བདག་ཅག་གི་སྟོན་པས་བྱང་ཆུབ་ཀྱི་སྤྱོད་པ་སྤྱོད་པའི་ཚེ། དུས་གཅིག་རི་བོང་གི་སྐྱེ་བ་བཞེས་པ་ན་ཝ་དང་སྤྲེའུ་གཅིག་བཅས་མཛའ་བར་གྱུར་པ་ན། བརྒྱ་བྱིན་གྱིས་ཚོད་བགམ་པའི་ཕྱིར་དུ་རྒན་པོ་ཅིག་ཏུ་སྤྲུལ་ནས་དེ་དག་གི་རྩར་ཕྱིན་ཏེ། ཁམས་འདྲི་བ་སོགས་མཛད་ཅིང་བག་ཕེབས་པ་ན་བཟའ་བཏུང་བསླངས་པས་རི་དྭགས་གསུམ་གྱིས་ཆ་མཉམ་དུ་ཁས་བླངས་ནས་སོ་སོར་འཚོལ་དུ་ཕྱིན་ནོ། །ཝ་ཡིས་ཆུ་ཀླུང་བརྒྱུད་དེ་ཉ་བཟུང་ནས་ཡོང་། སྤྲེའུས་ཤིང་ཏོག་བཏུས་ནས་ཡོང་། རི་བོང་ལག་པ་སྟོང་པར་འཁོར་ནས་གྲོགས་གཉིས་ལ་རྩྭ་ཤིང་བསྡུས་ལ་སྤུངས་ཤིང་དང་ཟས་ཁྱེར་འོང་ངོ་ཟེར་བས། སྤྲེའུ་དང་ཝས་རྩྭ་ཤིང་བཏུས་ཤིང་སྤུངས་བ་ལ་རི་བོང་གིས་མེ་སྦར་ཏེ་སྨོན་ལམ་བཏབ་པ། དྲང་སྲོང་ཆེན་པོའི་བསོད་སྙོམས་བསླངས་པར་གྲོགས་གཉིས་རྩལ་སྟོབས་དང་ལྡན་པས་སོ་སོ་ནས་བསྙེན་བཀུར་བསྒྲུབས་སོ། །བདག་ནི་རྩལ་ཆུང་བས་འདོད་པ་བཞིན་མ་གྱུར་པ་ལ་རང་གི་ལུས་མཆོད་པར་འབུལ་གྱིས་བདག་གི་བསོད་ནམས་ཀྱི་ཚོགས་རྫོགས་པར་བྱ་བའི་ཕྱིར་ཅི་བདེ་བར་ལོངས་སྤྱོད་དུ་གསོལ། བདག་ཀྱང་དགེ་བའི་རྩ་བ་འདི་ལ་བརྟེན་ནས་བླ་ན་མེད་པ་ཡང་དག་པར་རྫོགས་པའི་བྱང་ཆུབ་མངོན་པར་རྫོགས་པར་འཚང་

རྒྱ་བར་གྱུར་ཅིག་ཅེས་སྨོན་ལམ་བཏབ་སྟེ་མེར་མཆོངས་པས་བརྒྱ་བྱིན་གྱིས་ལུས་མངོན་པར་བྱས་ཏེ། འཇོན་སླམས་ཀྱང་མ་ཟིན་པས་ཤིའོ། །བརྒྱ་བྱིན་གྱིས་བི་ཤྭ་ཀ་རྨ་ལ་བཅོལ་ནས་བྱང་ཆུབ་སེམས་དཔའ་རི་བོང་གི་གཟུགས་བྲིས་ནས་ཟླ་བའི་དཀྱིལ་འཁོར་གྱི་ནང་དུ་མཆོད་པར་མཛད་དེ། ཕྱིས་འཇིག་རྟེན་དུ་གྲགས་པར་མཛད་དེ་ཕུར་བསྐུས་ནས་ལྷས་མཆོད་རྟེན་བརྩིགས་ཕྱིས་དད་ལྡན་རྣམས་ཀྱིས་གནས་དེར་མཆོད་རྟེན་གསུམ་ཚང་བར་བརྩིགས་སོ། །

ཙཀྐའི་ཡུལ།

དེ་ནས་ཆུ་བོ་གངྒཱ་བརྒྱུད་དེ་ཤར་ཕྱོགས་སུ་རྒྱང་གྲགས་སུམ་བརྒྱ་ཕྱིན་པ་ན་ཙཀྐའི་ཡུལ་ལོ། །དེའི་ཐ་གྲུར་ལེ་བར་ཉིས་སྟོང་ལྷག་དཀྱིལ་མཁར་ཆེན་པོའི་གངྒཱའི་འགྲམ་དང་ཉེ་བར་རྒྱང་གྲགས་བཅུ་ཕྲག་གཅིག་ལྷག་ལ། ས་གཞི་ཚ་གྲང་སྙོམས་པ་ཞིང་ལ་འབྲུ་སྣ་གང་ཡང་རུང་བའི་འདེབས་སོ། །མིའི་རང་བཞིན་དྲང་ཞིང་བརྟན་པ་ཅུང་ཟད་རྒོད་ཅིང་རྩལ་ཆེ་བ། ཕྱི་ནང་གཉིས་ཀར་དག་སྣང་མཉམ་པ། གཙུག་ལག་ཁང་བཅུ་ལྷག་པར་དགེ་འདུན་སྟོང་ལྷག་གནས་པ་ཐེག་དམན་པ་ཤ་སྟག་དང་། ཕྱི་པའི་ལྷ་ཁང་ཉི་ཤུ་ཙམ་ལ་མུ་སྟེགས་ཀྱི་ལུགས་སྣ་ཚོགས་པ་འདྲེས་ཏེ་འདུག་གོ། །

༡ སྟོན་པའི་རིང་བསྲེལ་གྱི་མཆོད་རྟེན།

དྲང་སྲོང་ཆེན་པོའི་ཞབ་བྱང་མཚམས་སུ་གཙུག་ལག་ཁང་ཞིག་ཡོད་པར་

མཆོད་རྟེན་ཞིག་ཡོད་པ་དེ་རྒྱལ་པོ་ཨ་ཤོ་ཀས་བཞེངས་ཤིང་། དཀར་ཆག་ན་མཆོད་རྟེན་དེའི་ནང་དུ་སྟོན་པའི་རིང་བསྲེལ་བྲེ་གང་བཞུགས་ཏེ། སྟོན་སྟོན་པས་ས་གཞི་འདི་ཉིད་དུ་ཞག་བདུན་བཞུགས་པར་མཛད་དེ་ལྷ་དང་མི་ལ་ཆོས་བསྟན་ཟེར་བ་དང་། དེའི་ལོགས་སུ་འདས་སངས་གསུམ་གྱི་བཞུགས་ཁྲི་དང་ཤུལ་རྣམས་ཡོད་ཅིང་། རྗེ་བཙུན་བྱམས་པའི་སྐུ་བརྙན་བཟོ་ཁྱད་དུ་འཕགས་པ་ཞིག་ཡོད་དོ། །

༢ རྣ་བ་མ་ཕུག་པའི་གཙུག་ལག་ཁང་གི་ལོ་རྒྱུས།

གྲོང་ཁྱེར་དེའི་ཤར་ཕྱོགས་རྒྱང་གྲགས་ཉིས་བརྒྱ་ཕྱིན་པའི་སར་ཨ་ཧྲི་ཏ་ཧུ་ར་ནའི་གཙུག་ལག་ཁང་སྟེ། བསྒྱུར་ན་རྣ་བ་མ་ཕུག་པ་ཞེས་པ་སྟེ། ལོ་རྒྱུས་ནི་གནའ་དུས་སུ་གངས་རིའི་སུལ་གྱི་ཡུལ་ཐོད་གར་ནས་བཙུན་པ་གསུམ་འགྲོགས་ནས་གནས་སྐོར་བྱས་བར་རིམ་གྱིས་བགྲོད་དེ་འདིར་སླེབས་པ་དང་། ཡུལ་འདིའི་རྒྱལ་པོ་རི་དྭགས་བཤོར་བར་ཐོན་པ་དང་འཕྲད་ནས། རྒྱལ་པོས་རྒྱུ་མཚན་དྲིས་པ་ཡུལ་ཕྱོགས་གང་གི་སྤྲང་པོ་ཡིན་རྣ་བ་མ་ཕུག་པ། གོས་ཀྱང་རྡུལ་བ་བཞིན་ཀྱང་སྐྱ་སེང་སེང་པོ་ཁྱེད་ཚོ་གང་ནས་འོང་གང་དུ་འགྲོ་དོན་གང་ལ་འགྲོ་ཞེས་དྲིས་པ་ན། གསོལ་བ་ངེད་ཚོ་སྤྲང་པོ་རང་ག་པ་མིན་དགེ་སློང་ལགས་ཏེ། ཆུང་ངུ་ནས་རབ་ཏུ་བྱུང་བ་སེམས་ཀྱི་འཆར་སྒོ་ལ། ཐུབ་པའི་གསུང་རབ་ཤིན་ཏུ་ཟབ་ཅིང་བརླིང་བ། ཅི་ཙམ་བསྟན་ཀྱང་རྟོགས་པར་དཀའ་བ། མ་རྟོགས་ཕྱིན་ངལ་བ་དོན་མེད་དུ་ཟད་པས། སེམས་རྩེ་གཅིག་པས་དམ་བཅས་ནས་འཛམ་བུ་གླིང་གི་གནས་ཆེན་ཐམས་ཅད་དུ་ཞུལ་ཞིང་མཇལ་པར་བྱས་ན་བྱིན་རླབས་རྒྱུད་ལ་འཇུག་པའང་སྲིད་སྙམ་ནས། ངེད་མི་གསུམ་གྱིས་མཁར་གསིལ་ལྷུང་གཟེད་ཐོགས་ནས་ཐོན་ཏེ་རིམ་བགྲོད་ཀྱིས་འདིར་སླེབས་སོ། །རྒྱ་གར་གྱི་ཡུལ་ལུགས་ལ་རྒྱུས་མེད་པ་དག་ཁྱད་འཇུག་དཀའ་ཞིང་རང་ཡུལ་ལ

ལྟོགས་སྐམ་ཡང་ལམ་རྒྱགས་མེད་ཐོག་ལམ་ཡང་མི་ཤེས་པས་སྡུག་བསྔལ་བར་གྱུར་ལགས་ཟེར་བ་དང་། རྒྱལ་པོ་དད་ཅིང་སྙིང་བརྗེ་བས་གནས་དེ་ཀར་གཙུག་ལག་ཁང་ཞིག་བཞེངས་ནས་བཞུགས་སུ་བཅུག་སྟེ་མཛོད་ནས་འཚོ་བ་སྦྱར་བས་མིང་དེ་ལྟར་དུ་ཐོགས་ཟེར་རོ། །དུས་དེ་ནས་བཟུང་ད་ལྟའི་བར་དུ་ལམ་གྱི་དུབ་པའི་དགེ་སྦྱོང་གནས་སྐོར་བ་དག་འདིར་སླེབས་པ་ན་ཡུན་རིང་དུ་བཞུགས་པར་གསོལ་ཞིང་ཞབས་བཏེགས་བྱེད་བཞིན་པའོ། །

༣ མ་ཏྲ་པྲ་དང་དེ་མིན་གྱི་རྗེས་ཤུལ།

གཙུག་ལག་ཁང་དེ་ནས་ཤར་ཕྱོགས་སུ་རྒྱང་གྲགས་བརྒྱ་ཙམ་ཕྱིན་པ་ན། ཆུ་བོ་གངྒཱ་ལ་ཐུག་པ་ན་མ་ཏྲ་པྲ་ར་ཞེས་བྱ་བའི་ལྗོངས་ཡོད་དོ། །དེར་གནས་པའི་བྲམ་ཟེ་རྣམས་ནི་དགེ་འདུན་རྣམས་དང་མཇལ་བ་ན། དང་པོར་བསྙེན་བཀུར་མི་བྱ་བར་ཐོག་མ་ཉིད་དུ་བགྲོ་གླེང་བྱེད། དེ་ནས་འཆད་མཁས་པ་བཀུར་སྟི་བྱེད་ཅིང་། མི་མཁས་ན་བཏང་སྙོམས་སུ་འཇོག་པ་ཡུལ་ཆོས་ཡིན་སྐད་དོ། །དེའི་ཐད་ཀྱི་གངྒཱའི་བྱང་ཕྱོགས་སུ་ལྷ་སྲིད་མེད་ཀྱི་བུའི་ལྷ་ཁང་ཁང་བརྩིགས་དང་སྟེགས་བུ་སོགས་ཀྱིས་བརྒྱན་པ་ལ་ལྷ་བཟོ་ཡང་ཁྱད་དུ་འཕགས་པས་བཞེངས་པའི་ལྷ་སྐུ་བྱིན་རླབས་ཀྱི་ཚན་ཁའི་གྲགས་པ་ཤིན་ཏུ་ཆེ་བ་ཞིག་ཡོད་དོ། །

དེ་ནས་ཤར་ཕྱོགས་སུ་རྒྱང་གྲགས་སུམ་ཅུ་ཙམ་ཕྱིན་པ་ན་རྒྱལ་པོ་ཨ་ཤོ་ཀས་བཞེངས་པའི་མཆོད་རྟེན་གཅིག་གི་མདུན་དུ་རྡོའི་ཀ་བའི་ལོགས་ན། འདྲེ་བཏུལ་བའི་ལོ་རྒྱུས་བརྐོས་འདུག་གོ། །དེའི་ལོ་རྒྱུས་ནི། སྔོན་སྟོན་པ་ཞལ་བཞུགས་པའི་དུས་གནས་དེར་ཤ་ཟ་མ་མ་ཅུང་བ་ཞིག་གནས་པ་ལ། མིའི་ཤ་ཁྲག་ཁོ་ན་ལ་ལོངས་སྤྱོད་པས་སྟོན་པས་སེམས་ཅན་ཐམས་ཅད་ལ་སྙིང་བརྗེ་བས་ཤ་ཟ་དེ་བཏུལ་ཞིང་

སྲོག་མི་གཅོད་པའི་སྣ་གཅིག་སྤྱོད་པའི་དགེ་བསྙེན་གྱི་སྡོམ་པ་ཐོགས་སོ། །ཤ་ཟ་དེས་དམ་པའི་ཆོས་སྐྱོང་བར་ཁས་བླངས་ནས་རྫོའི་ཀ་བ་དེ་ལ་བརྟེན་ཏེ་གནས་པས་ཕྱིས་དེར་ཕྱིན་པའི་སྐྱེ་བོ་སྤུ་ཟིང་མི་བྱེད་པ་མེད་ཟེར་རོ། །དེ་དང་མི་རིང་བར་གཙུག་ལག་ཁང་དུ་མ་ཡོད་དོ། །ཕལ་ཆེར་ཞིག་རལ་ཆེ་ཡང་ད་དུང་ཐེག་ཆེན་སྤྱོད་པའི་དགེ་འདུན་གནས་སོ། །གནས་དེ་ནས་ཤར་ལྷོའི་མཚམས་སུ་རྒྱང་གྲགས་བརྒྱ་ལྷག་ཕྱིན་པ་ན། མཆོད་རྟེན་ཞིག་རྨང་གཞི་རལ་ཡང་ལྷག་ལུས་འདོམ་བརྒྱད་ཉེ་བ་ཡོད་པ་ནི། སྟོན་པ་མྱ་ངན་ལས་འདས་རྗེས་རིང་བསྲེལ་བགོད་པའི་ཚེ། བྲམ་ཟེ་དད་པ་ཅན་ཞིག་གིས་གསེར་བུམ་ཐོགས་ཏེ་རྒྱལ་པོ་བརྒྱད་ཀྱི་རྗེས་སུ་ཞུགས་ནས་རིང་བསྲེལ་རྣམས་ཀྱིས་བྲམ་ཟེའི་ལག་ཏུ་ཐོགས་པའི་གསེར་བུམ་གཞལ་ཏེ་ཆ་བརྒྱད་དུ་བགོས་ཟིན་པ་དང་རྒྱལ་པོ་རྣམས་ཀྱིས་པ་ན་བྲམ་ཟེས་གསེར་བུམ་ལ་རིང་བསྲེལ་འབྱར་བ་ལག་ཏུ་ཐོགས་ཏེ་ལུས་པ་རྣམས་བསྡུས་ནས་མཆོད་རྟེན་བཞེངས་ཤིང་རིང་བསྲེལ་གསེར་བུམ་བཅས་ནང་དུ་བཞུགས་གསོལ་ལོ། །ཕྱིས་རྒྱལ་པོ་ཨ་ཤོ་ཀས་སླར་ཕྱེ་ནས་རིང་བསྲེལ་རྣམས་ཕྱུངས་ནས་གསེར་བུམ་གསར་བ་སླར་བཞུགས་པའི་མཆོད་རྟེན་གསར་དུ་བཅོས་སོ། །དེ་ནི་གསོ་སྦྱོང་གི་ཉིན་མར་འོད་ཟེར་འཕྲོད་པ་ཞིག་གོ། །

བཻ་ཤཱ་ལཱིའི་ཡུལ།

ཡུལ་དེ་ནས་བྱང་ཤར་མཚམས་སུ་གངྒཱ་བརྒྱུད་དེ་རྒྱང་གྲགས་བརྒྱ་ཕྲག་གཅིག་དང་བཅུ་ཕྲག་བཞི་ལྷ་ཙམ་ཕྱིན་པ་ན་ཡངས་པ་ཅན་གྱི་ཡུལ་ལོ། །བཻ་ཤཱ་ལཱི་སྟེ་ཡུལ་ཡངས་པ་ཅན་ནི། མཐའ་འཁོར་རྒྱང་གྲགས་སྟོང་ཕྲག་ལྔ་ལྷག་ས་གཞི་ཤིན་ཏུ་གཤིན་པ། ཤིང་ཏོག་ཨ་མྲ་བུར་ཤིང་ལ་སོགས་པའི་བཟའ་ཤིང་ཡོད་པ། ལོ་ཏོག་སྣ་ཚོགས་

འདེབས་ཅུང་བ། མིའི་རང་བཞིན་བསྒྱུན་ལ་ལྷོད་པ་ཕལ་ཆེར་དཀར་ཕྱོགས་ལ་དགའ་བ། ཕྱི་ནང་གཉིས་ཀ་ལ་དག་སྣང་མཉམ་པ། གཙུག་ལག་ཁང་བརྒྱ་ཕྲག་ལྷག་ཙམ་ལ་སོག་པོ་ཁོ་ན་དང་། རེ་རེ་ལ་དགེ་འདུན་གཉིས་གསུམ་ཙམ་ལས་མེད་དོ། །ཕྱི་རོལ་པའི་ལྷ་ཁང་བཅུ་ཕྲག་དུ་མ་ལ་ཕྱི་རོལ་པ་ལུགས་ཐ་དད་པ་འདྲེས་མར་གནས་སོ། །དཀྱིལ་འཁོར་གྱི་ཕྱི་མཁར་ཁོར་ཡུག་ཏུ་རྒྱང་གྲགས་བརྒྱད་ཅུར་ཉེ་བ། གྲོང་ཁྱེར་གྱི་ནང་མཁར་ལུས་ནི་རྒྱང་གྲགས་བཞི་ལྔ་ཙམ་ཡོད་པ་གྲོང་ཁྱེར་ནས་ནུབ་བྱང་མཚམས་ལེ་བར་ལྔ་དྲུག་ཙམ་གྱི་སར་གཙུག་ལག་ཁང་ཞིག་ལ་གནས་བརྟན་སྡེ་བའི་དགེ་འདུན་ཉུང་ཤས་བཞུགས་སོ། །

༡ བསྟན་པས་མདོ་སྡེ་དྲི་མེད་གྲགས་པ་གསུངས་སའི་གནས།

དེའི་ཕོགས་ཤིག་ན་མཆོད་རྟེན་ཞིག་ཡོད་པ་ནི། སྔོན་སྟོན་པས་མདོ་སྡེ་དྲི་མེད་གྲགས་པའི་བསྟན་པ་གསུངས་ཤིང་། ཁྱིམ་བདག་དེའི་བུ་ཁྱེའུ་རིན་ཆེན་བརྩེགས་ཀྱིས་རིན་པོ་ཆེའི་གདུགས་ཕུལ་བའི་གནས་སོ། །དེའི་ཤར་འདབས་སུ་མཆོད་རྟེན་ཞིག་ཡོད་པ་ནི། འཕགས་པ་ཤཱ་རིའི་བུས་མི་སློབ་པའི་འབྲས་བུ་ཐོབ་པའི་གནས་སོ། །

༢ སྟོན་པའི་རིང་བསྲེལ་བཞུགས་པའི་མཆོད་རྟེན་དང་དེ་མིན་གྱི་རྗེས་ཤུལ།

དེའི་ཡང་ཤར་ལྷོའི་མཚམས་སུ་མཆོད་རྟེན་ཞིག་ཡོད་པ་ཡངས་པ་ཅན་གྱི་རྒྱལ་པོས་བཞེངས་པའི་དཀར་ཆག་ན་མཆོད་རྟེན་དེའི་ནང་དུ་སྔོན་གྱི་དེ་བའི་རིང་

བསྐྱིལ་བྲེའོ་ཆེ་གང་བཞུགས་པ། རྒྱལ་པོ་ཨ་ཤོ་ཀས་ཕྱེ་སྟེ་བྲེ་ཆུང་དགུ་ཕྱོགས་གཞན་དུ་ཁྱེར་ནས་བྲེ་ཆུང་གང་ཙམ་ལུས་ཟེར་རོ། །ཡུལ་གྱི་རྒྱལ་པོས་སླར་ཡང་ཕྱེ་བར་འདོད་ནས་ལས་མགོ་བརྩམས་པ་ན་ས་གཡོས་པས་འཇིགས་ཏེ་མ་ཕྱེ་ཟེར་རོ། །དེའི་ནུབ་མཚམས་སུ་མཆོད་རྟེན་གཅིག་རྒྱལ་པོ་ཨ་ཤོ་ཀས་བཞེངས་པ་ཟུར་བཞིར་རྫོའི་ཀ་བ་ཟུར་བཞི་པ། སྲིད་དུ་ཁྲུ་བཅུ་ཕྲག་ལྔ་དྲུག་ཙམ་སེང་གེའི་ཏོག་ཅན་དུ་སྣང་ངོ་། །དེའི་མདུན་རོལ་ན་སྤྲེའུའི་ཚོགས་ཀྱིས་ས་བྲུས་ནས་ཆུ་བཏོན་ཏེ་སྟོན་པ་ལ་སྐྱེམས་སུ་ཕུལ་བའི་རྫིང་བུ་ཡོད་དོ། །རྫིང་བུའི་ནུབ་རོལ་ན་མཆོད་རྟེན་ཞིག་ཡོད་པ་ནི། སྟོན་སྟོན་པ་འདིར་བཞུགས་པའི་སྐབས་སུ་སྤྲེའུ་ཞིག་སྟོན་པའི་བཞེས་ལྷུང་ཁྱེར་ཏེ་ཤིང་ལ་འཛེགས་ཏེ་སྦྲང་རྩི་བླངས་ནས་ཕུལ་བའི་གནས་སོ། །དེ་ནས་ནུབ་བྱང་མཚམས་སུ་གཙུག་ལག་ཁང་ཞིག་གི་ནང་དུ་སྤྲེའུ་དག་གི་གཟུགས་བརྙན་སྣང་ངོ་། །

༣ དྲི་མེད་གྲགས་པ་དང་རིན་ཆེན་བརྩེགས་ཀྱི་ཁང་ཤུལ།

གཙུག་ལག་ཁང་དེའི་བྱང་ཤར་མཚམས་སུ་རྒྱང་གྲགས་གསུམ་བཞི་ཙམ་གྱི་སར་མཆོད་རྟེན་ཞིག་ཡོད་པ་ནི། ཝི་ཙ་བི་དྲི་མེད་གྲགས་པའི་གནས་རྙིང་ཤུལ་ལོ། །འགའ་ཞིག་དྲི་མེད་གྲགས་པ་ཡིན་ཟེར། ལ་ལས་གཙང་མིང་ཅན་ཟེར་ལ་དྲི་མེད་དང་གཙང་ཞེས་པ་དོན་གཅིག་གོ། །མིང་དང་གྲགས་པ་དོན་གཅིག་པས་འགྱུར་ཁྱད་ཙམ་མོ། །མཆོད་རྟེན་འདི་བྱིན་རླབས་ཀྱི་མངོན་མཚན་ཆེ་བ་ཞིག་གོ། །དེ་དང་མི་རིང་བར་རིག་པའི་ལྷ་ཁང་ཞེས་པ་ཡོད་དོ། །དབྱིབས་རྒྱ་མོས་བརྩེགས་པ་འདྲ་བ་དེ་ནི་དྲི་མེད་གྲགས་པ་བསྟུན་ཚུལ་བསྟན་པའི་གནས་སོ། །ཡང་དེ་དང་མི་རིང་བར་མཆོད་རྟེན་ཞིག་ཡོད་པ་ནི་དྲི་མེད་གྲགས་པའི་བུ་རིན་ཆེན་

བརྩེགས་ཀྱི་ཁང་ཤུལ་ལོ། །དེ་དང་མི་རིང་བར་མཆོད་རྟེན་ཞིག་ཡོད་པ་ནི་བུ་མོ་ཨ་མྲའི་ཁང་ཤུལ་ལོ། །སྤྲུ་སྐྱེ་དགུའི་བདག་མོ་སོགས་དགེ་སློང་མ་མང་པོ་མྱ་ངན་ལས་འདས་པའི་གནས་ཡིན་སྐད་དོ། །

༄ སྟོན་པས་བདུད་སྡིག་ཏོ་ཅན་ལ་མྱ་ངན་འདའ་བར་ཞལ་འཆེ་བའི་གནས།

གཙུག་ལག་ཁང་དེའི་རྒྱབ་ཕྱོགས་སུ་རྒྱང་གྲགས་གསུམ་བཞི་ཙམ་ན་མཆོད་རྟེན་ཞིག་ཡོད་པ་ནི། སྟོན་པ་ཀུ་ཤའི་གྲོང་ཁྱེར་དུ་གཤེགས་ཁར་གནས་འདིར་རེ་ཞིག་ཞབས་བཅག་པའི་གནས་སོ། །དེ་དང་མི་རིང་བར་མཆོད་རྟེན་ཞིག་ཡོད་པ་ནི། སྟོན་པ་ཀུ་ཤའི་གྲོང་ཁྱེར་ལ་གཤེགས་པའི་སྔོན་དུ་དར་ཞིག་བཅགས་ཏེ་ཡངས་པ་ཅན་གྱི་གྲོང་ཁྱེར་ལ་གཟིགས་པའི་ཐ་མ་བསྟན་པའི་གནས་སོ། །དེའི་མདུན་ངོས་སུ་ལྷིང་ཁང་ཆེ་བ་ཞིག་དང་མཆོད་རྟེན་ཆེ་བ་གཅིག་བཅས་ཡོད་པ་ནི། སྟོན་པས་བདུད་སྡིག་ཏོ་ཅན་ལ་མྱ་ངན་ལས་འདའ་བར་ཞལ་འཆེ་བའི་གནས་སོ། །དེའི་ལོ་རྒྱུས་ནི་སྟོན་སྟོན་པ་གནས་འདིར་བཞུགས་ཏེ་ཀུན་དགའ་བོ་ཞེས་བོས་ཏེ། གང་དག་རྫུ་འཕྲུལ་གྱི་རྐང་པ་བཞི་ཐོབ་པ་དག་གིས་ཚེ་ལོ་བསྐལ་ཆེན་གཅིག་གི་བར་དུ་འཚོ་ཐུབ་ལ། བདག་ལ་དང(དད་དུང)ཚོའི་ལྷག་མ་ཙི་ཙམ་ཞེས་ལན་གསུམ་གྱི་བར་གསུངས་ཀྱང་། ཀུན་དགའ་བོའི་རྣ་བ་བདུད་ཀྱིས་བཀབས་པས་ཅང་མ་གསོལ་ཏོ། །དེ་ནས་ཀུན་དགའ་བོ་སྐྱོ་བ་སྐྱེས་ནས་ལངས་ཏེ་ནགས་ཚལ་ཞིག་ཏུ་སྒྲིམ་སེངས་སུ་སོང་བའི་བར་དུ་བདུད་སྡིག་ཏོ་ཅན་འོངས་ནས། བཅོམ་ལྡན་འདས་ལ་གསོལ་བ། བཅོམ་ལྡན་འདས་ནི་ལྷ་ལས་ནི་བབས། མངོན་པར་རྫོགས་པར་ནི་སངས་རྒྱས། བདག་ཅག་ཀྱང་བཏུལ། ཆོས་ཀྱི་འཁོར་ལོ་ནི་བསྐོར། སེམས་ཅན་གྲངས་མེད་དཔག་གིས

མི་ལྡངས་བ་ཡང་བཏུལ་པར་མཛད་མོད་ཀྱིས། ད་དུང་མི་གནས་པའི་མྱང་འདས་ཀྱི་བདེ་བ་ནི་མངོན་དུ་མ་མཛད་དོ། །ད་ནི་དུས་ལ་བབས་སྣང་བས་མཁྱེན་པར་མཛོད་ཅིག་གསོལ་བ་དང་། སྟོན་པས་ཕྱག་སེན་གྱི་ངོས་སུ་ས་རྡུལ་ཙུང་དུ་ཙམ་ཞིག་བཟུང་ནས་བདུད་སྡིག་ཅན་ལ་བཀའ་བསྩལ་བ། ས་ཆེན་པོའི་རྡུལ་མང་ངམ་སེན་མོ་འདིའི་ཐོག་གི་རྡུལ་མང་། གསོལ་བ། ས་ཆེན་པོའི་རྡུལ་ཆེས་མང་སྟེ་ཕྱག་སེན་སྟེང་གི་རྡུལ་ཙུང་ངོ་། །བཅོམ་ལྡན་འདས་ཀྱིས་བཀའ་བསྩལ་བ། ངས་བསྟན་པས་དགྲོལ་བའི་སེམས་ཅན་ནི་སེན་མོའི་སྟེང་གི་རྡུལ་དང་མཉམ་ལ། མ་གྲོལ་བའི་སེམས་ཅན་ནི་ས་ཆེན་པོའི་རྡུལ་དང་མཉམ་མོ། །འོན་ཀྱང་ཟླ་བ་གསུམ་ན་མྱ་ངན་ལས་འདས་པར་བགྱིའོ་ཞེས་ཞལ་གྱིས་བཞེས་སོ། །དེར་ཀུན་དགའ་བོས་དབེན་པའི་ནགས་ཁྲོད་དུ་གནས་བཞིན་གཉིད་དུ་སོང་བ་དང་རྨི་ལམ་ཡང་བ་ཞིག་རྨིས་སོ། །རྨི་ལམ་ན་ལྗོན་ཤིང་ཆེན་པོ་ཞིག་མེ་ཏོག་དང་ལོ་མ་འབྲས་བུ་ཕུན་སུམ་ཚོགས་པས་བརྒྱན་པ་དེའི་གྲིབ་བསིལ་ན་སྐྱེ་བོ་མང་པོ་ངལ་གསོ་བཞིན་གནས་པ་གློ་བུར་དུ་རླུང་དྲག་པོ་ལྡངས་ནས་ཤིང་དེ་རྩ་བ་ནས་བསྐྱིལ་ཏེ་ཁྱེར་སོང་བ་རྨིས་པས་སྐྲངས་ཏེ་སད་ནས་རིངས་པ་རིངས་པར་སྟོན་པའི་མདུན་དུ་འོང་ནས། གསོལ་བ། བཅོམ་ལྡན་འདས་མྱ་ངན་ལས་འདས་པར་བཞེད་པ་ལགས་སམ་བདག་གིས་རྨི་ལམ་ངན་པ་འདི་ལྟ་བུ་རྨིས་སོ་ཞེས་གསོལ་བ་དང་། བཀའ་བསྩལ་བ། དེ་ཕོ་ན་ལྟར་ཡིན་ཏེ་ངས་ཁྱོད་ལ་ཡང་ཡང་གསུངས་ཀྱང་ཁྱོད་ཀྱི་རྣ་བ་བདུད་ཀྱིས་བཀབས་པས་མ་ཚོར་རོ། །ད་ལམ་བདུད་སྡིག་ཅན་གྱིས་ང་མྱ་ངན་ལས་འདའ་བར་ནན་གྱིས་གསོལ་བ་བཏབ་པས། ངས་ཟླ་བ་གསུམ་ན་མྱ་ངན་ལས་འདའ་བ་ཞལ་གྱིས་འཆེས་སོ། །ཁྱོད་ཀྱི་རྨི་ལམ་དེ་ནི་དེའི་ལྟས་སོ་ཞེས་གསུངས་སོ། །

༥ བུ་སྟོང་གིས་ཕ་མ་དང་མཇལ་བའི་གནས།

གནས་དེ་དང་མི་རིང་བར་མཆོད་རྟེན་ཞིག་ཡོད་པ་ནི། བུ་སྟོང་གིས་ཕ་མ་དང་མཇལ་བའི་གནས་སོ། །དེའི་ལོ་རྒྱུས་ནི། གནའ་དུས་ན་དྲང་སྲོང་རི་ཁྲོད་ན་གནས་པ་ཞིག་གིས་སོས་ཀའི་དུས་སུ་ཆུ་སླུང་དྭངས་མོའི་ནང་དུ་ཞུགས་ནས་ལུས་རིལ་པོ་བཀྲུས་ཏེ་དག་པར་བྱས་སོ། །དེ་ན་ཡུ་མོ་ཞིག་གིས་མཐོང་སྟེ་ཆགས་སེམས་སྐྱེས་ཤིང་ཆུ་དེ་འཐུང་ངོ་། །དེས་རྐྱེན་བྱས་ཏེ་སྦྲུམ་པར་གྱུར་པ་ལས་བུ་མོ་མཚན་ལྡན་ཞིག་སྐྱེས་སོ། །བུ་མོ་དེའི་རྐང་པའི་བྱིན་པ་མན་ཆད་ནི་ཤ་བའི་རྐང་པ་འདྲ་བ། དྲང་སྲོང་དེས་བུ་མོ་དེ་བླངས་ནས་ལེགས་པར་བསྐྱངས་ཏེ་ཆེར་སྐྱེས་བ་ན། དེའི་རྐང་པ་བཞག་པའི་རྗེས་ཐམས་ཅད་ལ་མེ་ཏོག་པདྨ་སྐྱེས་བར་གྱུར་ཏོ། །དྲང་སྲོང་དེས་ཚུལ་དེ་མཐོང་ནས་ངོ་མཚར་ཞིང་ལྷག་པར་ལེགས་པར་བསྐྱངས་སོ། །དེའི་དུས་སུ་རྒྱལ་པོ་ཚངས་པ་འཚོ་ཞེས་བྱ་བ་རི་དྭགས་བཤོར་བར་བྱུང་སྟེ་རྐང་རྗེས་ཀྱི་པདྨ་མཐོང་ནས་ཤུལ་རྗེས་འཚོལ་བ་བཞིན་སོང་སྟེ། དྲང་སྲོང་གི་འཇག་སྤྱིལ་ནས་བུ་མོ་དེ་རྙེད་དེ་མཚན་མཁན་ལ་བསྟན་པ། བུ་རྩལ་ལྡན་སྟོང་ཚང་བ་སྐྱེ་བར་ལུང་བསྟན་ནོ། །མཚན་དང་གཟུགས་བཟང་བས་དགའ་སྟེ་ཁབ་ཏུ་བཞེས་ནས་ཟླ་བ་བཅུ་རྫོགས་པ་ན་མེ་ཏོག་ཁ་མ་བྱེ་བ་ཞིག་སྐྱེས་སོ། །དེ་ནས་མེ་ཏོག་ཁ་བྱེ་བ་ན་འདབ་མ་སྟོང་ཚང་བ་འདབ་མ་རེ་རེ་ན་བུ་རེ་རེ་འདུག་གོ། །དེར་མས་མིས་ཤེས་པར་དོགས་ཏེ་ཆུ་བོ་གཙྭལ་བསྐྱུར་རོ། །དེར་རྒྱལ་པོ་ཨུ་ཊི་ཡ་ན་ཞེས་བྱ་བ་སླུང་རྒྱུན་བལྟ་བའི་ཕྱིར་གཟམ་ལས་སོང་བ་ན། སྤྲིན་སེར་པོ་གདུགས་འདྲ་བ་ཞིག་ཐ་གློང་ཁེབས་སོ། །དེར་སླེབས་པ་དང་བལྟས་ཙ་ན་བུ་ཕོ་སྟོང་སྣང་ངོ་། །དེ་ནས་རྒྱལ་པོ་དེས་བུ་དེ་དག་ལ་མ་མ་སོ་སོར་གཏད་དེ་ནུ་ཞོ་བསྣུན་ནས་གསོས་སོ། །ཆེར་སྐྱེས་བ་

ན་རེ་རེ་བཞིན་རྩལ་སྟོབས་ཆེ་བར་འདུག་པས་ཕྱོགས་ཐམས་ཅད་ཀྱི་སྐྱེ་བོ་ཚང་མས་མི་འཇིགས་པ་མེད་དོ། །རྒྱལ་པོ་ཚངས་པ་འཚོས་འཇིགས་ཤིང་མི་བདེ་བ་ལ་ལན་གཅིག་རྒྱལ་པོ་ཚངས་པ་འཚོའི་གྲོང་དུ་བུ་སྟོང་མིས་དམག་དཔུང་བཏེགས་ཏེ་བྱུང་བས། རྒྱལ་པོ་ཤིན་ཏུ་འཇིགས་ཤིང་ཐབས་རྟོགས་པས་བཙུན་མོ་གསར་པས་སྨྲས་པ། ལྷ་མ་འཇིགས་ཤིག་འདི་དག་ནི་བདག་ཅག་གི་བུ་ཡིན་ནོ་ཞེས་ཞུས་པས་རྒྱལ་པོ་ཡིད་མ་ཆེས་པ་ན། བཙུན་མོས་གྲོང་གི་ཁང་བརྩེགས་ཀྱི་སྟེང་དུ་ཕྱིན་ནས་དེ་དག་ལ་སྨྲས་པ། ཕོག་སྤྱོད་མ་བྱེད་ཅིག་ང་ནི་ཁྱེད་རྣམས་ཀྱི་མ་ཡིན་ནོ་ཟེར་བ་ལ། བུ་རྣམས་ཀྱིས་ཅིས་ཤེས་ཟེར་ཞིང་མ་རངས་པའི་ཚུལ་བསྟན་པས། བཙུན་མོས་ནུ་མ་གཉིས་བཏོན་ནས་བཙིར་བས་ནུ་མ་གཉིས་ནས་ནུ་ཞོའི་རྒྱུན་སྟོང་བྱུང་བ་བུ་སོ་སོའི་ཁར་མདའ་འཕངས་པ་བཞིན་བབས་པས་ཚིམས་པར་གྱུར་ཞིང། འབངས་གཉིས་ཕན་ཚུན་མི་འཐབ་ཅིང་མཛའ་བར་གྱུར་ཏོ། །ཅེས་སྟོན་པས་འཁོར་རྣམས་ལ་བཀའ་བསྩལ་ཞིང་བུ་སྟོང་པོ་དེ་དག་ནི་བསྐལ་བཟང་གི་སངས་རྒྱས་སྟོང་དུ་ལུང་བསྟན་ནོ། །

༨ སྟོན་པའི་རྗེས་ཤུལ།

གྲོང་ཁྱེར་ཆེན་པོའི་ནུབ་ཕྱོགས་སུ་རྒྱང་གྲགས་བཅུ་ཕྲག་ལྔ་དྲུག་ཙམ་གྱི་སར་མཆོད་རྟེན་ཆེན་པོ་ཞིག་ཡོད་པ་ནི། ལི་ཙ་བིའི་རིགས་ཐམས་ཅད་ཀྱིས་བཅོམ་ལྡན་འདས་བསྐྱལ་ནས་སྒྲི་སྤགས་ཆེན་པོ་ཕྱུང་སྟེ་གཏན་བྲལ་བྱས་པའི་གནས་སོ། །དེར་བཅོམ་ལྡན་འདས་ཀྱིས་ཐུགས་བརྩེ་བ་ཆེན་པོས་ཆུ་ཀླུང་རབ་མེད་པ་ཞིག་སྤྲུལ་ནས། ཆུ་རྒྱུན་སྟེང་དུ་གསོལ་ལྷུང་བཞག་སྟེ་རྒྱུན་ཕྱོགས་སུ་བསྐུར་བ་ལི་ཙ་བི་རྣམས་ཀྱིས་དྲན་རྟེན་དུ་འཛོག་པར་མཛད་དོ། །

༧ གྲོང་རྡེང་གོག་པ་ཞིག་དང་ལྷ་ཆེན་པོའི་སྐྱེ་བའི་ལོ་རྒྱུས།

ཡངས་པ་ཅན་གྱི་ནུབ་བྱང་མཚམས་ན་རྒྱང་གྲགས་ཉིས་བརྒྱ་ཙམ་ན་གྲོང་རྡེང་གོག་པ་ཞིག་ཡོད་པར་མི་ཁྱིམ་ཤིན་ཏུ་ཉུང་བའི་ནང་ན་མཆོད་རྟེན་ཞིག་རལ་ཆེ་བ་གཅིག་ཡོད་པ་ནི། སྔོན་པས་སྔོན་གྱི་སྐྱེ་བ་གཅིག་དྲན་ཏེ་འཁོར་རྣམས་ལ་གསུངས་པའི་གནས་སོ། །དེའི་ལོ་རྒྱུས་ནི་སྔོན་སྟོན་པ་འཚོ་ཞིང་གཞེས་པའི་དུས་གཅིག་ན་འདིར་གདན་བཤམས་པ་ལ་བཞུགས་ནས་ལྷ་མིའི་འཁོར་ཚོགས་རྒྱ་མཚོ་ལ་བཀའ་བསྐུལ་བ། ངས་སྔོན་བྱང་ཆུབ་སེམས་དཔའི་སྤྱོད་པ་སྤྱོད་པ་ན་སྐབས་ཤིག་གྲོང་ཁྱེར་འདིར་གླིང་བཞི་ལ་དབང་བའི་འཁོར་ལོས་བསྒྱུར་པའི་རྒྱལ་པོ་མ་ཧཱ་དེ་བ་སྟེ་ལྷ་ཆེན་པོ་ཞེས་བྱ་བར་སྐྱེ་བ་ན། མི་རྟག་པ་སོགས་འཁོར་བའི་ཆོས་ལ་ཡིད་མངོན་པར་བྱུང་སྟེ་ཁྱིམ་ནས་ཁྱིམ་མེད་པར་རབ་ཏུ་བྱུང་ནས་ངུར་སྨྲིག་གྱོན་ཞིང་སྡེ་སྣོད་གསུམ་ལ་སྦྱངས་སོ་ཞེས་གསུངས་སོ། །

༨ དགྲ་བཅོམ་པ་ལྔ་བརྒྱས་སངས་རྒྱས་བཅོམ་ལྡན་འདས་ཀྱི་བཀའ་བསྡུ་བར་མཛད་པའི་གནས།

གྲོང་ཁྱེར་གྱི་ཤར་ལྷོའི་མཚམས་སུ་རྒྱང་གྲགས་བཅུ་ཕྲག་བཞི་ལྔ་ཙམ་གྱི་སར་མཆོད་རྟེན་ཆེན་པོ་ཅིག་ཡོད་པ་ནི། སྟོན་པ་མྱ་ངན་ལས་འདས་ནས་ལོ་བརྒྱད་དང་བཅུ་ན་གནས་བརྟན་གྲགས་པ་ལ་སོགས་པ་བདུན་སངས་རྒྱས་བཅོམ་ལྡན་འདས་ཀྱི་བཀའ་བསྡུ་བར་མཛད་པའི་གནས་སོ། །དེའི་ལོ་རྒྱུས་ནི། །སྟོན་པ་མྱ་ངན་ལས་འདས་ནས་ཡུན་རིང་ལོན་པ་ན། བཙུན་པ་རྣམས་འདུལ་བ་དང་འགལ་བར་སྤྱོད་

པ་འགའ་ཞིག་བྱུང་བས་དེ་དག་སུན་འབྱིན་པའི་ཕྱིར། དགྲ་བཅོམ་པ་གྲགས་པ་ཀོ་ས་ལ་གནས་བརྟན་ས་སྐྱོ་ཀ་པས་ཡུལ་མ་ཐུ་ར་སྡེ་བཅོམ་བརླག་ན། དགྲ་བཅོམ་པ་ཏེ་བ་ཏ་ཡུལ་སྷ་ཛཱ་ན། དགྲ་བཅོམ་པ་ཤར་ཡངས་པ་ཅན་ན། དགྲ་བཅོམ་པ་ཟླུ་ཚ་ཕུ་མི་ཡུལ་ཤ་ར་ལི་ལ་གནས་པ་སོགས་དགྲ་བཅོམ་པ་གཅིག་གིས་མ་ལོངས་བ་བདུན་བརྒྱ་ཐམས་ཅད་ཀུན་དགའ་བོའི་སློབ་མ་ཤ་སྣག་འདུས་ནས་མི་རུང་བའི་གཞི་བཅུ་སུན་ཕྱུང་ངོ་། །

༩ ཤེ་བེ་ཏ་ཛྷུ་རའི་གཙུག་ལག་ཁང་།

དེའི་ལྷོ་ཕྱོགས་སུ་རྒྱང་གྲགས་དགུ་བརྒྱད་འདས་པའི་སར། ཤེ་བེ་ཏ་ཛྷུ་རའི་གཙུག་ལག་ཁང་ཞེས་བྱ་བ་སྟེགས་བུ་ཁང་བརྩེགས་རིག་པ་དུ་མས་བརྒྱན་པ་ཞིག་ཡོད་པར་དགེ་འདུན་ཐེག་ཆེན་པོ་སྤྱོད་ལམ་ཤིན་ཏུ་གཙང་མ་དམ་པ་དག་གནས་སོ། །དེའི་ཡོགས་ཤིག་ན་འདས་སངས་བཞི་ཀའི་རྗེའི་བཞུགས་ཁྲི་མཛད་ཤུལ་རྣམས་ཡོད་དོ། །དེ་དང་མི་རིང་བར་རྒྱལ་པོ་ཨ་ཤོ་ཀས་བཞེངས་པའི་མཆོད་རྟེན་ཡོད་པ་ནི། སྔོན་སྟོན་པ་ཡུལ་དབུས་མཾ་སྒ་ཏར་གཤེགས་པ་ན། ལམ་བར་ཡངས་པ་ཅན་ལ་ཕྱི་སྨྱུན་གཟིགས་ནས་འཆག་པ་མཛད་པའི་གནས་སོ། །

༡༠ ཀུན་དགའ་བོས་སྐུ་གདུང་ཕྱོགས་གཉིས་སུ་ཕྱེ་བའི་གནས།

ཤེ་བེ་ཏ་ཛྷུ་རའི་གཙུག་ལག་ཁང་གི་ཤར་ལྷོའི་མཚམས་སུ་རྒྱང་གྲགས་སུམ་ཅུ་ཙམ་སོང་བ་ན། གངྒའི་ཀླུང་གི་ལྷོ་བྱང་འགྲམ་དང་ལྷོ་འགྲམ་གཉིས་ཀར་ཉེ་བར

མཆོད་རྟེན་རེ་རེ་ཡོད་པ་ནི། ཀུན་དགའ་བོས་སྐུ་གདུང་ཕྱོགས་གཉིས་སུ་ཕྱེ་བའི་གནས་སོ། །དེའི་ལོ་རྒྱུས་ནི། སྟོན་པ་མྱ་ངན་ལས་འདས་འོད་སྲུང་ཆེན་པོས་གནས་བརྟན་མཛད་སྐབས་ཀུན་དགའ་བོར་དགྲ་བཅོམ་ཐོབ། འོད་སྲུང་ཆེན་པོ་འདས་རྗེས་འཕགས་པ་ཀུན་དགའ་བོས་བསྟན་པ་བསྐྱངས་ཏེ། མཾ་ལྷ་ཏར་གནས་པ་ལ་ནགས་གསེབ་ཅིག་ཏུ་བཞུགས་འཆག་མཛད་པར། བཙུན་པ་གསར་བུ་པ་ཞིག་གིས་མདོ་སྡེའི་ཚིག་ལོག་པ་འདོན་པར་གསན་ནས། འཕགས་པ་དེ་དང་ཉེ་བར་ཕྱིན་ཏེ་སེ་གོལ་གཏོགས་ཏེ་ཚིག་ལོག་པ་ཡང་དག་པར་བཅོས་པས། གསར་བུ་པ་མ་རངས་ནས་འཕགས་པ་རྒས་པས་འཁྲུལ་བ་ལགས་སམ་ཟེར་བས། ཐུགས་སུན་ནས་ཡངས་པ་ཅན་དུ་ཆས་པས་མཾ་ལྷ་ཏའི་རྒྱལ་པོས་ཐོས་ནས་དཔུང་བརྟེགས་ནས་ཕྱིར་སྤྱན་འདྲེན་པར་བསླེབས་སོ། །ཡངས་པ་ཅན་གྱི་རྒྱལ་པོས་ཀྱང་དཔུང་བརྟེགས་ནས་བསུ་བར་ཕྱིན་ནོ། །འཕགས་པ་གྲུ་ལ་ཞུགས་ཏེ་ཕེབས་པ་ན། གཙང་འི་འགྲམ་ཡོགས་གཉིས་ན་རྒྱལ་པོ་གཉིས་ཀྱི་དམག་མི་བརྒྱ་སྟོང་ཏུ་མས་རྒྱལ་མཚན་དང་བ་དན་ཉ་མཚོན་བསྒྲེངས་པས་བར་སྣང་འགོག་པ་ཙམ་དང་། རོལ་མོའི་སྒྲས་ས་གཡོ་བ་ཙམ་སྒྲོགས་པས། འཕགས་པས་འཐབ་རྩོད་བསྐྱེད་དགོས། གྲུ་ནས་ནམ་མཁར་འཕགས་ཏེ་རྫུ་འཕྲུལ་བཅོ་བརྒྱད་བསྟན་ཏེ་བསམ་གཏན་གྱི་མེས་ལྷག་མེད་དུ་སྦྱངས་པས། རིང་བསྲེལ་ཆ་གཉིས་སུ་གྱུར་ནས་གཙང་འི་འགྲམ་གཉིས་སུ་ལྷུང་བ་ཕྱོགས་རེའི་རྒྱལ་པོས་རང་རང་གི་ཡུལ་ཕྱོགས་སུ་མཆོད་རྟེན་བརྩིགས་ཟེར་རོ། །

རྩྭ་རི་ཤིའི་ཡུལ།

དེ་ནས་བྱང་ཤར་མཚམས་སུ་རྒྱང་གྲགས་ལྔ་བརྒྱ་ལྷག་ཙམ་ཕྱིན་པ་ན་རྩྭ་རི་

ཤིའི་ཡུལ་ཡོ། །དེའི་རྒྱར་རྒྱང་གྲགས་བཞི་སྟོང་ལྷག་ཤར་ནུབ་ཡངས་ལྷོ་བྱང་དོག་པ། ས་གཞི་བསིལ་དྲོད་སྙོམས་ལ་ཨེན་ཙམ་བསིལ་ཤས་ཆེ་བ། གཤིན་པ་མེ་ཏོག་དང་ཤིག་ཏོག་གི་རིགས་ཡོད་པ། འབྲུ་སྣ་ཚོགས་ཅི་ཡང་སྐྱོད་ཅུང་བ། མིའི་རང་བཞིན་རྩལ་ཆེ་ལ་ཏ་ལམ་གཏུམ་པ། ཕལ་ཆེར་ཕྱི་པར་དགའ། ནང་བའི་ཕྱོགས་སུ་སོས་པ་ཆུང་གཙུག་ལག་ཁང་བཅུ་ལྷག་ཙམ་ལ་དགེ་འདུན་སྟོང་ཕྲག་གཅིག་ཙམ་གནས་ཐེག་པ་ཆེ་ཆུང་འདྲེས་མར་སྤྱོད་པ། ཕྱི་པའི་ལྷ་ཁང་བཅུ་ཕྲག་དུ་མར་ཕྱི་རོལ་པ་ཆེས་མང་པོ་གནས་སོ། །དབུས་ཀྱི་མཁར་ཆེན་གྱི་མིང་ལ་ཊན་ཀྲུ་ན་ཐ་ཛེར་རོ་ཞིག་རལ་ཆེ་ཞིང་མི་ཁྲིམ་སུམ་སྟོང་ལྷག་ཡོད་པ་གྲོང་མ་ལྟོངས་ཤིག་གོ། །ཆུ་ཀླུང་ཆེན་པོའི་བྱང་ཤར་མཚམས་སུ་གཙུག་ལག་ཁང་ཞིག་ལ་དགེ་འདུན་ཉུང་ཙམ་བཞུགས་ཀྱང་སྤྱོད་ལམ་གཙང་ཞིང་འདུལ་ཁྲིམས་ནི་དམ་པོ་ཡོད་དོ། །

ཉ་དང་ཉ་པའི་ཚོགས་བཏུལ་བའི་གནས་དང་ རྗེས་ཤུལ་གཞན་གྱི་སྐོར།

དེ་ནས་ནུབ་ཏུ་ཀླུང་འགྲམ་ན་མཆོད་རྟེན་སྲིད་དུ་འདོམ་དྲུག་ལྷག་ཡོད་པ་ནི། སྟོན་པ་ཐུགས་རྗེ་ཆེན་པོ་དང་ལྡན་པས་ཉ་དང་ཉ་པའི་ཚོགས་བཏུལ་པའི་གནས་སོ། །དེའི་ལོ་རྒྱུས་ནི། སྔོན་སྟོན་པ་བཞུགས་པའི་སྐབས་ཤིག་ན་ཉ་པའི་ཚོགས་ཀྱི་རྒྱ་བརྒྱངས་ཏེ་ཉ་ཆེན་པོ་གཅིག་བཟུང་བར་གྱུར་ཏོ། །ཉ་དེ་ལ་མགོ་བརྙན་སྣ་ཚོགས་པའི་མི་འདྲ་བ་བཅོ་བརྒྱད་མགོ་བོ་རེ་རེ་ལ་མིག་ཟུང་རེ་ཡོད་པ་ཉ་པ་ལྡུ་བརྒྱུས་གསོད་པར་བརྩམས་པར་བྱས་པ་ན། སྟོན་པས་ཡངས་པ་ཅན་ནས་འཁོར་བཅས་ནམ་མཁར་འཕགས་ཏེ་དེར་གཤེགས་ནས་སྒྲོག་བསྐྱབས་ཕྱིར་གསོད་པ་བཀག་སྟེ། ཉ་པོ་ཆེ་ལ་བཀའ་བསྩལ་བ། ཁྱོད་ཀྱིས་སྐྱེ་བ་སྔ་མས་གནས་ཚུལ་གྱི་རྒྱུ་འབྲས་སྨྲིས་

ཞིག་གསུངས་པས། ཉ་པོ་ཆེས་མིའི་སྐད་དུ་གསོལ་བ། བཅོམ་ལྡན་འདས་སྐྱབས་སུ་མཆིའོ་མཁྱེན་པར་མཛོད་ཅིག བདག་སྐྱེ་བ་སྔ་མར་བྲམ་ཟེ་ཆེན་པོ་ཞིག་ལགས་ཏེ་རིག་པ་དང་ལྡན་ཞིང་རིགས་རུས་ཡོངས་སྤྱོད་ཀྱིས་སྙེམས་པས་འཕགས་པའི་དགེ་འདུན་ལ་སྐུར་བ་བཏབས་པས་དུད་འགྲོ་མི་འདྲ་བ་འདི་དང་འདི་འདྲ་བའི་མགོ་བརྙན་ཅན་ཞེས་གཤེས་ཤིང་སྨོད་པའི་རྣམ་སྨིན་གྱིས། ད་ལྟ་ཛ་མོ་བོང་བུ་རྔང་པོ་ཆེ་རྟ་ལ་སོགས་པ་དུད་འགྲོ་མི་འདྲ་བའི་མགོ་བཅོ་བརྒྱད་ཡོད་པའི་ཉ་ཆེན་པོར་སྐྱེ་བ་ཡིན་ལ། སྐྱེ་བ་གཞན་དག་ལ་དགེ་བའི་རྩ་བ་སྐྱེད་པ་དང་སྐྱེ་བ་སྔ་མ་དེ་ཉིད་ལ་བསགས་པའི་རྣམ་སྨིན་ལ་འཇིགས་ཏེ་འགྱོད་པ་སྐྱེས་ཏེ་བཤགས་བསྡོམ་ཅུང་ཟད་བྱས་པའི་མཐུས་ད་ལྟར་བཅོམ་ལྡན་འདས་ཀྱི་ཞལ་མཐོང་བ་ཡིན་ནོ། །ཞེས་གསོལ་བས། སྟོན་པས་ཉ་དང་ཉ་པའི་བློ་དང་འཚམས་པའི་ཆོས་བསྟན་ཞིང་བྱིན་གྱིས་བརླབས་པས། ཉ་ཆེན་པོ་དེ་དེ་ཉིད་དུ་ཚེ་འཕོས་ཏེ་སུམ་ཅུ་རྩ་གསུམ་པའི་ལྷར་སྐྱེས་སོ། །ཉ་པ་དེ་དག་ཀྱང་ཆོས་ཀྱིས་ཚིམ་སྟེ་རྒྱུད་གྲོལ་ཁྱིམ་ནས་ཁྱིམ་མེད་པར་རབ་ཏུ་བྱུང་ནས་བདེན་པར་མཐོང་ངོ་། །དེ་ནས་དེ་དག་གིས་ཉ་རྒྱ་བཀྲོལ་ནས་བཤིགས་ཀྱུ་ཡང་མེས་བསྲེགས་སོ། །ཉ་ཆེན་པོ་ལྷར་སྐྱེས་པ་དེ་ཡང་ལྷའི་བུའི་ཚོགས་མང་པོའི་འཁོར་གྱིས་བསྐོར་ནས་འོངས་ཏེ། བཅོམ་ལྡན་འདས་ལ་ཕྱག་སྐོར་དང་མཆོད་པ་སྣ་ཚོགས་འབུལ་ཞིང་བཟོ་བའི་ཚུལ་བྱས་སོ། །

དེ་ནས་བྱང་ཤར་མཚམས་སུ་ལེ་བར་བརྒྱ་ལྷག་ཙམ་སོང་བ་ན་གྲོང་ཁྱེར་རྙིང་པ་ཞིག་དང་། དེའི་ཡང་ནུབ་ཕྱོགས་སུ་རྒྱལ་པོ་མྱ་ངན་མེད་ཀྱིས་བཞེངས་པའི་མཆོད་རྟེན་ཞིག་ཡོད་པ་ནི། སྟོན་པས་ཟླ་བ་དྲུག་བཞུགས་ཏེ་ལྷ་དང་མི་ལ་ཆོས་བསྟན་པའི་གནས་སོ། །དེ་ནས་བྱང་ཕྱོགས་སུ་གོམ་པ་བཅུ་ཕྲག་བཞི་ལྔ་ཙམ་སར་མཆོད་རྟེན་ཆུང་དུ་ཞིག་ཡོད་པ་ནི། སྔོན་སྟོན་པ་ཞལ་བཞུགས་པའི་དུས་སུ་དགེ་སློང་རྣམས་ལ་བསླབ་གཞི་བཅའ་བའི་གནས་སོ། །དེའི་ཡང་གཡས་ངོས་སུ་མི་རིང་བའི་སར་སྔོན་

པའི་དབུ་ལོ་དང་ཕྱག་སེན་བཞུགས་པའི་མཆོད་རྟེན་ཡོད་དོ། །དེ་ནི་སྟོན་པ་ཞལ་བཞུགས་པའི་དུས་ནས་བཟུང་ས་ཕྱོགས་ཉེ་བ་དང་རིང་བ་ནས་སྐྱེས་པོ་མང་པོ་ལམ་གྱི་དཀའ་ཚེགས་ལ་མ་འཛེམས་པར་འོངས་ནས་འཁོར་ལོ་འཁོར་བ་བཞིན་དུ་རྒྱུན་མ་ཆད་པར་ཕྱག་བསྐོར་མཆོད་པ་བྱེད་པ་ཞིག་གོ། །

ནཻ་པ་ལའི་ཡུལ།

དེ་ནས་ནུབ་བྱང་མཚམས་སུ་རྒྱང་གྲགས་ཆིག་སྟོང་བརྒྱ་ཕྲག་བཞི་ལྔ་ཙམ་ཕྱིན་པ་ན་ལ་ཆེན་པོ་ཞིག་ཡོད་པ་བརྒལ་ནས་རི་སུལ་ཞིག་ཏུ་སླེབས་པ་ན་ནཻ་པ་ལ་སྟེ་བལ་པོའི་ཡུལ་ལོ། །དེའི་ཐ་གྲུར་རྒྱང་གྲགས་སྟོང་ཕྲག་བཞི་ལྷག་ཙམ་གངས་རིའི་ཁོངས་སུ་གནས་ཏེ། ལྷེ་བའི་མཁར་ཆེན་པོའི་མཐའ་སྐོར་དུ་རྒྱང་གྲགས་ཉི་ཤུ་ཙམ་ཡོད་པ། རི་ཐང་འདྲེས་མ་ས་གཤིན་པ་ཤིང་ཏོག་སྣ་ཚོགས་སྐྱེས་ཤིང་འབྲུ་སྣ་ཚོགས་པ་འདེབས་སོ། །གཡག་དང་ཤང་ཤང་མང་ཞིང་དང་ཟངས་འབྱུང་ངོ་། །ཟོང་ལ་ཟངས་ཏམ་བཀོལ་བ། མིའི་རང་བཞིན་རྩལ་ཕོད་ཆེ་ཞིང་ཙུང་རྩུབ་པ། ནམ་དབུགས་དྲི་ཡང་ཙུང་བསིལ་བ་གློ་ཡང་ལ་བཟོ་རིགས་ལ་མཁས་པ། བྱད་གཟུགས་ངན་ཤས་ཆེ་བ། ཕྱི་པ་ནང་པ་གཉིས་ཀར་དད་མོས་སྨོམས་པ། གཙུག་ལག་ཁང་དང་ཕྱི་པའི་ལྷ་ཁང་ཕན་ཚུན་དུ་འབྲེལ་མར་གནས་སོ། །དགེ་འདུན་ཁྲིན་སྟོམ་ཉིས་སྟོང་ལྷག་པ་ཐེག་པ་ཆེ་ཆུང་གཉིས་ལ་མཉམ་པར་སྤྱོད་པ། ཕྱི་པ་དང་ཐ་སྙད་རིག་པའི་གྲངས་ཞིབ་ཏུ་མ་ངེས་སོ། །རྒྱལ་པོ་ནི་རྒྱལ་རིགས་རི་ཛྷི་བའི་གདུང་རྒྱུད་དོ། །མཁྱེན་པ་རྒྱ་ཆེ་བ་མིང་ལ་ཨཾཤུ་ཝརྨ་ཞེས་བྱ་སྟེ་འོད་ཟེར་གོ་ཆ་ཟེར་རོ། །དཀོན་མཆོག་ལ་དད་པ་ཆེ་ཞིང་རིག་གནས་ཐམས་ཅད་ལ་མཁས་སོ། །ལྷེ་བའི་མཁར་ཆེན་གྱི་ཤར་ལྷོའི་མཚོ་

སྙིང་ཆུང་ངུ་ཞིག་ཡོད་པར་མེ་གཏོར་ན་ཆུ་དེ་མེ་ཏུ་འབར་ཞིང་དངོས་པོ་གཞན་དོར་
ཀྱང་མེར་འགྱུར་སྐད་དོ། །

ས་བཅད་བརྒྱད་པ། ཡུལ་གཅིག

མཾ་གླ་ཏ་ཡུལ།(སྟོད།)

འདི་ནས་ཡོག་སྟེ་ཡངས་པ་ཅན་བརྒྱད་གཏྲ་བཀལ་བ་ན་ཡུལ་མཾ་གླ་ཏ་སྟེ་དབུས་འགྱུར་འཆང་ངོ་། །ཡུལ་མཾ་གླ་ཏ་ཐ་གྲུ་རྒྱང་གྲགས་ལྔ་སྟོང་ལྷག་ལ་གྲོང་ཁྱེར་ཉུང་ཞིང་། ལྗོངས་མང་བ་ནམ་དབུགས་བསིལ་དྲོད་སྙོམས་ལ་དྲོད་ཤས་ཆུང་ཆེ་བ། ས་གཞི་དམའ་ཞིང་གཤེར་བ། སྐང་མཐོ་པ་རྣམས་སུ་ལྗོངས་བཏབ་པ། དབྱར་ཟླ་ར་བ་ནས་སྟོན་ཟླ་འབྲིང་པོའི་བར་ཆར་བ་ཆེ་པས་ཐང་སྐམ་ལ་ཡང་གྲུ་གཟིངས་ཀྱིས་བགྲོད་དགོས་པ། འབྲུ་སྣ་ཚོགས་འདེབས་ཏུང་ཡང་གཙོ་ཆེ་བ་ནི་འབྲས་དཀར་ཡིན་ཏེ་དེ་ནི་ཡུལ་གཞན་ན་མེད་པ་དྲི་ཞིམ་པ་ཁ་དོག་དཀར་ལ་འཚེར་བ། འབྲུ་རྗོག་ཆེ་བ་མིང་ལ་མི་ཆེན་ཞལ་ཟས་སུ་གྲགས་སོ། །མིའི་རང་བཞིན་དྲང་ལ་སྙིད་པ་དཀོན་མཆོག་ལ་དད་འདུན་ཆེ་བ་སློབ་པ་ལ་མོས་པ། གཙུག་ལག་ཁང་ལྔ་བཅུ་ལྷག་ལ་དགེ་འདུན་གྲངས་སྟོམ་ཁྲི་ཕྲག་ལྷག་གནས་པ་ཐེག་ཆེན་པོ་ན་ལ་སྤྱོད་དོ། །ཕྱི་པའི་ལྷ་ཁང་བཅུ་ཕྲག་དུ་མ་ཡོད་པར་ཕྱི་པའི་རིགས་མང་དག་ཅི་རིགས་པར་གནས་སོ། །

༡ ཧྲཎྛ་རིའི་བུའི་གྲོང་ཁྱེར་དང་དེའི་ལོ་རྒྱུས།

གཏྲའི་ལྷོ་ངོས་སུ་གྲོང་ཁྱེར་གོག་པ་ཁོར་ཡུག་ཏུ་རྒྱང་གྲགས་བདུན་ཅུ་ཙམ་ཞིག་

ཡོད་པ་ཞིག་རལ་ཤིན་ཏུ་ཆེ་ཡང་ཟུང་གཞི་ནི་ད་དུང་སྣང་ངོ་། །དེ་ནི་གནའ་དུས་ཚེ་ལོ་དཔག་ཏུ་མེད་པའི་དུས་ཀྱི་གྲོང་ཁྱེར་ཀུ་སུ་མ་བུ་ར་སྟེ་མེ་ཏོག་གི་གྲོང་ཁྱེར་རོ། །རྒྱལ་པོ་དེའི་སྐྱིད་མོས་ཚལ་ན་མེ་ཏོག་རིགས་སྣ་ཚོགས་པ་ཆེས་གང་བ་ཡོད་པས་མིང་དེ་ལྟར་དུ་ཆགས་ཟེར་རོ། །ཚེ་ལོ་སྟོང་ཕྲག་དུ་མའི་དུས་སུ་མིང་ལ་ཧྲཏྟ་རིའི་བུའི་གྲོང་ཁྱེར་ཞེས་བཏགས་སོ། །དེའི་ལོ་རྒྱུས་ནི་གནའ་དུས་དེར་བྲམ་ཟེ་ཤེས་པ་ཆེ་ཤིང་མང་དུ་ཐོས་པ་ཞིག་ཡོད་པ་ལ་སློབ་མ་རིག་བྱེད་སློབ་མཁན་སྟོང་ཕྲག་དུ་མ་ཡོད་ཅིང་། ཉིན་ཞིག་དེའི་སློབ་མར་གྱུར་པའི་གཞོན་ནུ་ཞིག་ཟླ་བོ་རྣམས་དང་ལྷན་དུ་དགའ་འདུན་པར་འགྲོ་སྐབས་གཞོན་ནུས་ཨ་རེ་སྡུག་ཟེར་རོ། །ཟླ་བོ་རྣམས་ཀྱིས་དྲིས་ཅ་ན་ན་ཚོད་དར་ལ་བབས་ཀྱང་མི་རིང་བར་ཚེ་ཡོལ། སློབ་གཉེར་ལ་རྩལ་མ་ཐོན་པ་རྒ་བ་ཡོང་ཟེར་བ་དོན་ལ་ཆུང་མ་འདོད་ཟེར་བའི་ཚིག་ཡིན་ནོ། །གཞོན་ནུ་དེས་རྩེད་མོས་མི་གཉིས་ལ་ཀྱོས་པོ་ཀྱོས་མོ་བཅོལ། ཡང་མི་གཉིས་ལ་སྨྱུག་པོ་སྨྱུག་མོ་བཅོལ། གཞོན་ནུ་རང་ལ་མག་པ་བོས་ཏེ། ཤིང་ཧྲཏྟ་རི་ལ་ཕོ་རང་གི་ཕར་འབོད་པའི་རྐྱེན་གྱིས་ཤིང་ཧྲཏྟ་རིའི་ལྷའི་རྫུ་འཕྲུལ་གྱིས་གང་རྩེད་པ་ཐམས་ཅད་ཡང་དག་པར་བསྒྱུར་ནས་རྫུ་འཕྲུལ་གྱིས་གྲོང་ཁྱེར་དེ་གསར་པར་བསྒྱུར་ནས་མག་པ་ལ་བྱིན་པས། དུས་དེ་ནས་བཟུང་ཧྲཏྟ་རིའི་བུའི་གྲོང་ཁྱེར་དུ་གྲགས་ཟེར་རོ། །

༢ རྒྱལ་པོ་མྱ་ངན་མེད་ཀྱིས་བཙོན་ར་བྱས་པའི་གནས།

དཀྱིལ་མཁར་གྱི་རྒྱལ་པོའི་ཁབ་རྙིང་པའི་བྱང་ངོས་ན་ཨ་ཤོ་ཀའི་བྱས་པའི་ཇོའི་ཀ་བ་ཤིད་དུ་ཁྲུ་བཅུ་ཕྲག་ཡོད་པ་ནི། རྒྱལ་པོ་མྱ་ངན་མེད་ཀྱིས་བཙོན་ར་བྱས་པའི་གནས་སོ། །སྔོན་པ་མྱ་ངན་ལས་འདས་ནས་ལོ་བརྒྱ་ན་རྒྱལ་པོ་ཨ་ཤོ་ཀ་སྟེ་མྱ་ངན་མེད་ཅེས་བྱ་བ་བྱུང་སྟེ། དེ་ནི་རྒྱལ་པོ་གཟུགས་ཅན་སྙིང་པོའི་ཡང་ཚ་ཡིན་ཏེ་

རྒྱལ་པོའི་ཁབ་ནས་སྤྱོས་ཏེ་སྣ་བྲ་རིའི་རིགས་ཀྱི་གྲོང་ཁྱེར་གྱི་ཕྱི་རོལ་ཏུ་མཁར་རིམ་པ་གཉིས་པ་བརྩིགས་པ་ལོ་ཤིན་ཏུ་མང་པོ་སོང་བས་མཁར་ཁོག་ཏུ་སོང་ཡང་ཤུལ་རིས་ད་དུང་གནས་སོ། །གཙུག་ལག་ཁང་དང་ལྷ་ཁང་དང་མཆོད་རྟེན་རྙིང་པ་ཤིན་ཏུ་མང་བ་བརྒྱ་ཕྲག་དུ་མ་ཡོད་དོ། །ཕོ་བྲང་གསར་བ་ནི་རྒྱལ་པོའི་ཁབ་རྙིང་གི་རྒྱབ་ལོགས་གཉྫ་དང་ཉེ་བར་གྲོང་ཁྱེར་ཆུང་བ་ཞིག་གི་ནང་དུ་མི་ཁྱིམ་སྟོང་ཕྲག་གཅིག་ལྷག་ཙམ་ཡོད་དོ། །རྒྱལ་པོ་མྱ་ངན་མེད་ཀྱིས་ཐོག་མར་ཁྲི་འདོན་བྱས་པ་ནས་བཟུང་ཐུ་ཞིང་གཏུམ་པས་རྒྱལ་སྲིད་བསྐྱངས་ཏེ་བཙོན་ར་བརྩིགས་སོ། །བཙོན་ར་དེར་མི་གསོན་པོར་འཚེད་པ་དང་བཅད་པ་དང་གཏུབ་པའི་མཚོན་ཆ་སྣ་ཚོགས་པ་བསགས་ཉེས་ཅན་དག་ཐོག་མར་ལྕི་ཡང་གི་ཁྱད་པར་ལ་མ་ལྟོས་པར། ཐོག་མར་གདོང་ལ་དུད་དྲེག་བྱུགས་ནས་དེར་ཁྲིད་དེ་ཁྲིམས་ལ་སྦྱོར་ཞིང་རིམ་པར་བསད་གཏུབ་སོགས་བྱེད་དོ། །མི་རྒོད་མང་པོ་བཀུག་ནས་གྲོགས་བྱེད་དུ་བཅུག་སྟེ་ཕྱིན་ཆད་གསོན་པོར་མི་ཐར་བར་སྐུད་ལམ་ཞེས་གྲགས་སོ། །ཉིན་གཅིག་དགེ་ཚུལ་ཞིག་བསོད་སྙོམས་ལ་ཕྱིན་པ་ན་བཙོན་ར་ཡིན་པར་མ་ཤེས་པར་དེར་ཕྱིན་པ་དང་བཙོན་བསྲུང་གིས་བཟུང་ནས་གསོད་པར་བརྩམས་པས། དགེ་ཚུལ་གྱིས་རེ་ཞིག་བསྒུག་པའི་གནང་བ་གསོལ་ཞེས་པས་ཅུང་ཟད་བསྒུག་པའི་མཚམས་སུ་ཉེས་ཅན་ཁྲིད་བྱུང་བས་བཙོན་སྲུང་རྒད་པོས་དེ་བཟུང་ནས་ཡན་ལག་བཅད་པ་དང་ནང་རོལ་འདོན་པ་སོགས་བྱས་པས། དགེ་ཚུལ་གྱིས་དེ་མཐོང་བའི་རྐྱེན་གྱིས་མིག་མཐོང་བས་རྟོགས་པ་མངོན་དུ་གྱུར་ཏེ་མི་སློབ་པའི་ལམ་ཐོབ་བོ། །དེ་ནས་བཙོན་སྲུང་གིས་ད་ནི་གསོད་པའི་དུས་ལ་བབས་པོ་ཞེས་བསྐུལ་ཏེ་མར་ཁོལ་མའི་ནང་དུ་བཙུག་གོ། །དགེ་ཚུལ་གྱིས་གྲོལ་བ་ཐོབ་པས་མར་གྱི་ནང་དུ་འཚེད་ཀྱང་བསིལ་ཞིང་དྭངས་པའི་པད་མཚོར་གནས་པ་དང་འདྲ་བར་གྱུར་བས། བཙོན་སྲུང་ངོ་མཚར་ནས་བང་ཆེན་བཏང་སྟེ་རྒྱལ་པོ་ལ་སྙན་པས། རྒྱལ་པོས་ཀྱང་བལྟར་འོངས་ཏེ་རིག་ནས་བཤགས་པ་དང་བསྟོད་

སྡིགས་བྱས་སོ། །དེ་ནས་བཙོན་སྲུང་གིས་གསོལ་བ། ད་ནི་རྒྱལ་པོ་ཉིད་འདའ་བ་འོས་སོ། །སླས་པ་ཅིའི་ཕྱིར་གསོལ་བ་རྒྱལ་པོ་ཉིད་ཀྱིས་སྔོན་དམ་མ་བཅོས་སམ་བཙོན་རར་སླེབས་ཚད་འཆི་བར་བྱའོ། །ཞེས་མ་གསུངས་སམ། སླས་པ་བདེན་ཏེ་རང་བཟོ་རང་གིས་གཞིག་པ་མི་རུང་ངོ་། །འོ་ན་ཁྱོད་འདིར་སྡ་བར་འོང་ནས་ཡུན་རིང་དུ་གནས་པས་སྔར་འཆི་བར་རིགས་སོ་ཞེས་པས་བཙོན་སྲུང་དེ་ཉིད་མེའི་རླུབ་ཏུ་མཆོངས་སོ། །དེ་ནས་རྒྱལ་པོ་ཐར་ནས་ཕྱིན་ཆད་ཁྲིམས་ལྷོད་པོར་བཅོས་སོ། །

༣ རྒྱལ་པོ་མྱ་ངན་མེད་ཀྱིས་རིང་བསྲེལ་མཆོད་རྟེན་བཞེངས་པ།

དེའི་ལྷོ་ཕྱོགས་སུ་མི་རིང་བར་མཆོད་རྟེན་རྙིང་པ་ཞིག་ནས་བུམ་པ་ཙམ་ལུས་པ་རྗེའི་སུ་ཤུ་ཅན་ཡོད་པ་ནི། ཆོས་ཕུང་བརྒྱད་ཁྲི་བཞི་སྟོང་གཅིག་ཚང་མ་བཞུགས་ཏེ། རྒྱལ་པོ་མྱ་ངན་མེད་ཀྱིས་མིའི་བཟོ་བོར་བཞེངས་སུ་བཅུག་པའོ། །ཡང་དེའི་ནང་དུ་དེ་བཞིན་གཤེགས་པའི་རིང་བསྲེལ་བྲེ་གང་བཞུགས་ཤིང་རྒྱུན་གྱི་མེ་ལོང་ལས་བྱིན་རླབས་ཀྱི་འོད་ཟེར་འཕྲོ་བར་སྣང་ངོ་། །ཕྱིས་རྒྱལ་པོས་དགྲ་བཅོམ་པ་ཞིག་དང་མཇལ་ནས་ཞུས་པར་དགྲ་བཅོམ་པ་ལགས་དགོངས་སུ་གསོལ། བདག་སྔོན་བསོད་ནམས་ཀྱི་མཐུ་ལས་མིའི་དབང་པོ་ཞིག་གི་ལུས་ཐོབ་ཀྱང་མ་རིག་པའི་དབང་གིས་མ་རུངས་པའི་ལས་སྣ་ཚོགས་བྱས་པ་ལ་གནོངས་ཤིང་འགྱོད་དེ་བཤགས་བསྡམས་བྱས་ཀྱང་དེས་མ་ཚིམས་པར་སྔར་བྱས་ཀྱི་སྡིག་པའི་ལས་ཀྱི་རྣམ་སྨིན་གྱི་གཉེན་པོར་འཛམ་བུ་གླིང་གི་གནས་ཆེན་རྣམས་སུ་དེ་བཞིན་གཤེགས་པའི་རིང་བསྲེལ་སྙིང་པོར་བཞུགས་པའི་མཆོད་རྟེན་བརྒྱད་ཁྲི་བཞི་སྟོང་བཞེངས་པར་ཁས་བླངས་པ་ལགས་ན་མི་ནུས་སུ་དོགས་ཞེས་ཞུས་པས། དགྲ་བཅོམ་པས་དོགས་མི་དགོས་ནུས་པར་འགྱུར་རོ་གསུངས་སོ། །ཅིའི་ཕྱིར་ན་ཁྱོད་ནི་སྟོན་པས་ལུང་བསྟན་པའི་རྒྱལ་པོ་ཡིན་པའི་

ཕྱིར་ལྷ་འདྲེ་མི་གསུམ་གྱིས་གྲོགས་བྱེད་དུ་འོང་ངོ་ཞེས་གསུངས་སོ། །རྒྱལ་པོ་དགའ་ཞིང་མགུ་ནས་ཆོས་སྐར་བཟང་པོ་བདམ་པ་ན། ཉི་མ་ལག་པས་སྒྲིབ་པ་འདྲ་བ་ནམ་ཞིག་བྱུང་བ་ན་དེའི་དུས་ཡིན་ནོ། །འཛམ་བུ་གླིང་དུ་གནས་ཆེན་ཐམས་ཅད་ལ་དེ་བཞིན་གཤེགས་པའི་རིང་བསྲེལ་གྱི་མཆོད་རྟེན་བརྒྱད་ཁྲི་བཞི་སྟོང་དུས་གཅིག་ལ་བཞེངས་པའི་མགོ་ཚུགས་སོ། །དེའི་དུས་སུ་དགྲ་བཅོམ་པས་རྫུ་འཕྲུལ་གྱིས་ལག་པ་བཀྱངས་ནས་ཉི་མའི་དཀྱིལ་འཁོར་བཙུངས་ཏེ། ཇི་སྲིད་སྒྲུབ་ཟད་ཟད་དུ་ཉི་མ་མ་བཏང་ངོ་ཟེར་རོ། །

༄ ཇོ་ཆེན་པོ་ཞིག་ལ་བཅོམ་ལྡན་འདས་ཀྱི་ཞབས་རྗེས།

དེའི་མཐའ་ཡོགས་སུ་མི་རིང་བར་དྲི་གཙང་ཁང་ཆེན་པོའི་ནང་དུ་ཇོ་ཆེན་པོ་ཞིག་ལ་བཅོམ་ལྡན་འདས་ཀྱི་ཞབས་ཟུང་གི་རྗེས་ཡོད་པའི་ཚད་ནི་དཀྱུས་སུ་ཁྲུ་གང་དང་ཚོན་བརྒྱད་ཞེང་དུ་ཚོན་དྲུག་ལྷག་ཙམ། ཞབས་མཐིལ་གཉིས་ལ་འཁོར་ལོའི་རི་མོ་དང་། སོར་མོ་བཅུ་ལ་མེ་ཏོག་གི་རི་མོར་འདྲིས་པའི་ཉ་དང་དུང་ལ་སོགས་པའི་བཀྲ་ཤིས་པའི་རི་མོ་འབུར་དུ་དོད་པ་འོད་འཚེར་བ་ཞིག་གོ། །དེའི་ལོ་རྒྱུས་ནི་སྟོན་པ་མྱ་ངན་ལས་འདའ་བར་བཞེད་དེ་ཤིང་ས་ལ་ཟུང་གི་དྲུང་དུ་གཤེགས་པ་ན། གནས་འདི་ཉིད་ལ་ཇོའི་སྟེང་དུ་འཆག་ཅིང་མ་ག་དྷའི་གྲོང་ཁྱེར་ལ་ཕྱིན་སྤྱན་གཟིགས་ནས་ཀུན་དགའ་བོ་བོས་ཏེ་བཀའ་བསྩལ་བ། ངས་མཾ་ག་དྷའི་གྲོང་ཁྱེར་ལ་གཟིགས་པའི་ཐ་མ་འདི་ཡིན་ནོ། །ད་ནས་ལོ་ཆིག་བརྒྱ་ན་ཆོས་ལྡན་གྱི་རྒྱལ་པོ་མྱ་ངན་མེད་ཅེས་བྱ་བ་འབྱུང་སྟེ་ལྷ་སྲིན་གྱིས་གྲོགས་བྱས་ཏེ། འཛམ་བུ་གླིང་དུ་ངའི་རིང་བསྲེལ་གྱི་སྙིང་པོ་ཅན་གྱི་མཆོད་རྟེན་བརྒྱད་ཁྲི་བཞི་སྟོང་དུས་གཅིག་ལ་བཞེངས་པར་འགྱུར་རོ། །ཞེས་ལུང་བསྟན་པ་ཇོ་རིང་གི་ངོས་སུ་བརྐོས་པ་ཡོད་དོ། །ཇོ་རིང་དེ་ནི་རྒྱལ་

པོ་རྣམས་ཀྱིས་སྟོན་པའི་རིང་བསྲེལ་ཆར་བགོས་ནས་རྗེ་དེ་རང་རང་གི་ཡུལ་དུ་འཁྱེར་འདོད་དེ་ལ་ལས་བསླུལ་མ་ནུས། འགའ་ཞིག་གིས་ཁྱེར་ཀྱང་མི་འགྲུངས་པར་སླར་ལོག་པ་ཡིན་ཟེར་རོ། ། རྒྱལ་ཁབ་རྙིང་པའི་རྒྱབ་རོལ་ཏུ་རྡོའི་ཁང་པ་ཆེ་བ་ཞིག་ཡོད་པ་ནི། རྒྱལ་པོ་ཨ་ཤོ་ཀས་རབ་བྱུང་མཛད་པའི་གནས་ཏེ་ལྷ་འདྲི་ཁོ་ནས་བརྩིགས་ཟེར་རོ། །

༥ དབང་ཕྱུག་ཆེན་པོའི་ལོ་རྒྱུས།

རྒྱལ་པོས་ཨ་ཤོ་ཀས་རབ་ཏུ་བྱུང་རྗེས་ནུ་བོ་མ་ཧེ་ནྡྲ་སྟེ་དབང་ཕྱུག་ཆེན་པོ་ཞེས་བྱ་བས་རྒྱལ་སྲིད་འཛུད་དེ། ཨ་ཤོ་ཀའི་ཐོག་མའི་དུས་ཀྱིས་མཛད་པ་བཞིན་བྱེད་པ་ན། བློན་པོ་རྣམས་ཀྱིས་བཀག་ཅིང་ཨ་ཤོ་ཀས་ཀྱང་མི་ཉུང་གསུངས་ཀྱང་། མི་ཉན་པར་གཟི་བརྗིད་ཀྱི་དཔལ་གསོ་བ་ཡིན་ནོ་ཞེས་སྨྲས་པས། བློན་པོ་ཀུན་གྱི་ཐབས་ཟད་དོ། །ཉིན་ཞིག་བློན་པོ་ཆེ་ཆུང་རྣམས་བསྡུས་ཏེ་རྒྱལ་ཁབ་བསྲུང་མཁན་རྣམས་ཀྱིས་ཕྱོགས་མཚམས་ལེགས་པར་བསྲུངས་ཤིག ཞག་བདུན་གྱི་རིང་བདག་ལ་བཟའ་བཏུང་གྲུ་ནོམས་པ་བྱིན་ཞིག ཞག་བདུན་གྱི་ཐོག་བདག་ལ་དོན་ཞིག་ཡོད་དོ། །དེ་བར་ཞག་ཏུ་སོང་བདག་ལ་གོ་བར་གྱིས་ཤིག་ཅེས་སྨྲས་སོ། །དེ་ལྟར་རིམ་པས་ཞག་དྲུག་སོང་དུ་འདས་སོ་ཞག་གཅིག་ལུས་སོ་ཞེས་པ་ན་གོས་ཚང་བྱེད་པ་དང་ལུས་སེམས་སྒྲིམས་པས་འབད་རྩོལ་གྱིས་ཏིང་ངེ་འཛིན་ལ་ཞུགས་ནས་འགོག་སྙོམས་མངོན་དུ་བྱའོ། །དེ་ནས་ལུས་བར་སྣང་ལ་འཕགས་པ་སོགས་རྫུ་འཕྲུལ་བསྟན་ནོ། །སྒྲ་ངན་མེད་ནུ་བོའི་དྲུང་དུ་ཕྱིན་ཏེ་ད་དུང་རྒྱལ་སྲིད་སྐྱོང་བར་མཛོད་ཅིག་ཅེས་པ་ལ། དབང་ཆེན་གྱིས་སྨྲས་པ་བདག་སྔར་མི་ཤེས་རྨོངས་པའི་དབང་གི་རྒྱལ་སྲིད་ལ་ཆགས་པས་གཟི་བརྗིད་ཀྱི་དཔལ་གསོད་སྙོམས་པས་རྟུལ་གྱི་གཡང་སར་

མཆོངས་ལ་ཁད་པ། ད་ལྟ་འདམ་ལས་ཐང་སྐེ་ཞིབ་མངོན་དུ་བྱས་ཟིན་པས་སླར་མིའི་འོབས་སུ་ཆའམ། ཅེས་ཀྱང་དབེན་པའི་གནས་ལ་དགའ་གསུངས་ཏེ་གསན་པར་མཛད་དོ། །ཕུ་པོས་སྨྲས་པ། །ལུས་དབེན་པས་ངོ་མཚར་ཅི་ཆེ། སེམས་དབེན་པ་ནི་རྒྱལ་བ་རྣམས་ཀྱིས་བསྔགས་པ་མཛད་དོ། །འོན་ཀྱང་ཁྱོད་ཀྱི་བསམ་པ་བདག་གིས་བཟློག་མི་འདོད་དོ་ཟེར་ནས། ལྷ་འདྲེ་རྣམས་ཐོས་ཏེ་སོ་སོ་ནས་རྗེ་བཟང་པོ་ངོས་སློམས་པ་གྲུ་བཞི་བ་རེ་རེ་ཁྱེར་ལ་མཆུ་ཞེང་འདི་ཙམ་གྱི་ཁང་པ་བརྩིགས་ཤིག་ཅེས་གསུངས་པ་ལྟར་བཞེངས་སོ། །ཐོག་མར་ནུ་བོ་ལྷ་བཙུན་དགྲ་བཅོམ་པ་ལ་བཀུར་སྟི་བྱས་ཤིང་། ཕྱིས་དགེ་འདུན་རིས་མེད་ཀྱི་འགྲོན་ཁང་མཛད་དོ། །

༨ རྒྱལ་པོ་མྱ་ངན་མེད་ཀྱི་སྟེགས་རྙིང་པ་ཆེན་པོའི་ཞུལ།

རྒྱལ་ཁབ་རྙིང་པའི་ལྗོངས་ནུབ་ཏུ་བྲག་རི་ཆུང་བ་ཞིག་གི་ཡུལ་ན་རྗེ་ཁང་བཙུ་ཕྲག་མང་པོ་ཡོད་པ་ནི། རྒྱལ་པོ་ཨ་ཤོ་ཀས་འཕགས་པ་ཉེ་སྲུང་སོགས་མཆོད་གནས་དགྲ་བཅོམ་མང་པོ་ལ་བཀུར་སྟི་རྒྱུན་པར་མཛད་པའི་ཕྱིར། ལྷ་འདྲེ་འབའ་ཞིག་གིས་བཞེངས་པ་ཚུལ་སྔ་མ་བཞིན་ནོ། །དེའི་ལོགས་ཤིག་ན་སྟེགས་རྙིང་པ་ཆེན་པོའི་ཞུལ་དང་། རྗེ་བརྩིགས་ཀྱིས་བསྐོར་བའི་པད་རྫིང་ཤིན་ཏུ་དྭངས་པ་བསིལ་ལ་མངར་བ་དྲི་ཞིམ་ཅན་ཞིག་ཡོད་པ་དེ་ཡུལ་ཉེ་རིང་བ་ཀུན་གྱིས་འཕགས་ཆུང་འབོད་དོ། །དེར་ཁྲུས་བྱས་ན་སྡིག་སྒྲིབ་ཐམས་ཅད་བྱང་ཞིང་འདག་པའི་གྲགས་པ་ཅན་ནོ། །བྲག་རི་དེའི་ལྗོངས་ནུབ་མཚམས་སུ་མཆོད་རྟེན་རྙིང་པ་ལྔ་ཡོད་པ་ཞིག་རལ་གྱིས་ཞུལ་ཙམ་ལུས་པ་ནི། རྒྱང་ནས་བལྟས་ཚེ་རིང་སྣང་ལྟ་བུར་སྣང་བའི་སྟེང་དུ་ཕྱིས་ཀྱི་དད་ལྡན་དག་གིས་མཆོད་རྟེན་རེ་བཞེངས་པ་ནི། ཆོས་འབྱུང་རྣམས་སུ་རྒྱལ་པོ་ཨ་ཤོ་ཀས་འཛམ་བུ་གླིང་གི་གནས་ཆེན་རྣམས་སུ་མཆོད་རྟེན་བརྒྱད་ཁྲི་བཞི་སྟོང་

བཞེངས་ནས། རིང་བསྲེལ་བྲེ་ལྔ་ལྷུས་པ་བྲེ་རེ་རེར་བཀོས་ཏེ་མཆོད་རྟེན་བཞེངས་པ་དེ་བཞིན་གཤེགས་པ་ལྔའི་སྐུའི་མཚོན་བྱེད་ཀྱི་རྟགས་སོ་ཞེས་པ་དང་། ལ་ལས་སྔོན་རྒྱལ་པོ་དད་པ་བརྟན་པས་བཞེངས་ཤིང་གཟུངས་ཆེན་སྡེ་ལྔ་རེ་རེ་བཞུགས་པ་ལ་རིན་པོ་ཆེ་སྣ་ཚོགས་པས་བརྒྱན་པ། ཕྱི་པའི་རྒྱལ་པོ་དད་པ་མེད་ཅིང་འདོད་པ་ཆེ་བ་དག་གིས་མཆོད་རྟེན་བཤིགས་ནས་རིན་པོ་ཆེའི་རིགས་རྣམས་བླངས་སོ་ཟེར་རོ། །རིན་པོ་ཆེ་འགའ་ཙམ་ལྷུས་པ་དེ་ཡང་ལེན་པར་བརྩམས་པ་ན་ས་གཡོ་བ་དང་ཉི་མ་གྲིམ་པ་དང་། མཆོད་རྟེན་ནས་འབྲུག་ཕྱིར་བས་གླ་མི་རྣམས་ས་ལ་འགྱེལ་བས་སྐྲག་སྟེ་ལེན་པའི་འཕྲོ་བཤོལ་ཟེར། འགའ་ཞིག་གིས་བཀྲོས་ཐག་མ་ཆོད་པས་བཤོལ་ཟེར་ཞིང་རྣམ་པ་གཅིག་ཏུ་དཀར་ཆག་ན་མི་གསལ་ལོ། །

༧ བྱ་གག་གི་སྐྱིད་ཚལ་ཞེས་པའི་གཙུག་ལག་ཁང་།

རྒྱལ་ཁབ་རྙིང་པའི་ཤར་ལྷོའི་མཚམས་སུ་ཀུ་ཏྲ་རཏྣ་སྟེ། བྱ་གག་གི་སྐྱིད་ཚལ་ཞེས་བྱ་བའི་གཙུག་ལག་ཁང་རྒྱལ་པོ་ཨ་ཤོ་ཀས་བཞེངས་པ་སྟེ། རྒྱལ་པོ་ཐོག་མར་བསྟན་པ་ལ་ཞུགས་པའི་སྐབས་སུ་བཞེངས་སོ། །རྒྱལ་པོས་གཙུག་ལག་འདི་བཞེངས་ཏེ་སྐྱེས་འཕགས་འདྲེས་པའི་དགེ་འདུན་སྟོང་ཕྲག་སྤྱན་དྲངས་ཏེ་མཆོད་བཀུར་རྒྱུན་ཆད་མེད་པར་སྤྱི་སྟངས་རྣམ་བཞིས་རིམ་གྲོ་བྱས་སོ། །ད་ལྟ་ཆེས་རྙིང་ཡང་རྨང་གཞི་ད་ལྟ་གསལ་བར་སྣང་ངོ་། །

༨ ཨ་སྲ་ཀ་ཞེས་པའི་མཆོད་རྟེན་ཆེ་བ་ཞིག

དེའི་ལོགས་སུ་མཆོད་རྟེན་ཤིན་ཏུ་ཆེ་བ་ཨ་སྲ་ཀ་ཞེས་པ་ཡོད་དོ། །དེའི་ལོ་

རྒྱུས་ནི་རྒྱལ་པོ་ཨ་ཤོ་ཀ་བསྟུན་ཆེན་པོས་ཐེབས་ཤིང་རིམ་གྱིས་ལྷི་བར་གྱུར་པ་ན་དགེ་བའི་བྱ་བ་གཏད་འདོད་ནས་ཕྱི་ནང་གི་བློན་པོ་རྣམས་ཀྱིས་བར་ཆད་བྱེད་པར་དོགས་ཤིང་སྐབས་དེར་ཤིང་ཏོག་ཨ་མྲ་ཞིག་ཕུལ་བ་གསོལ་ཏེ་ཕྱེད་ལུས་པ་ན། བློན་པོ་རྣམས་ལ་གསུངས་པ་དུས་འདིར་འཛམ་བུ་གླིང་ན་སུ་དབང་ཆེ་ཞེས་དྲིས་པར། བློན་པོ་རྣམས་ཀྱིས་ལྷ་ཉིད་དབང་ཆེའི་ཞེས་སྨྲས་པས། མིན་ནོ་བདག་ད་ལྟ་ཤིང་ཏོག་འདི་གཅིག་བུ་ཙམ་ལས་དབང་བ་མེད་དོ་གསུངས་ནས་ཤུགས་རིང་བརྗོད་ཞིང་གསུངས་པ། འཇིག་རྟེན་ཞེས་པ་མི་རྟག་པའི་དོན་ཡིན་བདག་སྟོན་གྲགས་ཆེན་པོ་དང་ལྡན་ཀྱང་ད་ལྟ་རླུང་དམར་ནང་གི་མར་མེ་བཞིན་དུ་གྱུར་གསུངས་ནས། ནང་བློན་ཞིག་ལ་ཤིང་ཏོག་ཨ་མྲ་གཏད་དེ་གསུངས་པ། ཁྱོད་སོང་ལ་བྱ་གག་ཚལ་གྱི་དགེ་འདུན་རྣམས་ལ་ཤིང་ཏོག་འདི་ཕུལ་ལ་འདི་སྐད་གསོལ་ཅིག ད་སྔ་འཛམ་གླིང་ཡོངས་ཀྱི་བདག་པོ་བྱས། ད་ལྟ་ཤིང་ཏོག་ཨ་མྲའི་ཕྱེད་ཙམ་དབང་། གནས་བརྟན་རྣམས་ལ་ཕྱག་བགྱིད་དགོངས་སུ་གསོལ། མཆོད་སྦྱིན་ཐ་མ་འདི་ནི་བཞེས་སུ་གསོལ། ཞེས་ཞུས་ལ་ཕུལ་ཅིག་ཅེས་གསུངས་ནས་བཏང་ངོ་། །བང་ཆེན་པ་དེས་ཀྱང་དེ་སྐད་བརྗོད་ཞིང་ཕུལ་བས། དགེ་འདུན་རྣམས་ཀྱི་གཙོ་བོ་གནས་བརྟན་གྱིས་དང་དུ་ལེན་བཞིན་སྨྲས་པ། །རྒྱལ་པོ་ཆེན་པོ་ཐུགས་མ་བསྐྱལ། །འཇིག་རྟེན་ཆོས་ནི་འདི་ལྟ་སྟེ། །ལུས་ཀྱིས་དཔོན་བློན་གོ་ལོག་སྟེ། །ཡོ་བྱད་ཀུན་ལ་དབང་བཏང་སྟེ། །ཤིང་ཏོག་ཕྱེད་ཙམ་དབང་བསྒྱུར་བ། །སྦྱིན་པའི་ཐ་མ་དགེ་འདུན་རྣམས། །ལུས་པ་མེད་པས་ལོངས་སྤྱོད་དོ། །གསུངས་ནས་ཤིང་ཏོག་ཟངས་ཆེན་པོའི་ནང་དུ་བསྐོལ་ནས་དགེ་འདུན་རྣམས་ལ་བྲིམས་སོ། །དེ་ནས་ཨ་མྲའི་ཆོག་གུ་ལ་མཆོད་རྟེན་འདི་བརྩིགས་པས་མིང་ཡང་དེ་ལྟར་ཆགས་ཟེར་རོ། །

༩ གྷཎྚིའི་སྒྲའི་མཆོད་རྟེན་དང་ཨ་རྱ་དེ་བའི་ལོ་རྒྱུས་སྐོར།

མཆོད་རྟེན་དེའི་ནུབ་ཕྱོགས་མཚམས་སུ་གཙུག་ལག་ཁང་རྙིང་པ་ཞིག་གི་ཤུལ་དུ་མཆོད་རྟེན་ཞིག་ཡོད་པ་ནི་གྷཎྚིའི་སྒྲ་ཟེར་ཏེ་དེའི་ལོ་རྒྱུས་ནི། སྔོན་གཙུག་ལག་ཁང་བརྒྱ་ལྷག་ཡོད་ཅིང་དགེ་འདུན་སྟོང་ཕྲག་མང་པོ་བསླབ་པ་ལ་མཁས་ཤིང་། སྤྱོད་ལམ་གཙང་བ་མང་པོ་གནས་སོ། །ཕྱི་རོལ་པ་ཅི་ཙམ་ཡོད་ཀྱང་སྨོམས་(གཉོམ)ཆུང་རང་ཚོད་བཟུང་ནས་གནས་ལ་དུས་སྙིགས་མར་སོང་བས། དགེ་སློང་རྒན་པ་རྣམས་འདས་གསར་བུ་བ་རྣམས་འགྲིབ་པས་ནང་པ་རྣམས་ཕྱི་རོལ་པའི་དོ་ཟླར་མི་འགྱུར་པ་ན། རྒྱལ་པོས་ཕྱི་པ་དང་ནང་པ་དག་བསྡུས་ཏེ་ཕན་ཚུན་རྩོད་པ་བྱེད་དུ་བཅུག་པ་ན་རེ་ཞིག་ནང་པ་ཕམ་པ་ལྟར་གྱུར་པས། དེ་ནས་བཟུང་གཙུག་ལག་ཁང་དེ་དག་ཏུ་གནས་པ་རྣམས་དགེ་འདུན་བསྡུ་བའི་བརྡ་ལ་གྷཎྚིའི་བརྡུང་བ་ལ་ཆད་པས་གཅོད་པར་ཞུས་པས་རྒྱས་པོས་གནང་སྟེ་གྷཎྚིའི་སྒྲ་ལོ་བཅུ་གཉིས་ཀྱི་རིང་ཆད་དོ། །དེ་ནས་དགེ་འདུན་རྣམས་ཡི་མུག་སྟེ་འདུག་པ། དུས་དེ་ཉིད་དུ་རྒྱ་གར་ལྷོ་ཕྱོགས་སིང་གྷ་ལའི་གླིང་ན་ཨ་རྱ་དེ་བ་བྱུང་ངོ་། །དེའི་དུས་སུ་ནཱ་གརྫུ་ན་ཞེས་པའི་པཎྜི་ཏ་མཁས་ཤིང་གྲུབ་པ་བརྙེས་པ་བཞུགས་སོ། །སློབ་མའི་གཙོ་བོ་ཨ་རྱ་དེ་བ་སྟེ་འཕགས་པ་ལྷ་ཞེས་བྱ་བ་སྤྱངས་རྟོགས་ཀྱི་ཡོན་ཏན་སློབ་དཔོན་དང་མཉམ་པ་ཞིག་ཡོད་པས་རང་གི་སློབ་དཔོན་ལ་ཞུས་པ། ད་ལྟའི་དུས་ན་ཡུལ་དབུས་ཀྱི་དགེ་འདུན་ཐམས་ཅད་ཀྱི་དབང་མུ་སྟེགས་པ་ལ་ཤོར་ནས་ལོ་བཅུ་གཉིས་སོང་ཟེར་བ་ཐོས་པས། བདག་གིས་རྩད་ནས་ལྟར་སྣང་བཅོམ་ཞིང་ཡང་དག་པ་གཟེངས་བསྟོད་བྱེད་འདོད་ཞུས་པས། སློབ་དཔོན་གྱིས་ཁྱོད་ཀྱིས་ནུས་སམ་ཚོད་བགམ་ཡིས་གསུངས་ནས་སློབ་དཔོན་གྱི་མུ་སྟེགས་པའི་གྲུབ་མཐའ་བཟུང་། སློབ་མས་ནང་པའི་ཕྱོགས་བཟུང་ནས་བརྩད་པའི་

ཚུལ་མཛད་པས་ཞག་བདུན་གྱི་ཐོག་སློབ་དཔོན་ཕམ་པ་ལྟར་གྱུར་པས་སློབ་དཔོན་གྱིས་གནང་སྟེ་བཏང་ངོ་། །ཨ་ཙཪྻ་དེ་བ་དེ་དུས་གྲགས་པ་ཆེན་པོ་དང་ལྡན་པས་སླེབས་མ་ཐག་སྐྱེ་བོ་འགའ་ཞིག་ནི་དགའ། ལ་ལ་སྡུག་མོད་ཀྱང་དྲིལ་བསྒྲགས་ཏེ་ཕྱི་པ་ནང་པ་ལྷན་དུ་བསྡུས་ཏེ་ཚོགས་པ་ན་རྒྱལ་པོས་མུ་སྟེགས་པ་ལ་དབང་བྱིན་པས་མུ་སྟེགས་པས་གྲོང་ཁྱེར་གྱི་སྒོ་བསྡམ་དུ་བཅུག་སྟེ་རྩོད་འགྲོལ་བཅད་པས། འཕགས་པ་ཨ་ཙཪྻ་དེ་བས་གོས་ཆས་བཙོས་ཆོས་གོས་སྣམ་ནས་ཞུགས་ཏེ་གཙུག་ལག་ཁང་ཞིག་ལ་གནས་མལ་མཛད་དོ། །ནངས་པར་ལངས་ཏེ་གཎྜི་ཁང་བར་ཞུགས་ཏེ་གཎྜིའི་བླངས་ཏེ་བརྡུང་བར་བརྩམས་པ་ན་དགེ་འདུན་གཞུག་མར་གནས་པས་བཀག་ཀྱང་འཕགས་པས་མ་གསན་ཏེ་གཎྜིའི་བརྡུངས་ཆོས་ཟ་ཡང་རྒྱ་ཆེར་བརྡུང་བས། རྒྱལ་པོས་ཐོས་ཏེ་དྲིས་པས་རྒྱ་མཚན་རིག་ནས་རྒྱལ་པོའི་བཀའ་ཕྱི་ནང་རྩོད་པ་བྱེད་དུ་བཅུག་ཅིང་གང་ཕམ་པ་པ་དེ་ལྟེབས་པར་བྱའོ་ཞེས་གསུངས་ནས་བརྩད་པས་ཕྱི་རོལ་པ་རྨིག་མེད་དུ་ཕམ་སྟེ་སློབ་དཔོན་རྒྱལ་ལོ། །དེར་རྒྱལ་བློན་སོགས་ནང་པ་ལ་མོས་པ་མཐའ་དག་དགའ་ཞིང་མགུ་ནས། གཙུག་ལག་ཁང་དེ་དག་གི་ཞིག་གསོས་བྱས་པས་མིང་གསར་བ་དེ་ལྟར་ཐོགས་ཤིང་མཆོད་རྟེན་ཡང་བཞེངས་སོ། །

༡༠ འདྲེ་བྲམ་ཟེ་པའི་ལོ་རྒྱུས།

དེའི་རྒྱབ་ལོགས་སུ་མཆོད་རྟེན་རྙིང་པ་ཞིག་ཡོད་པ་ནི་འདྲེ་བྲམ་ཟེའི་གནས་སོ། །དེའི་ལོ་རྒྱུས་ནི་དེར་འདྲེ་ཞིག་བྲམ་ཟེར་སྤྲུལ་པ་ཞིག་ཕུག་པ་དབེན་པ་ཞིག་ཏུ་སྡོད་ནས་གནས་ཤིང་སྒྲ་ཚད་སོགས་རིག་གནས་གང་ཡང་རུང་བ་ལ་མཁས་པར་གྲགས་ཤིང་། འདྲེ་ཕྲན་མང་པོའི་འཁོར་བསྡུས་མཁས་པས་གླིང་གཅིག་ལ་འགྲན་གྱི་དོ་མེད་ཀྱི་སྟོང་ཙུར་ཐོབ་པ་ཞིག་ཡོད་པར། ལན་ཅིག་པཎྜི་ཏ་ཨ་ཤྭ་གྷོ་ཥ་སྟེ་རྟ་

དབྱངས་དེར་སླེབས་པ་དང་ཚུལ་དེ་གསན་ནས་དྲིས་བས། འདྲེ་བྲམ་ཟེ་དེ་ལ་སློབ་དཔོན་མེད་ཅིང་བརྒྱུད་པ་མི་གསལ་བས། དེ་ཙམ་གྱིས་སྟོང་ཁུར་དང་ལྡན་པ་འདི་ནི་ངེས་པར་མི་མ་ཡིན་ཞིག་མིར་བརྫུས་པ་ཡིན་ལས་ཆེ། དེས་ན་མ་བཏུལ་ན་སེམས་ཅན་ལ་སྣར་གནོད་འཚེ་བྱེད་པར་འགྱུར་བས་བཏུལ་བར་བྱའོ་སྙམ་དུ་དགོངས་ནས། རྒྱལ་པོ་ལ་བྲམ་ཟེ་དང་བགྲོ་གླེང་འཚལ་བར་འདོད་ཅེས་ཞུས་པས། རྒྱལ་པོ་ན་རེ་སྡེ་སྣོད་གསུམ་དང་རིག་པའི་གནས་ལྔ་ཀ་ལ་མཁས་པའི་བྲམ་ཟེ་དེ་དང་བཀྲལ་བར་འདོད་ཟེར་བ་མི་ཉུང་ངོ་ཞེས་པས། སློབ་དཔོན་གྱིས་དོན་ཞིག་ཡོད་དེ་གསུངས་ནས་མ་གསན་པས་རྒྱལ་པོས་གནང་ངོ་། །དེ་ནས་བྲམ་ཟེའི་ཐད་དུ་ཕེབས་ནས་བགྲོ་གླེང་བྱས་པས་རིག་པའི་གནས་གང་དང་གང་ལ་རྣམ་པ་ཐམས་ཅད་དུ་སློབ་དཔོན་རྒྱལ་བས། བྲམ་ཟེས་དར་ཅིག་སྨྲ་མེད་དུ་གྱུར་པ་ན་སློབ་དཔོན་གྱིས་བྲམ་ཟེ་དེའི་ལུས་ཇི་འདྲ་བ་ཞིག་སྙམ་ནས་གཟིགས་པར་བཞེད་ནས་ཡོལ་བ་བསལ་བར་བརྩམས་པ་བྲམ་ཟེས་ཐོང་ཤིག་ཐོང་ཤིག་བཟོད་པར་གསོལ་ལོ་ཞེས་ཞུས་ནས་ནོངས་ཕམ་དང་དུ་བླངས་པ་དེ་ཕྱིན་ཆད་མི་སྣང་བར་གྱུར་ཏོ། །

༧༧ སངས་རྒྱས་ཀྱི་བཞུགས་ཁྲི་སོགས་མཛད་ཤུལ་དང་པན་ཤྲི་ར་ཤཱཀྱ་ཞེས་པའི་གཙུག་ལག་ཁང་།

གྲོང་ཁྱེར་གྱི་ལྷོ་ནུབ་མཚམས་སུ་རྒྱང་གྲགས་ཉིས་བརྒྱ་ལྷག་ཙམ་ན་གཙུག་ལག་ཁང་རྙིང་པ་ཞིག་གི་ཤུལ་གྱི་ཡོགས་སུ་མཆོད་རྟེན་ཞིག་ཡོད་པ་ན་གསོ་སྦྱོང་གི་ཉི་མ་སོགས་དུས་བཟང་ལ་འོད་འགྱེད་པ་དང་། མཚན་མོ་སྒྲོན་མེ་འབར་བ་ཉེ་རིང་མེད་པའི་མི་རྣམས་འཚོགས་ནས་ཕྱག་མཆོད་བྱེད་དོ། །འདས་པའི་སངས་རྒྱས་ཀྱི་བཞུགས་ཁྲི་སོགས་མཛད་ཤུལ་ཡང་ཡོད་དོ། །གཙུག་ལག་ཁང་རྙིང་པ་དེའི་ལྷོ་

ཉུབ་མཚམས་སུ་རྒྱང་གྲགས་བརྒྱ་ཙམ་འདིར་པན་སྟི་ར་ཤཱཀྱ་ཞེས་བྱ་བའི་གཙུག་ལག་ཁང་ཡོད་པ་ནི། རྒྱལ་པོ་གཟུགས་ཅན་སྙིང་པོའི་ཡང་ཚ་ཐ་མས་བཞེངས་པ། རྒྱང་ནས་བལྟས་ཚེ་ཁང་བརྩེགས་རིམ་པ་གསུམ་པ་མཐོ་ཞིང་མཛེས་པའི་ཕུན་སུམ་ཚོགས་པ། རྒྱལ་པོ་དེ་ནི་གྲགས་པ་དོན་དང་ལྡན་པ་ཡོན་ཏན་རྒྱ་ཆེ་བ་དང་ལྡན་པ་ཞིག་གོ། །དེར་དགེ་འདུན་སྟོང་ཕྲག་དུ་མ་ཐེག་ཆེན་དབུ་མ་པ་ཤ་སྟག་གོ། །དྲི་གཙང་ཁང་ཆེ་ཞིང་མཐོ་བ་གསུམ་ཡོད་པའི་སྟེང་ན་གསེར་གྱི་འཕོར་ལོ་དང་དྲིལ་བུ། འོག་ན་སྟེགས་བུ་མཐོ་བ་ཤུས་བསྐོར་བའི་དབུས་མར་རྟེན་གསུམ་བཞུགས་པའི་གཙོ་བོ་ནི་སྟོན་པ་གྲོང་ཁྱེར་མ་སྲིད་དུ་འདོམ་དྲུག གཡོན་མ་ནི་རྗེ་བཙུན་མ་སྒྲོལ་མའི་སྐུ་བརྙན་དང་། གཡས་ལ་སྤྱན་རས་གཟིགས་དབང་ཕྱུག་གི་སྐུ་འདྲ་གསུམ་ག་གསེར་ཟངས་ལས་གྲུབ་པ། རིན་པོ་ཆེའི་རྒྱན་དུ་མས་བརྒྱན་པ་གཙང་ཁང་གསུམ་གར་སྟོན་པའི་རིང་བསྲེལ་བྲེ་གང་རེ་བཞུགས་པ། བྱིན་བརླབས་ཀྱི་མདངས་འཚེར་བ་མངོན་སུམ་དུ་འོད་འཕྲོ་བ་དང་བསྟུ་བ་སྣང་ངོ་། །དེའི་ལྷོ་ཉུབ་མཚམས་སུ་རྒྱང་གྲགས་དགུ་བཅུ་ཙམ་ན་རི་ཆེན་པོ་ཞིག་རྒྱང་ནས་བལྟས་ཚེ་སྤྲིན་ཆེན་པོ་ལྟར་སྣང་བ་དྲང་སྲོང་རྣམས་དང་། སྤྲུལ་ཆེན་པོ་དང་གཅན་གཟན་མ་རུངས་པ་གནས་པའི་སྦྲོ་ལ་རྫོ་ལེབ་ཆེན་པོ་ཅིག་གི་སྟེང་དུ་མཆོད་རྟེན་དཔངས་སུ་ཁྲུ་བཅུ་ལྷག་པ་ཅིག་ཡོད་པ་ནི། སྟོན་པ་ཞག་ཅིག་ཏིང་ངེ་འཛིན་ལ་བཞུགས་པའི་གནས་སོ། །སྔར་རིན་པོ་ཆེ་འབབ་ཞིག་ལས་གྲུབ་པ་ཡིན་ཀྱང་། ད་ལྟ་ནི་རྫོའི་རང་བཞིན་དུ་གནས་འདུག་གོ། །གནས་དུས་ནས་སྐྱེ་བོ་ཐམས་ཅད་དངོས་སུ་སླེབས་པ་མེད། རྒྱང་རིང་པ་ནས་བལྟས་ཚེ། སྦྲུལ་རིང་པོ་དང་སེང་གེ་དང་གླང་པོ་ཆེ་དང་སྟག་གཟིག་དོམ་དྲེད་སོགས་གཅན་གཟན་གདུག་པ་ཅན་གྱི་ཁྲུ་དང་། ལྷ་དང་དྲང་སྲོང་གི་ཚོགས་ཀྱིས་གཡས་སུ་སྐོར་བ་བྱེད་པ་དང་ཕྱག་བྱེད་པ་དག་མཐོང་ངོ་ཟེར་རོ། །རི་དེའི་ཤར་ཕྱོགས་སུ་སྣང་མཐོ་བར་མཆོད་རྟེན་ཞིག་ཡོད་པ་ནི། སྟོན་པ་ཀུ་ཤའི་གྲོང་ཁྱེར་དུ་གཤེགས་ཁར་རི་དེར་

འཛོགས་ཏེ་ཡུལ་མཾ་ཏྲ་ཏ་ལ་ཕྱི་སྤྱན་གཟིགས་པའི་གནས་སོ། །

༧༢ ཡོན་ཏན་འོད་རང་གི་གཙུག་ལག་ཁང་དང་སློབ་དཔོན་དང་ཚུལ་བཟང་པོའི་གཙུག་ལག་ཁང་།

རི་དེའི་ནུབ་བྱང་དུ་རྒྱང་གྲགས་སུམ་ཅུ་ཙམ་ན་གཙུག་ལག་ཁང་ཞིག་ཡོད་པར་དགེ་འདུན་ལྔ་བཅུ་ལྷག་ཙམ་འདུས་པ་ཐེག་ཆེན་པ་ཤ་སྟག་སྟེ། གུ་ཎ་མ་ཏི་སྟེ་སློབ་དཔོན་ཡོན་ཏན་བློ་གྲོས་ཀྱིས་མུ་སྟེགས་པ་བཏུལ་བའི་གནས་སོ། །དེར་ཕྱིས་སུ་རིམ་པར་དགེ་འདུན་འཕེལ། མུ་སྟེགས་པ་བར་མ་ཆད་པར་ནང་པར་བསྒྱུར་ཏེ་འདུས་པས་ལྡོངས་སུ་གྱུར་ཏོ། །དེའི་གཡས་ཕྱོགས་ན་ཡོན་ཏན་འོད་རང་གིས་བཞེངས་པའི་གཙུག་ལག་ཁང་ཞིག་ཡོད་དོ། །ནུབ་ཕྱོགས་སུ་རྒྱང་གྲགས་ཉི་ཤུ་ཙམ་ན་རི་ཆེག་སྐྲ་ཅིག་འདུག་པར་གཙུག་ལག་ཁང་ཞིག་ཡོད་པ་ནི། སློབ་དཔོན་ཤཱི་ལ་བྷ་དྲ་སྟེ་དང་ཚུལ་བཟང་པོས་བཞེངས་པ་སྟེ་སློབ་དཔོན་དེ་ནི་ས་མ་ས་ཐའི་ཡུལ་གྱི་རྒྱལ་པོའི་རིགས་རུས་གཅིག་པའི་ཉེ་དུ་བྲམ་ཟེ་ས་ལ་ཆེན་པོ་ལྷ་བུའི་རིགས་སུ་འཁྲུངས་ཏེ། གཞོན་ནུ་ནས་སློབ་གཉེར་ལ་མོས་པས་རྒྱལ་ཁམས་རིས་སུ་མ་ཆད་པར་འཁྱམས་ཏེ་མཁས་པ་ཆེན་པོ་འཚོལ་གྱིན་ན་ལནྡྲའི་དགོན་པར་སླེབས་པ་ན། སློབ་དཔོན་མཁས་པ་ཆེན་པོ་ཤཱི་ཧྣ་ཛ་རཀྵི་ཏ་སྟེ་དཔལ་ལྡན་ཆོས་སྐྱོང་དང་མཇལ་ནས། དེ་ཉིད་ཀྱིས་བཏུལ་ནས་རབ་ཏུ་བྱུང་ཞིང་བསྙེན་པར་རྫོགས་སོ། །དང་ཚུལ་བཟང་པོའམ་ཚུལ་ཁྲིམས་བཟང་པོ་ཞེས་བྱ་བའི་སློབ་དཔོན་དེས་ཕྱི་རོལ་པ་གྲགས་པ་ཅན་མང་པོ་བཏུལ། སྙན་པའི་གྲགས་པ་འཛམ་བུ་གླིང་ཀུན་ཏུ་ཁྱབ་པར་གྱུར་པ་ན། རྒྱལ་པོས་གཟེངས་བསྟོད་ཀྱི་གཏང་རགས་སུ་གྲོང་ཁྱེར་ལྷ་འབངས་སུ་ཕུལ་བར། སློབ་དཔོན་གྱིས་དང་དུ་མ་བཞེས་སོ། །གོས་དུར་སྨྲིག་གྱོན་པ་དག་ནི་ཆོག་ཤེས་དགོས་

པས་བདག་ནི་རྒྱལ་པོའི་བཀའ་དྲིན་ལ་བརྟེན་ལྟོ་གོས་ལྷག་པ་ཆ་དུ་མས་འབྱོར་མོད། མི་ཁྲིམ་ཁྲལ་བུ་ལག་གི་ལྷ་འབབས་སྐྱོང་བ་གཡེང་བའི་རྒྱུ་ཡིན་པས་དགོས་པ་མེད་གསུངས་པས། རྒྱལ་པོས་ཡང་བསྐུར་གྱིས་ཞུས་པས། སྟོན་པ་སྦྱིན་མི་ནུབ་ནས་ཡུན་རིང་སོང་བས་འཇིག་རྟེན་ན་འདྲ་མིན་སྣ་བ་བྱུང་སྟེ། སེམས་ཅན་རྣམས་ལམ་གོལ་ལམ་སྟོར་གྱིས་འཇིག་རྟེན་མོག་མོག་པོར་གྱུར་བའི་དུས་འདིར། སློབ་དཔོན་ཆེན་པོས་རྒྱལ་བ་ཀུན་གྱིས་མཐུན་པ་ལུང་བསྟན་པས་སྟོན་པ་གཉིས་པར་ཕེབས་པས། ཕོག་སྣ་མཐའ་དག་རྨིག་མེད་དུ་ཚར་བཅད་དེ་ཡང་དག་པའི་ལམ་གསལ་བར་མཛད་པའི་བཀའ་དྲིན་བསམས་པ་དང་། ཕྱིས་ཀྱི་སློབ་གཉེར་བ་དག་བསྐུལ་ཞིང་གཟེངས་བསྟོད་པའི་ཕྱིར་དང་དུ་བཞེས་པ་ཅི་གནང་ཞེས་ནན་གྱིས་ཞུས་ཀྱང་དགེ་སྦྱོང་གི་ཚུལ་མིན་ཞེས་མ་བཞེས་པར་གཙུག་ལག་ཁང་གསར་པ་ཞིག་བཞེངས་བཞུགས་སོ། །གཙུག་ལག་ཁང་དེའི་རྟེན་དང་བརྟེན་པ་རྣམས་ནི། རྒྱ་གཞུང་དག་ནས་བཤད་པ་དང་མཐུན་པ་པོ་ནའོ། །

༡༣ ལྷ་ཡ་རིའི་གྲོང་ཁྱེར་དང་ག་ཡ་གོ་རིའི་སྐོར།

ཚུལ་ཁྲིམས་བཟང་པོའི་གཙུག་ལག་ཁང་དེའི་ལྷོ་ནུབ་ཀྱི་མཚམས་སུ་རྒྱང་གྲགས་བཅུ་དྲུག་བཞི་ལྔ་ཙམ་སོང་བ་ན། ནེ་ར་ཉྫ་ནའི་ཆུ་ཀླུང་བརྒལ་བ་ན་ལྷ་ཡ་རིའི་ཡུལ(གྲོང་ཁྱེར)ཡོ། །འབར་འབུར་ཤང་ཤོང་ཞིག་ཏུ་བགྲོད་པར་དཀའ་བ་གྲོང་ཁྱེར་ན་མི་ཤིན་ཏུ་དཀོན་པ་བྲམ་ཟེའི་རིགས་དྲང་སྲོང་གི་རིགས་ཤ་སྟག་མི་ཁྲིམ་སྟོང་ལྷག་ཙམ་ལས་མེད་ལ། རྒྱལ་པོས་མི་བཀོལ་ཞིང་སྐྱེ་བོ་ཐམས་ཅད་ཀྱིས་བཀུར་སྟི་བྱེད་ཀྱིན་འདུག་གོ གྲོང་ཁྱེར་གྱི་བྱང་སྒོའི་ཕྱི་རོལ་ན་ཆུ་མིག་ཆེན་པོ་ཡོད་པ་དཀར་ཆག་ན་མིང་འཕགས་ཆུ་ཟེར། བཀྲུ་བཤལ་དང་འཐུང་བས་ཉེས་སྐྱོན་སྡིག་གྲིབ་

འདག་པའི་གྲགས་པ་ཅན་ནོ། །གྲོང་ཁྱེར་གྱི་ལྷོ་ནུབ་ཏུ་ལེ་བར་དྲུག་བདུན་ཙམ་གྱི་སར་ག་ཡ་གོ་རི་སྟེ། ཤིན་ཏུ་བསྒྲོད་དཀའ་བ་རྒྱ་གར་ཡོངས་ལ་གནས་ཆེན་དུ་གྲགས་པ། རྒྱལ་པོ་ན་རིམ་གྱིས་ཁྲིར་ཕེབས་པའི་ཐོག་མར་འདིར་གསོལ་མཆོད་དུ་མི་འོང་བ་མེད་སྐད་དོ། །དེའི་སྒོ་ལ་མཆོད་རྟེན་ཁྲུ་བརྒྱ་ཙམ་རྒྱལ་པོ་ཨ་ཤོ་ཀས་བཞེངས་པ་ཡོད་དེ་དུས་ཀུན་ཏུ་བྱིན་རླབས་ཀྱི་འོད་འཕྲོད་པ་ཞིག་གོ། །སྔོན་སྟོན་པས་གནས་འདིར་མདོ་སྡེ་དཀོན་མཆོག་སྤྲིན་ལ་སོགས་པ་གསུངས་སོ། །རི་དེའི་ཤར་ལྷོའི་མཚམས་སུ་མཆོད་རྟེན་ཞིག་ཡོད་པ་ནི། འཕགས་པ་འོད་སྲུངས་ཆེན་པོ་འཁྲུངས་པའི་ཡུལ་ལོ། །དེའི་ཡང་ལྷོ་ཕྱོགས་སུ་མཆོད་རྟེན་གཉིས་ཡོད་པ་ནི། ག་ཡ་འོད་སྲུང་གིས་སྦྱིན་སྲེག་གི་རྟུལ་ཞུགས་བྱས་པའི་གནས་སོ། །

༡༨ བྱང་ཆུབ་པའི་སྔོན་གྱི་རི་དང་སྟོན་པ་མངོན་པར་རྫོགས་པའི་སྐོར།

དེའི་ཤར་ཕྱོགས་སུ་ཆུ་ཀླུང་ཆེན་པོ་བརྒལ་བ་ན་པྲཱ་ཀྵེ་དྷི་སྟེ་བྱང་ཆུབ་པའི་སྔོན་གྱི་རི་ཟེར་བ་ཡོད་པ་ནི། སྟོན་པ་མངོན་པར་རྫོགས་པར་བྱང་ཆུབ་པའི་སྔོན་རོལ་ཏུ་རི་འདི་ལ་འཛེགས་ཏེ་བཞུགས་འཆགས་མཛད་ཟེར་རོ། །བཅོམ་ལྡན་འདས་ཀྱིས་ལོ་དྲུག་ཏུ་དཀའ་སྤྱད་མཛད་དེ་རྟུལ་ཞུགས་རྫོགས་པ་ན་འོ་ཐུག་བཞེས་པའི་གནས་སོ། །རི་དེའི་བྱང་ཤར་འདབས་སུ་རི་བྱ་འདབ་འདྲ་བའི་སྒྲོར་གཤེགས་ཏེ་ཏིང་ངེ་འཛིན་ལ་སྙོམས་པ་ཞུགས་ནས་བྱང་ཆུབ་པར་བཞེད་པ་ན་ས་གཡོས་པས། རི་བོ་དེ་ལ་ལྷ་འཛེགས་ཏེ་བྱང་ཆུབ་སེམས་པར་གསོལ་བ། གནས་འདི་ནི་བྱང་ཆུབ་མངོན་དུ་མཛད་པའི་གནས་མིན་ཏེ་ཏིང་ངེ་འཛིན་གྱི་སྟོབས་མི་ཐེག་ཟེར་རོ། །དེའི་ལྷོ་ནུབ་མཚམས་སུ་མི་རིང་བར་རྡོའི་ཁང་ཆུང་ཞིག་ཡོད་པར་ཕེབས་ཏེ་བསམ་གཏན་

ལ་བཞུགས་པར་བརྩམས་པ་ན། གནས་གཙང་མའི་ལྷས་བཀྲ་ཤིས་པའི་ལུང་བསྟན་གྱིས་བསྐུལ་བར་རྟེན།

༧༥ བྱང་ཆུབ་ལྗོན་ཤིང་།

དེའི་ཡར་ལྷོ་ནུབ་མཚམས་སུ་རྒྱང་གྲགས་བཅུ་ཕྲག་བཞི་ལྷ་ཙམ་གྱི་སར། བྱང་ཆུབ་ལྗོན་ཤིང་ཡོད་པའི་གྲིབ་བསིལ་དུ་རྡོ་རྗེ་གདན་ཞེས་བྱ་བ་དུས་གསུམ་གྱིས་བྱང་ཆུབ་བརྙེས་པ་དང་བརྙེས་པར་གྱུར་བ་དང་བརྙེས་པར་འགྱུར་བའི་གནས་སུ་གཤེགས་པ་ན། རྡོ་ཁང་དེར་གནས་པའི་ཀླུའི་འདོད་པ་ལྟར་སྐུའི་གྲིབ་མ་བཞག་ནས། ལྷའི་ཚོགས་ཀྱིས་ལམ་སྣ་དྲངས་ཏེ་བྱང་ཆུབ་སྙིང་པོར་གཤེགས་པའི་བར་གྱི་གནས་ཐམས་ཅད་དུ་མཆོད་རྟེན་བྱིན་རླབས་ཅན་ཡོད་པ་ནི་རྒྱལ་པོ་མྱ་ངན་མེད་ཀྱིས་བཞེངས་སོ། །དེ་ལ་བྱང་ཆུབ་སྙིང་པོའི་ར་བ་ནི་གྲུ་མོ་དང་སོ་ཕག་དག་གིས་བརྩིགས་པ་ཤར་ནུབ་རིང་ཞིང་ལྷོ་བྱང་དོག་པ་ཁོར་ཡུག་ཏུ་གོམ་པ་ལྔ་བརྒྱ་ལྷག་ཡོད་པ། སྙིང་ན་བྱང་ཆུབ་ཀྱི་ཤིང་སྣ་དང་མེ་ཏོག་སྣ་ཚོགས་ཀྱི་དྲི་བས་ཁེངས་ཏེ་སྤྲོལ་བ། སྒོ་ཆེན་ནི་ཤར་ཕྱོགས་སུ་བཏོད་པར་ནེ་ར་ཛཱ་ནའི་ཆུ་ཀླུང་ལ་གཏོད་པ། ལྷོ་སྒོར་པད་རྫིང་ཆེན་པོ་དང་། ནུབ་སྒོར་བྲག་བཙན་པོ་ལ་གཏོད་པ། བྱང་སྒོར་གཙུག་ལག་ཁང་ཆེན་པོ་དང་སྤྲེལ་བ། སྐབས་སྐབས་སུ་སྟོན་བྱུང་གི་རྣམ་ཐར་བཟང་པོ་ཐར་ཆགས་སུ་ཡོད་པ། མཆོད་རྟེན་དང་དྲི་གཙང་ཁང་གིས་མཚོན་པའི་རྟགས་ཡོད་པ་ནི། ཡུལ་གཞན་རིགས་མི་གཅིག་པའི་རྒྱལ་པོ་རྣམས་དང་བློན་པོ་དག་དང་རིགས་ཆེན་པོའི་སྐྱེ་བོ་དད་ལྡན་རྣམས་ཀྱིས་བཞེངས་པ་ཡིན་ནོ། །

1 རྡོ་རྗེ་གདན།

བྱང་ཆུབ་ལྗོན་པའི་རྭ་བའི་དཀྱིལ་དུ་རྡོ་རྗེའི་གདན་ནམ་བྱང་ཆུབ་སྙིང་པོ་ཡོད་དོ། །དེ་ནི་བསྐལ་པ་བཟང་པོའི་སངས་རྒྱས་སྟོང་ཐོག་མར་འཚང་རྒྱ་བ་ན་བྱང་ཆུབ་ཆེན་པོའི་གནས་འདི་ཉིད་ཡིན་པས་མི་གཡོ་མི་འཇིག་བརྟན་པ་སྲ་བ་སྟོང་གསུམ་གྱི་སྟོང་ཆེན་པོའི་འཇིག་རྟེན་གྱི་དཀྱིལ་ཏེ། འོག་གསེར་གྱི་འཁོར་ལོ་ལ་བརྟེན་པ་རང་བཞིན་ནི་རྡོ་རྗེ་རིན་པོ་ཆེ་འབའ་ཞིག་ལས་གྲུབ་པ་དང་།སངས་རྒྱས་ཐམས་ཅད་འདིར་བཞུགས་ནས་རྡོ་རྗེ་ལྟ་བུའི་ཏིང་ངེ་འཛིན་ལ་སྙོམས་པར་འཇུག་པས་ན་མིང་དེ་ལྟར་ཆགས་སོ། །

2 བྱང་ཆུབ་ཤིང་དང་དེ་མིན་གྱི་རྗེས་ཤུལ།

བྱང་ཆུབ་ཀྱི་ཤིང་ལ་པི་སྤི་ར་བྲིཀྵ་ཟེར་རོ། །སྔོན་སྟོན་པ་འཚོ་ཞིང་གཞིས་དུས་ཤིང་དེའི་སྲིད་དུ་ཁྲུ་བརྒྱ་ཕྲག་དུ་མ་ཡོད་པ་ཕྱིས་རིམ་གྱིས་འགྲིབ་ནས་ཁྲུ་བརྒྱ་གཅིག་ཙམ་གྱི་ཚད་དུ་གྱུར་སྣང་ངོ་། །སྔོན་སྟོན་པ་ཐོག་མར་མངོན་བྱང་རྫོགས་པར་མཛད་པའི་སྐབས་ཤིང་དེའི་དྲུང་དུ་ཏིང་ངེ་འཛིན་ལ་སྙོམས་པར་ཚད་ཞུགས་པས་མཚན་ལ་བྱང་ཆུབ་ཤིང་ཞེས་ཐོགས་སོ། །དེར་ཞལ་ཤར་དུ་ཕྱོགས་པའི་སྤྱན་རས་གཟིགས་ཀྱི་སྐུ་བརྙན་ཆེན་པོ་ཞིག་ཡོད་དོ། །གཏམ་རྒྱུད་རྣམས་ལ་སྐུ་བརྙན་འདི་ནམ་ཞིག་པའི་འོག་ཏུ་བག་ལ་ཞ་ཟིན་པ་དང་རྒྱལ་བའི་བསྟན་པ་ཡང་ནུབ་ཟིན་པ་ཡིན་ཟེར་རོ། །ད་ལྟ་ཐུགས་ཁ་མན་ཆད་པ་ལ་ནུབ་ཐལ་ཟེར་རོ། །བྱང་ཆུབ་ཤིང་གི་ཁ་དོག

ཙུང་ཟད་སེར་ལ་དཀར་ཤས་ཆེ་བ། དབྱར་དགུན་ནམ་དུ་ཡང་ལོ་འདབ་དང་ལྡན་པ། སྔོན་པ་མྱུ་ངན་ལས་འདས་ནས་ལོ་བརྒྱ་ན་ཨ་ཤོ་ཀ་རྒྱལ་པོར་གྱུར་པ་ན་ཐོག་མར་མུ་སྟེགས་པས་བསླུས་ནས། ནང་པའི་བསྟན་པ་ལ་གནོད་པ་བྱས་ཤིང་སྤྱོད་པ་མ་ཉུངས་པ་སྤྱད་སྐབས། བྱང་ཆུབ་ལྗོན་ཤིང་ཡང་བཅད་གཏུབ་སོགས་ཀྱི་སྦྱོར་བ་གང་རུང་བྱས་ཀྱང་མི་རིང་བར་མྱུ་གུ་གསར་བ་རྩེ་མོ་གཉིས་པ་ཞིག་སྐྱེས་པས་ཨ་ཤོ་ཀ་ངོ་མཚར་ཏེ། མེ་རྡོ་འོ་མས་བསད་རྩ་བ་སྐམ་པའི་སྟེང་དུ་འོ་མ་བླུགས་ཤིང་བསྐྱངས་པས་སླར་སོས་ཏེ་སྔ་མ་བཞིན་དུ་གྱུར་ཏོ། །དེ་ནས་ཨ་ཤོ་ཀས་ཉོངས་བཤགས་བྱས་ཏེ་སླར་བསྲུང་ཞིང་བསྐྱངས་པ་དང་མཆོད་པ་ཕུལ་དུ་ཕྱིན་པ་བསྒྲུབས་སོ། །དེ་ནས་སླར་ཡང་གནོད་པ་བསྲུང་ཕྱིར་སོ་ཕག་གིས་ར་བ་བརྩིགས་སོ། །དུས་ཕྱིས་ཀྱི་རྒྱལ་པོ་ཤང་ཁས་ཨ་ཤོ་ཀའི་ཐོག་མའི་སྐབས་བཞིན་མ་ཉུངས་པའི་བྱ་བ་ལ་ཞུགས་རྗེས། ཨ་ཤོ་ཀའི་གདུང་རྒྱུད་ཐ་མ་རྒྱལ་པོ་པུརྞ་ཝ་རྨ་ཏེ་གང་བའི་གོ་ཆས་ཞིག་གསོས་ལེགས་པར་བྱས་ཡུན་དུ་སྐྱོབ་ཕྱིར་ཤིང་གི་ཐོག་ཏུ་སོ་ཕག་གི་ཁང་པ་བརྩིགས་ཏེ་ཕུབ་པའི་ཐོག་ན་ད་ལྟ་ལྗོན་ཤིང་དེའི་རྩེ་མོ་འདོམ་བཞི་ཙམ་བརྟོལ་ནས་ཐོགས་འདུག་གོ། །

དེའི་ཤར་ཕྱོགས་ན་གཙུག་ལག་ཁང་ཞིག་ཡོད་པའི་དྲི་གཙང་ཁང་དཔངས་སུ་ཁྲུ་བརྒྱ་ཕྲག་གཅིག་དང་བདུན་བརྒྱད་ལྷག རྨང་གི་རྒྱ་ཁྱོན་གོམ་པ་ཉི་ཤུ་ལྷག་ཕྱི་ནང་ཐམས་ཅད་སོ་ཕག་ཆོན་སྔོན་པོའི་བྱེ་མ་བྱུགས་པ་རྗོའི་གཏ་ཛྙ་ལ་ཉིས་བརྩིགས་སུ་བརྩིགས་པ། གཞི་ཞིག་མང་རིས་སུ་བཀོས་པ་གསེར་ཟངས་ལས་བྱས་པའི་ཏོག་ཤིང་ཏོག་ཨ་མྲའི་དབྱིབས་ཅན། དེའི་གཡོན་རོལ་ན་ཁང་བརྩིགས་སྒྲིལ་མ་བྱ་འདབ་རིམ་པ་གསུམ་བརྩིགས་སུ་ཡོད་པའི་སྐར་ཁུང་ཐམས་ཅད་གསེར་དང་དངུལ་ཟངས་ཐལ་དུ་བཀོས་པས་བརྒྱན་པ། མུ་ཏིག་དང་རྡོ་སྙིང་སོགས་རིན་པོ་ཆེ་དུ་མས་ཕྲ་བཏབ་པ། འོག་ན་བྲག་ཁུང་ལྔ་བུར་བརྩིགས་པ་ཡོད་པའི་ནང་དུ་རྟེན་གསུམ་བཞུགས་པ་ནི། དབུས་སུ་སྟོན་པ་བཅོམ་ལྡན་འདས་ཀྱི་སྐུ་བརྙན་དང་། གཡོན་མ་ནི་སྤྱན་རས་

གཟིགས་དབང་ཕྱུག་དང་།གཡས་མ་ནི་རྒྱལ་བ་མ་ཕམ་པའི་སྐུ་བརྙན་ཏེ་གསུམ་ཀ་དངུལ་རྐྱང་ལས་གྲུབ་པ་གསུམ་ཀའི་སྲིད་དུ་ཁྲུ་བཅུ་ཕྲག་ལྷག་མཆིས་པ་མདངས་འཚེར་གྱི་འོད་འཕྲོ་བཞིན་པའོ། །

དེའི་རྣམ་གཞི་སྙིང་པ་ནི། རྒྱལ་པོ་ཨ་ཤོ་ཀས་བཞེངས་པའི་མཆོད་རྟེན་ཞིག་ཡོད་པ། བྲམ་ཟེ་དད་པ་ལྡན་པ་ཞིག་གིས་གཙུག་ལག་ཁང་ཆེན་པོ་ཇི་རྒྱས་སུ་བཏང་བ་ཡིན་ནོ། །དེའི་ལོ་རྒྱུས་ནི། བྲམ་ཟེ་ཕྱུག་པོ་ནང་པར་མི་དད་པ་ཞིག་ཡོད་པ་དེ་དབང་ཕྱུག་ཆེན་པོ་ལ་དད་པ་ཆེ་བས། ལྷ་དབང་ཕྱུག་ཆེན་པོ་གངས་རི་ཏི་སེ་ལ་བཞུགས་པར་ནུ་བོ་ཞིག་ཡོད་པ་ཁྲིད་ནས་དབང་ཕྱུག་ཆེན་པོ་མཇལ་ཏེ་བསམ་འགྲུབ་པའི་མཆོག་ཞུ་ཟེར་བས། ལྷ་ཆེན་གྱིས་བསོད་ནམས་ལ་རག་ལས་སོད། ཁྱོད་གྱི་བསོད་ནམས་ཀྱི་སྐལ་བ་བསྟན་ནོ་གསུངས་ཤིང་། སྟོན་པ་བཅོམ་ལྡན་འདས་ཤཱཀྱ་ཐུབ་པ་ནི་ལྷ་དང་བཅས་པའི་འཇིག་རྟེན་གྱི་མགོན་སྐྱབས་བླ་ན་མེད་པ་སྟེ། དེས་མངོན་པར་རྫོགས་པར་བྱང་ཆུབ་བརྙེས་པ་ནི་རྡོ་རྗེའི་གདན་གྱི་སྦྱོ་བྱང་ཆུབ་ཤིང་གི་དྲུང་ཡིན་པས་སོ། །ཞེས་གསུངས་སོ། །དེ་དང་ཉེ་བའི་ས་ཆེ་གེ་མོ་ཞིག་ན་གཙུག་ལག་ཁང་ཆེན་པོ་ཞིག་ཡོད་པ་དེ་ཇི་རྒྱས་སུ་བཏང་ནས་མཆོད་ཅིག་དང་བསོད་ནམས་མང་པོ་འཐོབ་ཅིང་གང་བསམ་འགྲུབ་པོ་ཞེས་ལུང་བསྟན་པས། བྲམ་ཟེ་སྤྱུན་གྱིས་ཞིག་གསོས་གསར་བཟོ་སྤྲགས་མར་བྱས་ཤིང་། བྲམ་ཟེའི་ནུ་བོས་ཆེད་གཏད་ཀྱིས་རྫིང་བུ་གཙང་ཞིང་ལེགས་པ་བྲུས་ནས། དགེ་འདུན་ལ་བསྟི་སྟངས་བྱས་སོ། །དེར་ཐོག་མར་རྟེན་བཞེངས་པར་བརྩམས་པ་ན་བཟོ་བོ་མཁས་པ་མ་རྙེད་ནས་ཐབས་ཅི་འདྲ་བས་རྙེད་བསམས་ནས་ཡུན་རིང་ཙམ་སོང་བ་ན། ལན་ཅིག་བྲམ་ཟེ་བ་ཞིག་འོང་ནས་རི་མོ་མཁས་པར་ཁས་བླངས་སོ། །དགོས་པའི་ཡོ་བྱད་དྲིས་པར། བཟོ་བས་སྤོས་ཀྱི་དྲི་འདམ་ཇི་འདང་དགོས་པ་ལས་གཞན་ཅི་ཡང་མི་དགོས་ཟེར་བ་ལྟར་སྔ་གོན་བྱས་ཏེ་བསྒྲུབས་པ་དང་། བཟོ་བོ་ཁང་པའི་ནང་དུ་མར་མེ་ཞིག

སྤྲར་ནས་ཟླ་བ་དྲུག་གི་བར་མཚམས་གཅོད་དགོས་ཟེར་རོ། །དེ་ལྟར་བྱས་ཏེ་ཟླ་བ་གཉིས་ཙམ་སོང་བ་ན་དགེ་འདུན་རྣམས་ཐེ་ཚོམ་ཟོས་ནས་སྒོ་ཕྱེ་སྟེ་བལྟས་ཙ་ན་སྐུ་འདྲ་ལྷང་ངེར་བཞུགས་འདུག རྡོ་རྗེའི་སྐྱིལ་ཀྲུང་གིས་སྟན་མཐོན་པོའི་སྟེང་ན་བཞུགས་པའི་སྟན་གྱི་དཔངས་སུ་ཁྲུ་བཞི་ཚོན་དེ་རྒྱར་འདོམ་དོ་དང་ཁྲུ་གཉིས་ཚོན་ལྔ། སྐུ་དངོས་སྲིད་དུ་འདོམ་དོ་ཁྲུ་གང་ཚོན་ལྔ་ཕྱུས་མོ་གཉིས་ཀྱི་བར་ཁྲུ་བརྒྱད་ཚོན་བརྒྱད། ཐྲག་གོང་གཉིས་ཀྱི་བར་ཁྲུ་དྲུག་ཚོན་དོ། །ཤར་ཕྱོགས་སུ་གདོང་སྤྲད་པའི་ཚུལ་དུ་བཞུགས་པ། ཕྱག་རྒྱ་གཡས་པ་གནོན་ཏེ་སའི་ལྷ་མོ་དཔང་དུ་བཙུག་པའི་ཚུལ་དང་། གཡོན་མཉམ་བཞག་བདུད་བཏུལ་པའི་ཕྱག་རྒྱར་གྲགས་པ་ཡོངས་གྲགས་དབུས་མ་དང་། མཚན་དཔེ་ཡོངས་སུ་རྫོགས་པའི་དཔལ་འབར་བ། ནུ་མ་གཡས་པའི་གོང་དུ་ཙུང་ཟད་མ་ལོངས་པ་ནི་སྒོ་ཕྱེ་སྔ་བས་ལན་ནོ་ཟེར། དེ་ལྟར་སྐུ་བརྙན་གྲུབ་ཟིན་པ་དང་བཙུན་པ་དང་རྒྱུད་བཟང་ཞིང་ཆོས་ལ་བརྩོན་པ་ཞིག་གི་རྨི་ལམ་ན། བྲམ་ཟེ་བཟོ་བ་དེས་སྨྲས་པ། བདག་ནི་བྱང་ཆུབ་སེམས་དཔའ་བྱམས་པ་སྟེ། བཟོ་བོ་ཕལ་པ་དག་གིས་བཅོམ་ལྡན་འདས་ཀྱི་ཞལ་ཇི་ལྟར་བཞིན་བཟོ་མི་ནུས་པས། བྲམ་ཟེ་བཟོ་བ་ཞིག་ཏུ་བརྫུས་ནས་འོངས་པ་ཡིན་ཞེས་གསུངས་ཟེར་རོ། །

སྤྱི་སོར་རྒྱལ་པོ་ཤཤཱངྐས་བྱང་ཆུབ་ལྗོན་པ་ལ་མ་རུངས་པ་བྱས་པ་ན་སྐུ་བརྙན་འདི་ཉིད་བཤིག་པར་ནང་བློན་དེར་ཤུལ་དུ་ལྷ་ཆེན་པོའི་གཟུགས་བརྙན་བྲིས་ཤིག་ཅེས་བསྒོས་པས། ནང་བློན་དེས་དོགས་པ་ཟོས་ནས་བཤིག་མ་ནུས་པར་ལྡོག་པའི་ཚེ། སྒོ་ལ་འདམ་འབྱར་གྱི་ཞལ་བ་བྱས་པས་དབང་ཕྱུག་གི་གཟུགས་བརྙན་བྲིས་ནས་ལོག་སྟེ་བཀའ་བཞིན་སྒྲུབ་ཟིན་ཞེས་ཞུས་སོ། །རྒྱལ་པོ་ཤཤཱངྐ་དེ་ནས་བཟུང་སེམས་ལ་འཇིགས་སྣང་ཆེར་སྐྱེས་ཤིང་མ་འགྱངས་པར་མཛེ་ནད་ཀྱིས་མགོ་ལུས་རུལ་ཞིང་རྗེས་ལ་ནས་ཤི་བ་དང་། ནང་བློན་དེས་འདག་འབྱར་གྱི་ལྷ་སྐུ་བཤིགས་ཏེ་སྔར་ལུགས་བཞིན་དུ་བཏང་བ་ན། ཐོག་མའི་མར་མེ་མ་འདས་པར་སྣང་ངོ། །དེ་བར་ལ་ལོ་མང་ཙམ་

ཐལ་ཟེར་རོ། །

༧༤ སྟོན་པ་མཆོག་མངོན་དུ་མཛད་པའི་དུས་དང་དེའི་རྗེས་ཤུལ།

སྟོན་པས་མཆོག་མངོན་དུ་མཛད་པའི་དུས་ནི་རྒྱ་གར་པས་རྒྱལ་ཟླ་བའི་ཡར་ཚེས་བརྒྱད་ལ་ཡིན་ཟེར་བ་འགའ་ཞིག་སྟེ། དེ་ནི་རྒྱ་ནག་གི་ཟླ་བ་གསུམ་པའི་ཡར་ངོའི་ཚེས་བརྒྱད་ཡིན། འཕགས་པ་གནས་བརྟན་པས་རྒྱལ་ཟླ་བའི་མར་ངོའི་ཚེས་བརྒྱད་ཀྱང་ཟེར་བ་ལྟར་ན་རྒྱ་ནག་གི་ཟླ་བ་གསུམ་པའི་ཉ་ལ་ཡིན་པར་སྣང་ངོ་། །མངོན་པར་བྱང་ཆུབ་པའི་དགུང་ལོ་ཡང་དགུང་གྲངས་སུམ་ཅུ་ལ་བཞེད་པ་དང་སོ་ལྔ་ལ་བཞེད་པ་གཉིས་ཡོད་དོ། །བྱང་ཆུབ་ཤིང་གི་རྒྱབ་ལོགས་སུ་སྟོན་པ་བཞུགས་འཆག་མཛད་པའི་གནས་ཡོད་དོ། །སྟོན་པས་སངས་རྒྱས་ནས་ཀྱང་ཞག་བདུན་གྱི་བར་ཏིང་ངེ་འཛིན་མ་བཏང་ཞིང་། ཞག་བདུན་འདས་པ་ན་བསམ་གཏན་ལས་བཞེངས་ནས་དེར་གཤེགས་འཆག་མཛད་པས་གོམ་པ་འདོར་སར་མེ་ཏོག་སྣ་ཚོགས་པ་སྐྱེས་སོ། །ད་ལྟ་སོ་ཕག་གི་ར་བ་ཁྲུ་གསུམ་ལོངས་པ་བརྩིགས་པ་ནི་བསྲུང་བའི་དོན་དུའོ། །དེའི་རྒྱབ་རོལ་དུ་ཕ་བོང་ལེབ་མོ་ཞིག་གི་སྟེང་དུ་རྡོའི་ཁང་པའི་ནང་དུ་སྟོན་པའི་སྐུ་བརྙན་སྤྱན་གྱེན་གཟིགས་ཤིག་ཡོད་པ་ནི། སྟོན་པ་སངས་རྒྱས་ནས་འདིར་ཞག་བདུན་གྱི་རིང་ལ་སྤྱན་མི་འཛུམ་པར་བྱང་ཆུབ་ཤིང་ལ་གཟིགས་པའི་གནས་སོ། །བྱང་ཆུབ་ཤིང་གི་གཡས་རོལ་མི་རིང་བར་གཙུག་ལག་ཁང་ཞིག་ཡོད་པའི་ནང་དུ་གསེར་ཟངས་ལས་གྲུབ་པའི་སྐུ་བརྙན་རྒྱན་ཐམས་ཅད་ཚང་བར་ཡོད་པ་ནི། སྟོན་པ་སངས་རྒྱས་ནས་རིང་པོ་མ་ལོན་པར་བརྒྱ་བྱིན་གྱིས་རིན་ཆེན་སྣ་བདུན་གྱིས་གཙང་ཁང་བཞེངས་ཏེ་ཕུལ་བ་ད་ལྟ་རིན་པོ་ཆེ་ནི་རྡོ་བར་གྱུར་འདུག

གོ། །བྱང་ཆུབ་ཤིང་གི་མདུན་ངོས་སུ་མི་རིང་བར་ཨ་ཤོ་ཀས་བཞེངས་པའི་མཆོད་རྟེན་ཁྲི་བརྒྱ་ལྷག་ཡོད་པ་ནི། སྟོན་པས་རྩྭ་གདན་དགོངས་པ་ན་བརྒྱ་བྱིན་གྱིས་རྩྭ་འཚོང་བཀྲ་ཤིས་སུ་སྤྲུལ་ནས་རྩྭ་ཕུལ་བའི་གནས་སོ། །དེའི་གཡོན་ལོགས་མི་རིང་བར་མཆོད་རྟེན་ཞིག་ཡོད་པ་ནི། སྟོན་པས་རྩྭ་བཞེངས་ནས་རིམ་གྱིས་གཤེགས་ཤིང་བྱང་ཆུབ་ཤིང་དང་ཉེ་བ་ན་བྱ་སྐྱ་ཀ་དང་ཤ་བ་སོགས་ཀྱིས་བཀྲ་ཤིས་པའི་སྒྲ་སྒྲོགས་ཤིང་རྟེན་འབྲེལ་འགྲིགས་པའི་གནས་སོ། །བྱང་ཆུབ་ཤིང་གི་ཤར་ཕྱོགས་སུ་ཐེག་ལམ་ཆེན་པོའི་ལོགས་གཉིས་ལ་མཆོད་རྟེན་རེ་ཡོད་པ་ནི། བདུད་སྡིག་ཏོ་ཅན་གྱིས་སྟོན་པ་ལ་འཁོར་ལོ་བསྒྱུར་བའི་སྲིད་སྐྱོང་བར་བསྐུལ་ཞིང་། བདུད་ཀྱི་བུ་མོ་མཛེས་མ་ཕུལ་བར་སྟོན་པས་མ་གནང་ཞིང་བུ་མོ་དག་རྒས་འཁོག་པར་བྱིན་གྱིས་རླབས་པས། བདུད་ངོ་ཚ་ཞིང་ལོག་པའི་གནས་སོ། །བྱང་ཆུབ་ཤིང་ནུབ་ཕྱོགས་སུ་གཙུག་ལག་ཁང་ཞིག་ཡོད་པའི་ནང་དུ་སངས་རྒྱས་འོད་སྲུང་གི་སྐུ་བརྙན་བཞུགས་པ་ནི་ཤིན་ཏུ་བྱིན་རླབས་ཆེ་བར་གྲགས་པ་སྟེ་སྐབས་སྐབས་སུ་འོད་འབྱིན་ནོ། །དཀར་ཆག་རྣམས་སུ་དད་ལྡན་རྣམས་ཀྱིས་བསྐོར་བ་ལན་བདུན་བྱས་ན་སྐྱེ་བ་དྲན་པའི་གཟུངས་འཐོབ་པར་བཤད་འདུག་གོ། །དེའི་ཡང་ནུབ་བྱང་ཕྱོགས་སུ་སོ་ཕག་དང་རྡོ་མོའི་གཙང་ཁང་ཆེ་བ་གཉིས་ཡོད་པ་རེ་རེའི་ནང་དུ་སའི་ལྷ་མོའི་སྐུ་བརྙན་རེ་རེ་བཞུགས་སོ། །

༡༧ བྱང་ཆུབ་ཤིང་ཉེ་འདབས་ཀྱི་རྗེས་ཤུལ།

བྱང་ཆུབ་ཤིང་གི་ར་བའི་ནུབ་བྱང་ཕྱོགས་ཏ་ཅང་མི་རིང་བར་གུར་གུམ་ཞེས་བྱ་བའི་མཆོད་རྟེན་སྲིད་དུ་ཁྲི་བཞི་བཅུ་ཙམ་ཡོད་པ་ནི། ཡུལ་ཙུ་ཀུའི་ཚོང་པ་དག་གིས་བཞེངས་ཏེ། དེའི་ལོ་རྒྱུས་ནི། སྔོན་ཙུ་ཀུའི་ཡུལ་གྱི་ཚོང་པ་འགའ་ཞིག་གིས་ཕྱི་རོལ་པ་ཤ་སྟག་མཆོད་ཅིང་ནང་པ་ལ་མི་མོས་པ་འགའ་ཞིག་གིས་ལྷོའི་རྒྱ་མཚོ་ཆེན་པོར་

སོང་བ་ལ་ཐ་སྐྱོང་གིས་གྲུ་བོ་ཆེ་དེད་ནས་དམིགས་མེད་དུ་འཁྱམས་ཤིང་ལོ་གསུམ་གྱི་བར་མིའི་ཡུལ་ལྗོངས་གང་ལ་ཡང་མ་ཟིན་པར་ཐབས་རྟུག་པ་ན་རི་ཆེན་པོ་འདྲ་བ་ཞིག་མཐོང་ངོ་། །དེ་ནས་མ་འགྱངས་པར་རི་བོ་འདྲ་བ་དེའི་ངོས་སུ་ཉི་མ་གཉིས་དུས་གཅིག་ཏུ་ཤར་བ་མཐོང་ནས། ཚོང་པ་རྣམས་བདག་ཅག་བསོད་ནམས་ཅན་ནོ་སྒྲོག་ཐོབ་པོ་ཞེས་དགའ་བ་ཆེན་པོ་བྱས་པས། དེད་དཔོན་རྒྱུས་ཅན་ཞིག་གིས་དེ་ལྟར་མིན་གྱིས་རི་ཆེན་པོ་འདྲ་བ་འདི་རི་མ་ཡིན་ཆུ་སྲིན་མ་ཀར་ཡིན་ནོ། །ཉི་མ་ཟུང་ནི་ཉི་མ་མ་ཡིན་ཆུ་སྲིན་གྱི་མིག་གཉིས་ཡིན་ནོ་ཞེས་པས་ཐམས་ཅད་སྐྲག་ཅིང་སྔོང་སྔོང་བོར་གྱུར་བ་ན། དེད་དཔོན་དེས་གྲོགས་པོ་དག་ཉོན་ཞིག་སྤྱན་རས་གཟིགས་དབང་ཕྱུག་ཅེས་བྱ་བ་ནང་པའི་ལྷ་ཞིག་ཡོད་དོ། །དེའི་མཚན་བརྗོད་ཅིང་གསོལ་བ་བཏབས་ན་འཇིགས་པ་ཐམས་ཅད་ལས་མྱུར་བ་ཉིད་དུ་ཐར་བར་ནུས་པ་ཞིག་ཡོད་པས་འདི་ལྟ་བུའི་འཇིགས་པས་ཉེན་པའི་དུས་སུ། ཞུ་བུ་ཅག་གིས་མགོན་དུ་རེ་བ་བསྐྱབས་སུ་རེ་བ་གཞན་གང་གིས་ཀྱང་ཕན་མི་ཐོགས་འདུག་པས། ཚོད་བགམ་པའི་ཕྱིར་དེ་ལ་དར་ཅིག་སྐྱབས་བཅོལ་ཏེ་བལྟའོ་ཟེར་བས། ཚོང་བ་ཐམས་ཅད་ཀྱིས་དེས་ཟེར་བ་ལྟར་ཉན་ཏེ་མགྲིན་གཅིག་གིས་སྤྱན་རས་གཟིགས་ཀྱི་མཚན་ནས་འབོད་ཅིང་སྐྱབས་སུ་སྲུན་པས་རི་ཆེན་པོ་དང་ཉི་མ་ཟུང་ཡང་མི་སྣང་བར་གྱུར་ཏོ། །དེ་ནས་བཙུན་པ་ཞབས་གསིལ་ཐོགས་པ་ཞིག་མཁའ་ལ་འཕུར་ནས་འགྲོ་བའི་ཕྱི་བཞིན་དེའི་རྗེས་སུ་འབྲངས་པ་ཡུད་ཙམ་ཞིག་ལ་རང་ཡུལ་དུ་ཕྱིན་ནོ། །ཕྱིས་སུ་ཚོང་པ་རྣམས་གནས་མཇལ་ལ་སོང་བའི་ཚེ་འདིར་སླེབས་པ་དང་སྔར་གྱི་གནས་ཚུལ་དེ་དྲན་ནས་བཀའ་དྲིན་བསབ་ཕྱིར་མཆོད་རྟེན་འདི་བཞེངས་སོ། །གུར་གུམ་པོ་ནས་ཆག་ཆག་བྱས་པས་མཚན་དེ་ལྟར་ཆགས་ཟེར་རོ། །

བྱང་ཆུབ་ཤིང་ར་བའི་ལྷོ་ནུབ་མཚམས་སུ་ཏྭ་གྲོ་ཧྭའི་ལྗོན་པ་ཞིག་ཡོད་པའི་ལོགས་ལས་མི་རིང་བར་གཙུག་ལག་ཁང་ཞིག་ཡོད་པའི་ནང་དུ་སྟོན་པའི་སྐུ་བརྙན་

ཆོས་ཀྱི་འཁོར་ལོའི་ཕྱག་རྒྱ་ཅན་ཐུབ་པ་ཆོས་འཁོར་མར་གྲགས་པ་ཞིག་ཡོད་པ་ནི། སྟོན་པ་མངོན་པར་རྫོགས་པར་སངས་རྒྱས་ནས་ཚངས་པ་ཆེན་པོས་ཆོས་འཁོར་བསྐོར་བར་བསྐུལ་བའི་གནས་སོ། །བྱང་ཆུབ་ཤིང་གི་ར་བའི་ནང་གི་ཟུར་བཞིར་མཆོད་རྟེན་ཆེན་པོ་རེ་རེ་ཡོད་པ་སོགས་ནི་འཕགས་པ་རྣམས་ཀྱི་མཛད་ཤུལ་གྱི་རིས་རྟགས་མང་དུ་ཡོད་པ་ནི་ཞིབ་ཏུ་འགོད་དཀའ་བ་སྣང་ངོ་། །བྱང་ཆུབ་ཤིང་གི་ར་བའི་ཕྱི་རོལ་གྱི་ལྷོ་ནུབ་མཚམས་ནས་འོ་ཐུག་འབུལ་བའི་བུ་མོའི་ཁྱིམ་ཤུལ་ལོ། །དེའི་ལོགས་ན་མཆོད་རྟེན་ཞིག་ཡོད་པ་ནི། །སླང་རྫེའི་བུ་མོས་འོ་ཐུག་བསྐོལ་བའི་གནས་སོ། །བྱང་ཆུབ་ཤིང་གི་ར་བའི་ལྷོ་སྒོའི་ཕྱི་རོལ་ན་རྫིང་བུ་ཆེན་པོ་ཁོར་ཡུག་ཏུ་གོམ་པ་བདུན་བརྒྱ་ལྷག་ཙམ་ཡོད་པ་ནི། གོང་དུ་སྨོས་པའི་བྲམ་ཟེའི་ནུ་བོས་དབང་ཕྱུག་གི་ལུང་ལ་བརྟེན་ནས་བྲུས་པའི་རྫིང་དེ་ཡིན་སྐད་དོ། །དེའི་མདུན་ངོས་སུ་རྫིང་བུ་ཞིག་ཡོད་པ་ནི། སྔོན་སྟོན་པ་སངས་རྒྱས་ནས་སྐུ་ཁྲུས་མཛད་པར་དགོངས་པ་ན་བརྒྱ་བྱིན་གྱིས་ཆུ་བོ་ཡན་ལག་བརྒྱད་ལྡན་གྱི་རྫིང་བུ་སྤྲུལ་ནས་ཕུལ་བ་ཡིན་ནོ། །དེའི་ནུབ་རོལ་ན་རྡོ་ལེབ་ཆེ་བ་ཞིག་ཡོད་པ་ནི། བཅོམ་ལྡན་འདས་ཀྱི་ན་བཟའ་འཁྲིམས་བྱེད་ཕྱིར་བརྒྱ་བྱིན་གྱིས་གངས་རི་ནས་ཁྱེར་འོངས་བ་ཡིན་ཟེར་རོ། །དེ་དང་མི་རིང་བར་མཆོད་རྟེན་ཞིག་ཡོད་པ་ནི། སྟོན་པས་ན་བཟའ་རྙིང་པ་གསོལ་བའི་གནས་སོ། །དེའི་ལྷོ་ངོས་སུ་མཆོད་རྟེན་ཞིག་ཡོད་པ་ནི། སྟོན་པ་ལ་བགྲེས་མོས་ན་བཟའ་ཕུལ་བའི་གནས་སོ། །བརྒྱ་བྱིན་གྱིས་ཕུལ་བའི་རྫིང་བུའི་གཡོན་ངོས་སུ་རྫིང་བུ་ཅིག་ཡོད་པ་ནི་ཀླུའི་རྒྱལ་པོ་བཏང་བཟུང་གི་གནས་སོ། །དེའི་ཕྱི་སྐྱིབས་སྙིང་དུ་གཙུག་ལག་ཁང་ཞིག་ཡོད་པའི་ནང་དུ། སྟོན་པའི་སྐུ་བརྙན་ཞིག་ཡོད་པ་ནི། སྔོན་སྟོན་པ་སངས་རྒྱས་ནས་སྐར་ཞག་བདུན་དུ་མཉམ་པར་བཞག་པའི་གནས་སོ། །དེའི་སྐབས་སུ་ཀླུའི་རྒྱལ་པོ་མུ་ཅི་ལིནྡ་སྟེ་བཏང་བཟུང་གིས་སྐུ་སྲུང་མཛད་པར་སྤྲུལ་གྱི་གདེངས་ཀ་གཤིབས་ཏེ་གདུགས་ཀྱི་ཚུལ་དུ་གྲིབ་བསིལ་ཕུལ་བ་ཡིན་ཟེར་

རོ། །རྫིང་བུ་དེའི་ཕྱི་སྐྱིབས་སྟེང་དུ་གཙུག་ལག་ཁང་ཡོད་པའི་ནང་དུ་སྟོན་པའི་སྐུ་བརྙན་ཤིན་ཏུ་རིད་པ་དཀའ་ཐུབ་མཛད་པའི་ཚུལ་ཅན་ཞིག་སྣང་ངོ་། །དེའི་ལོགས་ཤིག་ཏུ་སྟོན་པས་གཤེགས་བཅག་མཛད་པའི་ས་དཀྱུས་སུ་གོམ་པ་བདུན་དུ་ལྷག་ཙམ་ལོངས་པ། མདུན་རྒྱབ་ཀྱི་ལོགས་རྣམས་སུ་བི་ཧྲ་རའི་ཤིང་དུ་མ་ཡོད་ཅིང་། སྐྱེ་བོ་དམངས་མ་རྣམས་ཀྱི་ཁྱིས་པ་ནད་ཀྱིས་བཏབ་པ་དག་གནས་དེ་དག་གི་ཐུབ་པའི་སྐུ་བརྙན་རྣམས་ལ་དྲི་བཟང་དང་མར་གྱི་བྱུགས་རྫས་གསོལ་བ་ཙམ་གྱིས་བྲོ་ནད་དྭངས་པར་གྱུར་བ་མང་ངོ་། །སྐུ་ཤིན་ཏུ་རིད་པའི་རྣམ་པ་དེ་ནི། སྟོན་པས་ལོ་དྲུག་ཏུ་དཀའ་བ་སྤྱད་པའི་ཚེ་ཉི་མ་གཅིག་ལ་ནས་འབྲུ་ཛོག་གཅིག་ཙམ་དང་སྲན་འབྲུ་ཛོག་གཅིག་ཙམ་གསོལ་བའི་སྐབས་ཀྱི་སྐུ་ཡིན་ནོ། །དཀའ་སྤྱད་མཛད་པའི་བི་ཧྲ་རི་ཤིང་གི་ལོགས་ན་མཆོད་རྟེན་ཞིག་ཡོད་པ་ནི། ཀུན་ཤེས་ཀཽ་ཎྜི་ནྱ་སོགས་ལྔ་སྡེ་བཟང་པོ་གནས་པའི་ཤུལ་རྙིང་ངོ་། །དེའི་ལྷོ་ནུབ་མཚམས་ན་ནེ་རཉྫ་ནའི་འགྲམ་ནས་མི་རིང་བར་མཆོད་རྟེན་ཞིག་ཡོད་པ་ནི། སྟོན་པས་འོ་ཐུག་བཞེས་པའི་གནས་ཡིན་ནོ། །དེའི་ལོགས་ན་ཡང་མཆོད་རྟེན་ཞིག་ཡོད་པ་ནི། ཚོང་དཔོན་ག་གོན་དང་བཟང་པོ་གཉིས་ཀྱིས་སྦྲང་རྩི་དང་ནས་ཡོས་ཕུལ་བའི་གནས་སོ། །དེ་དང་མི་རིང་བར་མཆོད་རྟེན་ཞིག་ཡོད་པ་ནི། རྒྱལ་ཆེན་བཞིས་ལྷུང་བཟེད་ཕུལ་བའི་གནས་སོ། །ཡང་དེ་དང་མི་རིང་བར་མཆོད་རྟེན་ཞིག་ཡོད་པ་ནི། སྟོན་པས་ཡུམ་སྒྱུ་མ་ཆེན་མོ་ལ་ཆོས་བསྟན་པའི་གནས་སོ། །དེའི་ལོགས་ཤིག་ན་མཚོ་སྐམ་ཅིག་གི་འགྲམ་ན་མཆོད་རྟེན་ཞིག་ཡོད་པ་ནི། སྟོན་པས་ཐོག་མར་རྫུ་འཕྲུལ་བསྟན་པའི་གནས་སོ། །དེའི་ལོགས་ན་མཆོད་རྟེན་ཞིག་ཡོད་པ་ནི། འོད་སྲུང་མཆེད་གསུམ་བཏུལ་བའི་གནས་སོ། །དེ་དག་གི་སློབ་མ་ཉིས་བརྒྱས་ཀྱང་མཉམ་དུ་རབ་ཏུ་བྱུང་ངོ་། །གནས་དེའི་ནུབ་བྱང་དུ་མཆོད་རྟེན་ཞིག་ཡོད་པ་ནི། སྟོན་པས་ཀླུ་མེ་འབར་བཏུལ་བའི་གནས་སོ། །དེའི་ལོགས་སུ་མཆོད་རྟེན་ཞིག་ཡོད་པ་ནི། རང་རྒྱལ་ལྔ་

བརྒྱུས་ཅིག་ཅར་མྱ་ངན་ལས་འདས་པའི་གནས་སོ། །བྱང་ཆུབ་ཤིང་གི་ར་བའི་ཤར་སྒོའི་ཕྱིར་རྒྱང་གྲགས་གཉིས་གསུམ་གྱི་སར་སླུ་ཞར་མོའི་གནས་ཏེ། སྟོན་པ་བྱང་ཆུབ་གྱི་ཤིང་དྲུང་དུ་གཤེགས་ཁར་སླུང་དེའི་གནས་སུ་ལམ་ཞོར་རྒྱུད་དེ་ཕེབས་ཏེ། སྟོན་པའི་བྱིན་རླབས་ཀྱིས་སླུ་མིག་སློ་བུར་དུ་གསལ་ལ་སྒྲིབ་པ་མེད་པར་ཡུལ་མཐོང་བ་གྱུར་ཏོ། །བྱང་ཆུབ་ཤིང་གི་ར་བའི་ཤར་སྒོའི་ཕྱོགས་ན་མཆོད་རྟེན་ཞིག་ཡོད་པ་ནི་སྟོན་པས་བདུད་སྡིག་ཏོ་ཅན་བཏུལ་བའི་གནས་སོ། །མཆོད་རྟེན་དེ་ཚངས་པ་དང་བརྒྱ་བྱིན་གཉིས་ཀྱིས་བཞེངས་པའོ། །

༡༨ བྱང་སྒོའི་ཕྱི་ཕྱོགས་ན་མ་ཧཱ་བོ་དྷིའི་གཙུག་ལག་ཁང་།

བྱང་ཆུབ་ཤིང་གི་ར་བའི་བྱང་སྒོའི་ཕྱི་ཕྱོགས་ན། མ་ཧཱ་བོ་དྷི་ཞེས་བྱ་བའི་གཙུག་ལག་ཁང་ཆེན་པོ་ཡོད་དོ། །དེ་ནི་ཐོག་མར་སེང་ཧླ་ལའི་རྒྱལ་པོས་བཞེངས་ཏེ། ནང་གསེས་ཀྱི་གླིང་དྲུག་ཡོད་པ་ཁང་བརྩིགས་རིམ་པ་གསུམ་ལྡན་དུ་བརྩིགས་པའི་དཔངས་སུ་འདོམ་བརྒྱད་ཡོངས་པ། བཟོ་བའི་ཁྱད་མིའི་བཟོ་བོས་བསྐྲུན་དུ་མེད་ཅིང་རྟེན་རྣམས་གསེར་དངུལ་རིན་པོ་ཆེའི་རིགས་ཀྱིས་བརྒྱན་པ་མཐར་ཐུག་པ་ཞིག་སྟེ། དེའི་ནང་གི་མཆོད་རྟེན་དབུས་ཉིད་དུ་གནས་ལ། སྟོན་པའི་རིང་བསྲེལ་སྐུ་གདུང་ལས་གྲུབ་པ་ཁ་དོག་དཀར་པོ་མཐེབ་ཆེན་ཙམ་དུ་ཆེ་བ། སྐུ་ཤ་ལས་གྲུབ་པ་ནི་མུ་ཏིག་ཆེ་ཤོས་ཙམ་དུ་ཆེ་བ་ཁ་དོག་ཟངས་དམར་ལ་འཚེར་ལ་ལོ་བཞིན་གྱི་ཆོ་འཕྲུལ་ཆེན་པོའི་ཟླ་བའི་ནམ་གང་གི་ཉི་མ་ཤར་བའི་དུས་ཏེ། རྒྱ་ནག་པའི་ཟླ་བ་དང་པོའི་ཉ་ལ་སྒོ་འཕར་ཕྱེ་ནས་སྐྱ་སེར་ཚང་མས་ཕྱག་སྐོར་བྱེད་པ་དང་མཆོད་པ་བྱེད་བཞིན་པའོ། །དེར་འགའ་ཞིག་གིས་འོད་འཕྲོད་པ་མཐོང་། ལ་ལས་མེ་ཏོག་གི་ཆར་འབེབས་པར་མཐོང་ངོ་། །དེར་གནས་པའི་དགེ་འདུན་ཆིག་སྟོང་ལྷག་ཙམ་ཐམས་

ཙད་གནས་བརྟན་སྡེ་པ་ཐེག་ཆེན་སྤྱོད་པ་ཁོ་ནའོ། །བྱང་ཆུབ་ཤིང་གི་ལྷོ་ངོས་ནས་རྒྱང་གྲགས་བཅུ་ལྷག་ཙམ་ན་སྟོན་པ་ཤཱཀྱ་ཐུབ་པ་དང་འདས་པའི་སངས་རྒྱས་གསུམ་འཆག་པ་དང་འཕགས་པར་མཛད་པའི་ཤུལ་རིས་མང་ཙམ་ཡོད་ཅིང་། དཀར་ཆག་ཏུ་རྫོགས་པར་འབྲི་མི་ནུས་ལ་རགས་རིམ་ནི་དེ་ཙམ་མོ། །ལོ་སྐོར་གྱི་དབྱར་གནས་ལན་གཉིས་མཛད་དེ། གྲོ་བཞིན་ཟླ་བའི་ཉ་ལ་དབྱར་ཁས་བླངས་ནས། ཟླ་བ་ཕྱི་མའི་ཉ་ལ་དགག་དབྱེ་བྱེད་པ་ཅིག་འདུག་གོ། །མདོར་ན་རྒྱ་ནག་པོའི་ཟླ་བ་བཞི་པའི་ཉ་ལ་དབྱར་གནས་པར་ཁས་བླངས་ཟླ་བ་བདུན་པའི་ཉ་ལ་དགག་དབྱེ་མཛད་དོ། །

ས་བཅད་དགུ་པ། ཡུལ་གཅིག

ཨཾ་ཤྲ་ཏ་ཡུལ། (སྨད།)

༡༩ སྲོས་སྣང་གི་མཚོ་སྐྱིང་།

བྱང་ཆུབ་ཤིང་གི་ཤར་དུ་ནེ་ར་ཛྙ་ནའི་ཆུ་ཀླུང་བརྒལ་ནས་ནགས་ཚལ་ཅིག་ན་སྲོས་ཀྱི་སྣང་པོའི་མཆོད་རྟེན་ཅེས་བྱ་བ་ཞིག་ཡོད། དེའི་རྒྱུ་མཚན་ནི་སྔོན་སྟོན་པ་བྱང་ཆུབ་ཀྱི་སྤྱོད་པ་སྤྱོད་པའི་དུས་སྲོས་ཀྱི་སྣང་པོ་ཞིག་གི་སྐྱེ་བ་བཞེས་ནས་གནས་དེ་གར་གནས་ཏེ། ཡུམ་ནི་སྣང་མོ་ཞར་མ་ཞིག་གོ། །དེ་ལ་སྲོས་སྣང་གིས་མཚོ་སྐྱིང་ནས་པད་མའི་རྩ་བ་བླངས་ཏེ། ཡུམ་ལ་འཚོ་བ་སྦྱོར་གྱིན་ཡོད་པ་ན། དུས་གཅིག་གི་ཚེ་སྐྱེས་བུ་ཞིག་ལམ་སྟོར་ཏེ་ཆ་མེད་དུ་རྒྱུ་ཞིང་སྡུག་བསྔལ་གྱི་ཚོ་ངེ་འདེབས་ཤིང་སྡུག་བསྔལ་བ་མཐོང་ནས། སྲོས་སྣང་གིས་མདུན་ནས་ཁྲིད་དེ་ལམ་རྙེད་པར་བྱས་སོ། །དེ་ནས་མི་དེས་ལམ་བརྒྱུད་དེ་རང་གནས་སུ་སླེབས་པར་རྒྱལ་པོའི་གམ་དུ་སོང་ནས་གནས་ག་གེ་ཞིག་ན་སྣང་པོ་ཆེ་འདི་འདྲ་བ་ཞིག་འདུག་པས་རྒྱལ་པོས་བཟུང་དུ་གསོལ་བས། རྒྱལ་པོས་ཀྱང་འདོད་སེམས་སྐྱེས་ནས་དམག་དཔུང་བཏེགས་ཏེ་རི་དྭགས་བཤོར་བའི་ཚུལ་གྱིས་མི་དེས་ལམ་ཁྲིད་བྱས་ནས་ཆས་སོ། །དེར་སླེབས་ནས་སྲོས་ཀྱི་སྣང་པོ་མཐོང་སྟེ་ལག་པས་མཛུབ་སྟོན་བྱས་པ་ན། མི་དེའི་ལག་པ་གཉིས་རལ་གྲིས་བཅད་པ་བཞིན་དུ་ས་ལ་ལྷུང་ངོ་། །རྒྱལ་པོ་ངོ་མཚར་སྐྱེས་ཀྱང་ཧེ་མི་སྙམ་པར་བདས་ཏེ་སྣང་པོ་ཆེ་བཟུང་ནས་རང་གནས་སུ་སླེབས་པ་དང་། སྣང་པོ་

ཆེ་སྐྱོང་མཁན་ལ་གཏད་དེ། གླང་པོ་ཆེ་འདི་ཤིན་ཏུ་རྙེད་པར་དཀའ་བས་ལེགས་པར་འཚོ་བསྐྱངས་ཀྱིས་ཤིག་གསུངས་སོ། །གླང་རྫིས་བཀའ་བསྒོས་ཏེ་ལེགས་པར་གསོལ་ཀྱང་། སྤོས་ཀྱི་གླང་པོས་བཟའ་བཏུང་ཅུང་ཟད་ཙམ་ཡང་མ་སྤྱོད་པར་ཉིན་མཚན་དུ་ངུས་པས་གླང་རྫི་ཐབས་ཟད་དེ་ཚུལ་དེ་རྒྱལ་པོ་ལ་གསོལ་བ་ན། སྤོས་ཀྱི་གླང་པོས་རང་གི་མ་མིག་ལོང་བས་བཟའ་བཏུང་མེད་པར་འོ་བརྒྱལ་བའི་ཚུལ་ཞུས་ཤིང་། དེ་ལྟ་བདག་གིས་རྒྱལ་པོའི་དྲིན་གྱིས་འདོད་ཡོན་ལ་ཅི་དགར་སྤྱོད་པ་སེམས་ཀྱིས་མི་ཚུགས་ཟེར་བས། རྒྱལ་པོས་སྙིང་རྗེ་སྐྱེས་ནས་སྤོས་ཀྱི་གླང་པོ་ཆེ་དེ་སྔར་གྱི་གནས་དེ་ཉིད་དུ་བཏང་ངོ་། །སྔར་གླང་པོ་ཆེ་དེ་ཆོས་བཞིན་ཤི་བ་ལ་མཆོད་རྟེན་བརྩིགས་པ་ཡིན་ནོ། །

དེའི་ལོགས་ན་མཆོད་རྟེན་ཞིག་ཡོད་པ་ནི། འདས་པའི་སངས་རྒྱས་འོད་སྲུང་གིས་གཤེགས་འཆག་མཛད་པའི་གནས་སོ། །དེའི་ལོགས་ཤིག་ན་འདས་པའི་སངས་རྒྱས་བཞིའི་བཞུགས་ཁྲི་དང་མཛད་ཤུལ་དག་ཡོད་དོ། །

༢༠ ཟུ་སྐྱེགས་ངན་པ།

དེའི་ཤར་དུ་ནགས་ཚལ་ཆེན་པོའི་ནང་དུ་རྫོའི་ཀ་བ་ཞིག་ཡོད་པ་ནི། ཟུ་སྐྱེགས་ངན་པ་ཞིག་གིས་ཏིང་ངེ་འཛིན་ལ་སྙོམས་པར་ཞུགས་ཏེ་སྨོན་ལམ་ལོག་པ་བཏབ་པའི་གནས་སོ། །དེའི་ལོ་རྒྱུས་ནི། གནའ་དུས་ཟུ་སྐྱེགས་པ་ཨུཏྟ་རའི་བུ་ཞེས་བྱ་བས་གནས་འདིར་བསམ་གཏན་བསྐྱངས་ཏེ་མངོན་ཤེས་ལྔ་ཐོབ་ནས་ནམ་མཁའ་ལ་འཕུར་བ་སོགས་ཀྱིས་མ་ག་དྷའི་རྒྱལ་པོས་དད་པར་བྱས་པས། རྒྱལ་པོའི་གམ་དུ་ཉིན་སྐར་གྱིས་འགྲོ་ཞིང་རྒྱལ་པོས་ཉིན་སྐར་གྱི་བཀུར་སྟི་བྱེད་པ་ལ། རྒྱལ་པོ་ལན་ཅིག་ཡུལ་གཞན་དུ་ཆས་པ་ན། ཕོ་བྲང་སྲུང་མཁན་མ་རྙེད་པར་བསམ་པ་ལ་ངའི་

བུ་མོ་གཞོན་ནུ་མས་ལས་མ་ཆེད་པས་ཁོ་མོ་ལ་གཏད་དགོས་སྙམ་ནས་བུ་མོ་གཞོན་ནུ་མ་དེ་བོས་ནས། རང་གནས་ཇི་ལྟར་སྐྱོང་ཚུལ་དང་ཁྲིད་པར་ཨ་མཆོད་དྲང་སྲོང་ལ་བསྟི་སྟངས་མ་ཆག་པ་བྱེད་དགོས་ཚུལ་གསུངས་ནས་ཡུལ་གཞན་དུ་ཆས་སོ། །དེ་ནས་བུ་མོ་གཞོན་མ་དེས་ཡབ་རྒྱལ་པོས་བཀའ་ཇི་ལྟར་བསྒོ་བ་བཞིན་དང་དུ་བླངས་སོ། །གཞོན་ནུ་མས་དེ་ལྟར་ཡུན་རིང་བསྟེན་པས་དྲང་སྲོང་གིས་བུ་མོ་ལ་ཆགས་སེམས་སྐྱེས་པས་རྫུ་འཕྲུལ་ཉམས་ཏེ། འགྲོ་འོང་ཐམས་ཅད་ལ་སྒོ་ནས་ཐོན་དགོས་པ་དང་། རྐང་ཐང་གིས་འགྲོ་དགོས་པ་བྱུང་བས་ངོ་ཚ་ནས་ཏིང་ངེ་འཛིན་བསྐྱར་ཏེ་བསྒོམ་པར་བརྩམ་པའི་ཚེ། བྱ་སྐད་ཀྱི་ཅ་ཅོ་དང་ཆུའི་འགྲམ་དུ་གནས་པས་ཉ་བའི་ཚོགས་ཆུར་རྒྱུ་བ་དང་འཕར་བའི་སྒྲས་སེམས་རྣལ་དུ་གནས་སུ་མི་སྟེར་བས་སེམས་མི་གནས་པས་ཏིང་ངེ་འཛིན་མ་གྲུབ་པས་སྨོན་ལམ་ལོག་པ་བཏབ་པ་ནི། སྐྱེ་བ་ཕྱི་མར་སྐམ་དང་ཆུ་གཉིས་ཀར་ཉུལ་ཐུབ་པ་དང་། བྱ་དང་ཉ་གཉིས་ཀའི་སྲོག་ལ་གནོད་པ་བྱེད་ཐུབ་པའི་རི་དྭགས་ཤིག་ཏུ་སྐྱེ་བར་གྱུར་ཅིག་ཅེས་སྨོན་ལམ་བཏབ་པའི་འབྲས་བུར། སྐྱེ་བ་དེའི་ཕྱི་མར་སྲམ་གྱི་སྐྱེ་བ་བླངས་ཏེ། ལུས་རྒྱང་གྲགས་སུམ་སྟོང་དང་། གཤོག་པ་གཉིས་སོ་སོར་རྒྱང་གྲགས་ཆིག་སྟོང་ལྔ་བརྒྱ་ཡོད་དོ། །སྐམ་པ་ནགས་ཚལ་ན་གནས་པའི་ཚེ་བྱེའུ་རྣམས་ཟོས། མཚོ་རྫིང་སོགས་རླན་གཤེར་ལ་གནས་པའི་ཚེ་ཉ་དང་སྦལ་བ་དག་ཟོས་པའི་སྡིག་ལས་རྒྱུན་མི་ཆད་དུ་བསགས་ཏེ་ཐར་བའི་གོ་སྐབས་མི་ཆེད་པ་ཞིག་ཏུ་གྱུར་ཞེར་རོ། །

༢༧ རི་བོ་བྱ་རྐང་དང་རྗེ་བཙུན་འཕགས་པ་འོད་སྲུང་ཆེན་པོའི་ལོ་རྒྱུས།

ཆུ་ཀླུང་ཆེན་པོ་བརྒལ་ནས་ཤར་ཕྱོགས་སུ་ནགས་ཚལ་ཆེན་པོ་ཞིག་བརྒྱུད་དེ་

ཐང་ལ་རྒྱང་གྲགས་བརྒྱ་ཙམ་བགྲོད་པ་ན་ཀུ་ཀུ་ཊ་པཱ་ད་སྐྱེ་བྱ་རྐང་ཞེས་བྱ་བའི་རི་བོ་ཡོད་དོ། །རི་དེ་ཤར་ཤོང་མི་མཉམ་ཞིང་འགྲོ་དཀའ་བ་བྲག་ཕུག་ཟབ་མོ་མང་པོ་ཡོད་པའི་བྲག་ཤིན་ཏུ་མཐོ་བ་གསུམ་ཡོད་པའི་དབུས་སུ་འཕགས་པ་འོད་སྲུང་ཆེན་པོའི་གདུང་བཞུགས་སོ། །འོད་སྲུང་གི་ཕྱག་ན་སྟོན་པ་ལ་སྲུ་སྐྱེས་རྒྱུའི་བདག་མོས་ཕུལ་བའི་ཆོས་གོས་ཐོགས་ཏེ་དྲན་པ་ཉེ་བར་བཞག་བཞིན་བཞུགས་པ། མ་འོངས་པ་ན་རྗེ་བཙུན་བྱམས་མགོན་འཛིན་རྟེན་དུ་ཕྱིན་ཏེ་ཆོས་ཀྱི་འཁོར་ལོ་བསྐོར་བ་ལན་གསུམ་གྱི་མཐར། རི་ལ་འཛེགས་ཏེ་རི་གསུམ་པོ་དེ་སོ་སོར་གྱེའོ། །སེ་གོལ་གྱི་སྒྲས་ཉིང་ངེ་འཛིན་ལས་སད་པར་མཛད་ནས། འཕགས་པ་འོད་སྲུང་གིས་ཆོས་གོས་དེ་བྱམས་མགོན་ལ་ཕུལ་ནས། ཕྱག་དང་བསྐོར་བ་བྱས་ནས་ནམ་མཁར་འཕགས་ཏེ་རྫུ་འཕྲུལ་སྣ་ཚོགས་བསྟན་ཞིང་སེམས་ཅན་ལེ་ལོ་ཅན་རྣམས་ཆོས་ལ་བསྐུལ་ཏེ། ལྷག་མ་མེད་པའི་མྱ་ངན་ལས་འདས་ཤིང་། རང་གི་བསམ་གཏན་གྱི་མེས་རང་ལུས་སྦྱོང་སྐད་དོ། །རི་བོ་དེའི་སྟོ་ལ་མཆོད་རྟེན་ཞིག་ཡོད་པ་རྒྱང་ནས་བལྟས་ཚེ་ཆེས་མདངས་གསལ་བ་ཞིག་ཏུ་མཐོང་ཡང་རི་ལ་འཛེགས་པ་ན་ཅང་མི་སྣང་བར་འགྱུར་ཏོ། །

༢༢ བུད་དྷ་པཱ་ན་རི་བོ་དང་སྟུག་ཚལ་སྐོར།

རི་བོ་བྱ་རྐང་གི་བྱང་ཤར་མཚམས་སུ་རྒྱང་གྲགས་བརྒྱ་ལྷག་ཕྱིན་པ་ན། །བུད་དྷ་པཱ་ན་ཞེས་བྱ་བའི་རི་བོ་ཡོད་པ་དེར་ཤིན་ཏུ་བགྲོད་དཀའ་བ་དེའི་ཡུལ་ནས་ཤར་དུ་རྒྱང་གྲགས་སུམ་ཅུ་ལྷག་ཙམ་ན་ཡཥྚི་ཞེས་བྱ་བའི་སྟུག་ཚལ་ཡོད་དོ། །དེའི་ལོ་རྒྱུས་ནི། སྟོན་བྲམ་ཟེ་ཞིག་གིས་སྟོན་པའི་སྐུ་བརྙན་གྱིས་ཚད་འདོམ་གསུམ་ལྷག་པ་འདུག་ཅེས་ཐོས་ནས། མ་རངས་པའི་སེམས་ཀྱིས་དེར་སླེབས་ཏེ་སྟུག་དྲང་པོ་མང་པོ་བླངས་ནས་ཅི་ཙམ་ཡོད་ཟེར་བ་ལྟར་གཞལ་བས། དེ་ཐམས་ཅད་ལས་རིང་དུ་འཕེལ་

བར་གྱུར་པས་སླུག་དག་པོར་ཏེ་སོང་ཟེར་རོ། །དེའི་ནང་ན་མཆོད་རྟེན་ཞིག་ཡོད་པ་ནི་རྒྱལ་པོ་ཨ་ཤོ་ཀས་བཞེངས་སོ། །དེར་རྒྱ་གར་ནུབ་ཕྱོགས་ཀྱི་དགེ་བསྙེན་ཛ་ཡ་སེ་ན་སྟེ་རྒྱལ་བའི་སྡེ་ཞེས་བྱ་བ་ལོ་བརྒྱ་ལོན་པ་རྒྱལ་རིགས་རི་ཁྲིད་པ་ཞིག་གནས་ཤིང་། དགེ་སྦྱོར་ལ་བརྩོན་ཞིང་ལོ་སུམ་ཅུའི་བར་སཙྪ་བྱེ་བ་བདུན་བྱས་ཟེར་བ་ཞིག་འདུག་གོ། །དེར་སྟོན་སྟོན་པ་ཞག་བདུན་དུ་ལྷ་དང་མི་རྣམས་ལ་རྫུ་འཕྲུལ་གྱི་ཆོ་འཕྲུལ་ཆེན་པོའི་མདོ་སྡེ་བཤད་པ་གནས་སོ། །དེ་ནས་ཤར་ལྷོའི་མཚམས་སུ་རྒྱང་གྲགས་དྲུག་བདུན་ཙམ་སོང་བ་ན། རི་བོ་མཐོ་ལ་ཕྱོན་ཆེན་པོ་ཞིག་ཡོད་པའི་མདུན་རོལ་དུ་མཆོད་རྟེན་ཞིག་ཡོད་པ་ནི། སྟོན་སྟོན་པ་ཟླ་བ་གསུམ་གྱི་རིང་ལྷ་རྣམས་ལ་ཆོས་བསྟན་པའི་གནས་སོ། །དེར་རྒྱལ་པོ་གཟུགས་ཅན་སྙིང་པོས་ཀྱང་ཆོས་ཉན་ཟེར་རོ། །དེར་རྡོའི་སྟེགས་བུ་ཁྲིམ་སྐས་ཅན་སྲིད་དུ་རྒྱང་གྲགས་གསུམ་བཞི་ཙམ་ཞིང་དུ་གོམ་པ་ཉི་ཤུ་ཙམ་ཞིག་ཡོད་དོ། །རི་བོ་དེའི་རྒྱབ་ལོགས་སུ་རྒྱང་གྲགས་གསུམ་བཞི་ཙམ་གྱི་སར་རི་བོ་ཆིག་སྐྱ་ཆེ་བ་ཟེར་བ་ཡོད་དོ། །དེར་སྟོན་དྲང་སྲོང་མང་དུ་ཐོས་པ་ཞེས་བྱ་བ་དེ་སྨྲས་པའི་རྟུལ་ཞུགས་ཀྱིས་ད་དུང་གནས་ཞེས་ཟེར་རོ། །དེར་ས་ཕུག་དང་སློབ་བརྒྱུད་དང་ལུགས་སྲོལ་རྣམས་ད་དུང་སྣང་ངོ་། །དེའི་བྱང་ཤར་མཚམས་རྒྱང་གྲགས་བཞི་ལྔ་ཙམ་ན་རི་བོ་ཆིག་སྐྱ་ཆུང་དུ་བྱ་བ་ཞིག་ཡོད་པར་མི་ཆིག་སྟོང་ཤོང་པའི་རྫོ་ཁང་ཞིག་ཡོད་པ་དེར། སྟོན་སྟོན་པས་ཟླ་བ་གསུམ་བཞུགས་ནས་ཆོས་གསུངས་སྐད་དོ། །རྫོ་ཁང་དེའི་སྟེང་ན་ཕ་བོང་ལེབ་མོ་ཞིག་ཡོད་པ་ནི། ཚངས་པ་དང་བརྒྱ་བྱིན་གཉིས་ཀྱིས་ཙན་དན་གོ་ཤཀྵའི་ཕྱེ་མས་སྟོན་པའི་སྐུ་ལ་བྱུག་པ་ཕུལ་བའི་གནས་ཏེ། དྲི་བསུང་འཐུལ་ཞིང་ཕྱེ་མ་སིལ་བུ་འགའ་ཞིག་ལུས་པ་ད་དུང་ཡོད་དོ། །

དེའི་ལྷོ་ནུབ་བྲག་རི་མཚར་པོ་ཞིག་ཡོད་པའི་མིང་ལ་ལྷ་མིན་གྱི་བྲག་ཕུག་ཟེར་བ་ཡོད་དོ། །དེ་སྟོན་སྔགས་པ་ཞིག་ཕྱིན་ཏེ་ཞུགས་པས། གྲོང་ཁྱེར་ཆེན་པོ་མཛེས་

པའི་རྒྱན་ལྡན་སྟེགས་བུ་ཁང་བརྩེགས་ཚལ་པད་ཐིང་བུ་མོ་མཛེས་མ་སོགས་ཡོངས་སྐྱིད་ཀྱི་ནོམས་པ་དང་ལྡན་པ། ས་གཞི་ལག་མཐིལ་ལྟར་མཉམ་པ་འབྲས་ས་ལུའི་ཞིང་དང་ས་གཞིའི་རྒྱ་ཁྱོན་རྒྱང་གྲགས་བཅུ་ཕྲག་གསུམ་བཞི་ཙམ་དུ་ཡངས་པ་འདུག་ཟེར་རོ། །རྗོ་ཁང་དེའི་ཡོགས་ན་ཤིང་གི་སྟེགས་ལམ་ཞེང་དུ་གོམ་པ་བཅུ་དང་རིང་ཚད་རྒྱང་གྲགས་བཞི་ལྔ་ཡོད་པ་ནི། སྔོན་རྒྱལ་པོ་གཟུགས་ཅན་སྙིང་པོ་སྟོན་པ་རིངས་པར་མཇལ་འདོད་ཀྱི་ལམ་སྟེགས་འདི་ཉིད་གསར་དུ་བཅོས་ཟེར་རོ། །

༢༣ ཀུ་ཤའི་གྲོང་ཁྱེར།

རི་དེ་ནས་ཤར་དུ་རྒྱང་གྲགས་དྲུག་ཅུ་ལྷག་ཕྱིན་པ་ན་ཀུ་ཤའི་གྲོང་ཁྱེར་རོ། །བཀྲ་ཤིས་པའི་རྩྭ་ཀུ་ཤ་འབྱུང་བས་མིང་དེ་ལྟར་དུ་གྲགས་སོ། །ཡུལ་མཾ་ཧླ་ཏ་སྟེ་ཡུལ་དབུས་སྔོན་གྱི་རྒྱལ་པོ་རྣམས་གདན་བཞུགས་མཛད་པའི་གནས་སོ། །རི་བྲག་གིས་ཕྱི་རོལ་གྱི་ར་བ་ལྟར་བསྐོར་བ། ཤར་ནུབ་རིང་ཞིང་ལྷོ་བྱང་དོག་ཙམ་ཁོར་ཡུག་ཏུ་རྒྱང་གྲགས་དང་ལྔ་བཅུ་ཐམས་ཅད་པ་ཡོངས་པ། དེའི་ནང་ན་མཁར་རྙིང་པའི་རྨང་གཞིའི་མཐའ་སྐོར་དུ་རྒྱང་གྲགས་སུམ་ཅུ་ལྷག་པ། ལམ་སྲང་ཐམས་ཅད་དུ་ཤིང་ཀ་ནི་ཀས་ཡོངས་སུ་གང་བས་སོས་ཀའི་དུས་སུ་མེ་ཏོག་གསེར་གྱི་མདོག་ཅན་འཆར་བས་གཏམས་པ་ཤིན་ཏུ་མཛེས་པའི་མདངས་ཀྱིས་གསེར་ལས་གྲུབ་པའི་གྲོང་ཁྱེར་དང་ཁང་ཁྱིམ་དུ་མཐོང་ངོ་། །

1 གླང་པོ་བཏུལ་བའི་གནས།

ནང་གི་གྲོང་ཁྱེར་གྱི་བྱང་སྒོའི་ཕྱི་ལ་མཆོད་རྟེན་ཞིག་ཡོད་པ་ནི། ལྷས་བྱིན་དང་མ་སྐྱེས་དགྲ་གཉིས་མཛའ་བར་གྱུར་ཏེ་བགྲོས་ནས་གླང་པོ་ནོར་སྐྱོང་བཏང་སྟེ་སྟོན་པ་ལ་གཏད་པས། སྟོན་པའི་ཕྱག་བརྐྱངས་པས་ཕྱག་སོར་ལྔ་ལས་སེང་གེ་བྱུང་སྟེ་ནོར་སྐྱོང་འཁྱིལ་ནས་དྲན་མེད་དུ་གྱུར་ནས་རེ་ཞིག་ན་དྲན་པ་ཉིད་དེ་ཤིན་ཏུ་དུལ་བར་གྱུར་པའི་གནས་སོ། །

2 ཤཱ་རིའི་བུ་གྲོལ་བ་ཐོབ་པའི་གནས།

དེའི་བྱང་ཤར་མཚམས་ན་ཡང་མཆོད་རྟེན་ཞིག་ཡོད་པ་ནི། འཕགས་པ་ཤཱ་རིའི་བུ་འཕགས་པ་རྟ་ཐུལ་ལ་བརྟེན་ནས་གྲོལ་བ་ཐོབ་པའི་གནས་སོ། །དེའི་ལོ་རྒྱུས་ནི། ཤཱ་རིའི་བུ་ཁྱིམ་ལ་གནས་ཤིང་མཁས་པ་ཆེན་པོའི་གྲགས་པ་ཐོབ་སྟེ་སློབ་མ་ལྔ་བརྒྱས་བསྐོར་ཏེ་རྒྱལ་པོའི་ཁབ་ཏུ་ཞུགས་པ་ན། འཕགས་པ་རྟ་ཐུལ་བསོད་སྙོམས་ལ་གཤེགས་པས་ཤཱ་རིའི་བུས་རྒྱང་རིང་པོ་ནས་མཐོང་སྟེ་པོས་ནས་སྨྲས་པ། བཙུན་པ་ལུས་སེམས་བདེ་བར་གནས་སམ་ཆོས་གང་ཞིག་ཐོབ་པས་བྱད་གཟུགས་ཀྱི་ནོམ་པར་གྱུར་པ་ལགས་ཞེས་དྲིས་པས་ལན་བཏབ་པ། ཅི་ཁྱོད་ཀྱིས་མ་ཐོས་སམ་རྒྱལ་པོ་ཟས་གཙང་གི་སྲས་གཞོན་ནུ་དོན་གྲུབ་འཁོར་ལོ་བསྒྱུར་བའི་རྒྱལ་སྲིད་སྤངས་ཏེ་སེམས་ཅན་རིགས་དྲུག་ལ་སྙིང་བརྩེ་བས་ལོ་དྲུག་ཏུ་དཀའ་བ་སྤྱད་ནས་མངོན་པར་རྫོགས་པར་བྱང་ཆུབ་བརྙེས་པ་ཐམས་ཅད་མཁྱེན་ཞིང་གཟིགས་པ་དེ་ནི་བདག་གི་

སློབ་དཔོན་ཡིན་ནོ། །དེས་བསྟན་པའི་ཆོས་ཞེས་བྱ་བ་ནི་ཡོད་པ་མ་ཡིན་མེད་པ་ཡང་མིན་པ་བརྗོད་དུ་མེད་པ་བསམ་དུ་མེད་པ་སངས་རྒྱས་ཉག་གཅིག་དང་དེ་དང་མཉམ་པའི་གང་ཟག་གི་སྤྱོད་ཡུལ་ལས་གཞན་སུས་ཀྱང་རྟོགས་པར་ནུས་པ་མ་ཡིན་ནོ། །འཕགས་པ་ཤྲཱ་རིའི་བུས་དེ་སྐད་ཐོས་མ་ཐག་ཏུ་དོན་དེ་རྟོགས་ཏེ་དགྲ་བཅོམ་ཐོབ་པར་གྱུར་ཏོ། །

3 དཔལ་ལྡན་དང་འོབས་ཟབ་མའི་ལོ་རྒྱུས།

དེ་དང་མི་རིང་བར་འོབས་ཟབ་མེ་ཡོད་པའི་ཉེ་ལོགས་སུ་མཆོད་རྟེན་ཞིག་ཡོད་པ་ནི། སྟོན་པས་མུ་སྟེགས་བྱེད་ཁྱིམ་བདག་ཤྲཱི་གུ་པྟ་སྟེ་དཔལ་ལྡན་བཏུལ་བའི་གནས་སོ། །འོབས་དེ་ཡང་དཔལ་ལྡན་གྱི་ཁྱིམ་ཤུལ་གྱི་སྒོ་རྩ་འོ། །དེའི་ལོ་རྒྱུས་ནི། ཁྱིམ་བདག་དཔལ་ལྡན་ཞེས་བྱ་བ་ཕྱི་རོལ་པ་ལ་དད་པ་ཞིག་ཡོད་དོ། །སྐབས་དེར་ཕྱི་རོལ་པ་ཞིག་གིས་དེང་སང་གོ་ཏ་མས་འཇིག་རྟེན་བསླུས་ཏེ་བདག་སོགས་ལ་སྙེད་བཀུར་སྤྱབ་ཏུ་སོང་བས་ཅི་ནས་ཀྱང་དགེ་སྦྱོར་དེ་སུན་འབྱིན་པར་བྱའོ་སྙམ་དུ་སེམས་ཞེང་ཁྱིམ་བདག་ལ་སྨྲན་པ། ཁྱོད་ཀྱི་སྒོ་རྩར་འོབས་ཟབ་པ་ཞིག་བྲུས་ལ་མེ་མུར་གྱིས་བཀང་སྟེ། བཟའ་བཏུང་རྣམས་ལ་དུག་བསྲེས་ནས་དགེ་སྦྱོང་གོ་ཏ་མ་བོས་ལ་བཟོས་ཤུལ་ཞིག་དང་། མེ་འོབས་སུ་ལྷུང་སྟེ་མ་ཤི་ན་དུག་ཟོས་པས་འཆིའོ་ཟེར་བ་ལྟར། དཔལ་ལྡན་གྱིས་ཀྱང་དེས་བསྒོ་བ་ལྟར་བྱས་ཏེ་སྟོན་པ་སྤྱན་དྲངས་པར། ཕལ་མོ་ཆེས་ཁྱིམ་བདག་གི་བསམ་པ་ལོག་པར་རིག་ནས་བཀག་ཀྱང་མ་གནང་བ་ན། འགའ་ཞིག་ལྟད་མོའི་ཕྱིར་ཚོགས་སོ། །དེ་ནས་སྟོན་པ་འཁོར་བཅས་དཔལ་ལྡན་གྱི་ཁྱིམ་དུ་གཤེགས་ནས་སྒོ་ཐེམ་དུ་ཞབས་བཞག་མ་ཐག་མེ་འོབས་ཆུ་བོ་ཡན་ལག་བརྒྱད་ལྡན་

གྱི་རྫིང་བུར་གྱུར་ཏེ་མེ་ཏོག་པད་མའི་ཚལ་གྱིས་ཁེབས་པ་དྲི་ངད་ལྡང་བ་ཞིག་ཏུ་གྱུར་ནས་མེ་འོབས་དོན་མེད་པར་གྱུར་ཏོ། །དེ་ནས་རིམ་པ་ལྟར་བགྲོས་དྲངས་པས་སྟོན་པ་འཁོར་བཅས་ཀྱིས་དལ་བུར་བཞེས་ཟིན་ནས། སྐབས་དང་མཐུན་པར་ཆོས་བསྟན་པས་དཔལ་སྦས་ཀྱིས་ལྟ་ལོག་བོར་ཏེ་ཡང་དག་པའི་ལམ་ལ་ཞུགས་སོ། །

4 འཚོ་བྱེད་གཞོན་ནུའི་རྗེས་ཤུལ།

འོབས་དེའི་བྱང་ཕྱོགས་སུ་གྲོང་ཁྱེར་འགྲམ་ལོགས་ན་མཆོད་རྟེན་ཞིག་ཡོད་པ་ནི། འཚོ་བྱེད་གཞོན་ནུས་སྟོན་པའི་དོན་དུ་མཆོད་ཁང་བཞེངས་ཏེ། ཁོར་ཡུག་ཏུ་མེ་ཏོག་དང་བཟའ་ཤིང་གིས་བཅའ་བ་ཕུལ་བའི་གནས་སོ། །དེར་ཞབས་རྗེས་སོགས་ཀྱི་ཤུལ་རིས་ཀྱང་ཡོད་དོ། །དེའི་ལོགས་ཤིག་ན་འཚོ་བྱེད་གཞོན་ནུའི་ཁྱིམ་ཤུལ་སྣང་ངོ་། །

༢༩ བྱ་རྒོད་སྤུངས་པའི་རི་བོ་དང་སྟོན་པའི་གནས་རྗེས།

གྲོང་ཁྱེར་གྱི་བྱང་ཤར་མཚམས་སུ་རྒྱང་གྲགས་བཅུ་ཕྲག་བཞི་ལྔ་ཙམ་སོང་བ་ན། རི་ག་ཏ་རི་ཏ་སྟེ་བྱ་རྒོད་སྤུངས་པའི་རི་བོ་ཡོད་དོ། །བྱང་རི་རྒྱབ་ཡོལ་གྱི་ཚུལ་དུ་ངོས་གཅིག་འབུར་དུ་དོད་པ་བྲག་རི་རྒྱང་ནས་བལྟས་ན་བྱ་རྒོད་མང་པོ་ཚོགས་ནས་སྤུངས་པ་ལྟར་སྣང་བས་མིང་དེ་ལྟར་ཐོགས་སོ། །སྟེགས་བུ་བྱ་སྐྱིབས་མདོག་སྔོ་ལྗང་སྐྱབ་འཁྲུག་འདྲེས་མ་སྟེ། སྟོན་པ་འཚོ་ཞིང་གཞེས་པ་ན་རི་བོ་འདིར་ལོ་ལྔ་བཅུ་ལྷག་ཤེར་ཕྱིན་ལ་སོགས་པའི་མདོ་སྡེ་མང་པོ་གསུངས་སོ། །རྒྱལ་པོ་གཟུགས་

ཅན་སྙིང་པོས་ཀྱང་ཆོས་བསྟན་པའི་ཕྱིར་འབབས་མི་ཆེད་མངགས་ཀྱིས་རྡོ་ལམ་ཐེམ་སྐས་མ་རྒྱར་གོམ་པ་བཅུ་ལྷག འགྱངས་སུ་རྒྱང་གྲགས་ལྔ་དྲུག་ཙམ། དཀྱིལ་དུ་མཆོད་རྟེན་ཆུང་ངུ་གཉིས་ཡོད་པའི་གཅིག་ནི་རྒྱལ་པོ་ཆིབས་ནས་འབབ་པའི་གནས་དང་། གཅིག་ཤོས་ལོག་སྟེ་གཤེགས་པའི་གནས་ཡིན་ཏེ་རྒྱལ་པོ་སྐྱེ་བོ་ཕལ་བ་དང་ཐུན་མོང་མ་ཡིན་པའི་ཕྱིར་རོ། །རི་བོ་དེའི་སྤོ་ནི་ཤར་ནུབ་ཡངས་ལ་ལྷོ་བྱང་དུ་དོག་པ་སྐྱིབས་དཔྱིབས་ཅུང་ཟད་ནུབ་ཏུ་གཞོལ་བ། ཀྲོ་མོའི་ལྡིང་ཁང་གི་ནང་དུ་སྟོན་པའི་སྐུ་བརྙན་ཆོས་འཁོར་མ་ཞིག་བཞུགས་པའི་དཔངས་སྟོན་པའི་སྐུ་བོང་དང་མཉམ་ཟེར་རོ། །དེའི་ཤར་དུ་རྡོ་ལེབ་ཆེ་ལ་རིང་བ་ཞིག་ཡོད་པ་ནི། སྟོན་པས་མདོ་སྡེ་པདྨོ་དཀར་པོ་གསུངས་པའི་གནས་སོ། །དེའི་ལྷོ་ངོས་ཀྱི་བྲག་སྐྱིབས་ཀྱི་འོག་ཏུ་རྡོ་ཁང་གཅིག་ཡོད་པ་ནི། སྟོན་པས་དར་ཅིག་ཏིང་ངེ་འཛིན་ལ་ཞུགས་པའི་གནས་སོ། །རྡོ་ཁང་དེའི་རྒྱབ་ངོས་སུ་ཡང་རྡོ་ཁང་ཞིག་ཡོད་པ་ནི། ཀུན་དགའ་བོ་བདུད་ཀྱིས་སྐྲག་པར་བྱས་པའི་གནས་སོ། །དེའི་ལོ་རྒྱུས་ནི། ཀུན་དགའ་བོ་འདིར་ཏིང་ངེ་འཛིན་ལ་སྙོམས་པར་ཞུགས་པ་ན་བདུད་སྡིག་ཅན་གྱིས་བྱ་རྒོད་དུ་སྤྲུལ་ནས་སྒྲ་བསྒྲགས་པས།ཀུན་དགའ་བོས་སྟོན་པ་ལ་སེམས་གཏད་པས་སྟོན་པས་ཕྱག་གཡས་པ་བརྐྱངས་ཏེ་མགོ་ལ་བཞག་སྟེ་དབུགས་དབྱུང་བར་མཛད་པས་ལུས་སེམས་བདེ་བ་ཐོབ་པ། རྡོ་ལེབ་དེར་བདུད་ཀྱིས་སྤྲུལ་པའི་བྱ་རྒོད་ཀྱི་རྐང་རྗེས་ད་དུང་ཡོད་དོ། །གཙང་ཁང་དེའི་ལོགས་གཡས་གཡོན་རྣམས་སུ་རྡོ་ཁང་མང་པོ་ཡོད་པ་ནི། འཕགས་པ་ཤཱ་རིའི་བུ་ལ་སོགས་པ་གནས་བརྟན་མང་པོ་དག་མཉམ་པར་བཞག་པའི་གནས་ཡིན་ནོ། །དེའི་ལོགས་ཤིག་ན་ཁྲོན་པ་སྐམ་པོ་ཞིག་ཡོད་པའི་ལོགས་སུ་རྡོ་ལེབ་ཆེན་པོ་ཞིག་ཡོད་པར་སྟོན་པས་ཆོས་གོས་ཉི་མ་ལ་བསྐམ་པའི་རྡོ་སྟེ་སྣུད་རིས་རྣམས་བཀོས་པ་ལྟ་བུ་གསལ་བར་སྣང་ངོ་། །དེའི་ལོགས་ན་རྡོ་ལེབ་ཅིག་ལ་སྟོན་པའི་ཞབས་རྗེས་ད་ཅང་མི་གསལ་ལ་ཡང་འཁོར་ལོའི་རི་མོ་རགས་པ་སྣང་ངོ་།རིའི་རྩེ་མོར་མཆོད་རྟེན་

ཡོད་པ་ནི། སྟོན་པས་ཞག་བདུན་དུ་ཆོས་གསུངས་པ་དང་མཾ་ཧྲ་ཏའི་ཡུལ་གཟིགས་པའི་གནས་སོ། །

༢༥ རི་བོ་ཧྲུ་ར།

གྲོང་ཁྱེར་གྱི་ནུབ་སྣོའི་ཕྱི་རོལ་ཏུ་རི་བོ་ཧྲུ་ར་ཞེས་བྱ་བ་ཡོད་དོ། །དེའི་ལྷོ་ངོས་སུ་ཚུ་རྡོན་ལྷ་བརྒྱ་ཡོད་པར་གྲགས་ཀྱང་ད་ལྟར་བཅུ་ཕྲག་དུ་མ་ཞིག་ལས་མི་སྣང་ངོ་། །ལ་ལ་ནི་ཚ་ལ་ལ་ནི་གྲང་ལ་ལ་ནི་རྡོ་འཛམ་སྐྱེ་མཆོ་མ་རྡོས་པ་ནས་ས་འོག་བརྒྱུད་དེ་བཏོལ་བ་ཡིན་ཟེར་རོ། །ཕྱོགས་དང་མཚམས་ནས་འདུས་པའི་ནད་པ་དག་ཕལ་ཆེར་གྱིས་བཀྲུས་པས་སོས་པ་མང་པོ་མཆིས་སོ། །རྡོ་བའི་རྒྱུ་ནི་དམྱལ་མེས་བསྲོས་པའི་མཐུ་ཡིན་ཟེར། གཏྣ་ལ་སོགས་པའི་ཆུ་བོ་བཞིའི་འབྱུང་ཁུངས་ནི། སེང་གེ་དང་གླང་པོ་སོགས་སེམས་ཅན་རིགས་མི་འདྲ་བ་བཞིའི་ཁ་ནས་འབྱུང་ཟེར་བ་ནི་དེ་དག་གི་དབྱིབས་དང་འདྲ་བའི་གནས་ལ་ཟེར་བ་དང་། ལ་ལས་རྗེ་ལས་བཟོས་པའི་སེམས་ཅན་དེ་དག་གི་ཁ་ནས་བྱུང་བ་ཡིན་ཟེར་རོ། །དེར་འདས་པའི་སངས་རྒྱས་བཞི་ཀའི་བཞུགས་ཁྲི་དང་མཛད་ཤུལ་དཀག་ཀྱང་ཡོད་དོ། །དེར་ཡང་རིག་བྱེད་ལ་མཁས་པ་དག་གཡེང་བས་འཇིགས་ནས་སྦས་ཏེ་གནས་པ་དང་། རྣལ་འབྱོར་བ་འདུ་འཛིས་དབེན་པར་གནས་པ་དང་། རྟུལ་ཞུགས་པ་དགེ་སྦྱོར་གྱི་སེམས་གཅིག་ཏུ་གཞོལ་བ་དང་། བསམ་གཏན་པ་རྩེ་གཅིག་པའི་སེམས་ཀྱིས་མཉམ་པར་འཇོག་པ་འདིར་ཞུགས་པ་དག་ཀྱང་མང་ཙམ་ཡོད་པར་སྣང་ངོ་། །

1 བི་ཧྲུ་རའི་ཇོ་ཁང་དང་བཙུན་པ་བསམ་གཏན་གྱི་ལོ་རྒྱུས།

པི་ཧྲུ་རའི་ཇོ་ཁང་གི་རྒྱབ་ཀྱི་ཕུག་པ་སྟོང་པ་ཞིག་ཡོད་པ་ནི། ལྷ་མིན་བྲག་ཕུག་ཏུ་གྲགས་སོ། །དེར་སྒོམས་པར་འཇུག་མཁན་ལ་སྐབས་སྐབས་སུ་སེང་གེ་དང་སྟག་སྤྲུལ་དང་གཅན་གཟན་གྱི་རིགས་ཀྱི་རྣམ་པ་སྟོན་པ་ཡོད་པས། ཕལ་ཆེར་ལ་བློ་འཁྲུལ་བ་དང་བརྒྱལ་བ་སོགས་བར་ཆད་འབྱུང་བ་མང་བས་དུས་ཕྱི་བཙུན་པ་ཀུན་སྤྱོད་གཙང་བ་ཞིག དེར་བསམ་གཏན་བསྒོམ་པར་བརྩམས་པ་ན། བློ་སེམས་དཀར་བ་ཞིག་གིས་གོང་གི་རྒྱུ་མཚན་དེ་རྣམས་བཤད་ནས་བཀག་པས། བཙུན་པས་བདག་ལ་སྲུང་བ་ཟབ་མོ་ཡོད་ཀྱིས་སྐྱོན་མེད་དོ་ཟེར་ཞིང་མ་ཉན། ཞག་ཤས་སོང་བ་དང་བུད་མེད་གཞོན་ནུ་མཛེས་མ་ཞིག་བྱུང་ནས། ཚེ་དང་ལྡན་པ་ཕྱོགས་གཞན་དུ་བཞུད་ཅིག་ཅེས་བསྐུལ་ལོ། །ཅེས་ཉེས་དྲིས་པས། ཁྱེད་བསམ་གཏན་ལ་ཆེག་དྲིལ་མི་མཛད་ཅིང་རིག་སྔགས་བགྲངས་ཀྱིན་འདུག་པས་བདག་ཅག་མི་བཟོད་དོ། །ཞེས་པས་བཙུན་པ་ན་རེ་བདག་རིག་སྔགས་བཟླ་བ་ནི་རང་གི་ལུས་སེམས་སྲུང་བའི་དོན་དུ་ཡིན་གྱིས་ཁྱེད་ཚོ་ལ་ཅི་གནོད་ཅེས་པས། བཞིན་བཟང་གིས་སྔགས་བཟླས་པའི་ཚེ་ཁོག་པ་མེ་འབར་ནས་བདག་ཅག་གི་ཁང་ཁྱིམ་དང་ཡོ་བྱད་ཐམས་ཅད་བསྲེག་སྐེ་འོངས་པ་ལ། གོས་དུར་ཁྲིག་གྱོན་པ་ཁྱེད་ཆོས་རང་གཞན་ལ་མཉམ་པར་ཕན་འདོགས་བྱེད་དགོས་པ་ལ། ད་ཁྱེད་རང་ཉག་གཅིག་ལ་ཕན་པ་ཙམ་གྱི་དོན་དུ་གཞན་ལ་གནོད་པ་བསྐྱེལ་བའི་སྦྱོར་བ་མི་འཛེམས་པ་མི་རིགས་བྱས་སོ། །དེ་ལ་བཙུན་པ་ན་རེ། བདག་ནི་སངས་རྒྱས་ཀྱི་གོ་འཕང་དོན་དུ་གཉེར་བ་སེམས་ཅན་ལ་གནོད་པ་བསྐྱེལ་བ་ཅི་ལ་འོས། ཁྱེད་ཆོས་སྒྲུབ་པ་པོ་ལ་བར་ཆད་ཁོ་ན་བྱེད་པ་མ་བཟོད་པར། སྲུང་བའི་དོན་དུ་རིགས་སྔགས་ཀྱིས་བསྲུང་བ་ཡིན་ནོ་ཅེས་པས་བུད་

མེད་ན་རེ། བདག་ཅག་ཉོན་མོངས་པ་རགས་ཤིང་ཤེས་རབ་དམན་པས་བྱུང་རྒྱལ་དུ་བར་ཆད་བཅོམ་པའང་སྲིད་ཀྱིས་ཕྱིན་ཆད་སྡོམ་ཞིང་བཟོད་པར་གསོལ་ལོ་ཟེར་བ་ལ། བཙུན་པས་རིག་སྔགས་བསྒྲངས་བའི་འཕྲོ་བཞག་ནས་ཏིང་ངེ་འཛིན་བསྐྱངས་པས་མི་མ་ཡིན་གྱི་ཚོ་འཕྲུལ་ཀྱང་དེ་ནས་བཟུང་སྟེ་རྒྱུན་ཆད་དོ་ཟེར་རོ། །

2 རྗེས་ཤུལ་གཞན་གྱི་སྐོར།

བི་ཧྲུ་རའི་རི་རྩེར་མཆོད་རྟེན་ཞིག་ཡོད་པ་ནི། སྔོན་སྟོན་པས་ཆོས་བཤད་པའི་གནས་ཏེ། དེང་སང་ཕྱི་རོལ་པ་རྟུལ་ཞུགས་ཅན་མང་པོས་འདིར་བརྟེན་ཞིང་རང་གི་བསམ་གཏན་དང་རྟུལ་ཞུགས་བསྐྱངས་ཤིང་གནས་སོ། །རིའི་མཁར་གྱི་བྱང་སྒོའི་གཡོན་པའི་བྱ་སྐྱིབས་ཀྱི་གྲིབ་བསིལ་བརྒྱུད་དེ་ཤར་ཕྱོགས་སུ་རྒྱང་གྲགས་གཉིས་གསུམ་ཙམ་ཕྱིན་པ་ན་རྫ་ཁང་ཆེན་པོ་ཞིག་ཡོད་པ་ནི། སྔོན་བཙུན་པ་ལྷས་བྱིན་གྱི་བསམ་གཏན་གྱི་ཁང་བུའོ། །དེའི་ཤར་ལོགས་སུ་མི་རིང་བར་རྫ་ལེབ་ཆེན་པོ་རི་མོ་ཁྲག་གིས་སྦགས་པ་ལྟ་བུ་དང་ཉེ་བར་མཆོད་རྟེན་ཞིག་ཡོད་པ་ནི། སྔོན་བཙུན་པ་བསམ་གཏན་པ་ཞིག་ལྕེབས་ནས་གྲོལ་བ་ཐོབ་པའི་གནས་སོ། །དེའི་ལོ་རྒྱུས་ནི། གནའ་དུས་བཙུན་པ་བསམ་གཏན་པ་ཞིག་གིས་ལོ་རྒྱ་ཅི་ཙམ་བསྒོམ་ཡང་མི་སློབ་པའི་ལམ་མ་ཐོབ་པས་སུན་ནས། ལུས་ཟེར་བ་ཁུར་ལྕི་བ་འདིས་ཅི་བྱ་ཟེར་ནས་ལྕེབས་པས་དགྲ་བཅོམ་ཐོབ་སྟེ་ནམ་མཁར་འཕགས་ནས་རྫུ་འཕྲུལ་སྣ་ཚོགས་བསྟན་ཏེ་བསམ་གཏན་གྱི་མེས་ཕུར་སྦྱངས་སོ། །དེར་དད་པ་ཅན་གྱིས་མཆོད་རྟེན་བརྩིགས་ནས་བརྗོད་བྱང་དུ་བཏབ་བོ། །དེའི་ཤར་གྱི་བྱ་སྐྱིབས་སྟེང་མཆོད་རྟེན་ཞིག་ཡོད་པ་ནི། བཙུན་པ་བསམ་གཏན་པ་ཞིག་རིའི་གཡང་ལ་ལྷུང་སྟེ་གྲོལ་

བ་ཐོབ་པའི་གནས་སོ། །དེའི་ལོ་རྒྱུས་ནི། སྔོན་སྟོན་པ་འཚོ་གཞིས་དུས་བཙུན་པ་བསམ་གཏན་པ་ཞིག་གིས་ལོ་བླར་ཡུན་རིང་སྒོམས་པར་ཞུགས་ཀྱང་གྲོལ་བ་མ་ཐོབ་པོ། །དུས་ཅིག་ན་དེའི་རྒྱུད་སྨིན་པར་ཉེ་བ་ན་སྟོན་པས་མཁྱེན་ཏེ། འོད་མའི་ཚལ་ནས་བྱ་སྐྱིབས་དེར་གཤེགས་ནས་སེ་གོལ་གྱི་སྒྲས་བསམ་གཏན་ལས་སད་པར་མཛད་པས། དེས་སྟོན་པ་འཁོར་བཅས་མཐོང་ནས་དགའ་ཞིང་མགུ་བའི་སེམས་ཀྱིས་ཀེར་གྱིས་ལངས་པར་ཧང་བཙུག་མ་བརྟན་པས་གཡང་སར་ལྷུང་བ་ན་དད་མོས་ཀྱིས་མཐུས་ས་ལ་ལྷུང་ཙམ་ལ་གྲོལ་བ་ཐོབ་པས། བཀའ་བསྩལ་བ། དུས་ལ་བབས་པར་ཤེས་པར་གྱིས་ཤིག་གསུངས་པས། སྔར་བར་སྣང་ལ་འཕགས་ཏེ་རྫུ་འཕྲུལ་བསྟན་ནས་བསམ་གཏན་གྱི་མེས་ཕུར་སྦྱངས་པ་སོགས་གོང་བཞིན་ནོ། །

༢༨ གཙུག་ལག་ཁང་འོད་མའི་ཚལ།

རིའི་མཁར་གྱི་བྱང་སྒོ་ནས་རྒྱང་གྲགས་གང་ཙམ་གྱི་སར། བྱ་ག་ལནྡ་ཀའི་གཙུག་ལག་ཁང་འོད་མའི་ཚལ་ལོ། །ད་ལྟ་གཙུག་ལག་ཁང་ཡོད་པ། སྟོན་པ་འཚོ་གཞིས་དུས་གནས་འདིར་ཆོས་ལན་གྲངས་མང་དུ་གསུངས་སོ། །དེའི་ལོ་རྒྱུས་ནི། ཐོག་མར་གྲོང་ཁྱེར་ཁྱིམ་བདག་ཀ་ལནྡ་ཀ་ཞེས་བྱ་བ་རིགས་བཙུན་པ་ལོངས་སྤྱོད་ཆེ་བ་ཞིག་ཡོད་པ་དེས། འོད་མའི་ཚལ་ཞེས་པའི་སྐྱེད་ཚལ་ཡོད་པར་ཕྱི་རོལ་པ་མང་པོ་མཆོད་ཀྱིན་ཡོད་པ་ལས། ཕྱིས་སྟོན་པ་དང་མཇལ་ཏེ་ཆོས་ཐོས་པས་སེམས་དག་སྟེ། སྔོན་གྱི་སྤྱོད་པ་ལ་འགྱོད་པ་སྐྱེས་ཏེ་སྐྱེད་ཚལ་དེ་སྟོན་པ་ལ་ཕུལ་ལོ། །ཕྱི་རོལ་པ་རྣམས་བསྙད་དེ་བཅོམ་ལྡན་འདས་ཀྱི་བཞུགས་གནས་སུ་ཀུན་དགའ་ར་བ་བཞེངས་སོ། །དེ་ནས་ལྷ་དཀར་ཕྱོགས་པ་ཞིག་གིས་ཁྱིམ་བདག་ལ་བསྐུལ་མ་འདི་སྐད་བཏབ་པོ། །ཁྱོད་མྱུར་བར་བྲོས་ན་ཐར་བར་འགྱུར་ཏོ། །ཕྱི་རོལ་པ་རྣམས་ཁོན་སེམས་ཀྱིས་

སོང་ངོ་ཞེས་སྨྲས་པས། ཁྱིམ་བདག་རིངས་པ་རིངས་པར་སྟོན་པའི་དྲུང་དུ་བྲོས་ནས་སྐྱབས་ཞུས་སོ། །དེ་ནས་སྟོན་པ་སྤྱན་དྲངས་ཏེ་ཕུལ་བས་སྟོན་པས་བཞེས་སོ། །ད་ལྟའི་གཙུག་ལག་ཁང་དེའི་ནང་དུ་སྟོན་པའི་སྐུ་བརྙན་སྐུ་ཚད་དང་མཉམ་པ་ཞིག་མཆོད་ཡུལ་དུ་བཞུགས་སོ། །

1 སངས་རྒྱས་ཀྱི་རིང་བསྲེལ་བཞུགས་པའི་གཙུག་ལག་ཁང་།

དེར་མཆོད་རྟེན་ཞིག་ཡོད་པ་ནི། རྒྱལ་པོ་མ་སྐྱེས་དགྲས་བཞེངས་སོ། །སྟོན་པ་མྱ་ངན་ལས་འདས་པ་ན་རིང་བསྲེལ་ཆ་བརྒྱད་དུ་བགོས་པ་ལས་མ་སྐྱེས་དགྲས་རང་སྐལ་བླངས་ཏེ་ཡུལ་དུ་འཁྱེར་ནས་མཆོད་རྟེན་འདི་བཞེངས་སོ། །ཕྱིས་རྒྱལ་པོ་ཨ་ཤོ་ཀའི་ཚེ་སྒྲོན་མེའི་འོད་འདྲ་བ་སྣང་ངོ་ཟེར་རོ། །

2 ཀུན་དགའ་བོའི་སྐུ་གདུང་ཕྱེད་མའི་མཆོད་རྟེན་ཞིག

དེའི་ལོགས་དང་ཉེ་བར་འཕགས་པ་ཀུན་དགའ་བོའི་སྐུ་གདུང་ཕྱེད་མའི་མཆོད་རྟེན་ཡོད་པ་དེའི་ལོ་རྒྱུས་སྔར་བཤད་པ་དེས་ཤེས་སོ། །དེའི་ལོགས་ཤིག་ན་སྟོན་པ་བཞུགས་འཆག་མཛད་པའི་ཤུལ་ཡོད་དོ། །དེ་དང་མི་རིང་བར་འཕགས་པ་ཤཱ་རིའི་བུ་དང་མོའུ་འགལ་གྱི་བུ་སོགས་ཀྱིས་དབྱར་གནས་མཛད་པའི་གནས་ཡོད་དོ། །

3 སྡེ་སྣོད་དང་པོའི་བཀའ་བསྡུ་མཛད་པའི་གནས།

འོད་མའི་ཚལ་གྱི་ལྷོ་ནུབ་མཚམས་རྒྱང་གྲགས་ལྔ་དྲུག་གི་སར་མདུན་རིའི་རྒྱབ་ལོགས་སུ་སྨུག་ཚལ་སྨུག་པོའི་ནང་དུ་རྗེ་ཁང་ཆེན་པོ་ཞིག་ཡོད་པ་ནི། སྟོན་འོད་སྲུང་ཆེན་པོ་དགྲ་བཅོམ་པ་སྟོང་ལ་གཅིག་གིས་མ་ཚང་བ་བསྡུས་ནས་སྡེ་སྣོད་གསུམ་གྱི་བཀའ་བསྡུ་མཛད་པའི་གནས་སོ། །དེའི་མདུན་ངོས་སུ་མི་རིང་བར་སོ་ཕག་གི་ལྡིང་ཁང་ཆེན་པོ་ཞིག་གི་ཤུལ་ཡོད་པ་ནི། ཡོན་བདག་རྒྱལ་པོ་མ་སྐྱེས་དགྲས་སྦྱིན་བདག་བྱས་ཏེ་དགྲ་བཅོམ་པ་རྣམས་འཚོགས་པའི་གནས་སུ་དྲི་གཙང་ཁང་ཆེན་པོ་ཞིག་བཞེངས་པ་དེ་ནི་ཤུལ་ཡིན་ནོ། །དེར་དགྲ་བཅོམ་གནས་བརྟན་ཀོ་ན་ཚོགས་པའི་གཙོ་བོར་འཕགས་པ་འོད་སྲུང་བཞུགས་པས་འོད་སྲུང་གི་རྗེས་སུ་འབྲངས་པ་ལ་གནས་བརྟན་སྡེ་པ་ཟེར་རོ། །དེ་ནས་ནུབ་བྱང་མཚམས་སུ་མཆོད་རྟེན་ཞིག་ཡོད་པ་ནི། འཕགས་པ་ཀུན་དགའ་བོ་དགྲ་བཅོམ་ཐོབ་པའི་གནས་སོ། །དེ་ནས་ནུབ་ཕྱོགས་སུ་རྒྱང་གྲགས་ཉི་ཤུ་ཙམ་ཕྱིན་པར་རྒྱལ་པོ་ཨ་ཤོ་ཀས་བཞེངས་པའི་མཆོད་རྟེན་ཞིག་ཡོད་པ་ནི། བཀའ་བསྡུ་གཉིས་པ་མཛད་པའི་གནས་སོ། །དེའི་ལོ་རྒྱུས་ནི་འོད་སྲུང་གིས་བཀའ་བསྡུ་མཛད་པའི་རྗེས་སུ། མཆོག་དམན་བར་མས་ཕན་ཚུན་བགྲོས་པ་ནི། སྔོན་སྟོན་པ་བཞུགས་པའི་དུས་སུ་བསྟན་པ་གཅིག་དང་སྟོན་པ་ཡང་གཅིག་སྟེ། ད་ལྟ་ལུགས་ཐ་དད་དུ་སོང་བ་མི་ལེགས་པས་སྐད་ཅི་ནས་ཀྱང་གཅིག་ཏུ་འགྱུར་བར་བྱ་སྙམ་པས། སྦྱིན་བདག་རྒྱལ་པོ་ཨ་ཤོ་ཀས་བྱས་ཏེ་ཉེ་བར་འཁོར་གྱིས་འདུལ་བ། ཀུན་དགའ་བོས་མདོ་སྡེ། འོད་སྲུང་གིས་མངོན་པ་བསྡུས་ཏེ་འདུལ་བ་ལ་གཙོ་བོར་མོས་པས་ཉེ་བར་འཁོར་གྱི་རྗེས་འབྲང་རྣམས་ལ་སྐྱེས་འཕགས་རིས་སུ་མ་ཕྱེ་བར་ཕལ་མོ་ཆེས་བསྡུས་པས་ཕལ་ཆེན་སྡེ་པར་འབོད་དོ། །

4 ཀ་ལནྡ་ཀའི་རྫིང་བུ་དང་རྡོའི་ཀ་བའི་ལོ་རྒྱུས།

འོད་མའི་ཚལ་ནས་རྒྱབ་ཏུ་གོམ་པ་ཉིས་བརྒྱ་ལྷག་ཙམ་ཕྱིན་པ་ན་ཀ་ལནྡ་ཀའི་རྫིང་བུ་ཞེས་བྱ་བ་ཡན་ལག་བརྒྱད་ལྡན་གྱི་ཆུས་གང་བ་ཡོད་པ་ནི། སྟོན་པ་མྱ་ངན་ལས་འདས་རྗེས་རྫིང་དེ་སྐམ་སྟེ་དེང་སང་མིང་གི་ལྷག་མར་གྱུར་ཏོ། །དེ་ནས་ནུབ་ཏུ་རྒྱང་གྲགས་གཉིས་གསུམ་ཙམ་གྱི་སར་མཆོད་རྟེན་ཞིག་ཡོད་པ་ནི། རྒྱལ་པོ་ཨ་ཤོ་ཀས་བཞེངས་པ་དཔངས་སུ་ཁྲུ་དྲུག་ཅུ་ལྷག་པ་དང་། རྡོའི་ཀ་བ་སྲིད་དུ་ཁྲུ་ལྔ་བཅུ་ལྷག་པར་མཆོད་རྟེན་བཞེངས་པའི་རྒྱུ་མཚན་བཀོད་པ་ཡོད་པའི་ཏོག་ཏུ་གླང་པོ་ཆེའི་གཟུགས་བྱས་པ་ཡོད་དོ། །

༢༧ རྒྱལ་པོའི་གྲོང་ཁྱེར།

དེའི་བྱང་ཤར་མཚམས་སུ་མི་རིང་བར་རཱ་ཛ་གྲི་ཧ་སྟེ་རྒྱལ་པོའི་གྲོང་ཁྱེར་ཞེས་པ་ཡོད་དོ། །ཕྱི་མཁར་ཞིག་རལ་གྱིས་གོག་པོར་གྱུར་ཟིན་ཀྱང་མཁར་གྱི་རྨང་གཞི་ད་དུང་ཡོད་དོ། །ཁོར་ཡུག་ཏུ་རྒྱང་གྲགས་ཉི་ཤུ་ལྷག་པའི་ངོས་སུ་སྒོ་གཅིག་ཡོད་པ་ནི། ཐོག་མར་རྒྱལ་པོ་གཟུགས་ཅན་སྙིང་པོས་ཀུ་ཤའི་གྲོང་ཁྱེར་ལ་གཏན་སྡོད་བྱས་སྐབས་དུས་རྒྱུན་མེ་ལྟེ་མཆེད་དེ་ཁང་ཁྱིམ་ལ་གནོད་པ་བྱུང་བས། སྐྱེ་བོ་མང་པོ་གནས་མ་བདེ་བར་རྒྱལ་པོ་ཐབས་ཅི་དྲག་ཅེས་དྲིས་པར། སློབ་དཔོན་དག་གིས་ལྷའི་ཐུགས་ཏ་ཅང་འཛམ་པས། ད་ཕྱིན་ཆད་ཁྲིམས་དམ་པོ་འཆའ་བ་ལས་མེ་མི་མཆེད་པའི་ཐབས་མེད་ཞུས་པས། རྒྱལ་པོས་དེ་ལྟར་འཐད་པར་དགོངས་ཏེ་སུའི་

ཁྲིམ་ལ་མི་མཆེད་ན་གྲོང་ཁྱེར་གྱི་ནང་དུ་འདུག་ཏུ་མི་སྟེར་བར་དུར་ཁྲོད་དུ་བསྐྲལ་བ་བྱའོ་ཞེས་པའི་བཀའ་ཁྲིམས་བཅས་སོ། །དེ་ནས་མ་འགྲུངས་པར་རྒྱལ་པོ་རང་གི་མི་ཐབ་ནས་མི་མཆེད་དོ། །རྒྱལ་པོ་རང་ཁྲིམས་རང་གིས་བཤིགས་མི་ཏུང་གསུངས་ནས་དུར་ཁྲོད་དུ་སྐྱོ་བར་མཛད་དེ་ཐོག་མར་རྒྱལ་པོ་སྡོད་གནས་ཁང་ཁྲིམ་གཅིག་བུ་ལས་མེད་པས། ཡུལ་གཞན་གྱི་རྒྱལ་པོས་ཐོས་གཞོམ་པར་བརྩམས་པ་ན། དུར་ཁྲོད་ཁྲིམ་དེ་སྲུང་བའི་དོན་དུ་ཁྲིམ་འགའ་བཏབ་ཕྱིས་སུ་རིམ་གྱིས་ཆེར་འཕེལ་ནས་གྲོང་ཁྱེར་དུ་གྱུར་ཏོ། །འགའ་ཞིག་རྒྱལ་པོ་མ་སྐྱེས་དགྲའི་དུས་སུ་ཛགྲྀ་རའི་གྲོང་ཁྱེར་ལ་སྤྱོས་ཏེ་རྒྱལ་པོའི་ཁབ་ཏུ་བྲམ་ཟེ་རྣམས་ལ་གནང་ངོ་ཟེར་རོ། །ད་ལྟ་རིགས་གཞན་མེད་པར་བྲམ་ཟེའི་རིགས་ཁོ་ནའི་ཁྲིམ་ཆིག་སྟོང་ཙམ་མཆིས་སོ། །རྒྱལ་པོའི་ཁབ་ཀྱི་ལྷོ་ནུབ་མཚམས་སུ་གཙུག་ལག་ཁང་ཆུང་བ་གཉིས་ཡོད་པ་ནི། བཙུན་པ་གནས་སྐོར་བ་དག་དང་ཡུལ་གཞན་འོངས་བ་འགྲོན་གསར་རྣམས་འདུག་པའི་གནས་སོ། །སྔོན་སྟོན་པས་ཆོས་གསུངས་པའི་ཤུལ་ཡིན་ཟེར་རོ། །དེ་ནས་ནུབ་བྱང་མཚམས་སུ་མི་རིང་བར་མཆོད་རྟེན་ཞིག་ཡོད་པ་ནི། དྲང་སྲོང་སྐར་མ་ལ་དགའ་བའི་ཁྲིམ་ཤུལ་ལོ། །གྲོང་ཁྱེར་གྱི་ལྷོ་སྒོའི་ཕྱི་རོལ་གྱི་གཡོན་ཕྱོགས་སུ་མཆོད་རྟེན་ཞིག་ཡོད་པ་ནི། སྔོན་སྟོན་པས་ཆོས་བཤད་པའི་གནས་ཀྱང་ཡིན་ལ་སྲས་སྒྲ་གཅན་འཛིན་འདུལ་བའི་གནས་ཀྱང་ཡིན་ནོ། །

༢༨ གཙུག་ལག་ཁང་ཆེན་པོ་ན་ལེནྡྲ།

དེ་ནས་བྱང་ཕྱོགས་སུ་རྒྱང་གྲགས་སུམ་ཅུ་ཙམ་བགྲོད་པ་ན། གཙུག་ལག་ཆེན་པོ་ན་ལེནྡྲ་སྟེ་སྦྱིན་པས་མི་ངོམས་པའི་དགོན་པ་ཡོད་དོ། །དེ་ཐོག་མར་ཨ་མྲའི་ནགས་ཚལ་ཆེན་པོ་ཞིག་སྟེ། ཚོང་པ་ལྔ་བརྒྱས་རིན་གྱིས་ཉོས་ནས་སྟོན་པ་ལ་ཕུལ་བ།

ས་དཔྱད་ཤིན་ཏུ་ལེགས་པ་ཞིག་སྟེ། གནའ་དུས་རྒྱལ་པོ་ལོ་ཀྲ་ཧི་ཀྲུ་སྟེ་འཇིག་རྟེན་ཉི་མ་ཞེས་བྱ་བ་ཐེག་པ་གཅིག་པུ་ལ་མོས་པ་དཀོན་མཆོག་ལ་དད་མོས་ཆེ་བས་སངས་རྒྱས་ཀྱི་བསྟན་པ་ཡུན་དུ་དར་བའི་ས་གཞི་བཟང་པོ་ཞིག་བཙལ་ཏེ་དགོངས(དགོན)པ་བཏབ་བས་ནས། དགེ་འདུན་གྱི་ཆོས་གྲྭ་བཙུགས་པར་འདོད་ནས་རིས་མེད་ཀྱི་ས་དཔྱད་མཁན་ལ་བཙོལ་ནས་བཙལ་བར། གྲངས་ཅན་པའི་ས་དཔྱད་མཁས་པ་ཞིག་གིས་ས་འདི་རྙེད་ནས་ཞུས་པ། རྒྱ་གར་ཕྱོགས་ལྷ་ཀར་འདི་དང་མཉམ་པའི་ས་ཕྱོགས་མེད་དོ། །འདིར་དགོན་པ་བཏབ་ན་དགེ་འདུན་ཐུགས་མཐུན་ཞིང་བསླབ་སྦྱངས་ལ་མཁས་པར་འགྱུར་ལ། དུས་རྒྱུན་དུ་ཚོང་པ་བཟང་པོ་མི་འཆད་པར་འདུ་བར་འགྱུར་རོ་ཞེས་ལུང་བསྟན་ནས། གཙུག་ལག་ཁང་ཐོག་མར་ཨར་ལས་འཛུགས་སྐབས་ཀླུ་ལ་གནོད་པ་ཕོག་པས། དགེ་འདུན་ལ་ཁྲག་སྐྱུགས་པའི་ནད་མང་ཙམ་འབྱུང་ཟེར་རོ། །ད་ལྟ་ལོ་སྟོང་ལྷག་ཙམ་སོང་ཡང་དགེ་འདུན་གྱི་སྡེ་དང་ལོངས་སྤྱོད་འཕེལ་རྒྱས་ལས།འགྲིབ་རྒུད་ཙུང་ཙམ་ཡང་བྱུང་མ་མྱོང་ཞིང་། ཁྲག་སྐྱུགས་པའི་རྒྱུ་དེ་ལྟར་ཡིན་པར་སྣང་ངོ་། །རྒྱལ་པོ་དེའི་བུ་བུདྡྷ་གུ་ཧྱ་སྟེ་སངས་རྒྱས་སྦས་པ་ཞེས་པས་སྲིད་སྐྱོང་ཞིང་ཤུལ་འཛིན་ནོ། །ཚ་བོ་ཏ་ཐཱ་ག་ཏ་གུ་ཧྱ་སྟེ། དེ་བཞིན་གཤེགས་པ་སྦས་པ་ཞེས་བྱ་བས་སྔ་མཁོ་བཞིན་གྱི་གཙུག་ལག་ཁང་དང་ར་བ་ཞིག་རལ་དུ་གྱུར་པ་རྣམས་ལེགས་པར་གསོས་སོ། །དེའི་རྒྱལ་པོ་ཕྱི་མ་ཧྲུ་ནྲ་ཧི་ཀྲུ་སྟེ་སྒྲུ་མའི་ཉི་མ་ཞེས་བྱ་བས་ན་ལེནྡྲའི་ཤར་ངོས་དང་བྱང་ཤར་ཕྱོགས་སུ་གཙུག་ལག་ཁང་རེ་རྫོགས་པར་བཞེངས་ཏེ། སྐྱེས་འཕགས་མཆོག་དམན་ཚོགས་ཏེ་རབ་གནས་དང་དགའ་སྟོན་ཆེན་པོ་བྱེད་སྐབས་སློབ་དཔོན་འགས་རྒྱལ་པོ་ལ་ཞུས་པ། དེ་རིང་གི་འདུ་བ་ལ་ཕྱོགས་གང་མི་གང་དག་གཙོ་བོ་བྱེད་ཁང་བརྩིགས་བྱེད་དོར་བགྱིད་དོ། །བཀའ་བསྩལ་བ། དགེ་འདུན་སྡེ་དང་ཁྱད་པར་ཡུལ་ཐག་རིང་ནས་འོངས་པ་དག་གོ་གསུངས་སོ། །སྔོན་སྟོན་མོའི་སྐབས་སུ་རྒྱལ་པོ་གཙོ་བོར་བྱེད་ཁང་བརྩིགས་ལ་དབང་། ད་

ཉེ་ལོག་ཏུ་མཛད་པ་ཅི་ཞེས་ཐམས་ཅད་ངོ་མཚར་པར་གྱུར་པས། རྒྱལ་པོས་དཔེར་ན་རྒྱལ་སྲིད་སྤངས་ཏེ་རབ་ཏུ་བྱུང་བ་ལ་གོ་འཕང་མཐོན་པོར་གཤེགས་པར་བསྟི་ཡི། རབ་ཏུ་བྱུང་བ་ལས་བབས་ནས་རྒྱལ་སྲིད་འཛིན་པ་ལ་གོ་འཕང་མཐོན་པོར་གཤེགས་པ་ཞེས་མི་ཟེར་རོ་ཞེས་གསུངས་པས་ཐམས་ཅད་ངོ་མཚར་ནས་ཡི་རངས་སོ། །ཐང་ཟན་བདག་ལ་མ་ཧཱ་ཙི་ནའི་མཁན་པོར་འབོད་ཅིང་བདག་རྐྱེན་དཔེ་མེད་བསྟུལ་ལོ། །ཕྱིས་སུ་རྒྱལ་པོས་རྒྱལ་སྲིད་སྤངས་ནས་རབ་བྱུང་མཛད་དོ། །སྲས་བཛྲ་སྟེ་ཛོ་ཛེ་ཞེས་བྱ་བ་རྒྱལ་སྲིད་ལ་དབང་བསྐུར་རྒྱལཾ་སྲིད་སྐྱོང་ལུགས་ཡབ་མེས་དང་མཚུངས་སོ། །དབུས་ཀྱི་གཙང་ཁང་ལ་སྟོན་པའི་སྐུ་བརྟན་བཞུགས་པའི་རྩར་དགེ་འདུན་བཞི་བཅུ་ཐམ་པས་ཉིན་བཞིན་སྦྱིན་བདག་གི་སྐུ་རིམ་བྱེད་པ་དང་། གཞན་པ་དགེ་འདུན་སྟོང་ཕྲག་དུ་མས་བསླབ་སྦྱངས་ལ་བརྩོན་པ་ཡོད་ཅིང་། ཕལ་ཆེ་བ་གྲུབ་པའི་མཐའ་དང་རིག་གནས་དག་ལ་མཁས་པའོ། །རྒྱ་ལམ་ལ་མ་དད་པ་དང་ཀུན་སྤྱོད་མི་གཙང་བ་ལེ་ལོ་ཆེ་བ་འགའ་ཞིག་བྱུང་ན་དེའི་གྲིབ་མ་ལ་ཆད་པ་བཅད་དེ་ངོ་ཚ་བར་བྱེད་པ་ལས། དངོས་སུ་དམའ་འབེབས་ལ་སོགས་མེད་དོ། །པཎྜི་ཏ་ཕྱོགས་གང་ལ་ཡང་མཁས་ཤིང་འགྲན་གྱི་ཟླ་མེད་པ་དག་སྒོ་སྲུང་དུ་བསྐོས་ནས་ཕྱོགས་གཞན་ནས་རྩོལ་འདོད་པར་འོངས་པ་རྣམས་ནང་དུ་མ་ཞུགས་གོང་དུ་ཕན་ཚུན་བརྒལ་ཏེ་རྒྱལ་ན་ནང་དུ་གཏོང་ལ་ཕམ་ན་ནང་དུ་མི་གཏོང་བར་དེ་ཉིད་ནས་ལྡོག་ཏུ་འཇུག་གོ། །

གཙུག་ལག་ཁང་དེ་ཉེ་འཁོར་དུ་འཕགས་པ་
རྣམས་ཀྱི་མཇོད་ཤུལ།

དེའི་ནང་དུ་གཏོང་འོས་པའི་རྐོལ་བ་བཙུ་ལས་རེ་གཉིས་ཙམ་སྐེ་བརྒྱད་དགུ་ཙམ་ལྡོག་དགོས་པར་འགྱུར་ཏོ། །གཙུག་ལག་ཁང་དེའི་ཉེ་འཁོར་དུ་ངོ་མཚར་བ་འཕགས་པ་རྣམས་ཀྱི་མཇོད་ཤུལ་ཤིན་ཏུ་མང་ཡང་ཆེ་ལོངས་ཙམ་ན། དགོན་པའི་ནུབ་ཕྱོགས་སུ་གཙུག་ལག་ཁང་ཞིག་ཡོད་པ་ནི། སྔོན་སྟོན་པ་ཟླ་བ་གསུམ་གྱི་རིང་ལྷ་དང་མིའི་འཁོར་རབ་ཏུ་མང་པོར་ཆོས་ཀྱི་འཁོར་ལོ་བསྐོར་བའི་གནས་སོ། །དེའི་མདུན་རོལ་གོམ་པ་བརྒྱ་ཙམ་ན་མཆོད་རྟེན་ཆུང་ཆུང་བ་ཞིག་ཡོད་པ་ནི། ཡུལ་ཐག་རིང་ནས་འོངས་པའི་བཙུན་པ་ཞིག་སྟོན་པ་འཁོར་བཅས་མཐོང་བའི་གནས་སོ། །དེའི་ལོ་རྒྱུས་ནི། ཐག་རིང་ནས་འོངས་པའི་བཙུན་པ་ཞིག་གནས་བསྐོར་བྱེད་ཀྱིན་རིམ་གྱིས་འདིར་སླེབས་པ་དང་སྟོན་པ་འཁོར་བཅས་གཤེགས་པ་མཐོང་ནས་དགའ་ཞིང་དད་དེ་ཡན་ལག་ལྔ་ས་ལ་གཏུགས་ཏེ་ཕྱག་འཚལ་ཞིང་འཁོར་ལོ་བསྒྱུར་བའི་རྒྱལ་པོ་འདོད་ནས་སྨོན་ལམ་བཏབ་བོ། །དེ་ལ་བཅོམ་ལྡན་འདས་ཀྱིས་འཁོར་རྣམས་ལ་གཟིགས་ཏེ་བཀའ་བསྩལ་བ། བཙུན་པ་འདི་སྙིང་རེ་རྗེ་ཅིའི་ཕྱིར་ན། བཙུན་པ་འདི་ནི་ཚེ་རབས་མང་པོར་དགེ་བའི་རྩ་བ་བསྐྱེད་པའི་ལས་ཅན་ཞིག་སྟེ། ང་དང་མཇལ་ནས་ཐར་པ་འདོད་ན་མི་འགྱངས་པར་གྲོལ་བ་འཐོབ་པར་འགྱུར་བ་ལ་འཁོར་ལོ་བསྒྱུར་རྒྱལ་འདོད་པ་ནི་སྙིང་རེ་རྗེ་ཤིན་ཏུ་རབ་ཏུ་སྙིང་རེ་རྗེ། འོན་ཀྱང་ཡན་ལག་ལྔ་ས་ལ་གཏུགས་ཤིང་སྨོན་ལམ་བཏབ་པས་ས་ཆེན་པོའི་རྡུལ་གྱི་གྲངས་དང་མཉམ་པའི་འཁོར་ལོས་བསྒྱུར་བའི་རྒྱལ་པོ་ཉིད་དུ་སྐྱེས་པར་འགྱུར་རོ་ཞེས་ལུང་བསྟན་ནོ། །དེའི་ལྷོ་ངོས་སུ་སྤྱན་རས་གཟིགས་དབང་ཕྱུག་གི་བཞེངས་སྐུ་ཞིག་ཡོད་

པ་ནི། འགའ་ཞིག་གི་མཐོང་སྣང་ལ་སྐུ་འདིས་སྤྱོས་ཕོར་ཐོགས་བསྣམས་ནས་གཙུག་ལག་ཁང་ལ་གཡས་སུ་བསྐོར་བ་མཛད་ཅིང་གཤེགས་པ་མཐོང་ངོ་། །དེའི་མདུན་ངོས་སུ་མཆོད་རྟེན་ཞིག་ཡོད་པའི་ནང་དུ་སྟོན་པའི་ཟླ་བ་གསུམ་གྱི་དབུ་སྐྲ་དང་ཕྱག་སེན་བཞུགས་ཤིང་ནད་པ་འགའ་ཞིག་གཡས་སྐོར་བྱས་པས་ནད་སེལ་བ་དག་མང་ངོ་། །དེའི་ར་བའི་ཕྱི་ན་རྫིང་བུ་ཞིག་ཡོད་པའི་ལོགས་སུ་མཆོད་རྟེན་ཞིག་ཡོད་པ་ནི། སྔོན་ཕྱི་རོལ་པ་ཞིག་གིས་ལག་ཏུ་བྱེའུ་ཞིག་བཟུང་ནས་འདི་ཤི་བ་ཞིག་གམ་གསོན་པོ་ཞིག་ཅེས་སྟོན་པ་ལ་དྲིས་པའི་གནས་སོ། །དེའི་ཤར་ལྷོའི་མཚམས་ཀྱི་ར་བའི་ནང་དུ་གོམ་པ་ལྔ་བཅུ་ཙམ་གྱི་ས་ན་ཤིང་ངོ་མཚར་བ་ཞིག་ཡོད་པའི་སྲིད་དུ་ཁྲུ་བཅུ་ཕྲག་བརྒྱད་དགུ་ཙམ་གྱི་སྟེང་ན་སླར་ཡལ་ག་གཉིས་གྱེས་སོ། །དེ་སྔོན་སྟོན་པའི་ཚེམས་ཤིང་ལས་འབྲུངས་ཟེར་ཏེ། ལོ་ཟླ་དེ་ཙམ་སོང་ཡང་ཤིང་དེ་ལ་འཕེལ་འགྲིབ་མེད་དོ་ཟེར་རོ། །དེའི་ཡང་ཤར་ཕྱོགས་སུ་དྲི་གཙང་ཁང་ཆེན་པོ་དཔངས་སུ་འདོམ་བཞི་བཅུ་ཙམ་ཡོད་པ་ནི། སྔོན་སྟོན་པས་ཟླ་བ་བཞི་པའི་རིང་བཞུགས་ནས་ལྷ་དང་མི་ལ་དམ་པའི་ཆོས་བསྟན་པའི་གནས་སོ། །དེ་ནས་བྱང་ངོས་སུ་གོམ་པ་བརྒྱ་ཙམ་ཕྱིན་པའི་སར་གཙང་ཁང་ཞིག་ཡོད་པའི་རྟེན་དུ་སྤྱན་རས་གཟིགས་ཀྱི་སྐུ་བརྙན་ཡོད་དོ། །དད་ལྡན་རྣམས་ཀྱི་སྣང་ངོར་རྣམ་པ་སྣ་ཚོགས་སྟོན་པ་ཞིག་གོ། །དེའི་རྒྱབ་ངོས་སུ་གཙང་ཁང་ཆེན་པོ་དཔངས་སུ་ཁྲུ་སུམ་བརྒྱ་ཡོད་པ་ནི། བྲ་ཧྨ་ཏི་ཏྱ་སྟེ་རྒྱལ་པོ་ཚངས་པའི་ཉི་མས་བཞེངས་པ་ཚད་དང་རྒྱན་བཀོད་དང་ནང་གི་རྟེན་སོགས་བྱང་ཆུབ་ཤིང་གི་གཙང་ཁང་ཆེན་པོ་དང་ཤིན་ཏུ་མཐུན་པའོ། །དེའི་བྱང་ཤར་གྱི་མཚམས་སུ་མཆོད་རྟེན་ཞིག་ཡོད་པ་ནི། སྔོན་སྟོན་པས་ཞག་བདུན་བཞུགས་ནས་ཆོས་བཤད་པའི་གནས་སོ། །དེའི་ནུབ་བྱང་ཕྱོགས་སུ་འདས་པའི་སངས་རྒྱས་བཞིའི་བཞུགས་ཁྲི་ཡོད་དོ། །དེའི་མདུན་ངོས་སུ་ར་གན་ལས་གྲུབ་པའི་གཙང་ཁང་ཡོད་པ་ནི། རྒྱལ་པོ་ཚུལ་ཁྲིམས་ཉི་མས་བཙོས་པ་ཅུང་ཟད་མ་ཛོགས་ཀྱང་ཁྲུ་ཉི་ཤུ་རྩ་གཉིས་

སྣང་ངོ་། །དེའི་ཤར་ཕྱོགས་སུ་གོམ་པ་ཉིས་བརྒྱ་ཙམ་སོང་བའི་ར་བའི་ཕྱི་རོལ་དུ་ཁང་བརྩིགས་དྲུག་ཡོད་པའི་ནང་ན། སྟོན་པའི་བཞེངས་སྐུ་གསེར་ཟངས་ལས་གྲུབ་པ་སྲིད་དུ་ཁྲུ་བརྒྱད་ཙུ་ལྷག་བཞུགས་ཏེ། རྟེན་གྱི་བོངས་ཚད་ནི་ཁང་པ་དྲུག་བརྩིགས་ཀྱི་སྲིད་དུ་ལོངས་པ། རྒྱལ་པོ་པཱུརྞ་ཝརྨ་སྡེ་གང་བའི་གོ་ཆས་བཞེངས་པའོ། །དེའི་རྒྱབ་ཕྱོགས་སུ་རྒྱང་གྲགས་གཉིས་གསུམ་ཙམ་གྱི་སར་སོ་ཕག་དང་ཀྱོ་མོའི་གཙང་ཁང་ཤིན་ཏུ་ཆེ་བ་ཞིག་གི་ནང་དུ། རྟེན་རྫེ་བཙུན་སྒྲོལ་མའི་སྐུ་བརྙན་གྱི་བོངས་ཚད་ཤིན་ཏུ་ཆེ་བ་བྱིན་རླབས་ཀྱི་ཚན་ཁ་ཤིན་ཏུ་དཔག་པར་དཀའ་བ་ཞིག་ཡོད་དོ། །ཡུལ་ཉེ་རིང་དུ་མའི་རྒྱལ་པོ་དང་བློན་པོ་དག་དང་། སྐྱེ་བོའི་རིགས་བཙུན་པ་རྣམས་ཀྱིས་དྲི་ཞིམ་པོའི་སྤོས་དང་མར་མེ་དང་དྲི་ཆབ་དང་ཞལ་ཟས་རོལ་མོ་སིལ་སྙན་སྣ་ཚོགས་དང་། ལག་ཆ་སྣ་ཚོགས་པའི་མཆོད་རྫས་ཀྱི་རིགས་མང་པོ་ཐོགས་ནས་མཆོད་ཅིང་། ཉི་མ་བདུན་གྱི་རིང་འཚོ་ནས་ཕྱག་སྐོར་བྱེད་པ་ནི་ལོ་སྟར་གྱི་ལུགས་སོ། །དེའི་ར་བའི་ལྷོ་སྒོའི་ནང་དུ་ཁྲོན་པ་ཞིག་ཡོད་པ་ནི། དེང་དཔོན་ཆེན་པོ་ཞིག་སྐོམ་པ་དང་ཚ་གདུང་གིས་གཟིར་ནས་སྟོན་པའི་དྲུང་དུ་རྒྱུག་ཅིང་སྐྱབས་བཙལ་བས་སྟོན་པས་མདུན་གྱི་སར་ཕྱག་མཛུག་གཏད་པ་ཙམ་གྱིས་ཆུ་བྱུར་གྱིས་བྱུང་བས་འཕྲུང་ཞིང་ཁྲུས་རོམ་རོམས་སུ་བྱས་ཤིང་དེ་ལ་ཆོས་བསྟན་པས་བདེན་པ་མཐོང་སྟེ་རྒྱུད་གྲོལ་ལོ། །

༢༥ ཀུ་ཤ་ཀའི་གྲོང་དང་མོའུ་འགལ་གྱི་བུ་བལྟམས་པའི་གནས།

གཙུག་ལག་ཁང་དེ་ནས་ལྷོ་ནུབ་མཚམས་སུ་རྒྱང་གྲགས་དགུ་ཙམ་ཕྱིན་པ་ན་ཀུ་ཤ་ཀའི་གྲོང་སོ། །དེའི་ནང་དུ་རྒྱལ་པོ་ཨ་ཤོ་ཀས་བཞེངས་པའི་མཆོད་རྟེན་ཞིག་ཡོད་པ་ནི། འཕགས་པ་མོའུ་འགལ་གྱི་བུ་བལྟམས་པའི་གནས་སོ། །དེའི་

ཡོགས་སུ་མཆོད་རྟེན་ཞིག་ཡོད་པ་ནི། འཕགས་པ་མོའུ་འགལ་གྱི་བུས་མི་གནས་པའི་སྤྱང་འདས་མངོན་དུ་བྱས་པའི་གནས་སོ། །དེའི་ནང་དུ་སྐུ་གདུང་ཡང་ཡོད་དོ། །འཕགས་པ་འདི་བྲམ་ཟེ་ཆེན་པོའི་རིགས་ཏེ་འཕགས་པ་ཤཱ་རིའི་བུ་དང་བྱིས་པའི་དུས་ནས་མཛའ་གྲོགས་ཡིན། ཁྱིམ་ལ་སུན་ནས་རབ་ཏུ་བྱུང་སློབ་དཔོན་དུ་ཤ་རྡ་ཡེ་བརྟེན་ནོ། །ཤཱ་རིའི་བུ་ནི་དགྲ་བཅོམ་པ་ཏྭ་ཐུལ་ལས་ཆོས་མཉན་པས་གྲོལ། འཕགས་པ་འདི་དེ་ལས་བརྒྱུད་དེ་མཉན་པས་རྒྱུན་ཞུགས་ཐོབ། དེ་ནས་རང་གི་ཟླ་གྲོགས་ཉིས་བརྒྱ་ལྔ་བཅུ་དང་ལྷན་དུ་སྟོན་པའི་དྲུང་དུ་ཕྱིན་པ་ན། སྟོན་པས་རྒྱང་རིང་པོ་ནས་གཟིགས་ནས་ཕ་གི་འོང་བ་ནི་ངའི་ཉན་ཐོས་ཀྱི་ནང་ན་རྫུ་འཕྲུལ་ཅན་གྱི་མཆོག་ཏུ་འགྱུར་པ་ཡིན་ནོ། །དེ་ནས་སྐུ་དྲུང་དུ་ཕྱིན་པ་ན་བཙུན་པ་ལེགས་པར་འོངས་སོ། །ཚངས་པ་མཚུངས་པར་སྤྱོད་ཅིག་སྡུག་བསྔལ་གྱི་མཐར་འབྱིན་ནོ། །གསུངས་པས་སྐྲ་དང་ཁ་སྤུ་རང་བྱི་སྟེ་ཆོས་གོས་དུར་སྨིག་དང་ལྡན་པར་གྱུར་ནས་ཞག་བདུན་ན་ཟག་པ་ཟད་དེ་དགྲ་བཅོམ་ཐོབ་པོ། །

༣༠ རྒྱལ་པོ་གཟུགས་ཅན་སྙིང་པོས་སྟོན་པ་བསུས་ཏེ་མཇལ་བའི་གནས།

མོའུ་འགལ་གྱི་བུའི་ཁྱིམ་ཤུལ་ཡོད་པའི་ལྗོངས་དེའི་ཤར་ཕྱོགས་སུ་རྒྱང་གྲགས་གསུམ་བཞི་ཙམ་ཕྱིན་པ་ན་མཆོད་རྟེན་ཞིག་ཡོད་པ་ནི། རྒྱལ་པོ་གཟུགས་ཅན་སྙིང་པོས་སྟོན་པ་བསུས་ཏེ་མཇལ་བའི་གནས་སོ། །དེར་སྟོན་པས་མཾ་གའི་ཏའི་སྐྱེ་བོ་མཆོག་དམན་དག་གི་འདོད་པ་ལྟར་ཆོས་གོས་གསོལ་ལྷུང་བཟེད་པ་བསྣམས་ཏེ་གྲོང་དུ་འཇུག་པར་ཆས་པའི་ཚེ། དགེ་སློང་སྟོང་གིས་བསྐོར་བྲམ་ཟེ་རལ་པའི་ཐོར་ཅོག་ཅན་དང་གོས་དུར་སྨིག་གྱོན་པ་མང་པོས་གཡས་གཡོན་མདུན་རྒྱབ་ནས་གཞོག

པ་བརྒྱངས་པ་བཞིན་བརྡལ། ལྷའི་དབང་པོས་མེར་སྤྲུལ་ཏེ་དབུ་རྒྱན་སོགས་རྒྱན་ཐམས་ཅད་ཀྱིས་བརྒྱན། ལག་པ་གཡས་པ་ན་རིན་པོ་ཆེའི་འཁར་བ་དང་། གཡོན་པ་ན་གསེར་གྱི་བུམ་པ་ཐོགས་ཏེ་ཕྱི་ནས་འབྲངས། རྒྱལ་པོ་ཆེན་པོ་བཞིས་མདུན་དུ་བརྟར་ཏེ་གྲོང་དུ་འཇུག་པར་ཆས་ཤིང་། རྒྱལ་པོ་གཟུགས་ཅན་སྙིང་པོ་འཁོར་བརྒྱ་སྟོང་ཁྲི་ཕྲག་མང་པོ་དང་བཅས་ལག་ན་མཆོད་རྫས་སྣ་ཚོགས་པ་ཐོགས་ནས་བསུས་ཤིང་། འདིར་སླེབས་པ་དང་ཇི་ལྟར་ཤིང་སྟོང་རྩ་བ་ནས་བཅད་པ་ལྟར་བཏུད་ཅིང་འགྱེལ་ཏེ་ལྷ་ཕྱག་བྱས་སོ། །

༣༧ ཀ་ལ་བི་ན་ཀའི་ལྡུམ་དང་འཕགས་པ་ཤཱ་རིའི་བུ་བལྟམས་པའི་གནས།

དེའི་ཤར་ཕྱོགས་སུ་རྒྱང་གྲགས་ཉི་ཤུ་ལྷག་བགྲོད་པ་ན་ཀ་ལ་བི་ན་ཀའི་ལྡུམ་སོ། །དེར་མཆོད་རྟེན་ཞིག་ཡོད་པ་ནི། འཕགས་པ་ཤཱ་རིའི་བུ་བལྟམས་པའི་གནས་ཏེ་དེ་ཉིད་ཀྱི་ཁྱིམ་ཤུལ་ཡོད་དོ། །དེའི་ཟོགས་སུ་ཨ་ཤོ་ཀས་བཞེངས་པའི་མཆོད་རྟེན་ཞིག་ཡོད་པ་ནི། འཕགས་པ་དེ་ཉིད་ཀྱི་སྐུ་གདུང་བཞུགས་པའི་མཆོད་རྟེན་ནོ། །འཕགས་པ་དེ་ནི་ཞིང་ས་ལ་ཆེན་པོ་ལྟ་བུའི་རིགས་སུ་འཁྲུངས་ཏེ། ཡུམ་གྱི་མིང་ཤཱ་རི་ཀ་ཟེར་ནུབ་ཅིག་ཡུམ་གྱི་རྨི་ལམ་ན། སྐྱེས་བུ་གསེར་གྱི་གོ་ཆ་གྱོན་པ་ཕྱག་ན་རྡོ་རྗེ་ཐོགས་པ་ཅིག་གིས་རྡོ་རྗེ་གསོར་ཞིང་རི་བྲག་ཐམས་ཅད་ཐལ་བར་བརླག རི་བྲག་མཐོན་པོ་ཅིག་སྐྱ་གཅིག་ལུས་པའི་རྩ་བར་འགྱེལ་ཏེ་འདུག་པ་རྨིས་སོ། །སད་ནས་ཁྱོད(ཁྱོ་བོ)ལ་བཤད་པས་ཁྱོད་ཀྱི་རྨི་ལྟས་བཟང་པོ། རྩོལ་བ་ཐམས་ཅད་རྨེག་མེད་དུ་བཅོམ་པའི་སྐྱེས་བུ་འགྲན་གྱི་ཟླ་མེད་པ་གཅིག་ལ་བརྟེན་པར་ལུང་བསྟན་ནོ། །མི་རིང་བར་སྦྲུམ་ཆགས་དང་ལྡན་པར་གྱུར་ནས་ཟླ་བ་བཅུ་རྫོགས་པ་ན་འཕགས་པ་

ཤཱ་རིའི་བུ་འཁྲུངས་སོ། །རིམ་གྱིས་ལོ་བརྒྱད་ལོན་པ་ན་རིག་པ་སྨྲ་བའི་ཁྱུ་མཆོག་ཏུ་གྱུར་ཏོ། །འཕགས་པ་མོའུ་འགལ་གྱི་བུ་དང་ཆུང་གྲོགས་བྱས་ཏེ་སྦྱོད་པར་འཕགས་པ་མོའུ་འགལ་གྱི་བུ་ནི་ཕྱི་རོལ་པའི་མཁས་པ་ཤན་ཅི་ཡེ་ལ་བསྟེན་ཏོ། །ཤཱ་རིའི་བུས་དེའི་གྲུབ་མཐའ་དྲིས་པས་མཐར་ཐུག་པའི་ཡང་དག་པའི་ལམ་མ་ཡིན་པར་རྟོགས་སོ། །ལན་ཅིག་གྲོང་དུ་འཛུག་པའི་ལམ་བར་ན་འཕགས་པ་རྟ་ཐུལ་དང་མཇལ་ཏེ་དམ་པའི་ཆོས་ཐོས་པ་ཙམ་གྱིས་རྒྱུན་ཞུགས་ཐོབ་པ་སོགས་སྔར་བཤད་པ་བཞིན་ནོ། །དེ་ནས་འཁོར་ཉིས་བརྒྱ་ལྔ་བཅུ་དང་བཅས་སྟོན་པ་ཚོལ་བ་ན་སྟོན་པས་རྒྱང་རིང་པོ་ནས་གཟིགས་ཏེ་ལུང་བསྟན་པ་སོགས་འཕགས་པ་མོའུ་འགལ་གྱི་བུའི་སྐབས་དང་འདྲ་བ་ལ། དེའི་ཟླ་བ་ཕྱེད་ཙམ་ན་ཀུན་ཏུ་རྒྱུ་སེན་རིང་གིས་ཞུས་པའི་མདོ་མཉན་པའི་རྐྱེན་གྱིས་དགྲ་བཅོམ་ཐོབ་བོ། །ཕྱིས་སུ་འཕགས་པ་ཀུན་དགའ་བོ་ལས་སྟོན་པ་མྱ་ངན་ལས་འདས་པར་བཞེད་པ་ཐོས་པས་མ་བཟོད་ནས་མྱ་ངན་ལས་འདས་སོ། །

༣༢ བརྒྱ་བྱིན་གྱི་བྲག་ཕུག

ལྷོངས་དེའི་ཤར་ལྷོའི་མཚམས་སུ་རྒྱང་གྲགས་བཞི་ལྔ་ཙམ་གྱི་སར་མཆོད་རྟེན་ཞིག་ཡོད་པ་ནི། ཤཱ་རིའི་བུའི་སློབ་མ་ཞིག་མྱ་ངན་ལས་འདས་པའི་གནས་སོ། །དེའི་ཤར་དུ་རྒྱང་གྲགས་སུམ་ཅུ་ལྷག་ཙམ་ན་དབང་པོའི་བྲག་ཕུག་ཡོད་དོ། །དེ་ནི་རི་ཤིན་ཏུ་འཕྲོ་དགའ་བ་མེ་ཏོག་དང་ཤིང་གི་ཚལ་སྣ་ཚོགས་ཀྱིས་བརྒྱན་པ་སྟེ། རི་བྲག་མཐོ་བ་གཉིས་ལས་གཡས་པའི་ངོས་ལ་རྫེ་ལེབ་མོ་ཆེ་བ་ཞིག་གི་སྟེང་དུ། སྔོན་སྟོན་པ་ལ་བརྒྱ་བྱིན་གྱིས་ཐེ་ཚོམ་བཞི་ཅུ་རྩ་གཉིས་དྲི་བ་མཛད་པའི་གནས་ཡིན་ནོ། །དུས་ཕྱིས་དེའི་འདྲ་གཟུགས་ཡོད་དོ། །རིའི་སྟོ་ལ་འདས་སངས་བཞི་ཀའི་བཞུགས་ཁྲི་ཡང

ཡོད་དོ། །གཡོན་པའི་སྒོ་ལ་གཙུག་ལག་ཁང་ཅིག་ཡོད། དེ་ནས་མཚན་མོ་གཡས་རིའི་སྒོ་ན་ཡོད་པའི་རྡོ་སྐུའི་མདུན་ན་སྒྲོན་མེའི་སྣང་བ་མཐོང་ངོ་ཟེར་རོ། །རིའི་སྒོ་ན་གནས་པའི་དགེ་འདུན་རྣམས་ཐེག་ཆུང་སྤྱོད་པ་ཤ་སྟག་སྟེ། ཐེག་པ་ཆུང་ངུ་ཞེས་པའི་དོན་ནི་རིམ་གྱིས་འཇུག་པའི་དོན་ཏེ་རིམ་གྱིས་པ་ཟེར་བ་དང་དོན་གཅིག་གོ། །

1 ཁྲུང་ཁྲུང་མཆོད་རྟེན་གྱི་ལོ་རྒྱུས།

དེར་ཧང་སའི་མཆོད་རྟེན་ཞེས་པ་ཡོད་དོ། །དེའི་ལོ་རྒྱུས་ནི། དེར་གནས་པའི་དགེ་འདུན་རྣམས་རྣམ་གསུམ་དག་པའི་ཤ་ལ་སྤྱོད་པ། སྐབས་ཤིག་ན་མུ་གེ་ཆེན་པོ་ཞིག་བྱུང་བས་དགེ་འདུན་རྣམས་བཀྲེས་པས་ཉེན་པ་ན། ཉིན་ཞིག་ཁྲུང་ཁྲུང་གི་ཕྲུ་གཅིག་འཕུར་བ་མཐོང་ནས་བཙུན་པ་ཞིག་གིས་རྩེད་མོའི་ཚུལ་གྱིས་འདི་སྐད་ཅེས། ཁྲུང་ཁྲུང་གི་ཕྲུ་འདིའི་ནང་ན་དུས་ཤེས་པ་ཞིག་ཡོད་ན་ཞེས་པས་ཁྲུང་ཁྲུང་ཞིག་ཕྲུ་ལས་ལྷུང་སྟེ་ཤིབས་སོ། །དེར་དགེ་འདུན་ཚང་མས་འགྱོད་ཅིང་ནོངས་པ་བཤགས་ནས་ཁྲུང་ཁྲུང་གི་རོ་དེ་ལ་མཆོད་རྟེན་བརྩིགས་སོ། །

2 ཐུག་རྣོན་མཆོད་རྟེན་གྱི་ལོ་རྒྱུས།

རི་དེའི་བྱང་ཤར་གྱི་མཚམས་སུ་རྒྱང་གྲགས་བརྒྱ་དང་བཅུ་ཕྲག་ལྔ་དྲུག་ཙམ་གྱི་སར་ཀ་པུ་སྟེ་ཀའི་གཙུག་ལག་ཁང་ཡོད་དོ། །དེར་དགེ་འདུན་ཉིས་བརྒྱ་ལྷག་པ་ཐམས་ཅད་ཡོད་སྨྲ་བའི་སྡེ་པའོ། །གཙུག་ལག་ཁང་གི་གཡོན་དུ་ཨ་ཤོ་ཀས་བཞེངས་པའི་ཀ་པུ་སྟེ་ཀའི་མཆོད་རྟེན་ཞེས་བྱ་བ་ཡོད་དོ། །དེའི་ལོ་རྒྱུས་ནི། སྔོན་པས་བྱང་

ཆུབ་ཀྱི་སྤྱོད་པ་སྤྱོད་པ་ན་གནས་འདིར་ཆོས་བཤད་ཅིང་བཞུགས་པའི་དུས་ཤིག་ན་རྟེན་པ་ཞིག་གིས་རྒྱ་ཁྲུར་ཏེ་ཡོང་ནས་སྨྲས་པ། བདག་གིས་ཉེ་མ་གཅིག་གི་རིང་བྱ་ཁྱུག་ལ་སླག་བཙལ་ཀྱང་བྱ་གཅིག་ཀྱང་མ་བྱུང་བས་ཁྱིམ་གྱི་བུ་བུ་མོ་ཚང་མ་བཀྲེས་པས་གཟིར་བས་འདི་ལ་ཐབས་ཤིག་བསྟོལ་ཞིག་ཟེར་བས་བྱང་ཆུབ་སེམས་ཁྱོད་ཀྱིས་མི་དང་ཆུ་སྐྱ་གོན་གྱིས་ཤིག་གསུངས་པས་རྟེན་པ་ལོག་གོ་ཅི་ཞིག་ན་བྱང་ཆུབ་སེམས་དཔའ་ཤུག་རོན་ཞིག་ཏུ་སྤྲུལ་ཏེ་ལྟེབས་པའི་ཤིའོ། །རྟེན་པས་ཤུག་རོན་གྱི་རོ་དེ་ཁྱེར་ནས་ཁྱིམ་མི་ཚང་མ་ཚིམས་པར་བྱས་སོ། །ཕྱིས་སུ་རྟེན་པས་ཚུལ་དེ་རིག་ནས་ནོངས་བཤགས་བྱས་ནས། སླར་བྱང་ཆུབ་སེམས་དཔའི་དྲུང་དུ་ཕྱིན་ནས་ཆོས་ཐོས་པས་དགྲ་བཅོམ་ཐོབ་ཟེར་རོ། །ཤུག་རོན་དེ་ལས་རིང་བསྲེལ་བྱུང་བ་ནི་ཁ་དོག་སྣ་ལྔ་ཁོ་ནར་སྣང་སྟེ་མཆོད་རྟེན་དེའི་ནང་དུ་བཞུགས་སོ། །

༣༣ ཇེ་བཙུན་སྤྱན་རས་གཟིགས་ཀྱི་སྐུ་བརྙན།

དེའི་ལྷོ་ཕྱོགས་སུ་རྒྱང་གྲགས་གཉིས་གསུམ་ཙམ་གྱི་སར་རི་ཆེག་སྐྱ་ཅིག་ཡོད་པ་མེ་ཏོག་ནགས་ཚལ་གྱི་བརྒྱན་པ་བྱ་སྐྱིབས་མཛེས་པས་བསྐོར་བས། དཀྱིལ་དུ་ཇེ་བཙུན་སྤྱན་རས་གཟིགས་ཀྱི་ལྷ་ཁང་ཡོད་པར་སྐུ་བརྙན་ཆུང་ཡང་དོད་ལེགས་ཤིང་བྱིན་རླབས་ཤིན་ཏུ་ཆེ་བ་སྟེ། དེར་དད་ལྡན་གྱིས་ཞག་བདུན་ནམ། འགའ་ཞིག་གིས་བདུན་ཕྲག་གཉིས་སམ་ཟླ་བ་ཕྱེད་ཙམ་དུ་སྙུང་བར་གནས་ཏེ་ཇེ་བཙུན་མཇལ་འདོད་ཀྱིས་གསོལ་བ་བཏབ་པས་སྐུ་བརྙན་ལས་དངོས་སུ་བྱོན་ཏེ་དབུགས་དབྱུང་མཛད་དོ་ཟེར་རོ། །ལན་ཅིག་རྒྱ་གར་ལྷོ་ཕྱོགས་ཀྱི་སཧྱ་ལའི་རྒྱལ་པོས་མི་ལོང་ལ་བལྟས་ཙ་ན་རང་གི་གཟུགས་བརྙན་མི་མཐོང་བས་སྐྲག་སྟེ། འཛམ་གླིང་གི་རྟེན་ཡིན་ནོ་ཅོག་ལ་གསོལ་བ་བཏབ་ཀྱང་ཕན་པ་མ་བྱུང་མཐར་རྟེན་འདི་ཉིད་ལ་གསོལ་བ་བཏབ་

པས་རང་གི་གཟུགས་བརྙན་རྫོགས་པར་མཐོང་བས་དད་དེ་མཆོད་རྒྱུན་བཙུགས་པ་ད་ལྟར་ཡང་ཡོད་དོ། །རྒྱུ་རྐྱེན་དེས་ཕྱོགས་གཞན་གྱི་རྒྱལ་པོ་དག་གིས་ཀྱང་མཆོད་པ་དང་དགོན་པ་གསར་འདེབས་ལྷ་ཁང་གསར་བ་བཞེངས་ཏེ་ཕུལ་བ་ཡང་མང་པོ་འདུག་གོ། །

༣༨ འདས་སངས་གསུམ་ཀའི་བཞུགས་ཁྲི་དང་མཛད་ཤུལ་སྐོར།

དེའི་ཤར་ལྷོའི་མཚམས་སུ་རྒྱང་གྲགས་བཞི་བཅུ་ལྷག་ཙམ་ཕྱིན་པ་ན་གཙུག་ལག་ཁང་ཞིག་ཡོད་པར་དགེ་འདུན་ལྔ་བཅུ་ལྷག་ཙམ་ཡོད་པ་ཐེག་དམན་པ་པོ་ནའོ། །དེའི་མདུན་ངོས་སུ་མཆོད་རྟེན་ཆེན་པོ་ཞིག་ཡོད་པ་ནི་བྱིན་རླབས་ཤིན་ཏུ་ཆེ་བར་གྲགས་པ་དེ་སྔོན་སྟོན་པས་ཞག་བདུན་དུ་ཚངས་པ་ཆེན་པོ་སོགས་ལ་ཆོས་བསྟན་པའི་གནས་སོ། །དེའི་ལོགས་ན་འདས་སངས་གསུམ་ཀའི་བཞུགས་ཁྲི་དང་མཛད་ཤུལ་དག་ཀྱང་ཡོད་དོ། །དེའི་བྱང་ཤར་མཚམས་སུ་རྒྱང་གྲགས་བདུན་ཅུ་ལྷག་སོང་བའི་སར་གངྒཱའི་ཀླུང་ཡོད་པའི་ལྷོ་ངོས་སུ་ལྗོངས་ཆེན་མི་ཁྲིམ་གྱི་སར་རབ་ཏུ་གཏམས་པ་ཞིག་ཡོད། དེའི་ཤར་ལྷོའི་མཚམས་སུ་མཆོད་རྟེན་ཆེན་པོ་ཞིག་ཡོད་པ་ནི། སྟོན་པ་ཉིན་ཞག་གཅིག་བཞུགས་ཏེ་ཆོས་བསྟན་པའི་གནས་སོ། །དེ་ནས་ཤར་ཕྱོགས་སུ་ནགས་ཆེན་པོའི་ནང་ན་བརྒྱུད་དེ་རྒྱང་གྲགས་བརྒྱ་ལྷག་ཕྱིན་པ་ན་རྒྱུ་ཡི་ནི་ར་ཞེས་པའི་ལྗོངས་ཆེན་པོ་ཡོད་དོ། །དེར་གཙུག་ལག་ཁང་ཞིག་དང་རྒྱལ་པོ་ཨ་ཤོ་ཀས་བཞེངས་པའི་མཆོད་རྟེན་ཡོད་པ་ནི། སྟོན་པ་ཟླ་བ་གསུམ་བཞུགས་ཏེ་ཆོས་གསུངས་པའི་གནས་སོ། །

དེའི་བྱང་ཕྱོགས་སུ་རྒྱང་གྲགས་གཉིས་གསུམ་ཕྱིན་པ་ན་རྒྱ་ཕྱོན་རྒྱང་གྲགས་

སུམ་ཅུ་ལྷག་ཡོད་པའི་མཚོའི་ནང་དུ་དུས་བཞི་ཀར་མེ་ཏོག་པདྨ་ཕྱེ་ཞིང་རྒྱས་པ་ཞིག་ཡོད་དོ། །

ས་བཅད་བཅུ་པ། ཡུལ་བཅུ་བདུན།

ཨི་ར་ན་ཛྷ་ཏའི་ཡུལ།

དེ་ནས་ཤར་ཕྱོགས་སུ་ནགས་སྟུག་པོ་བརྒྱུད་དེ་རྒྱང་གྲགས་ཉིས་བརྒྱ་བགྲོད་པ་ན་ཨི་ར་ན་ཛྷ་ཏའི་ཡུལ་ལོ། །ཐ་གྲུར་རྒྱང་གྲགས་སུམ་སྟོང་ལྷག་པ། ལྟེ་བའི་མཁར་ཆེན་ནི། བྱང་ངོས་གངྒཱའི་འགྲམ་ལ་བརྟེན་པ་མཐའ་སྐོར་ལེ་བར་ཉི་ཤུ་ཙམ་ཡོད་པ། ས་གཞི་ཤིན་ཏུ་གཤིན་ཞིང་འབྲུ་སྣ་ཚོགས་ཀྱི་ཞིང་དང་ལྗོན་པ་དང་མེ་ཏོག་དང་བཟའ་ཤིང་གི་རིགས་མང་པ། ནམ་དགུགས་ཙྭ་ལ་འཇམ་པ་མིའི་རང་བཞིན་བརྟན་ཞིང་གཡུང་བ། གཙུག་ལག་ཁང་བཅུ་ལྷག་པར་དགེ་འདུན་བཞི་སྟོང་ལྷག་གནས་པ་ཕལ་ཆེར་གནས་བརྟན་སྡེ་པའོ། །ཕྱི་པའི་ལྷ་ཁང་ཉི་ཤུ་ལྷག་པར་མུ་སྟེགས་རིགས་སྣ་ཚོགས་འདྲེས་མར་འདུག་གོ། །ད་ལྟ་ཉེ་འཁོར་གྱི་རྒྱལ་པོས་དབུས་ཀྱི་མཁར་ཕྱོགས་ཏེ་གྲོང་ཁྱེར་གྱི་ནང་དུ་གཙུག་ལག་ཁང་ཆེན་པོ་བཞེངས་དགེ་འདུན་བསྡུས་ནས་བཀུར་སྟི་བྱེད་དོ། །དགེ་འདུན་རྣམས་ཐེག་དམན་པ་ཁོ་ནའོ། །

༡ རི་བོ་ཨི་ར་ན།

གྲོང་ཁྱེར་དེ་དང་མི་རིང་བར་གངྒཱའི་འགྲམ་དུ་རི་བོ་ཨི་ར་ན་སྟེ་སྤྲིན་དང་ན་བུན་འཐིབ་སྟེ་ཉི་ཟླ་སྒྲིབ་བཞིན་པ་གནས་དྲང་སྲོང་གྲུབ་པ་དག་རྟག་པར་གནས

པའི་གནས་སོ། །དེང་སང་ལྷ་ཁང་རྙིང་པའི་ཤུལ་རིས་ཀྱང་ཡོད་དོ། །སྔོན་སྟོན་པས་ལྷ་དང་མི་ལ་དམ་པའི་ཆོས་བསྟན་ཞིང་བཞུགས་སྦྱོང་བ་ཞིག་གོ། །གྲོང་ཁྱེར་དེའི་ལྷོར་མཆོད་རྟེན་ཞིག་ཡོད་པ་ནི། སྔོན་སྟོན་པས་ཟླ་བ་གསུམ་གྱི་རིང་བཞུགས་ནས་ཆོས་བསྟན་པའི་གནས་སོ། །དེའི་ཡོགས་སུ་འདས་པའི་སངས་རྒྱས་རྣམ་གསུམ་གྱི་བཞུགས་ཁྲི་དང་མཛད་ཤུལ་ཀྱང་ཡོད་དོ། །

༢ གྲོ་བཞིན་སྐྱེས་རྣ་བ་བྱེ་བ་ཉི་ཤུ་རི་བ་འབྲུངས་ཡུལ་གྱི་ལོ་རྒྱུས།

དེའི་གཡས་སུ་མཆོད་རྟེན་ཞིག་ཡོད་པ་ནི། གྲོ་བཞིན་སྐྱེས་རྣ་བ་བྱེ་བ་ཉི་ཤུ་རི་བ་འབྲུངས་པའི་ཡུལ་ལོ། །དེའི་ལོ་རྒྱུས་ནི། སྔོན་ཁྱིམ་བདག་ཕྱུག་པོ་གྲགས་པ་དང་ལྡན་པ་ལ་བུ་བཙའ་བར་ཉེ་བ་ན། དགེ་བའི་མཚན་ལྟས་དཔག་ཏུ་མེད་པ་བྱུང་བས། ཁྱིམ་བདག་གིས་གལ་ཏེ་བུ་ཞིག་བྱུང་ན་སུས་ཐོག་མར་བསྒྲགས་པའི་མི་ལ་ཛམ་བྱེ་བ་ཉི་ཤུ་སྟེར་རོ་ཞེས་ཁས་བླངས་ཤིང་། གྲོ་བཞིན་གྱི་ཟླ་བ་དང་ཉི་མ་བབས་པའི་ཉིན་བུ་མཚན་ལྡན་ཞིག་སྐྱེས་སོ། །ཁྱིམ་བདག་དགའ་ནས་ནོར་བུའི་རྣ་རྒྱན་ཤིན་ཏུ་རིན་ཆེ་བ་ཞིག་སྟེར་རོ། །དེས་ན་གྲོ་བཞིན་སྐྱེས་སྣ་བ་བྱེ་བ་ཉི་ཤུ་རི་བར་འབོད་དོ། །དེའི་རྐང་བར་ཁྲུ་གང་ལྷག་པའི་གསེར་གྱི་མདོག་ཅན་གྱི་སྤུ་ཡོད་པ་ཞིག་གོ། །དེར་ཁྱིམ་བདག་རབ་ཏུ་དགའ་ནས་བུ་དང་དེའི་ན་ཟླ་ཕལ་ཆེར་བསྡུས་ཏེ་བུའི་གྲན་བྱེད་དུ་བཙུགས་ཤིང་། ལྷན་དུ་རོལ་རྩེད་བྱེད་ཅིང་ལོངས་སྤྱོད་ཀྱང་ཆ་མཉམ་དུ་བགོས་པས་དེ་དག་ཀྱང་མ་འགྲུངས་པར་ཕྱུག་པོར་གྱུར་ཏོ། །སྟོན་པས་དགེ་རྩ་སྨིན་པ་མཁྱེན་ནས་འཕགས་པ་མོའུ་འགལ་གྱི་བུ་ཆེན་པོ་མངགས་ཏེ་བཏུལ་ལོ། །ཁྱིམ་བདག་དེས་མཆོད་ཡུལ་དུ་ལྷའི་བུ་ཉི་མ་མཆོད་པས། བུས་ཉི་མ་རེའི་ཉི་མ་འཆར

དུས་སུ་ཤར་ཕྱོགས་སུ་ཕྱག་བཙལ་བ་ན། མོའུ་འགལ་གྱི་བུ་ནམ་མཁར་འཕགས་ཏེ་རྫུ་འཕྲུལ་གྱིས་ཉི་མའི་དཀྱིལ་ནས་ཐོན་ཏེ་བབས་ནས་མདུན་དུ་འགྲེང་སྟེ་འདུག་པར། བུས་ཐེ་ཚོམ་ཟློས་ཏེ་ལྷ་ཉི་མ་ལགས་སམ་དྲིས་པས་འཕགས་པས་འཚལ་ཞེས་དང་དུ་བླངས་བས་ཞལ་ཟས་དྲི་ཞིམ་པ་སྦྱར་ནས་ཕུལ་བས་དུས་དེ་ནས་བཟུང་དྲི་ཞིམ་གྱིས་རྒྱལ་པོའི་ཁབ་ཁྱབ་པར་གྱུར་ཏོ། །གཟུགས་ཅན་སྙིང་པོས་དྲི་དེ་ལ་ངོ་མཚར་སྐྱེས་ནས་བང་ཆེན་པ་བཏང་སྟེ་ཁྱིམ་ཐམས་ཅད་ལ་རིམ་གྱིས་བཙལ་ཏེ། འདམ་བུའི་ཚལ་དུ་འཕགས་པ་མོའུ་འགལ་གྱི་བུ་བཞུགས་པའི་ཁང་པར་དེ་འདྲ་བའི་དྲི་ཞིམ་ཐྲོ་བ་ཤེས་ནས་རྒྱུ་མཚན་དྲིས་པས་སྔར་གྱི་རྒྱུ་མཚན་སྨྲས་པས་རྒྱལ་པོས་རྟ་བ་བྱེ་བ་རི་འབོད་དུ་བཏང་ངོ་། །དེ་ནས་སྟོན་པས་རྟ་བ་བྱེ་བ་ཉི་ཤུ་རི་ལ་བཀའ་བསྐུལ་བ། རྒྱལ་པོས་ཁྱོད་འབོད་དུ་འོང་སྟེ་ཁྱོད་སོང་ལ་ཅི་ནས་ཀྱང་རྐང་པ་མ་བརྐྱངས་ཤིག་རྒྱལ་པོས་དྲིས་ཚེ་བཀའ་ཆད་ཡོད་དོ་གྱིས་གསུངས་ནས་བཏང་ངོ་། །དེ་ནས་ཁྱིམ་བདག་སྐྲག་ནས་བཞོན་པ་ཞོན་ཀྱང་མི་བདེ་བར་འཁྱོལ་བས། རྐང་གིས་བུ་ཁྲིད་དེ་འགྲོ་སླམ་ཡང་འཛིགས་པས་འདུག་མ་ཚུགས། གྲུ་ལ་ཞུགས་ན་འགྲོ་ཉུང་བ་ཙམ་དུ་མཐོང་ནས་ཁྱིམ་བདག་གིས་ཁྱིམ་ནས་ཡུར་བཀོས་ཏེ། རྒྱལ་པོས་ཁབ་ལ་ཐུག་པའི་བར་ཡུར་བ་བཀོས་ན་ཉུང་ངམ་ཞེས་པས་རྒྱལ་པོས་གནང་ངོ་། །དེ་ན་གྲུ་ལ་ཞུགས་ཏེ་རྒྱལ་པོའི་རྩར་ཕྱིན་པ་དང་། རྒྱལ་པོས་རྐང་པ་རྐྱོངས་ཤིག་གསུངས་པས། རྒྱལ་པོའི་མདུན་དུ་རྐང་ལག་བརྐྱངས་བསྐྱམས་མི་ཉུང་ཆད་པ་ཡོང་ཟེར་ནས་མ་ཉན་པས། དེ་ལ་རྒྱལ་པོ་གཟུགས་ཅན་སྙིང་པོ་མགུ་ནས་བདག་རྐྱེན་དཔེ་མེད་བསྐུལ་ལོ། །དེ་ནས་སྟོན་པའི་དྲུང་དུ་གཏུགས་ཏེ་ཚུར་ཤོག་གིས་བསྙེན་པར་རྫོགས་ཏེ་བསླབ་པ་ཅི་ཙམ་འབད་ཀྱང་གྲོལ་བ་མ་ཐོབ་པས་དེ་ནས་ལྷག་པར་བརྩོན་པ་དྲག་པོ་བྱས་པས་རྐང་མཐིལ་གྱི་སྤུ་དེ་ཟག་ནས་ཁྲག་བྱུང་ངོ་། །དེར་སྟོན་པས་བཀའ་བསྐུལ་བ་ཁྱོད་ཁྱིམ་ན་གནས་པའི་ཚེ་རིག་པ་འགའ་ལ་རྩལ་ཐོན་ནམ། ཞུས་པ་པི་ཝང་ལ་མཁས་

པར་གྲགས་ལགས་སོ། །བཀའ་བསྡུལ་བ་པི་ཕང་བརྟུང་བའི་ཚེ་རྒྱུད་ཧ་ཅང་གྲིམ་དྲག་ན་རྒྱུད་འཆད་ལ། ཧ་ཅང་ལྷོད་དྲག་ན་སྒྲ་སྙན་པོ་མི་འབྱུང་བ་དེ་བཞིན་དུ། ཉམས་ལེན་ཀྱང་གྲིམ་ལྷོད་འཚམས་པར་གྱིས་ཤིག་གསུང་ངོ་། །དེ་ལྟར་ཉམས་སུ་བླངས་པས་ཚེགས་མེད་པར་དགྲ་བཅོམ་ཐོབ་བོ། །

༣ རི་བོ་ཆིག་སྐྲ་ཅིག་ཐོག་གི་སྟོན་པའི་རྗེས་ཤུལ།

གྲོང་ཁྱེར་གྱི་ནུབ་ཕྱོགས་གཏྲའི་ཀླུང་དང་ཉེ་བའི་ལྟོར་རི་བོ་ཆིག་སྐྲ་ཅིག་ཡོད་ཤང་ཤོང་ཤིན་ཏུ་ཆེ་བ་དེར་སྟོན་པས་དབྱར་གནས་པ་ཟླ་བ་གསུམ་མཛད་ཅིང་གནོད་སྦྱིན་བ་ཀུ་ལ་བཏུལ་བའི་གནས་སོ། །དེའི་ཤར་ལྟོའི་མཚམས་སུ་ཕ་བོང་ཆེན་པོའི་སྟེང་དུ་སྟོན་པ་ཞབས་སྐྱིལ་ཀྲུང་གིས་བཞུགས་པའི་རྗེས་ཟབས་སུ་ཚོན་གང་ལྷག་ནུབ་པ་དཀྱུས་སུ་འདོམ་གང་ཚོན་དོ་ཞེང་དུ་ཁྲུ་དོ་དང་ཚོན་གང་ཡོད་པ་དེར་མཆོད་རྟེན་གཅིག་བཞེངས་འདུག་གོ། །དེ་དང་མི་རིང་བར་ལྷོ་ངོས་སུ་ཀུཎྜི་སྟེ་སྟོན་པའི་སྤྱི་བླུགས་བཞག་པའི་ཤུལ་རྫོའི་ཐོག་ཏུ་ཚོན་གང་ལྷག་ནུབ་པ་པདྨ་འདབ་བརྒྱད་ཀྱི་རིས་ཅན་སྣང་ངོ་། །དེའི་ཤར་ལྟོར་མི་རིང་བར་གནོད་སྦྱིན་བ་ཀུ་ལའི་རྐང་རྗེས་དཀྱུས་སུ་ཁྲུ་གང་དང་ཚོན་ལྔ་དྲུག་ཙམ་དང་ཞེང་དུ་ཚོན་བདུན་བརྒྱད་ཟབས་སུ་ཚོན་དོ་ཉེ་བ་ཡོད་དོ། །དེའི་རྒྱབ་ཏུ་རྡོའི་སྐུ་འདྲ་དཔངས་སུ་ཁྲུ་བདུན་བརྒྱད་ལོངས་པ་འདུག་གོ། །དེའི་ནུབ་ཏུ་མི་རིང་བར་སྟོན་པ་གཤེགས་འཆག་མཛད་པའི་གནས་ཡོད་དོ། །རིའི་སྤོ་ནི་གནོད་སྦྱིན་བ་ཀུ་ལའི་ཁྱིམ་རྙིང་ཡིན་ནོ། །དེའི་རྒྱབ་ཙམ་ན་སྟོན་པའི་ཞབས་རྗེས་དཀྱུས་སུ་ཁྲུ་གང་ཚོན་བརྒྱད་ཞེང་ཚོན་དྲུག་ཟབས་སུ་སོར་གང་ཡོད་པའི་སྟེང་དུ་མཆོད་རྟེན་ཞིག་ཀྱང་ཡོད་དོ། །སྟོན་པས་གནོད་སྦྱིན་དེས་མིའི་སྲོག་མི་གཅད་མི་ཤ་མི་ཟ་བའི་དམ་བཅའ་བླངས་སོ། །དེ་ནས་བ་ཀུ་ལ་གནོད་

སྤྱིན་གྱི་རྟེན་དོར་ནས་ལྷའི་སྐྱེ་བ་བླངས་སྐད་དོ། །དེའི་ནུབ་ཕྱོགས་སུ་ཚུ་ཚན་ཤིན་ཏུ་ཚ་བ་ཞིག་འདུག་གོ། །གྲོང་ཁྱེར་གྱི་ལྟོར་རི་ཆེན་པོའི་ནང་ན་སྤྲང་རྒོད་མང་པོ་ཡོད་པ་དག་ལུས་བོ་ཆེ་ལ་རགས་པ་ཡོད་དོ། །

ཛམྦུའི་ཡུལ།

དེ་ནས་གཙང་འི་ཀླུང་གི་འབབ་ཕྱོགས་སུ་བརྒྱུད་དེ་ཤར་དུ་རྒྱང་གྲགས་སུམ་བརྒྱ་ལྔག་ཕྱིན་པ་ན་ཛམྦུ་ཞེས་བྱ་བའི་ཡུལ་ཐ་གྲུར་རྒྱང་གྲགས་བཞི་སྟོང་ཙམ་དབུས་ཀྱི་མཁར་ཆེན་ནི་རྒྱབ་གཙང་ལ་བརྟེན་པ། ཁོར་ཡུག་ཏུ་རྒྱང་གྲགས་བཞི་བཅུ་ཙམ་ཡོད་པ་ས་གཞི་དང་ནམ་དབྱུགས་དྲོ་ཞིང་བཞུན་གཤེར་ཆེ་བས་འབྲུ་སྣ་ཚོགས་སྐྱེ་ཞིང་མིའི་རང་བཞིན་གཡུང་ཞིང་བརྟན་པ་གཙུག་ལག་ཁང་བཅུ་ཕྲག་དུ་མ་ཡོད་ཀྱང་ཕལ་ཆེར་གོག་པོར་གྱུར་པ་མང་ངོ་། །དགེ་འདུན་ཉིས་བརྒྱ་ལྷག་ཀུན་ཐེག་དམན་པའོ། །མུ་སྟེགས་པའི་ལྷ་ཁང་བཅུ་ཕྲག་གཉིས་ལྷག་པར་ཕྱི་པ་རིགས་སྣ་ཚོགས་པའི་འདྲེས་མར་གནས་སོ། །མཁར་གྱི་རྒྱུ་ནི་སོ་ཕག་དང་ གྱོ་མོས་བརྩིགས་པ་དཔངས་སུ་འདོམ་དོ་མི་ལོངས་པ། གནའ་དུས་སྐྱེ་བོ་རྣམས་ཁང་ཁྱིམ་མེད་ཅིང་སྤྱིལ་བུ་དང་ཕུང་བུར་གནས་ཏེ་སོ་ཚོས་བསྐྱབས་པ་ལ། ཕྱིག་མར་གནས་འདིར་ཁང་ཁྱིམ་བཟོས་ཏེ་གནས་སོ། །མི་མ་ཡིན་གྱི་བུ་མོ་ཞིག་བྱུང་ནས་ཆུ་བོ་གཙང་ལ་ཁྲུས་བྱས་ཏེ། མི་ཞིག་དང་འདུས་པ་ལས་སྲོག་ཆགས་ལྡན་པར་གྱུར་ཏེ་བུ་བཞི་བཙས་སོ། །དེ་དག་ཆེར་སྐྱེ་བ་ན། འཛམ་བུའི་གླིང་ཆ་བཞིར་བགོས་ཏེ་སོ་སོར་ཁང་ཁྱིམ་བཟུང་དུ་བཙུག་པས། འདི་ནི་དེའི་ཆ་གཅིག་ཡིན་དེས་ན་འཛམ་གླིང་དུ་ཁང་ཁྱིམ་གྱི་དང་པོ་ཡིན་ནོ་ཟེར་རོ། །གྲོང་ཁྱེར་གྱི་ཤར་དུ་རྒྱང་གྲགས་བརྒྱ་དང་བཞི་བཅུ་ལྔ་བཅུ་ཙམ་ཕྱིན་པ་ན།

གཙྪའི་ལྷོ་འགྲམ་གྱི་རི་བོ་མཐོ་བ་ཞིག་ལ་ལྷ་ཁང་ངོ་མཚར་ཆེ་བ་ཞིག་སྣང་ངོ་། །ཆུ་མིག་གི་ཆུ་ཡུར་བ་ལ་དྲངས་ཏེ་རྫིང་བུར་བསྐྱིལ་བ་མེ་ཏོག་དང་ཤིང་ཏོག་མཚར་པའི་ཚལ་གྱིས་བརྒྱན་པ། དྲང་སྲོང་གྲུབ་པའི་རིགས་གསང་བའི་རྣལ་འབྱོར་པ་མང་པོ་གནས་ཤིང་། སླང་རྒོད་དང་གཅན་གཟན་ཁྱུར་ལོངས་པ་རྒྱུའོ། །

ཏེ་ཧུ་ཧྲི་རིའི་ཡུལ།

དེ་ནས་ཤར་ཕྱོགས་སུ་རྒྱང་གྲགས་བཞི་བརྒྱ་ལྷག་ཙམ་ཕྱིན་པ་ན་ཏེ་ཧུ་ཧྲི་རིའི་ཡུལ་ལོ། །དེའི་ཐ་གྲུར་རྒྱང་གྲགས་ཉིས་སྟོང་ལྷག་ཡོད་པ། ས་གཞི་དྲོ་ཞིང་འཇམ་པ་ཀླན་གཤེར་ཆེ་ཞིང་མི་རྣམས་བསྲུན་ལ་འཇམ་པ་ཡོན་ཏན་ལ་དགའ་བ་འབྲུ་སྣ་ཚོགས་འདེབས་པ། གཙུག་ལག་ཁང་དྲུག་བདུན་ཡོད་པར་དགེ་འདུན་སུམ་བརྒྱ་ལྷག་ཙམ་གནས་སོ། །ཕྱི་པའི་ལྷ་ཁང་བཅུ་ལ་མུ་སྟེགས་པ་རིགས་སྣ་ཚོགས་པ་འདྲེས་ཏེ་གནས་པ་རིགས་གསང་ནས་སོ་སོའི་ཧུལ་ཞུགས་ལ་སྤྱོད་མཁན་ཡང་མང་པོ་མཆིས་སོ། །འབངས་ལ་དབང་བའི་རྒྱལ་པོའི་རིགས་ཚད་ནས་ལོ་བརྒྱ་ཕྲག་དུ་མ་སོང་ཞིང་། གྲོང་ཁྱེར་ཀྱང་ཞིག་སྟེ་ཤུལ་ཙམ་ཡང་མི་མངོན་ནོ་ལྷོངས་ཕྲན་མང་པོ་ལ་མི་ཁྲིམ་གྱིས་གང་བ། སྔོན་རྒྱལ་པོ་ཚུལ་ཁྲིམས་ཉི་མས་རྒྱ་གར་ཤར་ཕྱོགས་སུ་སྒྲོ་སངས་སུ་ཕེབས་སྐབས་འདིར་སླེབས་ཏེ། ཕེབས་ཕྲལ་འཛག་མའི་སྦྱིལ་བུ་བཅོས་ནས་བཞུགས་ཤིང་འགྲོ་དུས་སྦྱིལ་བུ་ལ་མེ་བཏང་ནས་རྗེས་མི་མངོན་པར་བྱས་སོ་ཟེར་རོ། །དེའི་ལྷོ་ཕྱོགས་སུ་སླང་རྒོད་མི་བསྲུན་པ་ཤིན་ཏུ་མང་ངོ་། །དེ་ནས་བྱང་ཕྱོགས་སུ་བསྒྲོད་དེ་གཙྪའི་འགྲམ་དང་ཉེ་བ་ན་སྟེགས་བུ་མཐོ་ཞིང་ཡངས་པ་ཅིག་ཡོད་དོ། །སོ་ཕག་དང་རྡོ་གྲུ་བཞི་པ་འདྲེས་མས་བརྩིགས་པ་དེའི་ངོས་སུ་སངས་རྒྱས་

དང་བྱང་ཆུབ་སེམས་དཔའ་དང་ལྷ་རྣམས་ཀྱི་གཟུགས་བརྙན་བཀོས་པ་སྣ་ཚོགས་པ་རབ་ཏུ་མང་བ་ཡོད་དོ། །

བེ་ན་ཧྲ་ཐནྣའི་ཡུལ།

དེ་ནས་ཤར་ཕྱོགས་སུ་གཙྪ་བགྲལ་ཏེ་འགྲམ་བརྒྱུད་དེ་རྒྱང་གྲགས་དྲུག་བརྒྱ་ལྷག་ཙམ་ཕྱིན་པ་ན་བེ་ན་ཧྲ་ཐནྣའི་ཡུལ་ལོ། །དེའི་ཐ་གྲུར་རྒྱང་གྲགས་སྟོང་ཕྲག་བཞི་ཙམ། ལྟེ་བའི་མཁར་ཆེན་པོ་ནི་ཐ་གྲུར་རྒྱང་གྲགས་སུམ་ཅུ་ལྷག་ཙམ། མི་ཁྲིམ་རབ་ཏུ་མང་པོས་གཏམས་ཤིང་མགྲོན་ཁང་དང་མེ་ཏོག་གི་ཤིང་དང་བཟའ་ཤིང་གི་རྣ་བ་དག་གིས་གཏམས་པ། སྲ་ན་ས་ཟེར་པའི་ཤིང་ཏོག་ཤིན་ཏུ་མོད་ཅིང་རིན་ཆེ་བ། དེ་ནི་དགུན་གའི་ག་གོན་ཏེ་རྒྱ་ནག་སྐད་དུ་ཏུང་བཀྭའ་ཟེར་བ་དང་དབྱིབས་མཚུངས་ཤིང་སྨིན་པ་ན་ཁ་དོག་དམར་སེར་ཁ་བཤག་སྟེ་ཕྱེ་བ་ན་ནང་དུ་ཤིང་ཏོག་ཆུང་བ་ཁྲུང་ཁྲུང་གི་སྒོང་ང་ཙམ་པ་བཅུ་ཕྲག་དུ་མ་ནང་ཤ་ཡང་མདོག་དམར་སེར། འགའ་ཞིག་ནི་ཤིང་གི་ཡལ་ག་ལས་སྐྱེས་ལ་ལ་ཤིང་གི་རྩ་བར་འབྱར་ནས་འབྱུང་བ་ཨ་ཀ་ལིག་སྟེ་རྒྱ་ནག་སྐད་དུ་ཕུའུ་ལིང་ཟེར་བ་དང་མཚུངས་པ་དྲི་ཞིམ་བྲོ་བ་རོ་མངར་བ་ཡིད་དུ་འོང་བ་ཞིག་གོ། །ཤིང་དེའི་ཡལ་ག་ནི་ཤིང་ཕལ་བ་དང་འདྲའོ། །མིའི་རང་བཞིན་འཇམ་ལ་སྔར་མ་སློབ་གཉེར་ལ་བརྩོན་པ་ཆེ་བ། གཙུག་ལག་ཁང་གྲངས་ཉི་ཤུ་ལ་དགེ་འདུན་སྟོང་ཕྲག་གསུམ་ལྷག་ལ་ཐེག་པ་ཆེ་ཆུང་སྦྲགས་མར་སྦྱོང་པ་དང་། ཕྱི་རོལ་པའི་ལྷ་ཁང་བརྒྱ་ཕྲག་གཅིག་ལ་གཅེར་བུ་པ་དང་གྲངས་ཅན་པ་འདྲེས་མར་གནས་སོ། །

བ་ཤི་བའི་གཙུག་ལག་ཁང་།

གྲོང་ཁྱེར་གྱི་ནུབ་ཕྱོགས་རྒྱང་གྲགས་ཉི་ཤུ་ལྷག་ན། བ་ཤི་བའི་གཙུག་ལག་ཁང་ཡོད་དོ། །དེར་ལྡིང་ཁང་གསལ་ལ་དོད་ལེགས་པ་སྟེགས་བུ་ཁང་བརྩིགས་རྣམས་མཐོ་བ་བརྟན་ཆགས་པར་དགེ་འདུན་བདུན་བརྒྱ་ལྷག་བཞུགས་པ་ཐེག་ཆེན་པ་ཁོ་ནའོ། །རྒྱ་གར་ཤར་ཕྱོགས་སུ་རིག་གནས་ལ་མཁས་པར་གྲགས་པ་དང་རྟོགས་པ་མཐོ་བར་གྲགས་པའི་བཙུན་པ་ཕལ་ཆེར་འདིར་གདན་ཆགས་པ་མང་ངོ་། །དེའི་ལོགས་སུ་མི་རིང་བར་ཨ་ཤོ་ཀས་མཆོད་རྟེན་བཞེངས་པ་ནི། སྟོན་པས་ཟླ་བ་གསུམ་བཞུགས་ཏེ་ལྷ་མི་རྣམས་ལ་ཆོས་བསྟན་པའི་གནས་སོ། །གསོ་སྦྱོང་གི་ཉིན་ལ་བབབ་པ་ན་སྒྲོན་མེ་འཕྲེད་པ་ཞིག་གོ། །དེ་དང་ཉེ་བར་འདས་སངས་བཞི་ཀའི་བཞུགས་ཁྲི་དང་མཛད་རྗེས་ཡོད་དོ། །དེའི་ཡང་ལོགས་སུ་ཉེ་བའི་སར་གཙུག་ལག་ཁང་ཞིག་ཡོད་པའི་ནང་དུ་འཕགས་པ་སྤྱན་རས་གཟིགས་དབང་ཕྱུག་གི་སྐུ་བརྙན་ཞིག་ཡོད་པ་ནི། བྱིན་རླབས་ཤིན་ཏུ་ཆེ་བས་ཐག་ཉེ་རིང་ན་གནས་པ་ཐམས་ཅད་ཀྱིས་ཐུན་མོང་ལ་གྲགས་པས་སྨྱུང་བར་གནས་ཏེ་དངོས་སུ་མཐོང་བར་གསོལ་བ་བཏབ་པས་ཕལ་ཆེར་འདོད་པ་བཞིན་འགྲུབ་ངོ་། །

ཀ་མ་རུ་པའི་ཡུལ།

དེ་ནས་ཤར་ཕྱོགས་སུ་རྒྱང་གྲགས་དགུ་བརྒྱ་བགྲོད་ནས་ཆུ་ཀླུང་ཆེན་པོ་ཞིག་བརྒལ་བ་ན། ཀ་མ་རུ་པའི་ཡུལ་དེའི་ཐ་གྲུ་རྒྱང་གྲགས་ཁྲི་ཚོ་གཅིག་ཡོད་

དོ། །གཞུང་མཁར་ཁོར་ཡུག་ཏུ་རྒྱང་གྲགས་སུམ་ཅུ་ལྷག་ཡོད་པ། ས་གཞི་རྡོ་ལ་གཤེར་བ་འབྲུ་གང་ཡང་འདེབས་ཤིང་། ལྷག་པར་ཤིང་ཏོག་སྣ་ན་ས་དང་ན་ར་ཀི་ར་སོད་པ། ཤིང་ཏོག་དེ་དག་གི་ཤིང་ནགས་སུ་ལོངས་པ་ཡོད་ཀྱང་རིན་ཆེའོ། །མིའི་རང་བཞིན་སྟར་མ་ལུས་བོངས་ཆུང་བ་བཞིན་ནག་པ། ཆུ་སྐྱུང་རིང་མོ་དང་མཚོ་རྫིང་འདྲེས་མར་གནས་པ། གྲོང་དང་གྲོངས་ཀྱང་ཆལ་མར་གདལ་བ། སྐད་རིགས་ཨཾ་ཧྲ་ཏ་པ་ལས་ཅུང་མི་མཐུན་པ།

ལྷ་སྲིད་མེད་རྒྱལ་པོས་མཛལ་བ།

རྒྱལ་པོ་ནི་ལྷ་སྲིད་མེད་ཀྱི་བུ་ལས་མཆེད་པ་བྲམ་ཟེའི་རིགས་པ་པ་སྦྲ་ཀ་ན་ཟེར་རོ་ཡུལ་མི་དམངས་ཀུན་དཀོན་མཆོག་ལ་དད་པ་མེད་ཅིང་གཙོ་བོ་གསུམ་གྱིས་གཙོས་འཇིག་རྟེན་པའི་ལྷ་ཁོ་ན་ལ་བརྟེན་ནོ། །དཀོན་མཆོག་ལ་མོས་པ་རེ་གཉིས་ཙམ་ཡོད་པ་ནི། གཟུངས་སྔགས་ཤུབ་བུས་བཟླ་བ་དང་ཡིད་ཀྱིས་གསོལ་བ་བཏབ་པ་ཙམ་བྱེད་པ་ལས་མངོན་མཚན་དུ་གཏན་ནས་མི་བྱེད་དོ། །མུ་སྟེགས་པའི་ལྷ་ཁང་བརྒྱ་ཕྲག་དུ་མ་ཡོད་པར་ཕྱི་པ་ཁྲི་ཕྲག་དུ་མ་གནས་སོ། །རྒྱལ་པོ་ཡང་མི་རབས་སྟོང་དུ་དབུ་ཚོག་བཙན་པར་གནས་སོ། །སློབ་གཉེར་ལ་འགྲུས་པ་ཡོན་ཏན་ལ་དགའ་བ་ཕྱི་ནང་གི་ཕྱོགས་སུ་མ་གཏོགས་ཀྱང་། རིས་མེད་ཀྱི་མཁས་པ་ལ་བཀུར་སྟི་ཆེའི་རྒྱལ་པོས་ཡུལ་འདི་དང་ཡུལ་གཞན་ཕལ་ཆེ་བས། ཙི་ནས་ཡུལ་གྱི་ཆིན་ཝང་གཡུལ་ལས་རྒྱལ་བའི་གླུ་གར་ཞེས་པ། དུས་རིང་མོ་ནས་ཐོས་སོ། །ད་དུང་ཐའི་ཙུང་རྒྱལ་པོ་རྒྱལ་ས་མ་བཞེས་གོང་ཆིན་ཝང་གི་དུས་ཀྱི་མཛད་པ་གསན་པར་འདོད་གསུངས་པས། ཕྲན་ཐང་ཟན་གྱིས་ཀྱང་དེའི་སྙན་ངག་བརྗོད་པས་ཤིན་ཏུ་དགའ་ཚོར་མཛད་ཅིང་། རྒྱ་གར་གྱི་སྐད་དུ་བསྒྱུར་དགོས་ཟེར་བས་དོན་བསྒྱུར་བྱས་ནས་ཕུལ་ཞིང་། དེ་

ལ་བརྟེན་རྒྱལ་པོ་འདི་དང་། རྒྱལ་པོ་ཚུལ་ཁྲིམས་ཉི་མ་ལ་བཙུན་ཕྲན་བདག་འཁོར་བཅས་ཀྱིས་མཉམ་དུ་འཚམས་ཞུས་ཤིང་ལེགས་སྐྱེས་འདི་བཞིན་འབུལ་དུ་བཏང་བ་ཡིན་ནོ། །བར་སྐབས་ཀྱི་གླིང་མོ་བྲུར་ཙམ་མོ། །དེ་ནི་རྒྱ་ནག་པོའི་ཡུལ་གྱིས་མཐའ་བྲི་ཆན་དང་ཟླ་བ་གཉིས་ཀྱི་ཡུན་ཙམ་གྱི་ལམ་གྱིས་བར་ཆོད་ཅིང་། ཡུལ་དེའི་ཤར་ལྷོའི་མཚམས་སུ་རི་ལ་སྒང་གྲོད་མང་ཞིང་། དུག་སྦྲུལ་དང་དུག་གི་རྩ་དང་དུག་ཆུས་གནོད་པ་འབྱུང་བ་མང་ངོ་། །

སཱ་ཏ་ཐའི་ཡུལ།

དེ་ནས་ལྷོ་ཕྱོགས་སུ་རྒྱང་གྲགས་སྟོང་ཕྲག་གཅིག་དང་བརྒྱ་ཕྲག་གཉིས་གསུམ་ཕྱིན་པ་ན། སཱ་ཏ་ཐའི་ཡུལ་དེའི་ཐ་གྲུར་ལེ་བར་སུམ་སྟོང་ལྷག་ལྷོའི་རྒྱ་མཚོ་དང་ཉེ་བ། གཞུང་མཁར་ཐ་གྲུར་རྒྱང་གྲགས་ཉི་ཤུ་ལྷག་དང་། ས་རྡྲོ་ལ་ རླན་གཤེར་ཆེ་ཞིང་འབྲུ་སྣ་ཚོགས་དང་ཤིང་ཏོག་མེ་ཏོག་གི་རིགས་ཤིན་ཏུ་མང་ངོ་། །ནམ་དགུགས་འཇམ་ཞིང་དྲོ་བ་མིའི་རང་བཞིན་ཕལ་ཆེར་བྱད་བཞིན་ནག་པ་གདུག་རྩུབ་ཆེ་བ། འོན་ཀྱང་སློབ་གཉེར་ལ་འདུན་པ་བརྩོན་འགྲུས་ཆེ་ཞིང་། ཕྱི་པ་དང་ནང་པ་མཉམ་པར་བཀུར་བ་གཙུག་ལག་ཁང་སུམ་ཅུ་ལྷག་པར་དགེ་འདུན་སྟོང་ཕྲག་གཉིས་ལྷག་གནས་པ་ཐམས་ཅད་གནས་བརྟན་སྡེ་པའོ། །ཕྱི་རོལ་པའི་ལྷ་ཁང་བརྒྱ་བར་ཉེ་བ་ལ་ཕྱི་རོལ་པ་རིགས་མང་པོ་དག་འདྲེས་ཏེ་གནས་སོ། །ཕལ་ཆེར་གཅེར་བུ་པ་དང་གྲངས་ཅན་པ་ཤས་ཆེ་བའོ། །གྲོང་ཁྱེར་གྱི་ཕྱི་རོལ་མི་རིང་བར་ཨ་ཤོ་ཀས་བཞེངས་པའི་མཆོད་རྟེན་ཞིག་ཡོད་པ་ན། སྟོན་པ་ཞག་བདུན་བཞུགས་ཏེ་ཆོས་བསྟན་པའི་གནས་སོ། །དེའི་ཡོགས་ན་འདས་སངས་བཞི་ཀའི་བཞུགས་ཁྲི་ཤུལ་རྗེས་ཀྱང་ཡོད་

དོ། །དེ་ནས་མི་རིང་བར་གཙུག་ལག་ཁང་ཞིག་ཡོད་པའི་ནང་དུ་རྗེ་ཡང་རིགས་སྡོན་པོའི་སྐུ་བརྙན་དཔངས་སུ་ཁྲུ་བརྒྱད་མཚན་དཔེ་རྫོགས་པ་བྱིན་རླབས་ཤིན་ཏུ་ཆེ་བར་གྲགས་པ་ཡོད་དོ། །

ཡུལ་དྲུག་པོ་བཤད་སྐོལ།

དེ་ནས་བྱང་ཤར་གྱི་མཚོ་འགྲམ་གྱི་རི་སུལ་དུ་ཤྲཱི་ཀྵཏྲ་རའི་ཡུལ་ལོ། །དེའི་ཤར་ཕྱོགས་སུ་ཡུལ་ཀ་མ་ར་ཨོ་ཀ དེའི་ཤར་ཕྱོགས་སུ་ཧྲ་པ་རི་དང་ཨི་ཤ་ན་པུ་ར་དང་། མ་ཧཱ་ཙམྤ་དང་། དེའི་ལྷོ་ནུབ་མཚམས་སུ་ཡ་མུ་ནའི་ཡུལ་རྣམས་ཡོད་དོ། །ཡུལ་དྲུག་པོ་འདི་དག་པ་མི་སློམས་ཤིང་སྐད་གཤོང་འབར་འབུར་གྱི་ཤིན་ཏུ་བགྲོད་དཀའ་བ། མིའི་རང་བཞིན་གདུག་པ་འགྲོགས་དཀའ་བ་རྒྱ་གར་དངོས་དང་འབྲེལ་བ་བསྒྲུབས་པ་དག་གོ། །

རཀྟ་མྲྀ་ཏྟི་ཀའི་ཡུལ།

སམ་ཏ་ཊའི་ཡུལ་ནས་ནུབ་ཏུ་རྒྱང་གྲགས་དགུ་བརྒྱ་ཙམ་སོང་བ་ན། རཀྟ་མྲྀ་ཏྟི་ཀའི་ཡུལ་དེའི་ཐ་གྲུར་རྒྱང་གྲགས་ཆིག་སྟོང་བརྒྱ་ཕྲག་བཞི་ལྔ་ཙམ་དང་། གཞུང་མཁར་ཆེན་པོའི་ཁོར་ཡུག་ཏུ་རྒྱང་གྲགས་བཅུ་ཙམ། ས་གཞི་དང་ནམ་དབུགས་ཚ་གདུངས་ཆེ་ལ་དམའ་བས་རླན་གཤེར་ཆེ་ཞིང་འབྲུ་སྣ་ཚོགས་འདེབས་སོ། །མེ་ཏོག་དང་ཤིང་ཏོག་གི་རིགས་ཤིན་ཏུ་མང་ངོ་། །མིའི་རང་བཞིན་རྩལ་སྟོབས་ཆེ་ཞིང་དམུ་རྒོད། ཕྱི་ནང་གཉིས་ཀར་མོས་ཤིང་གཙུག་ལག་ཁང་བཅུ་ལྷག་པར་དགེ་འདུན་ཆིག

སྟོང་ལྷག་ཙམ་གནས་སོ། །སུ་སྟེགས་པའི་ལྷ་ཁང་ལྔ་བཅུ་ཡོད་པར་མི་རིགས་མི་གཅིག་པའི་ཕྱི་པ་འདྲེས་ནས་གནས་སོ། །ས་གཞི་རི་ཐང་འདྲེས་མ་ཤས་ཆེ་བ་རིན་པོ་ཆེའི་རིགས་མང་བས་དམངས་འབངས་ཕལ་ཆེར་ལོངས་སྤྱོད་ཆེའོ། །གྲོང་ཁྱེར་གྱི་ཕྱི་རོལ་མི་རིང་བར་ཨ་ཤོ་ཀས་བཞེངས་པའི་མཆོད་རྟེན་གྱི་ལོགས་སུ་འདས་པའི་སངས་རྒྱས་བཞི་ཀའི་བཞུགས་ཁྲི་དང་མཛད་ཤུལ་ཡོད་དོ། །

ག་ཏུ་ཙི་ས་ཕཏྲའི་ཡུལ།

དེ་ནས་ནུབ་བྱང་ཕྱོགས་སུ་རྒྱང་གྲགས་བདུན་བརྒྱ་ཙམ་ཕྱིན་པ་ན། ག་ཏུ་ཙི་ས་ཕཏྲའི་ཡུལ་ལོ། །དེའི་ཐ་གྲུར་རྒྱང་གྲགས་བཞི་སྟོང་བཞི་རྒྱ་ལྔ་བརྒྱ་ཙམ།ལྟེ་བའི་མཁར་ཆེན་གྱི་མཐའ་འཁོར་དུ་རྒྱང་གྲགས་ཉི་ཤུ་ལྷག་པར་མི་ཁྲིམ་གྱིས་གཏམས་པ་ཕལ་ཆེར་ལོངས་སྤྱོད་ཆེའོ། །ས་གཞི་དང་ནམ་དབུགས་དྲོ་ཞིང་ས་དམའ་བས་ལྗོན་གཤིར་ཆེ། མིའི་རང་བཞིན་འཇམ་ཞིང་སྒྱུར་མ་བཟོ་ལ་མཁས་ཤིང་ཡོན་ཏན་སློབ་པ་ལ་དགའ་བ། འབྲུ་སྣ་ཚོགས་འདེབས་མེ་ཏོག་དང་ཤིང་ཏོག་གི་རིགས་མང་བ་རིན་པོ་ཆེའི་རིགས་ཀྱང་མང་པོ་འདུ་བ། ཕྱི་པ་ནང་པ་གཉིས་ལ་མཉམ་པར་མོས་པ་གཙུག་ལག་ཁང་བཅུ་ཙམ་ཡོད་པར་དགེ་འདུན་ཉིས་སྟོང་ལྷག་ཙམ་བཞུགས་པ་ཐེག་པ་ཆུང་དུ་སྡེ་པ་གནས་བརྟན་པའོ། །དེར་མི་ཐེ་པའི་གཙུག་ལག་ཁང་གསུམ་ཡོད་པའི་བཙུན་པ་རྣམས་ཤ་དང་འོ་མ་འཛེམས་པ་ལྷས་བྱིན་གྱི་རྗེས་འབྲངས་པ་ནོ། །སུ་སྟེགས་པའི་ལྷ་ཁང་ལྔ་བཅུ་ལྷག་པར་ཕྱི་པས་གང་པའོ། །

༧ གཙུག་ལག་ཁང་སོ་མ་དུ་རི།

གྲོང་ཁྱེར་གྱི་ཕྱི་རོལ་ཏུ་ས་དམར་པོ་བྱུང་བའི་ར་བ་སོ་མ་དུ་རི་ཁང་བརྩིགས་སྟེགས་བུ་མཐོ་ཞིང་ཡངས་པ། ལྡིང་ཁང་ཆེ་ཆུང་མང་པོ་ཡོད་པར་གསང་སྡེ་སྔགས་པས་རྟུལ་ཞུགས་སྤྱོད་པའི་མཁས་པ་དག་གནས་སོ། །ཐོག་མར་ཡུལ་འདིར་ནང་རིག་པ་སྤྱོད་པ་ཆེས་ཉུང་པ་ལ་ཕྱིས་སུ་ཕྱི་རོལ་པ་འཁར་བ་རིང་པོ་ཐོགས་པ་ཞིག་ཡོང་ནས། རྩོད་པར་འདོད་ཟེར་བ་རྒྱལ་པོས་ཐོས་ནས། དམ་བཅའ་དྲིས་པ་ན་ངས་ཤེས་པའི་རིག་གནས་ཆེས་མང་བས་གང་ནས་བརྩམས་ཀྱང་འགྲན་ཟླ་མེད་ཟེར་བས་རྩོད་མཁན་སུ་ཡང་མ་བྱུང་ངོ་། །རྒྱལ་པོ་ངོ་ཚ་ནས་རྩད་བཅད་པ་ན་བརྟེ་སྔགས་པའི་རྟུལ་ཞུགས་འཛིན་པ་ཞིག་ཡོད་ཅེས་ཐོས་སོ། །རྒྱལ་པོ་དགའ་སྟེ་སྤྱན་དྲངས་ཏེ་བརྩད་བཅུག་པས་ཕྱི་རོལ་པ་སྐྱེག་མེད་དུ་ཕམ་པར་བྱས་སོ་ཟེར་རོ། །དེ་ནས་བཟུང་ནང་པ་ལ་བསྟེན་བཀུར་རྒྱ་ཆེར་འཕེལ་བར་གྱུར་ཏོ། །གཙུག་ལག་ཁང་དེའི་ཕྱོགས་སུ་མི་རིང་བར་ཨ་ཤོ་ཀས་བཞེངས་པའི་མཆོད་རྟེན་ཞིག་ཡོད་པ་ནི། སྟོན་པ་ཞག་བདུན་བཞུགས་ཏེ་ཆོས་གསུངས་པའི་གནས་སོ། །དེར་འདས་སངས་རྣམ་བཞིའི་བཞུགས་ཁྲི་དང་མཇོད་ཤུལ་ཀྱང་ཡོད་དོ། །

ཨུ་ཏྲུའི་ཡུལ།

དེ་ནས་ལྷོ་ནུབ་ཏུ་རྒྱང་གྲགས་བདུན་བརྒྱ་ཙམ་བགྲོད་པ་ན་ཨུ་ཏྲུའི་ཡུལ་ལོ། །དེའི་ཐ་གྲུར་རྒྱང་གྲགས་བདུན་སྟོང་ཙམ། དཀྱིལ་མཁར་ཆེ་བའི་མཐའ་

བསྐོར་དུ་རྒྱང་གྲགས་ཉི་ཤུ་ཙམ། ས་གཞི་ཤིན་ཏུ་གཤིན་ཞིང་ནམ་དབུགས་དྲོ་ཞིང་འཇམ་པ་འབྲུ་ཐམས་ཅད་འདེབས་ཤིང་། མེ་ཏོག་དང་ཤིང་ཏོག་གི་རིགས་ཤིན་ཏུ་མང་ཞིང་ཤིང་ཏོག་ཤིང་འབྲས་རྣམས་ཡུལ་གཞན་གྱི་ཤིང་འབྲས་ལས་ཤིན་ཏུ་ཆེའོ། །རྩྭ་ངོ་མཚར་བ་རྣམས་ཀྱང་གྲངས་ཀྱིས་མི་ཆོད་དོ། །མིའི་རང་བཞིན་ལུས་བོངས་ཆེ་ཞིང་སྤྱོད་ལམ་རྩུབ་པ་གདོང་ནག་པ་གང་ཡང་རྒྱ་གར་ཡུལ་དབུས་པ་དང་ཆེས་མི་འདྲའོ། །ཡོན་ཏན་སློབ་པ་ལ་དགའ་ཞིང་འགྲུས་ཆེ་ལ་ཐལ་ཆེར་ནང་པ་ལ་དད་དོ། །གཙུག་ལག་ཁང་བརྒྱ་ལྷག་པ་དགེ་འདུན་ཆིག་ཁྲི་ལྷག་ཐེག་ཆེན་པ་དང་། མུ་སྟེགས་པའི་ལྷ་ཁང་ལྔ་བཅུ་ལྷག་པར་ཕྱི་པ་རིགས་མི་གཅིག་པ་འདྲེས་ཏེ་གནས་སོ། །རྒྱལ་པོ་ཨ་ཤོ་ཀས་བཞེངས་པའི་མཆོད་རྟེན་བཅུ་ཕྲག་ཡོད་པ་ནི་ཐམས་ཅད་སྟོན་པས་ཆོས་གསུངས་པའི་གནས་སོ། །

༡ སུ་ཕྲི་ཧྲིའི་གཙུག་ལག་ཁང་།

ཡུལ་དེའི་ལྷོ་ནུབ་མཚམས་སུ་རི་བོ་ཆེའི་སྤོ་ལ་སུ་ཕྲི་ཧྲིའི་གཙུག་ལག་ཁང་ཡོད་དོ། །དེར་རྗེའི་མཆོད་རྟེན་མང་པོ་ཡོད་པ་བྱིན་རླབས་ཤིན་ཏུ་ཆེ་བར་སྣང་ངོ་། །གསོ་སྦྱོང་གི་ཉིན་སྒྲོན་མེ་འགྱེད་དོ། །དེའི་རྒྱུ་མཚན་ནི་ས་ཐག་ཉེ་རིང་གི་མི་རྣམས་ལམ་གྱི་ངལ་དུབ་ཁྱད་དུ་བསད་ནས་ཕྱག་མཆོད་དང་སྐོར་བའི་དོན་དུ་རྒྱུན་པར་འདུ་ཞིང་ཚོགས་པའོ། །

༢ ཙ་ཏྲ་ཧ་དྲེའི་གྲོང་ཁྱེར།

ཡུལ་དེའི་ཤར་ལྷོའི་མཚམས་སུ་རྒྱ་མཚོའི་འགྲམ་དང་ཉེ་བར་ཙ་ཏྲ་ཧ་དྲེའི་གྲོང་

ཕྱིར་ཏེ། རྒྱ་མཚོར་ཚོང་ལ་འགྲོ་བའི་དེད་དཔོན་འགྲོན་པོ་རྣམས་ངལ་གསོ་བའི་གནས་ཏེ་ཐ་གྲུར་རྒྱང་གྲགས་ཉི་ཤུ་ཙམ་ཡོད་དོ། །མི་རྣམས་ཤིན་ཏུ་དཔའ་ཞིང་བརྟན་པ་རིན་པོ་ཆེ་ངོ་ཤེས་ལ་མི་ཤེས་ཆེས་མོད་པ། ལྷོ་ཕྱོགས་སིངྷ་ལའི་ཡུལ་དང་རྒྱང་གྲགས་ཉི་ཁྲི་ཙམ་གྱིས་བར་ཐག་ཡོད་ཀྱང་། སིངྷ་ལའི་ཡུལ་གྱི་རྒྱལ་བའི་ཚོམས་བཞུགས་པའི་མཆོད་རྟེན་གྱི་ཏོག་གི་རྡོ་རྗེ་ཕ་ལམ་སྣར་ཆེན་ནམ་མཁར་ཤར་བ་ལྟར་མཚན་མོ་འོད་འབར་བ་མཐོང་ངོ། །

ཀུང་ཡུ་ཐའི་ཡུལ།

ཡུལ་དེ་ནས་ལྷོ་ནུབ་མཚམས་སུ་ནགས་ཆེན་པོ་བརྒྱུད་དེ་རྒྱང་གྲགས་ཉིས་སྟོང་ལྷག་ཕྱིན་པ་ན་ཀུང་ཡུ་ཐའི་ཡུལ་ལོ། །དེའི་ཐ་གྲུར་རྒྱང་གྲགས་ཆིག་སྟོང་ཙམ། དཀྱིལ་གྱི་མཁར་ཆེན་པོ་རྒྱར་རྒྱང་གྲགས་ཉི་ཤུ་ཡོད། ལྷོའི་ཕོ་ཆེན་པོ་དང་ཤིན་ཏུ་ཉེ་བར་རི་བྲག་ཆེན་པོ་འགྲོ་དཀའ་བ་ཞིག་ཀྱང་ཡོད་དོ། །ས་གཞི་དམའ་ཞིང་གཤེར་ལ་འབྲུ་སྣ་ཚོགས་འདེབས་པ། ནམ་དབུགས་དྲོ་ཞིང་མིའི་རང་བཞིན་གཏུམ་པོ་རྩལ་ཤུགས་ཆེ་བ་ལུས་བོངས་སྦོམ་ལ་གདོང་ནག་པོ་གདུག་རྩུབ་ཅན། ཚུལ་ལུགས་ཟབ་ཅིང་བསླུ་བྲིད་ཤེས་ཆུང་ངོ་། །ཡི་གེ་དང་ཐ་སྙད་རིག་གནས་རྒྱ་གར་གྱི་ཡུལ་དབུས་དང་མཐུན་པ། ཕྱི་རོལ་པ་ཁོ་ན་ལ་བརྟེན་ནོ། །མུ་སྟེགས་པའི་ལྷ་ཁང་བརྒྱ་ལྷག་པར་ཕྱི་རོལ་པ་ཆིག་ཁྲི་བརྒྱལ་ཙམ་གནས་པ་རིན་པོ་ཆེའི་རིགས་ངོ་གསར་བ་ཡང་མང་ཞིང་། མུ་ཏིག་དང་དུང་སོགས་ཆུ་ལས་བྱུང་བའི་རིགས་ཀྱི་ནོ་རིན་དུ་སྤྱོད་པ། གྲོང་ཁྱེར་གྱི་ཕྱི་རོལ་ན་ནགས་སྟུག་པོ་ཤིང་གི་ཡལ་གས་བར་སྣང་བསྒྲིབ་པ་ཙམ་ཡོད་དོ། །

ལཾ་དྷའི་ཡུལ།

དེ་ནས་ལྷོ་ནུབ་མཚམས་སུ་རྒྱང་གྲགས་བཞི་ལྷ་ཙམ་ཕྱིན་པ་ན་ལཾ་དྷའི་ཡུལ་ལོ། །དེའི་ཐ་གྲུར་རྒྱང་གྲགས་ལྔ་སྟོང་ལྷག དཀྱིལ་གྱི་མཁར་ཆེན་པོའི་རྒྱང་གྲགས་ཉི་ཤུ་ཙམ་ལྷག་པ་སྤྱང་རྒོད་སྔོན་པོ་ཁྲུར་ལོངས་པ་རི་དང་ནགས་ཚལ་ན་རྒྱུ་བ། བསྟུན་པ་འགའ་ཞིག་ནི་སྟོབས་ཤིན་ཏུ་ཆེ་ཞིང་ཁྲུར་འདེགས་པའི་མཆོག་ཏུ་གྱུར་པའོ། །ས་གཞི་དམའ་ལ་གཤེར་བ་འབྲུ་སྣ་ཚོགས་པ་དུས་བཞི་གང་ལ་ཡང་འདེབས་སོ། །མེ་ཏོག་དང་ཤིང་ཏོག་གི་རིགས་མང་པོ། མིའི་རང་བཞིན་གཏུམ་ཞིང་རྩུབ་པ་སྐད་སྒྱུར་བ་ཏབ་ཏོབ་ཆེ་བ་གང་སྤྱི་ཡུལ་དབུས་པ་དང་ཆེས་མི་འདྲའོ། །ནང་པ་ལ་མོས་པ་ཉིན་སྐར་ཙམ་དང་། ཕལ་ཆེར་ཕྱི་རོལ་པ་ཁོ་ན་ལ་བརྟེན་ནོ། །གཙུག་ལག་ཁང་བཅུ་ལྷག་ཙམ་ལ་དགེ་འདུན་ལྔ་བརྒྱ་ལྷག་གནས་བརྟན་སྡེ་པ་ཐེག་ཆེན་པ་ཤ་སྟག་གོ། །མུ་སྟེགས་པའི་ལྷ་ཁང་ཆིག་བརྒྱ་ལྷག་གྲངས་ཅན་པ་ཤིན་ཏུ་མང་བ་གནས་སོ། །ཡུལ་འདི་ནི་གནའ་དུས་མི་ཁྱིམ་ཤིན་ཏུ་མང་པ་ལ། ཕྱི་དྲུང་སྤྱོད་མངོན་ཤེས་ཐོབ་པ་ཞིག་གནས་ཐོག་མར་སྐྱེ་བོ་ལ་ཕན་པར་གྱུར་ཀྱང་། ཕྱིས་དུས་རྐྱེན་ཞིག་ལ་བརྟེན་མངོན་ཤེས་དང་རྫུ་འཕྲུལ་ཉམས་སོ། །དེ་ནས་དམངས་ལ་གནོད་པའི་ངན་སྔགས་ཁོ་ན་བསྒྲངས་ཏེ་གནོད་པ་བྱས་པས་ཡུལ་གྱི་མི་མང་པོ་ཆུད་ཟོས་སུ་བཏང་ཞིང་། ཁྱིམ་རྣམས་སུ་མེ་དང་དུ་བའི་རྒྱུན་མཆེད་པར་བརྩམས་པ་ན་ཡུལ་གཞན་དུ་སྤོས་ཏེ་རྒྱུད་ཚུགས་པར་གྱུར་ཀྱང་ད་དུང་རིགས་རྒྱུད་ཆེར་མ་འཕེལ་ལོ། །གྲོང་ཁྱེར་གྱི་ལྷོ་ངོས་སུ་ཨ་ཤོ་ཀས་བཞེངས་པའི་མཆོད་རྟེན་ཞིག་དང་། འདས་པའི་སངས་རྒྱས་རྣམ་བཞིའི་བཞུགས་ཁྲི་དང་མཛད་ཤུལ་བཅས་ཡོད་དོ། །སའི་དབྱིབས་བྱང་ཕྱོགས་སུ་ཙུང་གཞོལ་བ། གྲོང་ཁྱེར་གྱི་བྱང་ཕྱོགས་སུ་རིའི་རྩེར་རྫོའི་མཆོད་རྟེན་དཔངས་སུ་

ཁྲུ་བརྒྱ་ལྷག་ཡོད་པ་ནི། བསྐལ་པ་དང་པོ་ཚེ་ལོ་གྲངས་མེད་པའི་དུས་སུ་རང་སངས་རྒྱས་ཤིག་མྱ་ངན་ལས་འདས་པའི་གནས་ཡིན་སྐད་དོ། །

ཀོ་ས་ལའི་ཡུལ།

རི་དེ་ནས་ནུབ་བྱང་མཚམས་སུ་རྒྱང་གྲགས་ཆིག་སྟོང་བརྒྱད་བརྒྱ་ཙམ་བགྲོད་པ་ན་ཀོ་ས་ལའི་ཡུལ་ལོ། །དེའི་ཐ་གུར་རྒྱང་གྲགས་དྲུག་སྟོང་། དབུས་ཀྱི་མཁར་ཆེན་པོ་རྒྱང་གྲགས་བཞི་བཅུ་ལྷག་ཙམ་དུ་ཡངས་པ་རི་ཐང་ཆལ་པར་གདལ་བ། རི་བྲག་ནགས་ཚལ་མཚོ་རྫིང་སྤེལ་མར་ཡོད་པ། ས་གཤིན་མི་གཤིན་འདྲེས་ཀྱང་འབྲུ་སྣ་ཚོགས་འདེབས་པ། ལྗོངས་ཆེ་ཚུང་ཕན་ཚུན་མཐོང་བ། གྲོང་ལྗོངས་ཐམས་ཅད་ལ་མི་ཁྲིམ་ཁྲིས་གང་བ། མིའི་རང་བཞིན་ལུས་བོངས་རགས་ཤིང་མདོག་ནག་པ་དྲག་ཤུལ་ཆེ་ལ་གཏུམ་པ། ཕྱི་ནང་གཉིས་ཀ་ལ་དད་མོས་མཉམ་པ། ཡོན་ཏན་དོན་དུ་གཉེར་བ། བདག་པོ་རྒྱལ་རིགས་ཡིན་པ་ལ་མཁས་པར་གྲགས་པ་བྱམས་པ་སྙིང་རྗེ་ཆེ་ཞིང་དཀོན་མཆོག་སྤྱི་བོར་བཀུར་བ། གཙུག་ལག་ཁང་བརྒྱ་ལྷག་པར་དགེ་འདུན་ཁྲིར་ཉེ་བ་ཐམས་ཅད་ཐེག་ཆེན་པ། མུ་སྟེགས་པའི་ལྷ་ཁང་བདུན་ཅུ་ལྷག་པར་ཕྱི་པ་རིགས་མི་གཅིག་པ་འདྲེས་ཏེ་གནས་སོ། །

༡ མགོན་པོ་ཀླུ་སྒྲུབ་དང་ཨ་རྱ་དེ་བ།

གྲོང་ཁྱེར་གྱི་ལྷོ་ཕྱོགས་སུ་མི་རིང་བར་གཙུག་ལག་ཁང་ཞིག་གི་ལོགས་སུ་མཆོད་རྟེན་རྒྱལ་པོ་ཨ་ཤོ་ཀས་བཞེངས་པ་ནི་སྟོན་པས་ཚེ་འཕྲུལ་ཆེན་པོ་བསྟན་ཏེ་

མུ་སྟེགས་པ་བཏུལ་ཞིང་། ཕྱིས་སུ་མགོན་པོ་ཀླུ་སྒྲུབ་ཀྱི་སྦྱིན་བདག་རྒྱལ་པོ་ས་ར་བ་ཧླ་སྟེ་ཡང་དག་འདྲེན་པ་ཞེས་བྱ་བས། མགོན་པོ་ཀླུ་སྒྲུབ་བཀུར་སྟིའི་ཕྱིར་དུ་ཕོ་བྲང་གི་སྒོ་བཞིར་སྲུང་མ་བཞག་སྟེ། མི་གསར་བ་བྱུང་བ་ན་གང་བྱུང་བྱུང་ནང་དུ་མི་གཏོང་བ་ལ། སྐབས་ཤིག་ཨ་ཙརྱ་དེ་བ་སིངྒ་ལའི་ཡུལ་ནས་བྱོན་ཏེ། སྒོ་སྲུང་བ་ལ་ཁྱོད་མགོན་པོ་ལ་སྦྲོན་ཞིག་ཅེས་པ་ལྟར་ཞུས་པས། མགོན་པོས་རིང་མོ་ཞིག་ནས་འཕགས་པ་ལྷའི་སྙན་པ་གསན་པས་མཉེས་ཏེ། ཆུ་གཙང་ལྷུང་བཟེད་ཆུས་གང་བ་ཐོགས་ཏེ་ཉེ་གནས་ལ་གཏད་དེ་ཨ་བརྱ་དེ་བ་ལ་སྟོན་ཞིག་གསུངས་སོ། །ཉེ་གནས་ཀྱིས་དེ་བཞིན་བྱས་པས་ཨ་ཙརྱ་དེ་བས་ཅི་ཡང་མི་ཟེར་བར་ཁབ་ཅིག་ལྷུང་བཟེད་ཀྱི་ནང་དུ་བོར་རོ། །དེ་ནས་ཉེ་གནས་ལོག་ནས་ཚུལ་དེ་ཞུས་པས། སློབ་དཔོན་གྱི་ཨ་ཙ་མ་མཁས་པར་གྲགས་པ་དོན་ལ་གནས་སོ་གསུངས་སོ། །དོན་དེ་དྲིས་པ་ན་ཆུ་ཞེས་པ་སྐྱོམ་སེལ་ཞིང་བསིལ་བ་དང་དབྱིབས་རང་བཞིན་གྱིས་མ་གྲུབ་པ་སྟོད་ལ་རག་ལས་ཤིང་རྟོག་དྭངས་རྗེན་ལ་ལྟོས་སོ། །ལྷུང་བཟེད་ཆུས་གང་བ་ནི་བདག་གི་རྒྱུད་ཡོན་ཏན་གྱིས་གང་བའི་བརྡའ་ཡིན་ནོ། །ཁོང་གིས་ཁབ་ཤིག་བཞག་པ་ནི་ཤེས་རབ་རྣོ་བ་དེས་མཐར་འཁྱོལ་བའི་བརྡའ་ཡིན་ནོ་གསུངས་ཤིང་སློབ་མའི་མཆོག་ཏུ་མཛད་དོ། །སློབ་མ་མང་པོ་ཡོད་ཀྱང་བསྟན་པའི་སྙིང་པོ་ནི། ལྷ་དཔལ་གྱི་རི་ལ་གཤེགས་ཁར་ཨ་ཙརྱ་དེ་བ་གཅིག་པུ་ལ་གཏོད་པ་ཡིན་ནོ་གསུངས་སོ། །དེ་ནས་ནང་དུ་བཏང་བར་ཞལ་མཇལ་མ་ཐག་དགའ་བ་དཔག་མེད་བྱུང་སྟེ་ཡན་ལག་ལྔ་ས་ལ་གཏུགས་ཏེ་ཕྱག་བཙལ་ཞིང་མཇལ་གྲོགས་སྙིང་འཕྲད་པ་ལྟར་ཐུགས་ཡིད་གཅིག་ཏུ་འདྲེས་པར་གྱུར་ཏོ། །

༢ མགོན་པོ་ཀླུ་སྒྲུབ་ཀྱི་མགུལ་བཅད་པའི་ལོ་རྒྱུས།

མགོན་པོ་ཀླུ་སྒྲུབ་སྨན་མང་དུ་ཐོས་པ་མན་ངག་གི་ཐབས་ཟབ་མོ་མང་པོ་ལ་མཁས་པས་འཆི་མེད་ཚེའི་རིག་འཛིན་བརྙེས་པ་ཡོན་བདག་རྒྱལ་པོ་ཡང་ཚེ་མགོན་པོ་རང་ཉིད་དང་མཉམ་པར་ཐུབ་པར་བྱིན་གྱིས་བརླབས་པས་ལོ་བརྒྱ་ཕྲག་དུ་མ་ལོན་ཀྱང་། མཚོད་ཡོན་གཉིས་བགྲེས་རྒུད་མི་མངའ་བས། རྒྱལ་པོ་ལ་བུ་ཐ་ཆུང་ཞིག་ཡོད་པ་རྒྱལ་སྲིད་ལ་རེངས་པའི་བློ་སྐྱེས་ནས་ཡུམ་ལ་དྲིས་པ་ནམ་ཞིག་རྒྱལ་ས་འཐོབ། ཡུམ་གྱིས་སྨྲས་པ། དུས་ནི་ཞེས་དཀའ་སྟེ་ཡབ་ལོ་བརྒྱ་ཕྲག་དུ་མ་ལོན་ཞིང་བུ་ཚ་མང་པོ་དག་རྣམས་ཤིང་ཁོག་ནས་ཚེ་དུས་བྱས་པ་མང་པོ་བྱུང་ཞེས་པས། བུ་ཐབས་རྟགས་ཏེ་ཡི་མུག་པས། ཡུམ་གྱིས་སྨྲས་པ། རེ་ཞིག་ཡི་མུག་མ་བྱེད་ཅིག་ཁྱོད་ཀྱི་ཕ་ཚེ་རིང་བ་ནི་མགོན་པོ་ཀླུ་སྒྲུབ་ཀྱི་མཐུ་ཡིན་ཏེ་སློབ་དཔོན་རང་གི་ཚེ་དང་མཉམ་པར་བྱིན་གྱིས་བརླབས་པས། མགོན་པོ་འདས་ན་ཡབ་རྒྱལ་པོ་ཡང་གྲོངས་བས་ཁྱོད་སོང་ལ་མགོན་པོ་དབུ་སློང་ཞིག ཁོང་བྱང་ཆུབ་སེམས་དཔའ་སྙིང་རྗེ་ཆེན་པོ་དང་ལྡན་པ་ཡིན་པས་སྟེར་བའང་སྲིད་ཅེས་སྨྲས་པས། རྒྱལ་བུ་སློབ་དཔོན་གྱི་དྲུང་དུ་སོང་ནས་སྦྱིན་པའི་བསྔགས་པ་དང་ལོ་རྒྱུས་མང་དུ་ཞུས་ཤིང་མཐར་དབུ་ལ་སློང་ངོ་། །དེར་སློབ་དཔོན་གྱིས་སྙིང་བརྩེ་སྐྱེས་ནས་མཉམ་པར་བཞག་སྟེ་གཟིགས་པས་རྩྭ་ཀུ་ཤ་དང་ལས་འབྲེལ་ཡོད་པ་གཟིགས་ནས་ཀུ་ཤའི་ལོ་མས་མགུལ་བཅད་དེ་སྦྱིན་པ་ན་རལ་གྲི་རྣོན་པས་ཕྲལ་བ་བཞིན་དུ་གྱུར་ཏོ། །དེར་རྒྱལ་བུ་སྐྲག་སྟེ་བྲོས་སོ། །ཡབ་ཀྱང་དེ་མ་ཐག་གྲོངས་སོ། །ལྟར་རྒྱལ་པོ་ཡང་དག་འདྲེན་གྱིས་གཙུག་ལག་ཁང་བཞེངས་པ་ཙུང་ཟད་མ་རྫོགས་པས་རྒྱལ་པོ་ཡང་དག་འདྲེན་སེམས་ལས་སུ་གྱུར་བར། སློབ་དཔོན་གྱིས་སྐྱོ་སངས་མཛད་ཅིང་གསེར་འགྱུར་གྱིས་རྫོ་བ་མང་པོ་གསེར་དུ་བསྒྱུར་

ནས་གཙུག་ལག་མ་ལུས་པར་གྲུབ་ཅིང་། གསེར་རྐྱང་གིས་གཙང་ཁང་ཆེན་པོ་རིག་པ་ལྷ་པ་ཞིག་བཞེངས་སོ། །ཐོག་ཁང་དུ་སྟོན་པའི་གསེར་སྐུ་ཆེ་བ་དང་གསུང་རབ་མང་པོ་གླེགས་བམ་དུ་བྲིས་ནས་བཀྲིགས། བྱང་ཆུབ་སེམས་དཔའ་རྣམས་དང་འཕགས་པ་ཉན་ཐོས་རྣམས་ཀྱིས་གསུངས་པའི་བསྟན་བཅོས་དག་བཀྲིགས་སོ། །དེ་དག་ནི་མཆོད་གནས་ཀྱི་གཙོ་བོ་ཡིན་ནོ། །གསེར་ལྷག་མས་ཏཾ་ཀ་བྱེ་བ་དགུ་ཡོད་པ། མགོན་པོ་འདས་རྗེས་མི་རིང་ཙམ་ན་ཕྱི་རབས་པ་སྐྱ་སེར་ཐམས་ཅད་ཀྱིས་བགོ་བཤའ་བྱས་པ་མ་སྙོམས་པས། དགེ་འདུན་རྣམས་ཕན་ཚུན་རྩོད་པས་འཐོར་རོ། །ད་ལྟ་དགེ་འདུན་གཅིག་ཀྱང་མེད་པས་གཙུག་ལག་ཁང་གོག་པོ་ཙམ་དུ་འདུག་པར་འཚོ་བྱེད་འགའ་གནས་ནས་གཞན་ཕན་བྱེད་ཀྱིན་འདུག་གོ། །

ཨརྱའི་ཡུལ།

དེ་ནས་ལྷོ་ཕྱོགས་སུ་ནགས་ཆེན་པོ་བརྒྱུད་དེ་ལེ་བར་དགུ་བརྒྱ་ཕྱིན་པ་ན་ཨརྱའི་ཡུལ་ལོ། །དེའི་ཐ་གྲུར་རྒྱང་གྲགས་སུམ་སྟོང་ཙམ་དབུས་ཀྱི་མཁར་ཆེན་པོར་ཡུག་ཏུ་རྒྱང་གྲགས་ཉི་ཤུ་ལྷག་ཡོད། གྲོང་ཁྱེར་གྱི་མིང་ནི་བཛྲ་སྟེ་ཛོ་ཛེ་ཟེར། ས་གཞི་ཤིན་ཏུ་གཤིན་པ། ལོ་བཞིན་གྱི་ཟླ་བ་གང་ལ་ཡང་འབྲུ་སྣ་ཚོགས་འདེབས་པ། ས་གཞི་དྲོ་ཞིང་ཆར་གཤེར་ཆེ། ཡི་གེ་དང་སྐད་རིགས་རྒྱ་གར་ཕལ་ཆེ་བ་དང་མཐུན་ནོ། །གཙུག་ལག་ཁང་ཉི་ཤུ་ལྷག་ལ་དགེ་འདུན་སུམ་སྟོང་ལྷག་བཞུགས་སོ། །མུ་སྟེགས་པའི་ལྷ་ཁང་སུམ་ཅུ་ལྷག་པར་ཕྱི་པ་རིགས་སྣ་ཚོགས་པ་འདྲེས་མར་གནས་སོ། །

སློབ་དཔོན་རྟུལ་ཞུགས་སྐྱོང་པའི་མཆོད་རྟེན།

གྲོང་ཁྱེར་གྱི་མིང་ཟླིང་ཤིར་ཟེར་རོ། །དེའི་ཡོགས་སུ་གཙུག་ལག་ཁང་ཆེན་པོ་ཁང་བརྩིགས་དུ་མ་དང་ནང་རྟེན་སོགས་ནི་བཟོ་ཁྱད་དུ་འཕགས་པ་དང་ལྡན་པ། དེའི་ལྷོ་ངོས་སུ་མཆོད་རྟེན་ཁྲི་བརྒྱ་ཕྲག་དུ་མ་ཡོད་པ་ནི། སློབ་དཔོན་རྟུལ་ཞུགས་།སྐྱོང་པས་བཞེངས་སོ། །དེའི་ལྷོ་ནུབ་མཚམས་སུ་མི་རིང་བར་ཡང་རྫོའི་མཆོད་རྟེན་ཡོད་པ་ནི། རྒྱལ་པོ་ཨ་ཤོ་ཀས་བཞེངས་ཏེ། སྟོན་པ་འདིར་ཆོ་འཕྲུལ་ཆེན་པོ་བསྟན་ཏེ་སེམས་ཅན་གྲངས་མེད་པ་ཞིག་བཏུལ་ལོ། །རྟུལ་ཞུགས་སྐྱོང་པའི་མཆོད་རྟེན་གྱི་ལྷོ་ནུབ་མཚམས་སུ་རྒྱང་གྲགས་ཉི་ཤུ་ཙམ་སོང་བ་ན། རི་ཆུང་ཅིག་སྐྱ་ཅིག་ཡོད་པའི་རྩེར་མཆོད་རྟེན་ཞིག་ཡོད་པ་ནི། ཛི་ན་ད་ཏྟ་སྟེ་རྒྱལ་བས་བྱིན་ཞེས་བྱ་བའི་བྱང་ཆུབ་སེམས་དཔའ་འདིས་ཚད་མ་རིག་པའི་བསྟན་བཅོས་མཛད་དོ། །འདི་ནི་རྒྱལ་བའི་དགོངས་པ་མཐར་ཐུག་པ་རྟོལ་གྱིས་དྲིལ་བ་སྟེ། འཕགས་པ་འཇམ་དཔལ་གྱིས་བསྐུལ་བས་མཛད་པའོ། །བསྟན་བཅོས་འདི་བྱམས་ཆོས་སྡེ་ལྔ་དང་རམ་འདེགས་སུ་བསྒྲིགས་པ་ཡིན་གསུངས་སོ། །

དྷ་ན་ཀ་ཊ་ཀའི་ཡུལ།

དེ་ནས་ལྷོ་ཕྱོགས་སུ་རྒྱང་གྲགས་སྟོང་ཙམ་སོང་བ་ན། ཨནྡྷ་ར་ཆེན་པོ་ཡང་ཟེར་དྷ་ན་ཀ་ཊ་ཀ་ཟེར་བའི་ཡུལ་ཐ་གྲུར་རྒྱང་གྲགས་དྲུག་སྟོང་ཙམ། དབུས་ཀྱི་མཁར་ཆེན་གྲངས་བཞི་བཅུ་ཙམ། ས་གཞི་གཤིན་པ་འབྲུ་སྣ་ཚོགས་ཟླ་བ་རེ་མོས་

ཀྱིས་བསྟུད་དེ་འདེབས་པ། མིའི་རང་བཞིན་གཏུམ་ཧྲོད་དཔའ་རྩལ་ལྡན་བྱེད་བཞིན་ནག་པོ་ཡོན་ཏན་དོན་དུ་གཉེར་བ་ལ་དགའ་བ། གཙུག་ལག་ཁང་འདི་ཤུ་ལྷག་པར་དགེ་འདུན་སྟོང་ལྷག་གནས་བརྟན་སྡེ་པ་ཤ་སྟག་གོ། །མུ་སྟེགས་པའི་ལྷ་ཁང་བརྒྱ་ལྷག་ལ་ཕྱི་རོལ་པ་ཤིན་ཏུ་མང་པོ་གནས་སོ། །

༡ ཤར་རི་དང་ནུབ་རི་ལ་གཙུག་ལག་ཁང་གཉིས་ཡོད་པ།

གྲོང་ཁྱེར་གྱི་ཤར་ཕྱོགས་སུ་ཉུང་ཕ་ཤི་ར་སྟེ། ཤར་རི་ལ་བརྟེན་པའི་གཙུག་ལག་ཁང་ཞིག་དང་། ནུབ་ཕྱོགས་སུ་ཨ་བ་ཤི་ར་སྟེ་ནུབ་རི་ལ་བརྟེན་པའི་གཙུག་ལག་ཁང་གཉིས་ཡོད་པ་ཡུལ་གྱི་རྒྱལ་པོ་སྔ་མས་སྟོན་པའི་དོན་དུ་བཞེངས་སོ། །སྟོན་འཕགས་པ་ཤ་སྟག་གནས་ཏེ། སྟོན་པ་མྱ་ངན་ལས་འདས་ནས་ལོ་སྟོང་འདས་པ་ན་ལོ་བཞིན་སོ་སྐྱེའི་དགེ་འདུན་སྟོང་ཕྲག་རེ་བཞུགས་ནས་དབྱར་གནས་དབྱེ་མཛད་དེ་ཚང་མས་དགྲ་བཅོམ་ཐོབ་སྟེ་རྫུ་འཕྲུལ་གྱིས་ནམ་མཁར་འཕུར་ནས་མོད་ལ་ཕྱིན་ནོ། །ཕྱིས་སུ་སྐྱེ་འཕགས་འདྲེས་མར་གནས་ཤིང་། ད་ལྟ་དགེ་འདུན་བཞུགས་པ་མེད་དོ། །

༢ སློབ་དཔོན་ཚད་མ་པ་ཛྙཱ་བི་ཀ་དང་ཚད་མའི་སྐོར།

གྲོང་ཁྱེར་གྱི་ལྷོ་ཕྱོགས་སུ་རི་སྐྱིབས་ཤིག་ཡོད་པ་ནི། སློབ་དཔོན་ཚད་མ་པ་ཛྙཱ་བི་ཀ་སྟེ་ཕྱོགས་པ་དག་པ་ཞེས་བྱ་བ་འདིར་གནས་པ་ལ་སྐབས་ཤིག་ན་མ་ཧཱ་ཏར་སློབ་དཔོན་དཔལ་ལྡན་ཆོས་སྐྱོང་བླ་སྒྲུབ་ཀྱི་ལུགས་ལ་མཁས་པར་ཐོས་ནས་མཇལ་བར་འདོད་ནས་བྱོན་ཏེ་ཛྷ་ར་ཐ་རིའི་གྲོང་ཁྱེར་གྱི་བར་དུ་སླེབས་ནས་ཕོ་ཉ་པ་བཏང་སྟེ་སྙན་པས། དཔལ་ལྡན་ཆོས་སྐྱོང་གིས་དང་དུ་མ་བླངས་པར་སྨྲ་མའི་ཕུང་

པོ་མི་རྟག་པས་ཚེ་ལ་ཡོངས་མེད། བསྒོ་གླེང་ལ་ཟད་དུས་མེད། ཐེ་ཚོམ་ལ་བཅད་དུས་མེད། གཅིག་བཀག་ཐྲལ་ཡང་གཅིག་སྐྱེས་པས་སྙིང་པོ་ཡོངས་ཤིག་གསུངས་སོ། །དེ་ནས་སློབས་པ་དག་པ་རི་ལ་ཡོགས་ཏེ་ཨ་སུ་རའི་ཕུག་ཏུ་ཕྱུགས་ཏེ་ཚེ་རིང་བར་བྱིན་གྱིས་བརླབས་ནས། རྗེ་བཙུན་བྱམས་པ་སྐྱབ་སྟེ་ཐེ་ཚོམ་འདྲི་བ་ལས་འོས་མ་མཆིས་སྙམ་སྟེ། འཕགས་པ་སྤྱན་རས་གཟིགས་དབང་ཕྱུག་གི་སྐུ་བརྙན་གྱི་མདུན་དུ་བཤད་ནས། ཉིན་མཚན་དུ་སྨྱུང་བར་གནས་ཏེ་ཚུ་རྒྱང་ལ་བརྟེན་ཏེ། སྤྱན་རས་གཟིགས་ཀྱི་གཟུངས་བགྲངས་པས་ལོ་གསུམ་ན་སྤྱན་རས་གཟིགས་ཀྱིས་ཞལ་དངོས་སུ་བསྟན་ཏེ། ཅི་འདོད་དྲིས་པ་ན་བྱམས་པ་སྐྱུག་ཚུལ་ཞུས་པར་ཡུན་རིང་འགྲུངས་པས་སྨོན་ལམ་ཐོབ་ལ་དགའ་ལྡན་དུ་སྐྱེས་ནས་དྲི་བ་གྱིས་གསུངས་སོ། །དེར་དམ་བཅའ་བསྙེལ་མི་ཏུང་ཁས་ལེན་བཅག་མི་ཏུང་ཟེར་ནས་མ་ཉན། འཕགས་པས་བཀའ་བསྐུལ་བ་འོ་ན་ཕྱུག་ན་རྡོ་རྗེའི་གཟུངས་ཐོན་ཞིག་ཐབས་རྙེད་དོ་གསུངས་སོ། །བཀའ་བཞིན་བགྱིས་ཏེ་ཡང་ལོ་གསུམ་སོང་བ་ན་རྡོ་རྗེས་ཞལ་བསྟན་ཏེ། བྱ་སྐྱིབས་འདིར་ལྷ་མིན་ཕུག་ཡོད་དེར་ཕྱུགས་ནས་སྐྱུག་ཅིག་བྱམས་པ་འཇིག་རྟེན་དུ་བྱོན་པ་ན་ངེད་ཀྱིས་སྦྲོན་པོ་གསུངས་ནས་རྡོ་རྗེས་བསྐྱུན་པས་བྲག་ལ་སྒོ་ཞིག་བྱུང་སྟེ་ཕྱི་པས་ནང་དུ་ཕྱུགས་ཤིག་གསུང་བ་ན། མི་དྲུག་ཙམ་དང་ལྷན་དུ་ཕྱུགས་པས་བྲག་སྒོ་མ་བཞིན་དུ་གྱུར་ཟེར་རོ། །

ཏཱ་རི་ཡེའི་ཡུལ།

དེ་ནས་ལྷོ་ནུབ་མཚམས་སུ་རྒྱང་གྲགས་ཆིག་སྟོང་ལྷག་བགྲོད་པ་ན་ཏཱ་རི་ཡེ་ཞེས་བྱ་བའི་ཡུལ་ལོ། །དེའི་ཐ་གྲུར་རྒྱང་གྲགས་བཞི་ལྔ་ཙམ། དཀྱིལ་མཁར་ཆེན་

པོའི་མཐའ་སྐོར་དུ་རྒྱང་གྲགས་བཅུ་ལྷག ཉེ་འཁོར་གྱི་རི་ཐང་རྣམས་སུ་ནགས་ཚལ་དང་ཤིང་གེལ་བ་མང་པོ་ཡོད་ཅིང་། ཛག་རྐུན་ཁྱུར་ཚོགས་པ་མངོན་ཚན་དུ་སྤྱོད་པ་གཅིག་ཏུ་མུ་སྟེགས་པ་ལ་དད་པའོ། །གཙུག་ལག་ཁང་གོག་པོ་ཁ་ཤས་ཡོད་ཀྱང་དགེ་འདུན་ཆེས་ཉུང་བས་དགེ་འདུན་སྡེ་ཚད་ལ་ཁད་པ། མུ་སྟེགས་པའི་ལྷ་ཁང་བཅུ་ཕྲག་དུ་མ་ལ་ཕྱི་པ་གཅེར་བུ་པས་གང་སྡེ་གནས་པ། གྲོང་ཁྱེར་གྱི་ཤར་ལྷོའི་ཕྱོགས་སུ་རྒྱལ་པོ་ཨ་ཤོ་ཀས་བཞེངས་པའི་མཆོད་རྟེན་ཞིག་ཡོད་པ་ནི། སྟོན་པས་ཆོ་འཕྲུལ་བསྟན་ཏེ་མུ་སྟེགས་པ་མང་པོ་བཏུལ་བའི་གནས་སོ། །

འཕགས་པའི་ལོ་རྒྱུས།

ནུབ་ཏུ་གཙུག་ལག་ཁང་ཞིག་ཡོད་པ་ནི། འཕགས་པ་ལྷས་གནས་བརྟན་བསམ་གཏན་འདུལ་བའི་གནས་སོ། །དེའི་ལོ་རྒྱུས་ནི། དེར་གནས་བརྟན་ཨུཏྟ་ར་སྟེ་བླ་མ་ཞེས་བྱ་བ་མངོན་ཤེས་ལྔ་དང་རྣམ་ཐར་བརྒྱད་ཐོབ་ཅིག་ཡོད་པ་གནས་སོ། །འཕགས་པས་བགྲོ་གླེང་མཛད་པར་བཞེད་ནས་ཕེབས་པ་ན། གནས་བརྟན་གྱིས་མཉམ་པར་བཞག་ཅིང་འདུག གནས་ཚོག་ཤེས་ལ་གོམས་པས་སྟན་ཁྲིའུ་གཅིག་བུ་ལས་མེད་ལ། སློབ་དཔོན་ཕྱིན་ཏེ་ལོ་མའི་ཕུང་པོ་ཞིག་ཡོད་པ་ལ་བཞུགས་ནས་དོགས་པ་ཐུགས་ལ་ཡོད་པ་དྲིས་པ་ན་ལན་ཅི་ཡང་མ་བྱུང་། དེ་ནས་སློབ་དཔོན་དགའ་ལྡན་དུ་རྫུ་འཕྲུལ་གྱིས་ཕྱིན་ཏེ། བྱམས་པ་དྲི་བ་དྲིས་ལན་མཛད་ཚུལ་གནས་བརྟན་ལ་གསུངས་པས་ཡིད་ཆེས་སྐྱེས་ཤིང་། བསྐལ་བཟང་གི་སངས་རྒྱས་སྟོང་གི་ནང་ཚན་ཞིག་ཡིན་ཚུལ་གྱི་བསྟོད་བསྔགས་བརྗོད་ནས་སྟན་ལས་ལངས་ཏེ་ནོངས་བཤགས་ཕུལ་ལོ། །

ཌ་བི་ཏུའི་ཡུལ།

དེ་ནས་ལྷོ་ཕྱོགས་སུ་ནགས་ཆེན་པོའི་ནང་བརྒྱུད་ཅིང་རྒྱང་གྲགས་སྟོང་དང་བརྒྱ་ཕྲག་བཞི་ལྔ་ཙམ་ཕྱིན་པ་ན་ཌ་བི་ཏུའི་ཡུལ་ལོ། །དེའི་ཐ་གྲུར་རྒྱང་གྲགས་དྲུག་སྟོང་ཙམ་དང་། དབུས་མཁར་ཆེན་པོ་ནི་གཉྩི་པུ་ར་ཟེར་ཞིང་མཐའ་སྐོར་རྒྱང་གྲགས་སུམ་ཅུ། ས་གཞི་གཤིན་པ་མེ་ཏོག་དང་ཤིང་ཏོག་སྣ་ཚོགས་མོད་པ། ལོ་སྐོར་གྱིས་འབྲུ་རིགས་སྨིན་མར་འབྱུང་བ་རིན་པོ་ཆེའི་རིགས་ཀྱང་ངོ་ཤེས་མ་ཤེས་མང་པོ་འདུག་ནམ་དབུགས་དྲོ་བ་མིའི་རང་བཞིན་དཔའ་བ་རྟུལ་ཕོད་པ་ཡོན་ཏན་དོན་གཉེར་ལ་དགའ་བ། སྐད་རིགས་དང་ཡི་གེ་རྒྱ་གར་གྱི་ཡུལ་དབུས་དང་ཧ་ལམ་མཐུན་ཤས་ཆེ་བ། གཙུག་ལག་ཁང་བརྒྱ་ཕྲག་ཅིག་ལྷག་པར་དགེ་འདུན་ཁྲི་ཕྲག་ལྷག་བཞུགས་ཤིང་གནས་བརྟན་སྡེ་པ་ཁོ་ནའོ། །མུ་སྟེགས་པའི་ལྷ་ཁང་བརྒྱད་བཅུ་ལྷག་པར་ཕྱི་རོལ་གཅེར་བུ་བ་མང་ཙམ་གནས་སོ། །སྟོན་པས་སྔོན་ཡུལ་འདིར་གཤེགས་བཞུགས་མཛད་ཤུལ་ཐམས་ཅད་ལ་ཕྱིས་རྒྱལ་པོ་ཨ་ཤོ་ཀས་སོ་སོར་མཆོད་རྟེན་རེ་བཞེངས་པ་དག་ཡོད་དོ། །

དཔལ་ལྡན་ཆོས་སྐྱོང་གི་ལོ་རྒྱུས།

གྲོང་ཁྱེར་གཉྩི་པུ་ད་ནི་བྱང་ཆུབ་སེམས་དཔའ་དཔལ་ལྡན་ཆོས་སྐྱོང་གི་འཁྲུངས་ཡུལ་ལོ། །དེའི་ལོ་རྒྱུས་ནི། སློབ་དཔོན་དེ་ནི་ཡུལ་འདིའི་བློན་པོ་ཆེན་པོ་ཞིག་གི་བུར་འཁྲུངས་གཞོན་ནུའི་དུས་སུ་འང་། དམངས་མ་དང་མི་འདྲ་བར་ན་ཕྲ་མོ་

ནས་རྒྱལ་ཁམས་ཉུལ་བ་ལ་དགའ་བ་ཞིག་ཡིན་པས། རྒྱས་བྱང་སེམས་ཀྱི་སྐུ་བརྙན་བཞུགས་ཆེད་ལ་ཕྱིན་ཅིང་ཞིབ་གཟིགས་གནས་བས་མི་ཕལ་ཆེར་གྱིས་རྐུས་བྱེད་པར་དོགས་ནས་རྒྱུ་མཚན་དྲིས་པ་ན་གཟུགས་བརྙན་གྱི་རྒྱུ་མཚན་དང་མཚན་ཉིད་ཕན་ཡོན་དང་བཅས་གང་དྲིས་ཐམས་ཅད་ལ་ལན་ཐོགས་རྒྱུག་མེད་པས། ཐམས་ཅད་ཀྱི་རབ་ཏུ་བྱུང་བར་བསྐུལ་ལོ། །མི་རིང་བར་རྒྱལ་པོས་ཀྱང་གསན་ནས་ངོ་མཚར་བའི་སྐྱེས་དང་བཅས་རབ་ཏུ་བྱུང་བར་བསྐུལ་མ་མཛད་པར་རྟེན་རབ་ཏུ་བྱུང་སྟེ། ནང་བའི་མཁས་པ་རྣམས་དང་ཕྱི་པའི་མཁས་པ་ཐམས་ཅད་ཀྱིས་འགྲན་གྱིས་དོ་མེད་པ་ཞིག་གོ། །དེའི་ལྷོ་ཕྱོགས་སུ་མི་རིང་བར་གཙུག་ལག་ཁང་ཆེན་པོ་དང་མཆོད་རྟེན་དཔངས་སུ་རྟེན་ཁྲུ་བརྒྱ་ལྷག་པ་ཅིག་བཅས་ཡོད་པ་ནི། སྟོན་པས་ཆོ་འཕྲུལ་ཆེན་པོ་བསྟན་པས་མུ་སྟེགས་པ་མང་པོ་བཏུལ་ཞིང་ལྷ་མི་དཔག་ཏུ་མེད་པ་ལ་ཆོས་བསྟན་པའི་གནས་སོ། །དེའི་ལོགས་སུ་འདས་སངས་བཞི་ཀའི་བཞུགས་ཁྲི་དང་མཛད་ཤུལ་རྣམས་ཡོད་དོ། །

མ་ར་ཀུ་ཏའི་ཡུལ།

དེ་ནས་ལྷོ་ངོས་སུ་རྒྱང་གྲགས་སུམ་སྟོང་ཙམ་ཕྱིན་པ་ན་མ་ར་ཀུ་ཏའི་ཡུལ་ལོ། །དེའི་ཐ་གྲུར་རྒྱང་གྲགས་ལྔ་སྟོང་ལྷག་དང་། དཀྱིལ་མཁར་ཆེན་པོའི་མཐའ་སྐོར་དུ་རྒྱང་གྲགས་བཞི་བཅུ་ལྷག་དང་། ས་གཞི་ཚྭ་སྒོ་ཆེ་ལ་ནམ་དབུགས་ཤིན་ཏུ་ཚ་བ། རྒྱ་མཚོ་དང་ཉེ་བས་རིན་པོ་ཆེའི་རིགས་མང་པོ་འདུ་ཞིང་ཚོགས་པ། མིའི་རང་བཞིན་རྩུབ་ལ་བཞིན་མདོག་ནག་པོ། ཡོན་ཏན་སློབ་པ་ལ་མི་མོས་པ་ཚོགས་ཁོ་ན་ལ་མི་ཚེ་སྐྱེལ་བ། གཙུག་ལག་ཁང་གོག་པོའི་ཤུལ་འགའ་ཡོད་པ་ལས་དགེ་འདུན་

གྱི་མིང་ཙམ་ཡང་མེད་དོ། །མུ་སྟེགས་པའི་ལྷ་ཁང་བརྒྱ་ཕྲག་དུ་མ་ཡོད་པར་ཕྱི་རོལ་གཅེར་བུ་མང་ཙམ་འདུག་གོ། །

༡ རི་བོ་མ་ལ་ཡ།

གྲོང་ཁྱེར་གྱི་ཤར་ཕྱོགས་སུ་རི་བོ་མ་ལ་ཡ་ཡོད་དོ། །དེ་ནི་བགྲོད་དཀའ་བ་རྩུབ་པ་རྗེ་དང་གསེག་མས་གཏམས་པ་བྲག་ཕུག་ཟབ་མོ་དང་འགའ་ཞིག་སངས་ཐལ་དུ་ཡོད། དེར་ཙན་དན་དང་ཙན་དན་ཞེས་པའི་ཤིང་གི་ནགས་ཚལ་ཡོད་དོ། །ཙན་དན་ནི་དབྱིབས་དང་ཁ་དོག་རྣམ་པ་ཐམས་ཅད་ཙན་དན་དཀར་པོ་དང་འདྲ་ལ། ཁྱད་པར་ཙུང་ཟད་མི་འདྲ་བ་ནི་ཤིང་དེ་ཤིན་ཏུ་ཆེ་ལ་མཐོ་བ། དྲི་བསུང་རྒྱང་རིང་དུ་བྲོ་བ་དགུན་དུས་མ་གཏོགས་ལེན་དཀའ་བ། རྒྱུ་མཚན་ནི་ཤིང་དེ་ཤིན་ཏུ་བསིལ་བས་དུག་སྦྲུལ་གྱིས་དཀྲིས་ཏེ་གནས་པའི་ཕྱིར་རོ། །དགུན་དུས་སུ་དུག་སྦྲུལ་ཉལ་ཟིན་པའི་དུས་སུ་ལེན་ནོ། །དེའི་ཐང་ཆུ་ནི་ཀརྤུ་ར་སྟེ་ག་བུར་རོ། །དབྱིབས་དང་ཁ་དོག་འཁྱུགས་རོམ་དང་འདྲའོ། །

༢ རི་བོ་པོ་ཏ་ལ།

དེའི་ཤར་ཕྱོགས་སུ་མི་རིང་བར་པོ་ཏ་ལ་སྟེ་འཕགས་པ་སྤྱན་རས་གཟིགས་དང་རྗེ་བཙུན་སྒྲོལ་མ་དངོས་སུ་བཞུགས་པའི་གནས་སོ། །རི་དེ་ཤིན་ཏུ་བགྲོད་དཀའ་བ་སྤོ་ལ་མཚོ་ཆུ་ཡན་ལག་བརྒྱད་ལྡན་ཞིག་ཡོད་པ་ལས་ཆུ་མིག་བྱུང་སྟེ་འོག་ཏུ་འབབ་ཞིང་རི་ལ་གཡས་སྐོར་དུ་ལན་ཉི་ཤུ་བསྐོར་ནས་མཐར་ལྷོའི་རྒྱ་མཚོར་འབབ་བོ། །མཚོ་དེའི་གཡས་ལོགས་སུ་ལྷ་ཁང་ཡོད་པ་ནི་འཕགས་པ་གཤེགས་འཆག་

མཛད་པའི་གནས་སོ། །རི་དེའི་ཉེ་འཁོར་དུ་གནས་པ་དག་གི་འཕགས་པ་མཐོང་བར་མོས་པའི་སེམས་རྩེ་གཅིག་བསྐྱེད་ཅིང་གསོལ་བ་བཏབ་ན་མཐོང་སྣང་སྣ་ཚོགས་པའི་ཞལ་སྟོན་པ་ཡོད་དོ། །འགའ་ཞིག་ལ་ལྷའི་གཟུགས་དང་། ལ་ལར་ཕྱུག་ན་རིལ་བ་སྤྱི་བླུགས་དང་སྐུ་ལ་ཐལ་བས་བྱུགས་པ། དྲང་སྲོང་གི་རྣམ་པ་ཅན་སྟོན་པ་སོགས་མང་པོ། ཡུལ་ཐག་རིང་གི་དད་པ་ཅན་དག་གིས་ཀྱང་ལ་སླུང་བཀལ་ཏེ་ལམ་གྱི་ངལ་དུབ་ཁྱད་དུ་བསད་དེ་རྒྱ་ལམ་ལ་འགྲོར་བ་དག་གིས་མཐོང་ཚུལ་ཀྱང་གོང་དང་མཚུངས་སོ། །

ས་བཅད་བཅུ་གཅིག་པ། ཡུལ་ཉེ་ཤུ་རྩ་གསུམ།

སིངྒ་ལའི་ཡུལ།

པོ་ཏ་ལའི་ཤར་ལྷོའི་མཚམས་སུ་མཚོ་ཆེན་པོའི་ནང་དུ་གྲུ་ལ་ཞུགས་ཏེ། རྒྱང་གྲགས་སུམ་སྟོང་ལྷག་ཙམ་ཕྱིན་པ་ན་སིངྒ་ལའི་ཡུལ་ལོ། །ཡུལ་དེའི་ཐ་གྲུར་རྒྱང་གྲགས་བདུན་སྟོང་ལྷག་པར། དབུས་ཀྱི་མཁར་ཆེན་པོའི་རྒྱང་གྲགས་བཞི་བཅུ་ལྷག་ཙམ། ས་ཞིན་ཏུ་གཤིན་པ་ནམ་དབྱུགས་དྲོད་ཤས་ཆེ་བ་འབྲུ་དུས་བཞིར་སྨིན་པ། མེ་ཏོག་དང་ཤིང་ཏོག་གི་རིགས་མང་བ་མི་ཁྱིམ་མང་ཞིང་ཕལ་ཆེ་བ་ལོངས་སྤྱོད་དང་ལྡན་པ། གནའ་དུས་ནས་རིན་པོ་ཆེའི་འབྱུང་གནས་ཡིན་པས་རིན་པོ་ཆེའི་རིགས་ཤིན་ཏུ་མང་ངོ་། །རིན་པོ་ཆེ་གཞན་དུ་ཁྱེར་བ་ན་དཀོར་བདག་ལྷ་འདྲེས་རྗེས་བསྙེགས་སུ་ཡོང་ངོ་། །

༡ སེང་གེ་འཛིན་གྱི་ལོ་རྒྱུས།

སིངྒ་ལ་སྟེ་སེང་གེ་འཛིན་ཞེས་བྱའོ། །དེའི་ལོ་རྒྱུས་ནི། རྒྱ་གར་ལྷོ་ཕྱོགས་ཀྱི་ཡུལ་གཞན་ཞིག་གི་རྒྱལ་པོ་དང་ཡུལ་འདིའི་གཉིས་ཉེ་དུ་བྱས་ཏེ་བུ་མོ་ཁྲིགས་སུ་བཏེགས་ནས་རྫོངས་པ་ན། སྐྱ་བུར་དུ་སེང་གེའི་རྒྱལ་པོ་བྱུང་ནས་བུ་མོ་ཁྲིགས་སོ། །གཡོག་འཁོར་རྣམས་བྲོས་ཤིང་འཐོར། སེང་རྒྱལ་གྱིས་བུ་མོ་བང་དུ་བཟུང་

ནས་ནགས་སྟུག་པོར་སོང་ངོ་། །རི་དྭགས་ཀྱི་ཤ་དང་ཤིང་ཏོག་གིས་གསོས་རིམ་གྱིས་བུ་དང་བུ་མོ་སྐྱེས་ཤིང་ཐམས་ཅད་མིའི་གཟུགས་ལ་རང་བཞིན་དུད་འགྲོ་ཡིན་པས་སྤྱིན་ཞིང་ལྷག་པར་གཙན་གཟན་དུ་གྱུར་བའི་སེང་གེ་ཡིན་པས། སྟོབས་ཆེ་ཞིང་གཏུམ་པ་རྒོད་པོ་སྟེ་འོན་ཀྱང་མི་སྐད་ཤེས་པ་ཞིག་གོ། །ལན་ཅིག་བུ་ཆེ་བས་མ་ལ་སྨྲས་པ། ང་དར་ལ་བབས་ཀྱིས་ཁྱིམ་ཐབ་ཚོལ་བའི་དུས་ལ་བབས་སོ། །མས་སྔོན་གྱི་ལོ་རྒྱུས་སྨྲས་པས། ཕ་སེང་རྒྱལ་གཞན་དུ་ཕྱིན་པའི་སྐབས་སུ་མ་རྒྱབ་ཏུ་ཁུར་ནུ་མོ་ཁྲིད་དེ་འཁྱམས་པ་ན་མས་བུ་ལ་སྨྲས་པ། ངས་ཁྱོད་ལ་སྨྲས་པ་ལྟར་གྱི་སྔོན་གྱི་ལོ་རྒྱུས་མ་བཤད་ཅིག ཁོང་དམངས་མས་མདའ་འབེབས་ཤིང་མིར་མི་བརྩེ་བ་འབྱུང་སྲིད་ཀྱིས་ཟེར་རོ། །བུ་མོ་རང་གི་ཡབ་རྒྱལ་གྱི་གནས་སུ་ཕྱིན་པ་ན་སྔར་གྱི་མི་དང་དངོས་པོ་གཞན་དུ་གྱུར་འདུག་པས། ལྗོངས་གཞན་དུ་ཕྱིན་པ་ན། སྐྱེ་བོའི་ཚོགས་ཀྱིས་ཡུལ་གང་ནས་ཡོང་ཞེས་དྲིས་པ་ན། ཧུ་བུ་ཅག་ཡུལ་གཅིག་པ་ལགས་པ་སྟེ། དུས་ཤིག་ནས་མགོན་མེད་སྐྱབས་མེད་དེ་ཡུགས་ས་ད་ཕྲུག་ཏུ་འཁྱམས་པ་ཡིན་ཟེར་བས་ཕལ་ཆེ་བས་སྙིང་རྗེ་སྐྱེས་ནས་བྱུང་རྒྱལ་དུ་ཟས་བྱིན་ནས་གསོས་སོ། །སེང་གེའི་རྒྱལ་པོ་རང་གནས་སུ་ལོག་ནས་བུ་དང་མཇལ་འབྲངས་མི་སྣང་བས་ཞེ་སྡང་ལངས་ཏེ་རང་གི་གནས་ནས་ཐོན་ཏེ་ཕྱོགས་ཕྱོགས་སུ་རྒྱུགས་ནས་ང་རོ་བསྒྲགས་པ་ན་མི་རྣམས་སྐྲག་ཅིང་གནོད་པར་གྱུར་པར་རྒྱལ་པོས་དཔུང་སྡེ་བཞི་དྲངས་ཀྱང་མ་ཐུལ་བས། དྲིལ་བསྒྲགས་ཏེ་སེང་གེ་འདི་བསད་དམ་གདུལ་ནུས་པ་ལ་བྱ་དགའ་ཆེན་པོ་སྟེར་རོ་ཞེས་པས། བུས་གྲི་རྣོན་པོ་ཞིག་ཕུ་དུང་དུ་སྦས་ཏེ་བྱུང་བ་དང་རྒྱལ་པོས་ཕོ་བཏང་བར། སེང་གེའི་རྒྱལ་པོས་བུ་མཐོང་ནས་དགའ་ཡལ་ཡལ་སྐྱེས་ཏེ་རྒྱུགས་ཤིང་འོངས་པས་འཁྱུད་པར་བརྩམས་པ་ན། བུས་སེང་གེའི་བྲང་གི་འོག་ཏུ་གྲི་བརྒྱབ་པས་ཤིའོ། །དེ་ནས་རྒྱལ་པོ་ཧ་ལས་ཏེ་གྲུ་གཟིངས་ཆེན་པོ་གཉིས་བཅོས་གྲུའི་ཕུག་རྣམས་སུ་སྔར་ཁས་བླངས་པ་བཞིན་ལོངས་སྤྱོད་ཀྱི་ཀ་ཅ་འདངས་འདངས་སུ་བཙུག་གཅིག་

གི་ངོས་སུ་སེང་ཕོ། ཅིག་ཤོས་ཀྱི་ངོས་ལ་སེང་མོ་རྣམས་བཞུགས་ནས་རྒྱ་མཚོ་ཆེན་པོའི་ནང་དུ་རང་དགར་ཡོངས་སུ་བཏང་བ་རིན་པོ་ཆེའི་གླིང་འདི་ཀར་སླེབས་ནས་ཐོགས་ཏེ་བསྐྱོད་པ་ལས་མཆེད་པ་ཡིན་ཟེར་རོ། །འོན་ཀྱང་ཡུལ་དེའི་མི་རྣམས་ཡོན་ཏན་སློབ་པ་ལ་དགའ་ཞིང་ཆོས་ལུགས་ལ་གཟབ་པ། མིའི་ལུས་པོངས་དམའ་ལ་བྱད་ནག་པོ་སྤྲོ་ཐུང་བ་དགེ་སྦྱོར་ལ་བརྩོན་པ་དག་གོ། །ཡུལ་འདིའི་མི་རྣམས་སྔ་ནས་དཀོན་མཆོག་ལ་དད་པ་ཡིན་ཞིང་། རྒྱལ་པོ་ཨ་ཤོ་ཀའི་ནུ་བོ་རྒྱལ་པོ་དབང་ཆེས་ལྷག་པར་མཛད་དོ། །གཙུག་ལག་ཁང་ཆིག་བརྒྱ་ཙམ་ལ་དགེ་འདུན་ཉིས་ཁྲི་ལྷག་ཚོགས་ཤིང་ཐེག་ཆེན་པ་སྡེ་པ་གནས་བརྟན་པའོ། །དགེ་འདུན་འདུལ་ཁྲིམས་དག་ཅིང་ཀུན་སྤྱོད་གཙང་བ་རིགས་འཛིན་བརྟན་ཞིང་རང་གཞན་ལ་ཕན་ཆེའོ། །

༢ སྟོན་པའི་ཆོས་མས།

རྒྱལ་པོའི་ཕོ་བྲང་གི་ཝོགས་སུ་མི་རིང་བར་སྟོན་པའི་ཆོས་མས་ཀྱི་གཙུག་ལག་ཁང་དུ་ཆོས་མས་བཞུགས་པའི་མཆོད་རྟེན་ཡོད་དོ། །དེ་ལ་པདྨ་ར་ག་ཆེན་པོས་ཏོག་བྱས་པ་དེའི་གཟི་འོད་ཉིན་མཚན་ཀུན་ཏུ་འབར་བ་མཐོངས་སུ་སྐར་མ་སྐྱ་རེངས་ཤར་བ་ལྟར་སྣང་ངོ་། །རྒྱལ་པོ་ཡང་ཉིན་བཞིན་སྟོན་པའི་ཆོས་མས་ལ་ལན་གསུམ་དུ་སྤོས་ཀྱིས་བདུག་པ་སོགས་ཀྱིས་མཆོད་ཅིང་བཀུར་སྟི་བྱེད་ཀྱིན་འདུག་གོ། །

༣ སྐུ་བརྙན་སྒྲུར་པའི་ལོ་རྒྱུས།

མཆོད་རྟེན་གཙུག་ལག་ཁང་དང་བཅས་རིན་པོ་ཆེ་སྣ་ཚོགས་ཀྱིས་བརྒྱན་པ། ནང་དུ་གསེར་སྒྲུངས་ལས་གྲུབ་པའི་སྟོན་པའི་སྐུ་བརྙན་རྒྱལ་པོའི་སྐུ་ཚད་དང་མཉམ་

པ་ལ་དབུའི་གཙུག་ཏོར་ལ་རིན་ཐང་མེད་པའི་རིན་པོ་ཆེས་བརྒྱན་པའོ། །ཇག་རྐུན་བསྲུང་ཕྱིར་སྐུ་བརྙན་ཙམ་གྱི་ཕྱི་རོལ་ན་སྲུ་ཤུས་བསྐོར་བ། ལན་ཅིག་རྐུན་མ་ཞིག་བྱུང་སྟེ་ནང་གི་ཁང་པའི་རྩིགས་པ་ཕུག་སྟེ་ཞུགས་ནས། ལག་པ་བརྐྱངས་ཏེ་ནོར་བུ་ལེན་པར་བརྩམ་པ་ན་ལག་པ་བརྐྱང་བས། རིན་པོ་ཆེ་ཇེ་རིང་དུ་སོང་སྟེ་ལག་པས་མ་སླེབ་ནས། རྐུན་མས་སྟོན་པ་ཁྱོད་སྔོན་བྱང་ཆུབ་ཀྱི་སྤྱད་པ་སྤྱོད་ན་སྦྱིན་པ་ཆེན་པོ་ཕངས་མེད་དུ་བཏང་། ས་ཞིང་མཁར་རྫོང་རྟ་གླང་ནས་བཟུང་། བུ་དང་བུ་མོ་ཆུང་མ་བྲན། ཤ་ཁྲག་ལུས་སྲོག་གི་བར་གང་ལ་ཡང་ཕངས་པ་མི་མཛད་པར་དབུལ་ཕོངས་ལ་བཏང་ཞིང་། ད་ལྟ་མངོན་པར་རྫོགས་པར་སངས་རྒྱས་ནས་དམ་པའི་ཆོས་བསྟན་ཟག་པ་མེད་པའི་མྱ་ངན་ལས་འདས་པ་མངོན་དུ་མཛད་རྒྱལ་བའི་མཛད་པ་ཐམས་ཅད་རྫོགས་པར་མཛད་ནས། ཅིའི་ཕྱིར་གཟུགས་བརྙན་གྱི་རིན་པོ་ཆེ་ཞིག་ལ་འདི་བཞིན་གཅེས་པར་མཛད་ཅེས་ཞུས་པ་བས། རྗེན་སྐུ་བརྙན་དེ་སྒུར་ནས་རྐུན་མས་རིན་པོ་ཆེ་བླངས་ནས་ཕྱིར་ཐོན་ཏེ། རིན་པོ་ཆེ་དེ་བཙོང་བ་ན་འགའ་ཞིག་ངོས་ཤེས་ཏེ་བཟུང་ནས་རྒྱལ་པོའི་དྲུང་དུ་བསྐྱལ་ལོ། །རྒྱལ་པོས་རྒྱུ་མཚན་དྲིས་པས་རྐུན་མས་ཇི་བཞིན་པར་ཞུས་པས། རྒྱལ་པོས་སྐུ་བརྙན་ལ་བལྟས་པས་སྐུ་བརྙན་དེ་སྒུར་ཞིང་འདུག་པ་མཐོང་ནས་རྒྱལ་པོ་ཡིད་ཆེས་ནས་རྐུན་མ་དེ་ལས་རིན་དཔེ་མེད་པས་ཉོས་ཏེ། སྐར་དབུའི་རྒྱན་དུ་ཕུལ་ལོ། །སྐུ་བརྙན་དེ་ད་ལྟར་ཡང་སྒུར་པོར་འདུག་གོ། །སྟོན་པའི་བསྟན་པ་ཡུལ་འདིར་དར་བ་ནས་བཟུང་རྒྱལ་པོའི་བཞུགས་ཁང་དང་ཉེ་བར། རྡོ་ཁང་མང་པོར་ཉེན་བཞིན་དགེ་འདུན་ཁྲི་བརྒྱད་སྟོང་རྡོ་མགྲོན་དུ་བོས་ནས་གདུགས་ཚོད་འབུལ་བ། རྒྱལ་རབས་མང་པོར་མ་ཆད་པ་ཡོད་ཀྱང་། དེང་སང་ལོ་བཅུ་ཕྲག་དུ་མར་རྒྱལ་སྲིད་འཁྲུགས་ཏེ་རྒྱལ་པོ་ངེས་མེད་བྱུང་བ་སྔར་གྱི་སྲོལ་དེ་ཅི་མི་སླམ་པས་རང་ཟུབ་ཏུ་སོང་ངོ་། །

རི་བོ་ལྔྐ་དང་ལན་ར་ཀ་རའི་གླིང་།

ཡུལ་དེའི་ཤར་ལྷོའི་མཚམས་སུ་རི་བོ་ལྔྐ་ཡོད་དོ། །དེ་ཤིན་ཏུ་འགྲོ་དཀའ་བ་སྲིན་པོའི་གནས་ཏེ། འབྱུང་པོའི་ཁང་ཁྱིམ་དག་ཡོད་ཅིང་། སྔོན་སྟོན་པས་གནས་འདིར་ལྔྐར་གཤེགས་པའི་མདོ་གསུངས་སོ། །གྲོང་ཁྱེར་གྱི་ལྷོ་ཕྱོགས་བ་ཚྭའི་རྒྱ་མཚོར་རྒྱང་གྲགས་སྟོང་ཕྲག་དུ་མ་ཕྱིན་པ་ན། ན་ར་ཀི་རའི་གླིང་ངོ་། །དེའི་མི་རྣམས་ཆུང་ཞིང་ནག་པོ་ལུས་མཐོ་བ་རྣམས་ཁྲུ་གསུམ་ལས་མེད་པ་བྱ་མཆུ་ཅན་ལོ་ཏོག་འདེབས་པ་མེད་དོ། །ཤིང་འབྲས་ཟ་བ་བཟའ་ཤིང་དེ་དག་སྲིད་དུ་འདོམ་ཉི་ཤུ་ལྷག་མ་དེ་ལས་ཀྱང་མཐོ་བ་འབྲས་བུ་བཟང་ཙང་ཞིང་མེ་ཏོག་ནི་ཚང་བཙོ་ཙང་བའོ། །རྒྱ་མཚོའི་འགྲམ་གྱི་ཤར་དུ་གླིང་ཆུང་ཞིག་ཡོད་པར་ཇོ་སྐུ་དཔངས་སུ་ཁྲུ་བརྒྱ་ལྷག་ཞལ་ཤར་དུ་ཕྱོགས་ཏེ་བཞུགས་པའི་གཙུག་ཏོར་ནི་ཟླ་འོད་ཅེས་བྱ་བའི་ནོར་བུ་རིན་པོ་ཆེ་བྱས་པ་ཟླ་བའི་འོད་རིན་པོ་ཆེ་དེར་ཕོག་སྟེ། དེའི་འོད་མདངས་རྒྱ་མཚོར་ཕོག་པས་རྒྱ་མཚོ་ཆེན་པོའི་ཐ་རླབས་ནོར་བུའི་ཁ་དོག་གིས་གཡེང་བ་འདྲ་བ་སྐབས་ཤིག་ན་ཚོང་པ་དག་གྲུར་བཞུགས་ནས་རླུང་གིས་བདས་ཤིང་གཡེང་བས་ཉེན་ཞིག་ཐམས་ཅད་རབ་ཏུ་སྐྲག་པས་གདུངས་བ་ལ། དེད་དཔོན་གྱིས་བསྐུལ་ནས་ཐམས་ཅད་ཀྱི་སྣོད་ལག་ཏུ་ཐོགས་ལ་ཐུགས་རྗེ་ཆེན་པོ་ལ་སེམས་རྩེ་གཅིག་ཏུ་མགྲིན་གཅིག་ཏུ་གསོལ་བ་ཐོབ་ཅིག་ཟེར་བ་ལྟར་བྱས་པས། སྣོད་ཐམས་ཅད་ཆུ་གཙང་གིས་བྱུར་གྱིས་གང་བ་བྱུང་ཞིང་ཐམས་ཅད་ངོམས་སོ། །དེར་དེད་དཔོན་གྱིས་འཕགས་པའི་ཐུགས་རྗེའི་མཐུ་ཡིན་མོད་ཀྱང་། བདག་གིས་ཐོས་པར་ཇོ་སྐུ་འདིའི་གཙུག་ཏོར་ཟླ་འོད་ཅེས་བྱ་བའི་ནོར་བུས་བྱས་ཟེར། ནོར་བུ་ཟླ་འོད་དེ་ཟླ་འོད་ཀྱིས་ཕོག་པ་ན་ཆུ་རང་བབས་སུ་འབྱུང་ངོ་ཟེར། བདེན་རྫུན་བལྟ་དགོས་ཟེར་ནས་འཛེགས་ཏེ་བལྟས་

པ་ན་དེ་ཁོ་ནར་འདུག་པས་ཡིད་ཆེས་སོ། །གླིང་དེའི་ནུབ་ཕྱོགས་སུ་གྲུར་ཞུགས་ནས་རྒྱང་གྲགས་སྟོང་ཕྲག་དུ་མ་བརྒལ་བ་ན། རིན་པོ་ཆེའི་གླིང་ཆེན་པོ་ཞེས་བྱ་བ་ཡོད་དོ། །དེར་མིའི་སྐྱེ་བོ་ཆགས་པ་མེད་ཅིང་ལྷ་དང་དྲང་སྲོང་འབའ་ཞིག་གནས་ཟེར་རོ། །མཚན་མོ་རྒྱང་རིང་ནས་བལྟས་ཆེ་སྒྲོན་མེར་སྣང་བ་མང་བས་ཚོང་པ་དག་འགྲོ་བ་མང་ཡང་དེར་སླེབས་པ་ན་ཅི་ཡང་མེད་དོ་དེ་བརྒྱུད་དེ། ཧ་བི་ཏའི་ཡུལ་དུ་འགྲོ་བ་མང་ངོ་། །དེ་ནས་སྐམ་སར་བབས་ཏེ་ནགས་དང་རི་ཆིག་སྐྱ་ཐོར་བུ་དང་ལྗོངས་མང་པོ་སྤྱིལ་མ་བརྒལ་བ་ན་ཛག་པ་ཕྱུར་ལོངས་པ་མང་བས་མི་ཤིན་ཏུ་མང་པོ་འགྲོགས་ཏེ།

ཀོ་ཧྣ་ན་པྲུ་རིའི་ཡུལ།

རྒྱང་གྲགས་ཉིས་སྟོང་ལྷག་སོང་བ་ན། ཀོ་ཧྣ་ན་པྲུ་རིའི་ཡུལ་དེའི་ཐ་གྲུར་ལེ་བར་ལྔ་སྟོང་ལྷག དཀྱིལ་མཁར་ཆེན་པོ་མཐའ་འཁོར་དུ་ལེ་བར་སུམ་ཅུ་ལྷག་ས་གཞི་གཤིན་ཅམ་ནས་དབུགས་རྟོད་ཤས་ཆེ་བ་འབྲུ་རིགས་གང་ཡང་འདེབས་པ། མིའི་རང་བཞིན་ལུས་རགས་པ་རྩུབ་ལ་གཏུམ་པ་སྒྲོ་ཐུང་བ། ཡོན་ཏན་སློབ་པ་ལ་དགའ་ཞིང་ཡོན་ཏན་ཅན་བཀུར་བ། གཙུག་ལག་ཁང་བརྒྱ་ལྷག་པར་དགེ་འདུན་ཁྲི་ཚོ་ལྷག་བཞུགས་ཤིང་ཐེག་པ་ཆེ་ཆུང་མཉམ་པར་སྤྱོད་པ། མུ་སྟེགས་པའི་ལྷ་ཁང་ཡང་བརྒྱ་ཕྲག་དུ་མ་ཡོད་པར་ཕྱི་རོལ་པའི་ལྟ་བ་སྣ་ཚོགས་པ་མང་པོ་འདྲེས་ཏེ་གནས་སོ། །

རྒྱལ་པོའི་ཁང་ཁྱིམ་ཉེ་འཁོར་གྱི་རྗེས་ཤུལ།

རྒྱལ་པོའི་ཁང་ཁྱིམ་གྱི་ལོགས་སུ་མི་རིང་བར་གཙུག་ལག་ཁང་ཆེན་པོ་ཞིག་ལ་དགེ་འདུན་སུམ་བརྒྱ་ལྷག་བཞུགས་ཤིང་འདུལ་ཁྲིམས་ཤིན་ཏུ་དམ་པ་ཀུན་སྤྱོད་གཙང་བ་དག་གོ། །དེར་གཙང་ཁང་ཆེན་པོ་རྒྱར་ཁྲུ་བརྒྱ་ལྷག་ཡོངས་པའི་ནང་དུ་རྒྱལ་བུ་དོན་ཐམས་ཅད་གྲུབ་པའི་བྲོག་ཞུ་ཁྲུ་དོ་ཙམ་གྱིས་མཐོ་བ་རིན་པོ་ཆེའི་ཕྲ་ཚོམ་ཅན་རིན་པོ་ཆེའི་ཟ་མ་ཏོག་ཏུ་བཞུགས་པ། ཟླ་ངོ་བཞིན་དུ་གསོ་སྦྱོང་གི་ཉིན་ཟ་མ་ཏོག་ནས་ཕྱུང་སྟེ་སྟན་ཁྲི་མཐོན་པོར་བཞུགས་སུ་གསོལ་ཏེ་ཕྱག་མཆོད་བསྐོར་བ་སོགས་བྱེད་ཅིང་། དབུ་རྒྱན་ལས་ཀྱང་འོད་ཀྱི་ཕུང་པོ་འཁྲིད་དོ། །གྲོང་ཁྱེར་གྱི་ལོགས་སུ་གཙུག་ལག་ཁང་ཞིག་ཡོད་པར་གཙང་ཁང་ཁྲུ་ལྔ་བཅུ་ལྷག་པར་ཙནྡན་ལས་གྲུབ་པའི་རྗེ་བཙུན་བྱམས་པའི་འདྲ་སྐུ་ཁྲུ་བཅུ་ལྷག་གསོ་སྦྱོང་གི་དུས་བཟང་ལ་བྱིན་རླབས་ཀྱི་འོད་འཕྲོ་བ་ཞིག་གོ། །དེ་ནི་གྲོ་བཞིན་སྐྱེས་རྣ་བ་བྱེ་བ་ཉི་ཤུ་རི་བས་བཞེངས་པ་ཡིན་ནོ། །གྲོང་ཁྱེར་གྱི་བྱང་ཕྱོགས་སུ་ཤིང་ཏ་ལའི་ནགས་གྱུར་རྒྱང་གྲགས་སུམ་ཅུ་ལྷག་ཡོད་དོ། །ཤིང་རྣམས་ཀྱི་ལོ་མ་རིང་ཞིང་མདངས་འཚེར་བ། ཡུལ་ཐམས་ཅད་ནས་གསུང་རབ་འབྲི་བ་ཕལ་ཆེ་བས་ནགས་འདི་ནས་ལོ་མ་ལེན་པ་མང་ངོ་། །ནགས་དེའི་ནང་ན་མཆོད་རྟེན་གཅིག་དང་འདས་སངས་གཤེགས་ཤུལ་གྱི་རིས་དང་། དེ་དང་མི་རིང་བར་མཆོད་རྟེན་ཞིག་ཡོད་པ་ནི་འཕགས་པ་གྲོ་བཞིན་སྐྱེས་ཀྱི་གདུང་བཞུགས་པའི་གནས་སོ། །གྲོང་ཁྱེར་གྱི་ཤར་ཕྱོགས་ན་མཆོད་རྟེན་ཞིག་ཡོད་པ་རྒྱང་སྟེགས་ཞིག་ཐལ་ཡང་ལྷག་ལུས་འདོམ་དྲུག་ལྷག་སྣང་ངོ་། །འདིའི་ནང་དུ་སྟོན་པའི་རིང་བསྲེལ་བཞུགས་ཤིང་དུས་བཟང་ལ་ཉིན་མོ་འོད་དང་མཚན་མོ་སྒྲོན་མེ་འབར་བར་མཐོང་ངོ་། །སྔོན་སྟོན་པས་འདིར་ཆོ་འཕྲུལ་ཆེན་

པོ་བསྟན་པས་ལྷ་མི་དཔག་ཏུ་མེད་པ་བདེན་པ་ལ་བཀོད་པའི་གནས་སོ། །གྲོང་ཁྱེར་གྱི་ལྷོ་ངོས་སུ་མཆོད་རྟེན་ཞིག་ཡོད་པ་ནི་རྒྱལ་པོ་ཨ་ཤོ་ཀས་བཞེངས་པ་སྟེ། དགྲ་བཅོམ་པ་གྲོ་བཞིན་སྐྱེས་ཆེ་འཕྲུལ་བསྟན་ནས་འགྲོ་བ་མང་པོ་བཏུལ་བའི་གནས་སོ། །དེའི་ཡོགས་སུ་གཙུག་ལག་ཁང་སོག་པོ་ཞིག་ཡོད་པ་ནི། སྔོན་པ་པ་སུ་ར་ཏན་གྱིས་བཞེངས་ཤུལ་ཡིན་སྐད་དོ། །

མ་ཐུར་བའི་ཡུལ།

དེ་ནས་ནུབ་བྱང་མཚམས་སུ་རི་ཆེན་པོ་དང་ནགས་སྟུག་པོ་དང་གཙན་གཟན་མ་རུངས་པ་དང་ཇག་རྐུན་གྱི་འཇིགས་པ་སོགས་ཁྱད་དུ་བསད་དེ། རྒྱང་གྲགས་ཉིས་སྟོང་དང་བརྒྱ་ཕྲག་བཞི་ལྔ་ལྷག་ཕྱིན་པ་ན་མ་ཐུ་ར་བའི་ཡུལ་ལོ། །དེའི་ཐ་གྲུར་རྒྱང་གྲགས་དྲུག་སྟོང་དང་ལྔེ་བའི་མཁར་ཆེན་པོ་ནི་ཁོར་ཡུག་ཏུ་རྒྱང་གྲགས་སུམ་ཅུ་ལྷག་པ། ནུབ་ཕྱོགས་ཆུ་ཆེན་པོ་ཞིག་ལ་གཞོལ་བ་ས་གཞི་ཤིན་ཏུ་གཤིན་ཞིང་ནམ་དབུགས་དྲོ་ཞིང་ཚ་བ་འབྲུ་སྣ་ཚོགས་འདེབས་སོ། །མིའི་གཟུགས་ཕུང་ཆེ་ལ་རགས་པ་རང་བཞིན་ང་རྒྱལ་དྲེགས་པ་དང་ལྡན་པ། དྲིན་དང་ཁོན་གཉིས་ཀ་མི་བརྗེད་པ་སྤྲོ་ཐུང་བ། ཉེས་ཅན་ཆད་པས་གཅོད་ཙ་ན་བུད་མེད་ཀྱི་ཆས་གོས་སྲིད་དེ་རང་ཚེབས་སུ་འཇུག་གོ། །དཔལ་རྟུལ་ཆེ་ལ་དཔུང་སྟོབས་ཆེ་ཞིང་སྟོང་ཐུབ་བརྒྱ་ཐུབ་མང་ངོ་། །རྒྱལ་པོས་འདི་ལ་གདེངས་འཚོའི་ཉེ་འཁོར་གྱི་ཡུལ་རྒྱ་ཆེ་བ། རྒྱལ་རིགས་བློན་འབངས་ཐམས་ཅད་སེམས་མཐུན་པས། ཕྱིས་སུ་རྒྱལ་པོ་ཚུལ་ཁྲིམས་ཉི་མས་ཡུལ་ཕལ་ཆེར་མངའ་འོག་ཏུ་བཙུག་ཀྱང་། ཡུལ་འདིས་རང་ཚུགས་ཐུབ་པ་བྱས་སོ། །སློབ་གཉེར་ལ་དགའ་ཞིང་ཡང་དག་ལྟར་སྣང་གཉིས་ཀར་མཉམ་པར་བལྟ་

བ། གཙུག་ལག་ཁང་བརྒྱ་ལྷག་ཡོད་པར་དགེ་འདུན་ཕྱེད་སྟོང་ཙམ་བཞུགས། ཐེག་པ་ཆེ་ཆུང་གཉིས་ལ་མཉམ་པར་སྤྱོད་དོ། །མུ་སྟེགས་པའི་ལྷ་ཁང་བརྒྱར་ཉེ་བ་ན་ཕྱི་རོལ་པ་མང་པོ་གནས་སོ། །

༡ གྲོང་ཁྱེར་ཉེ་འཁོར་གྱི་རྗེས་ཤུལ།

གྲོང་ཁྱེར་གྱི་ཕྱི་ནང་གཉིས་སུ་འདས་སངས་བཞིའི་མཛད་ཤུལ་ཡོད་པའི་མཆོད་རྟེན་ཆེ་བ་ལྔ་ཆུང་བ་དཔག་ཏུ་མེད་པ་ཡོད་དེ་ཐམས་ཅད་རྒྱལ་པོ་ཨ་ཤོ་ཀས་བཞེངས་སོ། །གྲོང་ཁྱེར་གྱི་ལྷོ་ཕྱོགས་ན་གཙུག་ལག་ཁང་རྙིང་པ་ཞིག་གི་ནང་དུ་སྤྱན་རས་གཟིགས་ཀྱི་རྡོ་སྐུ་བྱིན་རླབས་ཤིན་ཏུ་ཆེ་བ་གསོལ་བ་བཏབ་པའི་དོན་ཐལ་ཆེར་མཐོང་ཆོས་མངོན་གྱུར་དུ་གྲུབ་པ་ཆེས་མང་ངོ་། །གྲོང་ཁྱེར་གྱི་ཤར་ཕྱོགས་ན་རི་ཆེན་པོ་སྲུལ་མང་ཞིང་རྩ་བ་ཡངས་བ།

༢ རྟུལ་ཞུགས་སྤྱོད་པས་བཞེངས་པའི་གཙུག་ལག་ཁང་།

རྩེ་མོ་ན་རྡོ་བྲག་ཀྱང་བརྩེགས་མར་ཡོད་པ་ལ། གཙུག་ལག་ཁང་ཁང་བརྩེགས་དང་ལྡན་པ་རྟུལ་ཞུགས་སྤྱོད་པའི་ཡུལ་ཏུ་དགྲ་བཅོམ་པས་བཞེངས་པ་ཡོད་དོ། །དེའི་ལོ་རྒྱུས་ནི། རྒྱ་གར་ནུབ་ཕྱོགས་ཀྱི་དགྲ་བཅོམ་པ་རྟུལ་ཞུགས་པ་ཞེས་བྱ་བས། ཡུམ་ཚེ་ལས་འདས་པར་མཉམ་པར་བཞག་སྟེ་གཟིགས་པས་ཡུལ་དེར་བུད་མེད་ཞིག་ཏུ་སྐྱེས་པར་གཟིགས་སོ། །དེ་ནས་ཚོལ་གྱིན་སོང་བ་ན་བུ་མོ་ཞིག་རྩེད་མོ་བྱེད་ཀྱིན་འདུག་སྐད། དེར་དགྲ་བཅོམ་པ་རྟུལ་ཞུགས་པས་ངོ་ཤེས་ཙམ་ན་ནུ་ཞོ་ནར་དེ་བྱུང་། དེར་དམངས་མ་རྣམས་ཀྱིས་ལྟས་ངན་པར་དོགས་པས་སྤྲུལ་སྐུ་རྟུལ་

ཞུགས་པས་རྒྱ་མཚན་བཤད་དེ་དོགས་པ་བསལ་བུ་མོ་བདེན་པ་མཐོང་ངོ་། །དེ་ནས་སྤྲུལ་སྐུ་རྟུལ་ཞུགས་པས་ཡུམ་གྱི་དྲིན་བསབས་པའི་ཕྱིར་གཙུག་ལག་ཁང་འདི་བཏབས་སོ། །དེར་གཙང་ཁང་དཔངས་སུ་ཁྲུ་བརྒྱ་ལྷག་ཡོད་པའི་ནང་དུ་སྐུ་འདྲ་ཆེ་བ་དཔངས་ཁྲུ་བདུན་ཅུ་ལྷག་ཡོད་པའི་སྟེང་དུ་རྡོའི་གདུགས་རིམ་པ་བདུན་ཡོད་པ་ཐམས་ཅད་བར་སྟོང་མ་འབྱར་བར་སྣང་ངོ་། །འགའ་ཞིག་གིས་སྨོན་ལམ་གྱིས་སྟོབས་ཡིན། ལ་ལས་རྫུ་འཕྲུལ་ཐབས་ཀྱི་སྟོབས་ཡིན་ཟེར། ལ་ལས་རྫས་ཀྱི་སྟོབས་ཟེར། མཐར་ཁ་ཚོན་མ་ཆད་པར་ལུས་སོ། །དེའི་རྩིགས་ལོགས་སུ་སྟོན་པའི་རྣམ་ཐར་རྡོ་ལ་བརྐོས་པ་སྣང་ཞིང་། མིའི་བཟོ་བོས་བསྐྲུན་དུ་མེད་པ་ཕལ་ཆེར་སྟོན་པའི་སྨོན་ལམ་གྱི་མཐུ་ལས་རང་བྱོན་དུ་བྱུང་ཟེར་རོ། །དེའི་སྒོའི་ཕྱི་རོལ་ན་ལོགས་རེ་ལ་རྡོའི་སྒང་པོ་ཆེ་རེ་ཡོད་པ་དེ་གཉིས་རྒྱ་ནག་གི་ཡུལ་ནས་བྱང་ཆུབ་སེམས་དཔའ་གནས་སྐོར་དུ་བྱོན་དུས་སྐད་ཆེན་པོ་གྲགས་ཤིང་ས་གཡོས་པ་དང་མཉམ་དུ་བྱུང་ཟེར་རོ། །ལན་ཅིག་སྒང་ཆེན་གཉིས་ནུབ་ཕྱོགས་སུ་རྒྱང་གྲགས་ཉིས་སྟོང་དུ་སོང་བས་ཆུ་སྒུང་ནཱ་མ་ཏ་བརྒལ་ཏེ། ཛ་ཏུ་ཧ་ཊ་པའི་ཡུལ་དུ་སླེབས་ནས་སླར་ལོག་པ་ཡིན་ཟེར་རོ། །

ཛ་ཏུ་ཧ་ཊ་བའི་ཡུལ།

ཡུལ་ཛ་ཏུ་ཧ་ཊ་བ་དེའི་ཐ་གྲུར་རྒྱང་གྲགས་ཉིས་སྟོང་དང་བརྒྱ་ཕྲག་བཞི་ལྔ་ཙམ། དབུས་ཀྱི་མཁར་ཆེན་ཁོར་ཡུག་ཏུ་རྒྱང་གྲགས་ཉི་ཤུ་ས་གཞི་ཚྭ་སྐྱོ་ཅན་རྩྭ་ཤིང་དཀོན་པ་དང་། འབྲུ་རིགས་དཀོན་པས་སོ་ཆོས་ནི་ཚའི་རིགས་ལ་བརྟེན་པ་ཚ་ཞིང་གཤེར་བ་མིའི་རང་བཞིན་སྙིང་སྟར་ལ་བརྩོན་ཆེ་ཞིང་ཐབས་ཟབ་ལ་གྱུ

ཀྱུ་ཅན་བསླབ་པ་ལ་མི་མོས་ཤིང་ཕྱི་ནང་གཉིས་ཀ་ལ་བཏང་སྙོམས་སུ་བཀུར་བ། གཙུག་ལག་ཁང་བཅུ་ལ་དགེ་འདུན་སུམ་བརྒྱ་ལྷག་ཐེག་ཆེན་སྤྱོད་པ་གནས་བརྟན་སྡེ་པའོ། །མུ་སྟེགས་པའི་ལྷ་ཁང་བཅུ་ལྷག་པར་ཕྱི་པ་རིགས་སྣ་ཚོགས་འདྲེས་མར་གནས་སོ། །

མ་ར་བའི་ཡུལ།

དེ་ནས་ནུབ་བྱང་མཚམས་སུ་རྒྱང་གྲགས་ཉིས་སྟོང་གི་སར་ཕྱིན་པ་ན་མ་ར་བའི་ཡུལ་ལོ། །དེའི་ཐ་གྲུར་རྒྱང་གྲགས་དྲུག་སྟོང་ལྷག དཀྱིལ་མཁར་ཆེ་བ་ཁོར་ཡུག་ཏུ་རྒྱང་གྲགས་སུམ་ཅུ་ལྷག་མོ་ཏ་ཞེས་བྱ་བའི་ཆུ་ཀླུང་ཆེན་པོ་ལ་རྒྱབ་བརྟེན་པ། ས་གཤིན་པས་འབྲུ་གང་ཡང་འདེབས་པ། ཟླ་རེ་ལ་འབྲུ་གསར་རེ་མོས་སུ་བརྗེ་བ། རྩྭ་ཤིང་ཐམས་ཅད་ཕུན་སུམ་ཚོགས་པ། ཁྱད་པར་གྲོ་འཕེལ་ཆེ་བས་འཁྱུར་བ་དང་གྲོ་ཡོས་ཟ་བ། མིའི་རང་བཞིན་གཡུང་བ་དག་སྣང་བསླབ་པ་ལ་དགའ་ཞིང་རྒྱ་གར་ཕྱོགས་ནང་ན་སློབ་གཉེར་གཙོ་བོར་གྱུར་བའི་ཡུལ་ནི། སྔོ་ནུབ་མ་ར་བ་དང་བྱང་ཤར་མོ་ཧྥཱ་ཏ་པ་གཉིས་སོ། །ཕྱི་ནང་གཉིས་ཀར་མོས་པ་མཉམ་ཞིང་རྒྱལ་པོ་ནི་ནང་པ་ཁོ་ནར་མོས་སོ། །ནང་པའི་གཙུག་ལག་ཁང་བརྒྱ་ཕྲག་དུ་མ་ཡོད་པར་དགེ་འདུན་ཉིས་ཁྲི་ལྷག་བཞུགས་པ་ཐེག་དམན་ལ་སྤྱོད་པ་གནས་བརྟན་སྡེ་པའོ། །མུ་སྟེགས་པའི་ལྷ་ཁང་ཡང་བརྒྱ་ཕྲག་མང་པོ་ཡོད་པར་ཕྱི་རོལ་པ་མང་པོ་གནས་ཤིང་ཚང་མ་གཅེར་བུ་ཐལ་བ་བྱུགས་མཁན་ནོ། །

༡ རྒྱལ་པོ་ཚུལ་ཁྲིམས་ཉི་མའི་རྗེས་ཤུལ།

རྒྱལ་གྲུར་གྱི་ཐེམ་ཡིག་ལས། ལོ་དྲུག་ཅུའི་སྔོན་རོལ་ན་རྒྱལ་པོ་ཤྲཱི་ལ་ཧི་ཏ་སྟེ་ཚུལ་ཁྲིམས་ཉི་མ་ཞེས་བྱ་བ་དཀོན་མཆོག་ལ་དད་ཅིང་ཤེས་རབ་དང་སྙིང་རྗེ་ཆེ་བ་དོན་ལེགས་ཉེས་དབྱེ་མཁས་པའི་དུས་ནས་བཟུང་ཚེམས་ལྷུང་ཟིན་པའི་ཞལ་ལ་རྒས་པའི་ཉམས་ཀྱི་རྣམ་འགྱུར་མི་མངའ་བ་སྟེ་ལག་པས་སེམས་ཅན་གྱི་སྲོག་མི་གཅོད་པ་དང་རྟ་སྒྲང་སོགས་ལ་ཆུ་ལྷུང་པའི་སྐབས་སུ་ཆུས་གནོད་ཀྱིས་དོགས་ནས་ཧ་ཅང་འཐུང་དུ་མི་འཇུག་གོ། །དེའི་དུས་སུ་དམངས་འབངས་ཐམས་ཅད་ཀྱིས་སྲོག་གཅོད་སྤངས་སོ་ཞེས་ཐོས་སྣང་ངོ་། །དེ་ཉིད་ཀྱི་རིགས་ལ་རྒྱལ་པོའི་ཁྱིམ་དང་ཉེ་བར་གཙང་ཁང་ཞིག་ལ་བཟོ་བོ་མཁས་པ་ཞིག་གིས་བརྐོས་པའི་རྒྱན་གྱི་ཁྲིད་ན། འདས་སངས་བདུན་གྱི་སྐུ་བརྙན་ཡོད་པ་དེར་ལོ་སྐོར་གྱིས་ཆོས་འཁོར་རེ་མཛད་ཅིང་། རིས་མེད་ཀྱི་ཕྱོགས་བཞིའི་དགེ་འདུན་ཐམས་ཅད་ལ་ཆོས་གོས་གསུམ་སོགས་ཉེ་བའི་ཡོ་བྱད་དང་རིན་པོ་ཆེ་སྣ་བདུན་གྱི་བར་སྦྱིན་པ་འགྲེད་བཞིན་པར་རྒྱལ་སྲིད་ལོ་ལྔ་བཅུ་བཞུགས་སོ་དེས་བཙུགས་པའི་སྲོལ་ད་བར་མ་ཉམས་ཙམ་གནས་སོ། །

༢ བྲམ་ཟེ་ང་རྒྱལ་ཆེན་པོའི་ལོ་རྒྱུས།

གྲོང་ཁྱེར་གྱི་ནུབ་བྱང་ཕྱོགས་སུ་རྒྱང་གྲགས་ཉི་ཤུའི་སར་བྲམ་ཟེའི་ལྗོངས་ཞེས་བྱ་བ་དང་མི་རིང་བར་ས་གཞོང་སྐམ་པོ་ཆེ་བ་རྫོའི་མཆོད་རྟེན་ཆུང་བ་བཅས་ཡོད་པ་ནི། བྲམ་ཟེ་ང་རྒྱལ་ཆེན་པོ་གསོན་པོར་ན་རག་ཏུ་ལྷུང་བའི་སའོ། །དེའི་ལོ་རྒྱུས་ནི། སྔོན་ལྗོངས་དེ་ན་བྲམ་ཟེ་ང་རྒྱལ་ཆེན་པོ་ཞེས་བྱ་བ་མང་དུ་ཐོས་པ་རིག་པ་བཀྲ

བ་རིག་གནས་ཐམས་ཅད་དང་ཕྱི་ནང་གི་གྲུབ་མཐའ་མ་ལུས་པ་ལ་མཁས་པ་རྒྱལ་པོས་བཀུར་བ་ཅིག་ཡོད་དོ། །དེས་དུས་གཅིག་ན་བདག་ནི་མཁས་པའི་མཐར་སོན་ཏེ་དུས་གསུམ་ན་འགྲན་ཟླ་མ་མཆིས་པ་ཞིག་ཡིན་པས། སྔོན་ཆད་མ་གྲགས་པའི་མངོན་མཚན་ཅན་ཞིག་མ་བྱུས་ན་སྐྱེ་བོ་ཕྱི་རབས་པ་དག་གིས་གང་ཟག་དཀྱུས་མར་བཟུང་ན་ཇི་ལྟར་ཉུང་སྙམ་སྟེ། ཙན་དན་ལས་ཁྲི་མཐོ་ཞིང་ཡངས་པ་ཁྲི་ཀང་བཞི་ལ་ལྷ་དབང་ཕྱུག་ཆེན་པོ་དང་། ནོར་བདག་དང་། ཁྱབ་འཇུག་དང་། བདག་ཅག་གི་སྟོན་པའི་སྐུ་བརྙན་ཏེ་བཞིས་གདུང་འདེགས་པའི་རྣམ་པ་བཀོས་ནས། དེའི་སྟེང་དུ་རང་ཉིད་བསྡད་དེ་གང་སུ་དག་འདྲི་བ་དང་རྩོལ་བར་འདོད་པ་དག་ཅི་དགར་ཤོག་ཅིག་ཅེས་བསྒྲགས་ཀྱང་། ཕྱི་ནང་གཉིས་ཀའི་ཕྱོགས་ནས་སྐྱེ་བོ་གཅིག་ཀྱང་མ་བྱུང་ངོ་། །ལན་ཅིག་རྒྱ་གར་ནུབ་ཕྱོགས་ཀྱི་པཎྜི་ཏ་ཛྙ་དྲ་ཙུ་ཙི་སྟེ་བཟང་པོའི་འོད་ཟེར་ཞེས་བྱ་བ་གྲུབ་མཐའ་རིག་གནས་སྤྱི་དང་། ཁྱད་པར་དུ་ཚད་མ་རིགས་པ་ལ་རྩལ་ཐོན་འདུལ་སྤྱོད་ཤིན་ཏུ་གཙང་བ་བྱོན་ཏེ། རྒྱལ་པོ་ལ་མཇལ་བར་ཞུས་པས་རྒྱལ་པོས་གནང་ཡང་། གནས་སྐོར་མཛད་པས་གོས་ཧྲུལ་གྱོན་ཡོད་པས་རྒྱལ་པོས་དེ་ཙམ་གྱི་དགྱེས་ཚོར་མ་གནང་ངོ་། །དེ་ནས་བྲམ་ཟེ་ང་རྒྱལ་ཆེན་པོ་དང་ཡུད་ཙམ་ཞིག་བགྲོ་གླེང་འདོད་ཞུས་པར་གནང་སྟེ་གླེང་གྲལ་དུ་ཕེབས་པ་ན། །རྒྱལ་པོ་དང་བྲམ་ཟེ་རང་རང་གི་ཁྲི་མཐོན་པོར་བསྡད་པཎྜི་ཏ་དམའ་ས་རྩྭ་གདན་ལ་བཞག་གོ། །དེ་ནས་བྲམ་ཟེའི་སློབ་མ་ཡང་སློབ་བཅས་སྐྱེ་བོ་བརྒྱ་སྟོང་ཁྲི་ཕྲག་མང་པོའི་ནང་དུ་བརྩད་པས་སློབ་དཔོན་རྒྱལ་པོ། བྲམ་ཟེས་ཉོངས་པ་ཁུར་ཏེ་བཟོད་པར་གསོལ་ཞིང་རང་གི་ཁྲི་ལ་སློབ་དཔོན་བཞུགས་པར་གསོལ་ཀྱང་། སློབ་དཔོན་གྱིས་སྤྱིར་དགེ་སློང་ཁྲི་སྟན་ཆེས་མཐོ་ལ་འཛེམས། བྱེ་བྲག་ཏུ་ཁྲི་འདི་འདྲ་སྔོན་ཆད་མཐོང་ཐོས་མ་མྱོང་བས་བག་ཚ་གསུངས་ཏེ་མ་གནང་། རྒྱལ་པོས་རྒྱལ་ཕམ་གྱི་དབྱེ་འབྱེད་དགོས་ཟེར་ཏེ་བྲམ་ཟེ་ཆད་པས་བཅད་ཅིང་གསོད་པར་བརྩམས་པ་ན། བྲམ་ཟེ་ཞེ་སྡང་ལངས་ནས་བཙུན་

པ་དང་ཆོས་དང་རྒྱལ་པོ་བཅས་ལ་ཞེ་བསྐུར་མི་བཟད་པ་བཏབ་པས་ཁྲག་སྐྱུགས་ཏེ། དེར་ས་གས་ནས་གསོན་པོར་དམྱལ་བར་ལྷུང་ངོ་། །

ཨ་བྲ་རིའི་ཡུལ།

དེའི་ལྷོ་ནུབ་ཏུ་སྐར་རྒྱ་མཚོ་ལ་ཞུགས་ཏེ་རྒྱང་གྲགས་ཉིས་སྟོང་དང་བརྒྱ་ཕྲག་བཞི་ལྷའི་སར་ཕྱིན་པ་ན་ཨ་བྲ་རིའི་ཡུལ་ལོ། །དེའི་ཐ་གྲུར་རྒྱང་གྲགས་དྲུག་སྟོང་ལྷག་གཞུང་མཁར་ཆེན་པོའི་ཁོར་ཡུག་ཏུ་རྒྱང་གྲགས་ཉི་ཤུ་ལྷག་པ་མི་ཁྱིམ་གྱིས་གཏམས་པ། རིན་པོ་ཆེ་སྣ་ཚོགས་འབྱུང་ཞིང་འདུ་བ་འབྲུ་རིགས་ཡོད་ཀྱང་སོ་ཆོས་ཉོ་ཚོང་ལ་བརྟེན་པ། ཤིང་ཏོག་དང་མེ་ཏོག་ཤིན་ཏུ་དཀོན་ས་གཞི་ཚྭ་སྐྱ་ཅན་ཡིན་ཀྱང་པོ་བ་རིའི་ཤིང་མང་བ་ནི་ཟེ་ཚྭན་གྱི་གཡེར་མའི་ཤིང་མང་བ་ལྟ་བུ། མིའི་རང་བཞིན་ཡང་བ་ཕྱི་རོལ་པ་ལ་མོས་པ་ལྷ་ཁང་བཅུ་ལྷག་ལ་མུ་སྟེགས་བྱེད་རིགས་སྣ་ཚོགས་པ་མང་པོ་འདྲིས་ཏེ་གནས་སོ། །

ཁི་ཐའི་ཡུལ།

མ་ར་པའི་ཡུལ་ནས་ནུབ་བྱང་དུ་རྒྱང་གྲགས་སུམ་བརྒྱ་ཙམ་སོང་བ་ན་ཁི་ཐའི་ཡུལ་ལོ། །དེའི་ཐ་གྲུར་རྒྱང་གྲགས་སུམ་སྟོང་ཙམ་ལྡེ་བའི་མཁར་ཆེན་པོ་ནི་ཁོར་ཡུག་ཏུ་རྒྱང་གྲགས་ཉི་ཤུ་ཙམ་ཁྱིམ་མང་ཞིང་ཕལ་ཆེར་ལོངས་སྤྱོད་ཆེ། རང་ཚུགས་ཐུབ་པའི་དཔོན་མེད་པས་མ་ར་པའི་ལུང་རྡོད་ཅིང་ཉན་པ། ས་གཞི་དང་ནམ་དབུགས་དང་མིའི་རང་བཞིན་སོགས་གང་ཅི་མ་ར་པ་དང་མཐུན་ནོ། །གཙུག་ལག་ཁང་བཅུ

ལྷག་ཙམ་ལ་དགེ་འདུན་ཆིག་སྟོང་ལྷག་ཐེག་པ་ཆེ་ཆུང་མཉམ་པོར་སྤྱོད་པ་བཞུགས་སོ། །མུ་སྟེགས་པའི་ལྷ་ཁང་བཅུ་ཕྲག་དུ་མར་ཕྱི་རོལ་པ་མང་ཙམ་གནས་སོ། །

ཛྷ་ར་བའི་ཡུལ།

དེ་ནས་བྱང་དུ་རྒྱང་གྲགས་སྟོང་ལྷག་ཕྱིན་པ་ན། ཛྷ་ར་བའི་ཡུལ་ལོ། །དེའི་ཐ་གྲུར་རྒྱང་གྲགས་དྲུག་སྟོང་ལྷག་དང་། དབུས་ཀྱི་མཁར་ཆེན་པོ་ཁོར་ཡུག་ཏུ་རྒྱང་གྲགས་སུམ་ཅུ་ལྷག་དང་། ས་གཞི་ནམ་དབུགས་མིའི་རང་བཞིན་སོགས་ནི་མ་ར་པ་དང་མཚུངས་ཤིང་། ཡུལ་ཐག་རིང་གི་སྤྱོད་པ་ངོ་མཚར་བ་དག་འདུ་བ་ཤིན་ཏུ་ཕྱུག་ཅིང་ལོངས་སྤྱོད་ཆེ་བའི་ཁྱིམ་བརྒྱ་ཕྲག་གཅིག་བརྒྱལ་བ། གཙུག་ལག་ཁང་བརྒྱ་ལྷག་ལ་དགེ་འདུན་དྲུག་སྟོང་ལྷག་བཞུགས་པ་ཐམས་ཅད་ཐེག་དམན་སྤྱོད་པ་གནས་བརྟན་པའི་སྡེ་པའོ། །མུ་སྟེགས་པའི་ལྷ་ཁང་ཡང་བརྒྱ་ཕྲག་དུ་མར་ཕྱི་རོལ་པ་ཤིན་ཏུ་མང་བ་གནས་སོ། །

དེའི་རྒྱུད་ཀྱི་རྗེས་ཤུལ།

རྒྱལ་པོ་ཨ་ཤོ་ཀས་སྟོན་པ་གཤེགས་བཅག་མཛད་པའི་གནས་ཡིན་ནོ་ཚོག་ལ་རྟགས་མཚན་གྱི་མཆོད་རྟེན་མང་བ་བཞེངས་པ་དག་དང་། འདས་སངས་བཞི་ཀའི་བཞུགས་ཁྲི་དང་མཛད་ཤུལ་སོགས་ཆེས་མང་ངོ་། །ད་ལྟར་གྱི་རྒྱལ་པོ་ནི་རྒྱལ་རིགས་མ་ར་བའི་ཡུལ་གྱི་རྒྱལ་པོ་ཚུལ་ཉིའི་ཚ་བོའོ། །

ཨ་ནནྡ་བྲུ་རའི་ཡུལ།

དེ་ནས་ནུབ་བྱང་དུ་རྒྱང་གྲགས་བདུན་བརྒྱ་ཙམ་ཕྱིན་པ་ན་ཨ་ནནྡ་བུ་རའི་ཡུལ་ལོ། །དེའི་ཐ་གྲུར་རྒྱང་གྲགས་ཉིས་སྟོང་ལྷག་དཀྱིལ་གྱི་མཁར་ཆེན་པོའི་རྒྱ་ཁྱོན་རྒྱང་གྲགས་ཉི་ཤུ་ཙམ་མི་ཁྱིམ་གྱིས་གཏམས་ཤིང་། ཕལ་ཆེར་ལོངས་སྤྱོད་ཆེ་བར་ཚོགས་ཐུབ་པའི་རྒྱལ་དཔོན་མེད་པས་མ་ར་པའི་མངའ་འོག་ཏུ་འདུའོ། །ས་གཞི་ནམ་དབུགས་དངོས་པོ་མིའི་རང་བཞིན་སྐད་རིགས་ཡི་གེ་སོགས་གང་ཅི་མ་ར་བ་དང་མཚུངས་སོ། །གཙུག་ལག་ཁང་བཅུ་ལྷག་ཙམ་ལ་དགེ་འདུན་སྟོང་ལོངས་པ་གནས་བརྟན་སྡེ་པ་ཐེག་དམན་པ་པོ་ནའོ། །ལྷ་སྡེགས་པའི་ལྷ་ཁང་བཅུ་ཕྲག་དུ་མར་ཕྱི་པ་སྣ་ཚོགས་འདྲེས་ཏེ་གནས་སོ། །

སུ་ར་ཐའི་ཡུལ།

དེ་ནས་ནུབ་ཕྱོགས་སུ་རྒྱང་གྲགས་ལྔ་བརྒྱ་ཙམ་སོང་བ་ན་སུ་ར་ཐའི་ཡུལ་ལོ། །དེའི་ཐ་གྲུར་རྒྱང་གྲགས་བཞི་སྟོང་ལྷག་དཀྱིལ་མཁར་ཆེན་པོའི་ཁོར་ཡུག་ཏུ་རྒྱང་གྲགས་སུམ་ཅུ་ཙམ། ནུབ་རོལ་ལོ་ཏའི་ཆུ་ཀླུང་ལ་གཞོལ་བ། མི་ཁྱིམ་མང་ཞིང་ཕྱུག་འབྱོར་ཟླ་ར་བའི་མངའ་འོག་ཏུ་གཏོགས་སོ། །ཚ་གྲང་སྙོམ་ཙམ་དང་འབྲུ་དང་ཤིང་འབྲས་མེ་ཏོག་ཉུང་ངོ་། །མིའི་རང་བཞིན་ཏབ་ཏོབ་ཅན་སློབ་གཉེར་ལ་མི་མོས་ཤིང་ཕྱི་ནང་མཉམ་དུ་བརྟེན་པ། གཙུག་ལག་ཁང་ལྔ་བཅུ་ལྷག་པར་དགེ་འདུན་སུམ་སྟོང་ལྷག་པ་ཐེག་ཆེན་སྤྱོད་ཅིང་སྡེ་པ་གནས་བརྟན་པའོ། །ལྷ་སྡེགས་པའི་ལྷ་ཁང་

བརྒྱ་ལྷག་ལ་ཕྱི་རོལ་པ་མང་པོ་གནས་སོ། །དེའི་མི་རྣམས་ནུབ་ཀྱི་རྒྱ་མཚོར་འགྲོ་བའི་ལམ་ལ་གནས་ཏེ་ཚོང་པའི་རོགས་བགྱིས་པའི་རིན་ལ་རག་ལས་སོ། །གྲོང་ཁྱེར་ནས་མི་རིང་བར་རི་བོ་ཨུ་ཤཛྫ་ཞེས་བྱ་བ་ཡོད་དོ། །དེའི་སྒོ་ན་གཙུག་ལག་ཁང་བྱ་སྐྱིབས་དང་ནགས་ཚལ་སྟུག་པོ་ཆུ་མིག་སོགས་ཉམས་དགའ་བས་བརྒྱན་པ་དྲང་སྲོང་རྣམས་ཀྱི་གནས་ཡིན་ཟེར་རོ། །

ཀུ་ཏ་རའི་ཡུལ།

སྣ་ར་བའི་ཡུལ་ནས་བྱང་ཕྱོགས་སུ་རྒྱང་གྲགས་སྟོང་དང་བརྒྱད་བརྒྱ་སོང་བ་ན་ཀུ་ཏ་རའི་ཡུལ་ལོ། །དེའི་རྒྱ་ཁྱོན་ལ་རྒྱང་གྲགས་ལྔ་སྟོང་ལྷག དཀྱིལ་མཁར་ཆེན་པོ་ནི་པི་ར་མ་ལ་ཟེར་རོ། །ཁོར་ཡུག་རྒྱང་གྲགས་སུམ་ཅུ་ལྷག ས་གཞི་ནམ་དུས་དངོས་པོ་རང་བཞིན་སོགས་ཡུལ་སུ་ར་ཐ་དང་མཚུངས་སོ། །མི་ཁྱིམ་མང་ཞིང་ཕྱུག་པ་མི་མོས་པ་ཆུང་ངོ་། །གཙུག་ལག་ཁང་གཅིག་ལ་དགེ་འདུན་བརྒྱ་དང་སུམ་ཅུ་ལྷག་ཐེག་དམན་པ་སྡེ་པ་ཐམས་ཅད་ཡོད་སྨྲ་བའོ། །ལྷ་སྟེགས་པའི་ལྷ་ཁང་བཅུ་ཕྲག་དུ་མ་ལ་ཕྱི་རོལ་པ་མང་པོ་འདྲེས་ཏེ་གནས་སོ། །རྒྱལ་པོ་ནི་རྒྱལ་རིགས་མཁས་ཤིང་གྲུབ་པ་རྟུལ་ཕོད་ཆེ་བ་ནང་པ་ལ་མོས་པ་ཞིག་གོ། །

ཨུ་ཏ་ཡ་ནའི་ཡུལ།

དེ་ནས་ཤར་ལྷོའི་མཚམས་སུ་རྒྱང་གྲགས་ཉིས་སྟོང་བརྒྱད་བརྒྱ་ཕྱིན་པ་ན། ཨུ་ཏ་ཡ་ནའི་ཡུལ་ལོ། །དེའི་ཐ་གྲུར་རྒྱང་གྲགས་དྲུག་སྟོང་ལྷག དབུས་ཀྱི་མཁར་

ཆེན་པོའི་ཁོར་ཡུག་ཏུ་རྒྱང་གྲགས་སུམ་ཅུ་ཙམ། ས་གཞི་ནམ་དབྱུགས་སྐྱེ་འབྱུང་སོགས་སུ་ར་ཐའི་ཡུལ་དང་མཚུངས་སོ། །སྐྱེ་བོ་མང་ཞིང་ཕྱུག་པ་གཙུག་ལག་ཁང་བཅུ་ཕྲག་དུ་མ་ཕལ་ཆེར་རལ་དུ་སོང་། དེང་སང་ལུས་པ་ནི་གསུམ་ལྔ་ཙམ་ལ་དགེ་འདུན་སུམ་བརྒྱ་ལྷག་བཞུགས་པ་ཐེག་པ་ཆེ་ཆུང་གཉིས་ཀར་སློབ་པའོ། །མུ་སྟེགས་པའི་ལྷ་ཁང་བཅུ་ལྷག་ཏུ་མར་ཕྱི་རོལ་པ་མང་པོ་འདྲེས་མར་གནས་སོ། །རྒྱལ་པོ་ནི་བྲམ་ཟེའི་རིགས་མང་དུ་ཐོས་ཤིང་སྐད་དང་རིག་པ་ལ་མཁས་པ་ནང་པ་ལ་མི་མོས་སོ། །མཆོད་རྟེན་ཞིག་ཡོད་པ་ནི་ཨ་ཤོ་ཀས་བཞེངས་སོ། །

ཏེ་ཧྲའི་ཐའི་ཡུལ།

དེ་ནས་བྱང་ཤར་མཚམས་སུ་རྒྱང་གྲགས་ཆིག་སྟོང་ཙམ་ཕྱིན་པ་ན་ཏེ་ཧྲའི་ཐའི་ཡུལ་ལོ། །དེའི་ཐ་གྲུར་རྒྱང་གྲགས་བཞི་སྟོང་ལྷག་དཀྱིལ་མཁར་ཆེན་པོ་ནི་རྒྱང་གྲགས་བཅུ་དང་ལྔ་དྲུག་ལྷག་ས་གཞི་གཤིན་པ་ནམ་དབྱུགས་དྲོ་ཞིང་གྲོ་དང་གཡེར་མ་སྐྱིན་པ། ཤིང་ཏོག་གི་རིགས་མོད་པ་མིའི་རང་བཞིན་སྙུན་ལ་འཛམ་པ་ཕྱི་རོལ་པ་ལ་ལྷག་པར་མོས་པ། ནང་པར་མོས་པ་སྲབ་པ་གཙུག་ལག་ཁང་བཅུ་ཕྲག་དུ་མ་ལ་དགེ་འདུན་ཉུང་ཤས་ཙམ་བཞུགས་སོ། །མུ་སྟེགས་པའི་ལྷ་ཁང་བཅུ་ལྷག་ལ་ཕྱི་རོལ་པ་སྟོང་ཕྲག་ལྷག་གནས་སོ། །རྒྱལ་པོ་ནི་བྲམ་ཟེའི་རིགས་དཀོན་མཆོག་ལ་མོས་པ་ཆེ་བ་ཡོན་ཏན་ལ་བཀུར་སྟི་ཆེ་བས་ཡུལ་གཞན་གྱི་མཁས་པ་དག་ཀྱང་འདིར་འདུས་ཏེ་གནས་པ་མང་ངོ་། །

མ་ཧི་ཤཱ་ར་སྟྲ་རའི་ཡུལ།

དེ་ནས་བྱང་ཕྱོགས་སུ་རྒྱང་གྲགས་དགུ་བརྒྱ་ལྷག་ཕྱིན་པ་ན་མ་ཧི་ཤཱ་ར་སྟུ་རའི་ཡུལ་ལོ། །དེའི་ཐ་གྲུར་རྒྱང་གྲགས་སུམ་སྟོང་ལྷག་ལྟེ་བའི་མཁར་ཆེན་པོའི་རྒྱ་ཁྱོན་ལ་རྒྱང་གྲགས་སུམ་ཅུ་ལྷག ས་གཞི་ནམ་དབུགས་སྐྱེ་འཕྲུང་དང་མིའི་རང་བཞིན་སོགས་ཨུ་ཏ་ཡ་ན་དང་མཚུངས་སོ། །ཡུལ་མི་ཚང་མ་ཕྱི་རོལ་པ་ལ་མོས་ཤིང་ནང་པ་ལ་མི་མོས་པས་མུ་སྟེགས་པའི་ལྷ་ཁང་བཅུ་ཕྲག་དུ་མ་ལ་ཕལ་ཆེར་ལུས་ཐལ་བས་བྱུགས་པ་གནས་སོ། །རྒྱལ་པོ་ནི་བྲམ་ཟེའི་རིགས་ཕྱི་རོལ་པ་ལ་མོས་སོ། །

སིནྡྷུའི་ཡུལ།

དེ་ནས་བྱང་ཕྱོགས་སུ་བྱེ་མའི་ཐང་བརྒྱུད་དེ་རྒྱང་གྲགས་སྟོང་དང་དགུ་བརྒྱར་ཕྱིན་པ་ན་སིནྡྷུའི་ཡུལ་ལོ། །དེའི་ཐ་གྲུར་རྒྱང་གྲགས་བདུན་སྟོང་ཙམ་ལ་དཀྱིལ་མཁར་ཆེན་པོའི་མིང་ལ་བི་ཙམ་པ་པུ་ར་ཞེས་ཟེར་རྒྱང་གྲགས་སུམ་ཅུ་ལྷག་ཡོད་དོ། །ས་གཤིན་ཞིང་ནམ་དབུགས་སྐོམས་པ་ཙུང་ཟད་ཤས་ཆེ། འབྲུ་སྣ་ཚོགས་པ་ཐྲེ་རེར་བསྟུད་པ་ལྷག་པར་གྲོ་སྲན་མོད་པ། གསེར་དངུལ་ཟངས་ར་གན་འབྱུང་ངོ་། །རྟ་ཛ་མོ་བོང་དྲེལ་སླང་ལུག་མང་ཛ་མོ་ནི་ཆུང་ལ་སྣ་ཉག་པ་ཕོ་ན་དང་རི་བོ་ཅིག་ཡོད་པར། ཡ་པ་ཀླུ་ར་དང་ཕ་ཚྭ་དཀར་ནག་དང་རྡོ་ཚྭ་དཀར་པོ་སོགས་ཡུལ་གཞན་ནས་འདུས་པའི་སྨན་གྱི་རིགས་མོད་དོ། །མིའི་རང་བཞིན་གདུག་རྩུབ་ཆེའོ། །གཙུག་ལག་ཁང་བརྒྱ་ཕྲག་དུ་མ་ཡོད་པ་དགེ་འདུན་ཁྲི་ཕྲག་གཅིག་ལྷག་

ཐམས་ཅད་ཐེག་དམན་པ་གནས་བརྟན་སྡེ་པའོ། །ཕལ་ཆེར་ཀུན་སྤྱོད་གཙང་ཞིང་ལེ་ལོ་ཆེ་བ་སྐྱོང་ཞིང་། སློབ་གཉེར་ལ་མི་དགོས(དགྱེས)སོ། །ཡུལ་འདིའི་ཕལ་ཆེར་མ་རང་ལ་འཐབ་ཅིང་རྩོད་པ་བག་མི་ཚའོ། །མུ་སྟེགས་པའི་ལྷ་ཁང་སུམ་ཅུ་ལྷག་ཙམ་ལ་ཕྱི་རོལ་པ་རིགས་མི་འདྲ་བ་འདྲེས་ཏེ་གནས་སོ། །རྒྱལ་པོ་ནི་དམངས་རིགས་ཡིན་ཀྱང་དྲང་ལ་གཡོ་སྒྱུ་མེད་ཅིང་དཀོན་མཆོག་ལ་དད་པ་ཆེ་བ། སྔ་དུས་སྟོན་པ་འདིར་ལན་མང་གཤེགས་པའི་ཞུལ་ཐམས་ཅད་ལ་རྒྱལ་པོ་ཨ་ཤོ་ཀས་མཆོད་རྟགས་བཀོད་པ། ཡང་ན་གཙུག་ལག་ཁང་ཡང་ན་མཆོད་རྟེན་སྤེལ་མར་ཡོད་དོ། །བསླབ་པ་གཙང་བ་དད་བརྩོན་ཆེ་ལ། མཁས་པར་བསྒྲུབ(སྒྲུབ)པ་རྣམས་དང་འདྲེས་ཏེ་མི་གནས་པར་རི་སུལ་ལ་སོགས་པའི་དབེན་པ་བསྟེན་ཏེ་གྲོལ་བ་ཐོབ་པ་དག་ཀྱང་མང་དག་མཆིས་སོ། །

མི་ཁྲིམ་ཚང་མའི་ཆོས་གོས་གྱོན་སྲོལ་གྱི་སྐོར།

སིཧླའི་ཚུ་གླིང་ཆེན་པོའི་འགྲམ་ལོགས་སུ་རྒྱང་གྲགས་སྟོང་ལྷག་པའི་སར་ལྗོངས་ཆེན་པོ་ཞིག་ཡོད་པར་མི་ཁྲིམ་སྟོང་ཕྲག་དུ་མས་གཏམས་པ། བ་ལང་གསོ་བ་སོགས་ཕྱུགས་གསོ་བས་འཚོ་བ། མི་ཕོ་མོ་ཐམས་ཅད་སྐྲ་དང་ཁ་སྤུ་བྲེགས་ཆོས་གོས་གྱོན་པ་བཙུན་པའི་ཆས་ལ་མི་སྐྱའི་རྟུལ་ཞུགས་ཅན་ལྟ་བ་དམན་པ་ལ་མོས་པའོ། །སྔོན་དགྲ་བཅོམ་པ་འཕགས་པ་ཉེར་སྦས་འདིར་ཡང་ཡང་ཕེབས་ཏེ་ཐུལ་ལོ། །སྔོན་དགྲ་བཅོམ་པ་ཞིག་གིས་ཀྱང་འདུལ་བར་དགོངས་ཏེ་རྫུ་འཕྲུལ་གྱིས་བར་སྣང་ལ་འཕུར་ནས་བྱོན་ཏེ་ཆོ་འཕྲུལ་ཆེན་པོ་བསྟན་དཀར་ནག་ལས་ཀྱི་རྒྱུ་འབྲས་བསྟན་པས་ཅུང་ཤས་ཀྱིས་སྐྱབས་སུ་འགྲོ་བ་ཙམ་ཤེས་པ་བྱུང་བ་ལས་སྔོན་གྱི་བག་ཆགས་བརྟན་པར་གྱུར་བས་ཕན་པ་ཆེར་མ་བྱུང་སྐད་དོ། །

ཛྷ་ར་སཾ་པུ་ཏྲའི་ཡུལ།

དེ་ནས་ཤར་ཕྱོགས་སུ་རྒྱང་གྲགས་དགུ་བརྒྱ་ཙམ་ཕྱིན་པ་ན། སེང྄ྒའི་གཡོན་འགྲམ་ན་ཛྷ་ར་སཾ་པུ་ཏྲའི་ཡུལ་ཡོ། །དེའི་ཐ་གྲུར་རྒྱང་གྲགས་བཞི་སྟོང་ལྷག་དཀྱིལ་མཁར་གྱི་ཁོར་ཡུག་ཏུ་རྒྱང་གྲགས་སུམ་ཅུ་ལྷག་ལ་སྐྱེ་བོ་རབ་ཏུ་མང་ཞིང་། ལོངས་སྤྱོད་ཆེ་ཡང་རྗེ་དཔོན་མེད་དེ་ཡུལ་ཀྱི་ཀའི་མངའ་འོག་ཏུ་གཏོགས་སོ། །ས་གཤིན་ལ་ནྟ་གྲང་རན་པ་ཕྱི་རོལ་པ་ལ་མོས་པ་ཆེའོ། །གཙུག་ལག་ཁང་བཅུ་ལྷག་ལ་དགེ་འདུན་ཆེས་ཉུང་ཞིང་ཆེད་དམིགས་ཀྱི་བསླབ་སྤྱོད་མེད་དོ། །མུ་སྟེགས་པའི་ལྷ་ཁང་བརྒྱད་ལ་ཕྱི་རོལ་པ་མང་ངོ་འདྲེས་ཏེ་གནས་སོ། །

ལྷ་ཉི་མའི་ལྷ་ཁང་།

དེར་ལྷ་ཉི་མའི་ལྷ་ཁང་ཆེན་པོ་ཞིག་ཡོད་པར་གསེར་བཙོ་མ་ལ་སོགས་པའི་རིན་པོ་ཆེའི་རྒྱན་སྣ་ཚོགས་པས་ཕུན་སུམ་ཚོགས་པ་དང་ལྡན་པ། བཟོ་ཡང་ཁྱད་དུ་འཕགས་པ་རྒྱ་གར་ཕྱོགས་ལྔའི་རྒྱལ་པོ་དང་བློན་པོ་དང་རིགས་བཙུན་པ་རྣམས་འདིར་འདུས་ནས་མཆོད་པ་རྒྱུན་དུ་བྱེད་ཅིང་མར་མེ་རྒྱུན་མ་ཆད་པ་དང་། གཞོན་ནུ་མའི་ཚོགས་ཀྱི་སིལ་སྙན་རོལ་མོའི་སྒྲ་སྙན་སྒྲོགས་ཤིང་། རིན་པོ་ཆེ་སྣ་ཚོགས་དང་བཟའ་བཏུང་གི་རིགས་དང་སྨན་སྣ་ཚོགས་ཀྱིས་མཆོན་མགོ་བའི་ཡོ་བྱད་རྣམ་པ་མང་པོ་མཆོད་དེ་འདོད་གསོལ་སྨོན་ལམ་འདེབས་པ་དང་། འཁོར་གྱི་ལྷ་ཁང་ཕུབ་པ་ཆིག་སྟོང་ལྷག་བཅས་ལ་ཐུན་མོང་དུ་ལྟུགས་རི་ཆེན་པོ་གཅིག་གིས་བསྐོར་བའི་ཕྱི

རོལ་ཏུ་ཆུ་འོབས་ཆེན་པོ་གཅིག་གིས་བསྐོར་ཞིང་། མེ་ཏོག་དང་ཤིང་ཏོག་སྣ་ཚོགས་ཀྱི་ཤིང་གིས་བརྒྱན་པ་དགའ་འདུན་པ་དག་འགྲོ་བར་བྱེད་དོ། །

པ་ཊྚ་ཏའི་ཡུལ།

དེ་ནས་བྱང་ཤར་གྱི་མཚམས་སུ་རྒྱང་གྲགས་བདུན་བརྒྱ་ཙམ་ཕྱིན་པ་ན་པ་ཊྚ་ཏའི་ཡུལ་ལོ། །དེའི་ཐ་གྲུར་རྒྱང་གྲགས་ལྔ་སྟོང་ལྷག་པ་གཞུང་མཁར་གྱི་ཁོར་ཡུག་ཏུ་རྒྱང་གྲགས་ཉི་ཤུ་ལྷག་པ། ས་ཞིང་ཏུ་གཤིན་ཞིང་ནམ་དགུགས་གྲང་དྲོ་སྙོམས་པ་སྐྱེ་བོ་ཤིན་ཏུ་མང་ངོ་། །ཀྱེ་ཀའི་ཡུལ་གྱི་འོག་ཏུ་གཏོགས། འབྲུ་ཅི་ཡང་འདེབས་པ་ལྷག་པར་འབྲས་དང་གྲོ་མོད། མིའི་རང་བཞིན་ཙུང་ཟད་གྱོང་པ་རྩུབ་རྩོབ་ཆེ་སློབ་གཉེར་ལ་དགའ་བ་ཕྱི་ནང་གཉིས་ཀར་འདྲ་བར་མོས་སོ། །གཙུག་ལག་ཁང་བཅུ་ལྷག་པར་དགེ་འདུན་ཆིག་སྟོང་བཅལ་བ་ཐེག་པ་ཆེ་ཆུང་གཉིས་ཀ་ལ་འདྲ་བར་སློབ་ཅིང་སྤྱོད་པའོ། །མཆོད་རྟེན་ཞིག་ཡོད་པ་ནི་རྒྱལ་པོ་ཨ་ཤོ་ཀས་བཞེངས་སོ། །མུ་སྟེགས་པའི་ལྷ་ཁང་ཉི་ཤུ་ཡོད་པར་ཕྱི་རོལ་པ་འདྲེས་མར་གནས་སོ། །གྲོང་ཁྱེར་གྱི་མཐའ་ཡོགས་སུ་གཙུག་ལག་ཁང་ཆེན་པོ་ཞིག་ཡོད་པ་ནི། ཚད་མ་མཁན་པོ་ཛི་ན་སུ་ཏྲ་སྡེ་རྒྱལ་བའི་བུ་ཞེས་བྱ་བས་ས་སྡེའི་འགྲེལ་བ་མཛད་པའི་གནས་དང་། ཚད་མ་མཁས་པ་བཟང་འོད་དང་ཡོན་ཏན་འོད་རབ་ཏུ་བྱུང་བའི་གནས་སོ། །

ཨ་ཧྲ་པ་ཙའི་ཡུལ།

ཡུལ་སིཧྨ་ནས་ལྷོ་ནུབ་མཚམས་སུ་རྒྱང་གྲགས་སྟོང་དང་བརྒྱ་ཕྲག་ལྔ་དྲུག

བསྒྲོད་པ་ན་ཨ་ཏྲ་པ་ཐའི་ཡུལ་ལོ། །དེའི་ཐ་གྲུར་རྒྱང་གྲགས་ལྔ་སྟོང་ལྷག་ལ་དཀྱིལ་མཁར་ལ་ཏ་ཚོ་ཤྲ་ར་ཟེར་ཏེ། རྒྱང་གྲགས་སུམ་ཙུ་ཙམ་ལ་ནུབ་མཐའ་ཆུ་ཀླུང་སིནྡྷུ་ལ་གཞོལ་བ་རྒྱ་མཚོ་ཆེན་པོ་ལ་ཡང་རེག་པ་རྫས་ཕལ་བ་དཀོན་ཞིང་རིན་པོ་ཆེའི་རིགས་ཤིན་ཏུ་མང་ངོ་། །རྗེ་དཔོན་རང་ཚུགས་ཐུབ་པ་མེད་ཅིང་ཡུལ་སིནྡྷུའི་ཆར་གཏོགས་སོ། །ས་གཞི་དམའ་ཞིང་ཚྭ་སྣྲ་ཅན་གཤེར་བ་འཛམ་པ། གྲོ་ནས་སོགས་འབྲུ་རིགས་ཡོད་ཀྱང་མི་མོད་པ། སོ་ཚོས་སུ་ཕྱུགས་གསོ་བ་ལ་རག་ལས་པ་མིའི་རང་བཞིན་གཏུམ་པ་རྩུབ་པ་སློབ་གཉེར་ལ་མི་དགའ་བ་སྐད་རིགས་རྒྱ་གར་དབུས་ཀྱི་སྐད་དང་ཅུང་མི་མཐུན་ནོ། །དཀོན་མཆོག་ལ་མོས་པ་ཆེ་བ་གཙུག་ལག་ཁང་བརྒྱད་ཅུ་ལྷག་པར་དགེ་འདུན་སྟོང་ཕྲག་ལྔ་ལྷག་ཕལ་ཆེ་བ་ཐེག་དམན་གནས་བརྟན་སྡེ་པའོ། །མུ་སྟེགས་པའི་ལྷ་ཁང་བཅུ་གཅིག་ཡོད་པར་ཕྱི་རོལ་པ་ལུས་ལ་ཐལ་བ་བྱུགས་པ་དག་གནས་སོ། །སྔོན་སྟོན་པ་ཞལ་བཞུགས་དུས་གནས་འདིར་ལན་མང་ཞབས་ཀྱིས་བཅགས་པ་ཐམས་ཅད་ལ་རྒྱལ་པོ་ཨ་ཤོ་ཀས་མཚན་རྟགས་སུ་བཞེངས་པ་མང་པོ་མཆིས་སོ། །

རནྣ་ཀླའི་ཡུལ།

དེ་ནས་ནུབ་བྱང་ཕྱོགས་སུ་རྒྱང་གྲགས་ཉིས་སྟོང་མ་ལོངས་ཙམ་སོང་བ་ན་རནྣ་ཀླའི་ཡུལ་ལོ། །དེའི་ཐ་གྲུར་རྒྱང་གྲགས་བཞི་སྟོང་ལྷག་པར་དབུས་ཀྱི་མཁར་ནི་ཙུ་ནུ་ཀླི་ཤྲཱ་ཧྲ་ར་ཟེར་ཏེ། ཁོར་ཡུག་ཏུ་རྒྱང་གྲགས་སུམ་ཙུ་ཙམ། ཐང་ཞིང་མང་པོར་འབྲུ་སྣ་ཚོགས་འདེབས་ཤིང་མི་ཁྱིམ་ཤིན་ཏུ་མང་བ་རྒྱ་མཚོར་འགྲོ་བའི་ལམ་ཡིན་པས་རིན་པོ་ཆེའི་རིགས་ཆེས་མང་ངོ་། །ནམ་དབུགས་དྲོ་སློམས་པ་རྗེ་དཔོན་མེད་ཅིང་པ

ལ་སའི་ཡུལ་ལ་བཏེན། སྐད་དང་ཡིག་རིགས་ཡུལ་དབུས་དང་ཕལ་ཆེར་མཐུན་པ་ཕྱི་ནང་གཉིས་ཀར་མོས་པ་མཉམ་ཞིང་། གཙུག་ལག་ཁང་བརྒྱ་ལྷག་ལ་དགེ་འདུན་དྲུག་སྟོང་ལྷག་པ་ཐེག་པ་གཉིས་ལ་འདྲ་བར་སློབ་པ། མུ་སྟེགས་པའི་ལྷ་ཁང་བརྒྱ་ཕྲག་དུ་མ་ལ་ཕྱི་རོལ་པ་ཐལ་བ་བྱུགས་པ་ཆེས་མང་པོ་གནས་པ། གྲོང་ཁྱེར་གྱི་ནང་དུ་དབང་ཕྱུག་ཆེན་པོའི་ལྷ་ཁང་རྒྱན་བཀོད་ཕུན་སུམ་ཚོགས་པ་ཡོད་དོ། །དབང་ཕྱུག་པར་ཡང་ཧ་ཅང་མང་པོ་འདུག་གོ། །

པ་ར་སའི་ཡུལ།

དེ་ནས་ནུབ་བྱང་མཚམས་སུ་ཕྱིན་པ་ན་པ་ར་སའི་ཡུལ་ལོ། །དེའི་ཐ་གྲུར་རྒྱང་གྲགས་ཁྲི་ཕྲག་དུ་མ་དཀྱིལ་མཁར་ནི་སུ་ར་ས་ཐྭ་ན་ཟེར་ཏེ་ཕོར་ཡུག་ཏུ་རྒྱང་གྲགས་བཞི་བཅུ་ལྷག་པ། ས་ཐང་མང་ཞིང་འབྲུ་སྣ་ཚོགས་ཡོད་ཀྱང་ཡུལ་ཆུས་ཞིང་གསོ་བ། ནམ་དབུགས་དྲོད་ཤས་ཆེ་བ་སྐྱེ་བོ་རབ་ཏུ་མང་ཞིང་ཕྱུག་པ་རིན་པོ་ཆེའི་རིགས་དུ་མ་དང་། གོས་སྣ་ཚོགས་པ་འཐག་པ་ཐེར་མ་དང་སྣམ་བུའི་རིགས་ཀྱང་མང་ངོ་། །རྟ་བཟང་པོ་དང་ཟ་མོའི་ཁྲུ་ལ་ལོངས་སྤྱོད་པ་དངུལ་གྱི་ཏམ་ཀ་ཆེན་པོ་སྤྱོད་པ། ཚུལ་ལུགས་ཟབ་པ་མེད་དོ། །ཁྱིམ་ཐབ་ལ་གཅེས་སྤྲས་ཆེ་ཡང་སྐྱེས་བ་གཞན་དང་འགྲོགས་པ་ལ་ཧི་མི་སྐྱམ་པའོ། །ལུས་བོངས་ཆེ་ལ་རགས་པ་མགོ་རྗེན་སྐྲ་བྲེགས་པ་གོ་ལྤགས་དང་ཐེར་སྣམ་གྱོན་པ། འབངས་ཀྱི་ཁྲལ་ལ་མི་རེ་ལས་དངུལ་ཏམ་བཞི་ཙམ་ལེན་ནོ། །གཙུག་ལག་ཁང་གཉིས་གསུམ་ཙམ་ལས་མེད་ཅིང་དགེ་འདུན་བརྒྱ་ཕྲག་དུ་མས་ཐེག་པ་ཆུང་ངུ་ལ་སྤྱོད་ཅིང་ཡོད་སྨྲ་བའི་སྡེ་པའོ། །མུ་སྟེགས་པའི་ལྷ་ཁང་ཤིན་ཏུ་མང་པོ་ཧྲི་ན་པ་ཞེས་བྱ་བའི་ཕྱི་རོལ་པ་གནས་སོ། །རྒྱལ་

པོའི་ཁང་ཁྱིམ་ན་སྟོན་པའི་ལྷུང་བཟེད་ངོ་མ་བཞུགས་སོ། །དེའི་ཤར་ཕྱོགས་སུ་ཧེ་མ་ཞེས་བྱ་བའི་གྲོང་ཁྱེར་ཡོད་དོ། །དེའི་ནང་དུ་མཁར་ཤིན་ཏུ་ཆུང་ལ་ཕྱི་མཁར་ནི་ཁོར་ཡུག་ཏུ་རྒྱང་གྲགས་དྲུག་ཙམ་ལྷག་པ་ལ་མི་ཁྱིམ་རབ་ཏུ་མང་ཞིང་ཕལ་ཆེར་འབྱོར་བ། དེའི་ནུབ་ཕྱོགས་སུ་ཧྲུ་པིང་ཞེས་བྱ་བའི་ཡུལ་ལ་ཐུག་པ་མིའི་རང་བཞིན་སོགས་པ་ར་ས་དང་མཚུངས་པ་བྱད་དབྱིབས་སྐད་རིགས་ཙུང་མི་མཐུན་པ་རིན་པོ་ཆེའི་རིགས་ཀྱང་ཆེས་མང་བ་མཆིས་སོ། །དེ་དང་ནུབ་བྱང་ཕྱོགས་སུ་ཉེ་བར་ཧྲུ་པིང་གི་ཡུལ་ཡོད་དོ། །དེ་ནི་ནུབ་ཕྱོགས་ཀྱི་ཡུལ་དང་ཉེ་བ་ཡུལ་དེར་སྐྱེས་པ་མེད་ཅིང་བུད་མེད་ཁོ་ན། ལོ་སྟར་གྱི་ཧྲི་པིང་གི་ཡུལ་ནས་སྐྱེས་པ་ཁྱུར་ལོངས་བ་བཏང་སྟེ་ཁྱིམ་ཐབ་བྱེད་དོ། །

པཻ་ཏ་ཤི་རིའི་ཡུལ།

དེ་ནས་ཨ་ཏུ་པ་ཐ་རའི་ཡུལ་ནས་བྱང་ཕྱོགས་སུ་རྒྱང་གྲགས་བདུན་བརྒྱ་བགྲོད་པ་ན་པེ་ཏ་ཤི་རིའི་ཡུལ་ལོ། །དེའི་ཐ་གྲུར་རྒྱང་གྲགས་སུམ་སྟོང་ལྷག་ལྔེ་བའི་མཁར་ཆེན་པོའི་ཁོར་ཡུག་ཏུ་རྒྱང་གྲགས་ཉི་ཤུ་ལྷག་རྫེ་དཔོན་མེད་ཅིང་ཡུལ་སིཧྨུར་གཏོགས་སོ། །སྲིན་མ་ཆེ་བ་དང་གྲོ་འདེབས་པ་ཚྭ་སྔོ་ཆེ་བས་འབྲུ་གཞན་འདེབས་མི་ཉུང་ངོ་། །ཤིང་ཏོག་དང་མེ་ཏོག་གི་རིགས་ཆེས་དཀོན་པ་མིའི་རང་བཞིན་གཏུམ་ལ་རྒོད་པ། སྐད་རིགས་རྒྱ་གར་ཡུལ་དང་མི་འདྲ་ཞིང་སློབ་གཉེར་ལ་མི་དགའ་ཡང་དད་མོས་ཆེ་བ། གཙུག་ལག་ཁང་ལྔ་བཅུ་ལྷག་པར་དགེ་འདུན་སུམ་སྟོང་ལྷག་བཞུགས་ཏེ་ཐེག་དམན་གནས་བརྟན་སྡེ་པའོ། །མུ་སྟེགས་པའི་ལྷ་ཁང་ཉི་ཤུ་ལྷག་པར་གཅེར་བུ་པོ་ནས་གང་ངོ་། །

གྲོང་ཁྱེར་བྱང་ཕྱོགས་ཀྱི་རྗེས་ཤུལ།

གྲོང་ཁྱེར་གྱི་བྱང་ཕྱོགས་སུ་རྒྱང་གྲགས་བཅུ་ཕྲག་ཅིག་དང་ལྔ་དྲུག་ཙམ་གྱི་སར་ནགས་ཆེན་པོའི་ནང་ན་ཨ་ཤོ་ཀས་བཞེངས་པའི་མཆོད་རྟེན་དཔངས་སུ་ཁྲུ་བརྒྱ་ཕྲག་དུ་མ་ཡོད་པ་ནི། ནང་དུ་སྟོན་པའི་རིང་བསྲེལ་གྱི་སྙིང་པོ་ཅན་ཏེ། སྟོན་སྟོན་པ་དྲང་སྲོང་ཞིག་ཏུ་གྱུར་པ་ན་ཡུལ་གྱི་རྒྱལ་པོ་སྐྱ་སྲོག་ལ་མི་འཚམས་པས་ཞུས་པའི་གནས་སོ། །དེའི་ཤར་ཕྱོགས་ན་གཙུག་ལག་ཁང་ཞིག་ཡོད་པ་ནི་དགྲ་བཅོམ་པ་འཕགས་པ་ཀ་ཏ་ཡ་ནས་བཞེངས་སོ། །དེའི་ཕྱོགས་སུ་འདས་པའི་སངས་རྒྱས་བཞི་ཀའི་བཞུགས་ཁྲི་དང་མཛད་ཤུལ་དུ་རྟགས་མཚན་གྱི་མཆོད་རྟེན་བཅས་ཡོད་དོ། །

ཨ་བིཏྡའི་ཡུལ།

དེ་ནས་བྱང་ཤར་མཚམས་སུ་རྒྱང་གྲགས་སུམ་བརྒྱ་ཙམ་ཕྱིན་པ་ན་ཨི་བིཏྡའི་ཡུལ་ལོ། །དེའི་ཐ་གྲུར་རྒྱང་གྲགས་ཉིས་སྟོང་དང་བརྒྱ་ཕྲག་ལྔ་དྲུག་ཙམ་ལྟེ་བའི་མཁར་རྒྱང་གྲགས་ཉི་ཤུ་ལྷག་རྗེ་དཔོན་མེད་ཅིང་ཡུལ་སིནྡྷུའི་ཆར་གཏོགས་པ། གྲོ་དང་སྲན་ཆེན་སོགས་འབྲུ་སྣ་འདེབས་པ་ཤིང་ཏོག་དང་མེ་ཏོག་གི་རིགས་མང་ཞིང་འཕེལ་རྒྱས་ཆེ་བ་རྩྭ་ཤིང་དགུན་མ་དགོན་ཙམ། འབྲུ་ནི་ལོའི་མགོ་འཇུག་མེད་པར་སྨུད་པ། ནམ་དབུགས་ཅུང་ཟད་བསིལ་གྲང་ཆེ་བ། མིའི་རང་བཞིན་དྲང་ཞིང་གྱོང་ལ་བསླབ་པ་ལ་མི་མོས་ཀྱང་དད་མོས་ཅན་གཙུག་ལག་ཁང་ཉི་ཤུ་ལྷག་པར་དགེ་འདུན་ཉིས་སྟོང་ལྷག་བཞུགས་པ་ཕལ་ཆེར་ཐེག་དམན་སྤྱོད་པ་གནས་བརྟན་སྡེ་

པའོ། །མུ་སྟེགས་པའི་ལྷ་ཁང་ལྔ་ཙམ་ལ་ཕྱི་རོལ་པ་ཐལ་བས་བྱུགས་པ་དག་གིས་གང་སྟེ་གནས་སོ། །

གྲོང་ཁྱེར་ཉེ་འཁོར་གྱི་རྗེས་ཤུལ།

དེའི་ཡོགས་སུ་ཨ་ཤོ་ཀས་བཞེངས་པའི་མཆོད་རྟེན་གྱི་རྨང་གཞི་ཞིག་ཀྱང་ཁྲུ་བརྒྱ་ལྷག་ཙམ་ལུས་པ་ཡོད་དོ། །དེའི་ཡང་ཡོགས་སུ་གཙུག་ལག་ཁང་ཡོད་པའི་ནང་དུ་ཨ་ཤོ་ཀས་བཞེངས་པའི་མཆོད་རྟེན་དང་རྫོ་ལས་གྲུབ་པའི་སྟོན་པའི་སྐུ་བརྙན་གྲོང་ཁྱེར་མ་རྣམས་ཡོད་པ་ལས་གསོ་སྦྱོང་གི་ཉིན་འོད་ཀྱི་ཕུང་པོ་འཕྲོའོ། །དེའི་ལྷོ་ངོས་སུ་གོམ་པ་བརྒྱད་བརྒྱ་ཙམ་ན་མཆོད་རྟེན་ཞིག་ཡོད་པ་ནི་རྒྱལ་པོ་ཨ་ཤོ་ཀས་བཞེངས་སོ། །དེ་ནི་སྟོན་པས་དགེ་སློང་རྣམས་ལ་གོས་ལྷག་ནང་བའི་གནས་སོ། །ཚལ་དེའི་ནང་དུ་འདས་སངས་བཞིའི་མཛད་རྗེས་དང་ཨ་ཤོ་ཀས་བཞེངས་པའི་མཆོད་རྟེན་གྱི་ནང་དུ་སྟོན་པའི་ཕྱག་སེན་དང་དབུ་སྐྲ་བཞུགས་པས་གསོ་སྦྱོང་གི་ཉིན་འོད་ཕུང་འབར་བ་སོགས་སོ་སོའི་མཚན་རྟགས་བཅས་རིམ་པར་ཐར་ཆགས་སུ་འདུག་གོ། །

བཱ་ར་ཎའི་ཡུལ།

དེ་ནས་ཀྱང་བྱང་ཤར་མཚམས་སུ་རྒྱང་གྲགས་དགུ་བརྒྱ་ཙམ་ཕྱིན་པ་ན་བཱ་ར་ཎའི་ཡུལ་ལོ། །དེའི་ཐ་གྲུར་རྒྱང་གྲགས་བཞི་སྟོང་ལྷག་དབུས་ཀྱི་མཁར་ཆེན་པོ་ནི་རྒྱང་གྲགས་ཉི་ཤུ་ལྷག་པ་རྗེ་དཔོན་མེད་ཅིང་ཡུལ་ག་བི་ཤིའི་མངའ་འོག་ཏུ་གཏོགས་

སོ། །མི་ཁྲིམ་མང་ཞིང་འབྲུ་དུས་བཞིར་ཆད་མེད་དུ་བསྡུ་བ། རི་བྲག་ནགས་ཚལ་མང་ཞིང་ནམ་དབྱུགས་ཅུང་ཟད་བསིལ་གྲང་ཆེ་བ། མིའི་རང་བཞིན་སྤྲོ་ཐུང་ཞིང་དཔའ་བ་སྐད་རིགས་རྒྱ་གར་ཡུལ་དབུས་དང་ཅུང་འདྲ་བ་ཀྲོང་ལ་རྟུབ་པ། སློབ་པ་དོན་དུ་མི་གཉེར་བ་གཙུག་ལག་ཁང་བཅུ་ཕྲག་དུ་མ་ཡོད་པ་ཕལ་ཆེར་ཐོག་པོ་དགེ་འདུན་སུམ་བརྒྱ་ལྷག་ཙམ་བཞུགས་པ་དག་ཐེག་ཆེན་སྤྱོད་པའོ། །ལྷ་སྟེགས་པའི་ལྷ་ཁང་ལྔ་ཙམ་ལ་ཕྱི་རོལ་པ་ཐལ་བ་བྱུགས་པ་མང་ངོ་། །གྲོང་ཁྱེར་གྱི་ལྷོར་མི་རིང་བར་གཙུག་ལག་ཁང་རྙིང་པའི་ཤུལ་ཡོད་པ་ནི་སྟོན་པས་ཆོས་བཤད་པའི་གནས་ཏེ། འདས་སངས་བཞིའི་ཁྲི་དང་མཛད་ཤུལ་མཚན་རྟགས་ཅན་ཡོད་དོ། །དེའི་ནུབ་ཕྱོགས་ཀྱི་མཐའ་མཐུད་དེ་གི་ཀུང་ན་ཟེར་བའི་ཡུལ་རི་ཐང་སྤྲགས་མར་ཡོད་ཅིང་། མི་རྣམས་རྟ་ལུག་ལ་སྐྱོང་ཅིང་ཁྱད་པར་རྟ་བཟང་མང་བ་ཡུལ་གཞན་གྱི་རྟའི་དབྱིབས་དང་མི་འདྲ་བའོ། །

ས་བཅད་བཅུ་གཉིས་པ། ཡུལ་ཉི་ཤུ་རྩ་གཉིས།

ཙོ་ཀྲུ་ཏེའི་ཡུལ།

དེའི་ཡང་ནུབ་ཕྱོགས་སུ་རི་ཆེན་པོ་དང་ཐང་ཡངས་པ་དང་ལྗོངས་ཆེ་ཆུང་བརྒྱལ་བཞིན་རྒྱང་གྲགས་ཉིས་སྟོང་ལྷག་ཕྱིན་པ་ན། རྒྱ་གར་ཡུལ་མཐའ་དག་གི་མཐར་ཐུག་པ་ཙོ་ཀྲུ་ཏའི་ཡུལ་ལོ། །དེའི་ཐ་གྲུར་རྒྱང་གྲགས་བདུན་སྟོང་དབུས་ཀྱི་མཁར་ལ་ཏ་སི་ན་ཟེར་བ་ཁོར་ཡུག་ཏུ་རྒྱང་གྲགས་སུམ་ཅུ་ལྷག་པ་བཙན་ཞིང་བརྟན་པ་འགྲོ་དཀའ་བ་འབྲུ་སྣ་ཚོགས་འདེབས་པ་ཁྱད་པར་དུ་གྲོ་དང་རྩྭ་ཤིང་དཀོན་པ་ཙམ་ལས་བཟའ་ཤིང་དང་མེ་ཏོག་གི་རིགས་མོད་དོ། །རྩྭ་གུར་གུམ་དང་ཧི་ཧྲུ་སྐྱེས་པ། གྲོང་ཁྱེར་གྱི་ནང་དུ་ཆུ་མིག་ཆེན་པོ་འཕྱུར་བ་ལས་ས་ཁྱབ་པར་འབབ་པས་ཞིང་ལ་དྲངས་པས་ཕན་ཐོགས་ཆེའོ། །ནམ་དབུགས་གྲང་ཞིང་ལྷགས་པ་དང་སད་དང་ཁ་བ་མང་ངོ་། །མིའི་རང་བཞིན་གྱི་སྒྱུ་མང་ཞིང་ཚིག་མི་བརྟན་པ་རིག་པ་བཀྲ་ཞིང་སློབ་གཉེར་ལ་དགའ་བ་ཡི་གེ་དང་སྐད་རིགས་ཡུལ་གཞན་དང་ཆེས་མི་འདྲའོ། །འཇིག་རྟེན་པའི་ལྷ་མང་པོ་ལ་གསོལ་མཆོད་བྱེད་ཀྱང་། དཀོན་མཆོག་གསུམ་ལ་བཀུར་གཟོས་ཆེ་བ་གཙུག་ལག་ཁང་བརྒྱ་ཕྲག་དུ་མ་ལ་དགེ་འདུན་ཆིག་ཁྲི་བརྒྱལ་བ་བཞུགས་ཐེག་ཆེན་པ་ཤ་སྟག་གོ། །ད་ལྟའི་རྒྱལ་པོ་ནི་དད་པ་ཆེ་ཞིང་དགེ་བའི་ཕྱོགས་ལ་དགའ་བ་གནའ་རབས་ནས་ད་བར་ཆད་པར་མ་འཐུད་པའོ། །རྒྱལ་པོ་ཨ་ཤོ་ཀས་བཞེངས་པའི་མཆོད་རྟེན་བཅུ་ལྷག་ཡོད་པ། མུ་སྟེགས་པའི་ལྷ་ཁང་

བཅུ་ཕྲག་དུ་མ་ཡོད་པར་ཕྱི་རོལ་པའི་རིགས་གང་དག་འདྲེས་ཏེ་གནས་སོ། །དེ་དག་གི་སྟོན་པ་ནི་ལྷ་ཚུན་ཏི་ར་ཟེར་རོ། །དེ་ནི་སུར་ཀ་སི་ཤིའི་ཡུལ་དུ་ཨ་ར་ནཻ་ཟེར་བའི་རི་ལ་གནས་སོ། །ཕྱིས་སུ་ཁྲིམ་སྲོས་ཏེ་འདིའི་ལྷ་མཐའ་ཆུ་ན་ཏི་རའི་རི་ལ་གནས་ཏེ་སྐྱེ་བོ་ཕན་གནོད་མངོན་སུམ་དུ་བསྟན་པས་དམངས་ཀྱིས་བཀུར་བ་ཞིག་གོ། །

ཧུ་རི་ས་ཏྣའི་ཡུལ།

དེ་ནས་བྱང་དུ་རྒྱང་གྲགས་ལྔ་བརྒྱ་ལྷག་ཕྱིན་པ་ན་ཧུ་རི་ས་ཏྣའི་ཡུལ་ལོ། །དེའི་ཐ་གྲུར་ཤར་ནུབ་རྒྱང་གྲགས་ཉིས་སྟོང་ལྔ་བྱང་ཆིག་སྟོང་ལྷག་པར་དཀྱིལ་མཁར་ནི་ཧུ་པི་ན་ཟེར་བ་ཁོར་ཡུག་ཏུ་རྒྱང་གྲགས་ཉི་ཤུ་ཡོད་པ་ལུགས་སྲོལ་གང་ཅི་ཐམས་ཅད་ཙོ་ཀུ་ཏ་དང་མཐུན་ལ་ཡི་གེ་དང་སྐད་རིགས་མི་མཐུན་ནོ། །ནམ་དབུགས་བསིལ་གྲང་ཆེ་བ། རྒྱལ་པོ་ནི་ཐུ་ཀྲུ་ཟེར་བའི་ཧོར་སོག་གི་རིགས་ཡིན་ཀྱང་དཀར་ཕྱོགས་པའོ། །

ཨནྡྷ་ར་བའི་ཡུལ།

ཡུལ་དེ་ནས་བྱང་ཤར་མཚམས་སུ་རི་ལུང་ཁ་ཤས་འདས་པ་ན་ཀ་པི་ཤིའི་ཡུལ་མཐའ་འདས་ཏེ། ལྷོངས་ཆེ་ཆུང་བཅུ་ཕྲག་དུ་མ་འདས་པ་ན་གངས་རི་ཆེན་པོ་པ་ར་སི་ནའི་ཟེར་བའི་རི་ཆེན་པོ་ལ་འཛེགས་ཏེ། དེ་ནི་ཤིན་ཏུ་བཙན་ཞིང་རྩུབ་པ་བགྲོད་དཀའ་བ། དབྱར་དགུན་མེད་པར་འཁྱགས་པ་བརྩེགས་པ་འཛམ་བུ་གླིང་ན་མཐོ་ཞིང་བཙན་པའི་རི་བོ་བརྒལ་བ་ན་ཨནྡྷ་ར་བའི་ཡུལ་དེ་ནས། ཧྲ་ཏ་རའི་གྲུར་

གྱི་མཆོར་ཉིང་པ་སྟེ་ཐ་གྲུར་རྒྱང་གྲགས་སུམ་སྟོང་ཙམ། དབུས་མཁར་གྱི་ཁོར་ཡུག་ཏུ་རྒྱང་གྲགས་བཅུ་ཕྲག་བཅུ་དང་བཞི་ལྷར་སོགས་ཡོངས་པ། རྗེ་དཔོན་ཆེ་བ་མེད་ཅིང་ཧོར་སོག་གི་མངའ་འོག་ཏུ་གཏོགས་པ། ཚུལ་ལུགས་མི་ཤེས་ཤིང་དགེ་སྡིག་མི་ཤེས་པ་གླ་གློ་ཁ་རྒྱང་ངོ་། །འབྲུའི་རིགས་ཡོད་པ་ཙམ་ལ་རྩྭ་ཤིང་མེ་ཏོག་རེ་སྐྱེས་རྒོད་པོ་མང་ལ། ནམ་དབུགས་གྲང་ལྷགས་ཆེ་བ། གཙུག་ལག་ཁང་གསུམ་ཙམ་ལ་དགེ་འདུན་བཅུ་ཕྲག་གཉིས་གསུམ་བཞུགས་པ་ཐེག་པ་གནས་བརྟན་སྡེ་པ་ཁས་འཆེ་བའོ། །མཆོད་རྟེན་ཞིག་ཡོད་པ་ནི་ཨ་ཤོ་གས་བཞེངས་པའོ། །

ཁྭ་སི་ཏའི་ཡུལ།

དེ་ནས་ནུབ་བྱང་ཕྱོགས་སུ་ལ་ལུང་བརྒལ་ཏེ་ལྗོངས་ཆེ་ཆུང་འདས་ནས་རྒྱང་གྲགས་བཞི་བརྒྱ་ཙམ་བགྲོད་པ་ན། ཁྭ་སི་ཏའི་ཡུལ་ལོ། །དེ་ཡང་རྒྱ་ཏ་རའི་མཆོར་ཉིང་པ་ཡིན་ཐ་གྲུར་རྒྱང་གྲགས་སུམ་སྟོང་ལྷག་པ། དཀྱིལ་མཁར་ལ་རྒྱང་གྲགས་བཅུ་ལྷག་སྟེ་དཔོན་ཆེན་པོ་མེད་པ་ཧོར་སོག་ཐུ་ཀྱུའི་འོག་ཏུ་འདུའོ། །ནམ་དབུགས་གྲང་ལྷགས་ཆེ་ཡང་འབྲུ་སྣ་ཚོགས་དང་རྩྭ་ཤིང་མེ་ཏོག་དང་ཤིང་ཏོག་གི་རིགས་ལ་འཕྲོད་དོ། །མིའི་རང་བཞིན་རྩུབ་ཅིང་སྒྲོ་ཐུང་གླ་གློར་གཏོགས་སོ། །གཙུག་ལག་ཁང་གསུམ་ལ་དགེ་འདུན་ཡོད་པ་ཙམ་མོ། །

ལྷའི་ཡུལ།

དེ་ནས་ནུབ་བྱང་མཚམས་སུ་རྒྱང་གྲགས་སུམ་བརྒྱ་ལ་ལྷུང་མང་པོ་དང་ལྗོངས་

ཆེ་ཚུང་འདྲས་པ་ན་ཧྣའི་ཡུལ་ལོ། །ཡུལ་འདི་ཡང་རྒྱ་ཧ་རའི་མཚོར་ཉེང་པ་སྟེ་གྲང་ལྷགས་ཆེ་བ་ཐ་གྲུར་རྒྱང་གྲགས་སུམ་སྟོང་ལྷག་དཀྱིལ་མཁར་གྱི་ཁོར་ཡུག་ཏུ་རྒྱང་གྲགས་ཉི་ཤུ་ལྷག་རྫེ་དཔོན་མེད་རྫོར་སོག་ཐུ་ཀྲའི་འོག་ཏུ་གཏོགས། ས་གཞི་ཐང་ཆེ་བ་ནམ་དབུགས་འཛམ་ཞིང་གྲང་དྲོ་སྙོམས་པ་འབྲུ་རིགས་དང་བཟའ་ཤིང་དང་མེ་ཏོག་སྣ་ཚོགས་མོད་པ། མིའི་རང་བཞིན་རྩུབ་ལ་ཏབ་རྟོབ་ཆེ་བ་གོས་སུ་ཀོ་ལྤགས་དང་ཐེར་སྣམ་གྱོན་པ་ནང་པ་ལ་མོས་པ། གཙུག་ལག་ཁང་བཅུ་ལྷག་པར་དགེ་འདུན་བརྒྱ་ཕྲག་དུ་མ་ཐེག་པ་གཉིས་ལ་མཉམ་པར་སྤྱོད་པ། རྒྱལ་པོ་ནི་རྫོར་སོག་ཐུ་ཀྲ་རྒྱལ་པོ་སྟེ། ལྟགས་སྙོ་ཚུན་ལ་ཁྲིམ་སྲོ་ཞིང་ཉེ་འཁོར་གྱི་དམངས་གྲུར་ཐམས་ཅད་ལ་དབང་ངོ་། །

མང་ཀུན་གྱི་ཡུལ།

དེ་ནས་ཤར་ཕྱོགས་སུ་རྩུང་ཞིང་སྟེ་བཙོང་ལ་དང་། དེ་ནས་ཤར་ཕྱོགས་སུ་རྒྱང་གྲགས་བརྒྱ་ལྷག་འདྲས་པ་ན་མར་ཀུན་གྱི་ཡུལ་ལོ། །མང་ཀུན་ཡང་ར་རྒྱ་ཧ་རའི་མཚོར་ཉེང་པ་ཡིན་ཐ་གྲུར་རྒྱང་གྲགས་བཞི་བརྒྱ་ཙམ། ལྟེ་བའི་མཁར་རྒྱང་གྲགས་བཅུ་དང་ལྔ་དྲུག་ཡོད་པ་ཚུལ་ལུགས་གང་ཅི་ཅོ་ཧའི་ཡུལ་དང་མཚུངས་སོ། །ཐུ་ཀྲ་ཀླ་ཀློའི་རིགས་སོ། །

ཨ་རི་ནིའི་ཡུལ།

དེ་ནས་བྱང་ཕྱོགས་སུ་ཨ་རི་ནི་ཞེས་བྱ་བའི་ཡུལ་ལོ། །ཨ་རི་ནི་ཡང་རྒྱ་ཧ་རའི་

མཆོར་ཉིང་ཡིན་གང་ཅེ་ཅོ་ཏའི་ཡུལ་དང་མཚུངས་སོ། །ཐ་གྲུར་པ་ཊཱའི་ཊླུང་གིས་སྐོ་རགས་ལྷ་བུར་བཅིངས་ཏེ་བསྐོར་བ། རྒྱང་གྲགས་སུམ་བརྒྱ་ལྷག་དཀྱིལ་མཁར་རྒྱང་གྲགས་བཅུ་དང་བཞི་ལྟ་ཙམ་སོ། །

ཏི་ར་ཧུའི་ཡུལ།

དེའི་ཤར་དུ་ཏི་ར་ཧུའི་ཡུལ་ལོ། །དེ་ཡང་རྒྱ་ཧ་རའི་མཆོར་ཉིང་པ། རྒྱབ་ལོགས་པཱུའི་ཊླུང་ལ་བརྟེན་པ་ཐ་གྲུར་རྒྱང་གྲགས་ཉིས་བརྒྱ་ལྷག དཀྱིལ་མཁར་ཆེ་བ་ཁོར་ཡུག་རྒྱང་གྲགས་བཅུ་དང་བཞི་ལྟ་ལྷག་ཚུལ་ལུགས་སོགས་ཅོ་ཏྲའི་ཡུལ་དང་མཐུན་ནོ། །

ཏྲི་སྣའི་ཡུལ།

ཡུལ་མང་ཀུན་ནས་ཤར་ཕྱོགས་སུ་རི་བོ་མཐོན་པོ་དང་ཐང་ཡངས་པ་བརྒལ་ནས་ལྷོངས་དུ་མ་བརྒལ་ནས་རྒྱང་གྲགས་སུམ་བརྒྱ་ལྷག་སོང་བ་ན་ཏྲི་སྣའི་ཡུལ་ལོ། །ཡུལ་འདི་ཡང་རྒྱ་ཧ་རའི་མཆོར་ཉིང་སྟེ་ནུབ་རྒྱང་གྲགས་སྟོང་ལྷག་ལྷོ་བྱང་དུ་སུམ་བརྒྱ་ཙམ། དཀྱིལ་མཁར་ཆེན་པོའི་རྒྱ་ཁྱོན་རྒྱང་གྲགས་བཅུ་དང་བཞི་ལྟ་ཙམ། ས་གཞི་དང་ངང་ཚུལ་མང་ཀུན་དང་མཚུངས་ཤིང་མིའི་རང་བཞིན་གཏུམ་ཞིང་དྲག་པའོ། །

པ་རི་ཏའི་ཡུལ།

དེའི་བྱང་ཤར་མཚམས་སུ་པ་རི་ཏའི་ཡུལ་ལོ། །དེ་ཡང་རྒྱ་ཊ་རའི་མཆོར་རྙིང་སྟེ། ཤར་ནུབ་རྒྱང་གྲགས་བརྒྱ་ལྷག་པ་ལྷོ་བྱང་དུ་སུམ་བརྒྱ་ལྷག་པ་གཞུང་མཁར་གྱི་རྒྱ་ཁྱོན་རྒྱང་གྲགས་ཉི་ཤུ་ཙམ། ས་གཞི་དང་དང་ཚུལ་སོགས་ཧི་སླ་དང་མཐུན་ནོ། །

ཏེ་མ་ཧྲ་རའི་ཡུལ།

ཧི་སླའི་ཡུལ་ནས་ཤར་ཕྱོགས་སུ་རི་ཐང་མང་པོ་བརྒལ་གྱིན་རྒྱང་གྲགས་སུམ་བརྒྱ་ཙམ་སོང་བ་ན་ཏེ་མ་ཧྲ་རའི་ཡུལ་ལོ། །ཡུལ་འདི་ཡང་རྒྱ་ཊ་རའི་མཆོར་རྙིང་སྟེ་ཐ་གྲུར་རྒྱང་གྲགས་སུམ་སྟོང་ཙམ། ས་གཤིན་པ་འབྲུ་མར་དང་གྲོ་འདེབས་པ་རི་ཐང་སྲུགས་མ། ནམ་དབུགས་གྲང་ལྷགས་ཆེ་ཡང་རྩྭ་ཤིང་དང་མེ་ཏོག་གི་རིགས་རྒྱས་པ། མིའི་གཟུགས་མི་སྡུག་པ་ཀླ་ཀློ་འཐབ་རྩོད་ལ་དགའ་བ། དྲག་གཏུམ་གོས་སུ་ཕྱིང་པ་དང་ཀོ་ལྤགས་གྱོན་པ་ཧོར་སོག་ཐུ་རུ་དང་ལྷག་པར་མཐུན་པ། མི་མོ་རྣམས་ནི་ཤིང་ཞྭ་དཔངས་སུ་ཁྲུ་གསུམ་ཡོངས་བ། གོས་ལ་ཤིང་གི་ར་ཅོ་གསུམ་ཡོད་པ། དེ་ནི་ཕ་མ་ཁྱོ་གསུམ་བཀུར་བའི་མཚན་རྟགས་ཡིན་ཟེར། དེ་གསུམ་ལས་གཅིག་ཤི་ན་གཅིག་བསལ་ཚང་མ་ཤི་ན་ཐམས་ཅད་བསལ། ཞང་པོ་ཞང་མོ་བཅས་ཐམས་ཅད་མེད་པ་ཞ་མོ་ཕུད་དེ་འདོར་རོ། །རྒྱལ་པོ་ནི་ཤཱཀྱའི་རིགས་བཙོང་ལའི་ནུབ་རོལ་དུ་གནས་པ་ཡོངས་ལ་དབང་ངོ་། །ཧོར་སོག་ཐུ་རུ་དང་ཉེ་བས་ཆོས་ལུགས་མཆེད་དེ་འདྲ་བར་གྱུར་པ་སྐབས་སྐབས་སུ་ཕན་ཚུན་འཐབ་མོ་འགྱེད་དོ། །སྐྱི་བོ་འཕྲུགས་པས་འཐོར་

ཏེ་བསླུམས་ཀྱང་མི་འདུམ། མཁར་ཤིན་ཏུ་བརྟན་ཞིང་བཙན་པ་བཅུ་ཕྲག་དུ་མ་ཡོད་པ་ཕལ་ཆེར་སྦྲ་གུར་ལ་གནས་ཤིང་ཡུལ་སྐྱོ་བ་མང་བ་ནུབ་ཕྱོགས་ཧི་སྨ་ལ་ཐུག་པ།

ས་རི་ཋྲ་ནའི་ཡུལ།

དེ་ནས་ཤར་དུ་རྒྱང་གྲགས་གཉིས་བརྒྱ་ཙམ་ཕྱིན་པ་ན་ས་རི་ཋྲ་ནའི་ཡུལ་ལོ། །ཡུལ་འདི་ཡང་ཧྥུ་ཏ་རའི་མཚེར་རྙིང་པ་སྐོ་ཐ་གྲུར་རྒྱང་གྲགས་ཉིས་སྟོང་ཙམ་དཀྱིལ་མཁར་རིའི་སྐྱོ་ལ་བཏབ་པ་རྒྱང་གྲགས་དྲུག་བདུན་ཙམ་རི་ཐང་སྦྲགས་མ་ཇོ་གསེག་དཀོན་པས་གཞི་ཡངས་པ་ལ་སྲན་རིགས་དང་འབྲུ་མར་དང་གྲོ་འདེབས་སོ། །རྒྱུན་འབྲུམ་དང་ཁམ་སྐར་དང་ཨ་སྨྲའི་ཤིང་མང་བ། བསིལ་གྲང་ཆེ་བ་མིའི་རང་བཞིན་གཏུམ་པ་དྲག་པ་ཚུལ་ལུགས་མེད་ཅིང་སློབ་གཉེར་མི་ཤེས་སོ། །རྒྱལ་པོ་ནི་བསྙུན་ལ་དཀོན་མཆོག་ལ་མོས་སོ། །

ཨིན་སོ་ཀུན་གྱི་ཡུལ།

དེ་ནས་ཤར་ལྷོའི་མཚམས་སུ་རི་སུལ་བརྒྱུད་དེ་རྒྱང་གྲགས་ཉིས་བརྒྱ་ཙམ་སོང་བ་ན། ཨིན་སོ་ཀུན་གྱི་ཡུལ་ལོ། །འདི་ཡང་ཧྥུ་ཏ་རའི་མཚེར་རྙིང་པ་སྐོ་ཐ་གྲུར་རྒྱང་གྲགས་སྟོང་ལྷག་པ། ལྟེ་བའི་མཁར་རྒྱ་ཁྱོན་རྒྱང་གྲགས་གསུམ་ཙམ་པ་རི་ལ་བརྟེན་པས་གཞི་དོགས་པ་ནམ་དབུགས་སྐྱེས་འབྱུང་མིའི་ངང་ཚུལ་སོགས་གང་ཅི་ས་རི་ཋྲུ་ན་དང་མཚུངས་པ་ཀླ་ཀློ་ཤ་སྟག་གོ། །རྒྱལ་པོ་ནི་དགེ་སྡིག་མི་ཤེས་སོ། །

ཁྲུ་རང་ཙའི་ཡུལ།

དེའི་ཤར་ལྷོའི་མཚམས་སུ་རི་དང་ལ་སྣང་ལམ་འཕྲང་དོག་པོ་ལ་འགྲོ་གྱིན་རྒྱང་གྲགས་སུམ་བརྒྱ་བགྲོད་པ་ན་ཁྲུ་རང་ཙའི་ཡུལ་ལོ། །འདི་ཡང་རྒྱ་ཏ་རའི་མཚོར་ཉེང་སྐྱེ་ཐ་གྲུར་རྒྱང་གྲགས་ཉིས་སྟོང་ལྷག ཆོས་ལུགས་སོགས་གང་ཅི་ཨིན་སོ་ཀྱན་དང་མཚུངས་སོ། །འོན་ཀྱང་རྒྱལ་པོ་ནང་པ་ལ་མོས་སོ། །

ཧྨ་མ་སི་ཧྲའི་ཡུལ།

དེ་ནས་བྱང་ཤར་མཚམས་སུ་ལམ་དཀའ་བ་རྒྱང་གྲགས་ལྔ་བརྒྱ་ཙམ་བགྲོད་པ་ན་ཧྨ་མ་སི་ཧྲའི་ཡུལ་ལོ། །འདི་ནི་རི་གཉིས་ཀྱི་བར་དུ་བཏབ་པ་འདི་ཡང་རྒྱ་ཏ་རའི་མཚོར་ཉེང་པ་སྐྱེ་ཤར་ནུབ་ཏུ་རྒྱང་གྲགས་ཕྱེད་དང་སྟོང་ལྷོ་བྱང་ཡངས་པར་རྒྱང་གྲགས་བཞི་ལྔ་ཙམ་ལ་ཆུ་ཀླུང་པཀླུས་བསྐོར་བ། ནམ་དབུགས་གྲང་ལྷགས་ཆེ་བ། སྨན་རིགས་དང་ནས་གྲོ་འདེབས་ཀྱང་སྐྱེ་དཀའ་བ། བཟའ་ཤིང་དང་མེ་ཏོག་ནགས་ཚལ་ཆེས་དཀོན་ལ། རྟ་བཟང་པོ་གང་ཡང་ལུས་བོངས་ཆུང་ལ་རྩལ་སྟོབས་ཆེ་ལ་སྤྱུག་སྨན་ཐུབ་པ། མིའི་རང་བཞིན་རྒོད་པ་གཟུགས་ངན་པ། ཕྱིང་པ་སྣམ་བུ་དང་ཀོ་ལྤགས་གྱོན་པ་མིག་འབྲས་སྔོ་ལྗང་མདོག་ཅན། གང་ཅི་ཡུལ་གཞན་དང་ཆེས་མི་འདྲའོ། །གཙུག་ལག་ཁང་བཅུ་ལྷག་ཙམ་ཡོད་ཀྱང་དགེ་འདུན་དཀོན་ནོ། །

ཤི་ཁི་རིའི་ཡུལ།

ཤི་ཁི་རི་ཟེར་བའི་ཡུལ་ཡོད་དོ། །ཐ་གྲུར་རྒྱང་གྲགས་ཉིས་སྟོང་ལྷག་པ་ལྡེ་བའི་དཀྱིལ་མཁར་ས་ཁྱོན་རྒྱང་གྲགས་ལྔ་དྲུག་ཙམ། རི་ཐང་སྤེལ་མ་ལ་བྱི་མ་བརྡལ་བ། སྲན་མ་དང་ནས་གྲོ་མེད་ཅིང་ཤིང་ཏོག་མེ་ཏོག་གི་རིགས་དཀོན་པ། མིའི་རང་བཞིན་དཔའ་རྩལ་ཆེ་ཞིང་བསད་བརྡུང་བཟོད་པ། བྱད་གཟུགས་ངན་པ་ཀླུ་ཀློ་སྟེ་ཡི་གེ་རྒྱ་ཧ་ར་དང་མཐུན་པ་སྐད་རིགས་མི་མཐུན་ནོ། །

ཤམྦྷིའི་ཡུལ།

རྒྱ་མ་སི་ཧྣའི་ཡུལ་ནས་རི་བོ་ཆེའི་ལྷོ་ཕྱོགས་སུ་ཐོན་ཏེ་ཤམྦྷིའི་ཡུལ་ལོ། །དེའི་ཐ་གྲུར་རྒྱང་གྲགས་ཕྱེད་དང་སུམ་སྟོང་ལྷག་པ་རི་ཐང་སྤེལ་མ། ས་གཞི་ཤིན་ཏུ་གཤིན་པ་འབྲུ་སྣ་ཚོགས་འདེབས་པ་རྒྱུན་འབྲུམ་དང་ལྗོན་རོས་མོད་པ། ལྗོན་རོས་འཐུ་བ་ལ་རི་བྲག་ཉིལ་ནས་རྙེད་པ་ཡིན་པས། བཀུལ་མཁན་ལ་གནོད་པ་འབྱུང་པས་ལྷ་བསང་དང་གསོལ་མཆོད་བྱས་ཏེ་ལེན་སྐད་དོ། །ལེན་སྐབས་སུའང་བསང་མཆོད་མ་བྱས་པར་གྱུ་ཚོམ་དུ་འགྲོ་འོང་བྱས་ན་རླུང་འཚུབ་དང་སད་སེར་འབྱུང་བ་མང་པས་འཇིགས་དོགས་ཆེ་ཞིང་། ཡིག་རིགས་རྒྱ་ཧ་ར་དང་མཚུངས་ཀྱང་སྐད་མི་འདྲ། ཕྱིང་པ་དང་ཐེར་སྣམ་གྱོན་ཞིང་མིའི་རང་བཞིན་དྲང་ལ་བརྟན་པ་བྱ་ཐབས་རྩིངས་སོ། །རྒྱལ་པོ་ཤཱཀྱའི་རིགས་ལས་མཆེད་པ་དཀོན་མཆོག་ལ་མོས་པ་ཆེ་ཞིང་མངའ་འོག་ཀུན་ལ་སྙོམས་པས་དབང་བསྒྱུར་རོ། །གཙུག་ལག་ཁང་གཉིས་ཙམ་ལ་དགེ་

འདུན་ཤུང་ཤས་གནས་སོ། །དེ་ནས་བྱང་མཚམས་སུ་རི་ཐང་མང་པོ་དང་འཕྲང་དོག་པོ་ཁ་ཤས་འདས་པ་ན་ས་ཀ་ར་ཞེས་བྱ་བའི་ཐང་ཆེན་པོ་ཡོད་དེ་དེའི་ཤར་ནུབ་ཏུ་རྒྱང་གྲགས་སྟོང་ལྷག་ལྷོ་བྱང་རྒྱང་གྲགས་བརྒྱ་ཙམ། དེ་འདས་པ་ན་གངས་རི་ཆེན་པོ་གཉིས་ཀྱི་བར་བརྒྱུད་དེ་ཕྱིན་པ་ན་ཉིན་བཞིན་ཁ་བ་བུ་ཡུག་འཚུབ་པའི་གནས་ལྟྲ་ཙྭ་ཁོ་ན་སྐྱེས་པ་སྐྱེ་བོས་བགྲོད་དཀའ་བའི་སར་གླུ་ཆེན་གནས་པའི་མཚོ་ཆེན་ཞིག་ཡོད་པ་དེའི་ཤར་ནུབ་ཏུ་རྒྱང་གྲགས་སུམ་བརྒྱ་ལྷག་ལྷོ་བྱང་དུ་རྒྱང་གྲགས་ལྔ་བཅུ་ལྷག་པ་བཙོང་ལས་བསྐོར་བ། དེ་ནི་འཛམ་བུ་གླིང་གི་དབུས་ཡིན་ཟེར་བ་ཤིན་ཏུ་མཐོ། མཚོ་དེའི་ཆུ་ཤིན་ཏུ་དྭངས་བ་ཆུ་ཤེལ་ཞུན་མའི་མདངས་ཅན། དེའི་ནང་དུ་ཀླུའི་རིགས་ཀྱི་སེམས་ཅན་ངོ་ཤེས་མི་ཤེས་མང་པོ་གནས་སོ། །ཡང་ཆུའི་བྱ་མང་པོ་སྒོ་ང་རིལ་པོ་དང་ཆག་པ་གཙལ་མར་བརྟལ་བ། མཚོ་དེ་ལས་གྱེས་པའི་ཀླུང་ཞིག་གཡས་སུ་བབས་ཏེ། རྡ་མ་སིཏྟིའི་ཡུལ་དུ་འབབ་པ། ཡང་དེ་ལས་གྱེས་བའི་ཀླུང་ཞིག་ཤར་དུ་བབས་ཏེ་པཀྴུའི་ཀླུང་དུ་འབབ་བོ། །མཚོ་དེ་གླིང་དབུས་ཡིན་པའི་རྒྱུ་མཚན་ནི་ས་ཤིན་ཏུ་མཐོ་བས་ཤར་གྱི་ཆུ་བོ་ཐམས་ཅད་ཤར་ཕྱོགས་སུ་འབབ། ནུབ་ཀྱི་ཆུ་བོ་ཐམས་ཅད་ནུབ་ཕྱོགས་སུ་འབབ་པར་སྣང་ངོ་། །ཐང་ཆེན་པོ་དེ་ནས་ལྷོ་ཕྱོགས་སུ་རི་བོ་ཆེན་པོ་གཅིག་འདས་པ་ན་བ་ཏུ་རའི་ཡུལ་ལོ། །དེར་མི་མེད་གསེར་དངུལ་ཁོ་ན་མེའི་མདོག་ཏུ་འདུག་གོ། །

ཀ་ཧྲན་ཏའི་ཡུལ།

དེ་ནས་ཤར་ལྷོར་ས་ཤིན་ཏུ་བགྲོད་དཀའ་ཆེས་བཙན་སར་རིམ་གྱིས་རྒྱང་གྲགས་ལྔ་བརྒྱ་ཕྱིན་པ་ན། །ཀ་ཧྲན་ཏའི་ཡུལ་ལོ། །དེའི་ཐ་གྲུར་རྒྱང་གྲགས་ཉིས

སྟོང་ལྷག་དཀྱིལ་མཁར་བྲག་ཆེན་པོའི་ཐོག་ཏུ་བརྩིགས་ལ་རྒྱར་རྒྱང་གྲགས་ཉི་ཤུ་ལྷག་ནས་གྲོ་སྲུན་མ་ཙམ་འདེབས་པ་ལས་འབྲུ་མར་སོགས་འབྲུ་གཞན་མི་སྐྱེས་སོ། །ཤིང་ཏོག་དང་མེ་ཏོག་ནགས་ཚལ་གང་ཡང་དཀོན་ནོ། །གྲོང་ཁྱེར་འགའ་ཞིག་ཡོད་པའང་གོག་སྟོང་མང་ངོ་། །མིའི་རང་བཞིན་བྱད་གཟུགས་ངན་ཞིང་དཔའ་རྩལ་ཆེ་ལ་ཕྱིན་པ་གྱོན་པ། ཡི་གེ་དང་སྐད་རིགས་ཡུལ་ཁ་ཤ་ར་དང་མཚུངས་སོ། །ནང་པ་ལ་མོས་པ་དད་པ་བརྟན་པ་གཙུག་ལག་ཁང་བཅུ་ལྷག་ལ་དགེ་འདུན་སུམ་བརྒྱ་ལྷག་བཞུགས་པ་ཐེག་དམན་པ་སྟེ་པ་ཡོད་སྨྲའོ། །

༡ ཡུལ་འཛུགས་པའི་ལོ་རྒྱུས།

རྒྱལ་པོ་ནི་དཔའ་འཛངས་སྟོབས་པ་དང་ལྡན་པ་ཅིག་ན་དེ་བ་ཀུ་ལ་སྟེ་རྒྱ་ནག་ལྷ་ཉི་མའི་རིགས་སུ་གྲགས་པ་སྟེ། དེའི་ལོ་རྒྱུས་ནི། སྔོན་བཙོང་ལས་ཕྱོགས་ཀྱི་ས་ཆར་གནས་པའི་རྒྱལ་པོ་བ་ར་སི་ཞེས་བྱ་བས་རྒྱ་ནག་ཡུལ་ནས་མནའ་མ་བླངས་ཏེ། བློན་པོ་དག་བག་མ་བསུ་རུ་སོང་སྟེ་འདིར་སླེབས་པ་ན་སྟེ་གཟར་ཆེན་པོ་ལངས་པས། ཕྱོགས་གང་དུ་ཡང་འགྲོ་མ་ནུས་པར་རི་ཆེག་སྐྱུ་ཅིག་གི་སྟེང་དུ་འཛེགས་ནས་གནས་སོ། །དེ་ནས་ཟླ་བ་གསུམ་ཙམ་ན་འཁྲུགས་པ་ཞི་བས་རང་ཡུལ་དུ་ཆས་པར་བརྩམས་པ་ན་མནའ་མ་སྦྲུམ་ཆགས་དང་ལྡན་པར་གྱུར་པ་ན། བློན་པོ་རྣམས་ཐེ་ཚོམ་སྐྱེས་ནས་སྐྲག་གོ། །མནའ་མའི་གམ་ན་གཡོག་ནུ་ཞིག་འདུག་པས་སྨྲས་པ་ཐེ་ཚོམ་མ་ཆེ། ཉིན་བཞིན་ཉི་མའི་དཀྱིལ་འཁོར་ནས་སྐྱེས་པ་མཛེས་པ་གཟི་བརྗིད་ཅན་རྟ་ལ་ཞོན་པ་ཞིག་འོང་སྟེ་མནའ་མ་དང་ལྷན་དུ་གནས་པ་མཐོང་ཟེར་བས། སློབ་དཔོན་རྣམས་རི་ཆེག་སྐྱུ་དེ་ཉིད་དུ་ཁང་ཁྱིམ་བརྩིགས་ཤིང་མནའ་མ་རྒྱལ་པོར་བཀུར་རོ། །དེ་ནས་ཟླ་ངོ་བཅུ་རྫོགས་པ་ན་བུ་མཚན་ལྡན་ནམ་མཁའ་ལ་འགྲོ་ནུས་པ་ཞིག་

སྐྱེས་པ། རྒྱལ་པོར་མངའ་གསོལ་བས་བྱ་བ་ཆེ་ཆུང་གི་དབྱེ་འབྱེད་མཛད་པས་དེ་ལྟར་གྲགས་སོ། །ཅི་ན་ནི་ཞང་པོ་ཡིན་པ་དང་ཕ་ནི་ལྷའི་བུ་ཉི་མ་ཡིན་པའི་རྒྱུ་མཚན་གྱིས་མིང་ལ་དེ་ལྟར་གྲགས་པ་ཡིན་ཟེར་རོ། །མི་རྣམས་བྱད་དབྱིབས་ཕལ་ཆེར་རྒྱ་ནག་པ་དང་འདྲ་ཤས་ཆེ་ཞིང་ཆས་གོས་ཙམ་མི་འདྲའོ། །ཕྱིས་སུ་ཡུལ་གཞན་གྱི་རྒྱལ་པོ་སྟོབས་ལྡན་ཞིག་གིས་མནར་ཏེ་ཡུལ་སྟོངས་སོ། །

༢ ཀུ་མ་ར་ཤྲཱིས་བཞེངས་པའི་གཙུག་ལག་ཁང་།

དེའི་ཕོ་བྲང་རྙིང་པར་རྒྱལ་པོ་ཨ་ཤོ་ཀས་མཆོད་རྟེན་བཞེངས་རྒྱལ་པོ་དེའི་བརྒྱུད་པ་བྱང་ཤར་ཕྱོགས་སུ་སྤོས་པའི་ཁང་ཁྱིམ་རྙིང་པར་པཎ་ཆེན་ཀུ་མ་ར་ཤྲཱིས་གཙུག་ལག་ཁང་ཞིག་བཞེངས་སོ། །དེའི་དུས་སུ་རྒྱ་གར་གྱི་ཕྱོགས་ལྔ་ལ་གྲགས་པ་དོན་ལྡན་གྱི་སློབ་དཔོན་བྱུང་བ་ནི། ཤར་ཕྱོགས་སུ་རྟ་དབྱངས། ལྷོ་ཕྱོགས་སུ་འཕགས་པ་ལྷ། ནུབ་ཕྱོགས་སུ་ཀླུ་སྒྲུབ། བྱང་ཕྱོགས་སུ་ཀུ་མ་ར་ཤྲཱིའོ། །འདི་བཞི་འཛིག་རྟེན་གསལ་བའི་ཉི་མ་ཞེས་གྲགས་སོ། །

༣ རྫོ་ཁང་པ་གཉིས་ནང་དགྲ་བཅོམ་རེ་བཞུགས་པའི་སྐོར།

གྲོང་ཁྱེར་དེའི་ཤར་ལྷོའི་མཚམས་སུ་རྒྱང་གྲགས་སུམ་བརྒྱ་ཙམ་ན། རིའི་སྐྱིབས་སུ་རྫོའི་ཁང་པ་གཉིས་ཡོད་པ་རེ་རེའི་ནང་དུ་དགྲ་བཅོམ་པ་རེ་བཞུགས་ཏེ་མྱ་ངན་ལས་འདས་པ་སྐུ་ལུས་སྐམ་ཡང་མི་སྲུལ་ཞིང་ལོ་བདུན་བརྒྱ་ལྷག་སོང་བ་སྐྲ་དང་ཁ་སྤུ་སྐྱེས་བཞིན་པ། དགེ་འདུན་རྣམས་ཀྱིས་ལོ་རེ་ལ་ལན་རེ་བྲེག་ཅིང་ན་བཟའ་བརྗེ་པ་བྱེད་པ་སྣང་ངོ། །

༄ པུ་ཧྲེ་ཤྲཱི།

དེ་ནས་བྱང་ཤར་མཚམས་སུ་འགྲོ་དཀའ་བའི་ས་རྒྱང་གྲགས་ཉིས་བརྒྱ་ཕྱིན་པ་ན། པུ་ཧྲེ་ཤྲཱི་སྟེ་བསོད་ནམས་དཔལ་ཞེས་བྱ་བའི་གནས་ཡོད་དོ། །དེའི་ཐ་གྲུར་རྒྱང་གྲགས་བརྒྱ་ཙམ་གྱིས་ཡངས་པ་མཐའ་མཐོ་ཞིང་དབུས་དམའ་བ། རི་བོ་བཞིས་བསྐོར་བ་དབྱར་དགུན་ཀུན་ཏུ་ཁ་བས་གཡོགས་པ། འབྲུ་སྣ་ཅི་ཡང་འདེབས་མ་སྨྱོང་པ་རྩྭ་སྔོ་ལ་འཇམ་པས་ཁྱབ་པ། མི་དག་ཕྱིན་པ་སླེབས་པ་ཙམ་གྱིས་སྤྲིན་འཐིབས་པ། གནའ་དུས་སུ་ཚོང་པ་མང་པོ་ཇ་མོ་ཁྲི་ཕྲག་ལྷག་ལ་དངོས་ཆས་བཀལ་ཏེ་འདིར་སླེབས་པ་ན། ན་བུན་འཐིབས་ཏེ་གངས་ཆེ་བས་མི་ཕྱུག་ཐམས་ཅད་འཁྱགས་ཏེ་ཤིའོ། །དུས་དེར་ཀ་ཤྨཱའི་ཡུལ་གྱི་དགྲ་བཅོམ་པ་མངོན་ཤེས་དྲུག་དང་ལྡན་པ་ཞིག་གིས། རྒྱང་རིང་པོ་ནས་གཟིགས་ཏེ་སྙིང་རྗེས་རྫུ་འཕྲུལ་གྱིས་བྱོན་དེ་དག་གིས་ཀ་ཙ་རྣམས་བསྡུས་པ་ལ་བརྟེན་ནས། སྡོངས་ཤིག་བཏབས་ཁྲིན་པ་བརྐོས་སོ། །ཉེ་འཁོར་གྱི་ཡུལ་ནས་མི་ཁྲིམ་ཚོགས་པར་བྱས་ཏེ་འགྲོན་ཁང་རྣམས་བཏབས་སོ། །དེ་ཕྱིན་ཆད་མི་ཕྱུག་འགྲོན་པོའི་འགྲོ་ལམ་དུ་གྱུར་ཏོ། །

ཨུ་ཤའི་ཡུལ།

དེ་ནས་ཤར་དུ་བཙོང་ལའི་ཤར་ངོས་སུ་བབ་སྟེ་གྲང་ལྷགས་ཁྱད་དུ་བསད་ནས་རྒྱང་གྲགས་བརྒྱད་བརྒྱ་ཙམ་སོང་བ་ན། བཙོང་ལས་རི་སྲུལ་ཐོན་པ་ན་ཨུ་ཤའི་ཡུལ་ལོ། །དེའི་ཐ་གྲུར་རྒྱང་གྲགས་སྟོང་ལྷག་དབུས་ཀྱི་མཁར་རྒྱང་གྲགས་བཅུ་སྐོར་

འདངས་པ། ལྕོར་སིདྡྷའི་གླུང་ཆེན་ལ་གཞོལ་བ། ས་གཞི་གཤིན་ཞིང་འབྲུ་སྣ་ཚོགས་འདེབས་ཤིང་བཟའ་ཤིང་དང་ལོངས་སྤྱོད་ཀྱི་ནོམས་པ། རྗོ་རྙིང་ཁ་དོག་སྣ་ཚོགས་པ་འབྱུང་ངོ་ནམ་དབུགས་འཇམ་ཞིང་གྲང་དྲོ་སྙོམས་པ་དུས་དང་མཐུན་པའི་ཐི་ཆར་ལེགས་པ། མིའི་རང་བཞིན་རྩུབ་ཅིང་རྒོད་པ། འོན་ཀྱང་ལུགས་སྲོལ་གྱོང་ལ་གཡོ་སྒྱུ་ཅན། སྐད་རིགས་དང་ཡི་གེ་ནི་ཕལ་ཆེར་ཁ་ཤའི་ཡུལ་དང་མཚུངས་ཙམ་མོ། །གཙུག་ལག་ཁང་བཅུ་ལྷག་ལ་དགེ་འདུན་ཆིག་སྟོང་ཙམ་ཐེག་དམན་པ་ཐམས་ཅད་ཡོད་སྨྲ་བའི་སྡེ་པའོ། །ལོ་བརྒྱ་ཕྲག་དུ་མའི་སྔོན་ནས་རྒྱལ་བརྒྱུད་ཆད་དེ་རྗེ་དཔོན་མེད་པས། ཀ་ཤྨཱིརའི་མངའ་འོག་ཏུ་གཏོགས་སོ། །

དགེ་སློང་གིས་ཏིང་ངེ་འཛིན་པའི་ལོ་རྒྱུས།

གྲོང་ཁྱེར་དེའི་ནུབ་བྱང་དུ་རྒྱང་གྲགས་ཉིས་བརྒྱ་ལྷག་ཕྱིན་པ་ན། རི་བོ་ཆེན་པོ་ངོ་མཚར་བཀོད་པ་ཞེས་པ་ཡོད་དོ། །རི་དེའི་རྗོ་དབྱིབས་སྣ་ཚོགས་པ་དཀྲུས་མ་དང་མི་འདྲ་སྟེ། རྗོ་ཆིག་རྐྱང་གཅིག་ཡོད་པ་བལྟས་ཚེ་མཆོད་རྟེན་གྱིན་ཏུ་ལངས་པ་སྲིན་ཕུང་འཕྱེད་པ་ལྟ་བུ་དང་། འཁྱིལ་ལ་ཁད་པ་ལྟ་བུ་དང་། འབར་འབུར་ཤང་ཤོང་ལྟ་བུ་དང་། ཕུག་པ་ཡོད་པ་ལྟ་བུ་དང་རྩེ་མོར་མཆོད་རྟེན་བཟོ་ཁྲིད་དུ་འཕགས་པ་ལྟ་བུ་དང་། རྩ་བ་ཕྲ་ལ་རྩེ་མོ་སྦོམ་པ་ལྟ་བུ་སྣ་ཚོགས་སུ་མཐོང་བས་མིང་དེ་ལྟར་འདོད་པ་སྟེ་ལོ་རྒྱུས་ཤིག་ན། རྩ་བ་བརྟན་ཞིང་རྩེ་མོ་ཉོལ་བའི་རི་ཞིག་ཡོད་པ་ལ། གནའ་དུས་རི་ཆེན་པོ་ཞིག་ཡིན། ལན་ཅིག་ཆོས་ཉིད་ཀྱིས་ཉོལ་བའི་ཤུལ་དུ་དགེ་སློང་ཞིག་མིག་བཙུམ་སྐྱིལ་དཀྲུང་བཅས་ཏེ་འདུག་ཐེར་བ་རྫོན་པ་ཞིག་གིས་མཐོང་ནས་རྒྱལ་པོ་ལ་ཞུས་པས། རྒྱལ་པོ་རང་ཉིད་བལྟ་བར་བྱོན་གྲོང་མི་ཐམས་ཅད་ཀྱང་ལྟད་མོའི་ཕྱིར་འདུས་སོ། །ཚང་མས་སྤྱོས་སྤར་མེ་ཏོག་གཏོར་ཏེ་ཕྱག་བགྱིས་

སོ། །རྒྱལ་པོས་ཚུལ་དེ་དྲིས་པ་ན་དགེ་སློང་ཞིག་གིས་འདི་ནི་གནས་བརྟན་འགོག་སློམས་པ་ཡིན་ཟེར་རོ། །འགོག་པའི་སློམས་འཇུག་ལ་མཉམ་པར་བཞག་པ་ནི། ལུས་སྐམ་ཡང་གསོན་པོར་ལགས་པས་སྐྲ་དང་ཁ་སྤུ་སྐྱོན་མེད་པར་སྐྱེ་བཞིན་པ། ཧིང་ངེ་འཛིན་གྱི་མཐུས་མི་རུལ་མི་འཇིག་མོད་ཀྱང་དྲན་པ་ནི་མེད་དོ། །ཀྵནྟིའི་སྒྲ་ཐོས་སམ་ཉི་ཟེར་རྣོན་པོས་རེག་པ་ལྷ་བུའི་རྐྱེན་གྱིས་སད་པར་བྱ་བ་མ་གཏོགས་སོ། །ཞུས་པས། རྒྱལ་པོས་ཚོད་བགམ་པའི་ཕྱིར་འབྲུ་མར་བྱུགས་ཏེ་ལུས་བརྡན་པར་བྱས་ཏེ་ཀྵནྟི་བརྡུང་བས་སད་དེ་ཚུར་ལ་དྲིས་པ་ཁྱེད་ཚོ་མི་ཡིན་ནམ། ཅིའི་ཕྱིར་ལུས་ཆུང་ཞིང་སྐད་དམན་པ་ཆོས་གོས་གྱོན་པ་ཡིན། དགེ་སློང་གིས་བདག་ཤཱཀྱ་ཐུབ་པའི་བསྟན་པ་ལ་ཞུགས་པའི་དགེ་སློང་ཡིན་ཟེར་བས། སླར་སྨྲས་པ་བདག་གི་སྟོན་པ་སངས་རྒྱས་འོད་སྲུང་ཞེས་བྱ་བ་ད་ལྟ་གང་དུ་བཞུགས་དྲིས་སོ། །དུས་རིང་མོ་ཞིག་གི་སྔོན་རོལ་མྱ་ངན་ལས་འདས་ཟིན་ནོ། །འགོག་སློམས་པས་ཤུགས་རིང་ཕྱུང་ནས་སླར་དྲིས་པ། ཤཱཀྱ་ཐུབ་པ་འཇིག་རྟེན་དུ་བྱོན་ནམ། ཐུབ་པ་ཡང་མྱ་ངན་ལས་འདས་ཟིན་ཞེས་སྨྲས་པ། དེ་ནས་འགོག་སློམས་དབུ་གུག་སྟེ་ཙང་མི་ཟེར་ཞིང་མིག་བཙུམ་སྟེ་འདུག་གོ། །རིང་ཙམ་ན་ལངས་ཏེ་ནམ་མཁར་འཕགས་ཏེ་རྫུ་འཕྲུལ་བསྟན་པས་བསམ་གཏན་གྱི་མེས་ཕུར་སྦྱང་བའི་རིང་བསྲེལ་ལ་རྒྱལ་པོ་དེས་མཆོད་རྟེན་བཞེངས་སོ། །

ཁ་ཤའི་ཡུལ།

དེ་ནས་བྱང་ཕྱོགས་སུ་ཅེ་མའི་རི་ཐང་བརྒལ་ནས་རྒྱང་གྲགས་ལྔ་བརྒྱ་བགྲོད་པ་ན་ཁ་ཤའི་ཡུལ་ལོ། །དེའི་ཐ་གྲུར་རྒྱང་གྲགས་ལྔ་སྟོང་ལྷག་ཙམ་ལ་གཞུང་མཁར་ལ་ཤུ་ཡ་ཞེས་བྱ། ས་གཞི་ཅེ་མས་ས་ཆེ་ཡང་འབྲུ་འདེབས་པ་ཤིང་ཏོག་དང་མེ་ཏོག་གི་

རིགས་མང་ངོ་། །ཕྱིང་པ་དང་ཐེར་མ་བཟང་པོ་འབྱུང་ངོ་། །ནམ་དབུགས་འཇམ་ཞིང་ཚ་གྲང་སྙོམས་པ་མིའི་རང་བཞིན་གཡོ་སྒྱུ་ཆེ་ཞིང་ལུགས་སྲོལ་ཡང་ལ་སྲབ་པ། བུ་བྱུང་མ་ཐག་མགོ་བོ་ཤིང་ལེབ་ཀྱི་བར་དུ་བཙིར་བས་ལེབ་མོར་གྱུར་བ་བྱད་གཟུགས་ངན་ཞིང་རྩུབ་པ་ཤ་མདོག་ཁྲ་བོ་མིག་ལྡང་གུ་སྐད་དང་ཡིག་རིགས་ཡུལ་གཞན་དང་མི་འདྲ་རགས་རིམ་རྒྱ་གར་དང་མཚུངས་སོ། །གཙོ་བོར་ནང་པ་ལ་མོས་ཤིང་དགེ་རྩ་ལ་འགྲུས་སོ། །གཙུག་ལག་ཁང་བརྒྱ་ཕྲག་དུ་མར་དགེ་འདུན་ཁྲི་ལྷག་བཞུགས་པ་ཐེག་དམན་པ་སྡེ་པ་ཡོད་སྨྲ་ཤ་སྟག་གོ། །འོན་ཀྱང་སྡེ་སྣོད་གསུམ་ག་ལ་སྦྱང་བའང་ཡོད་དོ། །

ཧོ་ཤྲུ་ཀའི་ཡུལ།

དེ་ནས་ཤར་ལྷོའི་མཚམས་སུ་རྒྱང་གྲགས་ལྔ་བརྒྱ་བགྲོད་དེ་སིནྡྷའི་ཆུང་བརྒལ་བ་ན་ཧོ་ཤུ་ཀའི་ཡུལ་ལོ། །དེའི་ཐ་གྲུར་རྒྱང་གྲགས་སྟོང་ལྷག་དཀྱིལ་མཁར་རྒྱ་ཁྱོན་རྒྱང་གྲགས་བཅུ་ལྷག་བཙན་ལ་བརྟན་པ། མི་ཁྱིམ་གྱིས་གཏམས་པ་ས་གཞི་བྱེ་མ་ཆེ་ཞིང་ས་ནག་ཙུང་ངོ་། །སིནྡྷའི་ཆུང་གིས་བསྐོར་བ་ས་གཤིན་པོ་རྒུན་འབྲུམ་དང་སེ་ཡབ་དང་འབྲ་གོ་སོགས་ཤིང་ཏོག་སྨིན་པ། ནམ་དབུགས་གྲང་བ་མིའི་རང་བཞིན་ཏབ་ཏོབ་ཆེ་ཞིང་གཏུམ་པ་གཡོ་སྒྱུ་དང་ཧག་རྐུན་གྱི་ལས་ལ་མི་འཛེམས་པར་སྤྱོད་པ། ཡི་གེ་དང་སྐད་རིགས་ཡུལ་ཀུ་ས་ཏ་ན་དང་མཚུངས་སོ། །སྐད་རིགས་མི་མཐུན་པ་ཙུང་ཟད་དང་ཚུལ་ལུགས་ཡང་ཞིང་སྲབ་པོ་སློབ་གཉེར་ལ་དགའ་བ་ནང་པར་མོས་ཤིང་དགེ་བ་ལ་འགྲུས་ཆེ་བ། གཙུག་ལག་ཁང་བཙུ་ཕྲག་དུ་མ་ཕལ་ཆེར་རྙིང་ཞིང་གོག་པོ་དགེ་འདུན་བརྒྱ་ལྷག་ཙམ་ཐེག་ཆེན་སྤྱོད་པ། གྲོང་ཁྱེར་གྱི་ལྷོ་ཕྱོགས་སུ

རི་ཆེན་པོའི་སྤོ་ནས་ཆུ་མིག་ཆེན་པོ་ཞིག་ཡོད་དེའི་ངོས་བཞི་ནས་ཆུ་བོ་ཏེ་ཕྱོགས་བཞིར་འབབ་བོ། །དགྲ་བཅོམ་པ་མྱ་ངན་ལས་འདས་པའི་མཆོད་རྟེན་མང་ཙམ་མཆིའོ། །ཐེག་པ་ཆེན་པོའི་ཆོས་ཀྱི་གླེགས་བམ་ཤིན་ཏུ་མང་བ་ནི། ཕྱོགས་གང་གིས་ཀྱང་འདི་དང་འགྲན་དུ་མེད་ཟེར་རོ། །ཀློ་ཀ་འབུམ་ལོངས་པ་བཅུ་ལྷག་བཞུགས་སོ། །དུས་ད་ལྟ་ཡང་དགྲ་བཅོམ་པ་གསུམ་འགོག་སྙོམས་པ་བཞུགས་འདུག་པ་སྐུ་ལུས་སྐམ་ཡང་མ་རུལ་བ་ལ་དགེ་འདུན་རྣམས་ཀྱིས་ལོ་བཞིན་གྱི་ཟླ་བ་སོ་སོ་ལ་སྐྲ་བྲེགས་ཏེ་གོས་བརྗེ་བར་སྣང་ངོ་། །

ཀུ་ས་ད་ནའི་ཡུལ།

དེ་ནས་ཤར་ཕྱོགས་སུ་རི་སྒང་བརྒལ་ཏེ་རྒྱང་གྲགས་བརྒྱད་བརྒྱ་ཕྱིན་པ་ན་ཀུ་ས་ད་ནའི་ཡུལ་ལོ། །དེའི་ཐ་གྲུར་རྒྱང་གྲགས་བཞི་སྟོང་ལྷག་བྱེ་མ་དང་གསེག་མ་ཤས་ཆེ་ཞིང་ས་ནག་དཀོན་པ། ཞིང་ལ་འབྲུ་མར་དང་ཙི་ཙི་དང་ཤིང་ཏོག་གི་རིགས་སྨིན་པ། ནམ་དབུགས་གྲང་ཞིང་རླུང་འཚུབ་ཆེ་བ་ཐེར་སྣམ་བཟང་ལ་ཞིབ་པ། མིའི་རང་བཞིན་བཟོ་རིགས་ལ་མཁས་པ་རྗེ་རྙིང་དཀར་ནག་རིགས་གཉིས་འབྱུང་ཞིང་། ཕྱུག་པོ་མང་ཞིང་གླུ་གར་ལ་དགའ་བ་ཆོག་ཤེས་པ། རས་ཞིས་དཀར་པོ་གྱོན་པ་ནང་པ་ལ་མོས་སོ། །གཙུག་ལག་ཁང་བརྒྱ་ཕྲག་ལྷག་པར་དགེ་འདུན་སྟོང་ཕྲག་ལྔ་ལྷག་བཞུགས་པ་ནི་ཐེག་ཆེན་པ་ཤ་སྟག་གོ། །

༡ ཡུལ་འཛོམས་པའི་ལོ་རྒྱུས།

རྒྱལ་པོ་ནི་ཤིན་ཏུ་དཔལ་ཇལ་ཆེ་ཞིང་དད་པ་ཅན་རྒྱལ་པོ་ཆེན་པོ་ཟླ་གྲགས་སྲས་ཀྱི་རིགས་ཡིན་ཟེར་རོ། །དེའི་ལོ་རྒྱུས་ནི་གནའ་དུས་སུ་རྒྱལ་ཆེན་ཟླ་གྲགས་སྲས་གནས་འདིར་རྒྱུན་ཆགས་སུ་གནས་པ་ལས། འཁོར་གྱི་གནོད་སྦྱིན་ཞིག་གིས་རཀྵ་ཤི་ལིའི་ཡུལ་དུ་རྒྱལ་པོ་ཨ་ཤོ་ཀའི་སྲས་ཀྱི་བུ་བོ་དེར་གནས་པ་གནོད་སྦྱིན་དེས་གནོད་པས་མིག་བཏོན་པས། ཨ་ཤོ་ཀ་ཁྲོས་ཏེ་བློན་པོ་ཞིག་བཏང་ནས་གནོད་སྦྱིན་རིགས་བརྒྱུད་དང་བཅས་པ་ཡུལ་ནས་བསྐྲད་པར་མཛད་དེ་གངས་རིའི་རྒྱབ་ཏུ་གནས་པ་ལས་མཆེད་པ་ཡིན་ཞིང་། ཕྱིས་རྒྱལ་པོ་བྱེད་པ་བྱུང་བ་ལ་གཡས་ཧུའི་རྒྱལ་པོ་ཞེས་ཟེར་ཞིང་། ཡང་རྒྱ་ནག་གི་རྒྱལ་པོའི་བུ་ཞིག་ས་མཐར་སྤྱུགས་པ་ལས་མཆེད་པའི་རྒྱལ་པོ་ལ་གཡོན་ཧུའི་རྒྱལ་པོ་ཟེར་རོ། །རྒྱལ་པོ་གཉིས་རི་དྭགས་བཤོར་བ་འཕྲད་ནས་ཕན་ཚུན་འཐབ་པས་རྒྱལ་ཕམ་རེ་མོས་སུ་བྱུང་བས། སོ་སོར་གྲོང་ཁྱེར་བཏབ་སྟེ་གནས་སོ། །གཡས་ཧུའི་རྒྱལ་པོས་རིགས་རྒྱུད་ཆད་དོགས་ཀྱིས་རྒྱལ་ཆེན་ཟླ་གྲགས་སྲས་ལ་སྲས་བསླང་བ་ལས། དེའི་གཟུགས་བརྙན་གྱི་དཔྲལ་བ་རྡོལ་བ་ལས་བུ་གཅིག་བྱུང་བ་ལས་བརྒྱུད་པ་ཡིན་ཟེར་རོ། །

༢ བཻ་རོ་ཙ་ནའི་གཙུག་ལག་ཁང་གི་ལོ་རྒྱུས།

རྒྱལ་པོའི་གྲོང་ཁྱེར་གྱི་ལྷོ་ཕྱོགས་སུ་གཙུག་ལག་ཁང་ཆེན་པོ་ཅིག་ཡོད་པ་ནི། རྒྱལ་པོ་དེའི་ཕས་དགྲ་བཅོམ་པ་བེ་རོ་ཙ་ནའི་དོན་དུ་བཞེངས་པ་ཡིན་ནོ། །དེའི་ལོ་རྒྱུས་ནི། ཡུལ་འདིར་སངས་རྒྱས་ཀྱི་བསྟན་པ་ཐོག་མར་དར་བའི་གོང་དུ་ཁ་ཆེའི་

ཡུལ་ནས་དགྲ་བཅོམ་པ་བཱི་རོ་ཙ་ན་ཞེས་བྱ་བ་ཞིག་བྱོན་ཏེ། ནགས་གསེབ་ཏུ་མཉམ་པར་བཞག་པ་ལ་རྫོན་པས་མཐོང་ནས་རྒྱལ་པོ་ལ་ཞུས་པས། རྒྱལ་པོ་རང་ཉིད་བྱོན་ནས་དགྲ་བཅོམ་པའི་སྤྱོད་ལམ་མཐོང་ནས་དད་ཅིང་གླིང་མོ་བྱས་པས་ནང་བའི་བསྟན་པ་ལ་མོས་ནས་ཐོག་མར་གཙུག་ལག་ཁང་འདི་བཏབས་ཏེ་དགེ་འདུན་གྱི་སྡེ་བཙུགས་སོ། །

༣ གོ་ཤི་རཥྞའི་རི་བོ།

གྲོང་ཁྱེར་གྱི་ལྷོ་ནུབ་མཚམས་སུ་རྒྱང་གྲགས་ཉི་ཤུ་ཙམ་སོང་བ་ན་གོ་ཤི་རཥྞ་སྔེ་གླང་རུ་ཞེས་པའི་རི་བོ་ཡོད་དོ། །དེ་ནི་རི་བྲག་གཉིས་རིང་ཞིང་མཐོ་བ་དབྱིབས་གླང་གི་ར་ཅོ་ལྟར་བསྒྲེངས་ཏེ་འདུག་པས་དེ་སྐད་འབོད་པ་ཡིན་ནོ། །རི་གཤམས་བྱ་སྐྱིབས་ཡོད་པའི་ཡུལ་བར་ན་གཙུག་ལག་ཁང་ཞིག་ཡོད་པའི་ནང་རྟེན་གྱི་གཟུགས་བརྙན་ལས་འོད་ཟེར་འཕྲོད་པ་ཡོད། སྔོན་ས་འདིར་ཞབས་ཀྱིས་བཅགས་ཏེ་ལྷ་དང་མི་ལ་ཆོས་བསྟན་པ་ཡིན་ཟེར་རོ། །རི་དེའི་བྲག་ཕུག་ན་དགྲ་བཅོམ་འགོག་སྙོམས་པ་ཞིག་བཞུགས་ཏེ་རྒྱལ་བ་བྱམས་པ་སྒུག་ཅིང་འདུག་པ་ཡོད་དོ། །དེའི་ལྷོ་ནུབ་ཕྱོགས་སུ་རྒྱང་གྲགས་བཅུ་ན་གཙུག་ལག་ཁང་ཞིག་ན་སངས་རྒྱས་བཞེངས་སྐུ་ཞིག་ཡོད་པ་ནི། སྐུ་དེ་སྔོན་ཁུ་ཏེའི་ཡུལ་ནས་འོང་བ་སྟེ། སྔོན་སློབ་དཔོན་ཞིག་ཁུ་ཏེའི་ཡུལ་དུ་སྤྱུགས་པ་དེས་སྐུ་འདི་ལ་མི་ཕྱེད་པའི་དད་པས་ཕྱག་མཆོད་བྱས་སོ། །ཕྱིས་སུ་ཉེས་པ་དག་ནས་སླར་རང་ཡུལ་དུ་ལྡོག་དུས་སྐུ་དེ་གདན་དྲངས་ཏེ་རང་གི་གནས་ཁང་སྐུ་གཟུགས་དེ་ལ་ཕུལ་ཏེ་གཙུག་ལག་ཁང་འདི་བཞེངས་སོ། །

༩ པོ་ཀ་ཡིའི་གྲོང་ཁྱེར།

དེ་ནས་ནུབ་ཕྱོགས་སུ་རྒྱང་གྲགས་སུམ་བརྒྱ་ལྷག་བགྲོད་པ་ན་པོ་ཀ་ཡིའི་གྲོང་ཁྱེར་གྱི་ནང་ན་སངས་རྒྱས་ཀྱི་སྐུ་བརྙན་བཞུགས་སྟབས་ཅན་དཔངས་སུ་ཁྲུ་བདུན་ལྷག་མཚན་དཔེས་སྤྲས་པ། དེའི་དབུ་རྒྱན་ཕྲོག་ཞུ་ལས་སྐབས་སྐབས་སུ་བྱིན་རླབས་ཀྱི་འཕྲོའོ། །དེ་ནི་གསྐྱི་ར་སྐྱེ་ཁ་ཆེའི་ཡུལ་ནས་བྱོན་པ་ཡིན་ནོ། །དེའི་ལོ་རྒྱུས་ནི། སྟོན་དགྲ་བཅོམ་པ་ཞིག་ལ་སློབ་མ་དགེ་ཚུལ་ཅིག་ཡོད་པ་འཆི་བར་ཉེ་བ་ན་འབྲས་ཀྱི་འོ་ཐུག་འཐུང་བར་འདོད་པ་ན། སློབ་དཔོན་གྱི་ལྷའི་མིག་གི་བལྟས་པའི་ཚེ་ཀུ་ས་ད་ནའི་ཡུལ་ན་ཟས་དེ་ཡོད་པར་མཐོང་སྟེ། རྫུ་འཕྲུལ་གྱིས་བླངས་ནས་ཚིམས་པར་བྱས་སོ། །དགེ་ཚུལ་གྱིས་གང་ནས་བླངས་དྲིས་པར་སློབ་དཔོན་གྱིས་ཇི་བཞིན་བཤད་པས། དགེ་ཚུལ་གྱིས་དེར་སྨོན་པ་ཙམ་གྱིས་ཤི་ནས་རྒྱལ་པོའི་བུར་སྐྱེས་སོ། །རིམ་གྱིས་ཆེར་སྐྱེ་བ་ན་ཡབ་རྒྱལ་པོ་གྲོངས་ཏེ་རྒྱལ་སྲིད་བསྐྱངས་སོ། །དེ་དཔའ་རྩལ་རྟུལ་ཕོད་ཡོན་ཏན་དང་ལྡན་པར་གྱུར་པས། ཉེ་འཁོར་གྱི་ཡུལ་རྣམས་ལ་དབང་བར་འདོད་དེ་ཁ་ཆེའི་ཡུལ་འཇོམས་པར་བརྩམས་པ་ན། ཁ་ཆེའི་རྒྱལ་པོས་ཀྱང་ཟློན་གྲབས་ཀྱིས་དམག་དཔུང་གྲབ་གཤོམ་བྱས་པར། དགྲ་བཅོམ་དེས་འཁྲུགས་པ་མ་སྐྱིད་ངེད་ཀྱིས་བཟློག་ནུས་གསུངས་ཤིང་། རྒྱལ་པོ་ལ་ཆོས་ཀྱི་གནད་བསྟན་ཏེ་སློབ་མ་དགེ་ཚུལ་གྱི་གོས་རྙིང་རྣམས་བཟུང་ནས་གཡུལ་ངོར་ཕེབས་ཏེ། ཡུལ་འདིའི་རྒྱལ་པོ་ལ་བསྟན་ནས་ལོ་རྒྱུས་བཤད་པས་རྒྱལ་པོས་སྐྱེ་བ་དྲན་ཏེ་ཕྱོགས་གཉིས་ལེགས་པར་བཟླུམས་སོ། །སྐུ་བརྙན་འདི་ཉིད་ཁ་ཆེའི་ཡུལ་ནས་གདན་དྲངས་གཙུག་ལག་ཁང་བཞེངས་ཏེ་དགེ་འདུན་མང་པོ་བསྡུས་ནས་བཤད་གྲྭ་བཙུགས་སོ། །

༥ བྱི་བ་ལྷང་གཟེར་མོའི་ལོ་རྒྱུས།

རྒྱལ་པོའི་ཕོ་བྲང་གི་ནུབ་ཕྱོགས་སུ་རྒྱང་གྲགས་བརྒྱ་དང་བཅོ་ལྔ་བཅུ་དྲུག་ཙམ་ན་བྱི་མའི་སྐང་རིང་པོ་ཅིག་ཡོད་པར། ལན་ཅིག་བྱི་བ་ཆེན་པོ་ལྷང་གཟེར་མོ་དང་འདྲ་བ་ སྤུ་གསེར་དངུལ་གྱི་མདོག་ཅན་བྱུང་སྟེ་འགྲོ་བ་ན་བྱི་བ་བརྒྱ་སྟོང་མང་པོ་ཕྱི་བཞིན་འབྲངས་སོ། །ལན་ཅིག་སྟག་ཟིག་གི་རྒྱལ་པོས་ཇག་པ་ཁྲི་ཕྲག་དུ་མ་ཁྲིད་དེ་འཕྲོག་འཇོམས་བྱེད་པར་བྱུང་སྟེ། བྱི་བ་དེའི་ཚང་གི་ཡོགས་སུ་སྐར་བཏབ་བོ། །ཡུལ་འདིའི་རྒྱལ་པོས་ཀྱང་དམག་དཔུང་མི་ཁྲི་ཕྲག་མང་པོ་སྤྱ་གོན་བྱས་ཀྱང་མི་ཐུབ་དགོངས་ཏེ། བྱི་བ་ངོ་མཚར་བ་དེ་སྔར་མཐོང་ཐོང་བས་དེ་ལ་བདུག་སྤོས་ཀྱིས་མཆོད་དེ་གསོལ་བ་བཏབ་བོ། །དེ་ནུབ་རྒྱལ་པོའི་རྨི་ལམ་ན་བྱི་བ་དེས་ཅི་ནུས་ཀྱི་རམ་འདེགས་བྱེད་ཀྱིས་སང་ཉིན་འཐབ་དང་རྒྱལ་བར་འགྱུར་རོ་ཞེས་ཟེར་བ་རྨིས་སོ། །སང་ཉིན་འཐབ་པར་རྩོམ་པ་ན་སྟག་ཟིག་གི་དམག་སྐར་དང་གཞུ་རྒྱུད་རལ་ཤུབ་སོགས་ཀོ་ལྤགས་ཀྱི་རིགས་མཐའ་དག་སོས་འཆོས་འདུག་པས་སྟག་ཟིག་བྲོས་སོ། །དེ་ནས་རྒྱལ་པོས་བྱི་བའི་དྲིན་བསབ་ཕྱིར་དུ་ལྷ་ཁང་ཞིག་བཙིགས་དུས་སྟོན་གྱི་རྒྱུན་ཡང་བཙུགས་སོ། །མཆོད་པ་དཀྱུས་མའི་རིགས་དང་ལྷག་པར་གོ་མཚོན་གྱི་རིགས་གཙོ་ཆེའོ། །མཆོད་པ་ཆག་ན་གནོད་པ་མངོན་སུམ་དུ་མཐོང་བར་འགྱུར་སྐད་དོ། །

༦ ས་མ་ཛ་བྱ་བའི་གཙུག་ལག་ཁང་།

གྲོང་ཁྱེར་གྱི་ནུབ་ཏུ་རྒྱང་གྲགས་ལྔ་དྲུག་ཙམ་ན་ས་མ་ཛ་ཞེས་བྱ་བའི་གཙུག

ལག་ཁང་ཡོད་དོ། །དེར་མཆོད་རྟེན་དཔངས་སུ་ཁྲུ་བརྒྱ་ལྷག་ཙམ་ཡོད་པ་དེ་བྱིན་རླབས་ཀྱི་འོད་ཕུང་འཕྲོ་བ་ནི། སྔོན་ཡུལ་གཞན་ནས་དགྲ་བཅོམ་པ་ཞིག་འདིར་འོངས་ཏེ་དེ་དང་ཉེ་བའི་ནགས་འདབས་སུ་མཉམ་པར་བཞག་པས། སྐུ་ལས་མེའི་ཕུང་པོ་འབར་བ་ནགས་ལ་མེ་མཆེད་པ་ལྟ་བུར་གྱུར་པ་རྒྱལ་པོས་རྒྱང་རིང་པོ་ནས་མཐོང་སྟེ་ཀུན་ལ་དྲིས་པ་ན་སྔར་དགྲ་བཅོམ་པ་མཐོང་བ་ཞིག་གིས་རྒྱུ་མཚན་བཤད་པས། རྒྱལ་པོ་རང་ཉིད་ཀྱིས་བལྟ་བར་ཕྱིན་ཏེ་མཐོང་ནས་དད་དེ། ཕོ་བྲང་དུ་བཞུགས་པར་ཞུས་པས་དང་དུ་མ་བླངས་སོ། །དེར་རྒྱལ་པོས་གཙུག་ལག་ཁང་དང་མཆོད་རྟེན་བཞེངས་སོ། །དེ་ནས་རྒྱལ་པོས་རིང་བསྲེལ་རྙོག་ཁ་ཤས་ཆེད་དེ་དགྲ་བཅོམ་པ་ལ་སྨྲས་པ་རིང་བསྲེལ་འདི་དག་ཆེད་ན་མཆོད་རྟེན་འདི་ཉིད་དུ་འཇུག་པར་བྱེད་པ་ལ་ཆེད་པ་འཕྲིས་སོ་ཞེས་པ་ལ། དགྲ་བཅོམ་པས་ཐབས་ཡོད་དོ་གསུངས་ནས་རྫུ་འཕྲུལ་གྱིས་མཆོད་རྟེན་ཕྱག་གཡས་པས་བཏེགས་ཏེ་འོག་གཞིའི་ས་བརྐོས་ཏེ། རིང་བསྲེལ་ཟ་མ་ཏོག་དང་བཅས་པ་བཞག་གོ་སྐད་དགྲ་བཅོམ་པས་མཆོད་རྟེན་གཞི་དེ་ཉིད་དུ་བཞག་པས་རྒྱལ་པོ་ཤིན་ཏུ་ངོ་མཚར་བར་གྱུར་ཏོ། །དེ་ནས་ཕྱོགས་དེར་རྒྱལ་བསྟན་རྒྱ་ཆེར་འཕེལ་བར་གྱུར་ཏོ། །

༧ ཤ་བ་ཕོངས་པ་བྱ་བའི་གཙུག་ལག་ཁང་།

གྲོང་ཁྱེར་གྱི་ཤར་ལྷོའི་མཚམས་སུ་རྒྱང་གྲགས་ལྔ་དྲུག་ཙམ་ན་ཤ་བ་ཕོངས་པ་ཞེས་བྱ་བའི་གཙུག་ལག་ཁང་ཡོད་དེ་རྒྱལ་པོ་སྔ་མའི་བཙུན་མོས་བཞེངས་སོ། །ཡུལ་དེ་ནས་ཤར་དུ་ཕྱིན་པ་ན་བྱེ་མའི་ཐང་ཆེན་པོ་ཞིག་ཡོད་དོ། །དེ་རྣ་རྒྱ་ཡིན་མིན་བརྟག་གོ།། །།

མཇུག་བྱང་།

འདིའི་མཇུག་ཏུ་ཐང་གུར་གྱི་སྟེ་སྟོད་གསུམ་པ་ལོ་ཆེན་ཐེག་ཆེན་ལྷའི་རྣམ་ཐར་ཕྱོགས་གཅིག་ཏུ་བཀོད་པ་ནི། བདག་གི་རྒྱ་ནག་ཆོས་འབྱུང་དུ་ལོ་ཆེན་དེའི་རྣམ་ཐར་མདོར་བསྡུས་བསྒྱུར་ཡོད་པར་དོན་གྱིས་ཐོབ་པས་ཡང་བསྒྱུར་མ་དགོས་སོ། །སིའི་ཡུས་ཀྱིས་ཞེས་བྱ་བ་འདི་རྒྱ་ནག་གི་བསྟན་འགྱུར་དུ་ཡོད་པ་ཀུང་(གུང་)མགོན་པོ་སྐྱབས་ཀྱིས་བོད་སྐད་དུ་བསྒྱུར་བ་བོད་སྐད་ཀྱི་ཉམས་མ་ཐོན་པ་དང་། ཡུལ་གྱི་རྒྱལ་པོའི་མིང་དང་ཚུ་སླུང་གི་མིང་དང་རི་བོ་སོགས་ཀྱི་མིང་ཕལ་ཆེ་བ་སཾ་སྐྲི་ཏ་དང་ཕལ་སྐད་དང་ཡུལ་སོ་སོའི་སྐད་དང་ཀླ་ཀློའི་སྐད་སོགས་རྒྱ་ནག་གི་ཡི་གེར་ཟུར་ཆག་ཏུ་ཡོད་པ་བོད་ཡིག་ཏུའང་དེ་ལྟར་བྲིས་འདུག་པ་ཇི་བཞིན་མི་ཤེས་པས་འཚོས་མ་ནུས་ཤིང་། རྣམ་དབྱེ་ནོར་བ་དང་ཚིག་ཕྲད་ནོར་བ་དང་བོད་ཉམས་མ་ཐོན་པ་སོགས་རྒྱ་ཡིག་གི་སིའི་ཡུས་ཀྱིས་དང་གཏུགས་ཏེ་བསྒྱུར(འགྱུར)བཅོས་བྱེད་པ་པོ་ནི་མཆོད་རྟེན་དཀར་པོའི་དགོན་གྱི་ཇ་སག་བླ་མ་ཚ་ཀན་ཞབས་དྲུང་བསྐལ་བཟང་དགེ་ལེགས་རྒྱལ་མཚན་ནོ། །རྒྱལ་བསྟན་རིན་པོ་ཆེ་ཡུན་རིང་དུ་གནས་ཤིང་ནམ་ཡང་ཉམས་པ་མེད་པར་གྱུར་ཅིག འདིའི་ནང་གི་ཡུལ་ནི་རྒྱལ་ཁམས་ཡིན། གྲོང་ཁྱེར་ནི་མཁར་ཡིན། མཁར་ནི་ཕོ་བྲང་ཡིན། རྒྱང་གྲགས་ནི་རྒྱའི་ཐ་སྙད་ཀྱི་ལི་བར་ཡིན། བམ་པོ་ནི་རྒྱལ་ཁམས་སྐོར་གཅིག་ལ་བམ་པོ་ཞེས་བཏགས་པ་ཡིན་ནོ། །མངྒལཾ།། །།

ཡུལ་ཁག་གི་བོད་རྒྱ་ཤན་སྦྱོར།

ཨུ་ཤི་རིའི་ཡུལ།
阿耆尼国

སི་མ་ཧའི་ཡུལ།
弭秣賀国

ཐུ་ཁཱ་རའི་ཡུལ།
覩貨邏国故地

ཀུ་ཆེའི་ཡུལ།
屈支国

ཀ་བུ་ཏ་ནའི་ཡུལ།
劫布咀那国

ཏ་མིའི་ཡུལ།
咀蜜国

བྷ་རོ་ཀའི་ཡུལ།
跋禄迦国

ཀུ་ཤམ་སི་ཀའི་ཡུལ།
屈霜你伽国

ཤཱ་པནྡའི་ཡུལ།
赤鄂衍那国

ནུཙྪི་ཀྱན་གྱི་ཡུལ།
笯赤建国

ཧེ་ཧན་གྱི་ཡུལ།
喝捍国

ཧུ་ལུ་མའི་ཡུལ།
忽露摩国

ཟེ་ཥྚིའི་ཡུལ།
赭時国

སྦུ་ཧེའི་ཡུལ།
捕喝国

ཡུ་མན་གྱི་ཡུལ།
愉谩国

སྦུ་ཧཾ་གྱི་ཡུལ།
怖捍国

སྦུ་ཧིའི་ཡུལ།
伐地国

གོ་ཧྲུ་ཡ་ནའི་ཡུལ།
鞠和衍那国

ཙུ་ཏུ་རིཥྚའི་ཡུལ།
窣堵利瑟那国

ཧ་རི་ཚྨིཀའི་ཡུལ།
貨利習彌伽国

ཧེ་ཤའི་ཡུལ།
镬沙国

དཀའ་བའམ་སྐྱིད་པའི་ཡུལ།
飒秣建国

ཧྲེ་ཤཱ་ནའི་ཡུལ།
羯霜那国

ཀོ་ཧུ་རའི་ཡུལ།
珂咄羅国

ཀུ་མི་ཏའི་ཡུལ།
拘謎陁国

ཝུ་ཀ་རོའི་ཡུལ།
縛伽浪国

ཧྲི་སྨི་སྐཾའི་ཡུལ།
纥露悉泥健国

ཧུ་རིན་གྱི་ཡུལ།
忽懔国

ཝུ་ཧའི་ཡུལ།
縛喝国

ཛཱི་མ་ཏའི་ཡུལ།
锐秣陁国

ཧུ་ཤི་ཀ་ནའི་ཡུལ།
胡寔健国

ཏ་ར་ཀ་ནའི་ཡུལ།
呾刺健国

ཏེ་ཁིའི་ཡུལ།
揭職国

ཝ་ཡན་ནའི་ཡུལ།
梵衍那国

ཀ་པི་ཤིའི་ཡུལ།
迦畢試国

རམ་པའི་ཡུལ།
濫波国

ནཱ་ག་རའི་ཡུལ།
那揭羅曷国

གྷན་དྷ་རའི་ཡུལ།
健馱羅国

ཨུཛྫེ་ནའི་ཡུལ།
鳥仗那国

བ་ཏུ་རའི་ཡུལ།
鉢露羅国

རཀྵ་ཤི་ནའི་ཡུལ།
呾叉始羅国

སིཧྣ་ག་སྤུ་རའི་ཡུལ།
僧訶補羅国

ཨུ་ར་ཤིའི་ཡུལ།
鳥刺尸国

ཀཤྨི་ར་བའི་ཡུལ།
迦濕彌羅国

ཝ་ནུཙྪའི་ཡུལ།
半笯嗟国

ཀ་ཏུ་ཤྭ་ཝུ་རའི་ཡུལ།
曷邏闍補羅国

ཀྲེ་ཀའི་ཡུལ།
磔迦国

ཙི་ན་བུ་ཏྲའི་ཡུལ།
至那僕底国

ཛ་ལནྡྷ་རའི་ཡུལ།
闍爛達羅国

ཀུ་ཏུ་ཏའི་ཡུལ།
屈露多国

ཤ་ཏ་དྲུའི་ཡུལ།
設多圖盧国

ས་རི་ཡ་ཏྲའི་ཡུལ།
波理夜呾羅国

མ་ཐུ་རའི་ཡུལ།
秣菟羅国

ས་ཐཱ་ནེ་ཤ་ཝ་རའི་ཡུལ།
薩他泥濕伐羅国

སྲུ་ཏ་ལི་ནའི་ཡུལ།
窣祿勤那国

མ་ཏི་ཝུ་རའི་ཡུལ།
秣底補羅国

བྲ་ཧི་མ་པུ་རའི་ཡུལ།
婆羅吸摩補羅国

ཀཽ་ཤམྦིའི་ཡུལ།(ཀོ་བི་ཤན) 瞿毗霜那国	ཀ་པིལ་ཝའི་ཡུལ། 劫比羅伐窣堵国	ཛམྦུའི་ཡུལ། 瞻波国
ཨ་ཧི་ཚ་ཏྲའི་ཡུལ། 垩醯掣咀邏国	རམ་པའི་ཡུལ། 蓝摩国	ཏེ་ཛུ་ཧྣི་རིའི་ཡུལ། 羯朱嗢祇羅国
སྲི་ཤནྡའི་ཡུལ། 毗羅删拏国	ཀུ་ཤའི་ཡུལ། 拘尸那揭羅国	བེ་ན་ཧྲ་ཐནྣའི་ཡུལ། 奔那伐彈那国
ཀ་ཧྲི་ཏའི་ཡུལ། 劫比他国	ཝ་ར་ཎ་སིའི་ཡུལ། 婆羅痆那国	ཀ་མ་རུ་པའི་ཡུལ། 迦摩縷波国
ཀཉྫ་ཀུབྫའི་ཡུལ། 羯若鞠闍国	ཙམྦུའི་ཡུལ། 戰主国	སམྨ་ཏ་ཐའི་ཡུལ། 三摩咀吒国
ཨ་ཡོ་ཀའི་ཡུལ། 阿踰陁国	བཻ་ཤཱ་ལིའི་ཡུལ། 吠舍釐国	རམྦོ་རི་ཏིའི་ཡུལ། 躭摩栗底国
ཨ་ཡ་མུ་ཁའི་ཡུལ། 阿耶穆佉国	བྲྀ་རི་ཞིའི་ཡུལ། 弗栗特国	ག་རུ་ཎ་ས་སྭརྞའི་ཡུལ། 羯羅拏苏伐刺那国
པྲ་ར་ཡ་གའི་ཡུལ། 钵邏耶伽国	ནེ་པ་ལའི་ཡུལ། 尼波羅国	ཨུ་ཊྲུའི་ཡུལ། 烏荼国
ཀཽ་ཤམྦིའི་ཡུལ། 憍賞彌国	མཾ་ཧྲ་ཏ་ཡུལ། (སྟོད།) 摩揭陁国(上)	ཀུང་ཡུ་ཐའི་ཡུལ། 恭御陀国
བི་སུ་ཀཤའི་ཡུལ། 鞞索迦国	མཾ་ཧྲ་ཏ་ཡུལ། (སྨད།) 摩揭陁国(下)	ཀིངྒའི་ཡུལ། 羯餕伽国
ཤ་ར་ཝ་སྟིའི་ཡུལ། 室羅伐悉底国	ཨི་ར་ན་ཧྲ་ཏའི་ཡུལ། 伊爛拏钵伐多国	ཀོ་ས་ལའི་ཡུལ། 憍萨羅国

ཨནྡྷའི་ཡུལ།

案達羅国

ཛྷ་ན་ཀ་ཏ་ཀའི་ཡུལ།

駄那羯磔迦国

ཙུ་རི་ཡེའི་ཡུལ།

珠利耶国

ཌྲ་བི་ཌུའི་ཡུལ།

達羅毗荼国

མ་ར་ཀུ་ཏའི་ཡུལ།

秣羅矩吒国

སིངྒ་ལའི་ཡུལ།

僧伽羅国

ཀོངྐ་ན་པུ་རིའི་ཡུལ།

恭建那補羅国

མ་ཧཱར་ཋའི་ཡུལ།

摩诃剌侘国

ཛྷ་རུ་ཀ་ཙ་པའི་ཡུལ།

跋禄羯呫婆国

མ་ར་བའི་ཡུལ།

摩臘毗国

ཨ་ཊ་རིའི་ཡུལ།

阿吒釐国

ཁི་ཋའི་ཡུལ།

契吒国

ཛྷ་ར་བའི་ཡུལ།

伐臘毗国

ཨ་ནནྡ་པུ་རའི་ཡུལ།

阿难陁補羅国

སུ་ར་ཋའི་ཡུལ།

蘇剌侘国

ཀུ་ཏ་རའི་ཡུལ

瞿折羅国

ཨུ་ཏ་ཡ་ནའི་ཡུལ།

鄔闍衍那国

ཊེཀྐའི་ཋའི་ཡུལ།

擲枳陀国

མ་ཧེ་ཤྭར་པུ་རའི་ཡུལ།

摩醯伐羅補羅国

སིནྡྷུའི་ཡུལ།

信度国

ཛྷ་ར་སཾ་པུ་རུའི་ཡུལ།

茂羅三部盧国

པ་ཛྷ་ཏའི་ཡུལ།

钵伐多国

ཨ་ཏྲ་པ་ཋའི་ཡུལ།

阿點婆翅羅国

རཀྟ་རྟའི་ཡུལ།

狼揭羅国

པ་ར་སའི་ཡུལ།

波剌斯国

པི་ཏ་ཤི་རིའི་ཡུལ།

臂多勢羅国

ཨ་བིཎྜའི་ཡུལ།

阿軬荼国

ཛྷ་ར་ཎའི་ཡུལ།

伐剌拏国

ཛཾ་ཀུ་ཏེའི་ཡུལ།

漕矩吒国

ཛྷུ་རི་ས་ཏཐྣའི་ཡུལ།

弗栗特萨儻那国

ཨནྡྷར་བའི་ཡུལ།

安呾羅缚国

ཁྭ་སི་ཏའི་ཡུལ།

阔悉多国

ཏྭའི་ཡུལ།

活国

མང་ཀྱན་གྱི་ཡུལ།

瞢健国

ས་ར་བྲྀ་ནའི་ཡུལ།

钵鐸创那国

ཀ་ཧྣན་ཏའི་ཡུལ།

朅盤陁国

ཨ་རི་ནིའི་ཡུལ།

阿利尼国

ཨིན་སོ་ཀྱན་གྱི་ཡུལ།

淫薄健国

ཨུ་ཤའི་ཡུལ།

乌鎩国

ཧི་ར་ཏུའི་ཡུལ།

曷邏胡路

ཁུ་རང་ཊའི་ཡུལ།

屈浪拏国

ཁ་ཤའི་ཡུལ།

佉沙国

ཧྲི་སྨའི་ཡུལ།

訖栗瑟摩国

ཧྣ་མ་སི་ཏྣའི་ཡུལ།

達摩悉鐵帝国

ཤོ་གྲུ་ཀའི་ཡུལ།

斫句迦国

པ་རི་ཏའི་ཡུལ།

钵利曷国

ཤི་ཁི་ནིའི་ཡུལ།

尸棄尼国

གྲུ་ས་ད་ནའི་ཡུལ།

瞿薩旦那国

ཧེ་མ་ཧྣ་རའི་ཡུལ།

呬摩呾羅国

ཤམྦིའི་ཡུལ།

商彌国

汉文引自中华书局出版社的《大唐西域记校》唐玄奘、辩机著，季羡林、张广达、王维等校。

དཔེ་སྒྲིག་འགན་འཁུར་པ། ཉི་མ་སྒྲོལ་མ། ཤེར་དོན།
མདུན་ཤོག་རྩམ་འགོད་པ། ཡིས་ཙན་ཞུང་།
པར་སྒྲིག་རྩིས་འགོད། གཙུག་ལག་ཁྲིང་བ་པར་སྒྲིག་ལས་གཉེར་ཁང་།

༄། །ཆེན་པོ་ཐང་གུར་དུས་ཀྱི་རྒྱ་གར་ཞིང་གི་བཀོད་པའི་དཀར་ཆག་བཞུགས་སོ། །

ཐང་ཟན་ཙང་དང་པེན་ཅིས་བརྩམས།
གུང་མགོན་པོ་སྐྱབས་ཀྱིས་བསྒྱུར།
སྐལ་བཟང་དགེ་ལེགས་རྒྱལ་མཚན་གྱིས་འགྱུར་བཅོས་མཛད།

ཀྲུང་གོའི་བོད་རིག་པ་དཔེ་སྐྲུན་ཁང་གིས་བསྐྲུན་ཏེ་བཀྲམ།
ཀྲུང་གོའི་གློག་བརྙན་པར་ཁང་གིས་པར་བཏབ།
པར་གྲངས། ༣༠༠༡-༨༠༠༠ དཔར་ཤོག ༡༡
༢༠༠༨ལོའི་ཟླ་༡༢པར་དཔར་གཞི་དང་པོ་བསྒྲིགས།
༢༠༢༡ལོའི་ཟླ་༡༡པར་པར་གཞི་གཉིས་པ་དཔར་ཐེངས་གཉིས་པ་བཏབ།
ISBN 7-80057-876-3/K · 145

རིན་གོང་སྒོར། 19.80

责任编辑：尼玛卓玛　西日东智
封面设计：李建雄
排版设计：宗拉昌瓦排版工作室

图书在版编目（CIP）数据
大唐西域记 : 藏文 /(唐) 玄奘 辩机著 ; 公贡布加译 .-- 北京 :
中国藏学出版社 ,2006
ISBN 7-80057-876-3

Ⅰ.大… Ⅱ.①玄…②辩…③公… Ⅲ.西域—历史—
地理—唐代—藏语 Ⅳ.K928.6 K935.06

中国版本图书馆 CIP 数据核字 (2006) 第 142319 号

大唐西域记

[唐] 玄奘　辩机 著
公贡布加　译
格桑格勒坚赞　修订

中国藏学出版社出版发行
中国电影出版社印刷厂印刷
开本：850mm × 1168mm　1/32
印数：3001-6000 册　印张：11
2006 年 12 月第 1 版第 1 次印刷
2021 年 11 月第 2 版第 2 次印刷
ISBN 7-80057-876-3/K · 145
定价：19.80 元